21世纪普通高等教育“十三五”规划教材·公共基础课系列

货币银行学

（第四版）

安 烨 郭 悦 姚本元 主 编
钟廷勇 副主编

上海财经大学出版社

图书在版编目(CIP)数据

货币银行学/安烨,郭悦,姚本元主编．—4版.—上海:上海财经大学出版社,2019.12

(21世纪普通高等教育“十三五”规划教材·公共基础课系列)

ISBN 978-7-5642-3403-4/F·3403

Ⅰ.①货… Ⅱ.①安…②郭…③姚… Ⅲ.①货币银行学-高等学校-教材 Ⅳ.①F820

中国版本图书馆CIP数据核字(2019)第260726号

□责任编辑 陈田源

□装帧设计 张克瑶

货币银行学

(第四版)

安 烨 郭 悦 姚本元 主 编

钟廷勇 副主编

上海财经大学出版社出版发行

(上海市中山北一路369号 邮编200434)

网 址:http://www.sufep.com

电子邮箱:webmaster@sufep.com

全国新华书店经销

上海叶大印务发展有限公司印刷装订

2019年12月第4版 2019年12月第1次印刷

787mm×1092mm 1/16 19印张 486千字

(习题集5印张 128千字)

印数:100 001—104 000 定价:55.00元

(本教材免费赠送配套习题集,请直接向售书单位索取)

21世纪普通高等教育“十三五”规划教材

21 SHIJI PUTONG GAODENG JIAOYU “SHISANWU” GUIHUA JIAOCAI

编委会

BIAN WEI HUI

第四版前言

2019 年 6 月，受出版社的再次邀请，我们对《货币银行学》进行了第三次修订。面对读者一直以来的认可，我们在欣喜的同时也倍感压力。因此，我们本着精益求精的态度，希望能够不负厚望。在第四版中，我们结合当下热点，对每章的章后案例进行了更新。同时，根据货币银行学最新相关研究成果与经济发展形势，更新了第三版的数据和对经济状况的描述与分析，删除了部分阅读材料，更新与完善了重点概念和名词解释，并在此基础上细致修订了全书的语言表达和结构布局。

具体来说，第一章完善了电子货币的相关概念和内容。第二章更新了个人购房贷款余额以及受理消费者投诉案件的数据，并增加了房地产信贷政策及我国征信体系建设的案例。第三章更新了我国利率市场化的新进展，增加了我国利率市场化的意义。第四章补充了新中国金融市场发展的进程，更新了人工智能与金融市场的案例。第五章更新了中国银行业的平均不良贷款率的数据，完善了商业银行负债业务、商业银行中间业务等定义。第六章新增了中国人民银行的现代化支付系统案例，修改了中央银行制度的普遍推行时期相关内容，补充了中央银行的资本结构概念。第七章完善了金融市场的定义，补充了金融市场功能和商业汇票承兑的相关概念。第八章完善了基础货币定义，更新了我国货币供给量和货币乘数的数据，更新了数字货币与货币层次案例。第九章更新了 CPI 的定义及相关数据，补充了消费物价指数并举例，修改了批发物价指数的部分内容，完善了"通货紧缩对经济的危害"的内容。第十章更新了我国存款准备金率的历次调整的情况及中国人民银行公开市场业务的新进展，补充了 2010 年以后我国货币政策的实践和美国的量化宽松货币政策的内容。第十一章完善了外汇的定义，更新了我国国际收支平衡表的数据(至 2018 年)、对我国国际收支运行状况的说明和我国外汇储备的数据(至 2018 年)、中国外汇储备首次缩水的情况，修改了外国来华直接投资与我国对外直接投资相关内容。第十二章补充了金融业务与工具的创新内容，更新了金融压抑的概念，增加了《人工智能助力金融监管模式创新》案例。

在本次修订工作中，郭悦博士和钟廷勇博士做了大量的工作，对原书稿进行了整体梳理和统筹，按照金融学经典理论重新定义了相关概念，精炼了基础理论，对金融实践部分做了最新数据的更新，力图使本教材能够为读者提供最新的理论及实务信息。同时，在案例更新、数据更新与完善等工作中，赵翠、孙一玮、佀圣美等同学做了辅助工作。书稿最后由安烨教授统稿完成。因此，第四版《货币银行学》由安烨、郭悦、姚本元主编，钟廷勇副主编。

本教材在编写和修订过程中参考了国内外诸多教材和文献，在此一并致以诚挚的谢意。由于时间仓促，书中难免存在错漏之处，敬请广大读者批评指正，我们将十分感激。

安　烨

2019 年 6 月

目　录

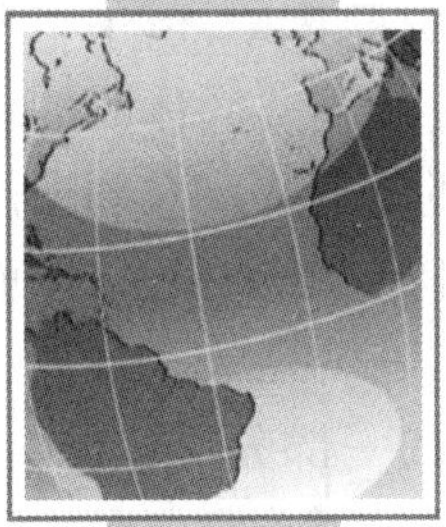

第一章
货币与货币制度

现代社会流行着“钱是万能的”的说法，“钱”不仅是物质财富的象征，而且成为精神价值的筹码。这不仅体现了人对钱的崇拜，还异化了人与钱之间的关系，甚至出现了“钱是万恶之源”之说。人类创造了金钱，钱本来是促进社会经济发展的一种工具，但在商品经济高度发展的今天，钱不仅可以在商品领域呼风唤雨，而且可以使非商品也商品化。那么，到底货币从何而来？为什么货币具有如此大的威力？为什么那些由银行发行的印有各种花纹和颜色的纸片，竟然可以换取任何商品而为世人所追求？这便是货币之谜。

第一节　货币的产生和发展

货币并非在开天辟地时就已存在。人类社会在地球上已有百万年或更长的历史，货币只不过是几千年以前才出现在人类社会之中的。

一、货币的产生

货币是现代生活中必不可少的一部分，关于货币的产生有多种不同说法。中国古代对于货币起源的说法有两种观点：一种是“先王制币说”，认为货币是圣王先贤为解决民间交换困难而创造出来的；另一种是司马迁的货币起源观点，“维币之行，以通农商”，即货币是为适应商品交换的需要而自然产生的。在西方，则有“创造发明说”，认为货币是国家或先哲创造出来的；也有“便于交换说”，认为货币是为解决直接物物交换的困难而产生的；此外，还有“保存财富说”，认为货币是为保存财富而产生的，货币的出现是与交换联系在一起的。

货币本身是一种商品，是商品交换的产物。要解开货币之谜，必须从分析商品入手。“我们要做资产阶级经济学从来没有打算做的事情：指明货币的起源，就是说，探讨商品价值关系中包含的价值形式。这样，货币之谜就会随之消失。”

货币的出现是与交换联系在一起的。根据史料的记载和考古的发掘，在世界各地，交换都经过两个发展阶段：先是物物直接交换，然后是通过媒介的交换。

在四大文明古国之一的古埃及的壁画中就可以看到物物交换的情景：有用瓦罐换鱼的，有用一捆葱换一把扇子的。而在中国古书中有这样的记载：神农氏的时候，“日中为市，致天下之民，聚天下之货，交易而退，各得其所”。这也是指物物交换。

在交换不断发展的进程中，逐渐出现了通过媒介的交换，即先把自己的物品换成作为媒介的物品，然后再用所获得的媒介物品去交换自己所需要的物品。在世界上，牲畜曾在很多地区成为这种媒介；在中国，最早的、比较定型的媒介是“贝”——中国最早的货币。司马迁在《史记·平准书》中说：“农工商交易之路通，而龟贝金钱刀布之币兴焉。所从来久远，自高辛氏之前尚矣，靡得而记云。”

(一)货币是商品经济内在矛盾发展的产物

在人类社会初期，并不存在商品交换，也不存在货币。在原始的氏族共同体中，由于生产力水平极其低下，人们各尽所能，集体劳作，才能维持生存。整个劳动是按氏族共同体的需要统一进行的，劳动产品也归氏族共同体所有，统一分配。随着生产力水平的不断提高和剩余产品的出现，氏族开始分化瓦解，社会分工和私有制逐渐形成，商品生产和商品交换也就应运而生了。

商品作为为交换而生产的劳动产品，由于社会分工，成为社会总劳动的一部分，具有社会劳动的性质；由于生产资料和劳动产品的私有制，又直接表现为私人劳动。这就产生了私人劳动和社会劳动的矛盾。商品生产者生产的产品只有交换出去，其劳动才会被社会承认，并转化为社会劳动。因此，商品交换是解决商品生产的私人劳动与社会劳动的矛盾的唯一途径。

商品作为价值和使用价值的统一体，具有价值和使用价值两个属性。使用价值是商品的有用性，是商品的自然属性。价值是凝结在商品中的无差别的人类劳动，是商品的社会属性。对商品生产者来说，有意义的是其劳动产品的价值，而不是使用价值。商品的价值看不见、摸不着，不能自己表现出来，只能在两种商品交换时通过另一种商品表现出来。这种商品的价值表现形式，通常称为价值形式。

(二)货币是商品价值形式发展的结果

商品的价值形式经历了由低级到高级的发展过程，即由简单的价值形式，经过扩大的价值形式、一般的价值形式，最后才达到货币价值形式。

在原始社会末期，随着社会生产力的发展，产品逐渐有了剩余，交换行为出现了。但那时的交换，只是偶然发生的。一种商品的价值，只是偶然地表现在另一种商品上。两种商品通过交换，使其中的一种商品具有了最简单的价值表现。所以，这种表现形式称为“简单的价值形式”。

随着社会生产力的进一步发展，第一次社会大分工，使农业和畜牧业分离。产品交换成为一种较为常见的现象。这时的交换，一种商品已经不是偶然同另一种商品相交换，而是经常地和许多商品相交换。于是一种商品的价值也就不是偶然地被另一种商品表现，而是经常地被许多种商品表现。这种价值表现形式称为“扩大的价值形式”。在扩大的价值形式中，处于等价形式上的商品不再只是一种，而是许多种。

此时的交换，仍然是物物交换，商品生产者既是卖者也是买者，买者同时也是卖者，价值的表现总是与商品所有者对使用价值的要求结合在一起，构成了物物交换的“需求的双重耦合”，即要求交换双方对交换商品的品种、数量、时间上的高度一致。这种需求的双重耦合的满足需要耗费大量的搜寻时间，交易成本很高。所以，物物交换是一种效率低下的交易方式，扩大的价值形式仍然是不充分的价值表现形式。

商品交换的进一步发展，迫切要求冲破物物交换这种交易方式的制约。人们在长期频繁的交换过程中，逐渐从无数的商品中分离出某种大家都喜欢的、经常在交换中出现的商品，人们先把自己的商品同它相交换，然后通过它来换取各自需要的商品。于是，许多种商品的价值一般地都由这种特殊的起媒介作用的商品来表现了。这种特殊商品，由于用来表现其他一切商品的价值，起着一般等价形式的作用，便称它为“一般等价物”。而此时“扩大的价值形式”也就演变为“一般的价值形式”。

一般价值形式下的一般等价物，并没有完全固定地由某一种商品来充当。比如，在一个时期，一般等价物可以由布来充当，而在另一个时期，又可能由兽皮来充当；在一个地区，可以由海贝作为一般等价物，而在另一个地区，又可能是以农具当作一般等价物。一般等价物的不固定，阻碍了商品交换的进一步扩大和发展。因此，人们很自然地要求把不同的一般等价物统一起来，并固定在某一特殊商品上面，这种商品就成为货币商品。这种用货币来表现商品价值的形式，称为“货币价值形式”。货币也就由此而产生了。

由上可以看出，货币是随着商品的产生和交换的发展而产生的，它是商品内在矛盾的产物，是价值表现形式发展的必然结果。

二、货币形态的演进

货币产生后，虽然其本质特征是不会改变的，但作为货币载体的材料，则随着商品经济的不断发展而不断变化和进步。从表面看，什么材料充当币材，完全取决于人们的主观想法和法律规定；但从币材演化的层次分析，不同时代的货币材料则受制于当时社会经济客观发展的程度、流通的便利程度及货币在经济中地位和作用变化的需要等因素。币材演变的历史就是一部商品经济发展的历史。

货币诞生后，货币形态经历了由低级向高级不断演变的过程。从币材和形制的角度看，货币经历了四个阶段的发展：从实物货币到金属货币，再到信用货币，最后到电子货币。这些形式的变化是在不断地适应社会生产的发展，同时也是在消除了前一种货币形式无法克服的缺点的基础上发展起来的。

需要注意的是：货币的形式在各个经济发展时期并不是相互划清界限的，在世界盛行实物货币的时期，铸币与纸币同时出现，即使在纸币流通普遍的现代，黄金仍然起着保值的作用。从历史的发展来看，货币的形式是伴随着商品经济、社会关系、货币内在矛盾的发展而发展变化的。例如，我们可以通过分析黄金充当一般等价物如何由盛转衰、最后被纸币所取代来证明这一论断。

（一）实物货币

实物货币又称商品货币或足值货币，是指以自然界存在的某种物品或人们生产的某种商品来充当货币。在简单商品交换时代，生产力低下，交换的目的是以满足某种生活和生产的需要为主，因而要求作为交换媒介的货币必须具有价值和使用价值，货币主要由自然物来充当。它是货币发展的最初形态，此时，货币的额定价值同它作为特殊商品的内在价值是一致的。

最初充当货币的商品，是为了用它再去交换其他商品而换进来的商品——是最经常地作为需求的对象交换的，因而一般是在当时社会组织下最能代表财富、最普遍被需要，并且具有特殊使用价值的商品，如盐、毛皮、牲畜、奴隶等。

早期的实物货币，一般近海地区多用海贝和盐，游牧民族多用牲畜、皮革，农业区多用农具、布帛。中国古代商、周时期，牲畜、粮食、布帛、珠玉、贝壳等都充当过货币，而以贝壳最为流行。这种货币文化也渗透到了中国的汉字中。许多与财富有关的汉字，其偏旁都从“贝”字，如货、财、贫、贱等。而且从“货币”一词来看，货与贝在古汉语中曾是两个不同的概念，货指珠、贝、金、玉等，币指皮、帛。货在春秋战国时期才取得货币的含义，但无“货币”一词，“货币”一词大约是在唐代以后才出现的。中国民间称货币为“钱”，钱本来就是古代农具，形如铲，还有一种农具镈，形如锄，均用以铲地除草。这两种农具在黄河流域被作为货币，故《诗·周颂·臣工》说：“命我众人，庤乃钱镈。”此时的货币，刚脱胎于普通商品，主要特征是能代表财富，是普遍的供求对象，而并非理想的货币币材，如牲畜充当货币，当其被分割之后，它的价值便大大降低。当然，由于生产力水平较低，交易规模尚小，这种矛盾并不十分突出，仍可维持这类商品的货币地位。

在世界范围内，最早充当货币实物的商品有牲畜、贝壳、粮食、布匹、金属等。据青铜器铭文、考古挖掘和古籍记载：在日本、东印度群岛以及美洲、非洲的一些地方，有用贝作货币的历史；在古波斯、意大利等地，都有用牛、羊作货币的记载，如拉丁文的"pecunia"（意为"金钱"）来源于"pecus"（意为"牲畜"），印度现代的货币名称"rupee"（卢比）来源于牲畜的古文"rupye"。此外，古代埃塞俄比亚曾用盐作货币；在美洲，曾经充当古老货币的有烟草、可可豆等。

实物货币是以其自身所包含的内在价值同其他一款商品相交换的。受其本身使用价值的限制，运用范围不大，不便于保存和携带，而且难以分割，不可能有质地均匀的、统一的价值表现标准。因此，随着商品交换的发展和扩大，实物形态的商品货币就逐渐由内在价值稳定、质地均匀、便于携带的金属货币所替代。

（二）金属货币和铸币

一般来说，作为货币的商品需要具有以下几个特征：一是价值比较高，这样可用较少的媒介完成较大量的交易；二是易于分割，即分割之后不会减少它的价值，以便于与价值高低不等的商品交换；三是易于保存，即在保存过程中不会损失价值，无须支付费用等；四是便于携带，以利于在广大地区之间进行交易。随着交换的发展，对以上四个方面的要求越来越高，这就使得世界各地历史上比较发达的民族，先后都走上了用金属充当货币之路。

以金属如铜、银、金等作为材料的货币称为金属货币。与实物货币相比，金属货币具有价值比较稳定、易于分割、易于保存、便于携带等优点。随着生产水平的提高、交易规模的扩大，非金属实物货币充当货币币材的缺点越来越突出，于是金属货币在交换中逐渐成为主要对象，最终成为通行的货币。

金属货币的演化沿着两个方向进行：一方面，随着交易规模的不断扩大，经历了由贱金属到贵金属的演变。世界各国货币发展的历史证明，随着商品交换的发展，作为货币材料的铜、铁等贱金属逐步让位于金、银等贵金属，这是一个普遍的规律。金银因其具有的天然属性，最适宜于充当货币商品。贵金属质地均匀，其表现价值的尺度很容易统一；贵金属可按不同比例任意分割，分割后还可冶炼还原，最适合充当交换媒介；贵金属体积小、价值高、耐腐蚀、便于携带，也符合日益发展的商品和劳务交易的需要；并且在足值货币时代，贵金属还不是生产过程所必需的原材料，充当货币商品也不影响经济的发展。因此，马克思说："金银天然不是货币，但货币天然是金银。"另一方面，金属货币经历了从称量货币到铸币的演变。金属货币最初是以块状流通的，交易时要称其重量，估其成色，这时的货币称为称量货币。货币单位名称如英镑的"镑"、五铢钱的"铢"都是重量单位，从中可以看出称量货币留下的踪迹。称量货币在交易中很不方便，难以适应商品生产和交换发展的需要。随着社会第三次大分工——商人阶级的出现，一些富裕的有信誉的商人就在货币金属块上打上印记，标明其重量和成色，自己对其负责，便利于流通，于是出现了最初的铸币。当商品交换进一步发展并突破区域市场的范围后，金属块的重量和成色就要求更具权威的证明，而最具权威的自然是国家。

铸币（coin）就是由国家的印记证明其重量和成色的金属块。所谓国家的印记，包括形状、花纹、文字、重量、成色等。最初各国的铸币有各种各样的形式，但后来都逐步过渡到圆形，这是因为圆形便于携带且不易磨损。

中国最古老的金属铸币是铜铸币。西周、春秋时期开始出现"布"（农具铲形）、"刀"（刀的形状）和铜贝。后来在秦国，流通圜钱——铜铸、圆形、中有圆孔。秦统一中国的前后，铸圆形方孔的秦“半两钱”，开启了两千年圆形方孔铜钱的形制。其中最有名的如西汉武帝时开始铸造的“五铢钱”，唐代开始铸造的“通宝钱”。这种形制一直延续到晚清。

金银在我国历史上长期以来是称量货币。自宋代开始大量流通的白银，一直是以称量货币流通的，其计量单位是“两”，所以讲到钱也常说“银两”。银圆是西方贵金属铸币的典型形制。西方金银铸币出现很早，圆形、无孔并铸有统治者的头像是其一贯特点。在我国，银铸币的流入和使用自明代就已经开始，广泛流通银圆则是鸦片战争以后的事。晚清时期，中国政府也开始铸造自己的银圆，如“光绪元宝”“大清银币”“袁大头”等。

（三）信用货币

1. 可兑换的信用货币——银行券

随着生产和流通的进一步扩大，贵金属币材的数量已不能满足商品流通的需要，而且在进行远距离大宗商品贸易时，携带金属货币多有不便，催化了信用货币的产生。货币的流通手段职能为信用货币的出现提供了可能性。货币作为商品交换的媒介，在流通中只起转瞬即逝的媒介作用，人们更多关心的是用货币能否买到价值相当的商品，而不是货币本身的价值。事实上，流通中被磨损的铸币被人们照常接受，并不影响流通，这就表明可以用象征性的货币符号来执行流通手段职能。

银行券（banknote）是随着资本主义银行的发展而首先在欧洲出现的一种用纸印制的货币。最初，人们只是将银行券当作兑换金银货币的凭证。如商人可以将金属货币存放于货币商店，如钱铺、银行，由其开出汇票进行支付，钱铺、银行见到汇票要求提现时，可以兑现为金属货币。当钱铺、银行拥有了大量的金银货币作保证时，又以此为信用发行自己的银行券，开始是在一张空白字据上临时填写金额，后来发展为印制好的不同面额的钞票。于是，银行券就成为银行发出的代替金银币流通的可随时兑现的信用货币。19 世纪下半期，各国可兑换金币的银行券广泛流通。但此时的银行券，仍是金的符号，以金为准备，代替金币进行流通，流通中仍有大量的金币充当货币。银行券的出现是货币币材的一大转折，它为其后不兑现纸币的产生奠定了基础。

银行券具有以下几个特征：

(1)银行券是表征货币。银行券是由银行发行的可以随时兑现的表征货币，它是代替贵金属货币流通与支付职能的信用工具。

(2)银行券的发行必须具有发行保证。一般分为黄金保证和信用保证。黄金保证体现为银行的金准备，信用保证则体现发行银行保证兑现的信用度。由于银行券有严格的发行准备规定，保证随时兑现，因此具有较好的稳定性。历史上由于发行准备的内涵不同，银行券发行制度曾经有过三种，即发行额直接限制制度、发行额间接限制制度、最高发行额直接限制制度。

(3)银行券的发行经历了由分散到集中的演变。早期银行券的发行是分散的，各家商业银行都可凭自己的信誉和能力发行银行券，其前提是必须保证随时可按面额兑付金币、银币。后来，由于市场经济发展统一性的要求和国家宏观调控货币的需要，逐渐固定在一国之内几家大银行发行。自中央银行诞生以后，商业银行失去了发行权，银行券集中由中央银行发行，成为中央银行的基本职能之一。

19 世纪末、20 世纪初，在银行券广泛流通的同时，贵金属货币的流通数量日益减少，显现出现代信用货币终将取代足值货币流通的趋势。第一次世界大战前，只是在战时或经济动荡的非常时期，一些国家才会停止银行券的兑现。第一次世界大战中，世界各国的银行券普遍停止兑现。第一次世界大战后，有的国家曾一度实行有条件兑换金块或兑换外汇的制度。到 20

世纪20年代末和30年代初，世界主要国家的银行券完全成为不兑现的表征货币，现代信用货币终于取代表征货币而成为世界货币舞台上的主角。

2. 不可兑现的信用货币——纸币

信用货币是以信用作为保证、通过一定信用程序发行、充当流通手段和支付手段的货币形态，是货币发展中的高级形态。信用货币实际上是一种信用工具或债权债务凭证，除纸张和印制费用外，它本身没有内在价值，也不能与足值货币按某种平价相兑换。信用货币之所以可以流通和被接受为价值尺度，是因为各社会经济行为主体对它拥有普遍的信任。这种信任一方面来自表征货币的长期信用，使公众在兑换停止之后依然保持对价值符号的货币幻觉；另一方面来自国家对这一价值符号的收付承诺，不但国家在征税时按面值接受，而且法定禁止任何债权人在索偿时拒收该信用凭证，从而使其成为法偿货币。

典型的不兑现信用货币是政府纸币或称原始意义上的货币，它是指与银行券同时流通的、以国家政权为准备的、国家发行并强制流通的纸质货币。与银行券相比，政府纸币以国家信用为基础，表现出强制流通和不可兑现的特征。

世界上最早出现的纸币是中国北宋年间的“交子”。当时四川用铁钱，分量重、流通不便，一些富商联合发行了交子，代替铁钱流通，并负责兑现。后来富商衰败，兑现困难，改行官办。起初政府控制发行数额，维持兑现，但后来为弥补国库亏空，发行数额越来越大，以致严重贬值。元朝发行的“中统元宝钞”，开始时一度可以兑现，但很快停止，大部分时间实行纸币流通制度。这种不兑现纸币的发行，虽然靠政府的作用而在一定时期发挥了货币的职能，但由于发行无度，宝钞数量过大，最终又给商品流通带来了极大的混乱。

不兑现信用货币突破了货币商品形态对经济发展的制约，提供给政府一种调控经济的手段，所以说不兑现信用货币是货币发展历程中的重大变革。正如有人所言：“在英国，1931年是货币史的界标，因为它不仅标志在和平时期撤销可兑换，而且几乎可以肯定地看到可兑换的钞票的废止。”

3. 现代经济中的信用货币主要的存在形式是现金和存款

现金货币是指流通中的现钞通货。现金形式的货币是即时的购买力，随时可以用于支付清算，流通性极强，对市场的冲击力也很大。现金形式的货币本身没有收益性，还会因物价上涨而贬值，所以，经济主体对持有现金的数量、时间、运用都是十分谨慎的。现金形式的货币一般用于日用消费品、零星商品及劳务交易，主要流转于银行体系之外。

存款货币是信用货币的另一种主要形式，它体现为各单位、个人在银行账户上的存款。存款货币中的活期存款可以直接用于转账结算，发挥货币流通手段和支付手段的职能，因此，活期存款与现金一样，都是社会经济中的现实购买力，其流动性略次于现金。存款货币中的定期存款是一种潜在购买力，因为它只有转化成活期存款或被提取成现金后才成为现实的购买力，故又被称为“潜在货币”，其流动性明显要小于活期存款。存款货币既来源于现金的存入，还来源于银行贷款的派生机制。除流动性上的区别外，存款货币不同于现金货币的另一个特点是，存款货币具有收益性，可依据数量、时间的不同获得不同的利息收入。存款货币由银行经营和管理，是国家宏观调控管理的重要内容。

国家发行的短期债券、银行签发的承兑汇票，以及其他特殊种类的短期证券，如大面额存单等，可在货币市场上随时通过转让、贴现、抵押等多种形式变现，转化成现实的购买手段和支付手段。我们将其称为“准货币”，准货币是经济中信用货币的另一种存在形式。

4. 信用货币的基本特征

(1)信用货币是价值符号。由中央银行发行的信用货币是由中央银行代表国家发行的纸制本位货币,它是一种价值符号,不具有十足的内在价值和黄金准备。

(2)信用货币是债务货币。现代经济中的现金和存款是银行的负债,而信用货币则主要由现金和存款组成,所以信用货币实际上是银行的债务凭证,信用货币流通也就是银行债务的转移。

(3)信用货币具有强制性的特征。首先,通过法律手段确定其为法定货币。其次,银行可以通过发行货币,强制社会向它提供信用。一旦发行货币过多,就会通过货币贬值而使货币持有者丧失部分价值索取权;如果发行货币过少,则会因通货紧缩而影响社会经济的正常发展。

(四)电子货币

电子货币(electronic money)是以金融电子化网络为基础,以商用电子化机具和各类交易卡为媒介,以电子计算机技术和通信技术为手段,以电子数据(二进制数据)形式存储在银行的计算机系统中,并通过计算机网络系统以电子信息传递形式实现流通和支付功能的货币。它是信用货币与计算机、现代通信技术相结合的一种最新货币形态,它通过电子计算机运用电磁信号对信用货币实施储存、转账、购买和支付,明显比纸币、支票更快速、方便、安全、节约。美国经济学界把电子货币称为继金属铸币、纸币以后的"第三代货币",而实质上,电子货币是新型的信用货币形式,是高科技的信用货币。

在微电子技术迅速发展的今天,伴随着迅速发展的电子商务而出现了电子货币,这是继中世纪纸币取代铸币以来,货币形式发生的第二次标志性变革。与纸币取代金属铸币后各类银行券不断兴起的情况相似,目前电子货币基本上是各个发行者自行设计、开发的产品,种类较多。在这种情况下,国际货币基金组织和各国货币当局尚无法在法律上对电子货币严格界定。巴塞尔银行监管委员会在综合各国货币当局对电子货币的看法后认为:电子货币是在零售支付机制中,通过销售终端、不同电子设备之间以及在互联网(Internet)上执行支付"储值"和"预付支付机制"的货币。"储值"是指保存在物理介质(硬件和卡介质)中可用来支付的价值,如智能卡、多功能信用卡等。这种介质物被称为"电子钱包",它类似于普通钱包,当其储存价值被使用后,可以通过特定设备向其追储价值。"预付支付机制"则是指存在于特定软件或网络中的一组可以传输并用于支付的电子数据,通常被称为"数字现金",也有人称之为"代币"(token),通常由一组二进制数据和数字签名组成,可以直接在网络上使用。

电子货币除具有货币的一般属性外,与通货(现金、存款货币)相比,还有以下几种特殊属性:

(1)通货由中央银行或特定机构垄断发行,中央银行承担发行的成本和收益。电子货币从目前的情况来看,发行者既有中央银行,也有一般金融机构,甚至非银行的金融机构,而且更多是后者。

(2)传统通货是以中央银行和国家信誉担保的法偿货币,是标准产品,由各个货币当局设计、管理和更换,被强制接受和广泛使用。目前,电子货币大部分是由不同的机构自行开发设计的带有个性特征的产品,其担保主要依赖于各个发行者自身的信誉和资产,风险并不一致,其使用范围也受到设备条件、相关协议等的限制。如果缺乏必要的物理设备,即使中央银行代表国家发行电子货币,也不能强制人们接受。

(3)一般来说,通货既不是完全匿名的,也不可能做到完全非匿名,交易方或多或少地可以了解到使用者的一些个人情况,如性别、相貌等。电子货币则要么是非匿名的,可以详细记录交易,甚至交易者的情况;要么是匿名的,几乎不可能追踪到其使用者的个人信息。

(4)欧元区未出现前,货币的使用有严格的地域限定,一国货币一般是只在本国被强制使用的唯一货币。电子货币打破了境域限制,只要商家愿意接受,消费者可以较容易地获得和使用多国货币。

(5)传统货币的防伪可依赖于物理设置,而电子货币的防伪只能采取技术上的加密算法和认证系统来实现。

总之,在历史的发展进程中,币材经历了若干次变化。货币形式从一般商品到贵金属,再到纸币或无形的存款货币、电子货币的发展过程,体现了随着生产力的发展,人们对更方便、更快捷、成本更低廉交易媒介的需要。随着经济和社会的发展,未来的货币形式还会出现动态的发展。

相对于发达经济体而言,我国电子货币的发展水平还比较低,银行卡仍然是承载电子货币的主要形式。1985年,中国银行珠海分行发行了我国第一张银行卡,国家自此开始对电子货币进行研究,并通过央行对各商业银行进行协调,搭建了国家支付及大额实时支付等系统。随着经济发展水平的不断提升,公众在工作和生活中应用银行卡的意识不断提高,发卡数量快速上升的同时,利用银行卡进行消费的金额也开始大幅增长。目前,我国银行卡的渗透率已经超过了40%,发卡总量更是多达30多亿张,增长幅度超过20%。伴随社会资金交易规模的不断提升以及电子货币的广泛应用,资金的使用率也随之提高,这大大加速了社会资金的流通,对实现经济平稳健康发展发挥着越来越重要的作用。电子钱包是使用电子货币支付的一种工具,中国香港的八达通卡就是电子钱包成功使用的实例。从1997年开始,八达通卡开始在中国香港投入使用,最初的作用仅限于支付公共交通费用,这样市民就不需要携带零钱,使得小额支付变得快捷方便。目前来说,国内最广泛的电子钱包应用领域当属已经在我国大中小城市广泛推广开来的城市公共交通使用的电子车票系统。电子商务的推广,使得电子货币在国内的大、中、小企业中被广泛运用,电子货币在政府、企业、家庭、个人中越来越受欢迎。

第二节　货币的本质和职能

一、货币的本质

马克思在对价值形态的发展进行研究后,揭示了货币的本质,把货币定义为:货币是从商品世界中分离出来的、固定充当一般等价物并能反映一定的生产关系的商品。那么,货币的本质究竟是什么呢?

(一)货币是商品

货币是商品,它与商品世界的其他商品一样,都是人类劳动的产物,是价值和使用价值的统一体。由于货币和其他商品具有共同的特性,即都是用于交换的人类劳动产品,所以它才能在长期的交换过程中被逐渐分离出来,成为不同于一般商品的特殊商品——货币。货币作为一般等价物本身具有价值和使用价值;货币之所以能够作为价值尺度去衡量其他商品,是因为其本身有价值,即凝结在商品上的人类必要劳动,价值实体的内在尺度就是社会的必要劳动时间;货币作为价值实体表现了世上一切商品的相对价值,可以与一切商品相交换。货币排除了物物交换的双重耦合的必要性,降低了交易成本,在经济活动中提高了经济效率。

例如黄金,它与其他商品一样,是用来交换的劳动产品,都是价值的凝结体;另一方面,它也能满足人们某些方面的需要，如作装饰品等，具有使用价值。

（二）货币是一般等价物

马克思通过对价值形式发展历史的考察，揭示了货币的起源，同时也使我们清楚地看到了货币的本质，即货币是固定地充当一般等价物的特殊商品，它体现一定的社会生产关系。

首先，货币是商品，具有商品的共性，即具有商品的两个基本属性——价值和使用价值。价值形式发展的历史表明，货币是在商品交换过程中，从普通商品中分离出来的。

其次，货币不是普通商品，是特殊商品。其之所以特殊，是因为它在商品交换中取得了一般等价物的独占权，只有它才能起到一般等价物的作用。具体的表现是：第一，货币能够表现一切商品的价值。在交换中，普通商品是以各种各样的使用价值出现的，而货币却是作为一切商品价值的表现者出现的。第二，货币对于一切商品具有了直接交换的能力。用它可以购买一切商品，从而货币就获得了一般的、社会的使用价值，即拥有货币，就可以得到任何一种使用价值。

最后，货币在充当一般等价物的过程中，体现着一定的社会生产关系。商品生产者互相交换商品，实际上是互相交换各自的劳动。因此，货币作为商品的一般等价物，也就使商品的生产者通过等价交换实现了他们之间的社会联系，这种联系就是人与人之间一定的社会生产关系。

马克思在对货币起源的分析中将货币定义为“固定地充当一般等价物的特殊商品”，这是深刻的、准确的，同时也是符合马克思写作《资本论》的时代——19世纪中叶的现实的，那时西欧各国普遍实行金本位制度，黄金正行使着货币的职能。因此，马克思将黄金视为货币的最高阶段，得出“货币天然是金银”的论断。但今天我们分析“货币是固定地充当一般等价物的特殊商品”这一表述时，应该认识到“一般等价物”是货币的本质，“特殊商品”是一定历史条件下的“一般等价物”的载体，是货币的形式。之所以这样讲，是基于以下理由：第一，货币商品两种使用价值相互排斥。货币商品作为普通商品，具有以其自然属性所决定的特定的使用价值，而作为货币，除了具有特殊使用价值以外，又具有了以其社会属性所决定的一般的使用价值，即具有了与其他一切商品相交换的能力。当货币商品发挥其特定的普通商品的使用价值时，它并不发挥货币的作用。如黄金，当它被制成某种首饰时，能满足人们装饰的特殊需要，但此时的黄金还只是一种普通商品而不是货币，这时它被称为非货币用黄金。当黄金被投入流通，与其他商品相交换时，它才是货币，这时被称为货币用黄金，但此时的黄金并不能作为普通商品来使用和消费。两种使用价值的排斥性隐示着一般等价物与商品性能分离的可能性。第二，特殊商品是一般等价物信用基础未建立时的载体。一般等价物在商品交换过程中起着商品价值的表现和实现作用，用于传导不同商品的价值比例关系。此时，作为一般等价物，它不再是消费的对象，而是转瞬即逝的交易中介。对一般等价物的接受者而言，他需要的是以自己的劳动换取别人的劳动，从而获得另一种商品的使用价值。因此，他必须建立一个信念，即别人也同样接受一般等价物，据此可以换取自己所需要的商品。而在这种普遍信念未建立之前，人们只能将一般等价物同商品相联系。因为一般等价物具有普通商品的使用价值，便于人们普遍接受，即使暂时无人接受该一般等价物，该一般等价物也有普通商品的使用价值，自己也不会吃亏。这里，“货币表现为抵押品，一个人为从别人那里获得商品，他就必须把这种抵押品留在别人手里。在这种场合……人们信赖的是物（货币），而不是作为人的自身”。第三，当“人们都会像我一样接受一般等价物”这种普遍信心建立以后，货币作为一般等价物，不再要求一定是具体商品，它可以摆脱商品的躯壳。“金货币在流通中升华为它自身的象征，最初采取磨损的金属铸币的形式，尔后采取金属辅币的形式，最后采取无价值记号、纸片、单纯的价值等符号的形式。”

由于商品经济存在于迄今为止社会历史发展的不同阶段，货币也就成为不同社会形态下商品经济共有的经济范畴。不能把特定社会形态中货币职能的发挥视同货币的本质。商品经济的基本原则是等价交换，不论是什么人，持有什么样的商品，在价值面前一律平等，都要按同等的价值量相交换。同样的货币，不管在什么样的社会形态中，无论存在于谁的手中，都是作为价值的独立体现物。

货币计量

各种交易对象具有不同的价格，即带有不同的货币数量标志出现在交易领域之中。这里事实上包含着一个必要条件，即存在可以比较不同货币数量的单位。各种货币商品本来就分别具有衡量各自使用价值的单位。例如，贝壳是以“朋”计算的、牲畜是以“头”计算的、绢帛是以“匹”计算的、金属是以重量单位计算的等。所以，最初的货币单位(money unit，currency unit)同衡量货币商品使用价值的自然单位，如朋、头、匹、斤、两等是统一的。秦铸造过“半两”铜钱，汉铸造过“五铢”铜钱，钱面上分别铸有“半两”“五铢”字样。史书说，这些铜钱“重如其文”，即含铜重量与钱面上的文字相符。后来，价格单位与自然单位逐渐分离了。①货币单位采取了另外的名称。如唐代铸“开元通宝”。“通宝”是钱的名称，单位则叫“文”。不过“文”仍然代表一定重量的铜。如开元通宝 1 000 文重 6 斤 4 两。②货币单位的名称仍是重量名称，但由于种种原因，实际含有的重量已与名称完全脱节。如英国的货币单位“镑”就是重量单位名称。不过早在 1816 年正式采用金本位时，从重量上说，1 磅重量的金已经合金币 46.725 镑。在现代世界各国的经济生活中，像 20 世纪初以前的那种金属铸币流通的情况根本不存在了。在我国经济生活中，人民币的单位是“元”，一切商品的价值都用多少“元”来表示。其他国家商品的价值也是各以自己国家的货币单位，如英镑、卢布、美元等来表示的。在 20 世纪 70 年代末之前，至少有些国家的货币还规定含金量，如从 1934 年到 1971 年美元的法定含金量定为 0.888 671 克。同时，有的国家把自己的货币与具有法定含金量的货币固定比价。也有的货币既无法定含金量，又不与具有法定含金量的货币挂钩，但只要与前两种货币有市场比价，也可以说，其货币单位终归包含黄金内容。但自 20 世纪 70 年代末黄金“非货币化”以来，这些联系也都不存在了。

货币购买力

货币的购买力(purchasing power)指的是单位货币购买商品或换取服务劳动的能力。商品或服务劳动的价格高，货币购买力就低；反之，货币购买力就高。由于各种商品和服务劳动价格的变动不一致，所以货币购买力总的变动状况由物价指数来表示，一般体现为物价指数的倒数。如物价指数上升 25%，那么货币购买力就下降 20%。宏观经济稳定一般是指物价指数波动不大、货币购买力变动较小的状况。评价和比较各国经济是否稳定，可以通过比较不同货币的购买力变化状况来实现，即比较各国货币购买力平价。

二、货币的职能

货币的职能是货币本身所具有的功能，由货币的本质决定，并在商品经济的发展中逐渐形成。按照其产生和形成的先后顺序，共有五项职能。

(一)价值尺度

价值尺度是货币衡量和表现商品价值大小的职能。因为货币本身是商品(金银),它与其他所有商品一样都是人类劳动的结晶,具有相同的质即价值,因此,它可以作为衡量、表现一切商品价值的材料。

由于商品的价值大小各不相同,所以表现它的货币数量也就有多有少。为了体现不同的货币量,就需要确定货币本身的计算单位,也就是在技术上确定单位货币的含金量。这种单位货币所内含的、用于测定一切商品价值的含金量,就是价格标准。最初,金属货币的价格标准在成色相同的前提下,是与其重量相一致的;后来,由于社会财富的增长、币材的改变、外国货币的输入及国家铸造重量不足的货币等原因,价格标准与重量标准就逐渐分离开来了。

价值尺度和价格标准是两个完全不同的概念。二者的区别是:第一,价值尺度是在商品交换中自发形成的,并不依靠国家权力;而价格标准则是为价值尺度服务的一种技术性规定,它由国家法律确定。第二,货币作为价值尺度代表一定量的社会劳动,以此来衡量不同商品的价值;而货币作为价格标准,规定一定的金属量,用来衡量货币本身的含金量。第三,货币作为价值尺度,它的价值随着劳动生产率的变动而变动;而价格标准则是单位货币本身金的含量,是不随劳动生产率的变动而变动的。二者的联系是货币的价值尺度依靠价格标准来发挥作用。因此,价格标准是为价值尺度服务的。

用一定量的货币单位来衡量和表现商品的价值,就形成了价格,因此,价格是商品价值的货币表现,也可解释为对商品和服务劳动所应支付的货币金额。商品价格与商品价值的大小呈正比例关系,与单位货币的含金量呈反比例关系。在实际经济运行过程中,由于供求关系的影响,商品价格完全符合价值的情况是比较偶然的。

货币执行价值尺度职能时具有观念性的特点,因为货币表现商品的价值只是给商品标价,这时并不需要实在的货币,只要观念上的或想象中的货币就可以了。

(二)流通手段

流通手段是货币在商品流通中充当交换媒介的职能。商品生产者先用自己的商品换成货币,再用货币去换回自己所需的商品,形成“商品—货币—商品”的循环过程。在这里,货币仅充当商品交换的媒介,由此产生了货币流通手段。

充当流通手段的货币的一个特点是不能使用观念上的货币,而必须是现实存在的货币。因为货币作为商品交换的媒介时,它是代表一定的价值量来同商品相交换的,交易双方必须一手交钱,一手交货,等价交换,买卖行为才能完成。当然,我们所说的现实存在的货币,并不单指有形的货币,它也可以是无形的存款货币、电子货币等。

货币作为流通手段,改变了过去商品物物交换的形式,即 W—W,使商品交换分为买卖两个环节,即 W—G 和 G—W。货币这个媒介的出现,是商品生产史上的一次飞跃,商品交换再也不受时空、需求巧合的限制。任何商品,只要换取了货币,价值就得到了社会承认,得以实现。但这种转化同时产生了新的矛盾,买卖分成两个独立的环节,有人暂时不卖、有人暂时不买而引起买卖脱节,使得社会分工形成的生产者相互依赖的链环中断,形成危机的可能性。

充当流通手段的货币的另一个特点是,它不一定是具有十足价值的货币。因为货币作为流通手段时只是一种交易的媒介,商品所有者出售商品,换取货币,其目的是为了用货币去购买自己所需要的商品,只要货币能购得自己所需要的商品,货币本身的价值对商品所有者而言并不重要。这种事实,使不足值的甚至无价值的货币开始登上舞台,发挥交易媒介职能。历史上的不足值铸币、无价值的纸币、存款货币以至电子货币,都凭借这一点而能够执行流通手段的职能。

（三）贮藏手段

贮藏手段是货币退出流通领域，被人们当作独立的价值形态和社会财富的一般代表保存起来的职能。货币成为社会财富的一般代表，因此，人们就有贮藏货币的欲望。作为贮藏货币，不能是观念上的货币，也不能是不足值的货币或一种符号货币，它应是足值的金属货币或是作为货币材料的贵金属。在现实生活中，货币并非唯一的价格贮藏手段。对于个人来说，任何有价值的资产都可以执行这一职能，如家具、房屋、有价证券都具有贮藏价值，并从中获得一定的收益和便利。但这些东西作为储蓄手段都存在不同程度的缺点，如流动性不强，贮藏要付出一定代价，或以货币计算价值会下降等。货币作为一般等价物具有直接流通性，使购买力一般化，随时都可以购买到自己所需要的商品和劳务。当货币被用作贮藏手段时，它实质上已被持有者当作另一种资产的替代物或要求权了。

在足值的金属货币流通的条件下，货币作为贮藏手段，具有自发调节货币流通的作用，当流通中的货币量大于商品流通所需要的货币量时，多余的货币会退出流通领域；当流通中所需要的货币量不足时，贮藏货币会重新加入流通。贮藏货币就像蓄水池一样自动调节着流通中的货币量，使它与商品流通相适应。因此，在足值金属货币流通条件下，一般不会发生通货膨胀和通货紧缩现象。货币贮藏手段的职能是以金属货币为前提的，即只有在金属货币流通条件下，货币才能自发地进入流通领域，发挥"蓄水池"的作用。

现代经济中的信用货币是纸制的价值符号，本身没有内在的价值，也不能兑换金银，因此，它不具有典型意义上的贮藏手段职能。

当强制流通的纸币投入流通后，就滞留在流通中，不能完全退出流通。货币所有者把现钞暂时沉淀在手中，是潜在的购买力；把现钞存在银行，则又通过银行的信贷活动投入生产和流通。在纸币币值稳定的前提下，货币所有者无论是手持沉淀现钞还是把它存入银行变成存款，都发挥了积累或储蓄手段的作用。

（四）支付手段

货币在实现价值的单方面转移时，就执行支付手段的职能，如偿还赊购产品的欠款、上缴税款、银行贷款、发放工资、捐款、赠予等。

货币作为流通手段，克服了物物交换的种种局限性，而货币作为支付手段，又进一步克服了作为流通手段一手交钱、一手交货的局限性，极大地促进了商品交换。货币作为支付手段发挥作用时，也要求币值稳定，否则会在债权人与债务人之间造成不合理的再分配。

在现代商品经济中，货币作为支付手段发挥的作用越来越大：首先，大额交易逐渐增多，而大额交易大部分是采取延期付款方式进行的。其次，在财政、银行方面，财政的收入支出、银行的存款和贷款都是货币发挥着支付手段职能。此外，在支付工资和各种劳务报酬时，货币也发挥着支付手段职能。

货币作为支付手段使商品经济的矛盾进一步复杂化了。由于赊销、预付等因素形成的债务链条，赊销者不能按期收到货款，预付者不能按期收到货物，加之货币价值的变化，都能使债务不能如期清偿，而债务链条中的任何一个环节断裂，都可能导致社会再生产不能顺利进行，甚至酿成经济危机。

（五）世界货币

当一国货币超越国界，在世界市场上发挥一般等价物作用时便执行世界货币的职能。随着世界各国之间的交往和国际贸易的增加，价值在国际间的转移越来越频繁，需要有一种世界各国都认可的交易媒介执行货币职能。从原始意义上讲，世界货币要求货币本体以原来的条块形态并按实际含金量发挥作用。因为各国内部的价格标准、铸币形态以及货币符号都是建立在各国经济发展特点和法律规定基础上的，对其他国家来说无直接约束意义。但当代，一些西方发达国家的信用货币成为世界上普遍接受的硬通货，实际上发挥着世界货币的职能。世界各国把这些硬通货作为本国储备的一部分，并作为国际间的支付手段和购买手段。典型意义上的世界货币是原始的金银条块，其价格标准、铸币名称、价值符号等国家的、民族的“服装”都必须脱去。货币执行世界货币的职能主要表现为三个方面：

第一，作为国际间的一般支付手段，用以平衡国际收支差额。这是世界货币的主要职能。

第二，作为国际间的一般购买手段，用以购买外国商品。作为购买手段的货币在此应当起到货币商品与普通商品交换的作用。

第三，作为国际间财富转移的一种手段，如战争赔款、输出货币资本等。

价值尺度和流通手段是货币的两个最基本的职能。马克思认为：“一种商品变成货币，首先是作为价值尺度和流通手段的统一，换句话说，价值尺度和流通手段的统一是货币。”只有当一种商品转化成为货币后，它才成为价值的独立体现物，进而发挥贮藏手段的职能。支付手段的出现又是以价值尺度、流通手段和贮藏手段为前提的，因为货币在支付前必须先对商品标价；商品的信用交易形式则完全建立在以货币为媒介的商品买卖交易形式发展的基础之上；同样，货币贮藏产生于买卖链条的中断，进而才导致债权、债务关系的发展。当然，货币只有在各国国内已发挥了价值尺度、流通手段、贮藏手段和支付手段的职能之后，才能突破国界，成为国际间的一般支付手段、一般购买手段和财富的一般转移手段，发挥世界货币的职能。

三、货币与经济的关系

人们对货币与经济关系的认识，经历了一个由简单偏颇到复杂全面的过程。

20 世纪之前，多数经济学家不太重视货币对于社会经济生活的影响。他们认为，货币仅仅是在流通领域发挥交易媒介职能，其他职能全都派生于交易媒介职能。货币只是蒙在真实经济运行上的一层面纱，它只影响交易的一般价格水平，而不影响商品交易的相对价格水平。如果揭开这层面纱，可以清楚地看到，交易的基础是商品交换商品，而不是商品交换货币。货币只是便利交换的工具。对此，英国古典经济学家约翰·穆勒总结道：“单纯采用一种特殊方法来相互交换各种物品——先以物品交换货币，再以货币交换其他某种物品，不会影响交易的根本性质……总之，在社会经济中，货币从本质上来说是最无意义的；它的意义只在于它具有节省时间和劳动的特性。”

“货币面纱论”只是从流通领域来研究货币的作用，单纯强调货币的交易媒介职能，而没有看到货币对生产活动领域的影响。随着生产的不断发展，社会经济活动更多地表现为货币经济的特征，这一特征的突出表现就是货币渗透到社会经济生活的各个层面，货币对经济活动的影响大大加强。即使从交易媒介职能来说，货币的使用方便了交易、扩大了市场、降低了交易费用，从而促进了社会分工的发展和深化，提高了整个社会的生产能力。而且，货币形态的产生，使人们的储蓄行为由实物贮藏转化为货币储存，由商品货币储存转变为信用货币储存，减少了货币形态社会资源的浪费，扩大了可利用的社会资源总量。特别是以货币等信用工具为载体的金融市场的发展，有力地促进了社会资源的优化配置，从而改进了社会生产能力的扩张路径，提高了经济发展的速度。关于货币对经济发展的影响，经济学家约瑟夫·熊彼特、约翰·希克斯以及后来的罗纳德·麦金农和爱德华·肖给出了比较全面系统的分析。

虽然还有现代货币学派和理性预期学派对货币影响经济发展的否定,但现代经济学者多数不再承认这种“货币面纱论”的观点,而更倾向于认为货币和货币政策在经济生活中起着较重要的作用。第一,现代经济的特征是货币几乎包含于每一种交换之中,即货币购买商品,商品交换货币,但商品不能购买商品。拥有货币成为购买生产资料并支付工人工资、实现生产资料与劳动力的结合、开始现实生产这一系列过程的前提条件。正如马克思所说:“资本主义的商品生产——无论是社会地考察还是个别地考察——要求货币形式的资本或货币资本作为每一个新开办的企业的第一推动力和持续的动力。”货币为生产要素提供了一种黏合剂。第二,货币指标和货币政策成为政府调控宏观经济的主要工具。对货币的控制成为政府试图影响国民经济宏观经济变量的手段之一,人们称之为对经济的货币调控。与这种趋势相适应,甚至出现了实证的货币定义,它以“有用性”和“实证性”为原则,以期确定合适的货币定义。这种合适的货币定义,必须是使货币同国民收入、就业和物价等主要的经济变量之间保持着一种稳定的函数关系,从而使人们能准确地根据货币的变化预测这些变量的变化。这样,政府就可以通过调节货币来调节经济了。

随着金融和经济的发展,货币的作用也在不断发展和变化。在金融和经济发展的初始阶段,货币的作用主要集中在便利交换方面。一方面,货币通过价值尺度的职能,以自身的价值作为尺度来表现和衡量商品的价值,并通过货币单位将商品的价值表现为价格,为商品交换创造条件;另一方面,货币通过流通手段的职能成为各种商品买卖交易的媒介,克服了物物交换的困难,促进了商品流通与生产。

随着金融和社会经济的发展,货币的作用逐渐扩大。首先,货币通过贮藏手段的职能不仅成为保存社会财富的最佳形式,而且可以发挥调节货币流通量的作用,尤其在金属货币流通条件下具有“蓄水池”的作用,货币在由流通转入贮藏或由贮藏进入流通的过程中自发地调节了货币流通量。在信用货币条件下,货币储藏形成了部分储蓄,对即期社会总需求产生了直接的影响。其次,货币通过发挥支付手段的职能可以进行支付抵消,节约了大量的流通费用;还可以开展非现金结算,加速资金周转;通过财政收支和信贷收支促进资金的集中和使用。最后,货币通过发挥世界货币的职能,促进了国际贸易和世界市场的形成。

在高度发达的市场经济中,货币的作用范围和作用力进一步扩大。在现代市场经济中,人们的一切经济活动都要借助货币信用形式完成,一切经济活动都要借助货币金融手段来发挥作用,货币信用因素已经渗透到经济生活中的方方面面。货币不仅是衡量和表现所有商品和劳务的统一价值尺度,成为在经济活动中起到媒介和传递作用的交换手段和支付手段,而且成为影响各种名义变量,甚至在短期内影响真实变量变动的重要因素,成为国家干预经济运行的主要工具。首先,在微观经济活动中,货币不仅继续发挥着便利交换、贮藏价值、延期支付、节约流通费用、加速资金周转的作用,而且产生了重要的核算功能和资产功能。核算功能是指货币已成为所有微观主体进行经济核算的基本工具,用来计量成本、收益和风险;资产功能则是指货币因为最有流动性,能在与其他任何资产进行替代换位过程中增加价值。其次,在客观经济运作中,货币不仅发挥着促进商品生产和流通的作用,而且成为反映和影响总体经济运行的主要指标,成为实现社会产品分配的主要形式。更重要的是,成为政府调节物价水平、就业水平、国际收支和经济总量与结构的主要工具。

但是,我们也不能过分强调货币的推动作用,而忘记了经济对货币的制约作用。在看到货币对经济的重要性的同时,必须看到货币对经济影响的局限性。这种局限性表现为对于经济活动中出现的一些问题,依靠货币政策或者单纯货币政策很难起到作用。

第三节　货币制度及其构成要素

世界各国在货币方面都制定过许多法令，从不同程度、不同角度对货币进行控制，以实现建立符合本国政策目标并由自己控制的货币制度(monetary system)。一般来说，有序稳定并能为发展商品经济提供有利客观条件的货币制度，是各个政府共同追求的目标。

一、货币制度及其形成

货币制度是指国家法律规定的货币流通规则、结构和组织体系的总称，是随着商品经济的发展而逐步产生和发展的。一个国家或地区为了保持其货币流通的正常和稳定，通常要制定、颁布一系列的法律和规定。这些法律和规定强制性地把有关货币流通的各个方面、各个要素联系起来，并在实践过程中不断地修正、补充，从而形成一个有机整体，这就是一个国家或地区的货币制度。

货币制度是伴随着金属铸币的出现而开始形成的。由于早期铸币在形制、重量、成色等方面都有较大的差异，加上民间私铸、盗铸，货币流通比较混乱，要求国家对此加以管理。我国早在秦代即有了货币立法。《史记·平准书》记载："及至秦中，一国之币为二等，黄金以镒为名，为上币；铜钱识曰半两，重如其文，为下币。而珠玉龟贝银锡之属为器饰宝藏，不为币。"以后历代都有货币法律的规定。只是由于当时的商品经济不发达，简单商品经济处于自然经济的汪洋大海之中，早期的货币与货币流通便呈现出极其分散、紊乱的特点。这些特点表现在以下方面：第一，币材多用铜、银等贱金属，而黄金的普遍使用较晚，并且不止一种金属充当币材。第二，铸币分散，流通混乱。在欧洲，每个城邦都设厂铸币，奴隶社会的希腊，有 1 500～2 000 所造币局。第三，铸币不断变质，即重量减轻、成色降低。各地铸币成色悬殊、平砝混乱，各种货币的折合极为复杂。铸币的变质常常影响到商品的正常交易，以致物价的动荡和阶级矛盾的激化。

随着资本主义的产生、发展和商品流通的扩大，分散和紊乱的货币流通越来越成为资本主义经济和信用发展的障碍。新兴的资产阶级要求有统一的货币来刺激商品交换规模的扩大；要求有稳定的货币，以正确计算成本、价格和利润，促进资本主义生产的增长；要求有既统一又稳定的货币，以促进资本主义信用事业的发展等。因此，当资产阶级在各国取得政权，并建立起统一的民族国家后，就着手清理货币流通中的分散与混乱情况，先后颁布了许多有关币制改革的法令，通过这些法规的实施，最终形成了统一的、定型的资本主义货币制度。

二、货币制度的构成要素

(一)货币材料的确定

货币材料简称"币材"，是指用来充当货币的商品。一个国家使用何种商品作为本位货币，是整个货币制度的基础，也是建立货币制度的首要步骤。从表面上看，选择哪一种币材是由每个国家的主观意志决定的，但从币材演变的历史观察，本位币材料的选择受制于客观经济条件。国家规定哪种或哪几种商品(金属或非金属)为币材，实际上是对已形成的客观现实从法律上加以肯定。主观上把现实生活中不起作用的币材硬性规定为币材或不允许现实生活中起币材作用的商品发挥币材作用，不仅行不通，而且还会造成混乱。一种或几种商品一旦被规定为币材，即称该货币制度为该种或该几种商品的本位制，如以金为币材的货币制度称为金本位制等。

(二)货币名称、货币单位和价格标准

货币制度要规定本位币的名称,货币名称通常是依据习惯形成的。例如,英国的货币名称为“英镑”、美国为“美元”、印度为“卢比”、我国为“人民币”等。

货币制度要明确货币的单位及其划分。例如,英国的本位币单位为“镑”,镑以下为“先令”“便士”等;我国人民币的单位为“元”,元以下为“角”“分”等。

在金属货币流通条件下,价格标准是铸造单位货币的法定含金量。例如,根据美国1934年1月的法令,1美元的含金量为0.888 671克;按照1870年英国的铸币条例,1英镑的含金量合7.97克;旧中国1914年的《国币条例》规定,每一枚银圆含纯银23.977克,1933年又规定每枚银圆含纯银23.493克。可见,在金属本位制度下,货币单位与货币的价格标准是密切相关又各不相同的两个概念。但是,在当代纸币本位制下,货币不再规定含金量,货币单位与其价格标准逐渐融为一体,货币的价格标准即是货币的单位及其划分的等份,如元、角、分。

(三)本位币、辅币及其偿付能力

1. 主币和辅币

主币也称本位币,是一个国家的基本通货和法定的计价结算货币。在金属货币流通条件下,主币是指用货币金属按国家规定的货币单位和价格标准铸造的铸币,其名义价值(面值)与实际价值(金属市场价值)一致,为足值货币。在表征货币流通条件下,主币依附于其发行基础——金属货币,表征货币只是金属本位币的符号。在当代纸币本位制度下,纸币已经成为独立的本位币,由国家货币制度所确定,是流通中商品价值的符号。

辅币是本位币以下的小额货币,主要供小额零星交易和找零之用。在金属货币流通条件下,辅币以贱金属铸造,其实际价值低于名义价值,为不足值货币。法律规定,辅币可按固定比例与本位币自由兑换,以确保辅币可以按名义价值流通。在当代纸币本位制度下,辅币即是本位币单位以下的小额零星货币。

2. 本位币的铸造及其偿付能力

在金属货币流通条件下,货币制度一般都规定本位币可以自由铸造和熔毁。即无论是国家还是私人,都可以将其持有的货币金属送铸币厂,按照国家规定的货币名称、单位和价格标准铸造成本位币;也可以将持有的金属本位币送铸币厂熔为金属条块,铸币厂仅收取少量的铸造或熔化费用。

金属本位币的自由铸造和熔毁具有自发调节货币流通的意义,使流通中的货币量与货币需要量保持一致。当流通中的货币量超过客观需要量时,金属本位币的名义价值就会低于等量币材的实际价值,这时,本位币的持有者就会自发地将金属本位币熔化为金属条块,还原为普通商品出售,从而使流通中的本位币数量与客观的货币需要量相一致。反之,当流通中的金属本位币数量不足时,本位币的名义价值就会高于其等量币材的实际价值,这时,货币金属的持有者就会自发地将币材送铸币厂铸成本位币投入流通,直至金属本位币的流通量与客观的货币需要量相符为止。

自由铸造和熔毁还可以保证金属本位币的名义价值与其实际价值相一致。由于金属本位币在流通过程中不断磨损,致使其名义价值不断高于实际价值。在这种情况下,货币制度规定对实际价值严重低于名义价值的金属本位币进行熔毁,以重新铸造出名义价值与实际价值相符的足值本位币。所谓“磨损公差”,就是指铸币磨损以后的实际重量与国家规定的标准重量相比允许的最大差距,也就是磨损的最大限度。例如,1870年英国的铸币条例规定,1英镑金币的标准重量是123.274 47格令，磨损后的铸币重量不得低于122.5格令，如果低于这一重量，可以请求政府兑换新币。

在当代纸币流通条件下，纸币是由国家垄断发行、强制流通的价值符号。除中央银行外，任何单位和个人都不得自行印制、变造和故意损毁货币，否则视为违法行为，并按国家有关法规的规定予以惩处。

无论是足值金属货币本位币还是纸币本位币，各国货币制度都有“无限法偿”的规定。所谓“无限法偿”，是指无限的法定支付能力，不管是用本位币偿还债务或其他支付，也不管每次支付的本位币的数额大小，债权人和收款人都不得拒绝接受，否则视为违法。

3. 辅币的铸造及其偿付能力

在金属货币流通条件下，各国货币制度一般都规定辅币限制铸造，即只能由国家铸造，不准公民铸造。这是因为金属辅币是不足值货币，铸造辅币可获得额外收益，国家垄断辅币铸造权，可使这部分收益归国家所有。如果允许公民自由铸造，就会造成公民为获得额外收益而用贱金属大量铸造不足值的辅币，使辅币充斥市场，影响货币流通的正常和稳定。

在金属货币流通条件下，法律一般规定辅币为有限法偿货币，即每次支付辅币的数量不能超过规定的额度，否则债权人或收款人有权拒收。但是，用辅币缴税、向政府兑换本位币的数额则不受此限。在纸币本位制条件下，各国对辅币法偿能力的规定不完全相同，有的规定为有限法偿，如美国；有的则没有作明确规定，如中国。

(四)准备制度的确定

准备制度又称黄金储备制度，它是一国货币稳定的基础，也是一个国家经济实力强弱的重要标志之一。世界上大多数国家的黄金储备由中央银行或财政部门掌握。在金属货币流通的条件下，黄金准备的用途有三个方面：第一，作为国际支付的准备金，也就是作为世界货币的准备金；第二，国内金属货币流通的准备金，以应对流通扩大或收缩对金属货币的不同需要；第三，支付存款和兑换银行券的准备金。

在当今世界各国不兑现的信用货币流通条件下，准备金制度只作为国际支付的准备金，其余两个用途不复存在。为强化国际支付准备金，各国建立了外汇储备，即以特定的世界货币如美元、日元、欧元等作为准备金。

第四节　货币制度的演变

货币制度的演变大致经历了银本位制、金银复本位制、金本位制和纸币本位制四个阶段。

一、银本位制

银本位制(silver standard system)是指以白银为本位货币的一种货币制度。银本位制包括以下基本内容：以白银为本位货币币材，银币为无限法偿货币，具有强制性流通的能力；主币的名义价值与所含的一定成色、重量的白银相等，银币可以自行铸造、自由熔化；银行券可以自由兑现银币和等量白银；白银和银币可以自由输出输入。

银本位制又分为银两本位制和银币本位制两种形式。银两本位制度是以白银的重量单位——两作为价格标准，实行银块流通的货币制度。银币本位制度则是以一定重量和成色的白银铸币流通的货币制度。

银本位制是历史上最早的货币制度，它能够适应经济不够发达、商品交易主要是以小额交易为主的商品经济。早在货币制度萌芽的中世纪，许多国家就已实行银本位制。16 世纪以后，白银成为占统治地位的贵金属，银本位制度则从 16 世纪后开始盛行，但银本位制作为一种独立的货币制度在一些国家存在的时间并不长，而且实行的范围也不广，主要包括墨西哥、日本、印度和中国。至 19 世纪末，除少数经济落后国家外，各国纷纷放弃该制度，它大致持续了 200 多年。在世界其他国家银本位制推行时间较短的原因是：第一，19 世纪以后，白银产量激增，国际上银价不稳定，出现供大于求、价值不断下跌的现象；金银比价大幅波动，伦敦市场金银比价由 1860 年的 1∶15 一直降到 1932 年的 1∶73.5。第二，白银与黄金相比体积大而价值小，资本主义大工业与批发商业的兴起使大规模交易日益增多，白银显然已经不再适应经济发展的客观需要。我国用白银作为货币的时间很长，唐宋时期白银已普遍流通，金、元、明时期确立了银两制度，白银是法定的主币。清宣统二年（1910 年）四月清政府颁布了《币制则例》，宣布实行银本位制，实际上是银圆和银两并行。1933 年 4 月国民党政府"废两改元"，颁布了《银本位铸造条例》，同年 11 月实行法币改革，在我国废止了银本位制。

二、金银复本位制

金银复本位制又称复本位制（bimetallic standard system），指以金、银两种金属同时作为本位货币币材的货币制度。其主要内容是：金银两种铸币都是本位币，本位币的价值与其所含贵金属的价值相等；两种货币均可自由铸造、自由熔化、自由兑换、自由输出输入；两种货币均是无限法偿货币。复本位制盛行于资本主义原始积累时期（16～18 世纪）。在这一历史阶段中，商品生产和流通进一步扩大，对银和金的需求大大增加。银的价值含量小，适用于小额交易。金的价值含量大，适用于逐渐增多的大额交易。同时，金的供给量也由于人工开采的增加而增加，使金银复本位制代替银本位制成为可能。

金银复本位制按金银两种贵金属的不同关系又可分为平行本位制、双本位制和跛行本位制三种。

（一）平行本位制

平行本位制是指两种货币都按其所含金属的实际价值流通，国家对两种货币的兑换比率不作规定，而由市场上生金银的比价自然确定，这样市场的商品必然出现两种价格，即金币价格和银币价格。由于金、银的市场价格随劳动生产率的变化和供求关系的变化而不断发生波动，从而造成市场物价及债务关系的紊乱。这种现象也决定了其必然要向双本位制演进。

（二）双本位制

双本位制是典型的金银复本位制，是指国家和法律规定金、银两种铸币的固定比价，两种铸币按国家比价流通，而不随金、银市场比价的变动而变动。双本位制虽然克服了平行本位制的缺陷，但又产生了新的矛盾，即出现了"劣币"驱逐"良币"的现象，"格雷欣法则"就描述了这一现象。

"格雷欣法则"是指 16 世纪英国理财家格雷欣发现的"劣币"驱逐"良币"的规律。所谓"劣币"，是指国家法定价值高于市场价值的货币；所谓"良币"，是指国家法定价值低于市场价值的货币。由于两种铸币的法定比价不变，而金、银的市场价值随着劳动生产率和供求关系的变动而变动，从而导致两种铸币的法定比价和两种金属实际比价的背离。这样，当两种铸币在同一市场上流通时，实际价值高于法定价值的"良币"会被驱逐出流通领域，即被熔化或输出国外，导致实际价值低于法定价值的"劣币"充斥市场的现象。

(三)跛行本位制

跛行本位制是指国家虽然规定金银币都是本位币,可以同时流通,但政府又规定金币可以自由铸造而银币不能自由铸造,金币和银币按固定的兑换比率流通。银币地位已经降低,逐渐被金币替代,该制度是由复本位制向金币本位制过渡的一种货币制度。

金银复本位制是一种不稳定的货币制度,它与货币作为一般等价物而具有的排他性、独占性的本质特性相冲突,所以,随着资本主义经济的进一步发展,金银复本位制让位于金本位制,乃是历史的必然。

三、金本位制

金本位制(gold standard system)是指以黄金作为本位币的货币制度。以货币与黄金的联系程度为标准,可分为金币本位制、金块本位制、金汇兑本位制三种不同形式。

(一)金币本位制

1. 金币本位制的主要特征

(1)铸造金币,金币流动,金铸币无限法偿;

(2)金铸币可自由铸造、自由熔化为金块(条);

(3)银行券和辅币作为价值符号,能自由兑换金铸币或黄金;

(4)黄金可以自由输出、输入;

(5)建立金准备制度,保证价值符号(表征货币)的可兑换性。

2. 金币本位制的作用

从上述金币本位制的特点可见,金币本位制是一种相对稳定的货币制度,它对资本主义经济发展起到了积极的作用。

第一,金币的“自由铸造”和“自由熔化”,使得金本位货币与其所含的一定量黄金的价值保持了等值关系,从而起到了自动调节一国物价水平与国际收支的作用,维持了物价稳定和国际收支平衡。

先看物价水平,在金币本位制下,当物价水平上涨时,单位货币所能购买到的商品数量减少,单位货币所能买到的黄金数量也就减少了,这表明币值下跌,黄金价格上涨,此时人们就会将金币熔化成为黄金而出售,于是流通中的金币数量减少,物价水平就相应地降低下来,币值回升以至与黄金平价。相反,当物价水平下跌时,币值上升,民间又会将黄金铸造成为金币,造成流通中的金币数量增加,物价上涨和币值下跌,最终达到金币与黄金平价。再看国际收支,当一国的国际收支出现逆差时,说明该国的出口小于进口,造成金币流向国外,从而减少了国内的金币数量,造成国内物价水平下降,而物价水平的下降就会使进口减少、出口增加,从而使国际收支逆差得到调整并逐渐消失。相反,当出现国际收支顺差时,出口大于进口,金币从国外流入国内,导致国内金币数量增加、物价上涨,而物价上涨又会使出口减少、进口增加,从而使国际收支顺差得到调整并逐渐消失。总之,金币本位制具有维持物价稳定和国际收支平衡的作用。

第二,金与金币的自由输出和输入,使得金本位货币的对外汇率保持了稳定。

在国际金本位下,汇率是以各国货币的含金量为基础的。比如,1 英镑含金 113.0016 格令,1 美元含金 23.22 格令,于是英镑对美元的基本汇率为:1 英镑等于 4.866 美元。但是,实际汇率是由外汇供求决定的,不一定与基本汇率相一致。一旦实际汇率发生变动,偏离了基本汇率,那么通过黄金的输出与输入,便可对汇率进行自动调节,使实际汇率偏离基本汇率的程度不会超过输出或输入黄金所需的费用,从而维持了汇率的稳定。例如,在纽约与伦敦之间输送1英镑黄金需花费2美分(0.02美元),那么在纽约,英镑的实际汇率应不会超过4.886美元,否则美国债务人与其高价买进英镑来清偿债务,不如向伦敦直接输出黄金(即把黄金从纽约运往伦敦)以清偿债务。这种汇率上涨的限度,称为黄金输出点。同时,纽约的英镑汇率也不应低于4.846美元,如若不然,英国债务人与其低价出售英镑,不如直接从伦敦输入黄金(即把黄金从伦敦运往纽约)来清偿债务。这种实际下跌限度,称为黄金输入点。正是由于黄金和金币可以自由输出与输入,才使得本位货币的对外汇率得以稳定。

3. 金币本位制的缺点

金币本位制的缺点表现在以下方面:

第一,金币自由铸造与自由流通的基础受到削弱。在帝国主义阶段,资本主义各国发展不平衡性的加剧,引起世界黄金存量的分配极端不平衡。世界黄金存量的大部分掌握在少数几个强国手中,1913年末,美、英、法、德、俄五国占有世界黄金存量的2/3。其他许多国家的黄金储备和流通中的金币量很少,因此动摇了这些国家的金本位制的基础。同时,在少数强大的资本主义国家中,金币流通也相对减少,大量黄金集中于中央银行和国库。如在1913年,世界黄金储备已有60%集中于中央银行和国库。这些国家一方面加强对外掠夺黄金,另一方面又设法在国内从流通领域吸收黄金。当黄金主要由民间分散储存转为中央银行与国库集中储存的时候,金币自由铸造与自由流通的基础就被严重地削弱了,从而大大缩小了金币流通规模和范围,使金本位制的稳定性受到威胁。

第二,价值符号(主要是银行券)对金币的自由兑现受到削弱。要保证价值符号能够自由兑换黄金或金币,不仅需要有充足的黄金准备,而且价值符号的发行数量也不能过度地超出流通中对于货币的需要量。到了19世纪末20世纪初,中小国家因黄金准备不足,所发行的银行券难以自由兑换金币。少数帝国主义列强为瓜分世界、准备战争,大量增加军费开支,引起国家财政支出急剧增长,为了解决财政上的困难,这些国家都开动印钞机,大肆增加价值符号的发行,从而导致价值符号难以保持自由兑现。

第三,黄金在国际间的自由转移受到很大限制。在帝国主义阶段,资本主义国家为了本国垄断资本的利益,经常通过很高的关税来限制外国商品的输入,遭受限制的国家由于难以出口商品换取外汇收入,有时就被迫输出大量黄金以支付对外债务。但是,黄金大量外流又会削弱黄金准备,影响价值符号随时兑现的可能性,于是,这些国家就采取措施,阻止黄金的自由输出。另外,在危机时期,商品输出困难以及货币资本外逃等,也会引起黄金大量流出,迫使资本主义国家限制黄金自由输出,甚至完全禁止输出。

金币本位制是一种相对稳定的货币制度,对资本主义经济的发展曾起到积极的作用。首先,由于币制相对稳定,不会发生通货膨胀,从而为商品生产的发展和商品流通的扩大提供了良好条件;其次,在稳定的货币制度下,信用关系不受币值波动的影响,因此促进了信用事业的发展;最后,在金币本位制下,由于各国都以黄金作为币材,各国货币含金量的比率相对稳定,而外汇市场的稳定显然有利于国际贸易的进行,同时,对外贷款和投资的安全性也有了保障。

(二)金块本位制

1. 金块本位制的含义

金块本位制又称生金本位制,是指国家虽然规定金币为主币,但国家并不铸造和使用金币,而由中央银行发行以生金为准备的银行券进行流通的货币制度。这种货币制度虽然规定了银行券的含金量,但持有人只能有限制地兑换生金。

金块本位制是第一次世界大战以后的产物，主要是由于战后的黄金供给不足，但又要维持金本位制，而出现的一种有限使用黄金的方式。

金块本位制有以下特点：①金币虽然是本位货币，但是在国内不流通，只有纸币流通；②黄金集中存储于政府，金币不能自由铸造；③规定纸币含金量，纸币具有无限法偿效力；④限制纸币兑换黄金有数量。

2. 金块本位制与金币本位制的区别

第一，金块本位制以纸币或银行券作为流通货币，不再铸造、流通金币，但纸币和银行券仍然是金单位，规定含金量。

第二，金块本位制不再像金币本位制那样实行辅币和价值符号同黄金自由兑换，规定黄金由政府集中储存，居民可按本位币的含金量在达到一定数额后兑换金块。

第三，银行券是一种强制流通、无限法偿的货币。在这种情况下，各国根据自己的金储备情况规定银行券的最低兑现额。

例如，英国在 1925 年规定银行券每次兑换至少要 1 700 英镑(含纯金 400 盎司)，法国 1928 年规定每次至少兑换 215 000 法郎，这是一般老百姓无力拥有的金额，因此有人又把它称为“富人本位”(richman’s standard)，这种本位制后来发展到银行券不能兑换黄金，只能兑换外汇，这也是为富裕阶层服务的。有限金块本位制(limited gold bullion standard)是美国于 1934～1971 年实行的一种金块本位制。其特点是：国内不铸造和流通金币，也不发行和流通金证券，只流通作为信用货币的纸币和辅币；美元可以兑现金块，但受一定限制，如财政只向外国中央银行或官方机构出售黄金，以及供“合法的”国内工业、艺术等专业使用黄金。

(三)金汇兑本位制

1. 金汇兑本位制的含义

金汇兑本位制又称虚金本位制。这种货币制度规定金币为主币，但国家并不铸造和使用金币，只发行有含金量的银行券。这种银行券与另一个实行金本位制国家的货币挂钩，实行固定的兑换比率，该银行券在国内不能兑换黄金，但可以兑换外汇，再用外汇到挂钩国兑换黄金。这种货币制度要求将作为货币发行的黄金和外汇准备全部存放在被挂钩国，国家主要采用无限制地向公民供应外汇的方法，来维持本国货币与挂钩国的兑换比率。采用这种货币制度必然使本国货币依附于某一个经济实力雄厚的外国货币，其本质是一种附庸的货币制度。

2. 金块本位制和金汇兑本位制是两种不稳定的货币制度

第一，这两种货币制度都没有铸币流通，黄金失去了流通手段的职能，从而也失去了自发调节货币流通的可能性。

第二，由于银行券不能自由兑换黄金，所以，一旦流通过多就会贬值，削弱了货币制度的基础。

第三，在金汇兑本位制下，本国货币制度依附于外国货币制度，一旦外国货币制度发生动摇，本国货币制度也必然随之动摇。

实行这种货币制度的国家通常有两种：一种是本国经济落后、黄金储量少、无法独立实行金本位制的国家；另一种是战败国，国内产生严重的通货膨胀，货币制度面临崩溃，需挂靠一种强势货币，进行调整。无论哪种情况，都属于一个国家把自己的货币与另一个经济实力雄厚国家的货币挂钩，实际上成为它的附庸，在货币政策上受到控制和利用。当被依附的国家币值发生动荡时，其依附国的币值也会受到严重影响，无法保持本国货币的稳定。

1929～1933 年世界经济危机的风暴迅速摧毁了这种残缺不全的金本位制，使金本位制彻底崩溃，随之，资本主义各国先后实行了纸币本位制。

四、纸币本位制

纸币本位制又叫不兑现的信用货币制度，是指以纸币为本位货币，且纸币不规定含金量，也不能兑换为黄金的货币制度。

不兑现信用货币取代黄金本位制度，是货币制度演进的质的飞跃，它突破了商品形态的桎梏，而以本身没有价值的信用货币作为流通中的一般等价物。

(一)纸币本位制的特点

(1)政府或中央银行发行的纸币为本位货币。

(2)由国家法律强制流通。在现代信用货币制度下，国家赋予不兑现银行券具有无限法偿的支付能力。

(3)与黄金的联系逐渐削弱并最后取消。

(4)货币通过银行信用渠道注入流通。

(5)非现金流通构成货币流通的主要部分。随着银行转账结算的广泛开展，大量现金交易被非现金形式所替代，现金结算所占比重越来越小。

(二)纸币本位制的优缺点

(1)纸币本位制的优点：第一，货币供给数量不再受贵金属的束缚，国家可以根据经济的实际需要调整货币供应量；第二，可以人为地对外实行外汇管理，在国际收支不平衡时，随时调整汇率，由此减少国际经济变化对本国经济的影响；第三，纸币便于携带，且纸币流通减少了社会财富的浪费。

(2)纸币本位制的缺点：第一，货币发行不受贵金属准备的限制，而且失去自发调整功能，非常容易产生信用膨胀和通货膨胀。第二，人为地调整汇率，会对国际贸易和国际金融产生不良影响。尤其是对发展中国家更为不利。当国际收支出现逆差时，如果加强外汇管理，很容易造成对外汇率偏高、出口减少、逆差增大。只有降低汇率，增加出口，才能平衡收支。因此，发展中国家对外汇率常有下降趋势。第三，纸币本位制增加了各国政府对货币管理的责任。为了适应经济发展的需要，各国政府必须将货币政策与其他政策相配合，来调控供给量，以稳定币值，保证经济的正常运行。

我国现行的货币制度较为特殊。由于我国目前实行"一国两制"的方针，1997 年香港回归、1999 年澳门回归后，继续维持原有的货币金融体制，而中国台湾则使用台币，从而形成了"一国四币"的特殊货币制度。目前规定四种货币各为不同地区的法定货币：人民币是中国内地的法定货币；港元是中国香港特别行政区的法定货币；澳门元是中国澳门特别行政区的法定货币；台币是中国台湾地区的法定货币。四种货币各限于本地区流通，人民币与港元、澳门元之间按以市场供求为基础决定的汇率进行兑换，澳门元与港元直接挂钩。

人民币由中国人民银行于 1948 年 12 月 1 日开始发行，标志着中华人民共和国货币制度的开端。人民币制度是通过统一各解放区货币、禁止金银外币流通、收兑国民党政府发行的各种货币确立下来的。人民币采取现金和存款货币两种形式，人民币从未规定过含金量，不与任何外币确定正式联系，不依从于任何外国货币制度。除人民币外，任何外币、金、银一律禁止在中国内地流通。人民币主币的"元"，是我国经济生活中法定计价、结算的货币单位，具有无限法偿能力，人民币辅币的货币单位有"角""分"两种，分、角、元均为十进制。人民币由国家授权中国人民银行统一发行管理。

本章案例

案例一 货币与货币的材料

从古至今许多东西都充当过货币的材料，从贝壳等实物到金银等贵金属到纸币，以至目前流行的电子货币都被当作普遍接受的交换媒介。在古代，据说曾以牲畜作为商业上的通用媒介。牲畜无疑是极为不便的媒介，但我们却发现，古代往往以牲畜头数作为交换的评价标准，也即用牲畜交换各种物品。"荷马曾说：'迪奥米德的铠甲，仅值牛九头，而格罗卡斯的铠甲，却值牛一百头。'据说，阿比西尼亚以盐为商业交换的媒介；印度沿海某些地方，以某种贝壳为媒介；弗吉尼亚用烟草；纽芬兰用干鱼丁；我国西印度殖民地用砂糖；其他若干国家则用兽皮或鞣皮。直到今日，苏格兰还有个乡村，用铁钉作媒介，购买麦酒和面包。"(亚当·斯密《论货币的起源及其效用》)从这段描述可以看出，牲畜、贝壳、烟草和铁钉等实物都曾充当过货币。

17世纪，在印度的许多地方，贝壳与"巴达姆"(badam，一种不能吃的波斯硬果)被民众广泛使用，与铜币争夺地盘。在印度和中国的许多地方，由于开采铜和铸造铜币的成本比开采白银和铸造银币，甚至开采黄金和铸造金币的成本还要昂贵，因此当铜短缺或铸币成本太高时，在最偏远的市场上，贝壳就取代了铜币。直到18世纪，贝壳作为货币在非洲的奴隶贸易中仍有很大的需求。同时，枪支、巴西烟草、亚麻布、法国白兰地和火药也被用于黑人奴隶交易。当时，购买一个奴隶的价格分别是100磅贝壳、12支枪、5包巴西烟草、25匹亚麻布、1桶(约40升)法国白兰地或15磅火药。与贝币同时使用的还有盐币。在中国明代，楚雄府就曾用人工加工好的盐块作货币，一个盐块重2两。1936年，云南大学历史系教授方国瑜在倮黑山还见到以盐币交易的情况，这些盐币每块长宽1.5寸、厚4分，30块重1市斤。

现在，在南太平洋的雅普岛上人们仍然把石头作为货币，第二次世界大战中的集中营和战后的德国及20世纪80年代的俄罗斯都曾把万宝路香烟作为货币。

思考题：有人说，黄金不是货币而是货币的材料。你同意这种观点吗，为什么？那么货币又是什么？

案例二 电子货币的应用

电子货币(electronic money)，严格意义上是消费者向电子货币的发行者使用银行的网络银行服务进行储值和快捷支付，通过媒介(二维码或硬件设备)，以电子形式使消费者进行交易的货币。

国际清算银行(BIS)1996年10月的报告和欧洲央行(ECB)1998年的报告较具代表性，体现了电子货币的若干基本特点：由电子储存的货币价值；代表向发行者的索偿权；具有一定的储值上限；可在发行者业务系统之外广泛用于支付；在支付过程中无卷入银行账户或发行方系统的必要。

随着互联网的迅猛发展，国内出现了各种各样的电子支付手段，不再局限于信用卡、网上银行、电子支票，无论是舶来品"比特币"①，还是基于网络实物交易诞生的"支付宝""微信钱包"，这些新生事物在本质上都不过是银行账户之间的货币转账手段，但从一般利用者的支付手段而言，它们在现实中越来越接近现金，以至于有人将它们全部笼统地称作"电子货币"。

电子商务的发展促使传统支付手段电子化，走向互联网、移动通讯网和数字电视网。例如：普通的信用卡可以在网上购物；电子支票、网上银行转账可以实现交易；支付宝、微信钱包、ApplePay等第三方支付既可以在网络上实行线上交易，又可以在超市、餐厅、酒店等各类经营场所进行线下移动支付。2013年以来，伴随着支付宝、微信支付等第三方移动支付平台的崛起，中国移动支付蓬勃发展。据中国支付清算协会最新数据显示，2017年，中国移动支付规模达202.93万亿元，全球排名第一，近五年移动支付规模年复合增速高达117.6%；2018年1～9月，中国移动支付业务共428.2亿笔，金额达199.2万亿元，同比分别增长54.9%和

---

① 比特币(Bitcoin)的概念最初由中本聪(化名)在2009年提出，它不依靠特定的货币机构发行，仅依据特定算法，通过大量计算产生，使用整个P2P网络中众多节点构成的分布式数据库来确认和记录所有交易行为，并使用密码学设计来确保货币流通各个环节的安全性，是一种实现了"用户自治、全球通用"的加密电子货币，本质是一种虚拟货币。

33.5%。

中国移动支付渗透率全球领先。2018年，我国电子支付比例高达71.4%。根据中国互联网络信息中心(CNNIC)发布的第43次《中国互联网络发展状况统计报告》显示，2018年，我国手机网络支付使用率达71.4%，其中线下消费时使用手机网络支付的比例由2017年底的65.5%提升至67.2%。此外，根据2018年央行发布的《2017年中国普惠金融指标分析报告》显示，2017年中国使用电子支付的成年人比例为76.9%，农村地区使用电子支付的成年人比例为66.51%，这些都充分显示了中国移动支付的超高渗透率。反观欧美发达国家，美国移动支付比例为50%，英国48%，德国49%，法国40%，日本作为移动支付的起源国，手机支付比例也仅为30%。

中国的互联网普及率全球第一，根据CNNIC发布的数据显示，截至2018年12月，我国网民规模达8.29亿，普及率达59.6%。其中，我国手机网民规模达8.17亿，网民通过手机接入互联网的比例高达98.6%。

经过多年的发展，电子货币发展得越来越快，在整个支付系统中占比越来越高，这是否也预示着电子货币时代的到来呢？人们不再需要去银行排队填表就可以付款购物；打车可以通过微支付；由于不存在面额制约，在额度内可分割利用，没有找零的烦恼。这些新事物为人们的生活带来更多色彩，人们也正逐渐认识到生活质量可以通过等待取款付款、寻找购物停车位、凑零钱付停车费等情况的减少得以提高。看来，更为重要的是电子货币所带来的付款文化上的变化。

思考题：电子货币的应用情况如何？其存在的问题与发展前景如何？

本章小结

1. 货币是商品经济内在矛盾的产物，是价值形态发展的必然结果。它经历了简单的价值形态、扩大的价值形态、一般价值形态和货币形态四种形式。

2. 给货币下定义必须透过现象抓其本质，货币是价值尺度和流通手段的统一，是从商品中分离出来的固定的充当一般等价物的特殊商品，是伴随着商品经济的发展、社会关系的发展和货币内在矛盾的发展而发展变化的。

3. 货币制度是一个国家关于货币发行、流通和组织程序的立法。历史上的货币制度经历了银本位制、金银复本位制、金本位制和信用货币制度四种，信用货币制度是发展的最高形态。

4. 货币的作用一直是人们探讨的问题，在当代，显而易见，具有宏观调控的功能。

复习思考题

一、概念题

货币　格雷欣法则　货币制度　铸币　本位币　无限法偿　有限法偿

双本位制　平行本位制　跛行本位制　银行券　准货币　价格标准　价格

二、问答题

1. 为什么说货币是商品经济内在矛盾的产物？
2. 为什么说货币的本质是一般等价物？
3. 典型的金本位制具有哪些特点？它在历史上对资本主义的发展起了什么作用？为什么？
4. 试分析纸币本位制度的特点。
5. 结合现代信用货币的双币流通的实际，分析“格雷欣法则”的条件。
6. 简述信用货币计量的基本原理。
7. 人民币是否具有贮藏手段的职能？
8. 什么是纸币本位制？有何特点？应如何理解目前我国的“一国四币”制度？

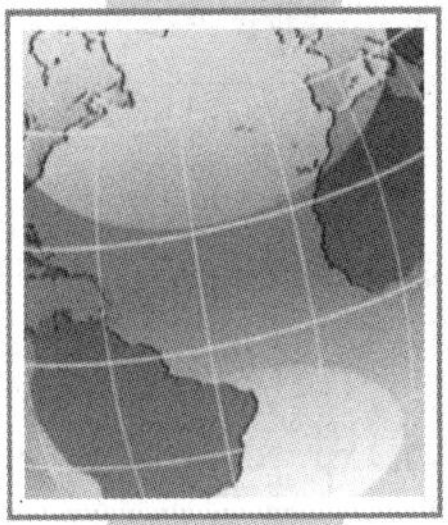

第二章
信用与信用工具

信用是一个古老的经济范畴。公元前300年，孟尝君为了供养三千门客，放债于薛，借款的对象都是他所辖的子民。古巴比伦国王汉谟拉比编制了一部法典，法典规定，贷谷的利息占本金的1/3，贷银的利息占本金的1/5，为避免债务人无力偿还债务，须以其拥有的不动产作为抵押，债权人不得在不通知债务人的情况下把谷物抵债或虐待抵债人质等。

第一节　信用的产生和发展

一、信用的产生

西方经济学中的“信用”一词源于拉丁语“credo”，其意为“信任、声誉”等。“信用”在英语中是“credit”，其意为“信任、赊账、信贷”等。汉语中的“信用”原意为能履行承诺而取信于人，近代又吸收了西方文明中“信用”的内涵，引进了“借贷”“借款”等内容。因此，汉语中的“信用”主要有两种解释：一是社会学解释，二是经济学解释。

经济学中的信用是与商品生产、货币经济密切相关的范畴，是一种体现特定经济关系的借贷行为。所谓借贷行为，是指商品或货币的所有者，把商品或货币暂时让渡（即贷）出去，根据约定的时间，到期由商品或货币的借入者如数归还，并附带一定数额的利息。

由于信用具有到期归还和支付利息这两个特征，因此，它具有与一般商品交换不同的价值运动形式。一般商品交换是等价交换，商品的所有权通过交换而发生转移，买卖双方都保留价值，货币在其中执行的是流通手段的职能。而借贷行为则不然，贷出时，价值作单方面转移，由贷者让渡价值，但保留所有权；归还时，价值也作单方面转移，而且借者除了归还本金外，还要支付利息，货币在其中执行的是支付手段的职能。

因此，当商品交换出现延期支付、货币执行支付手段职能时，信用就产生了。

首先，信用是在商品货币经济有了一定发展的基础上产生的。随着商品生产和交换的发展，在商品流通过程中会产生商品交换与支付的时间差。商品生产过程有长短之分，生产地与市场之间的距离也有远有近，难免给商品价值的实现带来困难。一些商品生产者出售商品时，其买者因自己的商品尚未卖出而无钱购买。为了使社会再生产能够继续进行下去，销售商品一方就得先付商品后收货款，就产生了延期支付即赊销。同样，市场上稀缺商品可能在还未完全生产出来的时候，就被预订一空，并提前支付了货款。这样，商品的让渡和价值实现在时间上分离了，买卖双方在商品交换关系的基础上，形成了一种债权债务关系，即信用关系。

其次，信用是在货币发挥支付手段职能的前提下产生的。当赊销到期、支付货款时，货币不是充当流通手段，而是充当支付手段，这种支付是价值的单方面转移。由于货币拥有支付手段职能，它才能够在商品让渡之后独立完成商品价值的实现；否则，赊销就不可能发生。

信用是以偿本和付息为基本特征的借贷行为，是从属于商品货币关系的一个经济范畴。因此，信用行为总是与一定的社会形态相联系，在不同的社会形态下，体现不同的生产关系。

二、信用的发展

有商品（包括货币）的地方，就会产生信用活动。商品经济自原始社会末期产生以来，经历了小商品经济、资本主义商品经济和社会主义商品经济三个阶段。与商品经济各发展阶段相对应，信用也经历了高利贷信用、借贷资本运动的资本主义信用和社会主义信用三个阶段。前两种信用均属于生产资料私有制占统治地位的信用，其中高利贷信用是原始的、古老的信用形态，借贷资本是现代资本的运动形式。社会主义信用是以银行信用为主体的全社会信用资金的运动形式。

（一）高利贷信用

1. 高利贷信用的产生和发展

高利贷信用是高利贷资本的运动形式，其显著特征是贷款利息率极高。高利贷信用最初出现于原始公社末期，第一次社会大分工促进了生产力水平的迅速提高和商品经济的发展，并使原始公社内部出现了私有制和贫富之分。穷人缺乏必要的生产资料和生活资料，不得不向富人借贷，并被迫接受支付高额利息的要求，于是产生了高利贷。高利贷最初是以实物形式出现的，随着商品货币关系的发展，货币借贷才逐渐成为高利贷的主要形式，并出现了专门从事货币贷放的高利贷者。

高利贷在奴隶社会和封建社会得到了广泛的发展。这是因为，高利贷资本作为生息资本的特殊形式，是同小生产者即自耕农和小手工业者占优势的情况相适应的。小生产者的经济基础十分薄弱且极不稳定，遇到天灾人祸就无法维持生计。为了购买必需的生产资料和生活资料，他们不得不以其拥有的少量财产求助于高利贷。因此，小生产者的广泛存在是高利贷信用存在和发展的经济基础。

旧中国的高利贷活动十分活跃且名目繁多，华北盛行“驴打滚”，江浙一带有“印子钱”，广东则有“九出十三归”。除了小生产者之外，高利贷的需求者还包括一些奴隶主和封建主。奴隶主和封建主告贷是为了满足其穷奢极欲的生活需要，如购买昂贵的装饰品、建造豪华的官殿等。有时，他们还出于政治上的需要而求贷，如豢养军队、进行战争等。这些大量的货币支出往往无法通过租税收入得到满足，他们便向高利贷者求贷，这也促进了前资本主义社会高利贷信用的发展。

2. 高利贷信用的本质

从参与人来看，高利贷者大多是商人，特别是掌握着大量货币的货币经营者；其次，各种宗教机构，如寺院、庙宇、教堂和修道院等，往往也积聚着大量的货币财产，其主要来源是布施者的捐赠和富有者委托保管的财产；此外，一部分封建地主和富农也向贫苦农民发放高利贷。

高利贷的年利息率一般都在30%以上，100%～200%的年利息率也是常见的。高利贷的利息率如此之高，其原因有两个：一是借款人的借款大多不是用于追加资本、获取利润，而是为了取得一般的、必需的购买手段和支付手段。如果是用于追加资本，借款者所负担的高额利息会使他无利可图，因此就不会借款。二是在自然经济占统治地位、商品货币经济不发达的情况下，人们不容易获得货币，而人们对货币的需求又很大，这就为高利贷的产生创造了条件。

高利贷者获取的高额利息来源于小生产者、奴隶和农奴的剩余劳动。当高利贷者直接贷给小生产者时，他们索取的高额利息无偿掠夺了小生产者的全部剩余劳动，甚至一部分必要劳动。高利贷者贷款给奴隶主和封建主，奴隶主和封建主支付的高额利息，主要来自他们无偿占有的奴隶和农奴的一部分劳动。所以，在资本主义社会以前的社会形态下，高利贷信用反映了高利贷者无偿占有小生产者劳动的剥削关系，也反映了高利贷者和奴隶主、封建主共同瓜分奴隶或农奴所生产的剩余产品的剥削关系。在现代市场经济中存在的高利贷信用同样反映了高利贷者剥削小生产者的剩余劳动或反映了高利贷者和其他资本所有者共同瓜分雇佣劳动提供的剩余价值的剥削关系。

3. 高利贷信用的作用

高利贷信用在资本主义社会以前的阶段中有以下两个方面的作用：

第一，高利贷信用是促使自然经济解体和商品经济发展的因素之一。小生产者借高利贷往往以破产而告终，从而使小农经济受到极大的破坏，加速了自然经济的解体。由于高利贷主要采取货币借贷形式，无论是奴隶主、封建主还是小生产者，为了按期支付利息和清偿债务，都不得不努力发展商品生产，并通过出售商品而换回货币，这样又促进了商品经济的发展。

第二，高利贷信用的高利盘剥破坏和阻碍了生产力的发展。自然经济中的小生产者，本来就只能勉强维持简单再生产，高利贷使小生产者在艰难的条件下难以有足够的体力维持简单再生产。奴隶主、封建主为了清偿债务而更加残酷地压榨奴隶和农奴，使生产条件日益恶化，造成生产规模逐渐萎缩。

在封建社会瓦解并向资本主义社会过渡的时期，高利贷也具有双重作用：

第一，促进了资本主义生产方式的产生。资本主义生产方式的产生必须具备两个前提条件：一是需要大量的有人身自由的无产者；二是要有大量的为组织资本主义生产所必需的货币资本。在高利贷的压榨下，大批农民和手工业者因破产而加入了劳动后备军；而高利贷者在长期的贷款活动中又积累了大量的货币资本，与商人资本一起转化为产业资本。

第二，高利贷又具有保守的反动作用。因为小生产占优势的前资本主义生产方式是最适宜高利贷活动的基础，高利贷者当然不愿这种生产方式覆灭，必然会想方设法维持这种旧的生产方式。此外，高利贷的高利息率还妨碍着产业资本的发展。因为按资本主义生产方式的要求，需要信用的发展和扩大，这时的借贷是为生产做准备或直接用于生产的，而高利息率则可能使生产变得无利可图，使产业资本的扩展受到制约，因此，新兴的资产阶级坚决反对高利贷。

资产阶级反对高利贷，但并不是反对生息资本，而是要使这种生息资本服从于资本主义生产方式的要求，其关键在于利息率。新兴的资产阶级要把高利贷的利息率压低到平均利润率以下，使之适应资本主义经济发展的需要。在资产阶级取得政权后，便利用国家机器，通过制定法律，规定最高利率，限制高利贷。

例如，英国在1545年的法案中规定最高利息率为10%，1624年定为8%，1657年定为6%。但是，在信用事业被高利贷垄断的情况下，这些降低利息率的法令促使资产阶级建立和发展适合资本主义经济发展所需要的信用制度——资本主义信用制度，例如通过创办银行，集中大量的闲置资金，为厂商提供所需的货币资本。1694年在英国建立的英格兰银行，一开始就把贴现率定为4.5%～6%，打破了高利贷者对信用的垄断。同时，银行还发挥信用创造的功能，打破了高利贷者对货币的垄断，使资本主义信用在反对高利贷的斗争中产生和发展起来。与此同时，信用形式也日益多样化，除了传统的商业信用，还产生了银行信用、国家信用、消费信用和国际信用。这些现代信用形式在推动资本主义经济发展过程中发挥着巨大的作用，它们同样也可以为社会主义市场经济服务。

(二)资本主义信用

资本主义生产关系确立以后,以资本主义再生产为基础的资本主义信用便取代了高利贷信用,取得了垄断的地位。在资本主义制度下,信用表现为借贷资本的运动。所谓借贷资本,就是为了获取剩余价值而暂时贷给职能资本家使用的货币资本,它是生息资本的一种形式。贷者把闲置的货币作为资本贷放出去,借者借入货币用以扩大资本规模,生产更多的剩余价值,贷者和借者共同瓜分剩余价值。

1. 借贷资本的产生

在资本主义再生产过程中,产业资本的循环周转,一方面必然形成一部分暂时闲置的货币资本,另一方面也会出现临时补充资本的需要,这样就出现了借贷行为。

资本主义经济是商品和货币占统治地位的经济,由于商品生产的发展,在生产过程中出现一些资本家有部分货币资本暂时闲置。首先,固定资本的价值是在生产过程中逐渐转移到产品中去的,随着产品的出售,以提折旧的方式积累起来,以便将来更新固定资本,那么在提取折旧到固定资产更新的期间,固定资本表现为闲置的货币资本。其次,流动资金在再生产过程中,也会出现暂时闲置,比如,商品出卖所得的销售收入,在购买原材料、燃料、辅助材料和支付工资之前(工资支付总是定期的)是闲置的。最后,以货币形式所积累的剩余价值,在不足以作为资本来追加投资之前与在未支付股息和纳税之前也表现为闲置资金。

可见,在资本的循环和周转过程中,经常出现暂时游离出来的闲置货币资本,未能发挥资本的增值功能,这与资本的本质不相符,资本家便把资本贷放出去,从而带来增值收入。

在资本主义生产过程中,也必然出现需要临时补充资本、需要借入资本的一方。首先,在再生产过程中,经常出现需要更新固定资本,但折旧基金的提取尚未达到足够数量的情况,这时便需要补充一部分资本。其次,在流动资金循环中,由于季节性、临时性原因,需要集中购进原材料、燃料和辅助材料,而自身的资本不足,也需要临时补充资本。最后,货币数量不足以满足投资需要,也需借入资本补充。

总之,在资本主义生产过程中,一方面,由于种种原因出现暂时闲置的货币资本,并迫切需要寻找出路;另一方面,一些资本家又临时急需补充资本,以使生产正常进行。这样就既有必要又有可能,通过信用方式把两者联系起来,形成借贷关系,把暂时闲置的货币资本转化为借贷资本。这种信用关系与高利贷关系完全不同,它是在资本主义商品生产基础上,在再生产过程中发生的借贷关系。当然,在资本主义条件下,借贷资本还有其他来源,如食利阶层的货币资本和社会各阶层的货币收入,这是借贷资本的补充和次要因素。

2. 借贷资本的特点

职能资本是用来生产或实现剩余价值的资本,包括产业资本和商业资本。职能资本原是产业资本家和商业资本家的自有资本,随着资本主义生产方式的发展,一部分货币资本从职能资本的循环中分离出来,形成借贷资本。借贷资本虽然是在职能资本运动基础上产生的,但它与职能资本相比有自己的特点。

第一,借贷资本是作为商品的资本。把借贷资本当作一种商品就会发现这种商品具有“使用价值”和“价格”。使用价值就是把它当作资本来使用,可以用来剥削剩余劳动,谁拥有一定数量的闲置货币资本,谁就拥有了可带来利润的使用价值。如果所有者自己不去使用这种能够带来利润的使用价值,可以让渡给别人使用。所谓“价格”,就是货币所有者把这个使用价值让渡给需要它的人使用,使用者付出的代价(即利息)。当然,这个价格是与商品的价格完全不同的。马克思说:“如果我们把利息称为货币资本的价格,那就是价格的不合理的形式,与价格的概念完全相矛盾。在这里，价格已经归结为它的纯粹抽象的和没有内容的形式，它不过是对某个按某种方式执行使用价值职能的东西所支付的一定货币额；而按照价格的概念，价格是这个使用价值的以货币表现的价格价值。”把货币资本当作借贷资本借贷出去，不是一种真正的买卖关系。在买卖中，进行的是等价交换，买者按商品价格支出货币，取得商品，这里没有发生价值增值，只是价值形态的变换。然而借贷资本不同，借贷资本家把货币贷放出去，当时并没有收取任何等价物，只是获得承诺，即到期归还使用的这笔资本并支付使用费(即利息)。

第二，借贷资本是所有权资本。借贷资本家把一定数额的货币资本贷放出去，并未取得任何相等的等价物，只是把资本的使用权让渡给对方，资本的所有权仍属于借贷资本家，它正是凭着资本的所有权，分享职能资本家使用它带来的利润。借贷资本在职能资本家手中，才是发挥职能的资本，在借贷资本家手中，它是所有权资本，此时资本的所有权和使用权的分离了。职能资本家正是在承认资本所有权的前提下，才心甘情愿地将使用资本所带来的一部分利润以利息形式交给借贷资本家。所以，借贷资本的借贷是特殊的转让，即以还本付息为条件的让渡。

第三，借贷资本有特殊的运动形式。资本通过运动实现价值增值，借贷资本的运动过程分为两个阶段，即贷出和归还。贷者向借者贷出的运动，用公式可表现为 G—G，而借者向贷者归还的运动可表示为 $G'(G+g)$—$G'(G+g)$，前面的 G' 包括利润，后面的 G' 包括利息和归还借入的货币额；两部分相加之后为 G—$G'(G+g)$。然而这公式极其简单化了，它掩盖了利息的真正来源。把上述简单化的借贷资本运动公式，通过产业资本运动就会变成如下情况。产业资本运动形式是：G—G—W—P—W'—G'—G'，商业资本领域运动形式是：G—G—W—G'—G'。可以看出，借贷资本的运动在货币的形态上表现为二重支出和二重回流。在借贷资本家把货币贷给职能资本家时，表现为货币(G)的第一次支出，这是借贷资本运动的起点；职能资本家用借来的货币购买生产资料和劳动力，是货币的第二次支出。当职能资本家出卖商品换回货币时，这是货币的第一次回流；职能资本家用销售收入归还借贷资本时，是货币的第二次回流，这是借贷资本运动的终点。借贷资本在资本形态上的二重支出、二重回流，是它与职能资本所不同的特别运动形式。

第四，借贷资本最富有拜物教的性质。资本总是在生产过程中靠剥削工人剩余劳动而增值，然而，借贷资本所带来的利息直接表现为货币带来更多的货币。在 G—G' 的运动形式中，看不出生产过程和流通过程。创造价值，产生利息，成了货币的天然属性，在借贷资本的运动形式中，人与人的关系均被物化的关系所掩盖，利息的真实来源被掩盖了。因此，“在生息资本上，资本关系取得了最表面、最富有拜物教性质的形式”。

3. 资本主义信用的本质

信用这个经济范畴，从形式上看，它就是一种借贷行为，就是把商品和货币贷放出去，并在一定时间内连本带息收回来，这在任何社会形态下都是一样的。但在不同的社会经济条件下，同一借贷行为的背后，可以隐藏着截然不同的生产关系。

马克思把资本主义信用解释为借贷资本运动形式，深刻地揭露了资本主义信用的本质，资本主义信用体现的是资本家对工人的剥削关系。也就是说，信用在资本主义条件下，无论是在借者手中还是在贷者手中，都是作为资本，通过借贷活动而使资本增值的。而资本增值的真正原因是职能资本家把借入的资本在生产中加以运用，产生剩余价值，职能资本家把剩余价值的一部分以利息形式分给借贷资本家。

西方国家的一些学者在说明信用的性质时，总是避开信用所体现的生产关系，仅从信用的现象形态解释，这是不全面的。

（三）社会主义信用

社会主义信用从形式上看，与以往社会，特别是资本主义信用一样，也是借贷行为，是价值运动的特殊形式，这一点应该说是信用的共同特性，不管在何种社会形态下都是如此。但信用的另一面，那就是它所体现的生产关系，在不同的社会制度下截然不同。由于社会主义制度的建立，确立了不同于以往任何社会的新的生产关系，这个新型生产关系的特点是以生产资料公有制为主体、多种经济成分并存。在社会主义生产关系基础上建立的信用关系，主要通过借贷资金的运动服务于社会主义生产关系，但它仍表现为资金所有权和使用权的分离，这种资金也取得商品的形式，它仍是特殊的运动形式。

三、信用的构成要素

信用行为发生过程一般需要以下五个要素：

（一）信用主体

信用作为特定的经济交易行为，要有行为的主体，即行为双方当事人，其中转移资产、服务的一方为授信人，而接受的一方则为受信人。授信人通过授信取得一定的权利，即在一定时间内向受信人收回一定量货币和其他资产与服务的权利，而受信人则有偿还的义务。在有关商品或货币的信用交易过程中，信用主体常常既是授信人又是受信人；而在信用贷款中，授信人和受信人则是分离的、不统一的。

（二）信用客体

信用作为一种经济交易行为，必定有被交易的对象，即信用客体。这种被交易的对象就是授信方的资产，它可以是有形的（如以商品或货币形式存在），也可以是无形的（如以服务形式存在）。没有这种信用客体，就不会产生经济交易，因而不会有信用行为的发生。

（三）信用内容

授信人以自身的资产为依据授予对方信用，受信人则以自身的承诺为保证取得信用，因此，在信用交易行为发生的过程中，授信人取得一种权利（债权），受信人承担一种义务（债务）。没有权利与义务的关系也就无所谓信用，所以具有权利和义务关系是信用的内容，是信用的基本要素之一。

（四）信用流通的工具

信用双方的权利和义务关系，需要表现在一定的载体上（如商业票据、股票、债券等），这种载体被称为信用流通工具。信用流通工具是信用关系的载体，没有载体，信用关系无所依附。

（五）时间间隔

信用行为与其他交易行为的最大不同就在于，它是在一定的时间间隔下进行的，没有时间间隔，信用就没有栖身之地。

第二节　信用形式

借贷活动的表现方式，也就是信用形式。它是信用活动的外在表现。随着商品货币经济的发展，信用形式也多样化、复杂化。在发达的商品经济中，主要信用形式是商业信用、银行信用、政府信用、消费信用和国际信用等。

一、商业信用

(一)商业信用的产生和发展

商业信用是厂商在进行商品销售时,以延期付款即赊销形式所提供的信用,它是现代信用制度的基础。

当商品交换发生延期支付、货币执行支付手段职能时,就产生了信用,由于这种延期支付的形式所提供的信用是在商业买卖过程中发生的,所以称其为商业信用。在资本主义社会,商业信用有了很大的发展,这是因为社会化大生产使各生产部门和各企业之间存在着密切的联系,而它们在生产时间和流通时间上又往往存在不一致的现象,经常产生一些企业的商品积压待售,而需要这些商品的买主却因为自己的商品尚未生产出来或未售出导致一时缺乏现金的矛盾。为了克服这种矛盾,就出现了卖方把商品赊销给买方的行为,买方可用延期付款或分期付款的方法提前取得商品,厂商之间相互提供赊销,这是商业信用迅速发展的主要原因。其次,由于商业资本和产业资本相分离,如果要求所有商业企业用自己的资本金购买全部商品,则会发生商业资本短缺的困难。因此,厂家向商家提供商业信用,既有利于商家减少资本持有量,也有利于加快其商品价值的实现,提高商品流通速度,从而促进社会经济的发展。在现代市场经济中,商业信用获得了充分发展,并成为现代信用制度的基础。

(二)商业信用的特点

1. 商业信用的主体是厂商

商业信用是厂商之间相互提供的信用,债权人和债务人都是厂商。

2. 商业信用的客体是商品资本

商业信用提供的不是暂时闲置的货币资本,而是处于再生产过程中的商品资本。这种借贷行为还没有从再生产过程中独立出来。

3. 商业信用和产业资本的动态一致

由于前一个特点,即商业信用是与处于再生产过程中的商品资本的运动结合在一起的,所以,它在资本主义再生产周期的各个阶段上与产业资本是动态一致的:在繁荣阶段,商业信用会随着生产和流通的发展及产业资本的扩大而扩张;在衰退阶段,商业信用又会随着生产和流通的削减及产业资本的收缩而萎缩。

(三)商业信用的优点与不足

商业信用是直接以商品生产和商品流通为基础,并为商品生产和流通服务的,所以,商业信用对加速资本的循环和周转,最大限度地利用产业资本和节约商业资本,促进生产和流通的发展,具有重要的推动作用。

典型的商业信用是工商企业以赊销的方式对购买商品的工商企业所提供的信用。对于提供商业信用的卖方来说,首先,赊销能够刺激购买力。其次,赊销起到稳定客户的作用,能够提高卖方的竞争。对信誉好、实力强的客户提供赊销作为优惠条件,为保持长期稳定的客户关系提供了保障;对相互了解而又暂时资金紧张的老客户进行赊销,帮助其缓解资金周转困难,会增加老客户对供应商的忠诚度。另外,赊销能够减少企业的库存,如果企业产品积压严重,将占用大量资金,在很大程度上阻碍了企业的发展。对于购买赊销商品的买方来说,赊销最大的好处就是能够缓解其资金周转的压力,解决暂时的资金紧张。

但是,由于商业信用受其本身特点的影响,因而又具有一定的局限性。

1. 商业信用的规模受到厂商资本数量的限制

因为商业信用是厂商之间相互提供的，所以，它的规模只能局限于提供这种商业信用的厂商所拥有的资本额。此外，厂商不是按其全部资本额，仅是按照其储备资本额来决定所能提供的商业信用量，因此，商业信用在量上是有限的。

2. 商业信用受到商品流转方向的限制

由于商业信用的客体是商品资本，因此，提供商业信用是有条件的，它只能向需要该种商品的厂商提供，而不能倒过来向生产该种商品的厂商提供。例如，造纸厂厂商在购买造纸机械时，可以从机器制造商那里获得商业信用，但机器制造商却无法反过来从造纸厂那里获得商业信用，因为造纸厂生产的商品——纸张，不能成为机器制造商所需的生产资料。

3. 商业信用受信用能力的限制

商业信贷行为之所以能成立，是因为出卖商品的厂商比较确切地了解需求者的支付能力，即相信购买者能按期如数偿还债务。因此，对信用能力相互不甚了解的厂商之间不易发生商业信用关系。

由于商业信用存在着上述局限性，因此，它不能完全适应现代经济发展的需要。于是，在经济发展过程中又出现了另一种信用形式，即银行信用。

二、银行信用

银行信用是由银行和各类金融机构以货币形式提供给借款人的信用，以货币资金借贷为运营内容，以银行及一些非银行金融机构为行为主体。

（一）银行信用的特点

1. 银行信用的主体与商业信用不同

银行信用的债务人是厂商、政府、家庭和其他机构，而债权人则是银行和各类金融机构，这克服了商业信用方向上的局限性。

2. 银行信用的客体是单一形态的货币资本

这一特点使银行信用较好地克服了商业信用的局限性。一方面，银行信用能有效地集聚社会上的各种游资，它可集聚从企业再生产过程中游离出来的暂时闲置的货币资本，包括以下类型：①固定资产折旧；②由于产品销售与购买再生产所需要的原材料、燃料等在时间上不一致而形成的暂时闲置的货币资本；③由于产品销售与工资支付在时间上不一致所形成的暂时闲置的货币资本；④尚未积累到一定数量，还不足以作为新的投资加以运用的那部分剩余价值所形成的暂时闲置的货币资本。此外，银行还可以集聚货币所有者的货币资本，并可以把社会各阶层的货币储蓄也转化成资本，形成巨额的借贷资本，从而克服了商业信用在数量上的局限性。另一方面，银行信用是以单一的货币资本形态提供的，可以不受商品流转方向的限制，能向任何企业及任何机构、个人提供银行信用，从而克服了商业信用在提供方向上的局限性。

3. 银行信用与产业资本的动态不完全一致

银行信用是一种独立的借贷资本的运动，它有可能与产业资本的动态不一致。例如，当经济衰退时，会有大批产业资本不能用于生产而转化为借贷资本，造成借贷资本大量增加。在产业周期的各个阶段，对银行信用与商业信用的需求不同。在繁荣时期，对商业信用的需求增加，对银行信用的需求也增加；而在危机时期，由于商品生产过剩，对商业信用的需求会减少，但对银行信用的需求却有可能会增加，此时，企业为了支付债务、避免破产，有可能加大对银行信用的需求。

（二）银行信用的发展

由于银行信用克服了商业信用的局限性，大大扩充了信用的范围、数量和期限，可以在更大程度上满足经济发展的需要，所以，银行信用成为现代信用的主要形式。20世纪以来，银行信用有了巨大的发展与变化。越来越多的借贷资本集中在少数大银行手中；银行规模越来越大；贷款数额增大，贷款期限延长；银行资本与产业资本的结合日益紧密；银行信用提供的范围也不断扩大。至今，银行信用在各种信用形式中所占的比重仍具有很大优势。

尽管银行信用是现代信用的主要形式，但商业信用依然是现代信用制度的基础。这是因为商业信用直接服务于产业资本的周转，服务于商品从生产领域到消费领域的运动，因此，在可选择的情况下，厂商总是首先利用商业信用。而且，从银行信用本身来看，也有大量的业务（如票据贴现和票据抵押放款等）仍然是以商业信用为基础的。目前，商业信用的作用还有进一步发展的趋势，商业信用和银行信用相互交织。许多跨国公司内部资本的运作都是以商品供应和放款两种形式进行的。不少国际垄断机构还通过发行相互推销的商业证券来动员它们所需借入的资本，用来对其分支机构提供贷款，而银行则在这一过程中为跨国公司提供经济信息、咨询等服务，使商业信用和银行信用相互补充、相互利用。

三、政府信用

政府信用是以国家和地方政府为债务人的一种信用形式。它的主要方式是通过金融机构在借贷资本市场上发行公债，公债的持有人拥有获取固定利息的权利。

政府信用包括国内信用和国外信用两种。国内信用是政府以债务人身份向国内居民、企业团体取得的信用，它形成一国的内债；国外信用是政府以债务人身份向国外居民、企业团体和政府取得的信用，它形成一国的外债。

政府信用的产生与国家财政直接相关。现代经济的特点之一是国家债务不断增长，这主要是由于国家为了发展经济和维持国家机器运转，出现财政赤字，为了弥补赤字，不得不经常发行公债。公债也因此成为政府信用的一种主要形式。公债的销售对象主要是银行、股份公司及个人，也可通过银行向各类投资基金进行销售。

政府信用具有特殊的作用：①它是调剂政府收支不平衡的手段。即使在正常情况下，在一个财政年度内，也常常会发生收支不平衡的现象，国家常借助国库券解决财政年度内收支的暂时不平衡。②它是弥补财政赤字的重要手段。国家由于各种原因，经常出现较大的财政赤字。第二次世界大战结束以来，西方各国普遍利用赤字财政，扩大需求，刺激生产发展。所以，公债发行具有明显的非生产性。③它是调节经济的重要手段。随着政府信用的发展，各国中央银行以买进或卖出政府债券来调节货币供应，影响金融市场资金供求关系，从而达到调节经济的目的。

政府信用所筹集的资金主要用于政府各项支出，如政府投资及各种行政支出，包括教育支出、社会福利支出、军费支出等。国债的还本付息主要依靠税收，因此，利用政府信用必须注意防止三个问题的发生：①防止造成收入再分配的不公平。在政府信用中，能够大量购买国债的投资者便可获得较多的国债利息收入，即得到再分配收入，而未能购买国债的纳税人则得不到这部分再分配收入。有些资本主义国家发行的国债面额很大，这也会剥夺广大中小投资者获得收入再分配的机会，从而造成收入再分配的不公平。②防止出现赤字货币化。所谓“赤字货币化”，是指政府发行国债弥补赤字，如果向中央银行推销国债，而中央银行又没有足够的资金承购，此时，中央银行就有可能通过发行货币来承购国债，从而导致货币投放过度，引发通货膨胀。③防止国债收入使用不当，造成财政更加困难，陷入循环发债的不利局面。

四、消费信用

消费信用是对消费者个人所提供的信用。在资本主义阶段以前，商人向消费者个人以赊销方式出售商品时，就已经产生了消费信用。但是，一直到20世纪40年代，消费信用的规模依然不大。

从20世纪40年代后半期起，消费信用开始发展。20世纪60年代是消费信用快速发展的时期，其原因有以下两个：一是凯恩斯的需求管理思想得到认同，各国大力鼓励消费信用，以消费带动生产；二是第二次世界大战后经济增长快速而稳定，人们的收入有较大幅度的提高，对消费信用的需求有很大增长。由于人们收入水平提高了，厂商和金融机构也就减少了对消费信用风险的顾虑，敢于积极提供消费信用，从而使消费信用有了长足的发展。

消费信用主要有两种方式：一是赊销，二是消费贷款。

（一）赊销

赊销是商业信用在消费领域中的表现。赊销可通过分期付款和信用卡来进行。分期付款是商家向消费者提供的信用，其具体做法是先由顾客与商店签订分期付款合同，然后由商店先交货物，再由顾客在规定的时间内根据合同要求分期偿付货款。信用卡是银行（或信用卡公司）对具有一定信用的顾客发行的一种证书，顾客可向银行申请信用卡，然后凭信用卡向承接该卡的各个商业服务部门赊购商品和其他劳务，再由银行定期对顾客和商店进行结算。

（二）消费贷款

消费贷款是银行向消费者提供的信用，包括信用贷款和抵押贷款。信用贷款无需抵押品，而抵押贷款通常需要由消费者将其所购商品或其他商品作为担保品。例如，汽车贷款即以消费者所购买的汽车作为取得贷款的担保品，住房贷款即以消费者所购买的房屋作为取得贷款的担保品。

消费信用是一种刺激消费需求的方式，也是一种促进生产发展的手段。一般而言，赊销商品的价格大多比较昂贵，消费贷款的利息率也比较高。在一国经济发展到一定水平后，发展消费信用可以扩大商品销售，减少商品积压，促进社会再生产；同时也可以为大量银行资本找到出路，提高资本的使用效率，改善社会消费结构。但是另一方面，消费信用的发展又为经济增加了不稳定因素。消费信用的盲目发展，使一部分人陷于沉重的债务负担中，如果消费者到期不能偿付款项，商品往往要被收回，已付的货款也往往被没收。而在经济萧条时期，借者和贷者都会减少借贷数额，使商品销售更加困难，从而使经济更加恶化。

随着改革开放的不断深入，我国的消费信贷规模逐步上升。特别是配合住房体制改革的各种商品房信贷业务逐渐发展起来，随后，针对其他耐用消费品的贷款也越来越多地采取分期付款或抵押贷款等信用形式。目前，针对住房和汽车的消费信用是我国消费信用开展的主要领域。自2003年以来，全国房地产信贷的增长远远超过了人民币信贷年均14.8%以及名义GDP年均15.4%的增速。2002年个人购房贷款余额为8 253亿元，而到2014年末则达到了11.52万亿元。2009年末，我国消费性贷款总计达5万亿元。由于消费信贷对刺激有效需求具有积极的作用，我国将会较多地借助于调整消费信贷的规模来实现调节总需求的目标。

五、股份信用

股份信用是股份公司以发行股票的方式筹集资金所体现的一种信用形式。从理论上讲，股票筹资体现的是财产所有关系，而非债权债务关系，将其视为一种信用关系有以下原因：首先，股份公司的资本所有权和经营权在形式上分离，股东一般不直接经营，而是聘请经理经营，经理有支配实际资本的权力，但没有所有权；其次，股份公司筹资后，投资者不必具体过问生产经营的过程，而获得股息和分红收入，这点类似于存款者的存款取息；再次，投资者若需要现金，可以随时出售股票，股票具有很强的流动性；最后，股份公司的存在是以信用关系的普遍发展为前提条件的。

股份信用的组织形式是股份公司。股份公司按照股东对公司的负债是否承担连带清偿责任分为股份有限公司、股份无限公司和股份两合公司，股份有限公司是其股东对公司的负债只以自己的出资额为限，不承担连带清偿责任的组织，这类公司数量最多、规模最大。股份无限公司是其股东对公司的负债承担无限连带清偿责任的组织，即当公司的资本不足以清偿债务时，债权人可以要求公司的股东清偿债务。这类公司不普遍，但也有存在。股份两合公司是指公司的股东中，既有对公司的负债承担无限连带清偿责任的，也有承担有限连带清偿责任的，由于需要协调负有有限责任与无限责任股东之间的权、责、利的关系，这类公司没有普遍发展。

六、合作信用

合作信用是信用领域中的一种合作形式。其组织形式是信用合作社。合作信用的原则是：自愿结合，自我服务，民主管理，权利平等，广泛合作，按贡献分配。这是由成立于 1895 年的国际合作联盟组织规定的。

七、租赁信用

租赁信用是以出租设备和工具而收取租金的一种信用形式。在物品出租期间，物品的所有权仍归出租人所有，而承租人具有使用权。租期期满，承租人可以归还所租设备，也可以作价承购。租赁信用虽然很早就已经出现，但直到第二次世界大战结束后，才得以长足发展。这是因为科技的迅速发展，机器设备等固定资产更新加快，使用者难以适应，于是由大商业银行附属的租赁公司购买机器设备（如大型电子计算机、飞机、轮船、先进设备等）出租给顾客使用，租金率一般高于同期银行利率。租赁信用有金融租赁、维修租赁、经营租赁和杠杆租赁等形式。

金融租赁又称财务租赁，是设备租赁的基本形式，以融通资金为主要目的。先由承租人选好所需机器设备，再由租赁公司出资购买并出租给承租人。租赁期间，承租人不得中途解约，否则要赔偿损失。

维修租赁是金融租赁的一种形式。与一般金融租赁的区别是在租金中要加上维修、保养和保险等费用，因此租金也较高。这种租赁方式主要适用于汽车、火车等运输工具的租赁。

经营租赁又称服务性租赁，属于短期租赁，是一种不完全付清的租赁。出租人除提供资金外，还提供特别的维修和保险等服务。这种租赁方式主要适用于租赁专业性强、技术先进、需特殊保管和维修、承租人自行维修保养有困难的物品，所以租金一般较高。

杠杆租赁又称平衡租赁，它比金融租赁复杂，是将投资与信贷两种方法结合起来的一种租赁。通常由出租人自筹 20%～40%的资金，其余部分向银行借入，然后将购买的设备租给承租人，出租人以出租的设备和租金作担保向银行取得贷款。

租赁信用有利于加速设备更新，促进科学技术尽快转化为生产力，正被越来越多的企业所运用。

八、国际信用

国际信用是国际间的借贷，包括以赊销商品形式提供的国际商业信用、以银行贷款形式提供的国际银行信用、政府间相互提供的信用和国际金融机构信用等。

从形式上看，国际信用是适应商品经济发展和国际贸易扩大而产生并发展起来的一种借贷关系；从本质上看，国际信用是资本输出的一种形式。

（一）国际商业信用

国际商业信用是出口商以延期付款方式提供的信用，这种信用往往要借助国际银行信用来实现。另外，还包括国际上流行的由出口商以商品提供的信用，有来料加工和补偿贸易等方式。来料加工是指由出口国企业提供原材料、设备零部件或部分设备，在进口国企业加工，成品归出口国企业所有，进口国企业从原料和设备中扣留一部分作为加工费。补偿贸易是指由出口国企业向进口国企业提供机器设备、技术力量、专利、各种人员培训等，联合发展生产和科研项目，待项目完成或竣工投产后，进口国企业可将该项目的产品或以双方商定的其他办法偿还出口国企业的投资。

（二）国际银行信用

国际银行信用是进出口双方银行所提供的信用，可分为出口信贷和进口信贷。

出口信贷是出口方银行提供贷款，解决卖方资金周转需要。由于在进出口贸易中，交易规模都比较大，买方经常会没有足够的资金偿付出口商的货款，此时，如果卖方以赊销方式提供商品而没能及时收到货款，便会使卖方的资金周转发生困难。为了鼓励本国出口商增加出口，出口方银行便向进口方或出口方提供贷款，其目的是支持本国出口商扩大出口。出口信贷又可分为卖方信贷和买方信贷两种形式。卖方信贷，是出口方银行向出口商提供的贷款；买方信贷，是出口方银行直接向进口商或进口方银行提供的贷款。这种贷款是有指定用途的，即必须用于购买本国出口商的货物；如果是直接向进口商提供贷款，则通常需要由进口国的一流银行提供担保。

进口信贷通常是指进口方银行提供贷款，解决买方资金需要，以支持本国进口商购买所需的商品或技术等。另一种是指本国进口商向国外银行申请贷款，如果进口商是中小企业，则往往还要通过进口方银行出面取得这种贷款。

不管是出口信贷还是进口信贷，其提供的金额一般只占该项进出口贸易总额的 85%，这是因为在国际贸易中，一般要求进口商预付 15%的定金，所以，银行只需提供 85%的资金贷款。

（三）政府间信用

政府间信用是指国与国之间相互提供的信用。通常由财政部出面借款，其特点是金额不大，利率较低，期限较长，通常用于非生产性支出。一般附带限制性的条件，如要求受信国必须将贷款用于购买提供贷款的国家的商品等。

（四）国际金融机构信用

国际金融机构信用是指世界性或地区性国际金融机构为其成员国所提供的信用。这种贷款一般期限较长，利率较低，条件优惠，但审查较严格，多用于受信国的经济开发和基础设施建设。

第三节　信用工具

一、信用工具概述

信用工具又称为金融工具，是以书面形式发行和流通、借以保证债权人或投资人权利的凭证。它是资金或资本的载体，借助这个载体可以实现资金或资本由供给者手中转移到需求者手中。信用工具是重要的金融资产，是金融市场上的重要交易对象。

(一)信用工具的特征

(1)返还性。即债权人或投资人可按信用凭证上所记载的应偿还债务的时间，到时收回债权金额。投入股票上的资本属于长期投资，但可随时出卖而收回投资。商业票据和债券等信用工具，一般均注明发行日至到期日的期限，即偿还期。但具体到信用工具的持有人——债权人来说，实际的偿还期应从持有人得到信用工具之日开始，计算至到期日止。比如，某种2000年发行的公债，公债券上注明2020年到期，从发行之日算起，偿还期为20年，但如果某人2010年购买这种公债，那么这张公债券的偿还期仅有10年。只有两种信用工具没有明确的偿还期：一为活期存款单，二为股票。

(2)流动性。流动性是指信用工具迅速变为货币而不致遭受损失的能力。对信用工具的所有者来说，可以随时将信用工具卖出，获取现款，收回投放在信用工具上的资金。能随时出卖而换取现金的信用工具，其流动性就强，从这个角度看，国库券和银行活期存款单的流动性较强。在短期内不易脱手卖出的信用工具，流动性较差。信用工具在变卖时，要受市场波动影响，承担一定的风险。一般来说，流动性和偿还期成反比，即偿还期越长，流动性越差；与债务人的信用能力成正比，即债务人的信誉越高，流动性越强。

(3)收益性。即信用工具能定期或不定期地给持有者带来收益。信用工具的收益有两种：一种为固定收益，如债券或存单。在票面或存单上就载明了利息率，存款人按规定利息率得到收益。另一种是即期收益，就是按市场价格卖出时所获得的收益。比如，一张100元的股票在股息10%、银行利息率5%的情况下，可卖200元。这时，可为所有者带来一笔收益。收益的大小通过收益率来反映。

(4)风险性。风险性是指由于某些不确定因素导致的金融资产价值损失的可能性。任何一种信用工具的本金和收益都存在着遭受损失的可能性，风险主要来自两个方面：一为信用风险，即债务人不履行合同，不按期偿还本金和支付利息；二为市场风险，即由于市场利率发生变化而引起的信用工具市场价格的下跌。例如，市场利率上升，股票价格下跌，股票持有者的利益就受到损失。

(二)信用工具的种类

信用工具的种类繁多，为加深理解，需要从不同的角度进行分类。

按权利的标的物划分，可分为票据和证券。票据着重体现持有者对货币的索取权，如汇票、本票、支票。证券则着重表明投资的事实，体现投资者的权利，如股票和债券。

按发行者的地位划分，可分为直接信用工具和间接信用工具。直接信用工具是指非金融机构如工商企业、个人和政府所发行和签署的商业票据、股票、公司债券、国库券、公债券、抵押契约等。间接信用工具是指金融机构所发行的银行券、存单、人寿保险单、各种借据和银行票据等。这些信用工具是由融资单位通过银行和信用机构融资而产生的。

按金融市场交易的偿还期划分，可分为长期信用工具和短期信用工具两大类。长期信用工具也称为资本市场信用工具，如债券、股票等；短期信用工具也称为货币市场信用工具，如国库券、商业票据、银行票据、支票、信用证、旅行支票等。长期与短期的划分没有一个绝对的标准，目前一般把1年以下期限的信用工具称为短期，1年以上期限的称为长期。西方一般把1年以下的货币市场交易的对象称为“准货币”，这是由于其偿还期短、流动性强、随时可变现而近似于货币之故。

按索取权的性质划分，可分为债权证券和股权证券。债券代表对发行者的债权，投资者以债权人的身份出现，索取的是本金和利息；股票代表对发行者的所有权，投资者以股东的身份出现，索取的是股息和红利，股票可以转让，但是不可赎回。

按发行的地理范围划分，信用工具又有地方性、全国性和世界性之分。

二、短期信用工具

短期信用工具一般指期限在1年以下的商业票据、银行票据、支票以及近几十年来发展起来的信用证、旅行支票和信用卡等。

（一）商业票据

商业票据是商业信用的工具，它是在通过信用买卖商品时证明债权债务关系的书面凭证。商业票据有商业本票和商业汇票两种。

（1）商业本票。又称期票，它是由债务人向债权人发出的、承诺在一定时期内支付一定款项的债务凭证。商业本票有两个当事人：一是出票人（即债务人）；二是收款人（即债权人）。

（2）商业汇票。它是由债权人发给债务人，命令其在一定时期内向指定的收款人或持票人支付一定款项的支付命令书。商业汇票有三个当事人：一是出票人（即债权人）；二是受票人或付款人（即债务人）；三是收款人或持票人（即债权人或债权人的债权人）。由于商业汇票是由债权人发出的，所以，必须经过票据的承兑手续，才具有法律效力。承兑是指在票据到期前，由付款人在票据上做出表示承诺付款的文字记载及签名的一种手续。承兑后，付款人就成了承兑人，在法律上具有到期付款的义务，同时，汇票即为承兑汇票。在信用买卖中，由购货人（债务人）承兑的汇票，称为商业承兑汇票；由银行受购货人委托承兑的汇票，称为银行承兑汇票。

除了上述商业本票和商业汇票外，还有一种融通票据。融通票据又称金融票据或空票据，它不是以商品交易为基础发生的票据，而是专门为了融通资金签发的一种特殊票据。融通票据是在当事人双方达成协议后产生的，一方（通常为资金需求者）作为债权人签发票据，另一方作为债务人给予承兑，出票人则于票据到期前将款项送还付款人（即承兑人），以备清偿。融通票据有商人出票、商人承兑的，也有商人出票、银行承兑的，还有银行出票、商人承兑的。融通票据不反映真实的物质周转，只是为套取资金而签发的，常被投机者所利用。当融通票据进入银行，成为发行银行券的准备时，就会使银行券的流通状况恶化。

商业票据经过背书可以转让流通，经过背书的票据可充当流通手段和支付手段，用来购买商品、劳务或偿还债务。票据转让后，新的持有者就成了债权人，他有权在票据到期日前向债务人兑取现款。

商业票据的持有人还可以用未到期的票据向银行办理贴现。贴现是银行办理放款业务的一种方式。当商业票据的持有人需要现金时，可将未到期的票据卖给银行，银行则按市场贴现利息率扣除自贴现日至票据到期日的利息后，将票面余额支付给持票人。票据到期后，由银行向债务人或背书人兑取现款。

需要指出的是，商业票据的流通是在一定范围内的，它通常只在彼此有经常往来而且互相了解和信任的人之间流通。

（二）银行票据

银行票据有银行本票和银行汇票两种。

（1）银行本票。银行本票是由银行签发，也由银行付款的票据，可以代替现金流通。银行本票按是否记载收款人的姓名，分为记名本票和不记名本票；按票面有无到期日，分为定期本票和即期本票。除银行本票外，还有由邮局、公司和合作组织等所签发的本票。旧中国钱庄签发的本票，称为“庄票”。

（2）银行汇票。银行汇票是银行开出的汇款凭证，由银行发出，交由汇款人自带或由银行寄给异地收款人，凭以向指定银行兑取款项。

（三）支票

支票是银行的活期存款人向银行签发的、要求从其存款账户上支付一定金额给持票人或指定人的书面凭证。

支票有多种类型：按照支付期限，可以划分为即期支票和定期支票；按照是否记载收款人的姓名，可以划分为记名支票（又称抬头支票）和不记名支票（又称来人支票）；按照是否支付现金，可以划分为现金支票和转账支票（又称划线支票）。此外，还有银行在支票上记载“保付”字样的保证付款支票，称为保付支票；存款人开出的票面金额超过存款金额或透支限额而不生效的支票，称为空头支票。空头支票一旦被发现，便会被拒绝。

除了划线支票的流通性较差之外，其余支票的流通都很广。随着信用制度的发展，支票作为信用流通工具在市场上也通行起来。由于支票是在银行信用的基础上产生的，它的付款人是银行，比商业票据有更大的信用保证，因此，它的流通范围比较广泛。在支票流通条件下，商品交易和债务清偿大多可用支票来进行支付。取得支票的人往往不到银行提取现金，而是把它存入自己在银行的活期存款账户中。这样，在支票流通的基础上就产生了非现金结算，即转账结算，这可以减少现金流通量，也节约了流通费用。

（四）信用证

信用证有商业信用证和旅行信用证两种。

（1）商业信用证。商业信用证是商业银行受客户委托开出的、证明客户有支付能力并保证支付的信用凭证。客户申请开立信用证时，必须预先向开证银行缴纳一定的保证金。商业信用证可用于国内商业，也可用于国际贸易。在国内商业中，购货商申请银行开出商业信用证后递交卖方，卖方可按信用证上写明的条款向银行开出汇票、收取货款。在国际贸易中，商业信用证是银行保证本国进口商有支付能力的凭证，是国际贸易中的一种主要支付方式。进口商要求银行开出商业信用证须预交货款的一部分或全部作为保证金，或者直接把商业信用证寄给出口商，允许其在一定期间和一定额度内向进口商开出汇票，银行则保证承兑并到期付款；也可以由出口商直接向开证银行或其联行、代理行开出汇票，由银行自己承兑和付款。

（2）旅行信用证。旅行信用证又称货币信用证，是银行发给客户据以支取现款的一种凭证。由于这种信用证是专门为便利旅行者出国旅行时支付款项所发行的，因此，国际上一般称其为旅行信用证。旅行者在出国前，将款项交存银行，由银行开出旅行信用证。在开证时，旅行者必须在信用证上留下自己的印鉴或签名，当旅途中发生支付需求时，旅行者可凭信用证向指定的所在地银行取款。旅行者取款时所出具的收据上的印鉴和签名，必须与信用证上留下的一致。

(五)旅行支票

旅行支票是由银行或旅行社为方便旅游者而签发的一种定额支票。旅行支票的票面额一般都比较小,主要供旅游者在旅途中兑取零星现金。旅游者在向银行或旅行社购买旅行支票时,必须当面在支票上签字(称为初鉴),在异地向当地银行兑取票款时,仍须当面在支票上签字(称为复鉴),两次签字经核对相符,方可兑取现金,所以比较安全。旅行支票一般不规定流通期限,发行机构可以无偿使用此项资金,还可以收取手续费,所以,西方国家的银行、旅行社都竞相发行旅行支票,以吸收资金,获得资金运用的利润。由于旅行支票比旅行信用证更方便,所以得到了广泛使用,在我国也存在银行发行旅行支票。

三、长期信用工具

长期信用工具包括股票和各种债券,它们一般被称为公共有价证券。公共有价证券是具有一定的票面金额、代表财产所有权或债权,并能定期取得一定收入的凭证。

公共有价证券自身没有价值,它们只是代表资本投资并借以取得收益的要求权,是资金需求者筹集货币资本的一种工具。由于公共有价证券能定期取得收入,所以一般能买卖转让,充当信用流通工具。

(一)债券

债券是一种使用非常广泛的债务融资工具。它表明债券持有者有权向债券发行者取得固定的利息收入,到期收回本金。

债券的种类很多,可以从不同角度进行划分。

1. 根据发行主体的不同,可分为政府债券、公司债券和金融债券

(1)政府债券。政府债券是政府为筹集资金而发行的债务凭证,包括公债券、国库券和地方政府债券。

公债券和国库券并无本质区别,主要是偿还期不同。公债券的偿还期一般在一年以上,国库券的期限在一年以下。由于它是以中央政府的信用为担保的,通常被认为是没有风险的。

地方政府债券是由地方政府发行的债券,其目的是满足地方财政的需要,或筹资兴办地方公共事业。地方政府债券主要用地方税收支付利息,其性质与中央政府债券无本质区别,但信用程度不如后者高。

(2)公司债券。公司债券是由非金融类企业发行的债务工具,企业发行债券一般需要经过信用评级。由于公司债券的流动性和安全性不及政府债券和金融债券,所以利息率较高。

企业发行债券手续比发行股票简单,如果采取私募方式,甚至不用报主管机关批准审核;缺点是费用较高,推销需要一定时间,不如银行贷款可以立即取得所需资金等。

(3)金融债券。金融债券是由银行等金融机构发行的债券。它一方面是商业银行负债管理的重要内容;另一方面,根据《巴塞尔协议》,对于期限较长的债务资金来源,可以列入商业银行的二级资本,是商业银行提高资本充足率的一种有效办法。

2. 根据债券是否有担保,可分为担保债券和信用债券

担保债券也称抵押债券,是以某种抵押品(如土地、房屋建筑、设备等)为担保而发行的,若债务人不能按期支付利息和本金时,持有人可以将抵押品出售。信用债券则完全是凭发行者的信用发行的,通常信用债券的发行人要拥有较高的资信。

3. 根据债券的利率是否固定,可分为固定利率债券和浮动利率债券

固定利率债券在债券的整个期限内利率固定不变。对发行者和投资者来说,成本和收益

的计算比较方便，但当市场利率变化的时候，其中一方将遭受损失。如果利率上升，债券持有人受损失；反之，债券的发行人受损失。浮动利率债券，其利率定期随市场利率的变化而进行调整。

4. 根据债券的利息支付方式，可分为息票债券和折扣债券

息票债券是一种附有各期息票的债券，持有人可在到期时凭息票领取利息，此息票也可转让。折扣债券是采取折价发行的债券，其利息体现在债券面值与出售价格的差价上。

(二)股票

股票是股份公司发给股东以证明其入股的资本额并有权取得股息的书面凭证，是资本市场上借以实现长期投资的工具。

股票主要有两大类：普通股票和优先股票。

普通股票是股票中最普遍和最主要的形式。普通股股东，其获得的股息随着股份公司利润的变动而变动。其权利主要有：①经营参与权，主要通过股东大会来行使，并反映在股东的选举权、被选举权、发言权和表决权上。②盈余和剩余财产的分配权，公司盈利时，有权取得相应的股息，但在分配次序上，在支付完工资、借贷款项、债券利息、法定公积金和优先股股息之后。③优先认股权，即公司增发普通股票时，可优先购买新发行的股票，以维持其在该企业的持股比例。认股权可以出售，也可以不认股，过期失效。

优先股票是一种股东有优先于普通股分红和优先于普通股资产求偿权的股票，股息率一般是事先确定的。但在一般情况下，优先股股东不能参与公司的经营管理，也没有像普通股股东那样的认股权，尤其是不能分享公司获得的高额利润。同时由于股息固定，在通货膨胀条件下，对优先股票持有人十分不利。

四、不定期信用工具

不定期信用工具是指银行券。银行券是银行发行的一种信用货币，早期的银行券是在商业票据流通的基础上产生的。由于商业票据本身的局限性，持有票据者在一定的情况下还需要通过贴现把它转变为现款。但是，随着资本主义生产的发展和信用需求的扩大，银行所吸收的存款已经不能满足贴现业务的需要，因此，就需要银行发行银行券来代替这些票据流通。银行券是不定期的债务凭证，比厂商所发出的商业票据有更好的信用，所以，对收款人来讲，银行券几乎同现金一样。

银行券也是纸制的信用货币。银行券的特点是：没有固定的支付日期；票面额是固定的整数，便于流通；信用基础较为稳固，可以在银行信用所及的广大地区内流通。由于早期的银行券是在商业票据流通基础上产生的，所以，其金额可按商品交易的需要调节，并且可以兑现。

银行券和纸币都是信用货币，但它们之间存在着以下区别：

首先，银行券是从货币作为支付手段的职能中产生的，是由银行通过票据贴现等信用方式所发行的；而纸币是从货币作为流通手段的职能中产生的，是由国家强制发行的。

其次，银行券是为了代替流通中的商业票据，为适应商品交易的需要而发行的；纸币是为了弥补财政赤字而发行的。

再次，典型的银行券可以自由地与黄金或金币相兑换，而纸币不能自由兑换。

但是，这种区别随着商品货币经济和信用货币制度的发展而逐渐淡化了。现代的信用货币都是以银行券的形式出现的，均由各国、各地区专门的货币发行机构发行。但现在的银行券已经不能自由兑换为黄金了。

然而，银行券的产生是信用流动工具发展史上的一个重大成果。它一方面使银行能够超过其实有的资本量和原始存款规模而扩大信用业务；另一方面，也满足了经济发展对货币的追加需求，从而对经济起着积极的促进作用。

第四节　信用对经济的影响

一、信用与生产

信用是商品货币经济的组成部分。在商品货币经济发达的社会中，信用作为一种独立的经济关系得到充分的发展。整个经济活动被信用所联结，商品货币关系主要表现为信用关系。马克思曾指出："在发达的资本主义生产中，货币经济只表现为信用经济的基础。因此，货币经济和信用经济只适应于资本主义生产的不同发展阶段，但绝不是和自然经济对立的两种不同的独立的交易形式。"在这里，马克思明确地告诉我们：第一，信用经济不是与货币经济对立的经济形式，信用经济是统一于商品货币经济发展的不同阶段；第二，货币经济是信用经济的基础，信用经济是货币经济发展的更高阶段；第三，信用经济更能反映现代商品货币经济的特征。

因此，我们在考察信用对经济的影响时，不能仅仅从资金余缺调剂和交易手段的变换上去研究，而应从信用经济对生产和生产关系的影响来探讨。

(一)信用促进利润的平均化

实现社会再生产的正常进行，社会总产品的各部分必须保持适当的比例关系。在生产资料私人占有的资本主义社会，各种比例关系的形成是自发地通过价值规律实现的。在这个过程中，通过利润低的部门向利润高的部门转移资本，来实现比例关系的协调。

在资本转移的过程中，首先遇到的问题，是生产资本已经固定在特定的自然形态上，这种特定自然形态的生产资本，都有特定的用途。也就是说，固定在生产资本上的资本是不能随意按客观需要转移到其他部门和行业的。如果依靠企业本身的资金则只有把原来的生产资料变卖，或加工改造，这需要时间。但有了信用帮助实现这种资本转移，从而为利润的平均化起中介作用，使整个经济实现某种新的暂时的平衡。

(二)信用的存在可以节约流通费用

首先，由于使用信用工具节约了流通中的货币，主要通过三种方式：第一，由于信用，相当大的一部分交易可通过赊销赊购或债权债务相互抵消来清理；第二，闲置的货币资本通过银行再贷放出去，投入流通，使货币流通速度加快，节约了货币；第三，金、银币为银行券和纸币所代替，从而节约了金属货币。

其次，信用加快了资本形态的变化，从而使社会再生产过程加快，减少了占用在商品储存上的资本，节省了商品保管费。流通费用是非生产费用，把节省的流通费用投入生产领域，会使生产规模扩大，促进经济的发展。

(三)信用促进了股份制的迅速发展，使生产规模扩大

以前个别资本不能建立的企业，以股份形式很快建立起来。比较典型的像铁路运输，没有股份制恐怕至今也不会有铁路。

股份制存在的前提是信用。股份制出现后，股票又是信用活动的重要工具。所以，信用经济越是发展，股份制也必然越发达，股份制对经济发挥了重要作用。

二、信用与消费

信用对于居民的消费和一个国家消费品的供求发挥着以下调节作用：

（一）调剂消费

一个家庭在一定时期内收入总额减去支出总额的差额就是储蓄。以一个家庭为例，可以出现三种情况：第一，无储蓄者，其本期收入和本期消费恰好相等；第二，储蓄者，其本期消费小于本期收入；第三，负储蓄或动用上期储蓄，其本期消费超过本期收入。有的家庭和个人重视现时的消费，而另一些家庭和个人则对未来的消费看得更重，这样会遇到货币收入和消费需要的矛盾，就有必要对这两种消费者的消费进行调剂，以同时满足两者的需求，提高消费效用。在没有信用存在的情况下，现在消费和未来消费相调剂的可能性是很小的。但是由于信用的存在，那些重视未来消费的家庭和个人，可以把他们收入的一部分以储蓄的形式通过信用机构转交给那些重视现时消费的家庭和个人去消费。

（二）推迟消费

信用工具具有一定的收益性、安全性和流动性。储蓄者可将暂时闲置的货币任意选购适当的信用工具。如果一个国家，其消费品呈现需求大于供给，信用工具可以在推迟购买力、平衡消费品供求方面发挥积极作用。

（三）刺激消费

分期付款等形式的消费信用为那些当前无力购买消费品而又希望享用的消费者，提供了提前购买的条件。如果一个国家，其消费品呈现供给大于需求，消费信用可以在扩大本期购买力、平衡消费品供求方面发挥积极作用，但另一方面它也把得到消费信用的居民置于债务的重压之下。

三、信用与经济调节

商品经济的发展，带来信用的发展，信用成为联结经济发展各主体的桥梁和纽带。在信用发达的社会中，经济层次多而复杂，活动领域宽阔而多变。因此，国家直接采取行政干预方式对经济的调节程度有限，国家转而采取间接方式来调节经济，信用为国家用经济的办法间接调节经济创造了条件。一方面，由于信用的发展，出现了各银行和信用机构，并在此基础上产生了中央银行体制，中央银行作为国家调节经济的指挥者，商业银行和其他金融机构是中央银行意志的传导者，作用于国民经济各部门和单位，整个金融体系组成了调节宏观经济的有机体。另一方面，由于信用的发展，出现了多种信用工具，为中央银行的调节提供了经济手段。中央银行可以利用货币供应、利率变动、法定准备金制度、公开市场业务等经济手段达到调节经济的目的。

各国在利用信用调节经济时均将重点放在总供给和总需求上。调节总需求，主要是通过信用控制货币供应量，从而调节有支付能力的需求；调节总供给，主要是通过信用紧缩或放松银根，从而控制生产规模、产品总量及结构，以调节商品市场和劳动力市场。

综上所述，要实现对经济的调节，尤其是间接调节，必须以信用的发展为基础和前提。

货币产生以后，与货币的支付手段相联系的信用活动的范围逐步扩大，信用形式日益多样化，信用关系已渗透到经济生活的方方面面，现代经济的运行机制已离不开信用。以交易方式作为标准，可将经济的发展分成三个阶段，即自然经济（物物交换）、货币经济（以货币为媒介的交换）及信用经济（以信用为媒介的交换）。在当代经济的运行机制中，信用关系起着主导作用。

四、信用与危机

信用活动同时具有一定的不稳定性，随着信用关系的深化，这种不稳定性未能得到根本的改变，反而潜在的威胁性更大。因为借贷行为本身就蕴涵着风险：在全社会信用关系的链条中，任何一环出现问题，即到期不能偿还，就会发生连锁反应，引起一系列的支付中断，甚至产生危机或加速危机。尤其是在信用关系起主导作用的今天，可以想象其造成的不良影响将是信用发展史上前所未有的。

即使是在经济正常的情况下，信用也会发生动荡。但此时的动荡一般容易平息，并且不易引起更大的经济震动。战争的发生和政府的更迭，经常会引起有价证券行市暴跌或黄金行市波动。当经济不正常运行时，信用的动荡有可能使经济形势更为严峻，成为金融危机及经济危机的加速器。

泡沫经济是指信用过度膨胀引致的股票和房地产等长期资产价格的迅速膨胀，是信用经济增长速度超过实体经济增长速度所形成的整个经济虚假繁荣的现象。其形成过程为一种或一系列资产在一个连续过程中陡然涨价，价格上涨的预期吸引了大量新的买主，这些新买主一般只是想通过投机获取价差、牟取利润，对所买卖的资产的实际使用价值或盈利能力并不感兴趣。正是由于新买主的涌入，价格节节攀升，形成了泡沫经济。一旦对价格上涨的预期发生逆转，会导致价格暴跌、泡沫破裂，便引发金融危机导致经济衰退。例如，1636 年荷兰发生的郁金香泡沫，1719－1720 年巴黎发生的密西西比泡沫、伦敦发生的南海泡沫，以及 2008 年的美国次贷危机等。

泡沫经济的出现与信用制度有关，但没有必然联系。只要信用活动建立在真实的社会再生产之上，信用膨胀和过度投机就能够得到有效的监管和控制，从而避免出现泡沫经济。

第五节　信用风险与信用管理

信用风险是指在信用交易中，由于交易一方不履行偿付责任而给另一方造成损失的可能性，也称违约风险。信用风险产生的根本原因是信息不对称导致的逆向选择和道德风险。在信用活动中，债权人和债务人掌握的信息量不对称，债务人更了解自身的守信意愿、投资方向、偿债能力和信誉程度，而债权人很难全面了解这些情况。因此债权人就会提高贷款条件，如利率、担保要求等，以补偿可能的损失。这样的结果是将一些合格的借款人驱逐出了市场，最后找到的可能是根本不想履约的债务人，即逆向选择。另外，债务人作为信息优势方，可能利用自身优势，采取故意欺骗的方式损害债权人利益，即道德风险。随着逆向选择和道德风险的加剧，信用关系出现紊乱，信用主体丧失信心，导致信用链条中断，引发信用危机。

一、我国民间借贷的现状和特点

(一)我国民间借贷的现状和特点

民间借贷是民间资本的一种投资渠道，是民间金融的一种形式。狭义的民间借贷是指公民之间依照约定进行货币或其他有价证券借贷的一种民事法律行为。广义的民间借贷除上述内容外，还包括公民与法人之间以及公民与其他组织之间的货币或有价证券的借贷。现实生活中通常指的是狭义上的民间借贷。

我国的民间借贷最早出现在南方发达地区，随着民营经济的成长，中小企业业主贷款难的问题日益突出，自 2003 年以来，国家逐步放开了民间小额信贷的限制，并制定了一系列扶持政策，民间信贷产业得以快速发展。

目前，在全国许多城市中，民间借贷已经由“地下”走到“地上”，老百姓也转变了陈旧的认识，民间借贷为政府解决中小企业贷款难、活跃地方经济，起到了越来越重要的作用。例如，青岛市的民间借贷从 2007 年开始迅速发展，成立了许多规范的公司，目前由青岛市政府牵头，把各家民间借贷中介公司组织到一起，成立综合服务中心，提高效率，形成规模。

（二）民间借贷与高利贷的区别

对于判断民间借贷是否是高利贷，可以从贷款利息是否显著高于当前社会信用关系中的利率水平角度来判断。可以说，当前我国民间借贷的相当大的一部分应视为高利贷。

2002 年，我国央行颁布的《中国人民银行关于取缔地下钱庄及打击高利贷行为的通知》规定：民间个人借贷利率由借贷双方协商确定，但双方协商的利率不得超过中国人民银行公布的金融机构同期、同档次贷款利率（不含浮动）的 4 倍。目前央行 6 个月至 1 年的贷款基准利率为 5.31％，那么月息超过 1.3％、年息超过 21.24％即高于现行基准利率的 4 倍。《民法通则》规定，高出部分将不受法律保护。也就是说，发生借贷法律纠纷时，法院只会判决贷款人归还借款人本金和低于 4 倍贷款利率的利息，其他利息被判无效。

二、我国当前的“信用缺失”问题

伴随着确立社会主义市场经济体制步伐的加快，与规范的市场经济相脱节的道德失范、信用缺失的现象日益凸显，成为制约社会主义市场经济进一步发展的突出问题。

当前我国“信用缺失”的表现及其原因如下：

1. 企业之间相互拖欠“三角债”，商业信用呈萎缩状态

一方面，企业之间的“三角债”（即逾期应收账款）居高不下，已成为经济运行中一大顽症。据统计，我国企业 80％以上长期受“三角债”困扰。另一方面，由于信誉缺乏，不少企业宁愿放弃大量订单和客户，也不肯采取信用结算方式，交易向现金交易、以货易货等原始方式退化。

2. 大量企业任意逃废银行债务，银企之间陷入信用危机

许多企业利用改制之机，通过不规范的破产、分立、兼并、合并、承包、租赁、拍卖、出售等方式逃废、悬空银行债务；有的企业还利用多头开户、坐支现金等方式逃避银行监督，拒还银行贷款，严重损害了银行债权人的利益。

3. 证券市场信用严重不足，各种违规操作层出不穷

首先表现在不少公司不惜做假账，通过编制虚假财务报表获得上市资格；上市之后，或大搞关联交易，或加快应收账款的增长，或调增营业外收入，通过虚假盈利，获取配股资格，致使除了股价波动带来的收益外，股民从上市公司拿到的收益很少高过银行利息。其次表现为社会中介组织信用匮乏，资产评估事务所、会计师事务所和审计师事务所等中介组织，在执业过程中普遍存在严重的作假现象。

4. 假冒伪劣商品泛滥成灾，制假贩假活动十分猖獗

以劣充优、以次充好等欺诈失信行为严重冲击着商业信用和消费信用领域。据全国各级消协组织统计汇总，2015 年共受理消费者对虚假广告、假冒商品、计量不足、欺诈等投诉案件多达 639 324 件。

我国目前信用缺失的产生原因，既有宏观因素，也有微观因素；既有体制的障碍，也有管理

上的漏洞。归纳起来，主要因社会信用的法律约束和保障机制乏力，已有的法律、法规对契约关系的维护和对债权人的利益保护不够；在案件审理过程中存在地方干扰、行政干扰的问题；在民事、经济等案件中普遍存在着重审判、轻执行的现象，判决执行软弱无力，从而形成无法可依，执法不严，违法不究的现象。征信体系不健全则是另一个原因。以信用为经营对象的资信公司还十分匮乏，企业和个人的信用状况得不到公正合理的评估。计划经济时期遗留的企业与企业、企业与银行之间产权界定的不明晰，使企业信用观念淡化，给信用缺失的风险造成一定的可乘之机。

资料来源：刘少波、杨代平，《信用缺失的表现、危害、原因与治理》，《学术研究》，2001 年第 8 期。

三、信用风险管理

虽然信用存在风险，但人们可以通过完善信用制度和信息披露制度，加强对信用信息的加工和判断，来控制和防范信用风险。

信用管理是指信用主体通过科学的管理措施对信用风险进行识别、分析和评估，用最经济合理的方法使信用风险降低到最低程度。信用管理包括对方信用管理和自身信用管理，对方信用管理的目的是控制信用风险，自身信用管理是为了提高自身信用等级，降低自身在信用活动中的成本。

1. 建立信用信息系统

建立信用信息系统是管理者将各个与自己相关的信用活动参与主体的信用信息收集后，通过加工整理建立起的信用信息数据库。以该数据库为基础，管理者可以任意查询每个主体的信用状况，为授信和风险度量提供参考。信用信息数据库的内容必须不断更新维护，以保证信息的真实完整，发挥好信息对信用管理的作用。

2. 征信

征信是指依法收集、整理、保存、加工自然人、法人及其他组织的信用信息，并对外提供信用报告、信用评估、信用信息咨询等服务，帮助客户判断、控制信用风险，进行信用管理的活动。在我国，征信一词源于《左传·昭公八年》中的“君子之言，信而有征，故怨远于其身。”其中，“信而有征”即为可验证其言为信实，或征求、验证信用。

征信又称信用调查或资信调查，本质上是以报告征信对象的信用状况为目的的调查活动。征信调查需要运用专业知识，通过各种渠道调查与收集征信客体的各类公开隐蔽的信息，经过核实整理后形成征信报告。征信报告是客观反映征信对象信用活动的说明书，通过大量的数据综合反映某一社会主体的信用状况，征信报告可以依法有条件地对外披露，从而解决信用活动中的信息不对称问题，有效防范信用风险。

因为信用活动的地域、规模不断扩大，信用往来的结算方式被普遍使用，信用活动中的信息越发难以获得，于是就出现了专业的征信服务。征信机构可以是独立的法人，也可以是某独立法人的专业部门，包括信用信息采集机构、信用信息报告机构、信用评价模型设计机构、信用调查机构、信用评级机构等，他们对外提供信用信息咨询服务，帮助客户判断和控制信用风险。

3. 信用评级

信用评级是由专门的独立机构或部门，根据独立、客观、公正的原则，通过定性和定量分析，对影响信用主体或信用工具的风险因素进行综合考察，评价其按时偿付债务的能力和意愿，并用简单明了的符号或分数表示出来。信用评级活动最初产生于 20 世纪初期的美国，穆迪公司的创始人约翰·穆迪1902年开始对当时发行的铁路债券进行评级，后来延伸到各种金融产品及各种评估对象。目前世界上公认的最具权威性的专业信用评级机构有三家，分别是美国的标准普尔公司、穆迪投资服务公司和惠誉国际信用评级有限公司。

信用评级是对信用信息的深度挖掘，其方法的科学性与结果的合理性有直接的关系。按照不同的标准，信用评级方法有不同的分类，如定性分析法与定量分析法、主观评级法与客观评级法、模糊数学评级法与财务比率分析法、要素分析法与综合分析法、静态评级法与动态评级法、预测分析法与违约率模型法等，同时还有各行业的评级方法。

4. 内部控制

内部控制是指经济主体为保证信用交易活动的正常进行，所采取的一系列必要的管理措施。任何经济主体，除依靠外部监管和第三方服务来达到控制信用风险、提高经济效益的目标外，还要建立起自身的内部控制系统，通过自身内部的制约、沟通来完善信用管理。内部控制的方法包括制定的各项规章制度、对经济主体的活动进行综合计划、控制和评价等。内部控制既包括对主体自身信用的管理和控制，也包括对信用交易对象的管理与控制。如很多企业都设有定期对信用交易进行检查的制度，以控制贷款、应收账款的风险；又比如设立信用风险临界点，来控制客户信用额度、关联企业信用额度、行业信用度等。

本章案例

案例一 山西票号——中国最早的信用机构

票号，又称票庄或汇兑庄，大约产生于19世纪20年代初，是清末主营货币汇兑业务、兼营存放款业务的私营金融机构。由于票号多是山西人经营，所以人们常称之为“山西票号”，外国人称其为“山西银行”。“山西票号”曾兴盛近一个世纪，几乎垄断了当时全国的汇兑业务，享有“汇通天下”之美誉，创造了盛极一时的辉煌历史，山西也一度成为当时中国的金融中心。

以前用起镖运送现银的办法费时误事，开支大，不安全。清朝嘉庆、道光年间，民间有了信局，通行于各省，官吏及商人迫切要求以汇兑取代运现，遂诞生了票号，从而解决了运送现银的困难，加速了资金周转，促进了商业繁荣。

最早的票号产生于道光年间。山西平遥人雷履泰代替别人管理一家名叫“日升昌”的颜料铺，由于颜料铺的生意兴隆，雷履泰把经营范围扩大到了四川，经常到四川采购颜料。但是，雷履泰出入四川采购颜料必须随身携带大量的现金，在以行路困难著称的蜀道上长途跋涉，风险极高，一旦碰到抢劫的土匪，后果不堪设想。于是雷履泰就决定由“日升昌”开出票据，凭票据到四川指定的地点可以兑换现银，即当时的通用货币。这种票据类似于我们今天的汇票，大大提高了支付的效率，降低了交易中的风险。雷履泰用金融票据往来的方式代替了施行几千年的商业往来必须用金、银作支付和结算手段的老办法。在意识到这种新结算方式的发展前景后，雷履泰干脆把“日升昌”改造成了一家专门的票号。

“日升昌”是一家特殊的商号。它的与众不同是因为它经营的商品不是一般的货物而是金融票据、存款、贷款和汇款这些业务，它是中国历史上第一家做这种生意的商号。雷履泰虽然只开办了“日升昌”这一家票号，但他实际上是开创了一个全新的行业。在此后的一百多年时间里，别人仿效“日升昌”的模式，开设了许多类似的票号。

案例二 我国的个人支票业务

中国人民银行2006年在广东省试点省内通行的个人支票，业界称之为“广东票”。在此试点的基础上，进一步研究试点全国通用支票问题。

作为“广东票”试点的一个前奏，广东省从2006年3月开始，已经开放了香港地区居民在该省境内使用人民币支票业务。拥有人民币存款账户的香港居民，可用人民币支票在每个账户每天8万元的限额内，支付在广东省内的消费支出。而省内商户或个人在收到香港居民签发的人民币支票后，可在出票日起的6个月内，委托其在省内的开户银行收款。

而在此前，国内已开展个人支票业务的城市大多只能用于同城结算。使用范围局限、接受度不高一直被认为是个人支票难以大规模推广的一个重要原因。

1. 个人支票遇阻“信用关”

虽然开展个人支票业务的银行不少，但该业务的发展并不理想。广州一天的支票使用量是20多万笔，但个人支票使用量仅100张左右。即使在个人支票业务发展最快的深圳，情况也不乐观。个人支票业务量较大的工行、中行两家的开户数尚不足一万户。

使用个人支票的客户群主要为三类：外籍人士、个人高端用户和私营企业主。并且个人支票一大半的业务量是由只占到客户总量两三成的外籍客户创造的。

事实上，早在1986年，我国就已在广州、上海、深圳等7个城市，针对个体工商户试点推出个人支票，但试点最终无疾而终。除了受当时社会需求和结算区域限制等因素的制约，客户、商家乃至银行系统自身对于“空头支票”“伪造支票”的担心，是造成个人支票推广困难的主要原因。

2. 征信体系正在逐步完善

我国个人信用信息基础数据库已正式运行并全国联网，截至2006年1月底已收录4.86亿自然人信息，涵盖各类个人金融信息，央行信用体系建设日趋完善。

客户在向银行申请办理个人支票业务时，银行就可利用这套征信系统对客户进行信用评估。如果申请人在征信系统中存在不良记录，银行就会拒绝其申办请求。此外，银行还规定申请人须有稳定的资产和收入，同时要求申请人在银行开户，并存入相当数额的存款用于支付。各家商业银行也纷纷推出“个人支票保付系统”，受票人可通过银行的专线电话查询出票人签发的支票的保付情况，杜绝“空头支票”现象。

资料来源：《海峡都市报》。

本章小结

1. 信用是以偿本和付息为基本特征的借贷行为，是从属于商品货币关系的一个经济范畴。信用经历了高利贷信用、资本主义信用和社会主义信用三个发展阶段。

2. 信用形式是借贷活动的表现方式。随着商品货币经济的发展，信用形式也多样化、复杂化，主要信用形式有商业信用、银行信用、政府信用、消费信用和国际信用等。

3. 信用工具又称为金融工具，它是资金或资本的载体，借助这个运载工具实现资金或资本由供给者手中转移到需求者手中。信用工具是重要的金融资产，是金融市场上的重要交易对象。信用工具的共同特征有返还性、流动性、收益性、风险性。

4. 信用对经济的影响是：信用促进利润的平均化，促进生产规模扩大，调剂消费，调节经济。

5. 信用活动具有不稳定性，信用风险是指在信用交易中，由于交易一方不履偿付责任而给另一方造成损失的可能性，即违约风险。信用过度膨胀会引起经济泡沫，一旦泡沫破灭就会造成金融危机。

6. 信用风险产生的根本原因是信息不对称导致的逆向选择和道德风险，因此可以通过完善信用制度和信息披露制度、加强对信用信息的加工和判断，来控制和防范信用风险。

复习思考题

一、概念题

银行信用　政府信用　租赁信用　国际信用　出口信贷　卖方信贷　买方信贷　商业本票

商业汇票　银行本票　银行汇票　支票　商业信用证　旅行信用证　债券　金融债券　公司债券
普通股票　优先股票　银行券

二、问答题

1. 什么是信用？信用的发展经历了哪几个阶段？
2. 高利贷信用的利息率为什么会特别高？
3. 商业本票与商业汇票有何区别？
4. 银行信用为什么会取代商业信用而成为现代信用的主要形式？
5. 什么是信用工具？它有哪些特点？
6. 简述信用在国民经济中的作用。
7. 什么是信用管理？信用管理的方式有哪些？

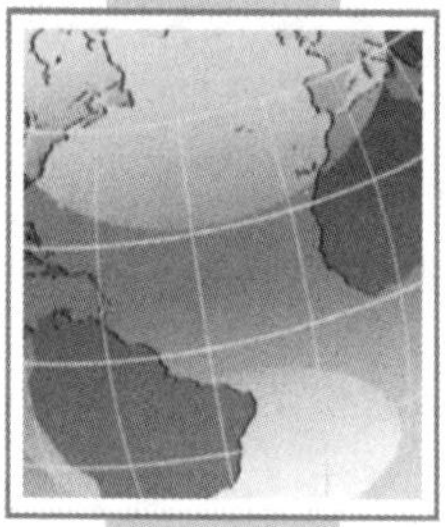

第三章
利息与利息率

1966 年，斯兰黑不动产公司在瑞士田纳西镇的一个内部交换银行存入了一笔 6 亿美元的存款，但该银行于第二年破产。1994 年，纽约布鲁克林法院做出判决，从存款日到田纳西镇对该银行进行清算的 7 年中，这笔存款应按每周1%的复利计息，而在银行清算后的21年中，每年按 8.45%的复利计息。如果判决执行，田纳西镇需要支付美国投资者约 1 260 亿美元。

第一节　利息与利息率概述

一、利息及其本质

(一)利息的含义

马克思科学地考察货币借贷过程及其结果后指出，利息是使用借贷资金的报酬，是货币资金所有者凭借对货币资金的所有权向这部分资金使用者索取的报酬。

什么是利息？关于这个问题，西方经济学家们有多种说法。但他们大多从某个侧面入手来观察利息、解释利息的性质。例如，“节欲论”认为，利息是资本所有者“节约”或“节欲”，抑制当前消费欲望而推迟消费的报酬。“时差利息论”认为，人们对现有财货的评价要大于对未来财货的评价，同样价值的财货，现在使用的效用要高于未来使用的效用，若现在放弃使用财货，推迟到未来使用，就会有时差损失，而利息就是对这种价值时差损失的贴水。“流动性偏好论”认为，人们都偏爱流动性高的货币，若要人们暂时放弃这种高流动性的货币，而等待将来使用，则必须给放弃流动性偏好者支付报酬，即利息。上述这些观点实际上都是从 17 世纪英国古典政治经济学创始人威廉·配第(William Petty)关于利息的解释中引申出来的。配第认为，货币持有者贷出货币，就会减少用这笔货币购置土地而能获得的地租，为此，他必须获得相应的补偿，才会出借货币，这种补偿即利息。

总之，在西方经济学家们看来，利息是对放弃货币的机会成本的补偿。

(二)利息的来源

马克思认为，利息来源于剩余产品或利润的一部分，它是剩余价值的特殊转化形式。这说明，利息是由劳动者创造的价值的一部分。利息与利润之间有一定的量的关系。由于利息是利润的一部分，所以，利润就成为利息的最高界限。对全社会而言，平均利润就是利息的最高界限。由于利息与利润之间存在量的关系，利息也就成为反映使用借贷资金投资效率高低和货币资金使用是否合理的一个标志。

二、利息率及其计算

利息率通常简称为利率，是借贷期满所形成的利息与所贷出的本金的比率。一般情况下，利息率的最高界限为平均利润率，最低界限为零。利息率的计算公式为：

$$利息率=\frac{利息额}{借贷资金额}\times 100\%$$

按照计算利息的时间，可将利率分为年利率、月利率和日利率。年利率又称年息几厘，一般用本金的百分比来表示；月利率又称月息几厘，一般用本金的千分比来表示；日利率又称日息几厘，一般用本金的万分比来表示。此外，还可以用“分”作为利率单位。由于分是厘的10倍，所以，如果是年息5分，则表示年利率为50%；如果是月息5分，则表示月利率为5%。年利率与月利率及日利率之间的换算公式为：

$$年利率=月利率\times 12=日利率\times 360$$

在计算利息额时，有两种方法：一为单利法，二为复利法。

按单利法计算利息时，不论借贷期限长短，仅按本金计算利息，上期本金新生利息不作为计算下期利息的依据。单利法的计算公式为：

$$I=P\cdot r\cdot n$$

$$S=P(1+n\cdot r)$$

其中：I 为利息额；P 为本金；r 为利息率；n 为借贷期限；S 为本金与利息之和，又称本利和。

按复利法计算利息时，可将上一期本金所生利息计入本金，一并计算下一期利息，即如果本金与利息都不提现的话，则每期都是按上期本利和来计息。复利法的计算公式为：

$$S=P\cdot(1+r)^n$$

$$I=S-P$$

例如，一笔期限为3年、年利率为6%的100万元的贷款。

按单利法计算，利息总额和本利和分别为：

$I=1\ 000\ 000\times 6\%\times 3=180\ 000$(元)

$S=1\ 000\ 000\times(1+3\times 6\%)=1\ 180\ 000$(元)

按复利法计算，利息总额和本利和分别为：

$S=1\ 000\ 000\times(1+6\%)^3=1\ 191\ 016$(元)

$I=1\ 191\ 016-1\ 000\ 000=191\ 016$(元)

从上述结果可见，在利率相同的情况下，按复利计息，可多得利息11 016元。

三、利率的种类

利率是一个十分复杂的经济变量系统。这一方面是由于金融资产的多样化，另一方面是由于利率的决定因素也复杂多样，人们可以从不同角度考察利率，使金融市场中的利率具有多种表现形式。

（一）市场利率、官方利率与公定利率

市场利率、官方利率与公定利率是按利率的决定主体不同来划分的。

市场利率是指由资金供求关系和风险收益等因素决定的利率。一般来说，当资金供给大于需求时，市场利率会下降；当资金供给小于需求时，市场利率会上升。并且，当资金运用的收益较高，资金运用的风险也较大时，市场利率也会上升；反之则下降。因此，市场利率能够较真实地反映市场资金供求与运用的状况。

官方利率是指由货币管理当局确定的利率。官方利率是由货币管理当局根据宏观经济运

行的状况和国际收支状况及其他状况来决定的，它可用作调节宏观经济的手段。因此，官方利率往往在利率体系中发挥指导性作用。

公定利率是指由金融机构或行业公会、协会（如银行公会等）按协商的办法所确定的利率。公定利率只对参加该公会或协会的金融机构有约束作用，而对其他金融机构则没有约束作用。但是，公定利率对整个市场利率有重要影响。

（二）固定利率与浮动利率

固定利率与浮动利率是按资金借贷关系存续期内利率水平是否变动来划分的。

固定利率是指在整个借贷期限内，利率水平保持不变的利率。在物价稳定的条件下，固定利率具有简便易行、便于借贷双方进行成本收益核算的优点。固定利率适合于短期资金借贷关系。因为未来是不确定的，如果借贷期限较长，市场变化又难以预测，使用固定利率就可能使借款人或贷款人承担利率变化的风险——当未来利率上升时，贷款人要承担利息损失的风险；当未来利率下降时，借款人则要承担利息成本较高的风险。

浮动利率是指在借贷关系存续期内，利率水平可随市场变化而定期变动的利率。浮动利率水平变动的依据和变动的时间长短都由借贷双方在建立借贷关系时议定。在国际金融市场上，多数浮动利率都以伦敦银行间同业拆借利率（LIBOR）为参照指标而规定其上下浮动的幅度。这种浮动幅度是按若干个基点来计算的，通常每隔 3 个月或 6 个月调整一次。实行浮动利率对借贷双方来说，其计算成本、收益的难度要大一些，并且对借贷双方利率管理的技术要求也比较高。但是，实行浮动利率的借贷双方所承担的利率风险比较小。浮动利率适合于在市场变动较大，而借贷期限又较长的融资活动中实行。

（三）名义利率与实际利率

名义利率与实际利率是按利率水平是否剔除通货膨胀因素来划分的。

名义利率是指没有剔除通货膨胀因素的利率，实际利率则是指剔除通货膨胀因素的利率。所以，实际利率又可理解为是在物价不变、货币购买力也不变的条件下的利率。

如果以 r 代表实际利率，i 代表名义利率，$\dot{p}$ 代表通货膨胀率，则实际利率的计算有两种方式：

$$r=\frac{1+i}{1+\dot{p}}-1$$

$$r=i-\dot{p}$$

前一种计算方式比较精确，多用于核算实际成本和实际收益；后一种计算方式比较直观，多用于估算成本、收益及理论阐述。运用这两种计算方式的结果有一定的差异。

例如，某银行发放一笔为期 1 年的贷款，其利率为 9%，当年的国内通货膨胀率为 4%。按前一种方式计算，r 为 4.808%；而按后一种方式计算，r 为 5%，两者相差 0.192%。如果贷款金额较大，则按两种方式计算的实际成本和实际收益就有较大的差异——如果该贷款金额为 1 000 万元，则差额为 1.92 万元。

（四）一般利率与优惠利率

一般利率与优惠利率是按金融机构对同类存贷款利率制定不同的标准来划分的，后者的贷款利率往往低于前者，后者的存款利率往往高于前者。贷款优惠利率的授予对象大多为国家政策扶持的项目，如重点发展行业、部门及对落后地区的开发项目等。在国际借贷市场上，低于 LIBOR 的贷款利率被称为优惠利率。存款优惠利率大多用于争取目标资金来源。例如，我国曾经实行的侨汇外币存款利率就高于普通居民外币存款利率。此外，各银行为了争取大额稳定的资金来源，也会给某些特定存款户以高于市场一般水平的利率。在我国，擅自以提高利率拉存款的做法属违规，是不允许的。当然，在外币利率改革以后，各银行对 300 万美元以上存款支付的利率虽然都高于一般利率，但这是制度所允许的，不在违规之列。

(五)长期利率与短期利率

长期利率与短期利率是按借贷期限长短来划分的，通常以 1 年为标准。凡是借贷期限满 1 年的利率为长期利率，不满 1 年的则为短期利率。

四、利率的计量

(一)现值

现值，也称折现值，是指把未来现金流量折算为基准时点的价值，用以反映投资的内在价值。使用折现率将未来现金流量折算为现值的过程，称为“折现”。折现率，是指把未来现金流量折算为现值时所使用的一种比率，是投资者要求的必要报酬率或最低报酬率。

$$\frac{P}{A}=\frac{1}{i}-\frac{1}{i(1+i)^n}$$

其中：i 表示报酬率，n 表示期数，P 表示现值，A 表示年金。

现值的概念非常有用。它的一种有趣的用途是来确定彩票中奖金额究竟价值多少。例如，加利福尼亚州政府通过广告宣称它有一项彩票的奖金为 100 万美元。但那并不是奖金的真正价值。事实上，加利福尼亚州政府承诺在二十年内每年付款 50 000 美元。如果贴现率是 10%且第一笔账及时到户，则该奖金的现值只有 468 246 美元。

一些科学家认为除非人类找到新的替代性能源，数十亿年后太阳的能源将被耗尽，地球也将毁灭。现值告诉我们为什么这并不值得担心。假设一百万年后地球上有 100 亿人口，并且每个人都认为自己的生命价值 1992 年的 100 万亿美元(经济学家通过分析失业风险酬金的数据获得了一个代表性的发现，即美国人对自己生命的估价不超过 300 万美元，而在较贫穷的国家，人们的自我估价更低)，那么即使是按 2%的极低利率计算，太阳能源耗尽带来的损失的现值低于 1 欧元。

(二)利率与回报率的区别

投资回报率(ROI)是指通过投资而应返回的价值，即企业从一项投资活动中得到的经济回报，它涵盖了企业的获利目标。利润和投入经营所必备的财产相关，因为管理人员必须通过投资和现有财产获得利润。投资可分为实业投资和金融投资两大类，人们通常所说的金融投资主要是指证券投资。

第二节 利率决定理论

利率理论主要研究利率水平的决定机制，探讨利率变动的原因及利率差异的原因。这里选择其中比较重要并且在现实经济活动中可加以应用的几种理论予以介绍。

一、马克思的利率决定理论

(一)平均利润率

由于利息是利润的一部分，因此，利润率是决定利率的首要因素。根据市场法则，等额资本要获得等量利润，通过竞争和资源的流动，一个经济社会在一定时期内形成一个平均利润率。这一平均利润率是确定各种利率的主要依据，是决定利息率的基本因素，是利率的最高界限。当然，在一般情况下，利率也不会低于零。如果利率低于零，就不会有人出借资金了。所以，利率通常在平均利润率和零之间波动。

（二）借贷资金的供求关系

虽然从理论上讲，利率既不会高于平均利润率，也不会低于零，但实际上，决定某一时期某一市场上利率水平高低的是借贷资金市场上的供求关系，即利率是由借贷资金供求双方按市场供求状况来协商确定的。当借贷资金供大于求时，利率水平就会下降；当借贷资金供不应求时，利率水平就会提高，甚至高于平均利润率。

（三）预期通货膨胀率

在信用货币流通条件下，特别是在纸币制度下，通货膨胀是一种经常的现象。通货膨胀使借贷资金本金贬值，会给借贷资金所有者带来损失。为了弥补这种损失，债权人往往会在一定的预期通货膨胀率基础上来确定利率，以保证其本金和实际利息额不受到损失。当预期通货膨胀率提高时，债权人会要求提高贷款利率；当预期通货膨胀率下降时，利率一般也会相应地下调。

（四）中央银行货币政策

自从 20 世纪 30 年代凯恩斯主义问世以来，各国政府都加强了对宏观经济的干预。政府干预经济最常用的手段是中央银行的货币政策。中央银行采用紧缩政策时，往往会提高再贴现率或其他由中央银行所控制的基准利率（如美国的联邦基金利率）；而当中央银行实行扩张政策时，又会降低再贴现率或其他基准利率，从而引起借贷资金市场利率跟着做相应调整，并进而影响整个市场利率水平。

（五）社会再生产状况是影响利息率的决定因素

马克思不是像资产阶级经济学家那样，把影响利率变化的因素局限在借贷资本的供求上，而是深入到生产领域，进一步研究影响借贷资本供求状况的原因，揭示出影响利率变化的决定性因素，即社会再生产状况决定着借贷资本的供求。他详尽地分析了资本主义产业周期的四个阶段（危机、萧条、复苏、繁荣）中货币资本的供求状况和利息率的变化情况。

1. 危机阶段

在该阶段商品滞销，物价暴跌，生产下降，工厂倒闭，工人失业。由于支付手段极端缺乏，对借贷资本需求增大，而借贷资本供给减少，利率急剧上升至最高限度。因此，马克思说："达到高利贷极限程度的最高利息与危机阶段相适应。"①

2. 萧条阶段

在该阶段，危机刚过，物价下降到最低点，产业资本不再收缩，借贷资本大量闲置，但由于企业信心不足而不愿增加生产投资，购买生产资料和支付工人工资所需货币减少；物价虽低，但交易量减少，对借贷资本的需求量也减少。所以，借贷资本供大于求，导致利息率下降到最低限度。正如马克思所说："低的利息可能和停滞结合在一起。"②

3. 复苏阶段

在该阶段，投资逐渐增大，交易逐渐增加，工厂开始复工，对借贷资本的需求开始增长。由于这个阶段信用周转灵活，支付环节畅通，借贷资本充足，因此，借贷资本的需求是在低利率情

① 《马克思恩格斯全集》第 25 卷，人民出版社 2001 年版，第 404 页。
② 《马克思恩格斯全集》第 25 卷，人民出版社 2001 年版，第 404 页。

况下得到满足的，借贷资本的供大于求没有导致利率上升。

4. 繁荣阶段

在该阶段，初期，生产迅速发展，物价上涨，利润增加，对借贷资本需求增大，这时由于信用周转灵活，资本回流加快，商业信用扩大，利息率还是维持在较低水平上。随着生产规模继续扩大，对借贷资本的需求继续增加，尤其是信用投机出现，使借贷资本需求大增，此时利率虽已提高到平均利率水平，但仍然继续迅速上升。

从资本主义产业周期不同阶段利率呈现的不同变化，可以清楚地看到：借贷资本的供求状况不是由借贷双方的主观愿望决定的，而是由社会再生产状况决定的。因此，社会再生产状况是影响利率变化的决定因素。

（六）国际收支状况

一国的国际收支状况对该国的利率水平也起决定作用。当一国国际收支平衡时，一般不会变动利率。当一国国际收支出现持续大量逆差时，为了弥补国际收支逆差，需要利用资本项目大量引进外资，此时，金融管理当局就会提高利率。当一国国际收支出现持续大量顺差时，为了控制顺差，减少通货膨胀的压力，金融管理当局就可能会降低利率，减少资本项目的外汇流入。这当然也会使本国的借贷资金利率水平发生变化。

除了上述因素外，决定一国在一定时期内利率水平的因素还有很多。例如，一国的利率水平还与该国货币的汇率有关，当本币贬值时，会导致国内利率上升。此外，借贷期限长短、借贷风险大小、国际利率水平高低、一国经济开放程度等，都会对一国国内利率产生重要影响。因此，对利率水平的变动必须综合分析各种因素，才能找出利率水平变动的主要原因。

二、可贷资金利率理论

可贷资金利率理论是在1939年由D. H. 罗伯逊提出的，这是一种认为利率是由可贷资金供给与需求决定的理论。这一理论提出后，受到瑞典学派的B. 俄林等人的支持，成为一种有较大影响力的理论。

可贷资金利率理论是在综合古典学派利率理论和凯恩斯利率理论的基础上建立起来的。

古典学派认为，利率是由投资和储蓄这两个因素决定的。投资代表对资金的需求，而储蓄则代表资金供给。古典学派认为，市场经济会自动达到充分就业均衡。投资需求变化较小，它取决于资本边际生产力；而储蓄则取决于人们的意愿，人们的储蓄意愿又受其“时间偏好”的影响。所谓“时间偏好”，即人们总是偏爱即时消费，并认为对于同样的财货，其现在的价值要大于未来的价值。因此，要让人们推迟消费，进行储蓄，就必须给予一定的补偿，这种补偿即利息，而利率的高低则与人们的“时间偏好”程度强弱有关，人们的“时间偏好”强烈，就需要较高的利率才能吸引人们储蓄。

凯恩斯认为，古典学派的理论前提即市场经济会自动达到充分就业均衡是不现实的，市场经济中更多的情况是需求不足。他认为，利率是由人们的“流动性偏好”即货币需求与货币供给共同决定的。由于中央银行的货币供给是相对确定的，所以，人们的“流动性偏好”就成为决定利率高低的主要因素。在凯恩斯看来，利息是对人们放弃货币、牺牲流动性的补偿。人们需要货币、偏爱流动性，主要是为了满足三种愿望，也称作货币需求的三个动机，即交易动机、预防动机和投机动机。人们的货币需求动机多样化，将导致货币需求不稳定。因此，在货币供给相对确定的情况下，利率在很大程度上要受货币需求的影响，而当利率下降到一定水平（通常为人们根据以往经验所认定的利率低限）时，货币需求弹性将会变得无限大，即形成“流动性陷阱”。

人们对于古典学派和凯恩斯分别提出的利率决定理论褒贬不一。在可贷资金利率理论的支持者看来，上述两种理论都失之偏颇。利率不是简单地由投资与储蓄或货币供给与货币需求来决定的，而是由可贷资金的供给与可贷资金的需求来决定的。可贷资金的供给既来自中央银行，也来自人们的储蓄以及人们的货币反窖藏，还有商业银行的信用创造。可贷资金的需求则来自投资和人们的货币窖藏。如果考虑到投资和窖藏是利率的递减函数，储蓄和商业银行的信用创造以及人们的反窖藏则是利率的递增函数这些因素，那么，可以发现，利率的决定是一个非常复杂的过程。

以 $I(i)$ 代表投资是利率的反函数，$\Delta H(i)$ 代表窖藏是利率的反函数，$S(i)$ 代表储蓄是利率的增函数，$\Delta M(i)$ 代表信用创造或货币发行是利率的增函数，$DH(i)$ 代表反窖藏是利率的增函数，L_S 代表可贷资金供给，L_D 代表可贷资金需求，则有以下关系：

$$L_S = S(i) + \Delta M(i) + DH(i)$$

$$L_D = I(i) + \Delta H(i)$$

可贷资金利率理论认为，利率取决于可贷资金的供给与需求的均衡点（见图 3—1）。当可贷资金供给与可贷资金需求达到均衡时，有：

$$S(i) + \Delta M(i) + DH(i) = I(i) + \Delta H(i)$$

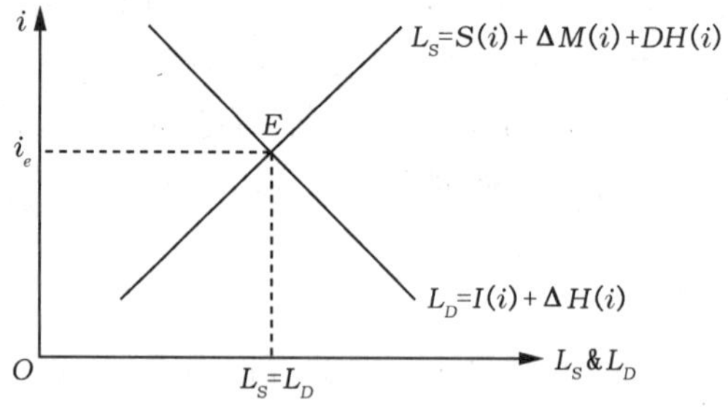

图 3—1　俄林—罗伯逊可贷资金利率理论

从可贷资金利率理论所研究的决定利率水平的主要因素来看，正好将古典学派利率理论和凯恩斯的利率理论综合其中，古典学派所重视的投资和储蓄、凯恩斯所重视的货币供给与货币需求，在可贷资金利率理论的模型中都得到了反映。在可贷资金利率理论中，用 $\Delta H(i)$ 来表示货币需求，而用 $\Delta M(i)+DH(i)$ 来表示货币供给。

三、*IS-LM* 分析的利率理论

可贷资金利率理论批判地继承了前人的研究成果，使利率决定理论研究取得了较大的发展。但是，该理论存在一个明显的缺陷，那就是没有考虑收入因素对利率的作用。而在实际经济活动中，收入状况对利率的决定有着重要作用，这种作用是通过对储蓄和货币需求的影响而实现的。

由英国经济学家 J. R. 希克斯首先提出，美国经济学家 A. H. 汉森加以发展而成的 *IS-LM* 分析模型，则充分考虑了收入在利率决定中的作用，从而促进了利率理论的发展。

IS-LM 分析模型是从整个市场全面均衡来讨论利率的决定机制的。该理论认为，储蓄与收入水平存在着正向运动关系，即收入水平越高，则储蓄越多；储蓄与利率也存在着正向运动关系，即利率越高，储蓄越多。在不同利率水平下，不同收入水平具有不同的储蓄曲线。这些不同的储蓄曲线与投资曲线相交形成 *IS* 曲线（见图 3—2）。该曲线上所有各点表示储蓄与投

资相等，表明产品市场上供求均衡时的利率和收入的组合。

同时，收入与流动性偏好决定的货币需求也有密切关系。收入水平越高，所需货币量就越多。而货币供应量是由金融当局控制的。货币供给曲线与不同收入水平下的货币需求曲线相交各点构成 LM 曲线(见图 3—2)。该曲线上各点均表示在一定收入水平和一定利率水平上，货币供给与货币需求相等，表明货币市场上供求均衡时的利率与收入的组合。

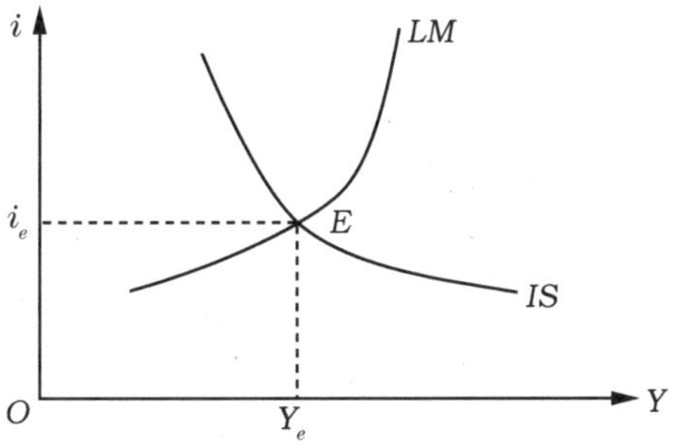

图 3—2 *IS-LM* 分析模型

IS 曲线与 LM 曲线的交点 E 表示货币市场与产品市场同时均衡时的利率与收入的组合。这一均衡点所决定的利率 i_e 为均衡利率，这一均衡点所决定的收入 Y_e 为均衡收入。

第三节 利率的作用

一、利率对经济活动的影响和调节作用

(一)利率变动对资金供求的影响

在市场经济中，利率是一个重要的经济杠杆，这种杠杆作用首先表现在对资金供求的影响上。

在商品货币经济运行过程中，资金短缺是一种经常现象，它是制约一国经济发展的重要因素。然而，在经济活动中，由于生产的季节性变化和收入、支出的非同步性等原因，又总是有一部分资金处于暂时闲置状态，即出现资金盈余。这部分处于闲置状态的资金是不能增值的，这对资金所有者来讲是一种损失，对整个社会而言，则是资源浪费。利息的产生能够较好地吸引资金盈余者将处于暂时闲置状态的资金让渡出去，解决资金短缺者的需求。

利率水平的变动对资金盈余者的让渡行为有重要影响，它对资金盈余者持有资金的机会成本起决定性作用。当利率提高时，意味着人们持有资金的机会成本增大，资金盈余者贷出资金的动力也越大。利率水平的变动对资金短缺者的告贷行为也有重要影响。当利率提高时，意味着人们借款的成本增大，资金短缺者借款的负担也越重，其借款需求就会受到制约；而当利率下降时，借款人的借款需求会扩大，但资金盈余者的资金供给却会受到抑制。

(二)利率变动对信贷规模和结构的影响

利息率对信贷规模有重要的调节作用。提高贷款利率必然使企业留利减少，企业贷款数量和投资规模可能相应收缩；当贷款利率提高到一定程度，生产企业不仅会减少新借款，甚至还要收缩现有生产规模，把资本从再生产过程中抽出，使生产资本转化为借贷资本，以获得较高利息。反之，若降低贷款利率，减少借款者的借款成本，借款者就会增加借款，扩大生产规模。因此，国家可以通过调整银行利率水平来调节信贷规模和投资规模。

利息率还具有调节信贷资金结构和促进产业结构合理化的作用。对有发展前途的新兴产业和国民经济发展中的短线行业、重点部门实行较低的优惠利率贷款,使这些行业、部门的企业以较低的成本获取货币资金,支配较多的信贷资金,促进其迅速发展;反之,对需限制发展的部门,实行较高的贷款利率,增大其借款成本,使其收缩借贷规模和生产规模。因此,运用利率调节信贷结构对促进产业结构合理化和国民经济协调、稳定发展有重要作用。

(三)利率变动对稳定物价的作用

利息率变动对稳定物价的作用是通过以下途径实现的:

第一,调节货币供应量。利息率的高低直接影响银行的信贷总规模,而信贷规模又直接决定货币供应量。当流通中的货币量超过货币需要量时,调高利率可以收缩信贷规模,减少货币供应量,促使物价稳定。

第二,调节需求总量和结构。在商品经济中,国民收入分配都是以货币形式进行的价值分配,客观上存在着分配后形成的有支付能力的社会需求与商品供应量在总量和结构上不相适应的可能性,潜藏着危及物价稳定的因素。运用利率杠杆把待实现的购买力以存款形式集中到银行,并在总量和结构上进行调节,以实现供求平衡和物价稳定。

第三,增加有效供给。利息率对稳定物价的作用还可以从商品生产和供应方面体现出来。如降低某类企业的贷款利率,增加其收入,促使其扩大生产,增加商品供应量,使其价格下降。

(四)利率变动对国际收支的影响

当一国国际收支出现严重不平衡时,即出现大量持续逆差或大量持续顺差时,一国金融管理当局就有可能通过变动利率来调节国际收支,特别是当国际收支不平衡的原因主要在于资本项目时,中央银行通过调整利率水平能取得明显的效果。当发生严重逆差时,可将本国短期利率提高,以吸引外国的短期资本流入,减少或消除逆差;当发生过度顺差时,可将本国利率水平调低,以限制外国资本流入,减少或消除顺差。

由于国际收支出现严重不平衡时,会给一国经济带来不利影响,例如,长期的巨额逆差会使一国货币贬值,从而削弱一国对外国商品、劳务和技术等的购买力,进而影响国内经济的发展;而长期的巨额顺差则会使本国面临较大的通货膨胀压力,此外,还可能给顺差国带来较大的外交压力。因此,无论是发达国家抑或是发展中国家,当其面对国际收支巨额不平衡时,都会采取措施予以舒缓,在一定的条件下,变动利率是一种有效的手段。

(五)利率对储蓄和投资的影响

首先,就利率对储蓄的作用来说,由于个人储蓄通常构成社会中储蓄的主要部分,所以用个人储蓄代表加以说明,一般将储蓄随利率提高而增加的现象称为利率对储蓄的替代效应,储蓄随利率提高而降低的现象称为利率对储蓄的收入效应。替代效应表示人们在利率水平提高的情况下,愿意通过增加未来消费——储蓄——来替代当前消费。这一效应反映了人们较强的增加利息收入从而增加财富积累的偏好。收入效应表示人们在利率水平提高时,希望增加现期消费,从而减少储蓄。这一效应反映了人们在收入水平由于利率提高而提高时希望进一步改善生活水准的偏好。

利率变化对投资所起的作用,是通过厂商对资本边际效益与市场利率的比较形成的。如果资本边际效益大于市场利率,可以促使厂商增加投资;反之,则减少投资。但是,同样幅度的利率变化以及利率与资本边际效益之比对于不同厂商投资的程度可以是不同的,例如,在劳动力成本,即工资不随利率下降而降低的情况下,对于劳动密集型的投资,利率弹性就小些,对于资本密集型的投资,利率弹性就会大些。

二、利率发挥作用的渠道

利率变动能够对经济产生影响。这种影响是通过利率变化，引起一些经济变量的变化，进而影响整个国民经济活动水平来实现的。因此，中央银行可以根据宏观经济运行的状况及货币政策目标，采取一些措施影响利率水平，进而影响社会的投资与储蓄总额，使人们的投资行为和储蓄行为符合实现货币政策目标的要求。

中央银行常用的方法或采取的措施有：调整再贴现率，进行公开市场业务操作，直接调整由中央银行所控制的其他基准利率。

中央银行可主动调高或降低再贴现率，以此来影响商业银行和其他金融机构向中央银行取得再贷款的成本。当中央银行提高再贴现率时，会使商业银行和其他金融机构的再贷款成本上升，金融机构为了实现其既定的利润目标，就会相应提高贷款利率，从而使市场利率水平上升；反之，则使市场利率水平下降。此外，商业银行和其他金融机构还可以根据中央银行变动再贴现率这一举措来预测市场资金供给状况和中央银行的货币政策趋向。一般来说，中央银行提高再贴现率表明中央银行要实行紧缩政策或表明市场资金供应比较紧张，商业银行就会收缩信贷，减少贷款供给。这又会导致市场利率进一步提高，从而进一步抑制投资需求，刺激储蓄增长。而当中央银行降低再贴现率时，商业银行和其他金融机构则会扩大贷款。

中央银行也可通过公开市场业务操作来影响利率水平。当中央银行持续大量买进有价证券时：一方面会导致市场上对有价证券的需求增加，从而使有价证券的价格上升；另一方面，又会使商业银行的超额准备增加，导致贷款扩大，从而使利率水平下降。当中央银行持续大量卖出有价证券时：一方面导致有价证券的价格下降；另一方面又会引起利率水平上升。

第四节 我国的利率体制改革

一、我国的利率管理体制

一国的利率体制即一国对利率的管理制度总和，包括利率政策、利率决定机制及利率变动幅度的有关规定。

利率管理制度是否适当，直接关系到利率的杠杆作用能否得以充分发挥。一国采取什么样的利率体制，与该国的经济发展状况及历史原因有关。

目前，世界各国采取的利率体制主要有两种类型：一是利率管制；二是利率市场化。我国迄今为止新实行的利率体制仍属于利率管制型，这一体制已经实行了 50 多年。

从我国利率体制本身已发生的变化来看，我国的利率体制又可分为两种不同的表现形式：一种是 1949 年到 1983 年期间实行的高度集中的利率管制；另一种是自 1983 年至今实行的利率管制下的有限浮动利率体制。

新中国成立以后，我国实行的是高度集中的利率管理制度，这与我国当时实行的高度集中的计划经济体制是相适应的。在这种制度下，资金由国家严格按照计划调度，全国实际上只有一家银行——中国人民银行；所有的利率均由国家计划制定，由国务院直接决定利率水平，由中国人民银行统一管理利率的操作与运用；所有的存贷款业务都严格按照颁布的利率进行操作，任何部门、单位和个人都不得擅自变更利率水平。

实行这种没有弹性的严格的利率管制也是在当时特殊的历史条件下的一种选择。新中国成立初期，我国面临的是国民党旧政权遗留下来的严重通货膨胀和猖獗的高利贷及投机倒把活动。在这种情况下，人民政府不得不采取严格的管理措施，特别是实行严格的利率管制，以防不法之徒扰乱金融秩序。为了稳定金融，我国首先对金融业进行社会主义改造，并于1952年完成了银行业所有制改造。为了巩固金融业进行社会主义改造的成果，也需要实行统一的利率管制。事实上，正是在严格的利率管制下，我国当时的通货膨胀和混乱的金融局面才得以迅速扭转。此外，这种严格的利率管制对后来的私营工商企业的社会主义改造也起到了积极作用。

1956年，我国在基本完成了生产资料所有制的社会主义改造以后，全国实行高度集中的计划经济体制，新中国成立初期建立的利率管制体制不仅没有被削弱，反而被进一步强化。尤其是面对大规模的经济发展要求，我国的资金又非常匮乏，因此，实行利率管制的做法便在理论和实践上都被认为是正确的选择而得以延续下来。

1978年，中共十一届三中全会确立了改革开放的方针和政策，随后又开始实行有计划的商品经济，但利率管制仍未放松。

随着我国经济体制改革的不断深入，市场机制的作用日渐明显，利率在调节资金供求和经济结构上的杠杆作用也日益受到重视。1982年，为了推动我国金融业的发展，提高中国人民银行、中国农业银行、中国银行和中国人民建设银行在融资活动中的地位，规定这四大银行在办理某些特定对象的存贷款业务时，可以按规定的利率进行有限的上下浮动。这标志着我国原来实行的无弹性的利率管理制度有所放松。

1983年，为了进一步加快我国金融体制改革，将人民银行原来承担的商业银行业务划归新组建的中国工商银行，中国人民银行为中央银行，专门从事货币发行和金融管理职能，由中国人民银行同意对外宣布利率水平及实行利率管理，由中国人民银行来确定不同银行的利率浮动幅度。这种做法延续至今，即利率管制下的有限浮动利率体制。

二、利率市场化改革

在利率管制体制下，利率水平往往容易被人为地压低而不能真实地反映市场资金供求状况，还会导致资金配置低效，造成资源浪费。自20世纪70年代起，很多国家都改变了以往实行的利率管制做法，开始尝试利率市场化，其中，有发达国家，也有发展中国家，并于20世纪80年代先后完成了利率市场化改革。

从各国利率市场化的过程来看，可分为三个阶段：第一阶段的目标是将利率提高到接近市场均衡状态的水平，保持经济、金融运行稳定；第二阶段的目标是通过扩大利率浮动范围，下放利率浮动权，以完善利率浮动机制；第三阶段的目标是通过增加金融交易品种，扩大交易规模，形成金融资产多样化，先在非存贷款金融交易中实现利率自由化，然后通过这些金融交易与银行存贷款业务的竞争，促使银行先放开贷款利率，再放开存款利率，最终实现利率市场化。

借鉴国外实行利率市场化改革的成功经验，我国自20世纪90年代起，加快了利率体制改革的步伐。中国人民银行货币政策委员会明确提出，金融体制改革的一个重要内容是实现利率市场化。中国人民银行还提出了我国利率市场化改革的次序，那就是：先外币，后本币；先农村，后城镇；先贷款，后存款；先大额，后小额。我国的利率改革应该走市场化的道路，这是由我国市场经济本质所决定的，也是我国加入世界贸易组织的需要。它的方向就是国家控制基准利率，其他利率则基本开放，形成一个相对独立、以基准利率为中心、多层次、充分体现和反映市场经济特点及要求的利率控制系统。近年来，我国的利率市场化改革也正是按照这一思路进行的，并在实践中取得了较好的效果。

（一）结合中国国情，大力推进货币市场的发展

货币市场是利率市场化的基础，它有利于形成市场化的利率信号。市场化的利率信号的真实性和可信度，取决于货币市场的规模及其覆盖面。货币市场的覆盖面越广，参与者的种类越多，则市场的广度和深度越好，其资金交易中形成的利率水平越能准确反映资金供求状况。特别是同业拆借市场上形成的同业拆借利率，代表着市场主体取得批发性资金的成本，对整个金融市场利率水平具有导向性的作用。特别是 2007 年 1 月 4 日，上海同业拆借利率（SHIBOR）的正式运行，标志着中国货币市场基准利率培育工作全面启动。

（二）进一步扩大商业银行贷款利率的浮动幅度

自 1993 年以来，中国人民银行曾根据市场资金供求状况十多次调整贷款利率，并在此基础上逐步放松对商业银行的贷款利率管制，放宽了各商业银行贷款利率的浮动范围和幅度。

（三）放开外币利率

自 2000 年 9 月 21 日起，允许外币贷款利率市场化，外币大额定期存款（300 万美元以上）利率可由各大银行根据国际金融市场利率的变动情况以及国内经济情况、资金成本、风险差异等因素与客户协商确定，而外汇活期存款、7 天通知存款和 300 万美元等值以下的定期存款由我国银行业协会统一制定、公布，各家银行统一执行。

放开外币利率，使外币利率率先市场化，对我国金融改革尤其是利率体制改革必将产生重大影响。首先，这将促进我国商业银行提高内部经营管理效率。因为在外币利率市场化后，商业银行必须根据国际金融市场的利率变动以及本行资金成本、资产负债结构、银行抗风险能力等来确定外币资产与负债的定价。这就需要银行合理安排资产负债结构，严格控制经营成本，提高外币资金效率以及银行资产的流动性。其次，这将提高我国金融机构对利率变动的预测能力。由于实行利率市场化，利率变动频繁，而利率变动又直接影响金融机构、工商企业以及个人的金融资产价值，尤其对金融机构来说，其金融资产规模大，利率的轻微变动会使其收益相差几百万元、几千万元乃至数亿元。所以，金融机构必须密切关注利率的变化趋势，以便及时采取措施，规避因利率变动带来的资产损失。这将促使金融机构加大对利率预测的人力、物力和财力投入，建立利率风险控制机制，提高对利率预测的准确度，以便为投资决策提供可靠的依据。再次，这将会加快我国利率市场化改革的步伐。随着改革开放的不断深入发展，本、外币业务的联系不断加强，并相互渗透，外币利率市场化必然会促进本币利率市场化改革，最终加快我国本币利率市场化的进程。

利率市场化是我国建设社会主义市场经济体制、优化资源配置的需求，是顺利实施货币政策目标的内在要求，是我国金融间接调控的关键，也是完善金融机构自主经营机制、提高竞争力的必要条件。

第五节　利率期限结构[①]

随着社会主义市场经济的确立，利率期限结构在经济运行过程中，特别是在货币政策中发

① 本节内容参考黄达主编的《货币银行学》（第二版）的相关内容。

挥着越来越重要的作用。与此同时，伴随着我国债券市场的发展、金融创新的不断深入以及利率市场化进程的逐步推进，利率期限结构问题研究的重要性日益凸显出来。

一、利率期限结构的定义

利率期限结构(term structure of interest rates)是指在某一时点上，不同期限资金的收益率(yield)与到期期限(maturity)之间的关系。利率的期限结构反映了不同期限的资金供求关系，揭示了市场利率的总体水平和变化方向，为投资者从事债券投资和政府有关部门加强债券管理提供可参考的依据。

二、到期收益率

到期收益率又称最终收益率，是使投资购买国债获得的未来现金流量的现值等于债券当前市价的贴现率。因此，它相当于投资者按照当前市场价格购买并且一直持有至到期时可以获得的年平均收益率。

到期收益率计算标准是债券市场定价的基础，建立统一、合理的计算标准是市场基础设施建设的重要组成部分。

我国的银行间债券市场从 2001 年统一采用到期收益率计算债券收益后，一直使用的是“实际天数÷365”的计算方法。近来，随着银行间债券市场债券产品不断丰富，交易量不断增加，市场成员对到期收益率计算精确性的要求越来越高。为此，中国人民银行决定将银行间债券市场到期收益率计算标准调整为“实际天数÷实际天数”。调整后的到期收益率计算标准适用于全国银行间债券市场的发行、托管、交易、结算、兑付等业务。

一次性还本付息债券到期收益率的计算：

到期收益率=[债券面值×(1+票面利率×债券有效年限)−债券买入价]÷(债券买入价×剩余到期年限)×100%

例：某投资者于 2018 年 1 月 1 日以 1 100 元的价格购买了乙公司于 2016 年 1 月 1 日发行的面值为 1 000 元、利率为 10%、到期一次还本付息的 3 年期公司债券，持有到 2019 年 1 月 1 日，计算其投资收益率。

到期收益率=[1 000×(1+10%×3)−1 100]÷(1 100×1) ×100%=18.1%

长期债券到期收益率的计算：

长期债券到期收益率采取复利计算方式(相当于求内部收益率)。

$$PV=\frac{I}{(1+Y)^1}+\frac{I}{(1+Y)^2}+\cdots+\frac{I}{(1+Y)^t}+\frac{M}{(1+Y)^t}$$

其中：Y 为到期收益率；PV 为债券买入价；M 为债券面值；t 为剩余的付息年数；I 为当期债券票面年利息。

三、即期利率和远期利率

严格地说，利率期限结构是指某个时点不同期限的即期利率与到期期限的关系及变化规律。

即期利率是指债券票面所标明的利率或购买债券时所获得的折价收益与债券当前价格的比率。例如，购买政府发行的有息债券，在债券到期后，债券持有人可以从政府得到连本带利的一次性支付，这种一次性所得收益与本金的比率就是即期利率。若购买政府发行的无息债券,并以低于票面价值的价格获得,那么,债券到期后,债券持有人可按票面价值获得一次性的支付,这种购入价格的折扣额相对于票面价值的比率则是即期利率。

远期利率是指隐含在给定的即期利率中从未来的某一时点到另一时点的利率水平。

例如,一年期储蓄存款利率为 4.14%,二年期利率为 4.68%,若存入银行 100 000 元,存期一年,则一年后本利和为(不计所得税等)104 140 元[100 000×(1+0.041 4)],存两年为 109 579 元[100 000×(1+0.046 8)^2]。若先存一年,到期后立即将本利和再存一年,则到期后,本利和为 108 451.4 元[100 000×(1+0.041 4)^2],较两年期存款少得 1 127.6 元(109 579−108 451.4)。之所以可以多得 1 127.6 元,是因为放弃了第二年期间对第一年本利和 104 140 元的自由处置权。由此可以看出,较大的效益是产于第二年,如果说第一年应取 4.14%的利率,那么第二年的利率则是 5.22%[(109 579−104 140)÷104 140×100%],这个 5.22%便是第二年的远期利率。

由于零息债券的到期收益率等于相同期限的市场即期利率,从对应关系上来说,任何时刻的利率期限结构是利率水平和期限相联系的函数。因此,利率的期限结构,即零息债券的到期收益率与期限的关系可以用一条曲线来表示,如水平线、向上倾斜或向下倾斜的曲线,即收益率曲线(yield curve)。收益率曲线的变化本质上体现了债券的到期收益率与期限之间的关系,即债券的短期利率和长期利率表现的差异性。

四、利率期限结构理论

利率的期限结构理论说明为什么各种不同的国债即期利率会有差别,而且这种差别会随期限的长短而变化。

(一)预期假说

利率期限结构的预期假说首先由欧文·费歇尔(Irving Fisher)于 1896 年提出,是最古老的期限结构理论。

预期理论认为,长期债券的即期利率是短期债券的预期利率的函数,长期利率与短期利率之间的关系取决于即期利率与远期利率或预期未来短期利率之间的关系。如果预期的未来短期债券利率与现期短期债券利率相等,那么长期债券的利率就与短期债券的利率相等,收益率曲线是一条水平线;如果预期的未来短期债券利率上升,那么长期债券的利率必然高于现期短期债券的利率,收益率曲线是向上倾斜的曲线;如果预期的短期债券利率下降,则债券的期限越长,利率越低,收益率曲线就向下倾斜(见图 3—3)。

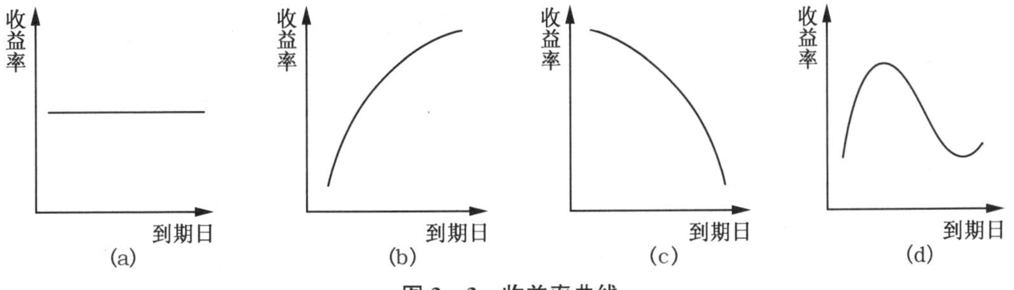

图 3—3　收益率曲线

预期假说为不同期限债券的利率之所以不同的原因提供了一种解释。但是,预期理论有一个基本的假定,即对未来债券利率的预期是确定的。如果对未来债券利率的预期是不确定的，那么预期假说也就不再成立。只要未来债券的利率预期不确定，各种不同期限的债券就不可能完全相互替代，资金也不可能在长短期债券市场之间自由流动。

（二）流动性偏好理论

流动性偏好理论认为，不同期限的债券之间存在一定的替代性，这意味着一种债券的预期收益确实可以影响不同期限债券的收益。但是，不同期限的债券并非是完全可替代的，因为投资者对不同期限的债券具有不同的偏好。

范·霍恩(Van Hone)认为，远期利率除了包括预期信息之外，还包括风险因素，它可能是对流动性的补偿。影响短期债券被扣除补偿的因素包括不同期限债券的可获得程度及投资者对流动性的偏好程度。在债券定价中，流动性偏好导致了价格的差异。流动性偏好理论假定，大多数投资者偏好持有短期证券。为了吸引投资者持有期限较长的债券，必须向他们支付流动性补偿，而且流动性补偿随着时间的延长而增加，因此，实际观察到的收益率曲线总是要比预期假说所预计的高。这一理论还假定投资者是风险厌恶者，他只有在获得补偿后才会进行风险投资，即使投资者预期短期利率保持不变，收益曲线也是向上倾斜的。

（三）市场隔断理论

市场隔断理论认为，债券市场可分为期限不同的互不相关的市场，各有自己独立的市场均衡，长期借贷活动决定了长期债券利率，而短期交易决定了独立于长期债券的短期利率。根据这种理论，利率的期限结构是由不同市场的均衡利率决定的。市场分割理论最大的缺陷正是在于它旗帜鲜明地宣称，不同期限的债券市场是互不相关的。因为它无法解释不同期限债券的利率所体现的同步波动现象，也无法解释长期债券市场的利率随着短期债券市场利率波动呈现的明显有规律性的变化。

本章案例

案例一　外资银行长短期存款利率倒挂

当我国民众还理所当然地认为存款时间越长，相应的利率就会越高，利息就会越多的时候，外资银行“利率倒挂”的事实已悄然上演。存款时间越长，利息反而越少，这听起来似乎不可思议。

早在2005年底至2006年第一季度，美国债券的利息率就出现了“长短息倒挂”现象，对美联储调整联邦基金利率最为敏感的两年期债券息率略高于十年期息率。对此，美联储前任主席格林斯潘在位时曾经称之为一个谜，并列出了一串可能导致长息偏低的理由，包括：市场对未来的投资前景看淡；各国央行对美国长期债券的需求旺盛；全球储蓄过剩；未来经济前景的可预测性增强；长息的风险议价下降；等等。但是，美联储一直没给出具体的理由。

然而在格林斯潘列出的各种理由中，没有提到战争对经济景气的刺激是有其特殊性的。对于军工及相关企业而言，在战争期间：工人加班，失业率下降，设备利用率上升，存货上升；对流动资金的需求增加，长期资金需求变化不大。由战争带动的军工需求，使短期资金需求增加而长期资金需求不变，从这个角度来看，美国债券长短期利率倒挂也就不足为奇了。

2012年7月“利率倒挂”再次上演，在渣打银行10万元及以上存款的一年期利率为3.3%，两年期、三年期和五年期利率则分别为1.5%、1.6%和1.7%；也就是说，一年期以上存款利率已经倒挂。以存款10万元为例，存一年利息为3 300元，存两年利息总计为3 000元，后者存款期长一倍，比前者反倒少了300元利息。存款利率倒挂的并非只有渣打银行一家，在星展银行网站上显示，该行一年期存款利率为3.3%，三年期和五年期存款利率则仅为2.0%和2.5%，比一年期存款利率分别低1.3%和0.8%。花旗银行官网显示，人民币定存利率也是1%～3.3%。而中资银行的两年、三年、五年期存款利率，非常一致，分别为3.75%、4.25%、4.75%，与外资银行对比可谓相差悬殊。

据内资银行的相关信贷负责人表示，外资银行中长期存款吸收得少与银行流动性管理有关，五年期以上的贷款一般都是大型基建项目、政府的大项目等，外资银行这类贷款放得少，没有太多长期资产，就不需要长期负债。同时，国内外资银行网点数量稀少，主要服务中高端客户，这类客户群体三年以上存款比较少，再加上外资银行五年以上长期贷款比例不大，不需要有相应的存款匹配。相关专家认为，中资银行盈利以吃利差为主，外资银行以服务和产品见长，强调增加中间业务收入，它们服务的高净值客户也很少把存款作为理财手段，而更看重银行提供的多元化产品。

思考题：你还可以举出生活中长期利率有时可以低于短期利率的理由吗？外资银行的利率安排对中资银行有怎样的经营启示？

案例二 我国的利率市场化改革

利率市场化，简单来说就是银行能够根据经济和市场变化调整银行不同期限、不同结构的贷款和存款利率。利率市场化有两个层面的含义：一是利率是可以自由浮动的，这是制度安排的问题；二是金融机构，特别是银行具备利用利率作为资金成本自主定价的能力，这是操作层面的问题，也是利率能否真正市场化的关键。

2015年10月24日，中国人民银行决定对商业银行和农村合作金融机构等不再设置存款利率浮动上限。这意味着我国利率管制基本放开，即从制度上说，中国利率体系的市场化改革已基本完成。但是长期以来，“新兴加转轨”时期的经济体系中的非市场化成分较多，金融体系，特别是银行利率只是计算利息的指标，并没有被作为资金价格用来控制成本和风险，利率并没有发挥市场价格的功能，银行也没有根据经济形势和市场风险调整利率的能力，利率在操作层面上实现市场化的程度比较低。

具体来说，根据利率走势和利率改革内容，可将我国利率改革分为前期的调整利率水平和结构（1978～1993年）、改革利率生成机制（1993～1996年）和利率市场化快速推进（1996年至今）三个阶段。

调整利率水平和结构阶段：经过近15年的改革，基本改变了负利率和零利差的现象，偏低的利率水平逐步得到纠正，利率期限档次和种类得到合理设定，利率水平和利率结构得到了不同程度的改善，银行部门的利益逐步得到重视。

改革利率生成机制阶段：利率改革主要任务是不断通过扩大利率浮动范围，放松对利率的管制，促使利率水平在调整市场行为中发挥作用，以逐步建立一个有效宏观调控的利率管理体制。中央银行的基准利率水平和结构是金融市场交易主体确定利率水平和结构的参照系，中央银行主要是根据社会平均利润率、资金供求状况、通货膨胀率和宏观经济形势的变化及世界金融市场利率水平，合理确定基准利率，利率逐渐被作为调节金融资源配置的重要手段，成为国家对经济进行宏观调控的杠杆。但在此期间，我国的利率管理权限仍然是高度集中的。

利率市场化快速推进阶段：从1996年开始，中央银行才在利率市场化方面进行了一些根本性的尝试和探索，推出了一些新的举措，放开了同业拆借利率、国债的市场利率，逐步建立起一个良好的货币市场与国债市场的利率形成机制，为利率市场化打下了基础。2004年10月29日放开金融机构贷款利率上限（城乡信用社除外）和存款利率下限是中国利率市场化改革进程中具有里程碑意义的重要举措，标志着中国利率市场化顺利实现了“贷款利率管下限、存款利率管上限”的阶段性目标。随后通过有步骤、渐进地层层推进的制度调整，最终实现利率的市场化。1996年以后我国利率市场化进程如下表所示。

1996年后我国利率市场化进程时间表

日 期	进 程
1996年6月	央行放开了银行间同业拆借利率
1997年6月	央行放开了银行间债券回购利率
1998年8月	国家开发银行在银行间债券市场首次进行了市场化发债

续表

日期	进程
1998年	央行改革了贴现利率生成机制，贴现利率和转贴现利率在再贴现利率的基础上加点生成，在不超过同期贷款利率(含浮动)的前提下由商业银行自定
1998～1999年	央行连续三次扩大金融机构贷款利率浮动区间，并要求各金融机构建立贷款内部定价和授权制度
1999年10月	国债发行开始采用市场招标形式
1999年10月	央行批准中资商业银行法人对中资保险公司法人试办由双方协商确定利率的大额定期存款(最低起存金额3 000万元，期限在5年以上不含5年)，进行了存款利率改革的初步尝试
2000年9月	央行放开外币贷款利率和300万美元以上(含300万)的大额外币存款利率，300万美元以下小额外币存款利率仍由人民银行统一管理
2003年7月	央行放开英镑、瑞士法郎和加拿大元的外币小额存款利率管理，由商业银行自定
2003年11月	央行对美元、日元、港币、欧元小额存款利率实行上限管理，商业银行可根据国际金融市场利率变化，在不超过上限的前提下自主确定
2003年11月	商业银行、农村信用社可以开办邮政储蓄协议存款(起存金额3 000万元，期限降为3年以上)
2004年1月1日	央行再次扩大贷款利率浮动区间：商业银行、城市信用社贷款利率浮动区间扩大到基准利率的0.9～1.7倍；农村信用社贷款利率浮动区间扩大到基准利率的0.9～2倍；贷款利率浮动区间不再根据企业所有制性质、规模大小分别制定
2004年10月	贷款上浮取消封顶；允许银行的存款利率都可以下浮，下不设底
2006年8月	央行扩大商业性个人住房贷款的利率浮动范围，浮动范围扩大至基准利率的0.85倍
2008年10月	央行进一步提升了金融机构住房抵押贷款的自主定价权，将商业性个人住房贷款利率下限扩大到基准利率的0.7倍
2012年6月	央行进一步扩大利率浮动区间：存款利率浮动区间的上限调整为基准利率的1.1倍；贷款利率浮动区间的下限调整为基准利率的0.8倍
2012年7月	央行再次将贷款利率浮动区间的下限调整为基准利率的0.7倍
2013年7月	央行全面放开金融机构贷款利率管制：取消金融机构贷款利率0.7倍的下限，由金融机构根据商业原则自主确定贷款利率水平；取消票据贴现利率管制，改变贴现利率在再贴现利率基础上加点确定的方式，由金融机构自主确定
2013年12月	商业银行同业存单开闸
2014年11月	央行将存款利率浮动区间的上限调整至基准利率的1.2倍，一年期贷款基准利率下调0.4个百分点至5.6%，一年期存款基准利率下调0.25个百分点至2.75%，并对基准利率期限档次作适当简并
2015年2月4日	央行下调金融机构存款准备金率0.5个百分点，对小微企业贷款占比达标银行额外再降0.5个百分点，对农发行额外降4个百分点
2015年4月1日	央行下调金融机构存款准备金率1个百分点，对农信社村镇银行等额外再降1个百分点，对农发行额外降低2个百分点，对“三农”或小微企业贷款达标国有银行和股份制商业银行可再降0.5个百分点
2015年5月10日	央行下调金融机构一年期存贷款基准利率各0.25个百分点，将存款利率浮动区间上限扩大至1.5倍

续表

日　期	进　　程
2015 年 6 月 28 日	央行将一年期贷款基准利率下调 0.25 个百分点至 4.85%，一年期存款基准利率下调 0.25 个百分点至 2%。其他各档次贷款及存款基准利率、个人住房公积金存贷款利率相应调整
2015 年 6 月 28 日	央行有针对性地对金融机构实施定向降准，对“三农”贷款占比达到定向降准标准的城市商业银行、非县域农村商业银行降低存款准备金率 0.5 个百分点，对“三农”或小微企业贷款达到定向降准标准的国有大型商业银行、股份制商业银行、外资银行降低存款准备金率 0.5 个百分点，降低财务公司存款准备金率 3 个百分点
2015 年 8 月 26 日	央行将金融机构一年期贷款基准利率下调 0.25 个百分点至 4.6%，一年期存款基准利率下调 0.25 个百分点至 1.75%
2015 年 9 月 6 日	央行下调金融机构人民币存款准备金率 0.5 个百分点。额外下调金融租赁公司和汽车金融公司准备金率 3 个百分点
2015 年 10 月 24 日	央行将金融机构一年期贷款基准利率下调 0.25 个百分点至 4.35%，一年期存款基准利率下调 0.25 个百分点至 1.5%
2015 年 10 月 24 日	央行下调金融机构人民币存款准备金率 0.5 个百分点，同时，为加大金融支持“三农”和小微企业的正向激励，对符合标准的金融机构额外降低存款准备金率 0.5 个百分点。同时，对商业银行和农村合作金融机构等不再设置存款利率浮动上限
2018 年 5 月	央行发布《2018 年第一季度中国货币政策执行报告》指出，推动利率“两轨”逐步合“一轨”

本章小结

1. 利息是使用借贷资金的报酬，利息来源于剩余产品或利润的一部分，它是剩余价值的特殊转化形式。由于利息与利润之间存在量的关系，利息也就成为反映使用借贷资金投资效率高低和货币资金使用是否合理的一个标志。在计算利息额时，有单利计息和复利计息两种方法。

2. 金融市场中的利率具有多种表现形式：市场利率、官方利率与公定利率；固定利率与浮动利率；名义利率与实际利率；一般利率与优惠利率；长期利率与短期利率等。

3. 一般情况下，决定和影响利息率的因素有：平均利润率；借贷资金的供求关系；预期通货膨胀率；中央银行货币政策；社会再生产状况；国际收支状况等因素。

4. 西方的利率决定理论主要有：可贷资金利率理论和 *IS-LM* 分析的利率理论。

5. 利息率对经济活动的作用主要体现在以下方面：利率变动对资金供求的影响；利率变动对信贷规模和结构的影响；利率变动对稳定物价的作用；利率变动对国际收支有重要影响。

6. 利率期限结构是指在某一时点上，不同期限资金的收益率与到期期限之间的关系。

复习思考题

一、概念题

利息　利息率　市场利率　官方利率　固定利率　浮动利率　名义利率　实际利率　优惠利率　可贷资金利率理论

二、问答题

1. 简述影响利息率的主要因素。

2. 简述可贷资金利率理论的主要内容。

3. 为什么说社会再生产状况是影响利息率的决定性因素？
4. 简述调整利息率为什么对经济活动有调节作用。
5. 怎样理解我国目前进行的利率市场化改革？
6. 研究利率期限结构对我国的货币政策实施有什么重要意义？

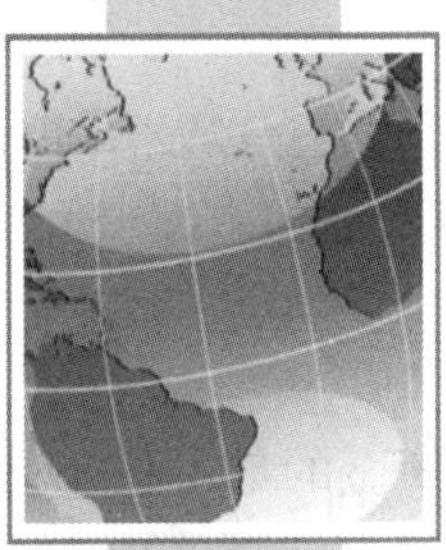

第四章 金融体系及其变革

金融是现代经济的核心。以1997年亚洲金融危机为例，其爆发的原因在于这些国家虽然产业能力很强但金融能力非常弱。而原来与美国站在同一起跑线上的日本虽有强大的跨国公司，但在1990年以后经济总体上没有升级和进步，与美国迅速拉开差距。有人认为，导致日本和美国完全不能同日而语的核心原因在于，这两个国家金融体系的能力不同，在全球范围内调配资源的能力不同，也在于两者对金融风险的化解能力不同。然而，爆发于2007年末的美国“次贷危机”却给美国乃至全球的金融市场敲响了警钟，也对金融体系的进一步改革和发展产生了重要影响。

第一节　金融体系概述

一、金融体系的概念

对于金融体系的概念，目前学术界还没有达成统一的说法。郑道平认为，金融体系这一概念有狭义和广义之分：从狭义上看，金融体系是一个国家依据本国的经济体制、政治、技术、文化习俗、历史背景等基础条件，以行政的、法律的形式确定的金融系统结构，以及构成这个体系的各种类型的银行和非银行金融机构的职能作用和相互关系。从广义上看，现代金融体系一般可以分为三个相互依存的组成部分：金融机构体系、金融市场体系与金融监管体系。[①]

黄达认为，现代金融体系有五个构成要素：①由货币制度规范的货币流通；②金融市场；③金融机构；④金融工具；⑤金融制度和调控机制。[②]

根据上述说法，我们可以给金融系统下一个定义：金融体系是指金融要素的安排及其动态关联系统，是由金融制度、金融工具、金融机构、金融市场、金融调控机制等构成的支持社会组织正常运转的资金集中与分配的系统，该系统运转的优劣决定着经济组织功能的发挥。[③]

二、金融体系的构成

在现代经济生活中，金融体系是一个庞大而又复杂的系统。一般来说，它主要由以下五个要素构成。

（一）金融制度

国家对金融活动的管理依赖于一系列的制度，这些制度包括货币制度、汇率制度、信用制

---

① 郑道平、龙玮娟：《货币银行学原理》，中国金融出版社2005年版。
② 黄达：《金融学》，中国人民大学出版社2003年版。
③ 黄达：《黄达文集》，中国人民大学出版社1999年版。

度、利率制度、金融机构制度、金融市场制度、支付清算制度、金融监管制度及其他。这些制度涉及金融活动的方方面面,表现形式有法律、法规、规章、条例、行业公约、约定俗成等。

(二)金融机构

一般分为银行金融机构和非银行金融机构。金融机构是充当信用中介、媒介以及从事金融服务的组织。凡是在金融体系内的金融交易活动,一般都由某种金融机构承担直接或间接中介的作用。

(三)金融市场

金融市场是交易各种金融资产(或称金融工具)的市场,可以实现借贷资金的集中和分配,完成金融资源配置。金融市场既包括有形市场,也包括无形市场。一般来说,金融市场包括货币市场、资本市场、外汇市场、保险市场、衍生金融工具市场等。

(四)金融工具

金融工具也称信用工具、金融产品、金融商品等,是资金需求者向资金供应者借入资金时出具的、具有法律效力的票据或证券。它包括债权债务凭证(如汇票、本票、债券、存款、贷款等)和所有权凭证(如股票)。金融工具可以在金融市场上进行交易,是金融活动的载体。

(五)金融调控机制

金融调控机制是指政府在遵守市场规律的基础上,对市场体系所进行的政策性调节的机制,一般包括决策执行机构、金融法令法规和货币政策三部分内容。在现代的金融活动中少不了国家对金融运行的管理和政策性的调节,以保证金融活动和经济运行的安全和效率。对金融的调控就是通过货币政策以及种种金融政策的实施,实现政府对经济的干预。

以上五个方面紧密联系,共同构成了金融体系。其中,金融市场和金融机构是融资运作的两大领域。如果我们把融资手段分为直接融资和间接融资两种形式,金融市场是直接融资的领域,金融机构是间接融资的领域,这两者是构成金融体系实体的两个互补的部分。因此,也可认为金融体系由金融市场和金融机构构成。金融工具作为金融交易的对象,为金融机构和金融市场服务,同时,金融市场和金融机构也不能脱离金融工具而独立存在。制度和调控机制是国家对金融运行的管理和国家在金融领域内进行的政策性调节,这是由金融的特殊性决定的。金融是现代经济的核心。金融危机的出现,往往会给整个社会生活造成巨大的灾难。因此,为了预防损失和灾难的发生,金融领域一般受到国家较为严格的监管,同时金融调控也成为国家调节社会经济的不可或缺的手段。

三、现代金融体系的两种模式及其产生和发展

(一)金融体系的两种模式

金融体系包括金融中介(又称金融机构)和金融市场。一般来说,任何国家的金融体系都包括这两部分,但是,在不同的国家和地区,在不同的时期,这两部分在金融体系中的重要程度也不一样,例如,在美国,金融市场相对更发达;在德国,银行占据主导地位。因此,从大体上说,我们根据金融中介和金融市场在金融体系中的地位能够把现代金融体系分为两种模式:市场主导型和银行主导型。前者以美、英为代表,后者以法、德、日为代表。

这两种金融体系模式,没有绝对的优劣之分,对于不同的国情和不同的发展阶段,这两种模式都有过不俗的表现。对于这二者,理论上也有一些关于优劣的争论,但没有一个定论。

(二)现代金融体系的形成

金融体系是在商品生产与市场交易的过程中逐步形成的,是商品经济发展的产物。商品

的生产与市场交易的出现要求货币的出现，以降低交易费用。货币出现后，又由于不同的国家和地区货币多样，为了交易的方便，出现了货币兑换业。货币兑换业随着经济贸易的发展逐渐转变成了办理存款、放款、汇兑业务的银行业。银行业的发展需要有统一的管理以保证金融业的稳定、存款的安全、信用的规模等，因此，中央银行就在商业银行的基础上脱胎而出。随着经济的快速发展又出现了其他的金融机构如证券公司、保险公司、财务公司等，从而形成了规模庞大、分工精细的金融体系。

现代金融体系最早形成于欧洲，英、法两国最早形成具有代表性的两种金融体系。英国银行大多是私人银行，起源基本都与商业有关，其主要业务是辅助商业活动和进行资金结算，总分行的结构有利于其主要的业务活动。英国银行分支机构的形成经历了一个长期的淘汰整合的过程，一系列的银行法逐步消除了伦敦银行和乡村银行在经营地域上的限制，经过不断地合并、联合，逐渐形成了以几个大银行为核心的分支机构网。

资本市场的发展是从公司的发展开始的。英国最早的公司主要从事商业活动。公司的股票主要推销给商人、绅士及其他感兴趣的有地位的人。1824 年之前，公司的成立受到了严格限制，因此，在此之前只有为数很少的公司在偏远城市的非正式市场进行交易。虽然伦敦证券交易所于 1802 年成立，但在很长的时间内，资本市场并不是公司融资的主要来源，而只是政府发行债券、筹措军费的工具。随着限制公司成立的法律的解除，大量的公司成立，上市公司的数目也增长了起来。运河热、铁路热的兴起产生了对大额、长期的制造业资本的需求，但英国银行为商业借贷服务的特点决定其一般不会为制造业融资，这一特点和《泡沫法》的解除，使得证券市场得到了快速发展，最终形成了以市场为主导的金融体系模式。

从整体水平看，法国银行业落后英国 100 年。与英国不同，法国的银行网络是由政府创建或推动创建的，较易受政府的控制。18 世纪 20～30 年代，法国也经历了兴修运河阶段。但兴修运河的资金大部分是由大银行提供的。在运河热和此后的铁路热中，曾掀起股票投机的狂潮。随着“密西西比泡沫”的发生，法国开始设立官方交易所来管理和规范公司股票市场，更在大革命后关闭了交易所，在此后的一个多世纪里，法国的证券市场没有得到实质性的发展，甚至其第一批铁路筹资债券是在英国发行的。

许多人认为，1719～1720 年是金融发展史上具有重要意义的年代，在这两年，法国发生了“密西西比泡沫事件”，英国发生了“南海泡沫事件”。英国“南海泡沫事件”发生后，英国制定了《泡沫法》来限制公司的设立，法国设立官方交易所来管制证券市场。英国于 1824 年废除了《泡沫法》，而到 20 世纪 80 年代，法国政府才改革金融体系发展资本市场，比英国落后了一个多世纪。英、法对这两个事件的不同反应，形成了两种差别很大的金融体系，即以市场为主的英美模式和以银行为主的欧洲大陆模式。

进入 20 世纪 90 年代后，在危机后形成的各国独具特色的金融体系的发展呈现出新的特点。经过 20 世纪七八十年代的发展，各国金融体系模式不断趋同。法国、英国、日本等国先后发动的“金融革命”，对本国金融体系的发展产生了重要影响。金融全球化的发展客观上促进了不同类型金融体系之间的竞争，即哪一种体系更有活力，更能提高金融运行的稳定性和效率，更能增强经济体的竞争力。20 世纪 70 年代开始的发展中国家金融改革以及 80 年代后期开始的转轨国家金融改革，都面临着构建或选择何种类型的金融体系的问题。

四、金融体系的功能

20 世纪 90 年代初，美国经济学家罗伯特·默顿(R. Merton)与兹维·博迪(Z. Bodie)提出金融功能观，他们认为，任何金融体系的主要功能都是为了在一个不确定的环境中帮助在不同地区、不同时间配置和使用经济资源。具体地说，可以将金融体系的功能分为以下六种。

（一）在时间和空间上转移资源的功能

如果把金融市场的参与者分为最终投资者、最终筹资者和中介机构三类，最终投资者和最终筹资者可以是个人、企业、政府和国外部门；中介机构包括商业银行、保险公司、投资银行等。那么资金可以通过直接融资（direct finance）的方式在最终投资者和最终筹资者之间转移，典型的是以发行股票、债券等有价证券进行的融资；也可以通过中介机构以间接融资（indirect finance）的方式进行转移，如通过银行的存贷款实现的融资。

（二）清算和支付结算的功能

金融体系提供了完成商品、服务和资产交易的清算和支付结算的途径。所有商品服务和各种资产的交易都需要进行货币支付，金融中介能使支付活动更便捷、安全、快速、节省，这保证了经济的顺畅运行，节省了经济发展的社会成本。传统的支付体系可以提供这种服务，如支票、汇票等；各种金融创新，包括一些衍生工具，也具有清算、支付和结算的功能。不同的金融工具在功能上可以互相替代，但是运作它们的金融机构是不同的。

（三）聚集和分配资源的功能

金融体系具有为企业或家庭聚集或筹集资金，为企业或家庭的资源重新有效分配的功能。积聚或筹集资金可以有两种方式：一是通过完善的金融市场直接筹集，二是通过金融中介间接筹集。通过中介筹集的好处是便于全过程的监控，可以得到企业或家庭通常难以得到的信息，其缺陷为成本较高，这包括由于一些业务风险与收益不对称造成的损失所形成的成本。而通过金融市场方式的优点是成本较低、风险收益对称、风险更为分散，其缺点为监控能力较弱。

（四）分散、转移和管理风险的功能

金融体系既可以提供管理和配置风险的方法，又是管理和配置风险的核心。风险的管理和配置会增加企业与家庭的福利，当利率、汇率和商品价格的波幅较高时，会相应提高风险管理和配置的潜在收益；而计算机和金融技术方面的进步降低了交易成本，这又使更大范围的风险管理和配置成为可能。因此，风险管理和配置能力的发展使金融交易的融资和风险负担得以分离，从而使企业与家庭能够选择他们愿意承担的风险，回避他们不愿承担的风险。

荷兰东印度公司在1605年和英国东印度公司在1650年创立的不可撤回的股权投资的金融创新建立了现代股票市场的基础。股票作为一种金融创新，一方面使股东可以方便地出售他们的股份，实现流动性；另一方面又使企业获得了原始股东所投资资金的永久使用权。通过股票市场的桥梁作用，实现了长期投资的流动性，流动性风险大幅降低。

对于银行来说，同样能够加强流动性和降低流动性风险。在大数定理的作用下，银行资产的流动性要求远小于个人对资产的流动性要求；银行多多少少必须保持一定比例的流动性资产；银行可以发行比其原始资产流动性强得多的债务。银行中介一方面为储户提供流动性强而且具有一定回报率的资产管理服务；另一方面，在大数定理作用下又能为投资于流动性差而社会回报率高的企业或项目提供流动性支持。银行中介的作用不仅降低了个人为规避风险而过高持有非生产性或低生产性的流动性资产的比例，它还能够支持企业在自身缺乏流动性资源的情况下维持生存。

（五）提供信息的功能

必要的信息是协调各个经济部门分散决策的重要条件，而金融体系就是一个重要的信息来源。企业与家庭根据金融市场观察到的利率和资产价格进行资产配置和消费储蓄的决策，利率和资产价格也是企业选择投资项目和融资的重要信号。资产收益的波动率是现代金融理论中量化风险的基本指标，也是风险管理和战略性融投资决策的关键性信息。一般来说，金融市场上交易的金融工具越完善而多样，可以从它们的价格中获取的信息就越多；而信息越丰富，就越有利于资源配置的决策。

(六)解决激励问题的功能

这里的激励问题实际就是股份制公司的委托代理问题，激励问题的存在会增加社会成本，而通过金融创新可以有效地缓解激励问题。默顿与博迪认为，激励问题是无处不在的，它们的影响已经渗入几乎所有的企业融投资决策中。激励问题影响着企业外部融资的数量和合约的实质、影响着公司风险管理方案的收益和目标、影响着企业投资的类型和规模，也影响着企业用来评价投资的收益率标准。因此，激励问题是内生的。但是，默顿与博迪又指出，金融体系对激励问题的反应也是内生的。他们认为，公司证券和投资政策可以在考虑激励问题的前提下加以精心设计，尤其是可以利用衍生工具来帮助企业更有效地利用金融资源，解决激励问题。其实，推动衍生工具发展的动力就是减少激励问题的需要，譬如，可转换债券和股票期权。应该说，在这方面已取得了很大的进展。然而，在采用更恰当的融资、投资和风险管理政策以减少解决激励问题的成本方面还有很长的一段路要走。

金融体系的这六种功能并不是彼此独立的，实际上，任何一家金融机构所从事的金融业务都可能是在行使这六种功能中的一种或多种。

第二节　金融机构体系

金融机构体系是金融体系中最重要的组成部分，狭义的金融体系就是指金融机构体系。金融机构体系是一个包括经营和管理业务的各类金融机构的整体的有机的系统。大多数的金融机构体系是以中央银行为核心，以商业银行为主体，包括各类型金融机构的，互为补充、互为竞争的有机系统。金融机构是金融市场和金融活动的主要参与者，具有信用媒介、信用创造和信用管理的职能，是资金余缺双方之间的桥梁和纽带。我们能够通过金融机构体系对社会资源进行配置，还能通过金融机构调节社会资金总量以达到调控经济的目的。

金融机构是专门从事各种金融活动的组织，也称金融中介、金融中介机构。金融机构一般分为货币当局和金融监管机构、银行和非银行金融机构。其中，银行主要包括商业银行和专业银行，非银行金融机构主要有保险公司、信托投资公司、证券公司、租赁公司等。

一、货币当局和金融监管机构

货币当局一般是指中央银行。中央银行在现代金融机构体系中处于核心地位，中央银行脱胎于商业银行，但是，现代的中央银行与商业银行有着本质的区别，它有其自身的特殊职能。

金融监管机构在一国的金融活动中担任监管的职能。有些中央银行也同时担负着金融监管的职能，越来越多的中央银行将金融监管职能分离出来，另设机构专门行使该职能。

我国的货币当局专指中国人民银行，它既是货币发行机构，也是商业银行的监管机构。其他的金融监管机构还有中国证券监督管理委员会、中国银行保险监督管理委员会，分别负责我国证券市场、银行和保险业的监督管理工作。

二、银行金融机构

银行机构包括商业银行、专业银行和政策性银行。

(一)商业银行

商业银行这个词来源于意大利语的“banca”,意思是桌子、柜台交换货币的场所。商业银行,顾名思义是一种吸收存款负债并对商业企业发放贷款的机构。商业银行也称为存款货币银行,它的经营活动主要以吸收社会公众存款和发放贷款为主要内容,这也是商业银行区别于其他金融机构的主要标志。商业银行是最早出现的现代银行机构,早期的商业银行主要从事自偿性的贷款业务,自偿性的贷款业务就是银行通过贴现票据对储备资产发放的短期贷款,一旦票据到期和产销完成,贷款就可自动收回。这种贷款是一种商业行为,以票据和流动实物为担保,流动性强,比较安全。所以,早期的存款货币银行就称为商业银行。随着经济的发展,银行业竞争的加剧,商业银行的经营范围扩大,长期贷款和投资业务比重增加,但是商业银行的称谓却保留了下来。

商业银行具有数量众多、业务渗透面广、资产大、创造存款货币等特点,也由于这些特点使得商业银行在整个金融机构体系中占据着基础和主体的地位。

(二)专业银行

专业银行是指专门经营指定范围和提供专门性经营服务的银行,是社会分工在金融业中的表现,专业银行的种类甚多。

1. 储蓄银行

储蓄银行是以办理居民储蓄并以吸收储蓄存款为主要资金来源的从事金融业务的银行。储蓄银行的主要特点是:资金的来源是居民储蓄存款,同时以居民消费者为主要服务对象。储蓄银行的类型有互助储蓄银行、信托储蓄银行、邮政储蓄系统等。互助储蓄银行就是存款人将资金存入银行,银行以优惠的形式向存款人提供贷款。信托储蓄银行是存款人将资金存入银行后,可指定用途,也可不指定用途。邮政储蓄系统是由邮政部门开立、开展储蓄业务的机构。

2. 抵押银行

抵押银行是以土地、房屋等不动产作抵押办理放款业务的专业银行。抵押银行的业务主要是办理以土地和城市房屋为抵押的长期放款。中国没有专设的抵押银行。

(三)政策性银行

政策性银行一般是指由政府设立,不以营利为目的,而以贯彻国家产业政策或区域发展政策为目标的银行。政策性银行经营的领域多数是一些商业银行无力承受或不愿投资的领域。这些领域一般是那些对国民经济发展、社会稳定具有重要意义,投资规模大、周期长、经济效益见效慢的诸如农业开发、基础设施建设等项目。政策性银行的特点是:(1)不以营利为目的,主要考虑国家的整体效益、社会效益;(2)资金主要由政府提供或由政府部门、商业银行及其他机构共同提供,有些也发行债券,一般不办理存款业务。

政策性银行主要有国家开发性银行、农业政策性银行、进出口政策性银行。

国家开发性银行是专门为经济开发提供长期资金的银行,具有投资多、见效慢、周期长、获利少的业务特点。其主要业务是向企业提供长期低利贷款,以促进新兴产业的建立和重点产业的发展,并支持社会基础设施建设和支柱产业的发展。开发银行有国际复兴开发银行、亚洲开发银行、泛美开发银行等。

农业政策性银行是为配合国家的农业政策,为农业提供低利中长期优惠贷款,以促进和保护农业生产和经营活动的银行。农业生产具有生产周期长、受自然条件影响大等特点，商业银行一般不愿涉足，农业银行正是在这个领域发挥其作用的。

进出口政策性银行是为配合国家经济政策，促进对外贸易，尤其是出口，带动经济增长的金融机构。进出口银行的主要业务是办理进出口融资、保险、担保等。

1994 年我国组建了三家政策性银行，即国家开发银行、中国进出口银行、中国农业发展银行，根据政府的决策和意向专门从事政策性金融业务。我国政策性银行的资金来源主要有三个方面：(1)财政拨款；(2)由原来的各国有独资商业银行划出的资本金；(3)发行金融债券。

三、非银行金融机构

非银行金融机构是指除货币当局、监管机构和银行机构以外的金融机构。非银行金融机构与银行机构一样都通过信用活动聚集资金并通过资金投放和运用达到营利目的，非银行金融机构的业务较狭窄和专门化，它是满足社会多元化金融服务的需求而不断产生和发展的。非银行金融机构种类多，各国的差别大，主要有以下几种：保险公司、信托投资公司、信用合作社、证券机构、财务公司、租赁公司、投资基金等。

保险公司是经营保险业务的金融机构。保险公司主要通过投保人缴纳保费获取资金，保险资金的运用有两个渠道：一部分是对发生意外灾害和保险事故的投保人予以经济补偿以及业务支出；另一部分用于投资证券、发放不动产贷款和保单贷款等。保险公司是发达国家金融市场的重要投资者。保险公司的种类有财产保险公司、人寿保险公司、再保险公司、存款保险公司等。

信托投资公司是经营信托与投资业务的非银行金融机构，具有财产管理和运用、融通资金、提供信息及咨询、社会投资等功能。信托投资公司主要经营资金和财产委托、代理资金保管、金融租赁、经济咨询以及投资等。信托投资的资金来源是自有资金、信托存款和证券发行基金。

信用合作社是依据合作制的原则以个人集资联合组成，以互助为主要宗旨的合作金融组织。信用合作社的经营目标是以简便的手续和较低的利率，向社员提供信贷服务，以帮助资金力量薄弱的个人解决资金困难。信用社按地域可以分为城市信用合作社和农村信用合作社。

投资银行是专门从事发行长期融资证券和企业资产重组的金融机构。投资银行在中国一般指证券公司。投资银行原来也经营商业银行业务，后来由于经济危机的出现使得投资银行业务和商业银行业务分离开来，因而“银行”的名称也就沿用了下来。投资银行主要以发行自己的股票和债券来形成资金来源。其主要收益来自代理发行证券的佣金和咨询服务费收入等。投资银行的业务主要有证券承销业务、自营买卖证券业务、投资顾问业务等。

财务公司也称财务有限公司，财务公司的经营业务有抵押放款、贷款、投资、证券包销、不动产抵押及投资咨询等多种业务。财务公司的资金来源主要是发行债券和商业银行贷款。我国的财务公司都是依托大型企业集团而成立的，主要为集团内企业提供服务。

租赁公司是经营融资性租赁业务的金融机构。租赁分为经营租赁、融资租赁和综合租赁三类。融资租赁就是当企业需要更新技术设备而又缺乏资金时，由出租人购进或租进所需设备，然后再出租给承租人，承租人按租赁合同的规定，定期向租赁公司交付租金，租赁期满时，承租人向租赁公司交付少量的租赁物件的名义货价，就可获得租赁物的所有权。融资租赁是融资和融物相结合的租赁方法。

基金管理公司是从事证券投资基金和养老基金管理的金融机构。证券投资基金又称共同基金、投资信托等，是通过发行基金股票或基金受益凭证将众多投资者的资金集中起来，再进行分散投资和组合投资的一种集合投资方式，具有专家理财、集合投资、分散风险等特点。

第三节　金融体系的变革及发展趋势

一、现代金融体系的变革动因

20 世纪六七十年代，世界经济涌起一股全球化的潮流，在经济全球化的推动下，金融国际化也进一步发展。经济活动超越民族、地域的疆界，密切地相互交流，形成了相互依存、相互制约的发展趋势。经济全球化要求为之服务的金融业必须跨出国界、走向世界。同时，处于世界经济全球化大趋势下的一些国家，为了发展本国的经济，必须放开金融市场、放开金融管制、放开对资本流动的限制，以吸引外资，推动经济的发展。

在这两种动因下，现代金融体系的发展表现出新的发展趋势。

二、现代金融体系的发展趋势

(一)金融体系市场主导化

近些年来，世界各国的金融体系均发生了或正在发生着重大的变化，金融市场的发展趋势极为强劲；而以银行为主的金融中介的步伐却比较缓慢。造成这种变化的主要原因在于以下几个方面：

(1)信息技术的革命极大地提高了金融体系的效率，降低了融资的交易成本和信息成本。原来在金融体系中处于绝对优势的以银行为主的金融中介越来越多地受到直接市场融资的竞争压力。

(2)第二次世界大战后发达国家通货膨胀经常发生，利率风险加大；布雷顿森林体系在 20 世纪 70 年代初瓦解，国际货币制度进入浮动汇率制，汇率风险加大。于是，贸易和金融领域极其需要发展新的金融工具以规避风险。这种客观需求刺激了衍生金融工具市场的发展，而衍生金融工具交易急剧地扩大了资本市场的规模。

(3)银行体系在金融市场的压迫下，不断突破政府的各种限制，创造和使用新的金融产品，积极参与市场交易。同时，受自由主义经济思潮的影响，各国政府的管制思想本身也在发生变化。其变化的基本趋势是放松管制，为金融创新提供了较为宽松的环境。但由此增强的银行业的竞争力量，在更为迅猛的资本市场扩充面前依然显得柔弱。

在以上几个因素的相互作用的背景下，在传统的银行主导型的国家中，资本市场都有了较快的发展。

(二)金融机构国际化、集团化

金融机构的国际化和集团化主要表现在：①跨国银行迅猛发展。跨国银行的发展是适应产业资本的全球化，特别是跨国公司的发展而出现的，跨国公司在全球范围内进行资本的调拨、运营，需要在全球有广泛分支的跨国银行的服务。②金融业出现兼并重组的浪潮。第二次世界大战之后，随着资本的日益集中，银行间竞争加剧，为了追求规模优势、协同优势等，银行之间的兼并加快。1998 年 4 月 6 日美国花旗银行与旅行者集团组建花旗集团，被誉为“世纪合并”。还有美国化学银行兼并大通曼哈顿银行，日本三菱银行和东京银行合并等。③金融机构朝全能型方向发展。随着世界金融由分业经营向综合性经营的发展，很多原来实行分业经营的国家的金融机构开始从事多元化的金融业务，金融机构通过直接经营和参股控股等多种形式向全能型金融机构发展。

(三)金融工具创新化、金融业务多元化

由于计算机和信息技术的发展、金融业日益激烈的竞争以及管制放松等多方面的原因，20世纪70年代以后，西方国家掀起金融工具创新的浪潮。金融期货、期权、远期利率协定、互换等新型的金融衍生产品不断涌现，日渐繁多。在金融工具不断创新的促进下，金融业务出现组合化、证券化和表外化的趋向。

(四)金融服务现代化、信息化

科技进步大大促进了金融的发展。现代技术的发展不仅改变了金融运行的载体和动作方式，而且拓展了金融活动的范围。进入20世纪90年代，国际金融领域的电子化、自动化、现代化的金融服务体系基本形成，电子科技在金融服务领域的广泛应用，极大地降低了金融活动的成本，提高了金融活动的效率。电子货币、网络银行的产生将对传统的宏观经济调控、金融管理体制、金融运行模式以及金融机构经营管理理念产生重大影响。

(五)金融市场一体化

随着世界各国和地区经济相互依存，全球经济的一体化发展，国际金融市场也向全球化发展，发展中国家和地区也出现了颇具规模的新兴金融市场，如新加坡、中国香港、巴哈马等。离岸金融市场成为国际金融市场的核心。由于电子计算机技术的发展，国际金融市场成为一体，全球性的资金融通在几分钟甚至几秒钟内就可完成。

(六)金融监管的国际化

在全球金融一体化的情况下，世界任何一个角落的金融危机都可能会危及整个世界，如泰国的货币危机导致东南亚的金融危机，华尔街的股市会对东京股市产生影响。在跨国金融机构遍布的国际金融市场中，一个国家的中央银行或其他的监管机构已经不能胜任，必须寻求全球的合作。加强全球金融机构的全面监管与合作，严格限制金融投机活动，制定适合各国乃至全球经济发展的规章，是世界各国的迫切需要，是保障金融国际化背景下金融安全的需要。

三、我国金融体系的建立和发展

(一)旧中国金融体系的建立和发展

中国早期的金融体系同外国一样是从银行体系开始的。高利贷性质的票号和钱庄是中国金融机构的早期状态，中国出现的第一家新式银行是1845年英国开设的丽如银行，此后直至18世纪末，资本主义国家的银行陆续到中国设立分行，经营中国的对外结算、进出口信贷以及奴役性贷款。1887年，作为中国自己兴办的第一家银行，中国通商银行正式成立，标志着中国现代银行信用的开始。中国通商银行是以商办名义出现的股份制银行，但实际上受控于官僚和买办。1904年成立了户部银行(1908年改为大清银行，1912年又改为中国银行)，1907年设立了交通银行，是官商合办的银行。在官商合办银行成立的同时，民族商业银行也开始成立，1912～1927年新设立的私人银行达到186家。

1949年新中国成立前存在两个平行对立的金融体系：国民党统治区的金融体系和共产党领导的解放区的金融体系。

在国民党的金融体系中，占垄断地位的是“四行二局一库”。“四行”是指清末成立的中国银行、交通银行、1928年国民党政府建立的中央银行、1935年成立的农民银行，“二局”是指1930年建立的邮政储金汇业局和1935年建立的中央信托局，“一库”是指1946年成立的中央合作金库。此外还有地方官办的官僚资本银行，据 1946 年统计，国民党统治下的银行共 3 489 家，官营的占 2 446 家。19 世纪末 20 世纪初，中国的民族资本主义银行逐步发展了起来，中国的民族资本银行一直主要从事公债、地产等投机活动，由于战争、通胀、官僚资本的排挤，中国的民族资本银行实力一直很弱。高利贷则一直在中国的农村占有绝对的地位。

以新式银行为中心的金融市场形成得更晚，第一次世界大战后，新式银行业在中国才有了较大的发展，这为以银行为主体的金融市场打下了基础。旧中国的金融中心在上海，半数的资金在这里集散，随着借贷市场的发展，债券市场、股票市场、外汇市场也相继形成，当时上海的证券交易所是全国最大的证券投资场所，黄金和外汇交易也有相当的规模。

解放区的金融体系是为经济上巩固革命根据地，通过建立银行、发行货币而形成的，除发行货币，银行为维持农民的简单再生产也发放农业贷款。抗日战争期间，还相继出现过一些信用合作组织。

（二）新中国金融体系的建立

新中国金融体系的建立是通过组建中国人民银行、合并解放区银行、没收官僚资本银行、改造私人银行与钱庄以及建立农村信用社等途径建立起来的。中国人民银行的成立标志着新中国金融体系的建立，与此同时，各解放区银行并入人民银行成为其分支机构，并发行人民币，收兑各解放区的货币。

对旧中国金融体系的改造采取了分别情况区别对待的方法。对官僚资本的银行，包括国民党政权的中央银行、省市地方的银行和资本全部属于官僚资产阶级的商业银行及其他金融机构，采取由中国人民银行接管并保留这些银行中私人股份权益的措施。其中，交通银行改组为长期投资银行，中国银行改组为外汇银行，从而确立了中国人民银行在金融领域内的主导地位。

对民族资本银行和钱庄则采取严格管理和业务疏导相结合的方针，通过组织联合经营和公私合营的形式逐步过渡到全行业的公私合营，并于 1952 年 12 月组成了统一的公私合营银行，完成了私人金融业的社会主义改造。1955 年，公私合营银行确定专营储蓄，并分别与中国人民银行有关机构合并。

新中国金融体系形成的一个特点是建立和发展农村信用合作社。新中国成立时，农村地域广阔、经济落后，新式银行尚未广泛深入农村，大部分农村地区高利贷活动依然猖獗。为了改造农村中旧的信用关系，支持农业生产，在农村大力发展集体性的信用合作组织，从信用互助组、供销社信用部到信用合作社，由低级走向高级，1955 年下半年，信用合作社基本覆盖了全国范围。1955 年 3 月，中国农业银行成立，成为我国首家经营农村金融业务的国家专业银行。

1949 年以后，首先停止了证券交易与黄金外汇的自由买卖。随着社会主义计划经济的建立，形成了以中国人民银行为核心、几家专业银行和其他金融机构并存的银行信用金融体系格局，代替了多种信用形式和多种金融机构的格局。金融体系中银行占据绝对的地位这一格局对国民经济的恢复起到了极大的作用。

（三）新中国金融机构体系的演进

1953 年，与高度集中的计划经济管理体制相适应，我国建立了高度集中统一的国家银行体系。当时高度集中的财政信贷管理体制要求有一个“大一统”模式的金融体系：各类金融机构集中统一；各种金融业务职能集中统一；取消商业信用，信用集中于人民银行；信贷资金严格管理，银行内部实行统收统支、统存统贷的资金管理制度；实行严格的现金管理制度；对国营企业实行财政信贷分口管理等。

在这种情况下，虽然其间也曾同时存在过其他的银行，但是由于历史原因，都未能真正地独立于人民银行而存在。中国银行一直保持形式的存在，其实际只不过是经办中国人民银行的对外业务，一段时间则直接成为人民银行的办理国际金融业务的部门。中国建设银行于1954年成立，其主要业务是执行财政拨款，在财政部领导下对基本建设的财政拨款进行管理和监督。1955年和1963年两度成立中国农业银行，但每次只存在很短时间就又重新并入中国人民银行。大一统的金融格局是适应高度集中的计划经济的产物，在一定程度上发挥了一定的历史作用，但是这种金融格局同计划经济一样，只靠行政手段不用经济手段，限制了金融系统的主动性和创造性。因此，当改革开放后进行一系列的经济体制改革时，“大一统”的金融体制就显得不相适应了。

中共十一届三中全会后，经济体制改革全面展开，对金融体系的变革就成为改革的一项重要的内容。

1.1979～1993年的改革

这一阶段是为适应中国整体经济体制改革对中国银行系统的恢复和重建时期。此期间的主要任务是改变中央银行仅作为财政出纳的金融角色，并打破单一的中央银行体制，构建规范的双层银行体制，推行了央行和商业银行的分立，主要有以下几个方面：

(1)建立和恢复专业银行。为适应农村经济体制改革的需要，1979年2月23日，国务院发出《关于恢复中国农业银行的通知》，依据此通知，农业银行于1979年3月30日正式办公。中国人民银行的农村金融业务全部移交中国农业银行经营。1979年3月13日，国务院同意并批转中国人民银行《关于改革中国银行体制的请示报告》，中国银行从中国人民银行中分离出来，专营外汇业务。1979年8月，国务院批准中国人民建设银行从财政部独立出来，此后改称中国建设银行。1983年9月17日，国务院做出《关于中国人民银行专门行使中央银行职能的决定》，据此决定，中国工商银行于1984年1月1日正式成立，办理中国人民银行原来所办理的全部工商信贷业务和城镇储蓄业务。中国工商银行的成立，标志着中国人民银行管辖下的四大专业银行体系的初步形成，由此也基本完成了改革开放之初中国银行体系的重建。

(2)建立多种非银行金融机构。1979年10月，成立中国国际信托投资公司；1982年12月，成立专司世界银行等国际金融机构转达贷款的中国投资银行；自1980年始，银行大办信托。自1983年上海市成立上海市投资信托公司开始，各省市相继成立了地方性的投资信托公司和国际信托投资公司；1984年后大中城市相继成立了为集体经济和个体经济服务的城市信用合作社；1984年1月，中国人民保险公司从中国人民银行中独立出来；20世纪80年代初期，成立了中国租赁有限公司、东方租赁公司；1987年成立了我国第一家财务公司等。非金融机构得到了迅速发展。

(3)建立中央银行体制。专业银行和其他金融机构的建立需要有集中统一的金融管理机构，在这种情况下，中国人民银行身兼二任，既要担负对金融全局进行调控和金融管理的任务，又要经营存贷款业务。同时，监管与银行业务之间的矛盾也难以解决。在这种情况下，1983年9月国务院决定中国人民银行专门行使中央银行职能，另设中国工商银行办理中国人民银行原来所办理的全部工商信贷业务和城镇储蓄业务。由此，我国的中央银行体制初步确立。

(4)建立商业银行和外资金融机构。尽管国家专业银行有了一定的经营自主权，但在计划经济体制下，专业银行运用信贷资金的权力非常有限，在信贷计划“笼子”内不能越雷池一步。经济生活要求突破计划体制的框子，这对金融方面也提出了变革要求，1987～1988年的两年间,包括交通银行、招商银行、中信实业银行、深圳发展银行、福建兴业银行、广东发展银行等一批新兴的股份制商业银行得以创立。作为中国银行业的新生力量,它们的加入为中国银行业过于单一的银行生态注入了鲜活的力量,促使四大国有专业银行开始积极参与到市场竞争中来。1992 年开始,又有一批股份制商业银行陆续成立,主要包括中国光大银行、华夏银行、上海浦东发展银行等。

1986 年,交通银行作为金融改革的试点,经国务院批准重新组建;1987 年,重新组建后的交通银行正式对外营业,成为中国第一家全国性的国有股份制商业银行。1987 年 4 月 8 日成立的招商银行,是我国第一家完全由企业法人持股的股份制商业银行,总行设在深圳。1987 年 4 月创立的中信实业银行隶属于中国国际信托投资公司,为中信公司所属的国营综合性银行、独立法人。1987 年 12 月 28 日,深圳发展银行作为我国历史上第一家向社会公众公开发售股票的商业银行在深圳成立。深圳发展银行是在对深圳特区六家农村信用社进行股份制改造的基础上成立的,是中国金融体制改革和创新的产物,也是中国股市发育的重要开端。1988 年成立的福建兴业银行(2003 年 3 月 3 日更名为兴业银行,全称"兴业银行股份有限公司")和广东发展银行,都是经国务院和中国人民银行批准组建的中国首批股份制商业银行,注册资本分别为 30 亿元和 35 亿元,总行分别设在福建省福州市和广东省广州市。

1992 年,中国光大银行、华夏银行和上海浦东发展银行三家商业银行成立。1992 年 8 月成立的中国光大银行是中国第一家国有控股并有国际金融组织参股的全国性股份制商业银行。同年 10 月成立了华夏银行,1995 年经中国人民银行批准开始股份制改造,改制变更为华夏银行股份有限公司,也是一家全国性股份制商业银行。上海浦东发展银行是 1992 年 1 月 9 日正式开业的股份制商业银行,总部设在上海。

自 1980 年开始,我国允许外国金融机构设立驻华办事处;1981 年,允许特区设立外资、侨资、合资银行;20 世纪 90 年代初,从浦东开发区开始,准许国外金融机构设立分支机构。

2. 1993 年以后的金融机构体系改革

这一阶段的改革目标是建立适应社会主义市场经济发展需要的以中央银行为领导、政策性金融和商业性金融相分离、以国有独资商业银行为主体、多种金融机构并存的现代金融机构体系。其实施的基本原则是"分业经营,分业管理"。

(1)组建政策性银行,国有专业银行向商业银行转变。1994 年对于中国银行业来说是具有关键意义的一年,当年的 3 月至 11 月间,四大专业银行的政策性业务被正式剥离,国家为此成立了国家开发银行、农业发展银行和进出口银行三大政策性银行。同时原四大国有专业银行向商业银行转变。1995 年,《商业银行法》正式颁布实施。至此,四大专业银行无论从法理上还是业务上都开始向更具商业功能的银行转变,从而为更具市场化的银行业竞争奠定了基础。随着我国金融体系的不断发展和完善,三家政策性银行都面临着改革和转型的任务。

(2)组建城市商业银行。1995 年,国家开始整顿城市信用社,部分资产质量尚可的城市信用社以城市区划为单位整合成了"城市商业银行"。城市商业银行是在城市信用社基础上建立起来的,是继四大国有商业银行、十家股份制商业银行之后的第三梯队。目前,全国共有 100 多家城市商业银行。各城市商业银行对当地经济发展发挥了积极作用。

(3)成立首家主要由非公有制企业入股的全国性股份制商业银行——中国民生银行。1996 年 1 月 12 日,中国民生银行在北京正式成立,这家银行因多种经济成分共存和实行规范的现代企业制度而有别于国有银行和其他商业银行。中国民生银行成立以来,业务不断拓展,规模不断扩大,效益逐年递增,并保持了良好的资产质量。

(4)推进股份制商业银行增资扩股、挂牌上市。1991年上市的深圳发展银行是我国第一家上市银行。经中国人民银行、中国证监会批准，上海浦东发展银行于1999年获准公开发行A股股票，并在上海证券交易所正式挂牌上市，这是中国银行业改革的一项重大举措。2000年12月19日，中国民生银行A股股票在上海证券交易所挂牌上市，由此跨入中国的资本市场，壮大了实力，改善了资本结构，获得了各项业务的新契机。2003年3月18日，中国民生银行40亿可转换公司债券在上交所正式挂牌交易。招商银行成立后先后进行了三次增资扩股，于2002年3月成功地发行了15亿普通股，4月9日在上交所挂牌，是国内第一家采用国际会计标准上市的公司。2003年8月，华夏银行向社会公开发行10亿A股，成为我国第五家上市的股份制商业银行。

(5)提高国有四大商业银行的资本充足率。1998年财政部发行2 700亿特种国债，用以补充四大国有商业银行的资本金，使当年的资本充足率达到了8%，以满足《巴塞尔协议》关于银行资本充足率的要求。1999年3月至10月，我国分别组建了信达、华融、长城、东方四家国有金融资产管理公司，分别负责建行、工行、农行、中行剥离的1996年以前的不良资产处置。

(6)推进银行与信托、证券、保险的分业经营和监管，规范各类金融机构的经营领域。我国的信托投资机构由于特殊的背景和环境，都设有证券经营机构，大量涉足证券业务，在全国证券业务中占据了相当的比重。尤其是信托投资公司，存在机构混乱、分散等情况，业务更具有向证券业倾斜的倾向。1998年11月，中国人民银行提出对信托投资公司按照“信托为本、分业管理、规模经营、严格监管”的原则进行整顿。

3.2002年后的金融机构体系变革

(1)金融机构监管职能从中国人民银行中分离出来，成立中国银行业监督管理委员会，专司金融机构监管。中国银行业监督管理委员会监督管理银行、金融资产管理公司、信托投资公司以及其他存款类金融机构，维护银行业的合法、稳健运行。

(2)外国资本进军中国资本市场，合资基金管理公司、合资证券公司、QFII陆续登场。2002年4月，第一家合资证券公司华欧国际成立；2003年5月，首家合格境外投资者瑞银华宝获批准，此后又有十多家著名的外资机构相继获得批准。

(3)国有独资商业银行的股份制改造。2003年12月，中国人民银行、财政部、国家外汇管理局联合成立中央汇金投资公司，动用外汇储备450亿美元，以该公司的名义向中国银行和中国建设银行注资，每家为225亿美元，以充实资本金。2004年8月中国银行股份有限公司成立，同年9月，中国建行改组为中国建设银行股份有限公司，中央汇金公司成为这两家银行的最大控股股东。2005年4月，中央汇金公司又向中国工商银行注资150亿美元，与财政部各占50%的股份。2005年10月，中国建设银行率先在香港上市。继之，中国银行于2006年6月1日也在香港上市。农业银行于2010年7月15日和16日正式在上海和香港两地上市，并以募集221亿美元成为全球最大IPO。至此，我国的四大国有商业银行全部实现上市。国有商业银行上市有利于筹集资金，提高国有商业银行的资本充足率，更重要的是，能够促使国有商业银行建立一整套新的市场激励和约束机制，强调投资者利益，建立规范的公司治理，彻底打破国有商业银行的“准官僚体制”，改变“官本位”，通过合理的、符合商业银行运营要求的绩效激励机制及充分的风险控制和资本约束，促使国有商业银行变成真正的市场主体。

(4)城市商业银行引入海外战略投资者和民间资本、跨区经营等新的改革正在探索和酝酿。2004年2月9日，银监会发布题为“实施审慎的市场准入，鼓励民间资本和外资入股现有商业银行”的公告，这表明监管层进一步肯定了民营资本和外资资本在改造我国商业银行中的作用。在这方面的成功经验有:上海银行吸收了国际金融公司、汇丰银行、香港上海商业银行投资入股,三家外方股东共持股18%。目前我国城市商业银行绝大部分有民营企业参股,参股比例已占城市商业银行总股本的30%以上。

(四)新中国金融市场发展

1949年以后,停止了证券交易与黄金外汇的自由买卖。随着社会主义计划经济的建立,高度集中于一家的银行信用代替了多种信用形式和多种金融机构的格局,财政拨款代替了企业的股票、债券的资金筹集方式。直到20世纪70年代末,改革开放政策的逐步推行,现代意义上的金融市场才又在中国出现。

1. 中国的货币市场

中国货币市场的发展是从同业拆借市场的出现开始的,经历了一个由民间推动、放手发展和逐步规范的过程,到现在已有相当规模。

(1)拆借市场。

银行间同业拆借市场是货币市场的核心组成部分。早在1984年,中国人民银行在成为专门的中央银行之初,就鼓励银行之间进行拆借。1986年1月,国务院颁布《中华人民共和国银行管理暂行条例》,其中第三十九条规定:"专业银行之间的资金可以相互拆借。"这标志着中国同业拆借市场的正式建立。同年8月,中国最早的同业拆借市场在上海宣告成立。

1993年前后,金融机构之间也存在着混乱的拆借行为,主要表现为一部分金融机构将拆借市场作为长期融资的渠道,将拆入的资金进行证券投资和房地产投资,拆借成为逃避贷款规模管理的主要形式,也成为当时推动通货膨胀的重要原因之一。

1996年1月,人民银行开始建立全国银行间同业拆借市场。商业银行总行及其授权分行、城市商业银行等金融机构成为全国银行间拆借市场成员,直接通过全国银行间同业拆借中心提供的电子交易系统进行拆借交易;其他金融机构的拆借交易在当地进行,并须报人民银行分支行备案。1998年后,人民银行陆续批准了部分证券公司和财务公司成为全国银行间同业拆借市场交易成员,拆借市场覆盖的金融机构更加广泛。中央银行对各商业银行的拆借资金的期限和额度进行了限制。各商业银行拆借资金最长期限不得超过4个月,拆借额度根据存款余额按比例确定。从1996年6月起,人民银行规定,金融机构可根据市场资金供求状况,自行确定拆借利率,并开始定期公布银行间拆借市场利率。这是利率改革的重要一步。

(2)债券回购市场。

中国的国债回购是在20世纪90年代证券市场大发展的背景下发展起来的。1991年全国证券交易自动报价系统(STAQ系统)成立,7月,该系统宣布国债回购业务开始试行,9月,第一笔交易在两家STAQ会员之间完成。其后,随着国债发行规模的扩大、国债期货试点的推出以及国债现货市场的日趋活跃,上海证券交易所、深圳证券交易所及武汉、天津等地的证券交易中心先后开办国债回购业务,国债回购市场开始形成。1996年4月9日,中国人民银行正式在公开市场业务中启动以短期国债为工具的回购交易。1997年6月,全国银行间债券回购市场启动运行。

1997年以前,我国货币市场以同业拆借为主,货币市场交易工具单一。近年来,随着风险管理的加强,金融机构普遍需要更为安全的短期融资方式和工具。于是,依托于银行间债券市场的发展,债券回购也得到了迅速的发展。

目前,参加银行间债券市场回购业务的市场成员已包括中资商业银行及其授权分行、在华外资银行分行、中外资保险公司、证券公司、基金公司、农村信用社联社。全部成员金融资产总额占中国金融体系的95%以上。由于参加银行间债券市场成员比拆借市场的机构更为广泛，而债券回购的风险又低于信用拆借；与拆借相比，回购交易更为活跃，回购利率也更加稳定，因此，回购在反映金融市场流动性松紧方面的代表性也更加充分。

由于拆借和回购已成为商业银行等金融机构之间流动性管理的主要方式，银行间市场的同业拆借和回购利率开始成为货币市场的基准利率。

(3)票据市场。

票据市场是我国货币市场的重要组成部分，商业汇票的承兑、贴现、再贴现是目前我国票据业务的主要形式。中国票据市场的发展大致经历了以下两个阶段。

1982年，中国人民银行倡导推行“三票一卡”(即汇票、本票、支票和信用卡)，这可以说是中国票据市场的发端。同年，上海市率先开展了票据承兑贴现业务。不久，中国人民银行也开始试办票据的再贴现业务。但是，在票据市场的发展中也出现了诸如资金流向不合理、票据行为失去约束的问题，假票问题严重。于是，1988年，中国基本上停止了银行票据承兑与贴现活动。

1993年，票据市场问题又被提到议事日程。1992年，全国人民代表大会通过了《中华人民共和国票据法》，并于1996年开始施行。这标志着中国票据市场的发展进入了一个新的时期。1996年，《票据法》正式实施，票据市场的各项功能逐步健全，步入了发展的初期阶段。2000年11月9日，经中国人民银行批准，我国在上海开办了内地第一家专业化票据经营机构——中国工商银行票据营业部，标志着票据市场的发展进入了专业化、规模化和规范化的新阶段。2003年6月30日，“中国票据网”正式启用，为全国统一票据市场的形成提供了必要的平台。2005年9月，中国人民银行下发了《关于完善票据业务制度有关问题的通知》，对商业汇票真实交易关系的审查、票据质押的相关处理、银行承兑汇票的查询查复方式等进行了明确规范。2009年10月28日，由中国人民银行建设并管理的电子商业汇票系统建成并投入运行，我国票据市场由此迈入电子化时代。

(4)大额可转让定期存单市场。

我国的大额可转让定期存单市场始于1986年10月。交通银行上海分行筹备成立之初，面对各专业银行的强大竞争，经中国人民银行上海市分行批准，设计、推出了这一新型融资工具。1989年5月22日，《关于大额可转让定期存单管理办法》颁布。1996年11月11日，央行修改《大额可转让定期存单管理办法》，对大额可转让定期存单的审批、发行面额、发行期限、发行利率和发行方式进行了明确规定，有效规范了大额可转让定期存单的发展。

2. 中国的资本市场

(1)股票市场。

中国股市的发展经历了一个由萌芽、产生、发展到向规范化推进的历史过程。迄今为止，这一过程经历了三个阶段：起步阶段(1984～1988年)；初步发展阶段(1989～1990年)；向规范化推进阶段(1991年至今)。1990年12月19日，上海证券交易所成立。同年，一个全国性的国家证券买卖网络——证券交易自动化报价系统——开始使用，标志着中国股票市场的建立。1999年7月1日，《中华人民共和国证券法》正式实施。2001年2月，中国证监会决定境内居民可投资B股市场。2002年12月，QFII制度正式实施。2004年5月起，深交所在主板市场内设立中小企业板块。2009年10月，创业板的推出标志着多层次资本市场体系框架基本建成。2013年12月，新三板准入条件进一步放开，新三板市场正式扩容至全国。2019年1月

30日，证监会发布《关于在上海证券交易所设立科创板并试点注册制的实施意见》。3月1日，证监会发布《科创板首次公开发行股票注册管理办法（试行）》和《科创板上市公司持续监管办法（试行）》，标志着科创板的设立并试点注册制，进一步完善了我国的股票市场。

（2）债券市场。

新中国的国债发行始于1950年，1958年国债发行终止。直到1981年，我国才再次恢复国库券的发行。随后，1985年恢复了金融债券和地方企业债券的发行，1987年恢复了国家重点建设债券的发行，1988年恢复了国家建设债券、基本建设债券和短期融资债券的发行，1989年恢复了特种国债的发行，1991年恢复了国家投资债券的发行，1992年发行了中央企业债券、住宅债券和地方投资公司债券。

在交易市场方面，我国金融债券和地方企业债券转让业务开办于1987年，国债转让业务开办于1988年。1993年，全国初步形成了以武汉、上海、深圳等交易场所为点，大量柜台交易为面的点面结合的债券转让网络。进入2010年，融资融券、股指期货的推出为债券市场提供了双向交易机制。2012年8月、2013年2月转融资、转融券业务陆续推出，有效地扩大了融资融券发展所需的资金和证券来源。

3. 中国的外汇市场和黄金市场

中国的外汇市场和黄金市场形成得比较晚，但发展十分迅猛。

（1）外汇市场。

中国外汇市场的发展历程可分为两个阶段：外汇调剂市场阶段（1980～1993年）和外汇市场走向市场化、规范化的银行间外汇市场阶段（1994年至今）。

1980年10月，中国银行和国家外汇管理局制定了《调剂外汇暂行计划》，中国银行开始在北京、上海等12个大中城市办理外汇调剂业务，有偿转让外汇资源的使用权，中国外汇调剂市场开始产生。1986～1987年间，外汇调剂市场框架基本形成。随后，这一市场又得以日益完善。1988年9月，上海创办了我国第一家公开的外汇调剂市场，即上海外汇调剂中心。

1993年底，为贯彻落实《中共中央关于建立社会主义市场经济体制若干重大问题的决定》的要求，国务院发出了加快管理体制改革的通知。中国人民银行也公布了《关于进一步改革外汇管理体制的公告》，决定从1994年1月1日起建立银行间外汇市场，并取消了外汇留成，停止发行外汇券，取消外汇收支的指令性计划，实行银行结售汇制度，实现汇率并轨，实行以市场供求为基础的、单一的、有管理的浮动汇率。这标志着我国外汇市场进入了一个以单一汇率和以市场为基础配置外汇资源等为特征的新的发展时期。

（2）黄金市场。

中国长期以来对黄金流通实行严格的计划管理体制，由人民银行统一收购和配售黄金，统一制定黄金价格，严禁民间黄金流通。1982年9月1日，国内恢复出售黄金饰品，迈出中国开放金银市场的第一步。1999年11月25日，中国放开白银市场，封闭了半个世纪的白银自由交易开禁，为放开黄金交易市场奠定了基础。2001年6月11日，中央银行启动黄金价格周报价制度；8月1日，足金饰品、金精矿、金块矿和金银产品价格放开；9月29日，中国国家黄金集团公司成立；从11月1日开始，黄金饰品零售管理改革办法正式实行，取消黄金制品零售业务许可证管理制度，实行核准制；11月28日，上海黄金交易所模拟试运行。2002年10月30日，模拟运行近一年的上海黄金交易所正式挂牌开业。

（五）2005年中国金融体系改革

2005年，以国有商业银行股改上市、资本市场股权分置改革、人民币汇率形成机制改革以及短期融资券发行等事件为标志，中国金融体制加速市场化、国际化。

1. 汇率、利率生成机制

中国人民银行于2005年7月21日启动人民币汇率体制改革，人民币汇率从固定改为弹性。汇率形成机制的关键，在于建立一个有弹性、有深度的外汇市场作为平台来发现均衡汇率。人民币从固定汇率制度退出，有利于增强货币政策的独立性，政策执行者增加了应对内、外部经济冲击的手段，将迫使银行、企业等市场参与者不断提高汇率风险意识。

以做市商制度和结售汇体系的市场化为重要环节，在汇率形成机制改革之后，中国进入了一个货币市场创新的密集期。如中国人民银行发布通知，扩大外汇指定银行对客户远期结售汇业务和开办人民币与外币掉期业务，扩大即期外汇市场交易主体等。一系列政策的直接后果是扩大市场交易主体和市场交易量，从而形成中国真正的外汇交易市场。

2005年3月17日，中国人民银行宣布调整商业银行住房信贷政策和下调金融机构超额准备金率，将现行的住房贷款优惠利率回归到同期贷款利率水平，实施下限管理。这表明，房地产贷款利率进入一个自主定价、差异化的新阶段。

2. 银行业：国有银行股改上市

自2004年开始的国有商业银行改革是中国金融改革的重头戏。占据中国金融资产53.6%的国有商业银行的市场化改革意义重大。在经历政府注资、处置不良资产、改革公司治理结构、人事薪酬体制改革、发行次级债补充资本金和引入战略投资者等一系列改革举措后，建设银行于2006年10月率先在香港上市。

与此同时，113家城市商业银行正紧锣密鼓引入外资或民营投资者。银行引入战略投资者或扩大外资股份，说明中国的股份制商业银行在谋求提升经营水平方面对于国际资本市场和海外战略投资者积极作用的期待。

自2003年8月开始的深化农村信用社改革工作在稳步推进。一些新的银行开始组建，如渤海银行、东北振兴银行、邮政储蓄银行等。

3. 股票市场：股改启动，证券公司分化

2005年9月12日，40家上市公司开始股权分置改革，一系列资本市场改革的举措与股权分置改革同时展开。如募集法人股、未上市内部职工股、大股东占用上市公司资金等影响市场的问题得到解决；上市公司回购流通股、大股东增持流通股等市场稳定机制的建立；探索管理层持股等股权激励机制等。

对证券行业“分类监管、区别对待”的监管思路更加明显。2003年以来，监管部门评选了11家创新试点类券商和7家规范类券商，创新试点类券商已经在业务拓展和融资渠道上得到了政策扶持。同时，有3家证券公司被责令关闭，3家证券公司因严重违法违规经营被托管。

4. 债券市场：短期融资券与资产证券化

以推出短期融资券为标志，债券市场出现发展契机，资产证券化业务启动。自2004年以来，中国的债券市场金融改革和创新积极推进，发行主体范围不断扩大。从商业银行次级债券的发行到证券公司短期融资券的推出，再到国际开发机构境内发行的首单人民币债券——熊猫债券的诞生，进一步促进了债券市场的深化和金融市场的对外开放。

2005年5月24日，中国人民银行出台了《短期融资券管理办法》，在企业直接融资领域迈出了重大的步伐，同年9月20日，短期融资券发行总量已经达到512亿元。短期融资券打破了国家信用和银行信用在债券发行中的垄断地位，同时打通了货币市场与实体经济之间的连接，进而形成包括货币市场和实体经济在内的更广泛的市场利率结构。

5. 金融衍生品:市场初具雏形

随着汇率定价机制市场化程度的推进,在外汇市场交易手段、交易产品创新发展的同时,汇率衍生产品将会不断推出。证券市场正在进行的股权分置改革客观上将消除推出股指期货等金融衍生产品的制度性障碍,股权分置改革后的资本市场为金融产品提供了一个开放的创新平台。以股票价格为基础的固定收益类产品和股指期货衍生产品,丰富了资本市场的产品结构。

本章案例

案例一 美国次贷危机

2007年的次贷危机源于美国,随后席卷全球,逐渐演变为全球性的金融危机,对世界经济格局产生了深远影响。一些著名的经济学家认为,这是20世纪20～30年代大萧条以来最严重的金融危机。回顾2007年次贷危机的发生、发展,其演进过程大致可以分为三个阶段。

第一阶段:危机爆发阶段。2007年2月,汇丰银行宣布北美住房贷款按揭业务遭受巨额损失,减记108亿美元相关资产,次贷危机由此拉开序幕。2007年4月,美国第二大次级抵押贷款公司新世纪金融公司因无力偿还债务而申请破产保护,裁减员工比例超过50%。随后30余家美国次级抵押贷款公司陆续停业。

受次贷风暴影响,当年8月,美国第五大投行贝尔斯登宣布旗下两只对冲基金倒闭,随后贝尔斯登、花旗、美林证券、摩根大通、瑞银等相继爆出巨额亏损。2008年3月中旬,贝尔斯登因流动性不足和资产损失被摩根大通收购。投资者的恐慌情绪开始蔓延。

第二阶段:全面扩散阶段。次贷危机愈演愈烈,华尔街整体陷入流动性危机。2008年7月中旬,美国房地产抵押贷款巨头"两房"遭受700亿美元巨额亏损,最终被美国政府接管。作为美国最大的汽车厂商,通用公司的股价跌至50余年来的最低水平,破产危机隐现。

2008年9月中旬,美国第四大投资银行雷曼兄弟陷入严重财务危机并申请破产保护。美林证券被美国银行收购。华尔街的五大投行倒闭了3家。雷曼兄弟的破产,彻底击垮了全球投资者的信心,包括中国在内的全球股市持续暴跌,欧洲的情况尤为严重,诸多知名金融机构频频告急,欧元兑美元汇率大幅下挫。

2008年9月下旬,总部位于西雅图的华盛顿互惠银行被美国联邦存款保险公司接管,成为美国有史以来倒闭的规模最大的银行。

第三阶段:企稳回升阶段。次贷危机后,不仅金融市场遭受全面打击,流动性出现严重不足,美国的经济也受到严重冲击。2008年第四季度,美国GDP下降6.1%,失业率节节攀升并于2009年创下50多年来的最高纪录。随后,美国政府在2009年出台了全面的经济刺激计划;美联储经过多次降息后,将利率降至接近于零的水平,并一直维持不变。

除此之外,美联储先后出台了四轮量化宽松政策,通过购买大量的资产支持证券、出售国债,为市场注入流动性。之后,一连串危机拯救措施的效果开始显现,美国经济逐渐复苏,主要股指已经恢复到危机前水平。

然而,次贷危机的影响是深远的。危机不断蔓延,逐渐从私人部门扩散到其他国家的公共部门。2009年12月8日,全球三大评级公司下调希腊主权评级。从2010年起,欧洲其他国家也开始陷入危机,西班牙、爱尔兰、葡萄牙和意大利等国同时遭遇信用危机,整个欧盟都受到债务危机的困扰,受影响国家的GDP占欧元区GDP的37%左右。由于欧元汇率大幅下跌,欧洲股市暴跌,整个欧元区面临成立10多年来最严峻的考验。

资料来源:新浪财经网。

案例二 人工智能与金融市场

人工智能迄今所取得的成就让人惊叹,将来可能达到的程度更让人充满了期待与憧憬。然而,不管是机器学习,还是深度数据挖掘,对金融市场这个复杂的生态系统,带来的都只会是一种进化的力量,而非基因突变。人工智能，只是众多影响我们的因素之一，不是唯一。

人工智能(AI)并不是一个新的概念，但是受益于计算机运算能力的极大发展和数据科学的进步，将人工智能对于社会的影响全方位地进行评估和研究的条件前所未有的成熟、便利。如果说IBM的深蓝在1997年击败了国际象棋大师卡斯帕罗夫只是人工智能的小试牛刀，那么2016～2017年谷歌开发出的阿尔法狗(AlphaGo)以击败韩国棋手李世石为开端，以战胜中国柯洁为终局的横扫中韩世界级围棋高手的“旋风”之战中，人工智能已经向人类传统智慧的领域亮出了“獠牙”。金融市场自然也不是可以免受冲击的“世外桃源”，金融市场的复杂和多样性反而更加吸引了人工智能作为挑战者的目光。

2017年底，美国首只人工智能ETF成立。这只ETF成立8个月来的表现可圈可点，管理资产规模达到了1.4亿美元，收益率超过10%，超过同期市场基准3个百分点。诚然，这小小的资金规模，较短的业绩持续时间，并不能说明人工智能可以在金融市场取得如阿尔法狗在围棋界那样的成就，但是我们却无法忽视人工智能对于金融市场所带来的冲击与变革。人工智能是会从根本上改变金融市场存在的游戏规则，带来金融市场基因突变；还是作为一种全新技术，和以前影响金融市场的技术一样，构成金融市场进化的一个推手而已？

美国麻省理工学院(MIT)华裔金融学教授、金融工程实验室主任罗闻全(Andrew Lo)在他2017年写的《适应性市场：按照思维的速度进化的金融》(*Adaptive Markets: Financial Evolution at the Speed of Thought*)中彻底扬弃了传统的有效金融市场假说。他认为有效市场并不是完全被否定，而是可以长期与非理性并存。通过生物进化论、神经科学，还有人工智能的多角度分析，罗闻全将行为金融中人的因素全面而客观地纳入分析之中，提供了一个全新的理解金融市场的分析框架。其实，随着更多的数据和更为贴近现实的模型的应用，主流金融学研究已经越来越倾向于承认行为金融学在现实世界中的运用。继美国行为经济学和实验经济学奠基人阿莫斯·特沃斯基与心理学家丹尼尔·卡尼曼在2002年获得诺贝尔经济学奖之后，以人的行为对经济学的实证分析见长的罗伯特·希勒与理查德·塞勒在2013年、2017年分别得到这一殊荣，这就是最好的证明。

人类在科学追求中的核心目标，就是从纷乱的现象之中得到可重复、有稳定效应的规律。能发现这些规律的学科，可被称之为科学，如果无法得到，那就只能被称之为玄学了。长久以来，基于市场有效性和“理性人”假说的古典经济学在市场的实践中常常碰壁，雄心勃勃的学院派也常被市场的现实弄得灰头土脸。“南海泡沫”破灭后，损失惨重的牛顿爵士留下了“我可以预测天体运行，却无法预测人性的疯狂”的叹息。在2008年次贷危机爆发之后，英国女王伊丽莎白二世来到伦敦政经学院(LSE)问一众专家们：“我们投入了大量的研究经费，诸位也涉及了各种各样的模型，发表了大量的研究论文，为什么你们没有对危机提出预警？”而这些专家学者们，包括伦敦政治经济学院教授、英格兰银行货币政策委员会委员蒂姆·贝斯利、伦敦大学著名历史学教授彼得·埃内西等则在大半年之后，正式向女王回复了一封联名信：“抱歉，女王陛下，我们没能预测到国际金融危机的到来。”英语中有句谚语：“You cannot teach old dogs new tricks.”(你无法教会老狗新把戏。)宏观经济学与金融经济学这两门经济学的核心学科，在2008年金融危机之后被世人重新审视。对这两门学科目前主要有三种主流意见：其一认为，这两门学科推动了危机的爆发；其二，对预测危机到来，这些知识没有起到任何作用；其三，对于危机后如何弥补损失，这些理论也无能为力。既然老方法不灵，那么是时候尝试一些新技巧了。

人工智能，能不能从根本上颠覆我们对于宏观经济和金融市场的认知，进而为我们提供全新的分析工具？如果计算机程序可以在一个足够真实、全面的现实模拟系统中重现牛顿所说的人类疯狂，如果宏观经济政策在付诸实施之前可以让决策者通过模拟决策系统充分了解到政策可能导致的所有直接和间接的政策效果，那么我们的金融市场的行为模式会跟历史上一样吗？再进一步，如果市场上的参与者，将人工智能的前景纳入了自身的决策系统，那么市场又会演化成何样？人工智能迄今所取得的成就让人惊叹，将来可能达到的程度让人充满了期待与憧憬，然而，不管是机器学习，还是深度数据挖掘，对于金融市场这个复杂的生态系统，带来的都只会是一种进化的力量，而非基因突变。生活不是科幻小说，市场固有的基因会以其自身的形态传承。时间会带来进化，整个金融经济生态系统也会随着社会的发展而变化。

人工智能，只是众多影响我们的因素之一，不是唯一。

资料来源：《上海证券报》。

本章小结

1. 金融体系是指金融要素的安排及其动态关联系统，是由金融制度、金融工具、金融机构、金融市场、金融调控机制等构成的支持社会组织正常运转的资金集中与分配的系统，该系统运转的优劣决定着经济组织功能的发挥。

2. 现代金融体系分为两种模式："市场主导型"和"银行主导型"。这两种金融体系模式，没有绝对的优劣之分，不同的国情、不同的发展阶段，这两种模式都有过不俗的表现。

3. 金融体系的功能：在时间和空间上转移资源的功能；清算和支付结算的功能；聚集和分配资源的功能；分散、转移和管理风险的功能；提供信息的功能；解决激励问题的功能。

4. 金融机构体系是金融体系中最重要的组成部分，狭义的金融体系就是指金融机构体系。

5. 在经济全球化、金融自由化形势下，现代金融体系呈现出以下发展趋势：金融体系市场主导化；金融国际化、集团化；金融工具创新化、金融业务多元化；金融服务现代化、信息化；金融市场一体化；金融监管国际化。

复习思考题

1. 金融体系的构成要素有哪些？
2. 金融体系的功能有哪些？
3. 当代金融体系变革的原因是什么？其发展趋势是什么？

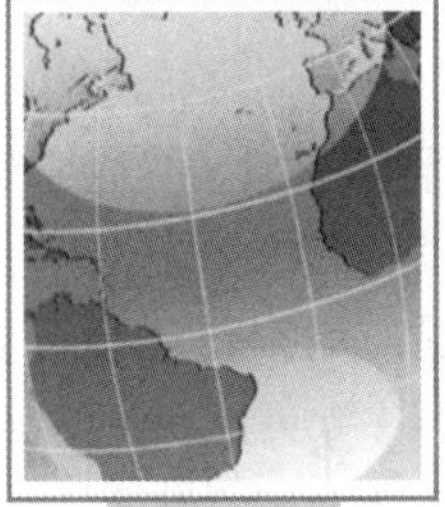

第五章 商业银行

商业银行是在市场经济中孕育和发展起来的。经过多年的改革发展，中国商业银行的整体状况已经上了一个大台阶。目前，中国银行业的平均不良贷款率已下降到1.8%，平均资本充足率为14.18%，已达到《巴塞尔协议》要求的8%的水平。国有商业银行不仅进行了股份制改革，并已先后走向资本市场。中国加入WTO五年后，中国金融业全面履行对外开放的承诺，外资银行将与中资银行享受同等待遇。就在2006年12月11日这一天，中国银监会受理了汇丰、花旗、渣打、东亚、恒生等八家外资银行的申请，将中国境内分行改制为外资法人银行。完成本地注册、转制后，这八家银行将为中国居民提供人民币业务。

第一节 商业银行概述

现代金融体系中，商业银行(commercial bank)以其最为雄厚的资本、最为广泛的业务范围和最多的分支机构而成为银行体系乃至各国金融体系的主体部分，对社会经济活动产生着深刻的影响。商业银行是以营利为目的，吸收公众存款、发放贷款、办理结算等业务的金融机构。

一、商业银行的产生、性质和职能

(一)商业银行的产生与发展

1. 银行起源于古代的货币经营业

14～15世纪的欧洲，随着社会生产力的发展，商业活动日益增多。当时的威尼斯、热那亚都是重要的国际贸易中心，各国的商人云集于此。但是，由于封建割据，货币制度非常混乱，市场上货币种类繁多，给商人们从事交易活动带来了很多的不便。于是，专门从事鉴别和兑换货币的货币兑换业应运而生。

随着经济的进一步发展，各国商人为了避免长途携带货币带来的风险与不便，便委托兑换商帮忙保管没有用完的货币，货币兑换业便逐步扩展成为货币保管业。后来，在此基础上又发展出了委托货币保管商代为办理货币的收付与汇兑、代理偿付债务等业务，这样，货币经营业就形成了。

当货币经营业发展到一定阶段后，货币经营业主手中积累了大量相对稳定的货币，他们发现这部分货币如果被用来发放高利贷，其利息所得比从事前三种货币经营业务的手续费所得要高得多，于是他们开始不经常保持十足的现金准备，而是有意识地将手中的货币贷放出去，以赚取利息收入。这时货币经营商开始从原来被动地为客户保管货币变为主动地揽取货币经营业务，并通过减低保管费用的手段吸引客源。到后来，由于手中保管货币量的多少成了决定经营业主们获利多少的关键因素，以至于他们为客户保管货币不仅不收取保管费，而且还给客户一定的好处，也就是利息支付。到这个时候，货币经营业已经演变成了集存款、放款、汇兑、结算等业务于一身的综合性机构，早期的银行至此形成了。

2. 现代银行的产生起因于资本主义扩大再生产的需要

尽管中世纪欧洲出现了很多银行，但贷款对象主要为政府，且具有高利贷性质，不适应资本主义扩大再生产融通资金的要求，客观上要求建立符合资本主义经济发展需要的现代银行。现代银行产生的途径主要有两条：一是随着资本主义经济的发展，高利贷性质的银行逐步转变为现代银行；二是在与高利贷的斗争中建立股份制形式的现代银行。1694 年，英国英格兰银行的建立，标志着西方现代银行制度的建立。18 世纪末至 19 世纪初，随着资本主义生产关系的广泛确立和资本主义商品经济的不断发展，资本主义银行得以普遍建立。资本主义银行是特殊的资本主义企业，它的主要职能是经营货币资本，发行信用流通工具，充当资本家之间的信用中介和支付中介。进入帝国主义时期，银行的垄断组织随着资本的不断集中而形成。银行垄断资本和工业垄断资本融合为金融资本，银行由原来的简单的中介人演变为万能的垄断者，它既是控制国民经济的神经中枢，又可通过资本输出和跨国银行的形式加强对外扩张。

3. 商业银行发展的两种传统模式

(1)英国式融通短期资金模式。

至今，英美等国商业银行的贷款仍以短期商业性贷款为主。这一传统在英国形成，有其历史原因。英国是最早建立资本主义制度的国家，也是最早建立股份制的国家，所以英国的资本市场比较发达，而企业的资金来源主要依靠资本市场募集。另外，直到工业革命初期，企业生产设备都比较简单，所需长期占用的资本在总资本中占的比重小，这部分资本主要由企业通过资本市场筹集，很少向银行贷款。企业向银行要求的贷款主要是商品流转过程中的临时性短期贷款。从银行方面来说，早期的商业银行处在金属货币制度下，银行的资金来源主要是流动性较大的活期存款，银行本身的信用创造能力有限。为了保证经营的安全，银行也不愿意提供长期贷款，这种对银行借贷资本的供求状况决定了英国商业银行形成以提供短期商业性贷款为主的业务模式。这种业务经营模式的优点是能较好地保持银行清偿力，银行经营的安全性较好；缺点是银行业务的发展受到限制。

(2)德国式综合银行模式。

按这一模式发展的商业银行，除了提供短期商业性贷款外，还提供长期贷款，甚至直接投资于企业股票与债券，替公司包销证券，参与企业的决策与发展，并向企业提供合并与兼并所需要的财务支持和财务咨询等投资银行服务。至今，不仅德国、瑞士、荷兰、奥地利等少数国家仍一直坚持这一传统，而且美国、日本等很多国家的商业银行也在向这种综合银行模式发展。这一综合银行模式之所以会在德国形成，也和德国的历史发展有关。德国是一个后起的资本主义国家，它在确立资本主义制度的初期，便面临着英法等老牌资本主义国家的社会化大工业的有力竞争，这就要求德国的企业必须有足够的资本实力与之竞争。但是德国资本主义制度建立比较晚，其国内资本市场落后，德国企业不仅需要银行提供短期流动资金贷款，还需要银行提供长期固定资产贷款，甚至要求银行参股。而德国的银行为了巩固同客户的关系、尽快壮大自己，也积极参与企业经营决策，和企业保持密切的联系。因此，在德国最早出现了由银行资本与工业资本融合而成的金融资本，同时产生金融寡头。德国式综合银行模式的优点是有利于银行展开全方位的金融业务经营活动，充分发挥商业银行在国民经济活动中的作用；其缺点是可能会加大银行经营风险，进而对银行经营管理有更高的要求。

(二)商业银行的性质

从商业银行的起源和发展历史看，商业银行的性质可以归纳为：商业银行是以追求利润最大化为目标，以多种金融资产为经营对象，利用负债进行信用创造，并向客户提供综合性多功能服务的金融企业。

商业银行具有与其他企业一样的基本特征：以营利为目的，具有法人资格，具有自己独立的财产、名称、组织机构和场所，能独立承担民事责任，由两个以上的股东共同出资，依照《公司法》设立，照章纳税，独立核算。但是商业银行又不同于一般的企业和金融机构，它是特殊的金融企业，其特殊性表现在以下方面：

1. 商业银行特殊的经营对象和内容

商业银行经营的是具有一般等价物职能的特殊商品——货币，而非一般工商企业所经营的看得见、摸得着的具有直接使用价值的商品。商业银行经营的内容包括货币的收付、信贷及各种与货币运动有关的，或者与之相联系的金融服务。虽然它提供的也是一种服务，但与一般的服务行业中的服务又有本质上的区别，即所有的服务都与货币直接相关。

2. 商业银行对整个社会经济的特殊影响

货币不同于一般的商品或劳务，一旦经过使用就退出流通领域。对于这种特殊商品，一方面，中央银行可以通过不同的渠道从金融市场或商业银行手中收回；另一方面，在未被中央银行收回之前，一般来说，情况下它会一直处于不断流通的状态中。因此，商业银行对整个社会经济的影响要远大于任何一个企业，也正因为如此，商业银行受整个社会经济的影响也较任何一个企业更为显著。一般如果一个国家的经济进入繁荣期，则往往伴随商业银行贷款的增多和利润的增加；而一个国家经济的衰退，也会最先表现为商业银行贷款和存款的减少。

3. 商业银行的特殊责任

一般企业只以营利为唯一目标，只对股东负责，只对使用自己产品的客户的安全负责。而商业银行虽然也以营利为唯一目标，但除了要对股东和客户负责以外，它还必须对整个社会负责。商业银行的资产负债结构较为特殊，商业银行作为金融体系的主体，其资产主要来源于存款人的存款，而其自有资本所占比重则往往不足10%，与普通企业的50%甚至更多相比，差距甚远。因此，银行业是一个风险性较高的行业，而银行的经营状况又存在严重的信息不对称问题，作为债权人的社会公众，很难对此做出正确的评价。因此，一旦银行出现问题，就会引起社会恐慌，引发挤兑风波，甚至是金融风暴。

4. 国家对商业银行的监管

正是由于商业银行的经营关系国计民生，因此国家对商业银行的监管比一般企业严格得多，市场准入的条件也要苛刻得多，除了要求依法经营、照章纳税以外，政府有关部门还要对其日常经营活动进行密切的监督和调节。

(三)商业银行的职能

作为特殊的企业，商业银行因此具有信用中介、支付中介、信用创造、金融服务和调控经济五大职能。

1. 信用中介职能

信用中介职能是商业银行最基本和首要的职能。信用中介职能主要是指商业银行通过负债业务将社会上各种暂时闲置的资金集中起来，然后通过资产业务将其投放到各产业和经济部门，充当有闲置资金者和资金短缺者之间的中介，实现资金的融通。

商业银行的信用中介职能，对一国经济的运行和发展具有重要意义。首先，商业银行发挥信用中介职能，克服了原有商业信用中借贷双方之间直接融资的局限性，为他们顺利进行资金借贷提供了现实条件。当借贷双方的借贷数量、借贷期限不一致或贷出者对贷入者的信用状况不了解时，借贷行为就难以成立。而商业银行作为信用中介，则不受上述条件的限制。它可以与任何一个企业、单位发生信用关系，为它们提供必要的资金支持。其次，商业银行的信用中介职能，因为受利润原则支配，可以提高社会资本的使用效率，达到资源的有效配置，促进社会经济的发展。

2. 支付中介职能

商业银行除了作为信用中介，融通货币资本以外，还执行支付中介的职能。政府、企业、个人及各种组织在商业银行开立账户，他们之间的资金往来基本都是通过商业银行来进行的，并以商业银行为中心，形成了经济过程中无始无终的支付链条和债权、债务关系。在这里商业银行起到了代理客户办理货币收付的作用。

支付中介职能的发挥大大减少了现金的使用，节约了社会流通费用，加速了社会资金的周转，促进了再生产的扩大。从逻辑上讲，商业银行的支付中介职能是先于信用中介职能的，它最早产生于货币经营时期。当货币经营业者通过放款而获得盈利时，才产生了信用中介的职能。而支付中介职能的发展，也是基于信用中介职能的，因为客户只有在存入足够的货币后，才能办理支付业务。当存款额度不足时，就可能向银行申请借款，借款又会转化为存款，然后才能办理转账支付或是提取现金。所以，支付中介职能和信用中介职能相互依存，共同构成银行借贷资本的整体运动。

商业银行支付中介职能的发挥，往往以活期存款为基础。过去很长一段时间里，商业银行是唯一能够吸收活期存款、开设活期支票账户的金融机构。近年来，随着世界金融管制的放松，专业银行和非银行金融机构也被准许开立类似支票账户的其他账户，如可转让支付命令账户等，它们在一定程度上也行使了支付中介的职能。但与商业银行相比，仍然存在很大差距，企业间的大额支付以及多数与个人有关的货币支付，仍由商业银行办理。

3. 信用创造职能

商业银行在信用中介职能和支付中介职能的基础上，产生了信用创造职能。信用创造职能主要表现为创造信用流通工具和创造存款货币。

商业银行创造的信用流通工具主要是支票，一种类似于纸币的货币符号。在当代，西方发达国家90%以上的经济交易是以支票进行支付的。

创造存款货币是商业银行的重要职能。这种创造存款货币的能力是由商业银行和中央银行共同完成的。商业银行通过其吸收的各种存款发放贷款，在支票流通和转账结算的基础上，贷款又转化为存款，在这种存款不提取现金或不完全提现的情况下，就增加了商业银行的货币来源，在整个商业银行体系中形成数倍于原始存款的派生存款。

从信用中介职能来看，商业银行与专业银行及非银行金融机构并无本质上的差别，其实质都是金融中介。但从信用创造的职能上来看，它们的职能是不同的。商业银行通过信贷活动，创造或压缩构成货币供应量主要部分的活期存款，这样，商业银行就可以把自己的负债作为货币来流通，开立支票账户。它所吸收的储蓄存款和定期存款，是货币所有者的投资形式，并不供转账使用，这种存款一般不是由贷款直接转化而来的。客户向银行取得贷款是要随时支用或马上使用的，一般不会存入储蓄和定期存款账户，因而专业银行和非银行金融机构一般不具有派生存款或信用创造的功能。商业银行体系可以在不减少自身储备的情况下，同时增加贷款和存款，而其他金融机构则必须减少储备才能增加贷款，并且无法同时增加存款。所以，我们一般认为,能否派生货币是商业银行区别于专业银行及非银行金融机构的本质所在。

4. 金融服务职能

随着经济的不断发展,企业的经营环境日趋复杂,银行间的竞争也日益激烈。银行交际面广、信息灵通,特别是当电子计算机技术在银行业务中被广泛应用后,银行更为具备了为客户提供信息服务的硬件和软件。企业生产和流通专业化的发展,又使得企业把许多原来单纯的钱物交换转化成为转账结算。

同时,经济的不断发展也从很多方面对商业银行提出了金融服务的更高要求。在激烈的竞争压力下,为了加强与客户的信用联系,加强竞争能力,以取得高额利润,各家商业银行通过发展金融服务业务,进一步促进资产负债业务的扩大,并把资产负债业务与金融服务结合起来,开拓新业务领域,为客户提供诸如信托、租赁、保管、咨询等金融服务。在现代经济生活中,金融服务已成为商业银行的主要职能。

5. 调控经济职能

在西方发达国家,商业银行是国家调节经济的重要力量。首先,它可以通过传递中央银行的货币政策来调节经济。中央银行的货币政策工具一般不能直接作用于企业,而是要使用再贴现率、法定存款准备金率等手段通过商业银行作用于间接目标。其次,商业银行可以根据国家经济政策和产业政策的要求,通过放款和投资来引导资金流向,调节企业的生产经营活动,以达到优化经济结构的目的。再次,商业银行可以通过办理消费信贷业务来调节和引导消费,扩大企业的产品销售,促进生产的发展。最后,它还可以通过国际金融市场上的融资活动来调节国际收支。

二、商业银行的组织形式

按照组织形式的不同,商业银行可以分为单一银行制、分支行制、代理行制、银行持股公司制和连锁银行制。

(一)单一银行制

单一银行制(unit banking system)又称单元银行制,是指商业银行业务只由一个独立的银行机构经营,不设或不准设立分支机构的银行组织制度,即所谓的“一行一店”。

单一银行制以美国为代表,各州银行法禁止或者限制银行开设分支行。美国由于各州独立性较强,在历史上经济发展极不平衡,东西部悬殊较大,为了适应经济均衡发展的需要,特别是适应中小厂商发展的需要,反对金融权力的集中和银行吞并,各州都通过银行法来禁止或者限制银行开设分支行。近年来,设立分支行的限制有所放松,约1/3的州准许银行在本州范围内开设分支机构;1/3的州准许在商业银行总行所在地的城市设分支机构;其余1/3的州根本不准许设立分支机构,或者要经过许多审批手续,限制严格。

单一银行制与19世纪和20世纪初期的社会环境非常适应。其优点主要体现为:限制了银行垄断,有利于自由竞争;有利于银行与地方政府的沟通协调,能够更好地提供适合本地区经济发展需要的服务;独立性较强,业务灵活性较大;银行内部管理层次较少,有利于中央银行货币政策的贯彻实施。

但随着交通和通信的发展,商业不断繁荣,各社会团体间的相互依赖加强,原有的分散状态被打散。同时,人们也越来越习惯于流动,并且更加注重银行提供的金融服务是否便捷。于是,单一银行制的局限性不断显现:分支行机构的不设立,加剧了现代经济的横向发展和商品交换范围不断扩大之间的矛盾;银行业务的集中性无法合理分散风险,削弱了商业银行的抗风险能力;银行资本的流动范围狭窄,削弱了银行的竞争力。因此,在新的经济发展形势下,美国的银行组织结构也正在逐渐发生着变化,单一银行制度正在逐步让位于分支行制度。

(二)分支行制

分支行制(branch banking system)又称总分行制,是指法律允许的总行之下,在国内外各地普遍设立分支机构,总行一般设立在各大中城市,所有分支行统由总行领导指挥的制度。分支银行制,按各层次的职能不同,又可进一步划分为总行制和总管理处制。总行制是指其总行除管理控制各分支行处外,本身也对外营业的制度。总管理处制是指总管理处只负责控制各分支行处的制度。

分支银行制的优点主要体现为:从组织方式上看,经营规模大,有利于展开竞争,易于采用现代化设备,能提供比较方便的金融服务,取得规模效益;分支行覆盖面广,有利于吸收存款,调剂资金,充分有效地利用资金,也易于分散风险;同时,由于分支行制银行数量减少,便于国家直接控制和管理,业务经营受地方干预较小。

但分支银行制也存在一定问题:从整体上看,分支行制易于加速大银行对小银行的吞并,造成垄断;从银行内部管理上看,总行对分支机构要想具有较强的控制能力,必须制定完善的通信系统和有效的成本控制手段,否则会造成银行经营效益的下降;从银行外部的交际活动来看,分支机构职员的轮换与调动,会使银行机构淡化与所服务对象的密切联系,而银行管理人员固守一地,又易于造成总行控制力下降。因此,银行规模越大,分支机构越多,给管理工作带来的问题就越多。

总之,无论是单一银行制还是分支银行制,都各自具有优点和缺陷,并且其优缺点又都具有一定的互补性。对于任何组织形式的银行来说,能够取得较好的经营效果,关键在于其是否能最大限度地发挥其优点而尽量限制其缺陷。但总的来说,分支行制的优点大于单一银行制,因而被世界上大多数国家所采用。我国商业银行采用的也是这种组织形式。

(三)代理行制

代理行制(correspondent banking system)又称往来银行制,是指银行相互间签有代理协议,委托对方银行代办指定业务的制度。被委托的银行为委托的代理行,相互间的关系则为代理关系。一般来说,银行代理关系是相互的,因此互为对方代理行。在国际之间,代理关系非常普遍;至于在各国国内,代理制最为发达的是实行单元银行制的美国。可以说,正是这种代理制度解决了不准设分支机构的矛盾。不过,就是在实行总分行制的国家中,银行之间也存在着代理关系。

(四)银行持股公司制

银行持股公司制(banking holding company system)又称集团制,是由一个集团设立股权公司,再由该公司控制或收购两家或两家以上银行的组织形式。在法律上,这些银行是独立的,其业务经营与决策都属于同一股权公司所控制。这种银行组织形式在美国最为流行,主要是针对法律不允许开设分支行的规定的一种逃避策略。第二次世界大战后,美国商业银行为了冲破各种对设立分支行的限制,实现银行业务的多样化,银行持股公司迅速崛起。银行持股公司有非银行性持股公司和银行性持股公司两种类型。

银行持股公司制有利于扩大资本总量,增强银行实力,提高银行抵御风险和参与市场竞争的能力,有效弥补了单一银行制的不足。但是,这种制度极易形成银行业的垄断,不利于银行间的正常竞争,并在一定程度上限制了银行经营的自主性和银行的创新活动。

(五)连锁银行制

连锁银行制(chain banking system)是指由同一个人或同一个集团购买若干个银行的股份,控制这些银行的经营决策。连锁制的成员行都保持其相对独立性。连锁银行是在禁止实行分支行制和多家控股公司的美国各州发展起来的,其经营范围大多在较小地区,成员行多为小银行。法律上这些银行保持独立,然而经营上实际由某个人或集团控制。

三、商业银行的业务经营原则

商业银行经营管理的高负债率、高风险性决定了商业银行经营原则的多样性。一般商业银行在经营过程中遵循三性原则:安全性、流动性和盈利性。

(一)安全性

安全性(security)是指商业银行在业务经营中应尽量避免各种不确定因素的影响,保持足够的清偿能力,保证自己安全和稳健经营。这是由商业银行经营的特殊性所决定的。银行业是一个风险高度集中的行业。银行不同于一般企业,它的自有资本所占比重很小,属于负债经营,一旦遇有贷款和投资风险,就会影响银行正常的清偿能力,危及银行本身的安全。贷款、投资是银行的两项主要资产业务,而贷款有被拖欠无法收回本金和利息的风险,证券投资又存在市场风险。因此,安全性原则不仅是银行赢利的客观前提,也是其生存和发展的基础;不仅是银行经营管理本身的要求,也是经济发展和社会稳定的需要。所以,银行管理者在风险问题上必须严格遵循安全性原则,尽力避免风险、减少风险和分散风险,其中一个有效的途径就是保持贷款和投资的质量,通过业务创新和增加业务种类来分散风险。

(二)流动性

流动性(liquidity)是指商业银行在资产负债不受损失的条件下,能够随时应付客户提现和满足客户必要贷款的能力。商业银行的流动性包括负债的流动性和资产的流动性两个方面。负债的流动性是指银行以较低的成本随时获取资金的能力。资产的流动性是指资产在不受价值损失的条件下具有迅速变现的能力。能迅速变现而不会带来损失的资产,流动性强;相反,不能迅速变现或变现过程中会遭受损失的资产,流动性弱。一般情况下,我们所说的流动性是指资产的变现能力。在银行的业务经营过程中,流动性的高低非常重要。事实上,过高的资产流动性,会使银行失去赢利机会甚至出现亏损;而过低的流动性又可能导致银行出现信用危机、客户流失、资金来源丧失,甚至会因为挤兑导致银行倒闭。因此,作为商业银行关键是要保持适度的流动性。当流动性不足时,要及时补充和提高;在流动性过高时,要尽快安排资金运用,提高资金的赢利能力。

(三)盈利性

盈利性(profitability)是指商业银行营运资金为其所有者获取利润的能力。作为经营性的企业,盈利性是其基本方针,能否盈利直接关系到银行的生存和发展,是银行改进服务、开拓业务和改善经营管理的内在动力。商业银行的盈利是指业务收入减去业务支出的净额。业务收入是指资产收益和服务性收入的总和。业务支出,包括各项存款的利息支出和费用支出、上缴的税收等。保持理想的盈利水平是商业银行能够充实资本和扩大经营规模,并据以增强银行信誉、提高银行竞争实力的基础。如果银行无法盈利,投资者将丧失信心,银行信誉下降,可能引发银行的信用危机,导致客户挤兑,危及银行生存。因此,保持盈利性对商业银行具有十分重要的意义。

银行经营原则的三性之间,既相互统一,又互相矛盾。从盈利性看,银行的盈利资产的比重越高，即资金运用率越高，银行的收益就越大；从流动性看，银行的现金资产的比例越高，即资金闲置率越高，银行的支付能力就越强，其流动性也就越强；从安全性看，较高的收益总是伴随着较大的风险，或者说，盈利性越高，安全性就越差。为了降低风险，确保安全，银行要求选择低收益性资产。一般来说，流动性和安全性是一致的，流动性强则安全性好，而往往盈利较低，如现金资产的流动性最强，也最安全，然而盈利最低，它是一种非盈利资产。流动性与盈利性、安全性与盈利性的不一致，表现为此消彼长的对立关系。风险大、期限长、流动性较差的资产，盈利率却比较高。减少现金资产及其他流动性较强的资产，可以提高盈利水平，却往往带来较大的风险，安全没有保障。因此，流动性、安全性、盈利性三者需要统一协调，以达到既减少风险又提高盈利的目的。

四、我国的商业银行

我国的银行业自唐代(公元 618～907 年)就出现了。历史上的典当业、兑换业、票庄、钱庄、银号等都属于银行业的初始形态。我国近代银行业是在 19 世纪中叶外国资本主义银行入侵之后才兴起的。最早来中国的外国银行是英国的东方银行，它于 1845 年在香港设立分行，1848 年又设立了上海分行。1957 年英国的麦加利银行在上海设立了分行，此后，世界列强纷纷来华设立银行。1897 年，我国有了第一家商办的银行——中国通商银行，总部设在上海。我国最早官办的银行是 1905 年由清政府户部设立的“户部银行”，1908 年更名为“大清银行”，辛亥革命后改组为“中国银行”。在中国近代银行业兴起的过程中，具有地方性质的官银钱号也纷纷出现，到清末共有 22 家之多。

国民党政府利用其特权，逐步建立起以中(中央)、中(中国)、交(交通)、农(农民)四大银行为核心的官僚资本的金融垄断体系，控制了中国的经济命脉。但是，在旧中国与国民党四大家族控制的金融垄断体系并存的，是中国人民的银行业，即在革命根据地逐步建立和发展起来的人民的银行事业。在中国共产党的领导下，1926 年在湖南衡山县柴山洲特区，建立了“第一农民银行”。这是我国建立的第一家革命的银行，是人民银行业的先声。进入土地革命时期，在革命根据地还建立了各种银行，如海陆丰劳动银行、阎西工农银行等。1931 年 11 月 7 日，在江西瑞金召开的中华苏维埃第一次代表大会上，通过了成立苏维埃共和国国家银行的决议，任命毛泽民为国家银行行长，并于 1932 年 3 月开始对外营业。进入抗日战争和解放战争时期，随着解放区的不断扩大，为了适应发展生产、支援战争和进行货币斗争的需要，各根据地都相继建立了银行，有陕甘宁边区银行、晋察冀边区银行、冀南银行、北海银行、西北农民银行、华中银行、中州农民银行、南方人民银行、东蒙银行、东北银行、关东银行等。由于当时各革命根据地尚未连成一片，所以这些银行都发行在本地区流通的货币，而且有的规定了相互比价、跨区流通的制度，但共同的主要任务都是保证军事供给。解放战争胜利前夕，1948 年 4 月晋冀鲁豫边区和晋察冀边区合并为华北解放区，随后将冀南银行与晋察冀边区银行合并为华北银行。

第一阶段，过渡阶段(1949～1952 年)。1948 年冬，辽沈、淮海两大战役相继取得胜利，全国解放形势已经形成，为了适应统一全国金融工作的需要，中共中央决定筹建统一的中国人民银行；同年 12 月 1 日，在华北银行、北海银行、西北农民银行的基础上，于石家庄成立了“中国人民银行”，开始发行全国统一的货币——人民币，中国人民银行的第一任行长是南汉宸先生。1949 年 1 月 31 日，北平和平解放，中国人民银行立即迁入北平城内，着手进行接管官僚资本银行、建立各级人民银行机构的工作。从此，我国的人民银行业进入了一个新的历史时期，也是新中国成立后银行业发展第一阶段的开始。

我国现代银行业的出现并不是商品经济发展的产物。从我国银行的发展历史看，由解放区的银行到中国人民银行的诞生，不是发展商品经济的结果，而是为保证革命战争的供给需要而产生的，是随着人民政权的建立而出现的，是作为无产阶级专政的一个组成部分而存在的。新中国成立以来，银行体系是依照国家经济体制的需要而设立、调整、发展、演变的。中华人民共和国建立了以保险公司、公私合营银行和大量农村信用合作社共同组成的过渡阶段的社会主义银行体系。

第二阶段，“大一统”体制阶段(1953～1978年)。随着大规模社会主义经济建设的展开，我国按照苏联的高度集中的计划经济模式，把过渡时期形成的各种金融机构合并成“大一统”的国家银行体制：交通银行改组成中国人民建设银行，取消信用业务，只办理基本建设投资拨款业务；农村信用社执行人民银行的计划，并按其指令办理业务。取消商业信用，一切信用集中于中国人民银行，内部实行“统收统支、统存统贷”的管理原则。当时的人民银行既有宏观管理的职能，又有开展具体业务的职能；既是货币发行银行，又经营具体信贷业务。它不发放中、长期贷款，主要是对企业发放临时性、季节性的流动资金贷款。银行的主要任务是适应高度集中的计划经济体制需要，替国家“守计划”“把口子”。实际上，人民银行在很长的时间里仅仅是国家的收付机关和经济核算组织。因为当时的国民经济主要靠指令性计划组织，企业所需要的资金和物资主要靠国家计划确定。资金分配靠财政，物资分配靠计经委。

第三阶段，改革开放阶段(1979年以后)。中共十一届三中全会以来，中国经济实行改革开放政策，银行体制也相应地进行了改革。我国的改革采取循序渐进的方式，逐步确定以建立社会主义市场经济体制为改革目标，所以选择银行体制改革的目标也有一个探索的过程。现在，随着经济体制改革的深入，要求银行业加快改革步伐，摆脱“大一统”的高度集中的计划经济体制的思想束缚，以适应建立市场经济的需要。十一届三中全会以来，中国“大一统”的国家银行体制逐步被取代，相继恢复和分设了中国农业银行、中国人民保险公司、中国银行、中国工商银行、交通银行，还先后增设了中国国际信托投资公司、省(市)信托投资公司、国家专业银行所属的信托投资公司；成立了中信实业银行、中国投资银行、光大金融公司和一些财务公司；在全国许多城市还成立了城市信用合作社以及租赁公司等其他金融机构。1984年以后，中国人民银行正式改组为专门行使中央银行职能的机构，建立了以中央银行为领导、国家专业银行为主体、多种金融机构分工协作的金融体系。这是我国40年来银行体制进行的最大的一次改革。这种体制在经济体制改革中发挥了一定的作用。但是，它的局限性仍然很大，离建立社会主义市场经济体制的要求相差很远。

随着经济体制改革的深入和对外开放的扩大，我国的银行业一直在探索中寻求摆脱在长期计划经济体制下形成的种种束缚，以适应社会主义市场经济发展需要。为了进一步摸索深化金融改革的路子，中央决定搞综合性银行试点。于是，在1987年4月，经国务院批准，重新组建交通银行并同时恢复其业务。它是一家以公有制为主的股份制社会主义金融企业。其后，中信实业银行、蛇口招商银行、深圳发展银行、福建兴业银行、广东发展银行、光大银行、华夏银行、上海浦东发展银行8家区域性、企业集团所属的商业银行相继成立，成为中国银行业一支朝气蓬勃的新生力量。这9家商业银行都是公有制占主导地位的自负盈亏的股份制银行，它们按照市场经济的需要，吸收国内外先进的货币信用业务、管理经验，初步构筑了社会主义条件下的商业银行的框架。

第二节 商业银行的负债业务

所谓负债业务(liability business),是指商业银行承担的尚未偿还的、能够以货币计量、必须以资产或劳务偿付的债务,代表着商业银行对其债务人承担的全部经济责任,是商业银行资产业务的重要资金来源。负债业务是商业银行资产业务和中间业务的基础,商业银行作为信用中介,负债是其最基本、最主要的业务。银行的资金来源主要包括自有资金、各项存款、借款业务。其中,存款和借款业务属于吸收的外来资金。

一、自有资本

商业银行的自有资本(equity capital)是银行拥有的永久归银行支配使用的资金,代表着对商业银行的所有权。由于商业银行是经营货币信用业务的金融企业,因而自有资本也就成为商业银行信贷资金来源的重要组成部分。任何商业银行在设立登记注册时,必须筹集拥有规定数额的最原始的资金,形成银行的自有资本,即资本金。

商业银行的自有资本主要包括以下部分:(1)股本。它是商业银行最原始的资金来源,是筹建银行时所发行股票面值的合计金额。股本的主要作用是:创办银行时购置房产、设备以及开办时的其他各种费用支出;作为重要的信贷资金来源之一,用于发放贷款;标志着银行的清偿能力和承担风险的能力,用于弥补银行的业务亏损和呆账损失。(2)资本盈余。它是银行发行股票时发行价超过其面值的部分。(3)未分配利润。它是商业银行在向股东支付股息和红利之后剩余的营业收益部分,仍属于股东所有。(4)公积金。它是商业银行按法定比例提留的那部分营业收益,是商业银行追加新资本的重要渠道。(5)风险准备金。它是商业银行为应付未来回购、防止意外损失而从收益中提留的资金。

一家银行需要多少资本,每种形式的资本在总量中占有多大的比重,是商业银行资本管理中的核心问题。从理论上讲,银行的资本实力应足够雄厚,以保护存款人和其他债权人的利益不受损失,激励公众信心和能够提供足够的贷款。但实际上,资本不是越多越好,因为根据风险与收益的比例关系,如果资本积累到超过需要,可能会引起股东权益不必要的降低。一般情况下,银行应在不违背法律的前提下,根据自己的经营环境,确定适度的资本需要量,即资本充足程度。所谓资本充足程度,是银行管理当局要求银行在一定资产规模条件下,能够保障正常营业和维持充分信誉而持有的资本数量的最低限度。

1998年,国际清算银行巴塞尔委员会正式通过了一个银行资本充足程度的国际标准,即《巴塞尔协议》,其目的是在国际银行界建立一套国际通用的、以风险资产加权平均计算的资本充足率标准,以促进国际银行业开展公平竞争。该协议将银行资本分为核心资本和附属资本,规定核心资本应达到总资本的50%,附属资本不应超过总资本的50%,同时规定了不同资产的风险权数,要求银行资本金与风险加权资产相比不低于8%,这是目前大多数国家正在实行的资本充足性标准。

二、存款业务

商业银行最重要的资金来源就是吸收的客户存款。存款业务(deposit)是商业银行对存款客户的一种负债,是负债业务的主要内容。客户向银行提供这种负债的多少和期限,在很大程度上取决于客户而非商业银行,从这个意义上说,商业银行吸收的存款是一种被动型负债业务。商业银行的存款种类繁多，一般按期限可分为活期存款、定期存款和储蓄存款。

(一)活期存款

活期存款(demand deposit)是指不规定存款期限、客户可以随存随取、银行有义务随时兑付的存款，它是商业银行传统的存款业务。这种存款主要用于交易和支付用途的款项，支付时需使用银行规定的支票，因而又有支票账户存款之称。活期存款能够满足存款人的存取方便、运用灵活的需要，也是客户从银行获得贷款和服务的重要条件。因此，公司、个人、政府机构、社会团体、非银行金融机构都在银行开立活期存款账户，商业银行彼此之间也可以开立这种账户。

商业银行经营活期存款流动性很大，存取频繁，手续繁杂，并且要为客户提供许多相应的服务，如存取、提现和转账等，银行需要付出大量的人力和物力，成本较高。虽然活期存款经营成本较高，与商业银行的经营原则相矛盾，但各国商业银行多十分重视这项业务，并且千方百计地扩大活期存款。这是因为活期存款是商业银行经营的重要的资金来源。银行通过吸收活期存款，取得了短期的资金来源，就可以用于短期贷款和投资，并获得收益，而且在存款客户存取的过程中，还会形成一个相对稳定的余额，这些余额则可以用于中长期的贷款和投资。另外，经营活期存款的业务量大，存取频繁，有利于密切银行与顾客之间的关系。

(二)定期存款

定期存款(time deposit)是存款客户与银行事先约定期限，并支付较高利息的存款形式，这种存款要求到期才能支付本金和利息。定期存款一般采用记名、存单方式存取。定期存款大多是脱离生产周转的资金，或是被指定用途，从利润中提存的，在近期暂不支用和作为价值储存的款项，具有稳定性的特点，银行可以将余额作为长期资金运用。

当客户未到期而要求提前支取时，银行制度规定不予提取。但为了争取客户、吸引存款，银行一般并不执行这一制度，实际做法是，要求客户提前一定时间通知银行，并填写“存单期前提取书”，银行扣除提前日期的利息，或无论存期长短，一律按活期存款利息计息。

定期存款单不能像支票一样流通转让，只是到期提取存款的凭证。但定期存款单可以作为客户抵押品取得银行贷款。定期存款带有投资性，从而为商业银行提供了稳定的资金来源，对商业银行长期贷款与投资具有重要意义。

(三)储蓄存款

储蓄存款(saving deposit)是主要针对个人积蓄货币和取得利息收入而开办的一种存款形式，可分为活期存款和定期存款。储蓄存款通常预先约定期限，期限越长，利率水平越高，是个人投资获利的重要手段，但它不具有流动性，即不能转让流通及贴现。定期储蓄存款如果提前支取，存户必须预先通知银行。

储蓄存款中的活期存款，存取没有期限规定，只凭存折便可提现。

定期储蓄存款分零存整取、整存整取、存本取息等几种形式。它是预先约定存款期限，期限越长，利息率越高，是个人投资取息的重要手段。定期存款如果提前支取，存户必须预先通知银行，如在美国，需提前 14 天通知。在我国须持有存户本人身份证或其他有效证件方可提前支取，并按活期存款利率计息。

关于存款，国内外存在较大的差异：外国的活期存款、定期存款和储蓄存款都是针对任何人、企业和团体的；而在中国，对公的有活期存款和定期存款，对私的只有储蓄存款，而储蓄存款又包括活期和定期。在国内的这种限制下，往往会出现私款公存和公款私存的现象。但从长期发展趋势来看，随着监管的严格和制度的完善，国内的这种情况将会逐步与国际惯例趋于一致。

三、其他负债业务

商业银行的其他负债业务(other liability business)主要包括向中央银行借款、同业借款、发行资本债券、国际金融市场借款等。

(一)向中央银行借款

中央银行作为银行的银行,负有向商业银行贷款的责任。中央银行作为最后贷款人,一般通过向商业银行发放贷款或办理再贴现业务,来解决商业银行资金融通的需要,这就是商业银行向中央银行借款(central bank loan)。

1. 再贴现

再贴现(rediscount)是指商业银行把自己办理贴现业务所买进的未到期票据,如商业票据、短期国库券等,再转卖给中央银行的行为,也称间接贷款。

2. 再贷款

再贷款(re-loan)是指商业银行用自己持有的合格票据、银行承兑汇票、政府公债等有价证券作为抵押品向中央银行取得抵押贷款的行为,也称直接贷款。各国中央银行对于再贷款都限制较多,一般只允许用于商业银行资金临时调剂的紧急需要,而不能用于扩大银行资产规模。

这两种办法同时也是中央银行执行货币政策、控制调节货币及信用量的重要手段。

(二)同业拆借

同业拆借(inter-bank offered credit)是指商业银行之间以及商业银行与其他金融机构之间的短期资金融通。商业银行向同业借款有以下几种形式:

1. 银行同业拆借

银行同业拆借是指商业银行及其他金融机构之间发生的短期借贷行为,是一项传统业务。银行借入资金主要是用于解决临时资金周转的需要,一般期限较短,有的只有1天或1夜,因此有时称为隔日或隔夜放款。同业拆借的利息,一般是按日计算的,利率与当时的市场利率挂钩,受资金供求影响而变化。参加拆借的银行主要是商业银行以及非银行金融机构。根据各国规定,还可以允许国外中央银行、保险公司、政府债券经纪人、储蓄机构、企业、国外金融机构等参加资金拆借市场。一般小银行是中央银行资金市场的主要供给者,大银行则为主要的需求者。

2. 抵押借款

同业拆借一般都是隔夜拆借,不需要抵押品。当商业银行资金紧张、周转发生困难、需要稍长时间的资金时,还可以通过抵押方式,向其他同业银行借入资金。作为抵押的资产,大部分是客户的抵押资产(包括动产和不动产),银行将其转抵押给其他银行。另外,银行也可以将所持有的票据、债券、股票等金融资产作为抵押品,向其他银行借入资金。

3. 转贴现借款

转贴现是指中央银行以外的投资人在二级市场上购进票据的行为。当银行资金紧张时,商业银行可将已经贴现但仍然未到期的票据交给其他商业银行或贴现机构,获得资金的融通,而二级市场的投资人在票据到期前还可以进一步转手买卖,继续转贴现。这种在银行及贴现机构之间的票据买卖就是转贴现或转贴现借款。

4. 回购协议

回购协议是指商业银行向同业出售证券时，签订到期购回这笔证券的协议，用这种方式融入短期资金。购回价高于出售价的差价，为这笔借款的利息。在这种融资形式下，金融证券实际上起到了担保作用。

(三)发行资本债券

发行资本债券(financial bond)是银行向债权人发行的承诺到期还本、付息的债务证券。通过发行资本债券，银行可以获得长期、稳定的资金来源，有利于改善商业银行的负债结构；并且发行资本债券的主动权掌握在银行手中，发行量的多少取决于银行的需要。由于资本债券的稳定性较强，具有一定的资本性质，因此，按《巴塞尔协议》规定，资本债券可计入附属资本内。

(四)国际金融市场借款

国际金融市场借款(international financial market financing)是指商业银行为弥补资金来源的不足在国际市场上的借款。在国际金融市场上，欧洲货币市场最具规模、影响巨大，它已远不是一个地区性国际金融市场，而是一个经营欧洲美元和欧洲一些境外货币交易的国际借贷市场。其特点是：交易量来源充裕、流动性强、借款手续简便、借款利率较高。

此外，商业银行在为其客户办理结算、汇兑等中间业务过程中，短期占用客户的资金，在银行同业间票据清算过程中占用同业的资金等，都构成银行的资金来源。

第三节 商业银行的资产业务

资产业务(asset business)是商业银行将通过负债业务所形成的货币资金加以运用的业务，使商业银行获得收益的主要途径。商业银行通过各种形式获得资金以后，目的在于使用这些资金，并从中获得盈利。商业银行资本越多，实力越雄厚，资产业务就越大。但是，商业银行不可能将其吸收的资金全部运用出去。它必须保留一定的存款准备金和库存现金，以备存款客户提取。由于商业银行资金来源的特殊性即以负债为主，其资金运用就要按照盈利性和流动性的原则，最有效地配置资产业务结构。因此，商业银行的资产业务主要有现金资产、票据业务、贷款业务和证券投资业务。

一、现金资产

现金资产(cash asset)是指银行持有的库存现金以及与现金等同的可随时用于支付的银行资产，是商业银行资产中最具流动性的部分。它是银行为应付客户的提取而形成的，基本上不给银行带来直接的收益。法律对其持有量也有严格规定。它主要包括库存现金、在中央银行的存款、同业存款和在途资金等。

(一)库存现金

库存现金是指银行金库中保留的现钞和硬币，主要是为了应付客户提款和银行本身日常开支。对银行来讲，库存现金要适度：太多会影响银行收益，增加银行费用；太少则不能应付客户提取现金的需求，影响银行信誉，甚至造成挤提存款，增加银行风险。

(二)在中央银行的存款

在中央银行的存款主要包括法定存款准备金和超额准备金。

商业银行按法律规定，必须按其吸收存款量的一定比例交存中央银行作为法定存款准备金。它的最初作用是增强商业银行应付客户提取现金的能力，保证存款人的利益和维护银行业的稳定，现在已转变为中央银行贯彻货币政策的一个重要工具。

超额准备金是商业银行的存款准备金总额减去法定存款准备金之后的余额。超额准备金的作用主要是:用于商业银行之间票据差额的清算;用于应付不可预料的现金提存;等待有利的贷款或投资机会。

(三)同业存款

同业存款是商业银行存放在代理行和相关银行的存款,主要用于同业之间结算收付及开展代理业务。存放在其他银行的资金,称为存放同业;其他银行存放在本行的资金,称为同业存款。

(四)在途资金

在途资金又称为托收中现金,是指在结算过程中,银行收到以其他银行为付款人的票据,已向票据交换所提出清算或已向其他银行提出收账,但尚未正式存放同业或存放在中央银行账户中的款项。这部分款项在收妥之前一般不能抵用,但收妥之后马上就成为存放在同业或存放在中央银行的存款,所以视同现金资产。

二、放款业务

放款(loan)又称贷款,是指银行将其所吸收的资金,按一定的利率贷放给客户,并约期归还的业务。放款是商业银行的主要资产业务,是银行运用资金,取得利润的主要途径,也是其维持同客户良好往来关系的重要因素。放款的规模和结构,对商业银行的安全性、流动性、盈利性,对银行的经营成果具有关键性的意义,因而放款是商业银行资产经营的重点。商业银行放款业务的种类很多,按不同的标准,可以划分为不同的种类。

(一)按照贷款的保证程度,可以分为担保贷款和信用贷款

1. 担保贷款又因担保形式的不同分为抵押贷款、质押贷款和保证贷款

(1)抵押贷款是借款人以不动产为担保债务的抵押品的贷款,如果借款人不履行债务,银行有权处理其用作保证的抵押品。

(2)质押贷款是以动产或权利(股票、债券等)作为债务担保的担保物品,并在担保期间内,交由债权人占有的担保贷款形式。

(3)保证贷款是以第三者作保证人的贷款形式,是指按规定的保证方以第三人承诺在借款人不能偿还贷款时,按约定承担一般保证责任或者连带责任而发放的贷款。

尽管抵押品或担保并不能确保放款如期偿还,但当借款人破产清算时,银行据此可成为优先债权人,比一般债权人享有优先受偿权。因此,担保贷款相对而言,银行的风险要小些。

2. 信用贷款

信用贷款是指完全根据借款人的信用,即借款人的品德和财务状况、预期未来收益及过去的偿债记录而发放的,无需任何抵押物或第三者保证的贷款形式。这种信用通常是向那些大公司、商业企业以及与银行关系密切的借款人提供的。

(二)按贷款用途,可以分为工商业贷款、不动产贷款、消费者贷款、投资贷款

(1)工商业贷款是发放给工商企业的贷款。它一直是商业银行的主要贷款业务,其适用对象十分广泛,从工商企业生产和流通中的短期资金需要、季节性流动资金需要,直至设备投资和建筑投资中的长期资金需要。商业银行往往还对一些工商企业借款大户提供贷款承诺、循环贷款等优惠条件。

(2)不动产贷款是对土地开发、住宅公寓、厂房建筑、大型设施购置等项目所提供的贷款。这类贷款收益高,但期限较长,一般为 5～20 年,最长可达 30 年,贷款利率在 20 世纪 70 年代

后也改为以浮动利率为主。不动产市场变化难以捉摸，存在着极大的风险。如果银行对不动产贷款比例过大，则会导致银行甚至整个金融业发生危机。日本在20世纪90年代发生的银行危机和泡沫经济，中国香港1982～1986年的银行风潮，都是因为房地产市场的不景气引发的。因此，各国在不动产贷款方面也制定了一些具体规定，以限制银行对不动产信用的过度扩张。商业银行也都尽可能将这类贷款控制在适当的比例内。

(3)消费者贷款是商业银行向达到法定年龄，可以承担法律责任的自然人提供的信用。消费者贷款是对以消费为目的的借款人发放的贷款，借款人是以个人或一个家庭为代表，其借款主要用于购买房屋、汽车、家用电器等耐用消费品，以及用于助学、装修、结婚、旅游等。消费者信贷通常用个人所购买的标的物，即房屋、汽车等做抵押或质押。

(4)投资贷款是一种向投资者提供的信用。投资者是指机构投资者和个人投资者。其中，机构投资者主要是指商人银行(投资银行)、证券公司、租赁公司等金融性公司。商人银行和证券公司用从商业银行取得的贷款，来承购包销政府债券或公司证券，或者为投资者购买证券提供临时信用，并用这些证券在市场上销售后的收入归还银行贷款；租赁公司从商业银行取得贷款后去购买飞机、轮船、汽车以及大型的生产设备，然后出租给承租人，并用收取的租金来归还贷款。个人投资者是指购买证券或投资于房产的个人，他们用所购买的证券或房产做抵押从商业银行获得贷款，并在证券或房产升值时卖出来归还贷款。

(三)按贷款的偿还方式，可以分为一次还清贷款和分期偿还贷款

(1)一次还清贷款，要求借款人于贷款的最后到期日偿还其全部本金，但贷款利息可以分期偿付或于还本时一次付清。

(2)分期偿还贷款的本息可以按月、按季、按半年或按年支付，以减轻借款人的负担，这种贷款一般适用于不动产贷款和消费贷款。

(四)按我国商业银行传统体制和传统习惯设置的贷款种类有流动资金贷款、固定资金贷款、外汇贷款

(1)流动资金贷款占银行贷款资产的绝大部分，其贷款对象主要是工商企业。具体的贷款形式有周转贷款、临时贷款、结算贷款、贴现贷款、农副产品收购订金贷款、科技开发贷款等。

(2)固定资金贷款是银行为满足企业单位进行固定资产再生产的资金需要而发放的，包括大修理贷款、更新改造贷款、基本建设贷款。

(3)外汇贷款是银行发放的以外币计价的贷款，主要用于支付一些企业单位引进国外先进设备、技术，进口国内短缺物资，发展出口生产和其他经济建设的事业。贷款形式有一般外汇贷款、特种外汇贷款、优惠利率外汇贷款、混合贷款、买方信贷、中外合资企业贷款等。

三、证券投资业务

证券投资业务(securities investment)是指商业银行以其资金在公开市场上购买有价证券或者投资于其他实物资本的活动。商业银行的证券投资是为了增加收入和增强资产的流动性，或为取得对企业的控股权而进行的资产业务活动。商业银行的投资业务与贷款业务虽然都属于资产业务，但两者之间存在很大的差别：(1)证券投资业务具有较强的流动性，可以随时出售证券变现，而用于贷款的资金，要求在贷款期满后才能收回；(2)证券价格受市场供求关系影响较大，银行很难控制，而贷款时银行有权决定贷款条件，如期限、利率、担保等；(3)投资存在很大的风险，银行为了保证证券投资的安全性，大多选择投资于政府债券或信誉良好的公司债券，而这些债券的利率一般比贷款利率要低，但是证券投资业务还有可能取得对企业的控股权,这是贷款业务所无法实现的;(4)商业银行贷款业务过程中可以创造派生存款,从而增加银行的准备,而投资不具备这项功能。

由于许多国家的银行法都禁止商业银行投资于股票,因此,商业银行的证券投资对象主要是各类债券,也可称债券投资业务,其目的主要是获取收益、降低风险和补充流动性。

证券投资作为商业银行重要的资金运用业务,近些年来,由于利率和汇率风险加剧,尤其是受到一些发展中国家债务危机的困扰,西方国家商业银行资产业务证券化趋势明显,银行的贷款比重下降,投资业务的重要性日益增强。我国银行业由于金融市场发育迟缓,银行进入金融市场的时间不长,资产结构单一,银行持有债券的金额占金融资产总额的比重虽有上升但实际比例仍很低。

四、贴现业务

贴现(discount)是指票据持有人在需要资金时,将其所持有的未到期的票据转让给银行,银行在扣除从贴现日起至票据到期日止的利息以后,将余额以现款付给客户,或转入其活期账户的业务。贴现时,银行向客户收取的利息称为贴息或折扣。贴息与票据面额之比为贴现率。未到期票据贴现付款额的计算公式是:

贴现付款额＝票据面额×(1－贴现率×未到期天数/360 天)

例如,设票据面额为 1 000 元,90 天后到期,年贴现率为 12%,银行贴现付款额为:

1 000×(1－12%×90/360)＝970(元)

能够进行贴现的票据有银行承兑汇票、商业承兑汇票、商业期票、银行本票和汇票。目前,商业银行贴现范围已经扩展到政府债券,包括公债和国库券。

第四节　商业银行的中间业务

中间业务(middleman business)是指不构成商业银行表内资产、表内负债,形成银行非利息收入的业务。也就是银行不运用或较少运用自己的资财,以中间人的身份代替客户办理收付和其他委托事项,提供各类金融服务并收取手续费的业务。中间业务是银行在办理资产负债业务的过程中衍生出来的。中间业务种类繁多,传统的中间业务包括汇兑结算、票据承兑、代理收付、代客理财、信托租赁以及国际业务中的信用证、代客买卖外汇等。

一、结算业务

结算业务(settlement)是指商业银行通过提供结算工具,如本票、汇票、支票等,为收付双方完成货币收付、划账行为的业务。结算业务是由商业银行存款业务派生出来的一种业务。客户为了利用银行办理结算和取得贷款的便利,会首先到银行开立活期存款账户;而商业银行为了吸收更多的存款,提高资金运用能力,就会尽可能地加强和完善结算等服务性金融业务,为客户提供优质、迅速的结算服务。

我国现行的信用支付工具和结算方式主要有银行汇票、商业汇票、银行本票、支票、汇兑、委托收款、托收承付等。

二、委托代理业务

委托代理业务(proxy)是指商业银行接受单位或个人的委托,以代理人的身份代表委托人办理一些经双方议定的经济事项的业务。在代理时，客户并没有转移财产的所有权，而且银行并不使用自己的资产，不为客户垫款，不参与收益的分配，也不承担损失，只收取代理手续费。商业银行为客户办理代理业务，不仅可以方便企业理顺经济关系、满足多方面的需要和促进经济发展，而且在市场经济条件下，又是商业银行新的效益增长点。

代理业务一般可以分为以下几种：

(1)代理收付款业务，是商业银行利用自身的结算便利，接受客户的委托，代为办理指定款项的收付业务，主要包括代理发放工资、代理收付款项、代理保险等业务。

(2)代理融通业务，是一种应收账款的综合管理业务，它是指由商业银行或专业代理公司接受他人的委托，以代理人的身份代为收取应收账款，并为委托者提供资金融通的一种中间业务。

(3)其他代理业务，是指商业银行可根据客户的要求和本行自身具备的条件，举办各种各样的代理业务。例如，代理政策性银行的业务，代理承销与兑付债券业务，代理清欠业务，代理保管业务，代客户安排旅游、婚礼、子女教育等业务。

此外，还有租赁业务、信托业务、代保管业务和信息咨询业务等。

三、银行卡业务

银行卡(bank card)是由银行发行、供客户办理存取款和转账支付的新型服务工具的总称。它包括信用卡、支票卡、记账卡、智能卡等。银行卡的出现是银行业务与飞速发展的科学技术相结合的产物，它使得银行业务有了一个崭新的面貌。

(一)信用卡

信用卡(credit card)是银行或公司签发的证明持有人信誉良好，可以在指定的商店或场所进行记账消费的一种信用凭证。银行信用卡是银行或银行信用卡公司为客户提供消费信用而发行的在指定地点支取现金、购买商品、支付劳务的信用凭证。它是一项银行为客户提供支付和信用手段的新型业务，在推动银行大众化服务过程中起着非常重要的作用。

随着社会经济的发展，银行信用卡的功能也在不断完善和发展，其主要功能有以下几种：

(1)消费贷款功能。持卡人在消费过程中的各种费用超过其信用卡存款账户余额时，在规定的限额范围内，发卡银行允许持卡人进行短期的透支。实质上这是发行信用卡的银行向顾客提供的一笔免息循环信用贷款，是信用卡最基本的功能。

(2)转账结算功能。在特约商户消费是信用卡最主要的功能。

(3)汇兑功能。当信用卡持有者外出旅游、购物或出差，需要在外地支取现时，可以持卡在当地的发卡银行的储蓄所办理存款手续，然后持卡在异地发卡银行的储蓄所取款。

(4)储蓄功能。持卡人可以在发行信用卡的银行所指定的储蓄所办理存款或支取现金，还可以在发卡银行所属的自动柜员机(简称 ATM)上凭卡存取现金。

信用卡是银行卡中数量最多的一种，它强大的功能，不仅方便了持卡人与特约用户的购销活动，还减少了社会现金流通量，节约了社会劳动。

(二)支票卡

支票卡(check card)又称支票保证卡，它是供客户签发支票时证明其身份的卡片，载明客户的账户、签名和有效期限。这种卡流行于欧洲，针对“欧洲支票”作证明之用，无授信功能。

(三)记账卡

记账卡(keeps account card)是一种可以与银行电子计算机总机相连的各种终端机上使用

的塑料卡。卡上的磁条中存储了持卡人的个人账户、密码、开户银行编码等信息，可在 ATM 或者 POS 机上直接使用。它不同于信用卡，无法透支。我国普遍发行的“借记卡”就属于这一类。

(四)智能卡

智能卡(intelligent card)的卡上带有微型集成电路处理器，具有自动计算、数据处理和存储功能，可以记忆客户每笔收支和存款余额。由于具有存储记忆功能，在没有与银行电子计算机联机的终端机的地方也可使用。

2019 年 4 月 22 日，中国银联发布了《中国银行卡产业发展报告(2019)》。报告显示，2018 年，银联网络转接交易金额占全球银行卡清算市场份额进一步提高，并继续保持全球第一。同时，银行卡发卡和受理规模进一步扩大，银联卡全球发行累计超过 75.9 亿张，银联卡全球受理网络已延伸到 174 个国家和地区，覆盖超过 5 370 万家商户和 286 万台 ATM，用卡增值服务不断丰富。

四、信用证业务

信用证业务(letter of credit)是由商业银行保证付款的业务，一般用于解决买卖双方互不信任的矛盾。信用证业务一般分为商品信用证和货币信用证两种。

(1)商品信用证是银行应买方要求，开给卖方的一种保证付款的凭证。在银行应买方的要求开出信用证时，信用证上开列买方购货所规定的条件，只要卖方按照所列条件发货，就有权凭信用证要求银行付款。这种业务在国际贸易中被广泛采用。

(2)货币信用证是银行收取客户的一定款项后，开给客户保证在异地银行兑取相应现款的一种凭证。旅行者常常使用这种特殊的汇兑。

商业银行办理信用证业务，不仅可以从中收取手续费收入，而且可以占用一部分客户资金。

五、信托业务

信托业务(trust)是银行受客户的委托，代为管理、营运、处理有关钱财的业务。这种业务按对象可以划分为对个人和对社团、企业两方面。对个人的信托业务包括：代管财产、办理遗产转让、保管有价证券和贵重物品、代办人寿保险等。对社团企业的信托业务包括：代办投资，代办公司企业的筹资事宜，代办合并或接管其他企业，代管雇员福利账户和退休养老金的发放，业务咨询，代理政府办理国库券、公债券的发行、推销以及还本付息等。

银行经营信托业务一般只收取有关的手续费，至于在营运中获得的收入则归委托人所有。商业银行承办信托业务，不仅可以把一部分信托资金流归自己使用，而且可以掌握大量企业股票，从而取得一些企业的控制权。

六、租赁业务

租赁业务 (leasing)是银行通过所属的专业机构将大型设备出租给企业使用的业务。这种业务一般是由银行所控制的分公司经营的。租赁的范围包括飞机、船只、车辆、钻井平台、电子计算机和各种机电设备。商业银行根据承租方的要求和选择，与供货方订立购买合同并支付货款，与承租方订立租赁合同，将购买的设备出租给承租方使用，租期一般为 3～5 年，也有长达 10 年的。在租赁期间，由承租方按合同规定，分期向出租方交付租金。租赁设备的所有权属于出租方，承租方在租赁期内对该设备享有使用权。租期结束后，承租人可以续租、议购或者终结租赁退回设备。

七、表外业务

表外业务是指那些不会引起资产负债表内业务发生变化，却可以为商业银行带来收入的业务活动。商业银行的表外业务不直接影响其资产负债表内的金额，但可能成为或有资产、或有负债。

表外业务有广义和狭义之分。狭义的表外业务是指那些不列入资产负债表，不涉及资产负债表内金额的变动，与资产项目和负债项目密切相关，在一定条件下会转为表内资产业务和负债业务的经营活动。广义的表外业务，除了包括狭义的表外业务，还包括商业银行从事的不需要列入资产负债表中的金融服务类表外业务。通常所说的表外业务是指狭义的表外业务。根据这一特点，从广义的角度来理解中间业务和从狭义的角度来理解表外业务，即认为中间业务是包括表外业务的，表外业务更多的是强调业务的风险特征。

八、其他新的中间业务

第二次世界大战后，商业银行开展了许多其他新的中间业务（other middleman business），如咨询和信息服务、代理融通、基金托管等。

（一）咨询和信息服务

咨询和信息服务是指商业银行以转让、出借信息和提供智力服务为主要内容的业务。由于商业银行业务活动涉及各个地区、各个行业、各个领域，与众多的企业和部门都建立了广泛的联系，有着全面且可靠的信息来源，因此商业银行可以凭借其信息优势为社会提供多种咨询服务，以满足各界需要，同时也可以通过咨询服务促进企业搞好经营、提高经济效益，促进市场经济的发展与机制的完善。

（二）代理融通

代理融通是指商业银行代客户收取应收账款并向客户提供资金融通的一种业务形式。这种业务是因为企业有扩大销售、收回贷款等需要而产生的。代理融通既有利于应收账款按时收回，又可以解决赊销企业资金周转不灵的困难，因此深受客户欢迎。而商业银行可以通过办理此类业务收取相关的手续费用和融资利息，增加利润来源。

（三）基金托管

基金托管是指商业银行接受基金管理人的委托，代表基金持有人的利益，保管基金资产，监督基金管理人日常投资运作，基金托管人独立开设基金资产账户，依据管理人的指令进行清算和交割，保管基金资产，在有关制度和基金契约规定的范围内对基金业务运作进行监督，并收取一定的托管费。

课堂讨论：商业银行的中间业务特别是表外业务是否会成为它主要的获利手段？

第五节　商业银行的存款创造

一、原始存款和派生存款的概念

所谓原始存款，是指银行吸收的现金存款或中央银行对商业银行贷款所形成的存款。原始存款能够增加商业银行的准备金。商业银行的准备金以两种具体形式存在:一是商业银行持有的应付日常业务需要的库存现金;二是商业银行在中央银行的存款。对于商业银行来说,活期存款是其负债业务的重要内容,也是从事贷款等资产业务活动的基础,是原始存款的主要来源。

所谓派生存款,是相对于原始存款而言的,它是以原始存款为基础,通过贷款、贴现或投资等资产活动,创造出来的超过原始存款的存款。派生存款是商业银行为社会提供的存款货币,是以非现金形式增加的社会货币供应量。派生存款是商品经济条件下银行信用活动必然产生的普遍现象。作为信用中介和支付中介的银行,在其调剂货币资金余缺和组织客户相互结算的基础上,也同时发展了创造信用货币即派生存款这一重要功能。但是,派生存款的产生,必须具备派生的基础,即有一定量的原始存款作保证。在一定时期内,如果存款派生的乘数相对稳定,银行可作为派生基础的原始存款数量越大,创造派生存款的能力也越大;反之亦然。

二、存款的创造原理与过程

商业银行与其他金融机构最大的区别在于:商业银行有权经营活期存款业务。因此,商业银行可以通过吸收活期存款及发放贷款等业务,创造多倍于原始存款的派生存款,并进而影响存款货币供应量。由此,商业银行成为创造存款货币即派生存款的主体。

活期存款账户中,大部分客户在存入一定现金后,并不一定立即将现金全部取出;而银行的贷款客户通常也并不会立即从银行提取全额现金,而只是要求贷款在账面上记入自己的存款账户。因为存款账户上的余额,既可以满足提现需要,又可以通过开出支票来履行支付;同时支票持有者往往也并不直接用支票提现,而是委托自己的开户行代收后记入自己的存款账户。这样银行每天都会产生大量的应收款、应付款,但它们之间大部分可以相互抵消,只有少量差额需要通过现金结清。

由此看来,银行只需要持有一定的现金,就可以满足客户提取现金的要求和结清支票结算过程中的应收、应付款的差额,而其余部分则可用于贷款与投资,这样新的存款就被派生出来了。下面我们通过举例来说明派生存款的形成过程。

为了简化起见,我们必须先做如下假设:

(1)银行客户将其一切收入均存入商业银行体系,且不支取现金或归还贷款;

(2)存款准备金由商业银行的库存现金及其在中央银行的存款组成;

(3)法定存款准备金率为20%;

(4)暂不考虑其他因素。

假如甲企业将10万元现金存入A商业银行,则A银行原始存款增加10万元,按照20%的比例留存法定存款准备金后,A银行将剩下的8万元全部贷给了乙企业。乙企业将其存入开户银行B银行,则B银行的原始存款增加8万元。若B银行同样按照20%计提法定存款准备金1.6万元后,将剩余的6.4万元贷给在C银行开户的丙企业,则C银行原始存款增加了6.4万元。这样,最初甲企业存入A银行的10万元存款,通过发放贷款,创造出B银行8万元和C银行的6.4万元的存款增加,并依次循环扩展下去而创造出数倍的派生存款。这就是商业银行的存款派生原理,即商业银行以原始存款为基础发放贷款,贷款又形成了新的存款。这里,甲企业在A银行的10万元存款称为原始存款,乙企业存入B银行的8万元和丙企业存入C银行的6.4万元存款都是派生存款。

我们可以通过简化的资产负债表T型账户来分析派生存款的创造过程。

假如客户甲将10万元现金交存A银行，那么，A银行存款准备金增加10万元，同时，在客户甲的存款账户上增记10万元。按规定，A银行从中提取现金准备2万元，其余8万元均可用于贷款以获取收益。这时，A银行的资产负债如表5—1所示。

表5—1　　**A银行的资产负债表**　　单位：元

资　产		负　债	
存款准备	20 000	存款	100 000
贷款	80 000		

当A银行将8万元贷给客户乙时，客户乙可以选择将贷款回存到A银行，或者将钱存入另一家银行B银行，但无论怎样，这8万元都依旧在商业银行体系内运动。如果存入B银行，则B银行的存款准备增加8万元，同时，增记客户乙存款8万元。同样，B银行按20%提取16 000元的现金准备，其余64 000元用来发放贷款。B银行的资产负债如表5—2所示。

表5—2　　**B银行的资产负债表**　　单位：元

资　产		负　债	
存款准备	16 000	存款	80 000
贷款	64 000		

B银行又将6.4万元贷给客户丙，而客户丙则可能将它存入C银行，那么C银行在按20%提取12 800元准备金后，其余51 200元就又会被贷放出去。C银行的资产负债如表5—3所示。

表5—3　　**C银行的资产负债表**　　单位：元

资　产		负　债	
存款准备	12 800	存款	64 000
贷款	51 200		

以此类推，银行与客户之间不断地贷款、存款，就会产生如表5—4所示的结果。

表5—4　　**商业银行派生存款的创造过程**　　单位：元

银行名称	支票账户存款额	银行发放贷款额	银行准备金额
A银行	100 000.00	80 000.00	20 000.00
B银行	80 000.00	64 000.00	16 000.00
C银行	64 000.00	51 200.00	12 800.00
D银行	51 200.00	40 960.00	10 240.00
E银行	40 960.00	32 768.00	8 192.00
F银行	32 768.00	26 214.40	6 553.60
G银行	26 214.40	20 971.52	5 242.88
H银行	20 971.52	16 777.22	4 194.30

续表

银行名称	支票账户存款额	银行发放贷款额	银行准备金额
I银行	16 777.22	13 421.78	3 355.44
J银行 ……	13 421.78 ……	10 737.42 ……	2 684.36 ……
10家银行合计	446 312.92	357 050.34	89 262.58
其他银行合计	53 687.08	42 949.66	10 737.42
整个银行系统合计	500 000.00	400 000.00	100 000.00

由表5—4可知，在部分存款准备金制度下，最初10万元的原始存款，通过商业银行发放贷款，便可创造出40万元的派生存款，整个银行系统存款总额则变为50万元。这一过程可以用公式表示为：

$$D=\frac{A}{r_d}$$

式中，D 为经过派生的存款总额；r_d 为法定存款准备金率。

如把上例代入公式，得：

存款总额 $D=\frac{A}{r_d}=\frac{100\ 000}{20\%}=500\ 000$（元）

派生存款 $=D-A=500\ 000-100\ 000=400\ 000$（元）

我们通常把存款总额相对于原始存款的扩张倍数称为商业银行存款派生倍数，又称存款货币乘数。若以 K 表示存款货币乘数，依据上式则有：

$$K=\frac{D}{A}=\frac{1}{r_d}$$

由此可见，存款货币乘数正好是法定存款准备率 r_d 的倒数。法定存款准备金率越高，商业银行创造存款货币的能力越弱；法定存款准备率越低，商业银行创造存款货币的能力越强。

三、派生系数的修正

商业银行的存款派生能力取决于原始存款和派生倍数。但实际生活中，派生倍数并不只受法定存款准备金率一个因素的影响，它的大小还受到以下因素的制约：

(一)现金漏损率(c)

现实中，客户多少会从银行提取一些现金，从而使得一部分现金流出银行系统，形成所谓的“现金漏损”。现金漏损与存款总额之比称为现金漏损率或提现率。由于现金外流，银行存款用于发放贷款的资金就会减少，因而商业银行活期存款派生能力也会降低。现金漏损率对派生存款扩张倍数的限制与存款准备率一样，即现金漏损率越高，派生存款就越少。二者的区别是，存款准备率是中央银行根据客观需要制定和调整的，带有一定的主观因素，而现金漏损是在经济生活中必然发生的。派生系数可以修正为：

$$K=\frac{1}{r_d+c}$$

(二)超额准备率(e)

在银行的实际经营活动中，为了应付存款的变现和机动放款的需要，银行往往持有多于法定准备金的准备金，也就是我们所谓的超额准备金。超额准备金和法定准备金一样，也会降低银行创造派生存款的能力。超额准备金与存款总额之比，称为超额准备率。派生系数可以修正为：

$$K=\frac{1}{r_d+c+e}$$

（三）定期存款准备金

企业等经济行为主体在持有活期存款的同时，也会持有一定金额的定期存款。银行对定期存款也要按一定比率提留准备金。对于定期存款的法定准备率（r_t），往往不同于活期存款的法定准备率（r_d），而且定期存款（D_t）同活期存款总额（D）之间也会保持一定的比率关系，即 $t=D_t/D$。定期存款中按 r_t 所提取的准备金是不能用于创造派生存款的。我们可以将这部分对活期存款货币乘数 K 的影响视同为法定准备率的进一步提高，它的大小对派生存款的扩张倍数同样起到制约作用。综合以上各因素对活期存款派生倍数的影响，派生倍数可以修正为：

$$K=\frac{1}{r_d+c+e+r_t\cdot t}$$

以上我们只是就银行创造派生存款过程中的基本可测量因素对存款派生倍数的影响所做的分析。就实际情况来说，派生存款的扩张究竟能达到多少倍，还得依整个国民经济情况和所处的经济发展阶段而定。比如，人们的支付方式出现变化，减少现金支付而更多地使用支票、信用卡、手机支付等，现金漏损率 c 就会减小。当经济发展处于不同的景气状态，以及利率水平发生变动时，银行会调整所保留的超额准备金数额，从而 e 值会改变。这些都会影响 K 值的大小。此外，客户对贷款的需求也要受经济发展的制约，并非任何时候银行都有机会将可能贷出的款项全部贷出，因为银行能否发放贷款，能贷出多少，不仅取决于银行行为，还要看企业是否有贷款需求。在经济停滞和预期利润率下降的情况下，即使银行愿意多贷，企业也可能不要求贷款，从而理论上的派生规模并不一定能够实现。

第六节　商业银行资产负债管理

一、资产负债管理理论简介

商业银行的资产负债管理从其发展历程来看，经历了资产管理理论、负债管理理论和资产负债管理理论三个阶段。

（一）资产管理理论

资产管理理论是以商业银行资产的流动性为重点的传统管理方法。在商业银行产生后的相当长的时期内，银行及非银行金融机构还未形成体系，金融市场也不发达，银行资金来源渠道比较单一，大多数是吸收存户的活期存款，加之通货膨胀没有成为普遍的经济现象，银行资金来源的数量比较稳定和充足。因此，商业银行经营管理的重点放在资产方面，由此产生了资产管理理论。

资产管理理论的基本思想是：负债是资产的既成前提，资产规模受负债规模的制约。负债取决于客户是否愿意来存款，银行处于被动地位。银行只能对资产主动加以管理，努力实现资产结构的优化调整，注重资产期限和负债期限的协调，保持资产的流动性和分层次的准备金，加强银行资本的充足性，来实现银行经营管理目标。

商业银行资产管理理论的发展经历了三个阶段：

1. 商业贷款理论

商业贷款理论又称真实票据论。早期的银行家认为，银行要保持其流动性，商业银行只应对货物在生产的各个阶段给予资金融通。也就是商业银行只能发放流动资金贷款，不能发放购买债券、不动产、消费品或长期的农业贷款。原因是这一类贷款最安全，有自偿性的商业票据作担保，一旦企业有问题，银行可据以收回贷款。

2. 可转让性理论

可转让性是指资产能否在二级市场转换为现金。该理论是在第一次世界大战后发展起来的。该理论认为，银行能否保持其资产的流动性，关键在于它持有的资产能否随时在市场上变现，只要其持有的各种证券能够在市场上变现，银行资产就有较大的流动性。银行持有的证券应具备以下条件：一是信誉高；二是期限短；三是易于出售。这一理论的采用，扩大了商业银行的业务范围，即除了短期放款外，还可以买卖短期的证券，既增加了收益，又不影响银行的流动性。

3. 预期收入理论

在前两种理论的基础上，第二次世界大战后又发展起来了预期收入理论。该理论认为，无论是短期的商业贷款，还是可转让的资产，其贷款的偿还都是以未来的收入作为偿还来源的。因此，如果一项投资的将来收入能够得到保证，则银行即使发放长期的贷款，其流动性因为收入的可预期而仍可维持。这一理论强调的是银行贷款的偿还与借款人未来收入的关系，前两种理论强调的是贷款的偿还与担保品的关系。基于这一理论，银行只有在贷款预期可回收的前提下，才发放中长期设备贷款、住宅抵押贷款、消费贷款、设备租赁贷款等。

（二）负债管理理论

20 世纪 60 年代以前，资产管理理论支配着商业银行的经营管理，负债规模被认为是由外生力量决定的，因此银行的主要任务就是把既定的资金来源，分配到最理想的资产组合中去。但是，随着商品经济的发展，特别是第二次世界大战以后，金融体系迅速发展，各种非银行金融机构茁壮成长，证券市场迅速成熟，商业银行的资金来源受到越来越多的竞争威胁。尤其是 20 世纪 60 年代，通货膨胀率也开始上升，成为困扰各国经济的难题。社会对贷款资金需求强烈，而商业银行普遍受到政府利率管制，面临资金来源不足的窘境。在这种情况下，1961 年美国花旗银行率先发行了可转让大额定期存单，取得了显著效果，存款迅速回升；同时，一些非存款的负债渠道，如银行间同业拆借市场和欧洲货币市场的迅速发展，为银行自由借款创造了条件。在这种背景下，负债管理理论应运而生。

负债管理理论将流动性管理重点放在负债业务上，认为银行没有必要完全依赖资产业务来保持流动性，即在需要流动性的时候，银行不仅可以通过出售资产来实现，还可以通过组织存款和借入资金来提供流动性，满足存款的提取和增加放款的需要。只要银行资金有来源就不必保持大量流动性的资产，可以将其投入到高盈利的贷款和投资中，在保持流动性的同时又保持了盈利性。这样通过调整负债结构，甚至可以达到调整资产结构达不到的目的。

负债管理理论的核心思想是：负债不是既定的，而是可以由银行加以扩张的，资金来源可以随资产运用的需要而随时进行调整，让负债去响应或支持资产。只要资产收益大于负债成本，就应该进行主动性的负债，以获取利差收入。因此，银行应从侧重于资产管理转向侧重于负债管理，至少两者并重。

负债管理一反传统的稳健保守的作风，强调主动进取、不断创新，被称为商业银行经营管理理论的“一场革命”。在负债管理理论的支配下，各国商业银行致力于开拓各种负债渠道，主要有发行可转让大额定期存单、发行各种金融债券、同业拆借、向国际市场借款、向中央银行贴现借款、通过证券回购协议向大企业借款等。此外，在法规允许的范围内，积极进行金融创新，尝试新的负债业务。负债管理业务极大地提高厂商、商业银行对资金需求问题上的灵活性，与此同时，资金来源的灵活性又使得银行可以将更大比例的资产投放到收益较高的资产上去。因此，在负债管理理论盛行的一二十年间，商业银行的活力大大增强，经营规模扩大。

但是，负债管理理论也存在明显缺陷：(1)商业银行主动组织负债，靠借款增加资产，往往需要支付高于一般存款的利息，提高了负债成本或融资成本，也增大了商业银行的经营风险；(2)银行过分依赖借款来满足流动性需要，就可能使短期借入、长期贷出的现象更加严重，加大资产和负债的不对称性，从而使银行陷入资金周转不灵；(3)负债管理往往使银行忽视自身资本的补充，不利于银行的稳健经营。

(三)资产负债管理理论

20世纪70年代后期，由于市场利率大幅度上扬，靠负债保持流动性的成本上升，风险加大，加之西方国家某些金融管理法规则调整，使负债管理的必要性下降。如1980年美国国会通过《放松对存款机构的管制及货币控制的法令》，承诺在1986年以前废除利率上限，1981年已允许全国范围内的银行对活期存款支付利息等。存款管制的放松，使银行存款利率上升，银行资金成本提高，使得负债管理的局限性和缺陷日益显露，要求商业银行合理安排资产结构，保证高额盈利。于是，一种将资产和负债管理理论在更高层次上进行综合，并从整体考虑银行经营管理的理论，即资产负债(综合)管理理论形成。

资产负债管理的基本思想是从资产和负债两方面综合考虑，对照分析，根据银行经营环境的变化，协调各种不同的资产和负债在利率、期限、风险和流动性等方面的搭配，做出最优化的资产负债组合，以满足盈利性、安全性和流动性的要求。其优点表现在以下方面：

1. 解决了流动性问题

解决流动性问题的方法是从资产与负债两方面去预测流动性的需求，同时又从这两方面去寻找满足流动性需求的途径。流动性资产同流动性负债之间的缺口、贷款增长额同存款增长额之间的差距，是分析把握流动性的关键。资产负债管理要求对银行的日常流动性头寸进行监控，必须保持随时调节头寸、安排头寸的能力。

2. 解决了利差问题

这是资产负债管理要达到的最终目标。在各种业务中保持适度、稳定的利差，是银行经营中的难题。在利差管理问题上，资产负债管理理论首先强调的是期限的搭配，如果资产负债的到期日是对应的，则利差唾手可得，如果到期日不对应，则银行必须准确地预测利率的变化，并适时地利用变化中的利率借入资金或投出资金；其次要注意利率结构的搭配，使一定的长期利率和短期利率、固定利率和浮动利率的组合，能够对市场变化做出有利于保持或扩大利差的反应；再次是加强对违约风险的协调，除了对贷款维持足够的风险水平做出安排外，对负债的长期性沉淀成分也要做出估计。

3. 解决了敏感性问题

作为资产负债管理的主要策略，其中最重要的部分是利率敏感性问题。对资产和负债双方敏感性搭配的安排，首先是量的安排，量的差异即缺口是正是负、是大是小，是敏感性管理的主题。除此以外，还要注意敏感性的时段和时效问题，敏感性资产和负债调整的主动性和被动性问题，以及不同资产和负债敏感性强度问题。广义的敏感性，还包括资产和负债数量的敏感性、违约风险的敏感性、证券转让的交易敏感性、融资契约的期限敏感性等。

4. 解决了期货套做问题

这是资产负债管理中避免利率风险的最后手段，也是大银行日益频繁使用的一种手段。如果银行的敏感性资产和负债不对应，则可以利用期货套利来转移风险避免损失。其做法是，银行同时在现货市场和期货市场各做一笔金额相同而交易方向相反的交易。对于期货合同，可以是空头套期的卖出期货，也可以是多头套期的买进期货，期货套做要求准确预测利率变动趋势，如果预测不准确，原有利率风险只能在一定程度上得到减弱，而不能消除。

二、资产负债管理的内容

(一)资产管理

资产管理是指与持有的有价证券和未清偿贷款构成相关的有价证券管理和贷款管理。如何协调盈利性和流动性之间的关系是银行资产管理的核心问题。资产管理包括准备金管理、贷款管理和证券投资管理。

1. 准备金管理

准备金管理，按准备金性质划分有存款准备金管理、资本准备金管理和贷款准备金管理等。

存款准备金管理是商业银行对吸收的存款按法定比例缴存中央银行准备金的管理。中央对缴存的法定存款准备金不支付利息。

资本准备金管理是商业银行对从税后利润中提取的准备金进行管理。

贷款准备金管理，即呆账准备金管理，是商业银行对从税前利润中提取的准备金进行管理。

2. 贷款管理

贷款是商业银行资产管理的重点，包括贷款风险管理、贷款长短期结构管理、信用贷款和抵押贷款比例管理等。

贷款风险管理是商业银行为减少贷款损失，要求对单个客户的贷款不超过银行贷款总额或银行自有资本的一定比例，以达到分散风险的目的。

贷款长短期结构管理，要求长期贷款不得超过贷款总额的一定比例。

信用贷款和抵押贷款比例管理是为了限制信用贷款占全部贷款的比例。

3. 证券投资管理

证券投资管理是商业银行对证券买卖活动的管理，其内容主要包括以下方面：

(1)证券投资应面向不同种类的证券，实现证券最佳组合。一般应优先购买风险性小、收益率高、流动性大的证券，如金边债券。

(2)证券投资应保持适当的比例，实现资产的最优组合。一般规定购买的证券总额不得超过资本总额的一定比例。

(二)负债管理

负债管理的基本内容是充分挖掘银行资产负债表上负债项目的潜力，扩大资金的来源，满足保持流动性的各项需要。一是要增加银行的服务项目，向顾客提供广泛而多样化的服务；二是要增强银行的实力，提高管理水平，增强银行摆脱困境和抵御风险的能力；三是采取有利的经营策略；四是改进服务，提高工作效率和服务质量，以吸引公众与银行建立往来关系。负债管理包括资本管理、存款管理和借入款管理。

1. 资本管理

《巴塞尔协议》规定,到1992年底,所有签约国从事国际业务的银行其资本与风险加权资产的比率应达到8%,其中核心资本至少为4%。

2. 存款管理

存款管理是商业银行负债管理的重点,包括对吸收存款方式的管理、存款利率管理和存款保险管理。

对吸收存款方式的管理主要包括不得以抽彩给奖的方式吸收存款,不得使用欺骗引诱手段吸收存款等。

存款利率管理的典型内容有严格的利率管制、浮动利率管理和利率自由政策等。

存款保险管理是指一般商业银行必须参加存款保险,以便在发生意外事故破产的时候,能够及时清偿债务,以维护存款人的利益。

3. 借入款管理

借入款管理主要包括向中央银行借款管理、同业借款管理和发行金融债券管理。总的管理内容有:严格控制借入款的使用,分散借入款的偿还期和偿还金额,借入款应控制适当的规模和比例等。

(三)资产负债综合管理

资产负债综合管理是指将资产负债各科目之间按照“对称原则”进行安排和管理,使安全性、流动性和盈利性之间达到平衡协调。它主要包括缺口管理法的资产负债比例管理法。所谓缺口管理法,是指根据期限或利率等指标将资产和负债分成不同的类型,然后对同类型的资产与负债之间的差额,即“缺口”进行分析和管理。常用的有利率敏感性缺口、流动性缺口等。以利率敏感性缺口为例,利率敏感性缺口指的是浮动利率资产与浮动利率负债之间的差额。

根据资产负债管理理论,商业银行必须预测利率的变化趋势,积极调整利率敏感性不同的资产负债的搭配,从而增加将来的收益。此外,还可以运用金融期货、期权、利率互换等保值工具,作为缺口管理法的补充。

三、资产负债比例管理

资产负债比例管理是通过一系列资产负债比例指标,对商业银行的资产和负债进行监控和管理。这种方法是在20世纪70年代产生和发展起来的,我国银行在借鉴西方商业银行管理经验的基础上,也于20世纪80年代末由试点逐步开始全面推广,并于1994年由中国人民银行颁布了《信贷资金管理暂行办法》,决定从当年开始对商业银行实行资产负债比例管理,同时还颁布了《商业银行资产负债比例管理暂行监控指标》,确定了资本充足率、存贷款比例、中长期贷款比例、资产流动性比例、单个贷款比例、拆借资金比例、对股东贷款比例、贷款质量、备付金比例9个监控指标。

(1)资本充足率指标。要求商业银行资本总额与加权风险资产总额的比例不得低于8%,其中核心资本不得低于4%,附属资本不得超过核心资本的100%。

(2)存贷款比例指标。要求各项贷款与各项存款之比不得超过75%。

(3)中长期贷款比例指标。要求1年期以上(含1年期)的中长期贷款与1年期以上存款之比不得超过120%。

(4)流动性比例指标。要求流动性资产与各项流动性负债的比例不得低于25%。

(5)单个贷款比例指标。对同一借款客户的贷款余额与银行资本总额的比例不得超过15%;对最大10家客户发放的贷款总额不得超过银行资本总额的50%。

(6)拆借资金比例指标。拆入资金余额与各项存款余额之比不得超过4%;拆出资金余额与各项存款(扣除存款准备金、备付金、联行占款)余额之比不得超过8%。

(7)对股东贷款比例指标。向股东提供贷款余额不得超过该股东已缴纳股金的100%;贷款条件不得优于其他客户的同类贷款。

(8)贷款质量指标。逾期贷款余额与各项贷款余额之比不得超过8%,呆滞贷款(超过还款期限2年之内的)不得超过5%,呆账贷款不得超过2%。

(9)备付金比例指标。在人民银行备付金存款和库存现金与各项存款之比不得低于5%~7%,具体比例由人民银行根据各行情况核定。

上述各项指标,除了第3、第6、第8项指标是针对我国银行业实际情况而制定的以外,其他均是国际银行业所通行的监管规定。具体指标可能因国家不同而有所差异。

本章案例

案例一　花旗银行全球经营战略案例

美国花旗银行(Citibank)距今已有190年历史,可谓是华尔街上最古老的商业银行之一,在成立之初,它的注册资本为200万美元,实收资本仅80万美元;然而,如今已发展成为世界上最大的全能金融集团之一——花旗集团(Citigroup)。2000年,花旗集团资产规模已达9 022亿美元,一级资本545亿美元,被2001年《银行家》杂志列为2001年全球1 000家大银行的第一位。2001年4月,美国《福布斯》杂志公布了全美500强企业,花旗集团取代通用公司,登上了2000年全美500强榜首。2001年7月30日出版的美国《商业周刊》首次推出了全球最有价值的100个品牌排行榜,花旗银行被列为金融行业第一位。

综观花旗银行的发展历程,其超前的全球化营销战略是花旗领先于其他银行的一个重要因素,花旗在世界各地广设分支机构,建立起了庞大的金融营销网络,这一网络被认为是花旗在国际金融界拥有的真正具有竞争力的优势所在。

花旗银行海外银行业务的出现最早可以追溯到1897年。20世纪60年代以来,花旗的海外贷款、存款和利润增长率指标等均超过其国内业务。经过里斯顿(Wriston)对花旗的"体制再造"改革后,到1984年花旗银行的海外分行已增加到231家。1983年,花旗银行在历经30多年之后第三次回到中国,其北京、上海的代表处和深圳分行相继开业。

花旗银行市场战略的另一个特点是,即使所在国家出现了经济衰退甚至是经济危机,也绝不轻易撤出,而是从危机中努力寻找商机。例如,在发生金融危机的印度尼西亚,当许多外资银行纷纷撤离的时候,花旗银行却反其道而行之,追加投资开设新的分支机构,结果自身不但未受损失,并且业务量和利润都有了大幅的提高,同时还赢得了当地政府和民众的信任。

花旗银行在亚太地区的海外发展因受各国各地区政府的政策限制和当地经济发展及开放度的差异影响而有较大不同。传统上多数国家都对金融市场进入进行限制,还有的国家则对进入市场后的实际经营活动进行限制。尽管如此,花旗的决策者们似乎从未放弃过在这一地区进行业务扩张的努力,其主要策略之一是市场抢先战略,即一旦有机会,就会抢在其他竞争者之前首先进入该市场,并迅速进行业务扩张。例如,在韩国、马来西亚、越南等国花旗银行都是抢先进入者。抢先战略通过积极分设经营机构、不断扩展业务领域等手段,不仅能够迅速占领市场、扩大企业影响,同时还能对后进入竞争者制造进入障碍,从而确保竞争优势。

花旗银行的市场开发战略还针对不同国家发展阶段的不同而有所区别。如对越南这样的不发达市场地区，主要业务方向是为美国跨国公司和当地企业提供现金管理、短期融资和外汇交易服务（在越南，每一家企业都必须在两个不同的银行分别设立本币账户和美元账户）。对于印度等国家，则还开办银团贷款、项目融资以及债券和零售业务。而在经济发展迅速的国家如马来西亚、新加坡，则提供更为复杂的证券业务、金融衍生品等项目的服务。至于像日本这样的处于成熟阶段的国家，花旗银行提供的服务就更全面了，金融、信托、证券、租赁、期货等业务几乎无所不有。

花旗银行在其稳健和安全经营的基础上，作为市场拓展的微观组成部分，还精心制定其客户发展战略，并且取得了显著成效。例如，长期以来，由于日本的主银行体制和银企相互持股政策，使得日本企业非常忠实于本国银行，大多数外国银行在日本的经营都比较困难，然而花旗银行却成功地在日本市场上占有了一席之地。特别是近年来，一些日本银行因不良资产增加出现经营亏损甚至倒闭，使得更多的客户基于安全考虑纷纷投向了可信度高、安全性强的花旗银行的怀抱。

花旗的客户战略首先是对客户群进行细分，在公司业务方面，采取特别服务的市场体制，专门设立全球关联银行(globe relationship banking)业务部门，为全球跨国公司及其子公司提供各种商务结算服务。如在其选定的享受特别服务的220家大公司中，有三分之一的企业来自亚太地区的日、韩等国。在零售业务方面，花旗银行把目标瞄准了亚洲新兴的中产阶级，认为随着他们财富的增加，他们对个人金融服务的需求也在增加。例如，在中国台湾，花旗把具有较高收入的中层管理人员作为自己的特殊顾客，为他们提供支票账户、周转卡、晚餐卡以及特别服务花旗金卡等一揽子金融服务。

此外，花旗银行还采取客户服务差别化战略，依据客户收入、消费习惯的不同，提供各种不同的服务组合。同时，还积极发展多品种交易客户，不仅为其提供存贷款、信用卡、消费贷款服务，还提供投资信托、年金以及保险类金融商品的综合服务。

为了争取更多的客户，花旗的营销手段层出不穷，除了积极利用广告媒体和各种宣传资料外，还注重市场调查和信息的搜集工作。例如，在印度，花旗的工作人员通过查阅电话号簿把信用卡发放给那些安装电话的人，因为除了个别例外，只有富裕人士才能装得起电话。而在印度尼西亚，花旗的目标则是那些拥有卫星电视接收器的家庭。成功的营销策略使花旗的信用卡业务在亚太地区赢得了广泛的客户群。花旗另一个获取客户的办法是战略性公司收购。例如，20世纪80年代末花旗通过收购澳大利亚信用卡服务公司，从而一举获得了40万名新客户。

案例二 美国大通银行的市场细分

美国大通银行已经成功地将它的消费金融服务业务瞄准了中间商，而不是终端用户。它在买车融资和学校贷款业务上名列全美第一。

它是否应该将这种业务营销模式继续对其他领域的中间商进行推广呢？例如，提供抵押贷款业务，或者它应该投资来发展目前排名第五的个人信用卡业务呢？一个企业能否同时在业务市场和消费市场营销上都有出色的表现呢？

美国大通银行曼哈顿公司通过非分支机构的方式经营着75%的消费服务业务，而像美国国家银行和芝加哥第一银行等竞争对手却在通过建立广泛的分支机构的方法来形成自己的网络。美国大通银行采取的是一种比较巧妙且有利可图的战略。

当以分行业务为主的大银行仍然将消费者服务当作一种终端用户业务坐等客户上门时，美国大通银行却看到了一种完全不同的景象。通常，有两种本质不同的消费服务业务：一类是终端用户业务，另一类是中间商业务。当遇到个人借贷和个人信用卡方面的需求时，终端用户会采取主动，这时银行分支机构才会有业务。与个人融资业务相对应地，产品和服务的融资业务，即消费融资业务又是另外一回事，在这一块，提供产品和服务的中间商往往对这一类融资业务采取主动。

几年前，学生及家长们去各分行申请入学贷款，住房购买者到处寻找抵押贷款，买车的人士经常将各种相关的融资业务进行比较。由于计算机的普及，使得对中间商的融资业务变得更加容易。融资已经成为核心产品和核心销售过程中的一个部分。那些能迅速为中间商提供技术服务和融资服务的金融产品提供者将赢得这一块市场，并且能成为整个销售环节中不可缺少的一个部分。

汽车中间商推动了汽车金融家的出现。

美国大通银行通过其最新的电脑系统已经成功地赢得了7 000多个汽车中间商，该系统可以在3分钟内核准顾客的贷款业务。学院和大学的财务主管会向需要贷款的人士提出建议，如同房地产经纪人为其客户寻找抵押贷款一样。美国大通银行成长的一个关键因素是集中精力开发那些提供产品和服务的中间商，而将个人融资业务留给那些成本较高的分支机构去做。

今天，美国大通银行是学生贷款、汽车贷款的第一大供应商，是第三大抵押服务的创始人和服务商。它正不断地加大技术投入来保持并提升目前的地位，同时正寻找其他可以为中间商提供服务的新领域。它是一家B2B式的面向消费产品及服务中间商的融资业务供应商，这是一种很好的业务定义。

现在的问题是美国大通银行如何配合它在全美的信用卡业务？目前，它的这方面业务排名是第五位；在纽约州和得克萨斯州有高成本的区域分支机构。对信用卡而言，美国大通银行是应当继续投入大笔的资金来进行每年约3亿份的邮寄和1.4亿次的电话销售呢？还是应当通过加大技术投入和中间商网络建设来加强与需要提供消费融资的信用卡卖主、汽车中间商、学校、房地产经纪人、其他的零售商以及急需消费融资的厂商建立更加紧密的融资供应关系呢？

美国大通银行加大了对高技术和获取业务利润的投入，而让中间商去开展终端营销。

在前面，我们已经描述了消费融资和个人融资的区别，美国大通银行最好能坚持扮演向消费产品及服务生产商和供应商提供融资服务的角色。作为在纽约和得克萨斯州具有600个分支机构的大企业，美国大通银行被个人融资服务市场所吸引，并且投入了大量的资金进行品牌和业务的传播。但是，今天选择哈佛的学生不再关心入学贷款从何而来，而是直接由哈佛校方负责安排。关心融资来源的是哈佛校方，而不是哈佛的学生。对美国大通银行来说，比较明智的做法是将技术和盈利点集中于哈佛和其他一些中间商身上，它应当努力向消费产品及服务的生产商或中间商进行品牌推广。在这一方面，美国大通银行有其技术优势。

当美国国家银行的思路从"广泛建立分支机构"向"技术立业"的方向转化时，它将会发现，像美国大通银行这样拥有良好的中间商价值的融资供应商已经牢牢地掌握了一些消费产品及服务中间商，新进入者将难以与美国大通银行这些对手竞争。

本章小结

1. 商业银行是一国金融机构体系的主体，在信用活动中起主导作用，其业务活动极大地影响着国民经济的运行。早期的商业银行由货币经营业发展而来，现代商业银行则产生于资本主义扩大再生产的需要，它是经营货币的特殊企业，并随着社会发展而发展。

2. 商业银行的职能主要有信用中介、支付中介、信用创造、金融服务和调节经济。

3. 商业银行的组织形式可以分为单一银行制、分支行制、银行持股公司制和连锁银行制。

4. 商业银行的业务经营原则为安全性、流动性和盈利性。

5. 商业银行的负债业务主要有自有资本、存款业务和其他负债业务。商业银行的资产业务主要有现金资产、放款业务、证券投资业务和贴现业务。商业银行的中间业务主要有结算业务、委托代理业务、银行卡业务、信用证业务、信托业务、租赁业务、表外业务和其他新的中间业务。

6. 商业银行在经营存放款业务的过程中具有派生存款的能力，在原始存款的基础上通过存放款业务所创造出来的存款称作派生存款。

7. 商业银行的管理理论主要有资产管理理论、负债管理理论和资产负债管理理论。

复习思考题

1. 如何理解商业银行的职能？

2. 商业银行的经营原则有哪些?
3. 试比较单一银行制与总分行制的优缺点。
4. 商业银行最基本的业务是什么?它由哪些部分组成?
5. 什么是商业银行的中间业务?具体有哪些?
6. 试述商业银行的存款创造原理。如何修正存款的派生系数?
7. 资产负债管理理论的基本内容有哪些?

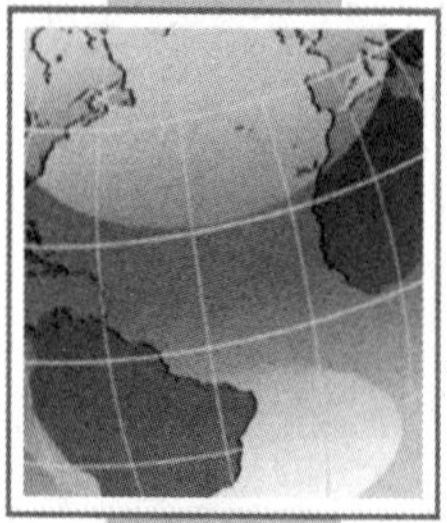

第六章 中央银行

“自从开天辟地以来,曾经有三件伟大的发明:火药、轮子和中央银行。”——韦尔·罗杰斯

中央银行(center bank)是国家为实现宏观经济目标、保证国家货币政策的正确制定与执行、防范与化解金融风险、维护金融秩序稳定而设立的特殊金融管理机构。它是现代金融业发展的产物,是一国金融体系的核心,对全社会货币、信用的调节发挥着重要的作用。正如马克思所言:“中央银行是信用制度的枢纽。”随着 1998 年 7 月 1 日欧洲中央银行的成立以及以英国为代表的一些国家中央银行监管职能的分离,中央银行制度和功能都发生了深刻的变革。

第一节 中央银行的产生和发展

一、中央银行的产生

就中央银行这一组织机构而言,各国中央银行建立和发展的道路不尽相同,有的是从商业银行演化而来的,如英格兰银行;有的则是从它诞生的那一天起,就是中央银行,如美国联邦储备银行。中央银行的产生方式各有不同,但中央银行产生的原因却是大致相同的。对中央银行产生的原因可以从以下五个方面去分析。

(一)银行券统一发行的需要

在银行业发展初期,每个银行基本上都有发行银行券的权力,但银行券分散发行的弊端很大,一是银行券的兑现无法保障,部分小银行信用实力薄弱,它们所发行的银行券往往不能兑现,危机时期这种现象更加普遍,容易使货币流通陷入混乱状态;二是银行券的流通领域受到限制,许多小银行发行的银行券只能在有限的地区内流通。因此,客观上要求银行券的发行权应该走向集中统一,由资金雄厚并且有权威的银行来发行能够在全社会流通的银行券。于是,国家即以法律限制或取消一般银行的银行券发行权的方式,将银行券的发行权集中到几家并最终集中到一家大银行。

(二)统一票据交换和清算的需要

随着商品经济的发展和银行业务的不断扩大,银行每天处理票据的数量增多,各银行之间的债权债务关系日益复杂化,票据交换业务变得繁重起来,这些业务若得不到及时合理的处置,将阻碍经济顺畅。同时,由各个银行自行轧差进行当日清算已发生困难。这种状况不仅表现为异地结算矛盾突出,即使同城结算也遇到很大困难。因此,客观上要求建立一个全国统一的、公正的、权威性的清算机构,以作为金融支付体系的核心,能够快速清算银行间各种票据,从而使资金顺畅流通，满足商品经济快速发展的客观需求。而这个中心只能由中央银行承担。

(三)充当最后贷款人的需要

随着商品生产和流通的扩大，商业银行如果仅用自己吸收的存款来提供放款，就远远不能满足社会经济发展的需要。如将吸收的存款过多地提供贷款，又会削弱银行的清偿能力，从而出现因支付能力不足而发生挤兑或破产的可能。因此，为了保护存款人的利益，维持银行以至整个金融业的稳定，客观上要求有一个信用卓著、实力强大并能够提供有效支付手段的机构，适当集中各家商业银行的一部分现金准备，当银行出现难以克服的支付困难时，集中给予必要的贷款支持，充当银行的“最后贷款人”。

(四)对金融业实施监督与管理的需要

随着商品货币经济关系的发展，银行和金融业在整个社会经济关系中的地位和作用日益突出，金融运行的稳定成为经济稳定发展的重要条件。由于金融行业的特殊性以及金融行业竞争的日趋激烈，金融活动经常出现无序甚至混乱的状况，它们在竞争中的破产、倒闭给经济造成极大的动荡。为了保证银行和金融业的公平有序竞争，保证各类金融业务和金融市场的健康发展，减少金融运行的风险，客观上需要有一个代表政府意志的专门机构从事金融业管理、监督和协调的工作。

(五)满足政府融资的需要

随着政府职能的强化以及自然灾害和战争的频繁爆发，政府支出增加，收入减少。为了维持政府开支，弥补财政赤字，政府融资便成为一个重要问题。这就客观要求建立一个与政府有密切联系、能够直接或变相为政府筹资或融资的银行机构。

由于统一银行券发行、票据交换和清算、充当“最后贷款人”、金融业实施监督与管理和政府融资的客观需要，一些大的商业银行逐渐从商业银行体系中分离出来，演化成为中央银行。

从中央银行的产生过程来看，最早的雏形是成立于 1656 年的瑞典银行和成立于 1694 年的英格兰银行，它们在成立之初都是商业银行。1688 年，瑞典银行改组为国家银行，但实际上，1897 年才独占货币发行权。而英国则是在 1844 年通过《比尔条例》，为英格兰银行独占货币发行权奠定了法律基础，中央银行制度也由此建立。因此，人们通常把英格兰银行称为现代中央银行的鼻祖。1913 年，美国也建立了适合本国国情的中央银行制度——联邦储备体系。

二、中央银行制度的发展

中央银行制度基本建立以后，其发展历程大体上可以分为两个阶段：一是中央银行的普遍推行时期，即 19 世纪初至 20 世纪中叶，也就是第二次世界大战结束时止；二是中央银行的强化时期，即 20 世纪中叶至今。

(一)中央银行的普遍推行时期

第一次世界大战爆发后，主要资本主义国家先后放弃金本位制，导致世界范围内的通货膨胀和币制混乱。在这一背景下，各国政府当局和金融界人士都意识到必须加强中央银行的地位和货币信用的管制。1920 年在布鲁塞尔召开的国际金融会议明确指出：凡未设立中央银行的国家应尽快建立中央银行，中央银行应摆脱各国政府政治上的控制，实行稳定的金融政策。布鲁塞尔会议推进了中央银行的普遍建立。

(二)中央银行的强化时期

第二次世界大战以后，各国政治、经济发生了重大变化。大多数参战国受到严重的战争破坏，经济困难，通货膨胀。为了医治战争创伤，恢复本国经济，稳定货币，筹集资金，各国都将货币信用政策作为干预生产和调节国民经济的主要杠杆。中央银行是制定与执行货币政策的重要机构，这就使中央银行制度发生了新的变化，许多国家的中央银行开始了国有化进程。尽管有的资本主义国家维持私有或公私合营，但也都在中央银行相对独立的情况下加强了国家的控制。

我国中央银行制度的发展

新中国的中央银行是1948年12月1日在石家庄成立的中国人民银行。中国人民银行是由华北银行、西北农民银行、北海银行三家根据地银行合并而成的。在成立后的30年中，全国基本上只有这一家银行，中国人民银行既行使中央银行职能，同时还兼办商业银行的各项业务，这就是所谓“大一统”的“一身二任”的中央银行。显然，它适应了当时高度集中的计划经济体制。随着我国经济体制改革的发展，1983年9月17日，国务院决定中国人民银行专门行使中央银行的职能。随后，1984年1月1日成立中国工商银行，承办原来由中国人民银行办理的工商信贷和储蓄业务。1993年12月，《国务院关于金融体制改革的决定》进一步明确了中国人民银行的主要职能是制定和实施货币政策，保持货币的稳定；对金融机构实行严格的监管，维护金融中介机构体系安全、有效地运行。1995年3月18日，第八届全国人民代表大会第三次会议通过了《中华人民共和国中国人民银行法》。至此，中国人民银行作为中央银行以法律的形式被确定下来。

第二节　中央银行的性质、职能和作用

一、中央银行的性质

虽然各国的社会历史状况不同，经济和政治制度不同，商品经济和货币信用制度的发展水平以及金融环境各有差异，但就中央银行的发展历史及其在国民经济活动中的特殊地位分析，各国中央银行的一般性质都具有共性。

中央银行的性质可以科学地表述为：中央银行是国家赋予其制定和执行货币政策，对国民经济进行宏观调控和管理监督的特殊的金融机构。这种特殊性具体表现在：

(一)中央银行与商业银行相比所具有的特点

(1)经营活动不同。中央银行的经营活动主要是宏观金融活动，它是完成国家宏观经济目标的重要机构。中央银行代表国家制定和执行货币政策，并通过运用货币政策工具，对经济进行调节、管理和干预，以稳定货币、发展经济；而商业银行则主要从事微观经济活动，充当信用中介，直接经营货币信用业务。

(2)业务对象不同。中央银行的业务对象主要是政府、商业银行和其他金融机构；商业银行则主要是为企业和居民提供服务。

(3)经营目标不同。中央银行的业务活动不以营利为目的，而是以稳定货币、发展经济为目标；商业银行则完全是追逐利润最大化的金融企业。

(4)地位不同。中央银行在一国金融体系中处于中心地位，居于商业银行和其他金融机构之上，是管理商业银行和其他金融机构的银行。

(二)中央银行与一般的政府管理机构相比所具有的特点

(1)中央银行具有特殊的管理手段。中央银行对经济的宏观调控主要是通过经济手段，如

货币供应量、利率、贷款等实现的；而一般政府管理机构主要依靠行政手段进行管理。

(2)中央银行对宏观经济的干预是通过其业务活动实现的。即通过货币政策工具的操作，调节金融机构的行为和金融市场动作，然后再通过金融机构和金融市场影响各经济部门，其作用比较平缓，市场的回旋空间较大，这与一般国家机关的行政决定直接作用于各微观主体而又缺乏弹性有较大不同。

(3)中央银行具有相关独立性。中央银行与政府的关系是一种相对独立的关系，而一般政府机关在行为决策上必须与政府的意愿相一致。

二、中央银行的职能

中央银行的性质具体体现在其职能上。按照中央银行在国民经济中所处的地位，可以划分为发行的银行、银行的银行、政府的银行三大职能。

(一)中央银行是“发行的银行”

中央银行是发行的银行(bank of issue)，是指国家赋予中央银行集中与垄断货币发行的特权，是国家唯一的货币发行机构。中央银行集中与垄断货币发行权是其自身之所以成为中央银行最基本、最重要的标志，是中央银行发挥其全部职能的基础，也是中央银行实施金融宏观调控的充分和必要条件。

(二)中央银行是“银行的银行”

中央银行是银行的银行(bank of bank)，有以下几层含义：一是中央银行的业务对象不是一般企业和个人，而是商业银行和其他金融机构及特定的政府部门；二是中央银行与其业务对象之间的业务往来仍具有银行固有的办理“存、贷、汇”业务的特征；三是中央银行为商业银行和其他金融机构提供支持、服务，同时也是商业银行和其他金融机构的管理者。银行的银行这一职能，最能体现中央银行是特殊金融机构的性质，也是中央银行作为金融体系核心的基本条件。

中央银行作为银行的银行，主要表现在以下三个方面：

(1)集中存款准备金。在中央银行产生之后，为了保证商业银行和其他存款机构的支付和清偿能力，各国一般通过法律规定，商业银行及有关金融机构必须要按存款的一定比例向中央银行缴存存款准备金。一方面，在商业银行及有关金融机构出现支付和清偿困难，并在中央银行认为必要的条件下，允许商业银行及有关金融机构动用其在中央银行的存款准备金；另一方面，集中存款准备金是中央银行调节信用规模和控制货币供应量的工具。

(2)充当商业银行等金融机构的“最后贷款人”。当商业银行或其他金融机构发生资金周转困难、出现支付危机时，中央银行为其提供全力支持，以防银行挤兑风潮的扩大导致金融恐慌甚至整个银行业的崩溃。

(3)组织、参与和管理全国的清算。在存款准备金制度建立后，各商业银行都在中央银行设立了存款账户，这给中央银行负责全国的资金清算带来了极大便利。各金融机构之间的清算通过其在中央银行的存款账户进行转账、轧差，直接增减其存款金额便可完成。目前，大多数国家的中央银行已成为全国资金清算中心。

(三)中央银行是“政府的银行”

中央银行是政府的银行(bank of state)，是指中央银行代表国家贯彻执行财政金融政策，代表国库收支以及为国家提供各种金融服务。其职能主要表现在以下几个方面：

(1)代理国库。国家财政收支一般不另设机构经办具体业务，而是交由中央银行代理。政府的收入和支出均通过财政部门在中央银行内开立的各种账户进行。

(2)代理政府债券的发行。为调剂政府收支或弥补政府开支不足,许多国家的政府经常利用发行政府债券这种形式。中央银行通常代理政府债券的发行以及办理债券到期时的还本付息等事宜。

(3)向政府融通资金。向政府融通资金主要有两种方式:一是直接向政府放款或透支。这种做法虽然可以有效弥补政府开支的不足,但很容易引发货币的过量供给,不利于金融环境的稳定。二是购买政府债券。一种是直接在一级市场上购买,其实就等同于直接为政府融资;另一种是间接在二级市场上购买,即公开市场业务。中央银行根据经济发展或宏观政策的需要,通过在二级市场购入或卖出政府债券可以改变基础货币投放量。

(4)为国家持有和经营管理包括外汇、黄金和其他资产形式的国际储备。世界各国的国际储备一般由中央银行持有并进行经营管理。

(5)代表国家政府参加国际金融组织和各项国际金融活动。国家的对外金融活动,一般授权中央银行作为国家政府的代表。

(6)制定和实施货币政策。货币政策是政府对经济实行宏观调控的基本经济政策之一。对于货币政策的制定和实施,世界各国一般是通过法律赋予中央银行此项职责。

(7)对金融业实施金融监督管理。政府对金融业的监督管理,一般是由中央银行及其他金融管理机构进行的。

(8)为政府提供经济金融情报和决策建议,向社会公众发布经济金融信息。中央银行能够掌握全国经济金融活动的基本资料信息,能够比较及时地反映整个经济金融运行状况。在政府的经济决策中,发挥重要的甚至是主导的作用。

总之,发行的银行、银行的银行和政府的银行,体现了中央银行的基本职能。世界上绝大多数国家的中央银行都具备这三大基本职能。

三、中央银行的作用

中央银行的作用是指中央银行实现其职能而产生的社会经济效果。其作用主要体现在以下几个方面:

(一)调节货币流通,稳定金融

中央银行根据货币政策的要求和总体经济发展的动向,通过各种政策工具的运用对货币流通进行调节,使货币流通量符合客观经济发展的需要,达到稳定货币流通的目的,实现社会总供给与总需求的平衡。

(二)调节经济结构,促进经济发展

中央银行通过其业务活动,调整全社会的信贷总规模和结构,以达到调整国民经济的比例关系,保证经济结构基本均衡、协调的目的。

(三)集中清算,加速资金周转

各家银行都在中央银行开立往来存款账户,每日营业终了将各自票据交换差额相互划转,及时清算。这样可以使结算迅速及时,节约现金使用和流通费用,起到推动资金加速周转的作用。

(四)促进国际金融联合,推动国际经济发展

中央银行是各国政府对外金融关系方面的全权代表,对于推动国际贸易发展、技术合作和交流、国际资金的一体化、各国金融政策的协调,以及重大经济关系和金融关系的往来都起到

重要的作用。

中国人民银行的职责

1995 年 3 月 18 日通过并颁布《中华人民共和国中国人民银行法》，其中第 4 条对我国中央银行的职责作出了明确的规定，具体如下：(1)依法制定和执行货币政策；(2)发行人民币，管理人民币流通；(3)按照规定审批、监督管理金融机构；(4)按照规定监督管理金融市场；(5)发布有关金融监督管理和业务的命令和规章；(6)持有、管理、经营国家外汇储备、黄金储备；(7)经理国库；(8)维护支付、清算系统的正常运行；(9)负责金融业的统计、调查、分析和预测；(10)作为国家的中央银行，从事有关的国际金融活动；(11)国务院规定的其他职责。

第三节　中央银行制度

一、中央银行的组织形式

尽管各国的中央银行在性质、职能、作用方面存在着基本一致性，但就存在形式来讲，由于各国的经济发展水平相差很大，中央银行的成长历史及其所处的地位不尽相同，因此在制度形式上也不一样。概括起来，主要有以下几种：

(一)单一式中央银行制度

单一式中央银行制度(unit central bank system)，即全国只设一家中央银行，并下设若干分支机构的中央银行制度。各国中央银行的分支机构一般都按经济或行政区划设立。比较典型的实行单一式中央银行制度的国家主要是英国、法国、日本等。我国的中央银行也实行这种制度。

单一式中央银行制度又分为两种情况：

(1)一元式中央银行制度(unit central bank system)。一元式中央银行制度是指一国只设立一家统一的中央银行行使中央银行的权力和履行中央银行的全部职责，中央银行机构自身上下是统一的，机构设置一般采取总分行制，逐级垂直隶属。这种组织形式下的中央银行是完整与标准意义上的中央银行，目前世界上绝大多数国家的中央银行都实行这种体制，我国的中央银行——中国人民银行，也属于一元式中央银行制度。

中国人民银行分支机构的设置

1998 年末，中国人民银行根据履行职责的需要，撤销省级分行，按照经济区域设立九大分行。目前，中国人民银行设立了天津、沈阳、上海、南京、济南、武汉、广州、成都、西安九个分行，中国人民银行营业管理部和重庆营业管理部，315 个中心支行，1 762 个县(市)支行。总部设在北京，2005 年 8 月，中国人民银行第二总部落户上海。

分析：中国人民银行第二总部的成立有何重要意义？

(2)二元式中央银行制度(dual central bank system)。二元式中央银行制度是指中央银行体系由中央和地方两级相对独立的中央银行机构共同组成。中央级中央银行和地方级中央银行在货币政策方面是统一的，中央级中央银行是最高金融决策机构，地方级中央银行要接受中央级中央银行的监督和指导。但在货币政策的具体实施、金融监管和中央银行有关业务的具体操作方面，地方级中央银行在其辖区内有一定的独立性，与中央级中央银行也不是总分行的关系，而是按法律规定分别行使其职能。这种制度一般与联邦制的国家体制相适应，如美国的联邦储蓄体系。

美国联邦储备体系简介

美国建立中央银行的两次早期尝试都以失败告终，包括美国第一银行（1791～1811 年）的建立和美国第二银行（1816～1836 年）的建立。这两家银行最初都由国会批准，注册期为 20 年，但是每一次期满时国会都拒绝继续注册。出于这一原因，美国在 1836～1913 年一直没有中央银行。20 世纪初美国开始推行城市化和工业化时，金融部门对整个经济的发展来说变得更加重要，在没有中央银行的情况下，阶段性金融崩溃的发生提高了国家经济发展的成本，1907 年美国的金融恐慌，最终导致美国国会于 1913 年立法通过《联邦储备法案》，从而宣告了美国中央银行制度的确立。

美国的中央银行称为联邦储备体系。在联邦一级，设立联邦储备委员会，总部在华盛顿，共有委员 7 人，作为联邦储备系统的最高决策机构，负责管理联邦储备体系和全国的金融决策，对外代表美国中央银行；设立联邦公开市场委员会，作为公开市场政策的制定和执行机构；设立联邦顾问委员会，对经济发展及银行业发展问题向联邦储备委员会提出建议和提供咨询。在地方一级，美国将 50 个州和哥伦比亚特区划分为 12 个联邦储备区，共设立 12 家联邦储备银行以及 25 家分行。联邦储备银行在各自的辖区内履行中央银行职责。

（二）复合式中央银行制度

复合式中央银行制度（compound central bank system）是指国家不单独设立专司中央银行职能的中央银行机构，而是由一家集中央银行与商业银行职能于一身的国家大银行兼行中央银行职能的中央银行制度。这种中央银行制度往往与中央银行初级发展阶段和国家实行计划经济体制相对应，苏联和以前多数东欧国家即实行这种制度。中国在 1983 年前也实行这种制度。

（三）准中央银行制度

准中央银行制度（quasi central bank system）是指在一个国家或地区还没有建立通常意义上的中央银行制度，只是由政府授权一个或几个商业银行行使部分中央银行职能，或者设置类似中央银行的机构。其特点是一般只负责发行货币，为政府服务，提供最后贷款援助和资金清算。新加坡和中国香港是实行这种制度的典型代表。

中国香港行使“中央”银行职能的机构

1993 年 4 月成立的金融管理局，集中行使货币政策、金融监管和支付体系管理等中央银行职能；1981 年成立的香港银行公会参与协调货币和信贷政策；港币发行由汇丰银行、渣打银行和中国银行负责，辅币则由港府自己发行；其中汇丰银行独家管理票据交换所。

（四）跨国中央银行制度

跨国中央银行制度（multinational central bank system）是指由若干国家联合组建一家中央银行，由这家中央银行在其成员国范围内行使全部或部分中央银行职能的制度。这种中央银行制度一般与区域性多国经济的相对一致性和货币联盟体制相对应。如西非货币联盟、中非货币联盟、东加勒比海货币区属于跨国中央银行的组织形式。欧洲中央银行的成立和欧元的正式启动，标志着现代中央银行制度进入了一个新的发展阶段。

欧洲中央银行

欧洲中央银行(European System of Central Bank，ESCB)成立于1998年7月，总部设在德国的金融中心法兰克福。按照《马斯特里赫特条约》的规定，欧洲中央银行的基本任务是：(1)确定和实行欧洲货币联盟的货币政策；(2)按照条款规定从事外汇交易；(3)拥有和管理成员国的官方外汇储备；(4)促进国际收支体系的正常运行。

欧洲中央银行与各成员国中央银行组成了欧洲中央银行体系，其主要职责是发行欧元，制定和执行统一的货币政策和汇率政策，对成员国金融体系的管理提出意见。欧洲中央银行的特点是：

1. 欧洲中央银行的首要目标是稳定物价。它必须根据自由竞争的市场经济原则，遵循物价稳定、公共财政健全、支付平衡的方针，采取有力的措施，支持共同体的经济政策。

2. 欧洲中央银行体系由欧洲中央银行和各成员国央行组成，其决策机构为理事会(governing council)和执行委员会(executive board)。理事会成员由欧洲理事会(6位成员)和12国的中央银行行长组成。理事会制定欧洲货币联盟的货币政策，由执行委员会负责实施。

3.《马斯特里赫特条约》确保了欧洲中央银行的独立性。规定欧洲中央银行和各成员国的中央银行不可以寻求或采纳欧洲货币联盟或各国政府的指示，各国政府也不应该试图对欧洲中央银行施加影响。欧洲中央银行的独立性体现在制定政策、人事任免、行使职能、资金运用等方面。

欧洲中央银行的成立，标志着现代中央银行制度又增加了新的内容，并进入了一个新的发展阶段。

二、中央银行的资本结构

中央银行的资本结构是指中央银行的资本所有制形式。归纳起来，中央银行的资本结构形式主要有以下几种：

(一)国家所有制

国家所有制银行是指全部资本属于国家所有的中央银行。目前大多数国家中央银行的资本金是国家所有的。这有两种情况：一是国家通过购买中央银行资本中原来属于私人的股份从而对中央银行拥有了全部股权；二是中央银行成立时，国家就拨付了全部资本金。目前，中央银行资本为国家所有的国家有英国、加拿大、挪威、印度、澳大利亚等。中国人民银行的资本组成也属于国家所有的类型，《中华人民共和国中国人民银行法》(以下简称《中国人民银行法》)第8条规定："中国人民银行的全部资本由国家出资，属于国家所有。"从世界范围看，中央银行国有化已成为一种发展趋势。

(二)混合所有制

混合所有制中央银行是指由国家和私人共同投资组建的中央银行，也称半国家性质的中央银行。其资本金一部分由国家持股，一般占资本总额的50%以上；另一部分的股份由民间普通投资者持有。如日本银行，由政府认购资本的55%，其余45%由民间的企业法人、社会团体、一般公众认购。属于这种类型的还有奥地利、土耳其等国的中央银行。

(三)私有制

私有制中央银行是属于私人股份资本的中央银行。其资本金全部由私人股东投入，经政府授权，从而执行中央银行的职能。如意大利的中央银行就是由股份公司组织转变为按公法管理的机构，其资本分成30万股，每股面值1 000里拉，分别由储蓄银行、全国性银行、公营信贷机构等持有。如果发生中央银行股份转让，必须获得意大利银行董事会的许可，且转让只能在这些社会机构之间进行。

（四）无资本要求的中央银行

无资本要求的中央银行是指在建立之初没有资本的中央银行。这种形式的中央银行由国家授权执行中央银行职能，所运用的资本金主要是各金融机构的存款和流通中的货币，其自有资本金只占很小部分。如新西兰储备银行和韩国银行都是无资本的中央银行。

（五）多国所有制形式

多国所有制是指跨国中央银行的资本不为某一国家所独有，而是由跨国中央银行的成员国所共有。如西非货币联盟、中非货币联盟和东加勒比海货币管理局以及欧洲中央银行等都属于这种类型。

三、中央银行与政府的关系

在中央银行与政府的关系中，最基本、最重要的问题就是中央银行与政府之间既要保持协调，又要保持独立，寻找二者结合的均衡点。这就是中央银行与政府关系的核心内容，即中央银行具有独立性，但只是一种相对独立性。

（一）中央银行相对独立性的原因

如上所述，中央银行与政府关系密切，但是，中央银行仍保持着相对独立性。这种相对独立性是指中央银行在政府的监督和国家总体经济政策的指导下，独立地制定、执行货币政策。其理由是：

（1）中央银行制定的货币政策应具有连贯性，只有不受政治的干扰，才能收到效果。

（2）中央银行的首要任务是稳定币值，如果受政府完全控制，就可能成为政府推行通货膨胀的工具。

（3）中央银行的业务具有高度的技术性，其操作方式不应受到任何干扰。

（4）中央银行与政府所处的地位不同，所以在考虑一些经济政策的侧重点时也不尽相同。

（5）中央银行不仅对政府服务，还要对商业银行和其他金融机构服务，因此，中央银行不能完全受政府控制。

（二）中央银行相对独立性的内容

在任何一个国家，中央银行的独立性都不可能完全脱离政府及政治的影响，因而只能是相对独立。一般来说，中央银行的独立性主要体现在以下几个方面：

（1）建立独立的货币发行制度，以维持货币的稳定。中央银行必须垄断货币发行权，并根据国家的宏观经济政策，以及经济发展的客观需要自行决定货币发行量，不应在政府的干预下搞财政发行。

（2）独立地制定或执行货币金融政策。货币政策的制定权和操作执行权，必须掌握在中央银行手中，必须保持高度的独立性，不受各级政府和部门的干预。

（3）独立地管理和控制整个金融体系和金融市场。中央银行应在国家法律的授权和法律的保障下，独立地行使对金融体系和金融市场的管理权、控制权和制裁权。

（三）中央银行相对独立性的模式

各国由于政治、经济、自然条件和历史的差异，导致中央银行在相对独立性上有不同的模式。归纳起来大体有以下三种：

(1)独立性很大的模式。中央银行直接对国会负责,可以独立制定货币政策和采取相应措施,政府不得直接对它发布命令、指示,不得干涉货币政策。属于这一模式的有美国联邦储备体系、德意志联邦银行等。

(2)独立性较大的模式。有些国家法律规定财政部可以对中央银行进行监督,发布指令,但中央银行可以独立地制定、执行货币政策。属于这一模式的有英格兰银行、日本银行等。

(3)独立性较小的模式。中央银行直接隶属于财政部,其货币政策的制定和采取的措施要经政府的批准,政府有权推迟甚至停止中央银行决议的执行。属于这一模式的有意大利银行。

美国联邦储备体系的独立性

美国联邦储备体系是依据1913年美国国会通过的《联邦储备法》而建立的较有权威的中央银行体系,其独立性具体体现在:

1. 联邦储备体系受《联邦储备法》的制约,由国会授权独立进行活动,而不是一个纯粹的政府行政机构。12个联邦储备区的联邦储备银行是向国会领取营业执照,而不是向政府领取营业执照。整个联邦储备体系是对国会负责,而不受政府的直接控制。而且,除非国会通过新的法案,否则在国会已授权范围内,也不受国会的限制。

2. 联邦储备委员会经国会授权,无须经总统批准,有权独立地制定货币政策,并自行决策采取措施和运用政策工具。总统未经国会批准,不能对联储委员会发布任何指令。如果联邦储备体系与总统、财政部或其他政府部门在制定政策上发生矛盾,则由财政部国务秘书、经济顾问委员会主席和预算局长参加的会议磋商解决。

3. 联邦储备委员会主席和副主席由总统从7名委员中挑选任命,任期4年,可以连任。联邦储备委员会的7名理事须经参议院同意,由总统任命,任期14年,不得连任,每两年更换1人,并与总统任期错开,使总统在其任期内不能更换联邦储备委员会的绝大多数成员,排除了总统完全控制联邦储备委员会的可能性。

4. 联邦储备体系没有长期支持财政融资(包括发行债券)的义务,财政筹款只能通过公开市场发行公债。只有在特殊情况下,联邦储备银行才可对财政部提供短期贷款,但借款金额不得超过一定限度。实际上,美国财政部只向联邦储备银行借过几次期限仅有几天的款项,而且是以财政部发行的特别库券作担保的。

5. 联邦储备系统盈余较大,无需财政拨款。

(四)我国中央银行的独立性问题

中央银行独立性的核心是中央银行与政府之间的关系,正确处理中国人民银行与其他政府部门之间的关系是加强中国人民银行独立性的有效途径。

1. 中国人民银行与财政部的关系

正确处理中国人民银行与财政部之间的关系是衡量中国人民银行独立性的一个具体标志。两者之间的关系主要体现在以下方面:

(1)行政隶属关系。中国人民银行与财政部之间不存在隶属关系,两者同属国务院直接领导,以平等的身份协调工作,这在组织上保证了人民银行对财政部的独立地位。

(2)资金与业务关系。中国人民银行不得对政府财政透支,不得直接认购、包销国债和其他政府债券。这就从根本上割断了人民银行与财政部之间的直接融资。

(3)货币与财政政策关系。货币政策和财政政策是国家经济政策的两大支柱,中国人民银行负责货币政策的制定与执行,财政部负责财政政策的制定与推行。二者的总体目标是一致的，即实现物价稳定、经济增长、充分就业和国际收支平衡。因此，只有货币政策和财政政策的相互协调作用才能对整个国民经济起到积极的推动作用。

2. 中国人民银行与地方政府之间的关系

这里主要是指人民银行分支机构与地方政府之间的关系问题。我国 1998 年成立的人民银行大区分行，对减少地方政府干预货币政策从而维护中央银行货币政策独立性具有非常重要的意义。另外，中国人民银行分支机构在行政、人事、业务方面受总行的垂直领导，地方政府可以监督人民银行分支机构贯彻执行国家的金融方针，但是不得干预人民银行分支机构正常的业务活动，从而在很大程度上维护了人民银行分支机构的独立性。

3. 银监会的成立有利于提高中国人民银行的独立性

2003 年，中国人民银行的货币政策职能和银行监管职能分离，专门履行对银行业监管职能的银行业监督管理委员会成立，其目的就是使中国人民银行专门履行制定与执行货币政策职能，更好地发挥中国人民银行在宏观调控和金融风险防范方面的作用，进一步改善金融服务。银监会的成立，使银行监管与货币政策职能相对分离，一方面可以保证货币政策的独立性和灵活性，使货币政策供给更好地适应各个产业的需求和国民经济运行的需要；另一方面，有利于加强银行监管，保持银行监管的一贯性和法规的严肃性。因此，中央银行职能分拆、银监会成立等一系列金融改革措施，必将大大提高中国人民银行的独立性。

《中国人民银行法》关于央行独立性的规定

1.《中国人民银行法》第 2 条："中国人民银行是中华人民共和国的中央银行。中国人民银行在国务院领导下，制定和执行货币政策，防范和化解金融风险，维护金融稳定。"这首先对中央银行与中央政府的关系进行了定位，按现行法律规定，中国人民银行是国务院的一个职能部门，受国务院领导，与财政部是平等的，不受其节制，在与财政部的关系上已具有独立地位。

2.《中国人民银行法》第 5 条："中国人民银行就年度货币供应量、利率、汇率和国务院规定的其他重要事项做出的决定，报国务院批准后执行。中国人民银行就前款规定以外的其他有关货币政策事项做出决定后，即予执行，并报国务院备案。"这项规定意味着中国人民银行在制定和执行货币银行政策方面具有很大的自主权。依照这一法律规定，中央银行虽然在有关货币政策重大事宜方面没有完全的自主权，重大事项须经国务院批准，但是对其他一般事项有决定和执行权。

3.《中国人民银行法》第 7 条："中国人民银行在国务院领导下依法独立执行货币政策，履行职责，开展业务，不受地方政府、各级政府部门、社会团体和个人的干涉。"这就从立法上保障了中国人民银行独立履行执行货币政策的职能。

4.《中国人民银行法》第 12 条："中国人民银行设货币政策委员会，其职责、组成和工作程序，由国务院规定。"可见，在中国人民银行领导人任免、有关机构设置等方面，国务院居主导地位。至于作为中国人民银行总行派出机关的各地分支机构，由总行对其实行集中统一领导和管理，这从组织上割断了分支机构与地方政府的关系。

5.《中国人民银行法》第 30 条："中国人民银行不得向地方政府、各级政府部门提供贷款。"

第四节 中央银行的主要业务

一、中央银行业务原则

从总体上看，中央银行最基本的业务活动原则是必须服从于履行职责的需要。在具体的业务经营活动中，一般奉行非营利性、流动性、主动性、公开性四个原则。

(一)非营利性

所谓非营利性，是指中央银行的一切业务活动不以营利为目的。由于中央银行特殊的地位和作用，决定了中央银行以调控宏观经济、稳定货币、稳定金融、为银行和政府服务为己任，是宏观金融管理机构而非营业性金融机构，不能以追求盈利为目标。

(二)流动性

流动性主要是指资产业务需要保持流动性。因为中央银行在充当金融机构的“最后贷款人”、进行货币政策操作和宏观经济调控时，必须拥有相当数量的可用资金，才能及时满足其调节货币供求、稳定币值和汇率、调节经济运行的需要。《中国人民银行法》第 28 条规定，对商业银行贷款的期限不得超过 1 年。同时，在公开市场买卖有价证券时，也要尽量避免购买期限长、流动性小的证券。

(三)主动性

主动性主要指资产负债业务需要保持主动性。由于中央银行的资产负债业务直接与货币供应相联系，如货币发行业务直接形成流通中的货币；存款准备金业务不仅引起基础货币的变化，还会引起货币乘数的变化；再贴现、公开市场业务是提供基础货币的主要渠道等。因此，中央银行必须使其资产负债业务保持主动性，这样才能根据履行职责的需要，通过资产负债业务实施货币政策和金融监管，有效控制货币供应量和信用总量。

(四)公开性

公开性主要指中央银行的业务状况公开化，定期向社会公布业务与财务状况，并向社会提供有关的金融统计资料。中央银行的业务活动保持公开性，一方面可以使中央银行的业务活动置于社会公众监督之下，保持中央银行的信誉和权威；另一方面可以增强中央银行业务活动的透明度，增强实施货币政策的告示效应。

二、中央银行的负债业务

中央银行的负债业务主要包括货币发行业务、代理国库业务和集中存款准备金业务。

(一)货币发行业务

统一货币发行是中央银行制度形成的最基本动因，也是“发行的银行”职能的直接体现。中央银行通过再贴现、再贷款、购买证券、收购黄金和外汇等业务活动将纸币投入市场，从而形成流通中的货币。货币是一种债务凭证，是货币发行人即中央银行对社会公众的负债，在现代不兑现的信用货币制度下，同时也是发行者的一项长期占有的稳定收益。因此，货币发行是中央银行最重要的负债业务。

(二)代理国库业务

中央银行经办政府的财政收支，执行国库的出纳职能，如接受国库的存款，兑付国库签发的支票，代理收解税款，替政府发行债券等。此外，国家财政拨给行政经费的行政事业单位的存款，也都由中央银行办理。财政金库存款，机关、团体、部队等行政事业单位存款在其支出之前存于中央银行，属于财政性存款，是中央银行的重要资金来源，构成中央银行的负债业务。

(三)集中存款准备金业务

商业银行及有关金融机构必须根据法律的规定，按存款的一定比例向中央银行缴存存款准备，即法定存款准备金，形成中央银行的资金来源。中央银行集中存款准备金，可以保证商业银行和其他存款机构的支付和清偿能力，更主要的是一定程度上可以控制商业银行的贷款量。中央银行降低法定存款准备率，即可扩大商业银行的贷款和投资；提高法定存款准备率，就可减少商业银行的贷款和投资。

三、中央银行的资产业务

中央银行的资产业务主要有再贴现和再贷款业务、对政府的贷款业务、证券的买卖业务和金银、外汇储备业务。

(一)再贴现和再贷款业务

全国商业银行缴存在中央银行的存款准备金，构成中央银行吸收存款的主要部分。当商业银行资金短缺时，可从中央银行取得借款。其方式是把工商企业贴现的票据向中央银行办理再贴现，或以票据或有价证券作为抵押向中央银行申请借款。中央银行可以配合政府的经济政策，把贴现业务作为调节资金的一种手段。这主要是通过提高或降低再贴现率，紧缩或扩张信用，加强对商业银行的监督、管理，达到稳定通货的目的。

(二)对政府的贷款

中央银行对政府的贷款是政府弥补财政赤字的途径之一，但如果对这种贷款不加限制，则会从总量上削弱中央银行宏观金融控制的有效性，因此，各国中央银行法对此都作了明确的规定。美国联邦储备银行对政府需要的专项贷款规定了最高限额，而且要以财政部的特别库券作为担保。根据《中国人民银行法》第 29 条和第 30 条规定，中国人民银行不得对政府财政透支，不得直接认购、包销国债和其他政府债券，不得向地方政府、各级政府部门提供贷款。

(三)证券买卖业务

各国中央银行都经营证券买卖业务，一般称为公开市场业务，主要是买卖政府发行的长期或短期债券。中央银行公开市场业务的目的，不在于营利，而是为了调节和控制市场货币供应量。中央银行买进有价证券，向市场投放了货币，扩大货币供应量；反之，中央银行卖出有价证券，则可减少货币供应量。

(四)金银、外汇储备业务

目前各国政府都赋予中央银行掌管全国国际储备的职责。中央银行执行这一职责主要是有利于稳定币值、稳定汇价和保证国际收支的平衡。

四、中央银行的中间业务

由于各商业银行都有法定存款准备金存在中央银行，并在中央银行设有活期存款账户。这样就可以通过存款账户，在全国范围内划拨清算，结清银行之间的债权债务关系。中央银行的清算业务大体可分为三项：

(1)成立票据交换所，集中办理票据交换。

(2)办理交换差额的集中清算，通过各行在中央银行开设的账户划拨。

(3)办理异地资金转移,提供全国性的资金清算职能。目前各国做法不一,英国以伦敦为全国清算中心;美国各联邦储备银行代收外埠支票,并以华盛顿为全国最后清算中心。

中国人民银行的货币发行流程

我国人民币的发行是以国家的信用作为发行保证的。我国人民币的发行与回笼是通过中国人民银行的发行基金保管库(简称发行库)和各商业银行业务库进行的。所谓发行基金,是人民银行保管的已印好而尚未进入流通的人民币票券。发行库在人民银行总行设总库,下设分库、支库。各商业银行对外营业的基层行处设立业务库。业务库保存的人民币则作为商业银行办理日常收付业务的备用金。为避免业务库过多存放现金,通常由上级银行和同级中国人民银行为业务库核定库存限额。当商业银行基层行处现金不足以支付时,可到当地中国人民银行的存款账户内提取现金。于是,人民币从发行库转移到商业银行基层行处的业务库,这意味着这部分人民币进入流通领域。当商业银行基层行处收入的现金超过其业务库库存限额时,超过的部分应自动送交中国人民银行,该部分人民币进入发行库,意味着退出了流通领域。

第五节　中央银行与金融监管

一、中央银行金融监管制度的产生和发展

(一)中央银行金融监管制度的产生

金融监管制度的建立与中央银行业务发展有着密切联系。20 世纪 30 年代的经济大萧条引发了严重的金融危机,使各国商业银行大量倒闭,经济生活动荡不安,给国民经济造成了巨大损失。这使各国中央银行认识到,商业银行不同于一般的经济实体,具有极其广泛深刻的渗透性和扩散性功能,它的经营活动对国民经济影响极大。中央银行要实现经济增长、稳定物价等货币政策目标,就必须将商业银行的活动置于中央银行的监督管理之下。于是,各国中央银行纷纷着手建立银行管理制度。例如,德意志联邦银行面对席卷全国的金融危机,于 1931 年发布了对商业银行管理的紧急法令,对银行经营活动实行严格控制。比利时和瑞士于 1935 年通过银行立法,旨在加强对银行的监督和管理。法国于 1941 年通过关于建立银行监督机构的法令,其目的是使中央银行对商业银行的监督管理具有法律权威。

(二)中央银行金融监管制度的发展

金融监管制度是指金融监管的职责和权力分配的方式和组织形式。由于各国的历史发展、政治经济体制、法律与民族文化传统等方面的差异,在金融监管制度上各国也存在着一定的差别。目前,金融监管制度按照监管机构的设立,可分为由中央银行独家行使金融监管职责的单一监管体制和由中央银行和其他金融监管机构共同承担监管职责的多元监管体制。按监管机构的监管范围,可分为集中监管体制和分业监管体制。一般来说,实行单一监管制度的国家在监管范围上都是实行集中统一监管,而实行多元监管制度的国家在监管范围上大多实行分业监管。

1. 集中监管体制

集中监管体制是指把金融业作为一个相互联系的整体统一进行监管,一般由一个金融监管机构承担监管的职责,在绝大多数国家是由中央银行来承担的。集中监管体制有时又称为

"一元化"监管体制,即同一个金融监管当局实施对整个金融业的监管。目前,实行集中监管体制的国家有英国、澳大利亚、意大利、新西兰、瑞士等国家。

2. 分业监管体制

分业监管体制是根据金融业内不同的机构主体及其业务范围的划分而分别进行监管的体制。一般由多个金融监管机构共同承担监管责任。目前,实行分业监管体制的国家有美国、法国、新加坡、芬兰、西班牙、土耳其、挪威等。

美国多元化的金融监管体制

美国的金融监管是由多个监管机构承担的,属于多元化监管体制。从监管的业务范围看,各监管机构虽有所交叉,但都有自己的侧重点,基本上属于分业监管体制。美国金融监管机构的"多元化"一方面表现为联邦一级的监管机构是多元的;同时美国的50个州都有金融监管机构,实行联邦和州两级多元监管。因此,有时称美国的金融监管体制是"双线多头监管体制"。美国的金融监管机构在联邦一级,主要有六个,虽然管理机构复杂、职能交叉,但其监管各有重点:(1)联邦储备体系,负责管理会员银行和一切银行持股公司;(2)货币监理局,负责对联邦注册银行的审批和检查;(3)联邦存款保险公司,主要监督参加保险的非会员银行和已保险的州注册的储蓄银行;(4)联邦住宅贷款银行及下设的联邦储贷保险公司,管理和监督储蓄银行和储贷协会;(5)全国信用合作社管理局,管理和监督信用合作社并协调各管理机构之间及同各州监督官员之间的关系;(6)证券交易委员会,是对证券发行、交易管理的最高机构。

二、金融监管的目的和基本原则

(一)金融监管的目的

金融监管的目的是实现金融有效监管的前提和监管当局采取监管行动的依据。金融监管的目的可分为一般目的和具体目的。世界各国都认为,一般目的应该是促成建立和维护一个稳定、健全和高效的金融体系,保证金融机构和金融市场健康地发展,从而保护金融活动各方特别是存款人的利益,推动经济和金融发展。但由于各国历史、经济、文化背景和发展的情况不同,也就使具体监管目的有所差异。世界大多数国家的具体监管目的体现在中央银行法上,从各国法规中可以看出其监管目的的侧重点。

(1)《美国联邦储备法》规定,该法的目的之一是"建立美国境内更有效的银行监管制度"。具体有四个目的:维持公众对一个安全、完善和稳定的银行系统的信心;为建立一个有效的和有竞争力的银行系统服务;保护消费者;允许银行体系为适应经济的变化而变化。

(2)我国中央银行的金融监管目的是:

①一般目的:防范和化解金融风险,维护金融体系的稳定与安全,保护公平竞争和金融效率的提高,保证中国金融业的稳健运行和货币政策的有效实施。

②具体目的:经营的安全性、竞争的公平性和政策的一致性。经营的安全性包括两个方面:一是保护存款人和其他债权人的合法权益;二是规范金融机构的行为,提高信贷资产质量。竞争的公平性是指通过中央银行的监管,创造一个平等合作、有序竞争的金融环境,鼓励金融机构在公平竞争的基础上,增强经营活力,提高经营效率和生存发展能力。政策的一致性,即通过监管,使金融机构的经营行为与中央银行的货币政策目标保持一致。通过金融监管,促进和保证整个金融业和社会主义市场经济的健康发展。

(二)金融监管的基本原则

巴塞尔委员会于1997年9月公布了《有效银行监管的核心原则》之后,各国金融监管当局更是将其视为金融监管的指导原则。其具体原则可概括为以下几点:

1. 监管主体的独立性原则

在一个有效的银行监管体系下,参与银行监管的每个机构都要有明确的责任和目标,并应享有操作上的自主权和充分的资源。

2. 依法监管原则

所有金融机构都必须接受国家金融监管当局的监督与管理。同时,金融监管当局必须依法行政,以此来保持监管的权威性、严肃性、强制性和一贯性,从而达到监管的有效性。

3. 自我约束与外部强制相结合的原则

由于金融监管中存在着信息不对称、监管者信息劣势以及金融机构的道德风险等问题,因此,无论外部强制管理多么缜密,也只能是相对的。如果监管对象不配合、不协作,不愿意自我约束,那么外部监督管理也难以收到预期的效果。反之,如果将全部希望放在金融机构自身的"内控"上,则一系列不负责任的冒险经营行为和风险将难以有效避免。因此,最佳的选择应是遵循自我约束与外部强制相结合的原则。

4. 安全稳健与经济效益相结合的原则

安全稳健是一切金融监管工作的基本目标,银行监管者必须掌握完善的监管手段,以便在银行未能满足审慎要求(如最低资本充足率)或当存款人的安全受到威胁时采取纠正措施。但是,从某种意义上说,金融业存在和发展的终极目标是促进社会经济的稳定发展。所以,金融监管必须以保证社会经济效益作为终极目标,并将防范风险和提高金融机构经济效益结合起来。

5. 母国与东道国共同监管原则

母国监管者的责任是,银行监管者必须实施全球性并表监管,对银行在世界各地的所有业务进行充分的监测并要求其遵守审慎经营的各项原则,特别是其在外国的银行、附属机构和合资机构的各项业务。东道国监管当局的责任是,银行监管者必须要求外国银行应按东道国国内机构所同样遵循的高标准从事当地业务,而且从并表监管的目的出发有权分享其母国监管当局所需的信息。

三、中央银行金融监管的内容

(一)市场准入的监管

各国对银行等金融机构的监管都是从市场准入开始的,各个国家的金融监管当局一般都参与金融机构的审批过程。银行申请设立必须符合法律规定程序,主要包括两个方面:一是具有素质较高的管理人员;二是具有最低限度的认缴资本额。在我国,金融机构设立的最后批准的权限在中国人民银行总行。设立各类金融机构,都必须符合规定的最低资本金要求,并采取金融业许可证制度。

(二)市场运作过程的监管

1. 资本充足性监管

《巴塞尔协议》关于核心资本和全部资本(核心资本和附属资本)与风险资产的4%和8%的比率规定,已经被世界各国普遍接受,作为对银行监管中资本充足率的最重要、最基本的标准。

2. 流动性监管

当前趋势是以考核银行资产负债期限和利率结构搭配是否合理为基础，对流动性进行系统的评价。

3. 业务范围的监管

金融机构可经营哪些业务、不可以经营哪些业务一般是有限制的。如有的国家把商业银行业务与投资银行业务分开，并禁止商业银行认购股票；有的国家则限制银行对工商企业的直接投资；有的国家禁止在银行内把银行业务与非银行业务混在一起，但允许通过银行控股公司、附属机构等参与某些风险较大的非银行活动；有的国家对银行经营的业务种类很少施加限制。

4. 贷款风险的控制

追求最大限度的利润是商业银行经营的直接目的。由于获利越多的资产，风险相对就越大，因而大多数国家的中央银行都尽可能限制贷款投向的过度集中，分散风险既是银行的经营战略，也是金融监管的重要内容。如美国规定对单个客户的贷款不得超过自有资本的10%，日本规定不得超过自有资本的20%。

5. 准备金管理

银行的资本充足性与其准备金政策之间有着内在的联系，因此，对资本充足性的监管必须考虑准备金因素。监管当局的主要任务是确保银行的准备金是在充分考虑谨慎经营和真实评价业务质量的基础上提取的。

6. 存款保险管理

为了维护存款者利益和金融业的稳健经营与安全，有些国家建立了存款保险制度。在金融体制中设立负责存款保险的机构，规定本国金融机构按吸收存款的一定比例向专门保险机构缴纳保险金，当金融机构出现信用危机时，由存款保险机构向金融机构提供财务支援，或由存款保险机构直接向存款者支付部分或全部存款，以维护正常的金融秩序。

(三)市场退出的监管

金融机构市场退出的原因和方式可以分为两类：主动退出与被动退出。主动退出是指金融机构因分立、合并或者出现公司章程规定的事由需要解散。被动退出是指由于法定的理由，如由法院宣布破产或因严重违规、资不抵债等原因而遭关闭，中央银行将金融机构依法关闭，取消其经营金融业务的资格。各国对金融机构市场退出的监管都通过法律予以明确且细致的技术性规定。根据《中华人民共和国商业银行法》规定，我国对金融机构市场退出的监管主要有接管、解散、撤销、破产四种形式。

四、中央银行金融监管的方法

(一)非现场监控

各国一般都规定银行和金融机构必须按期向中央银行提供有关财务报告。对这些材料进行对比分析是银行检查的重要方法。通常采用两种方法：一是趋势分析法，即对同一家银行不同时期增长或下降比率进行分析比较，用以观察一个时期该项比率的变化趋势；二是对比分析法，即对同类金融机构间的资本充足率、资产质量、收益及流动资金等方面进行对比。

(二)现场稽核检查

现场稽核检查是由中央银行派出检查小组，进行实地检查。主要检查资本充足状况、资产质量、管理质量、收入和盈利状况、清偿能力等，以此达到全面评价。

(三)加强监管对象的内部控制

金融机构的内控制度是金融机构对内部各职能部门及其工作人员从事的业务活动进行风险控制、制度管理和相互制约的方法、措施和程序等。完善的内部控制是规范金融机构经营行为、有效防范风险的关键,也是衡量金融机构经营管理水平高低的重要标志。

(四)内外部审计相结合法

银行监管当局的外部审计主要关注银行的风险与安全,而银行内部审计是向股东大会负责,审查重点在银行的盈利。外部审计制度必须与内部审计相互协调。

(五)事后处理法

当金融监管当局发现某一银行的经营不符合金融法规规定,经营管理状况出现妨碍稳健经营的倾向或有危害公众利益的行为时,就应视情况采取相应的措施。

本章案例

案例一 美联储的产生

20 世纪以前美国政治的一个主要特征,是对中央集权的恐惧。这不仅仅体现在宪法的制约与平衡上,也体现在对各州权利的保护上。对中央集权的恐惧,是造成美国人对建立中央银行抱有敌意态度的原因之一。除此之外,传统的美国人对于金融业一向持怀疑态度,而中央银行又正好是金融业的最突出代表,美国公众对中央银行的公开敌视,使得早先旨在建立一个中央银行以管辖银行体系的尝试,先后两次归于失败:1811 年,美国第一银行被解散;1832 年,美国第二银行延长经营许可证期限的要求遭到否决,随后因其许可证期满在 1836 年停业。

1836 年美国第二银行停业后,由于不存在能够向银行体系提供准备金并使之避免银行业恐慌的“最后贷款人”,这便给美国金融市场带来了麻烦。19 世纪和 20 世纪早期,全国性的银行恐慌已成为有规律的事情。1837 年、1857 年、1873 年、1884 年、1893 年和 1907 年,都曾爆发过银行恐慌。1907 年银行恐慌造成的广泛的银行倒闭和存款人的大量损失,终于使美国公众相信需要有一个中央银行来防止将来再度发生恐慌了。

不过,美国公众基于对银行和中央银行的敌视态度,对建立类似英格兰银行的中央银行,还是大力反对的。他们一方面担心华尔街的金融业(包括最大的公司和银行)可能操纵这样一个机构从而对整个经济加以控制;另一方面,也担心联邦政府利用中央银行过多干预私人银行的事务。所以,在中央银行应该是一家私人银行还是一个政府机构的问题上,存在着严重的分歧。由于争论激烈,只能妥协。依据美国传统,国会便把一整套精心设计的带有制约和平衡特点的制度写入了 1913 年的《联邦储备法》,从而创立了拥有 12 家地区联邦储备银行的联邦储备体系。

当初建立联邦储备系统,首先是为了防止银行恐慌并促进商业繁荣,其次才是充当政府的银行。但是第一次世界大战结束后,美国取代英国,成为金融世界的中心,联邦储备系统已成为一个能够影响世界货币结构的独立的巨大力量。20 世纪 20 年代是联邦储备系统取得重大“战功”的时代。当经济出现摇摆的迹象时,就提高货币的增长率;当经济开始以较快的速度扩张时,就降低货币的增长率。它并没有使经济免于波动。但它的确缓和了波动。不仅如此,它是不偏不倚的,因而避免了通货膨胀。货币增长率和经济形势的稳定,使美国经济获得了迅速发展。

思考题:美联储产生的过程说明了什么?

案例二 中国人民银行的现代化支付系统

中国人民银行的支付系统是人民银行根据我国支付清算需要,利用现代计算机技术和通信网络自主开发建设的,能够高效、安全处理银行间异地、同城支付业务及其资金清算和货币市场交易的资金清算的应用系统。支付系统是各银行间和货币市场的公共支付清算平台,是人民银行发挥其金融服务职能的重要核心支持系统,是我国经济金融体系的重要基础设施。随着我国市场经济的发展,我国目前在中国人民银行主导的以大额支付系统为核心、以商业银行行内系统为基础、以其他支付结算系统为补充的第一代支付系统基础上已经形成第二代现代化支付清算系统。

第二代现代化支付清算系统于2013年10月8日正式运行,它是在第一代支付系统的基础上,升级系统功能,实现汇款一点清算模式的。它由大额实时支付系统、小额批量支付系统、全国支票影像交换系统、全国电子商业汇票系统、网上支付跨行清算系统和境内外币支付系统六大业务系统构成。该支付清算系统2017年共处理业务119亿笔,金额达3 827万亿元,约为2017年GDP的46倍。它是中国人民银行发挥中央银行作为“银行的银行”最终清算者功能和金融市场监管者功能作用的金融交易和信息管理决策系统。在提高金融市场结算效率、促进商业银行业务创新、支持国民经济持续健康发展等诸多方面发挥了极其重要的作用。

随着我国社会经济快速发展,经济规模不断扩大,交易活动日益频繁。为满足社会支付需求的多样性发展,近年来各商业银行依托人民银行支付系统这一安全、高效、快捷的跨行资金流转平台,自主研发了多种方便、快捷的新兴电子支付产品,如:为机关、企事业团体等机构办理代收公共事业费、异地跨行代付工资、代付保险金和养老金等资金清算业务;为社会公众提供网上支付、电话支付、跨行跨地区存取款、汇款等资金清算服务。

受益于新兴技术与支付业务的结合,近年来以支付宝、财付通为代表的非银行支付机构在零售支付市场异军突起,客户体验不断改善,业务规模急剧扩大。当前,我国共有243家非银行支付机构,其中互联网支付机构共110家。2013年至2017年,支付机构处理的业务量从371亿笔增长到3 193亿笔,金额从18万亿元增长到169万亿元,年复合增长率分别达到71%和75%。不过,网络支付业务发展的同时也伴随着资金流向不透明、资金挪用、违规资金清算等问题,其根源在于支付机构与银行直连形成的代理清算模式。在这一背景下,网联应运而生。作为国家级重要金融基础设施,网联平台通过连接支付机构和银行,主要集中处理支付机构发起的涉及银行账户的网络支付业务,从而实现网络支付资金清算的集中化、规范化、透明化。

资料来源:中国人民银行营业管理部。

本章小结

1. 中央银行的产生原因是统一银行券发行、票据交换和清算、充当“最后贷款人”、金融业实施监督与管理和政府融资的客观需要,使一些大的商业银行逐渐从商业银行体系中分离出来,演化成为中央银行。

2. 中央银行的性质可以概括为:国家赋予其制定和执行货币政策,对国民经济进行宏观调控和管理监督的特殊的金融机构。

3. 中央银行作为发行的银行、银行的银行、政府的银行,是对其职能的最典型概括,也就是传统意义上的“三大职能”。

4. 中央银行的组织形式可以分为四种类型:单一式中央银行制度、复合式中央银行制度、准中央银行制度、跨国中央银行制度。

5. 在中央银行与政府的关系中,最基本、最重要的问题就是中央银行与政府之间既要保持协调,又要保持独立,寻找二者结合的均衡点,这就是中央银行与政府关系的核心内容,即中央银行的独立性只是一种相对独立性。

6. 中央银行业务活动的原则包括非营利性、流动性、主动性、公开性四个原则。

7. 中央银行的负债业务主要包括货币发行业务、代理国库业务和集中存款准备金业务;资产业务主要包括再贴现和再贷款业务、对政府的贷款业务、证券的买卖业务和金融、外汇储备业务;中间业务主要是负责全国商业银行间的资金清算。

8. 中央银行金融监管的原则包括:监管主体的独立性原则、依法监管原则、自我约束与外部强制相结合原则、安全稳健与经济效益相结合原则、母国与东道国共同监管原则。金融监管的内容包括:市场准入的监管、市场运作过程的监管、市场退出的监管。

复习思考题

1. 简述中央银行产生的原因。
2. 简述中央银行的性质和职能。
3. 简述中央银行的作用。
4. 简述中央银行保持相对独立性的原因。
5. 试述如何加强我国中央银行的独立性。
6. 简述中央银行的业务活动原则。
7. 简述中央银行金融监管的基本原则。
8. 简述中央银行金融监管的主要内容。

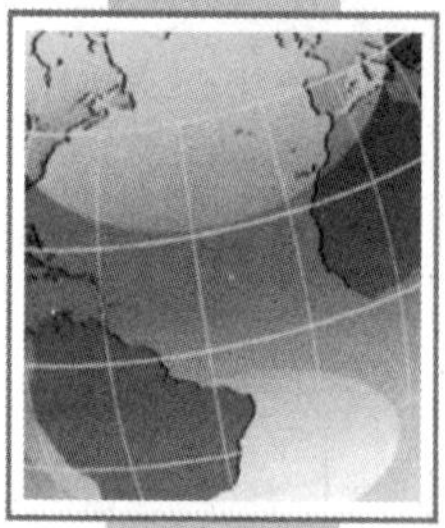

第七章 金融市场

在市场经济条件下，各类市场在资源配置中发挥着基础性作用，这些市场共同组合成一个完整、统一且互相联系的有机体系。在整个市场体系中，金融市场是最基本的组成部分之一，是联系其他市场的纽带。无论是消费资料、生产资料的买卖，还是技术和劳动力的流动，各种市场的交易活动都要通过货币的流通和资金的运动来实现，都离不开金融市场的密切配合。金融市场的发展对整个市场体系的发展起着举足轻重的制约作用，市场体系中其他各市场的发展则为金融市场的发展提供了条件和可能。

第一节　金融市场概述

金融市场是商品经济发展的产物，更是市场经济的重要组成部分。现代经济生活中，资金供求双方通过金融市场相互联系，达到融通资金的目的。金融市场有很多组成部分，主要包括货币市场、资本市场以及其他金融市场。

一、金融市场及其构成要素

(一)金融市场的含义

金融市场可以从不同角度加以定义。从内在机制上看，金融市场是指以金融资产为交易对象而形成的供求关系及其机制的总和。它包括如下三层含义：第一，它是金融资产进行交易的一个有形和无形场所；第二，它反映了金融资产的供应者和需求者之间所形成的供求关系；第三，它包含了金融资产交易过程中所产生的运行机制，其中最主要的是价格机制，具体表现形式为利率、汇率和各种证券的定价机制。

从市场表现上看，金融市场是指资金供应者和资金需求者双方通过信用工具进行交易而融通资金的市场，广而言之，是实现货币借贷和资金融通、办理各种票据和有价证券交易活动的市场。所谓资金融通，是指在经济运行过程中，资金供求双方运用各种金融工具调节资金盈余的活动，是所有金融交易活动的总称。在金融市场上交易的是各种金融工具，如股票、债券、储蓄存单等。资金融通简称为融资，一般分为直接融资和间接融资两种。直接融资是资金供求双方直接进行资金融通的活动，也就是资金需求者直接通过金融市场向社会上有资金盈余的机构和个人筹资；间接融资则是指通过银行所进行的资金融通活动，也就是资金需求者采取向银行等金融中介机构申请贷款的方式筹资。金融市场对经济活动的各个方面都有着直接且深刻的影响，如个人财富、企业的经营、经济运行的效率，都直接取决于金融市场的活动。

(二)金融市场的构成要素

作为金融商品交易的集中地，金融市场是一个由多种要素构成的有机统一体，它由金融活动的主体、各类金融工具以及有关交易组织共同组成。构成金融市场体系的要素主要包括：

1. 金融市场的参与主体

金融市场的主体即市场参与者，主要是个人或家庭、工商企业、政府部门、金融机构和中央银行，他们参与金融交易的动机是多元化的。

个人主要是作为金融市场的资金供给者，他们将日常消费以外的节余收入用于购买金融资产，通过执行投资理财计划实现个人财富的保值和增值。同时，他们也会以自己未来的预期收入作为支撑，借入资金购买住房、耐用消费品等以满足当期需求，从而在跨期消费中谋求获得最大的效用。个人参与金融交易还可能有其他目的，如投机、套利、保值等。

工商企业是金融市场中主要的资金需求者，同时也是重要的资金供给者。由于生产经营过程中现金流入、流出在时间和数量上的不一致，企业经常会出现暂时性资金短缺或资金闲置。企业可以在金融市场上筹集资金，满足自身的短期或中长期资金需求；亦可将暂时闲置的资金投入金融市场，获取收益。企业也可以出于投机、套利、保值等目的参与金融交易。

政府部门在金融市场上主要是资金需求者，将所筹资金用于“资本性支出”，如调节财政收支，用于基础建设，支持国有企业和公用事业发展等。政府也会在金融市场上扮演投资者的角色，比如购买其他国家政府发行的债券，为财政盈余寻找有效的运用途径。

金融机构是金融市场上的专业参与者，通过提供金融产品和服务获取利润。金融机构在金融市场中的作用十分关键，一方面，提高了交易效率，减少了交易双方的信息成本和交易成本；另一方面，保持了市场交易的稳定和活跃，在市场运行中起着“造市者”(Market Maker)的作用。此外，金融机构也在市场上进行投机、套利、保值。

中央银行则是较为特殊的非利益驱动的参与者，其目的主要是通过在金融市场上的交易吞吐基础货币或者干预市场价格波动，同时对其他金融市场主体的交易行为产生影响，以实现宏观调控的目标。

广义的金融市场参与者还包括为市场活动提供辅助性服务的专业机构，如会计师事务所、律师事务所、资产评估事务所、证券评级机构、清算机构、登记机构等。

金融市场主体的数量、结构和素质对金融市场的发展水平具有决定意义。

2. 金融市场的交易对象

金融市场的交易对象是金融工具，即交易者之间为转移资金或风险而签订的界定双方权利义务的金融合约。各种金融工具之间的差别看上去形形色色，如交易者身份、交易目的、期限、附着的权利和义务、发行方式和交易方式、担保条件等，但概括起来，实际上主要是三个属性的差异：流动性、风险性和收益性，三者之间既存在相关性，也有一定的矛盾。金融市场的交易主体需要根据自己的评估和偏好在三者之间进行权衡，以寻求最佳的金融投资组合。一般而言，金融工具品种的丰富是金融市场发达的标志之一。

3. 金融市场的交易价格

金融工具的交易价格与交易者的损益直接相关，是金融市场运行机制的核心变量。不同类型金融工具的价格表现形式也有所不同，如借贷利率、证券发行与交易价格、汇率等，其变化趋势受多种宏观和微观因素的共同影响，同时也是对这些宏观与微观因素的综合反映。

4. 组织形式

金融交易的组织形式是指金融市场的交易主体在进行交易时所采用的方式。一般来说有三种：一是交易所交易，这是一种由交易双方集中在交易所内通过公开竞价的方式进行资金交易的组织形式；二是柜台交易，是指在各种金融机构柜台上买卖双方进行面议、分散交易的方式；三是场外交易，这种交易一般没有固定的交易场所，也不需要交易双方进行直接接触，而是依靠通信手段来完成。

5. 市场管理

这里的市场管理主要是指政府为了维护金融市场的正常秩序而进行的管理。它主要包括信息披露管理、金融业务管理、金融机构管理、对外国参与者的管理、货币政策管理等。政府的金融市场管理主要是为了防止证券发行人隐蔽相关信息欺骗投资者，促进金融证券交易的公平进行，提高金融机构的稳定性，对外国参与者在国内市场和机构的行为加以约束，对经济活跃程度加以控制，以形成一个高效率、低成本、有序竞争的金融市场。

二、金融市场的类型

在金融市场上，金融交易的对象、方式、条件和期限各不相同，以至于金融市场由无数个相互独立又相互关联的市场组成。按照不同的标准，金融市场可以进行不同的划分：

(一)按金融交易的期限划分，可分为货币市场和资本市场

货币市场是交易期限在1年以内的短期金融工具的市场，其作用是满足交易者对资金的流动性需要，货币市场包括银行短期信贷市场、银行同业拆放市场、商业票据市场、银行承兑汇票市场、可转让大额定期存单市场等。其特点是：偿还期较短，流动性较高，风险较小。

资本市场是指金融工具期限在1年以上的长期金融市场，其作用是满足中长期的投资需求和政府弥补财政赤字的资金需要。其特点是：偿还期长，流动性较低，因而风险较大，但可以为持有者带来较高的收益。

(二)按资金的融通方式划分，可分为直接融资市场和间接融资市场

直接融资市场是指资金供给者直接向资金需求者进行融资的市场，如企业通过发行债券和股票的方式进行融资。

间接融资市场是指通过银行等信用中介的资产负债业务来进行资金融通的市场，如存贷款市场。

直接融资市场和间接融资市场的差别并不在于是否有中介机构介入，而在于中介机构介入的作用和特征。

(三)按金融工具成交后是否立即交割划分，可分为现货市场和期货市场

现货市场一般是指在成交后1～3日内立即付款交割的市场。

期货市场则是按成交时所规定的特定日期进行交割的市场。

(四)按照金融工具的流通状态划分，可分为发行市场和流通市场

发行市场也称初级市场或一级市场，它是证券和单据等金融工具最初发行的市场。

流通市场也称次级市场或二级市场，它是已经发行的证券或票据等金融工具转让流通的市场。

(五)按照金融交易的场地和空间划分，可分为有形市场和无形市场

有形市场是指具有固定交易场地、有专门组织机构和人员、有专门设备的组织化的市场。

无形市场是一种观念中的市场，它没有集中固定的场所，也没有专门的组织，它的交易都是通过电话、电传、电报等通信手段完成的。

(六)按照资金的融通范围划分，可分为国内金融市场和国际金融市场

国内金融市场是一个国家内部以本国货币表示的资金交易市场，其交易活动要受到本国法律和制度的管制。

国际金融市场是国际间各种金融业务活动的领域，包括长期和短期资金借贷、外汇和黄金买卖，以及票据贴现、国际间债权债务清算等金融交易。

纽约金融市场

纽约金融市场是世界最重要的国际金融中心之一，其形成和发展与两次世界大战密切相关。1810年纽约就已取代费城，成为美国国内最大的金融和商业中心。第二次世界大战以后，纽约金融市场在国际金融领域中的地位进一步加强。美国凭借其在战争时期膨胀起来的强大经济和金融实力，建立了以美元为中心的资本主义货币体系，使美元成为世界最主要的储备货币和国际清算货币。西方资本主义国家和发展中国家的外汇储备中大部分是美元资产，存放在美国，由纽约联邦储备银行代为保管。一些外国官方机构持有的部分黄金也存放在纽约联邦储备银行。纽约联邦储备银行作为贯彻执行美国货币政策及外汇政策的主要机构，在金融市场的活动直接影响市场利率和汇率的变化，对国际市场利率和汇率的变化有着重要影响。世界各地的美元买卖，包括欧洲美元市场、亚洲美元市场的交易，都必须在美国，特别是在纽约的商业银行账户上办理收付、清算和划拨，因此纽约成为世界美元交易的清算中心。此外，美国资金调动比较自由。在纽约，不仅有许多大银行，而且商业银行、储蓄银行、投资银行、证券交易所及保险公司等金融机构云集，许多外国银行也在纽约设有分支机构。这些都为纽约金融市场的进一步发展创造了条件，加强了它在国际金融领域中的地位。

纽约金融市场包括外汇市场、货币市场与资本市场。

(1)纽约外汇市场，是全球最主要的外汇市场之一，并无固定的交易场所，所有的外汇交易都是通过电话、电报和电传等设备进行。此外，各大商业银行都有自己的通信系统，与该行在世界各地的分行外汇部门保持联系，又构成了世界性的外汇市场。由于世界各地时差关系，各外汇市场开市时间不同，纽约大银行与世界各地外汇市场可以昼夜24小时保持联系，其在国际间的外汇交易几乎可以立即完成。参与外汇市场活动的主要是公司及财团、个人、商业银行、外汇经纪人及中央银行。商业银行在外汇交易中起着极为重要的作用，外汇交易主要通过商业银行办理。20世纪70年代以来，纽约市场外汇交易量急剧增加。纽约外汇交易中心已发展成为欧洲与远东的重要纽带、世界性外汇交易的主要中心，足以与伦敦外汇市场相抗衡。

(2)纽约货币市场，即纽约短期资金的借贷市场，是资本主义世界主要货币市场中交易量最大的一个。除纽约市金融机构、工商业和私人在这里进行交易外，每天还有大量短期资金从美国和世界各地涌入流出。与外汇市场一样，纽约货币市场也没有一个固定的场所，交易都是供求双方直接或通过经纪人进行的。纽约货币市场的交易，按交易对象可分为：联邦基金市场、政府国库券市场、银行可转让定期存单市场、银行承兑汇票市场和商业票据市场等。

(3)纽约资本市场，是世界最大的经营中长期借贷资金的资本市场，分为债券市场和股票市场。

纽约国内债券市场交易的主要对象是政府债券、公司债券、外国债券。政府债券主要是中期库券和长期公债。在纽约资本市场上，美国政府的中长期债券交易量最大，公司债券的交易量仅次于政府债券。

纽约股票市场是纽约资本市场的一个组成部分。在美国，有十多家证券交易所按证券交易法注册，被列为全国性的交易所。其中，纽约证券交易所和美国证券交易所最大，都设在纽约。

三、金融市场的功能

金融市场的基本功能主要体现在以下几个方面：

(一)调剂资金

货币资金在各经济主体、各地区间的分布无论是从空间上还是时间上看都是不平衡的，所以客观上需要相互融通和调剂，以此来加速社会资金周转，提高效益。而金融市场就提供了这样一种能够满足相互融通和调剂的机制安排，从而达到资金的最优配置。

(二)增加社会资金积累

金融市场，特别是长期资本市场，是企业进行扩大再生产筹资的重要渠道，通过金融市场特有的积少成多、化短为长的转换功能，可在很大程度上改变一个国家在一定时期内资金积累和消费的比例，最大限度地动员社会闲散资金，增加资金积累。

(三)降低信息成本

信息成本是在评价金融资产价值的过程中所发生的成本。由于金融市场是汇集社会政治、经济、军事等方面信息的"集散地"，也是对这些信息加以反映的"晴雨表"，同时更是反映金融交易本身供求态势方面信息的"指示器"，所以市场的参与者可以通过金融市场大大降低信息获取的成本。

(四)分散与转移风险

通过金融资产的交易，对于局部和个体来说，风险被转移到别处甚至消失，但从整体上看，风险并没有消除。另外，由于信息不对称引发的逆向选择和道德风险始终存在，金融市场效率低下，容易产生摩擦，滋生风险，这种制度性的风险难以消除。在一个效率较低的市场上，由于市场不能很好地发挥分散和转移风险的功能，最终可能导致风险的集聚和集中爆发，引发金融危机。

(五)发现价格

金融资产一般都有票面金额，而大多数的金融资产并不能通过票面金额来体现其内在价值。这时候就需要借助金融市场的价格发现功能，通过金融市场交易中买卖双方相互作用来确定金融资产的合理价格。

第二节　金融工具

一、金融工具及其特征

金融工具是指金融交易中所发生的债权债务关系的书面证明。之所以称为"工具"，是因为这种债权债务关系的书面证明是资金供应者和资金需求者之间实现资金融通的工具，或者形象地说它是资金或资本融通的载体，借助这个载体实现资金或资本由供应者向需求者的转移。金融工具也常被称为"金融资产"，因为金融工具代表的是债权，持有它就拥有了债权，代表着财产、财富，因此金融工具又成为金融市场上投资、买卖的对象，从这个意义上它又是一种资产。金融工具的特征主要体现在以下四个方面：

(一)期限性

期限性是指一般金融工具都有规定的偿还期限的特性。偿还期限是指债务人必须全部归还本金之前所经历的时间。债务人有义务在规定的期限到期时归还本金，并按约定的条件和方式支付相应的利息。各种金融工具在发行时一般都具有不同的偿还期。从长期来说，有10年、20年、50年的。还有一种永久性债务，这种债务的借款人同意无限期地支付利息，但始终不偿还本金，这是长期的特例。而另一个极端是银行活期存款，即随时可以兑现，其偿还期实际等于零。

（二）流动性

流动性是指金融工具在必要时迅速转变为现金而不致遭受损失的可能性。流动性往往需要满足三个前提条件：第一，必须能够很容易地变现；第二，变现交易成本必须极小；第三，本金必须保持相对稳定。金融工具变现越迅速、交易成本越小，则流动性越高。例如，活期存款比定期存款变现所受到的制约就少，因此活期存款的流动性就比定期存款高。金融工具的变现往往通过两种途径来实现：转让或者赎回。

（三）风险性

风险性是指投资金融工具的本金和预期收益可能会遭受损失的特性。金融工具遭受的风险主要有两种：信用风险和市场风险。信用风险是指债务人不履行合约、不按期归还本金的风险。信用风险对于任何一个金融投资者都存在，因此，认真审查投资对象、充分掌握信息是至关重要的。市场风险是指由于金融投资工具价格或市场价值波动所带来的风险，最典型的市场风险就是利率风险。金融工具的市场价格与市场利率的关系一般表现为：市场利率上升，金融工具的市场价格下降；市场利率下降，金融工具的市场价格上升。

（四）收益性

收益性是指金融工具能定期或不定期给持有人带来收益的特性。金融工具的交易实际上还是货币资金的有偿让渡，这种“有偿”就是收益性的体现。金融工具的收益往往通过两种途径获得：资本利得和资本增值。资本利得是指金融工具在持有期间所带来的利息收入；而资本增值则是指投资者通过金融工具的低买高卖所获得的价差收入。金融工具的收益性通常用收益率来表示，收益率是指持有金融投资工具所取得收益与本金的比率，一般以每年一定的百分比来反映。收益率通常有三种计算方法：名义收益率、即期收益率和平均收益率。名义收益率，是金融工具票面收益与票面面额的比率；即期收益率，是年收益额与该金融工具当期市场价格的比率；平均收益率，是将即期收益与资金损益共同考虑的收益率。平均收益率可以更准确地反映投资者的收益情况。

金融工具的期限性、流动性、风险性和收益性之间既相互独立，又密切相连。一般来说，它们之间的关系可以概括为：流动性与期限性、收益性、风险性成反比；期限性、风险性与收益性成正比。在其他条件不变的情况下，流动性越高，对应的偿还期限越短，则风险性和收益性越低；流动性越低，则对应的偿还期限越长，风险性和收益性越大；偿还期限越长，风险性越大，则收益性越大；偿还期限越短，风险性越小，则收益性越低。

二、金融工具的种类

根据不同的分类方法，金融工具可分为不同的种类。

（一）按金融工具的期限分类，可分为短期金融工具和长期金融工具

短期金融工具是指偿还期限在1年或者1年以内的各种金融工具，包括票据、借据、短期国库券等。

长期金融工具是指偿还期限在1年以上的金融工具，如长期债权、股票等。

(二)按融资形式分类,可分为直接金融工具和间接金融工具

直接金融工具是指资金供求双方直接进行资金融通时所使用的金融工具,如股票、债券等。

间接金融工具是指资金供求双方通过银行等金融中介机构进行资金融通时所使用的金融工具,如银行存单等。

(三)按权利与义务分类,可分为债权债务类金融工具和所有权类金融工具

债权债务类金融工具主要是指票据、债权等代表债权债务关系的书面凭证。

所有权类金融工具以股票为代表,是一种表明所有权关系的书面凭证。

(四)按是否与直接信用活动相关划分,可分为原生金融工具和衍生金融工具

原生金融工具是在实际信用活动中出具的能证明债权债务关系或所有权关系的合法凭证,主要有商业票据、债券等债权债务凭证和股票、基金等所有权凭证。

衍生金融工具是在原生金融工具基础上派生出来的各种金融合约及其组合形式的总称,主要包括金融期货、金融期权和金融互换。

三、几种主要的金融工具

(一)原生金融工具

原生金融工具也称为基础金融工具或传统金融工具,是指在实际信用活动中所发行的能证明债权债务关系或所有权关系的合法凭证,主要有商业票据、债券等债权债务凭证与股票、基金等所有权凭证。基础金融工具是金融市场上使用最广泛的工具,主要依据自身收益定价,是引导资金进入产业领域的媒介。

1. 票据

票据是指出票人依法签发的,约定自己或委托付款人在见票时或在指定日期向收款人或持票人无条件支付一定金额货币,并可以转让的有价证券。

各种票据中最主要的是商业票据。商业票据是商业信用的工具,是由企业签发的以商品和劳务交易为基础的短期无担保的债权债务凭证。

商业票据有三类,即支票、本票和汇票,其中汇票较为复杂。汇票按出票人的不同可以分为银行汇票和商业汇票,而商业汇票又可以根据承兑人的不同分为商业承兑汇票和银行承兑汇票。

2. 股票

股票是一种有价证券,它是股份有限公司公开发行的、用以证明投资者的股东身份和权益并据以获得股息和红利的凭证。股票一经发行,持有者即为发行股票的公司的股东,有权参与公司的决策、分享公司的利益,同时也要分担公司的责任和经营风险。股票一经认购,持有者不能以任何理由要求退还股本,只能通过证券市场将股票转让和出售。

股票有多种分类方法。按股票所代表的股东权利划分,可分为普通股股票和优先股股票。普通股股票是最普通、最重要的股票种类,股息随公司盈利多少而增减,还可以在公司盈利较多时分享红利。优先股股票是股份有限公司发行的具有收益分配和剩余财产分配优先权的股票,根据事先确定的股息率优先取得股息,股息与公司的盈利状况无关,公司解散时股东可优先得到分配的剩余资产。

我国的股票具有典型的中国特色。根据股票上市地点及股票投资者的不同,可以将我国上市公司的股票分为 A 股、B 股、H 股、N 股及 S 股等几种。A 股是以人民币标明面值,以人民币认购和进行交易、供国内投资者买卖的股票。B股又称人民币特种股票，是指以人民币标明面值，以外币认购和进行交易，专供外国和我国香港、澳门、台湾地区的投资者买卖的股票，从2001年2月28日开始，国内居民也被允许用银行账户的外汇存款购买B股。H股是指由中国境内注册的公司发行、直接在香港上市的股票。N股是指由中国境内注册的公司发行、直接在美国纽约上市的股票。

3. 债券

债券是债务人向债权人出具的、在一定时期支付利息和到期归还本金的债权债务凭证，上面载明债券发行机构、面额、期限、利率等事项。根据发行人的不同，债券可分为企业债券、政府债券和金融债券三大类。

(1)企业债券，又称公司债券，是企业为筹集资金而发行的债务凭证。

(2)政府债券，是国家根据信用原则举借债务的借款凭证。政府债券按偿还期的不同可分为短、中、长期债券。1年以内的短期政府债券通常称作国库券；1年以上的中、长期政府债券称为公债券，是长期资金市场中的重要金融工具。由中央政府发行的称为国家公债券或国库券，由地方政府发行的称为地方公债券。

(3)金融债券，是银行或其他金融机构作为债务人发行的借债凭证，目的是筹措中长期贷款的资金来源，同时也有用于资产负债的管理，形成资产与负债的最佳组合。

4. 基金

基金是指为了某种目的而设立的具有一定数量的资金，主要包括信托投资基金、公积金、保险基金、退休基金，以及各种基金会的基金。人们通常所说的基金，主要是指证券投资基金。证券投资基金是指通过公开发售基金份额募集资金，由基金托管人托管，由基金管理人管理和运作资金，为基金份额持有人的利益，以资产组合方式进行证券投资的一种利益共享、风险共担的集合投资方式。目前，基金在许多国家都受到投资者的广泛欢迎。

(二)衍生金融工具

衍生金融工具是在基础金融工具之上衍生出来的金融工具。具体来说，衍生金融工具是以基础金融工具为买卖对象而衍生出的金融工具，其价值决定于它所代表的基础金融工具价值的变动。衍生金融工具一般以合约的形式出现，主要有金融期货合约、金融期权合约、互换合约、远期利率协议等。

1. 金融期货

金融期货是指买卖双方事先就某种金融工具的数量、交割日期、交易价格、交割地点等达成协议，并约定在未来某一时刻进行实际交割的交易。金融期货作为期货交易中的一种，具有期货交易的一般特点，但与商品期货相比较，其合约标的物不是实物商品，而是传统的金融商品，例如证券、货币、汇率、利率等。

2. 金融期权

金融期权是指以金融商品或金融期货合约为标的物的期权交易。具体地说，其购买者在向出售者支付一定费用后，就获得了能在规定期限内以某一特定价格向出售者买进或卖出一定数量的某种金融商品或金融期货合约的权利。

金融期权主要有以下几个构成因素：(1)执行价格(又称履约价格)。期权的买方行使权利时事先规定的金融标的物买卖价格。(2)权利金。期权的买方支付的期权价格，即买方为获得期权而付给期权卖方的费用。(3)履约保证金。期权卖方必须存入交易所用于履约的财力担保。(4)看涨期权和看跌期权。看涨期权，是指在期权合约有效期内按执行价格买进一定数量标的物的权利;看跌期权,是指卖出标的物的权利。当期权买方预期标的物价格会超出执行价格时,他就会买进看涨期权;相反,就会买进看跌期权。

按执行时间的不同,金融期权主要分为欧式期权和美式期权。欧式期权是指只有在合约到期日才被允许执行的期权,它在大部分场外交易中被采用;美式期权是指可以在成立后有效期内任何一天被执行的期权,多为场内交易所采用。金融期权已经发展成为适应国际上金融机构和企业等控制风险、锁定成本的需要而出现的一种重要的避险衍生工具。

3. 金融互换

根据国际清算银行的定义,金融交换是交易双方在一定期间内,交换不同标的物之现金流量的协议。从事交换交易的目的在于进行交易的双方均能从中获得所希望的利益,例如减少资金成本、降低财务风险、增加资金筹措来源以及优化公司资产负债结构等。目前,市场上主要的金融交换的契约类型有股价交换、利率交换、通货交换及通货利率交换。交换契约的基本结构,包含了交易双方同意在特定期间内交易标的物的名义本金,名义本金可以是相同或不同的货币和金融工具。由于交易双方的需求不同,因此交换契约多通过中介经纪商居间撮合。

金融工具的风险性表现

(1)某投资者用每股20元的价格买进某股票1 000股,花费2万元。后来该股票价格一直走低,该投资者不得不在15元的价格上卖出该股票,股票收入1.5万元,因此该投资者损失了5 000元的本金。

(2)一家水泥厂需要资金5 000万元以购买一套国外设备,拟采用发行债券的方式筹集资金。经有关部门批准发行了一笔面额1 000元、期限5年的债券,发行对象为社会法人与自然人。后来由于该厂家决策失误,经营出现重大困难,不到5年的时间就破产倒闭,该债券到期也无法偿付,给购买者带来巨大的损失。

第三节　货币市场

货币市场又称为短期金融市场,是实现短期资金的市场,主要从事1年以内的短期资金的借贷活动。货币市场的功能是提供短期资金,以满足短期资金需求者由于生产的季节性原因或其他原因,对临时性生产或周转资金的大量需求。货币市场主要包括同业拆借市场、票据贴现市场、大额可转让定期存单市场、回购协议市场和国库券市场等。

一、货币市场的特点与功能

(一)货币市场的特点

相对于资本市场,货币市场有其自身的特点。

1. 货币市场的金融工具期限短、安全性高、流动性强

在货币市场上交易的金融工具不是所有权凭证,而仅仅属于债权、债务凭证。这些凭证的期限一般不超过1年,所以其流动性和安全性都相对较高,易于在短时间内变现。同时,由于这个市场上流通的证券期限短,价格不可能剧烈波动,因此这个市场的投资者遭受损失的可能性较小,但收益性不高。

2. 货币市场是资金批发市场

由于交易量极大,周转速度较快,一般投资者难以涉足,因此货币市场的主要参与者大多

是机构投资者,他们深谙投资技巧,业务精通,因而能在巨额交易和瞬息万变的行情中获利。

3. 货币市场是不断创新的市场

由于货币市场的管理历来比其他市场要宽松,因此任何一种类型的交易方式和方法一般只要可行就可以被采用和发展。

4. 货币市场的金融工具具有货币属性

货币市场上的金融工具的流通性较好,因此这个市场上产生的金融工具具有较好的货币性,对银行的业务有很强的竞争性和替代性,同时,这些金融工具也是对中央银行发行货币的替代。

(二)货币市场的功能

总的来说,货币市场的功能主要有以下几个方面:

1. 融通短期资金

货币市场通过短期资金的融通,既可以解决交易主体的短期支付困难,实现资金周转的正常运行,同时又无需自己持有大量的流动性强而收益性低的资产,从而提高了其资金的利用率和收益率。

2. 优化经济主体的资产结构

对于一个市场主体的企业来说,拥有一个优化的资产结构具有重要的意义。所谓优化的资产结构,即其资产结构与其负债结构保持期限上和成本与收益上的对称,在不发生周转困难的情况下,获得尽量高的收益。因此,保持一定的既有流动性又可获得较好收益的资产是必要的。货币市场提供的大量流动性强又有收益性的有价证券,为企业理财提供了有效的途径。

3. 创造准货币

货币市场的信用工具因其具有很强的流动性,被称为准货币。正是货币市场通过提供信用工具的转手机制,使货币市场的信用工具具有了高流动性,所以,货币市场的信用工具具有了货币的功能。因此,货币市场提供的准货币具有很强的内生性。在中央银行实施紧缩货币政策而减少货币供应时,货币市场的交易量会扩大以填补中央银行货币收缩的市场缺口,从而也使中央银行的货币政策效果受到抵消。

4. 为中央银行实施货币政策提供了平台和传导途径

市场经济条件下,货币政策是重要的宏观调控的手段。货币政策实施的手段主要有贴现政策和公开市场业务操作,这两种政策工具的运用,都需要依赖于货币市场的正常运行。贴现政策措施实施以后,首先引起货币市场资金供求的变化,然后导致市场利率的改变,在此基础上,商业银行和其他金融机构会改变其信贷政策、信贷规模和资产结构,市场上的其他经济主体因而要调整其投资和消费的决策和计划,由此导致了实际经济变量的改变。作为另一项货币政策工具——公开市场业务操作,中央银行在市场上通过买卖公债等来影响市场的资金供求,改变商业银行的资产负债结构,最终达到影响实际经济变量、调节经济生活的目的。

二、货币市场的构成

(一)银行间同业拆借市场

同业拆借市场是指金融机构之间以货币借贷方式进行短期资金融通活动的市场。同业拆借的资金主要用于弥补银行短期资金的不足、票据清算的差额以及解决临时性资金短缺需要,又称同业拆放市场,是金融机构之间进行短期、临时性头寸调剂的市场。它是货币市场的一个重要组成部分,能较准确地反映资金供求状况。同业拆借市场以隔夜交易为主,即大多进行以

1 日为期的拆借，主要有银行同业拆借市场和短期拆借市场两种类型。

1. 银行同业拆借市场的形成

同业拆借市场的形成动因是金融机构追求“三性”相统一的经营目标，而其形成的基础与条件则是金融机构的临时性资金余缺调剂。银行同业拆借市场起源于西方国家存款准备金制度的实施，在存款准备金制度下，按规定商业银行吸收的存款必须按一定比例提取准备金，缴存于中央银行，称为法定存款准备。但对每家银行的某一时日来说，有些银行准备金保有量过多，出现多余，这些超出法定准备的部分称为超额储备。超额储备由于没有利息收益，因此会产生潜在的收益损失。而另有一些银行当储备计算期末储备金不足时，就会面临被征收罚金的危险。在这种客观条件下，储备多余的银行便设法将其拆出，增加收入，储备不足的银行又设法拆入资金，由此逐渐形成了银行同业拆借市场。

近 20 多年来，银行同业拆借市场有了较大的发展，它不仅作为同业之间调整储备的市场，而且已经成为银行扩大资产业务的手段，同业拆借的参加者也从商业银行扩大到非银行金融机构，使拆借市场的范围日益扩大。

美国 1913 年通过《联邦储备法》，规定加入联邦储备银行的会员银行必须按银行存款余额计提一定比例的存款准备金，以不计息的方式存入联邦储备银行，准备金数额不足将受到经济处罚。英国同业拆借市场的形成建立在票据交换的基础上，由于银行间票据交换后的差额需要轧平，因此头寸不足者向头寸多余者借入资金的活动频繁发生，便形成了同业拆借市场。

在经历了 20 世纪 30 年代的第一次资本主义经济危机之后，西方各国普遍强化了中央银行的作用，相继引入法定存款准备金制度作为控制商业银行信用规模的手段，与此相适应，同业拆借市场也得到了较快发展。在经历了长时间的运行与发展过程之后，当今西方国家的同业拆借市场较之形成之时，无论在交易内容开放程度方面还是在融资规模等方面，都发生了深刻变化。拆借交易不仅发生在银行之间，还扩展到银行与其他金融机构之间。从拆借目的看，已不仅局限于补足存款准备和轧平票据交换头寸，金融机构如在经营过程中出现暂时的、临时性的资金短缺，也可进行拆借。更重要的是，同业拆借已成为银行实施资产负债管理的有效工具。由于同业拆借的期限较短，风险较小，许多银行都把短期闲置资金投放于该市场，以利于及时调整资产负债结构，保持资产的流动性。特别是那些市场份额有限，承受经营风险能力脆弱的中小银行，更是把同业拆借市场作为短期资金经常性运用的场所，力图通过这种做法提高资产质量、降低经营风险、增加利息收入。

2. 银行同业拆借市场的特点

一般而言，银行同业拆借市场具有五大特点：

(1)只允许经批准的金融机构进入市场；

(2)融资期限较短，最常见的是隔夜拆借，目前甚至出现日内拆借，一般最长不超过 1 年；

(3)交易金额较大，而且不需要担保或抵押，完全是凭信用交易；

(4)交易手续简便，一般通过电话洽谈；

(5)利率由双方协商决定，随行就市。

3. 我国同业拆借市场的发展状况

我国同业拆借市场的兴起源于信贷资金管理制度的改革。经过分离国有专业银行、建立真正意义上的中央银行制度、实施存款准备金制度、实行信贷资金管理新体制等一系列改革，同业拆借市场逐步兴起。在高速成长的过程中，违规行为明显增加，通过整顿，同业拆借市场进入全新的规范发展阶段，包括两级网络的全国统一的同业拆借市场网络系统已开通运行。

(二)票据市场

票据市场是指各类票据发行、流通及转让的场所，它是货币市场中历史最悠久的融资工具之一。票据市场主要包括商业票据的承兑市场和贴现市场，也包括其他融资性票据市场，主要有融资性票据市场和中央银行票据市场。

根据1996年1月1日起实施的《中华人民共和国票据法》，我国境内的票据包括汇票、本票和支票。商业票据市场主要是因商业汇票的发行、承兑、转让和贴现形成的市场。

1. 商业票据的构成要素

根据我国《票据法》的规定，商业票据必须具备以下七个要素：(1)明确标明"汇票"字样；(2)无条件支付的命令；(3)确定的金额；(4)付款人名称；(5)收款人名称；(6)出票日期；(7)出票人签章。

此外，汇票上记载付款日期、付款地、出票地的，应当清楚、明确，汇票上未记载付款日期的为见票即付；汇票上未记载付款地的，付款人的营业场所、住所或者经常居住地为付款地；汇票上未记载出票地的，出票人的营业场所、住所或者经常居住地为出票地。

2. 商业票据的业务种类

与商业票据相关的业务主要有票据发行、票据转让、票据承兑、票据清偿和票据贴现。

(1)商业票据的发行。商业票据的发行分为直接发行和金融机构承销两种方式。

(2)商业票据的转让。商业票据通常可以通过背书方式进行转让。背书是指在票据背面记载有关事项并签章的票据行为。背书人背书转让汇票后，即承担保证其后手所持汇票承兑和付款的责任。出票人在汇票上记载"不得转让"字样的，汇票不得转让。背书转让可以多次进行。

(3)商业汇票的承兑。商业汇票是一种命令式票据，通常由商业信用活动中的卖方对买方或买方委托的付款银行签发，要求买方于规定日期支付货款。商业汇票必须提交债务人承认兑付后才能生效，这种承认兑付的手续称为承兑，由商人自己承兑的汇票叫商业承兑汇票，由银行承兑的汇票叫银行承兑汇票。

(4)商业票据的清偿。票据到期，持票人有权获得清偿。汇票的出票人、背书人、承兑人对持票人承担连带责任。持票人可以不按照汇票债务人的先后顺序，对其中任何一人、数人或者全体行使追索权。被追索人清偿债务后，与持票人享有同一权利。

(5)商业票据的贴现。一般而言，票据贴现可以分为三种，分别是贴现、转贴现和再贴现。贴现是指银行承兑汇票的持票人在汇票到期日前，为了取得资金，贴付一定利息将票据权利转让给银行的票据行为，是银行向持票人融通资金的一种方式。转贴现是指商业银行在资金临时不足时，将已经贴现但仍未到期的票据，交给其他商业银行或贴现机构给予贴现，以取得资金融通。再贴现是指中央银行通过买进商业银行持有的已贴现但尚未到期的商业汇票，向商业银行提供融资支持的行为。

3. 银行承兑汇票市场

银行承兑汇票市场是指银行承兑汇票的转让市场，即银行承兑汇票贴现、转贴现、再贴现市场和买卖市场。银行承兑汇票代表银行承诺在票据载明的到期日向持票人支付一定金额的货币。经过承兑的汇票具备了贴现的条件，贴现时又可以收取利息，因此，它是一种安全性、流动性、收益性都很强的短期投资工具。不仅各类银行热衷于以贴现方式购买这种汇票，赚取贴息，而且汇票交易商们也积极开展这种汇票买卖业务。同时，汇票经纪人也纷纷介入这种汇票的交易。目前，在西方国家，多数持有银行承兑汇票的银行在调度资金头寸时，一般已不再将汇票转贴现或再贴现，而是直接卖给汇票交易商，各类投资机构也都向汇票交易商购买银行承兑汇票进行投资，从而形成了由银行承兑汇票的持有人、汇票经纪人、汇票交易商和投资者参加的银行承兑汇票交易市场。

（三）CD 市场

CD(certificates of deposit)市场，也就是我们常说的大额可转让定期存单市场，是银行发行的可以流通的短期存款单的交易市场。由于 20 世纪 60 年代市场利率上升，美国的商业银行又受 Q 条例关于存款利率的限制，许多公司为了寻求更好的收益，将资金调往收益较好的货币市场，从而使商业银行的市场萎缩，为了夺回市场，阻止存款外流，商业银行设计了大额可转让定期存单。这种存单的最先发明者是美国的花旗银行。由于可以流通转让，因而对持有人来说，其流动性高于定期存款。存单的利率高于短期国债利率，又有发达的二级市场，对投资者有很大的吸引力。

银行发行的可转让定期存单不同于普通的银行定期存单，它的特点包括以下几个方面：

(1)不记名。一般的银行存单都是记名存单，而可转让定期存单是不记名的。

(2)可转让。一般存单只能由存款人支取，不可以转让买卖，而可转让定期存单可以自由转让、买卖，在市场上流通。

(3)面额大。一般存单的面额不固定，最低存款数额也没有限制，但是可转让定期存单一般面额都比较大，而且金额固定。例如，美国的可转让定期存单最低面额为 10 万美元，一般都在 50 万美元以上，有的高达 100 万美元。

(4)期限短。一般可转让定期存单的期限都在 1 年以内，平均 4 个月左右，最低的只有 14 天。

对于资金供给者来说，可转让定期存单多为大银行所发行，信用度高、安全可靠、流动性强、利率远高于国库券。对于资金需求者而言，可转让定期存单流动性强、安全性高、收益性好，对于存单的发行者而言是一个很好的筹资工具，能够方便地扩大融资规模。

（四）回购协议市场

回购协议市场是指通过回购协议进行短期资金融通交易的市场。所谓回购协议，是指在出售证券的同时，与证券的购买方签订协议，约定在一定期限后按原定价格或约定价格购回所购买证券，从而获取即时可用资金的一种交易行为。从本质上说，回购协议是一种抵押贷款，其抵押品为证券。

回购协议市场上的利率随行就市，利率高低受多种因素的影响。回购协议市场的交易仍然存在风险，市场参与人一般用设置保证金和调整回购协议的办法来规避风险。由于我国货币市场的其他子市场的发展相对滞后，因此，政府的金融宏观调控主要在回购协议市场进行。

回购协议的期限从 1 日至数月不等。作为回购的证券主要是政府债券。回购交易的交易关系主要有：银行性金融机构与非银行金融机构、金融机构与非金融企业、非银行金融机构之间、中央银行与一级交易商(是具有与中央银行直接交易资格的金融机构)之间等。银行之间通常通过同业拆借来解决资金周转问题。

回购协议市场没有集中的有形市场，交易以电信方式进行。大多数交易由资金供应方和资金需求方直接进行，但也有少数交易是通过市场专营经纪商进行的。

回购协议中的证券的交付，一般不采用实物交付的方式，特别是在期限较短的回购协议中。但为了防范资金需求者在回购协议期间将证券出售或与第三方进行回购交易所带来的风险，一般要求资金需求方将证券交给贷款人的清算银行的保管账户中，或在借款人专用的证券保管账户中，以备随时查询。

回购市场的利率不是统一的，利率的确定取决于多种因素，这些因素主要有：(1)用于回购的证券的资质。一般来说，信誉度越高，流动性越强，回购利率就越低；反之，利率就越高。(2)回购期限的长短。一般来说，期限长的利率会高些。(3)交割的条件。采用实物交割的利率会高些。(4)货币市场其他子市场的利率水平。货币市场其他子市场的利率水平会影响回购市场的利率。

(五)国库券市场

国库券是国家财政为了弥补财政收支差额或解决临时需要而发行的一种短期政府债券。国库券市场由国库券发行市场和流通市场组成。国库券发行市场发行方式包括：折扣发行和公开投标。由于国库券是政府发行的债务凭证，而政府具有征税和发行钞票的权力，所以国库券被认为是安全性最强的信用工具。

与其他货币市场证券相比，国库券有以下几个明显的特征：

(1)信用风险小。国库券是国家债券，几乎没有违约风险，因此通常被称为“金边债券”或无风险债券，从而对投资者有很强的吸引力。

(2)流动性强。国库券有很强的流动性，这使它能在交易成本及价格风险较低的情况下迅速变现。

(3)面额小。国库券是货币市场中面额较小的证券，对许多小投资者来说，国库券通常是他们能直接从货币市场上购买的唯一有价证券。

(4)收入免税。其他形式的投资收益均需缴纳所得税，国库券的投资收益通常是免税的。

国库券的作用主要有以下几个方面：

(1)由于国库券具有高度的安全性，市场价格相当稳定，流动性较强，所以它可以作为商业银行通过回购协议向中央银行或其他金融机构融通资金的抵押品。

(2)国库券成为美国商业银行最主要的短期投资工具，用以调整流动性资产。

(3)国库券还成为中央银行公开市场业务操作的主要工具。

我国国库券从 1981 年开始发行。但与发达国家相比有较大差别，主要是期限太长，实际上是中长期国债。因此，在我国目前的货币市场体系中，缺少真正的国库券市场。随着我国金融市场体系的不断完善，随着财政政策、货币政策协调与配合关系的加强，政府债券期限结构的多样化是发展的趋势。

第四节　资本市场

一、资本市场及其特征

(一)资本市场的含义

资本市场是政府、企业、个人筹措长期资金的市场，包括长期借贷市场和长期证券市场。在长期借贷市场中，一般是银行对个人提供的消费信贷；长期证券市场则主要包括股票市场和长期债券市场。资本市场是筹集资金的重要渠道，是资源合理配置的有效场所。在资本市场，资产采取有价证券的形式自由买卖，从而具有最大的流动性，发挥了调整产业结构的作用；企业可通过股份转让实现重组，以调整经营和治理结构，有利于企业重组；通过资本市场的筛选竞争机制，产业结构得以优化，高成长性的企业还可得到资金支持，促进产业结构向高级化方向发展。

(二)资本市场的特征

与货币市场相比,资本市场具有如下特征:

(1)交易工具期限长,至少在1年以上,最长的可达数十年。

(2)交易的目的主要是解决长期投资性资金供求矛盾,充实固定资产。

(3)融资数量大,以满足长期投资项目需要。

(4)资本市场金融工具既包括债务性工具,如政府债券、公司债券等,也包括股权性工具,即股票。

(5)资本市场的金融工具与短期金融工具相比较,收益高、风险大、流动性差。

二、股票市场

(一)股票

股票是指股份公司发行的、表示其股东按持有份额享受权益和承担义务的可转让的凭证。

1. 股票的性质

(1)无期性:股票没有还本期限。购买股票是一项无确定期限的投资,股票一经购买,股东不能要求公司返还股金。

(2)权责性:股票作为产权或股权的凭证,是股份的证券表现,代表股东对发行股票的公司所拥有的一定权责。股东通过参加股东大会,行使投票权来参与公司经营管理;股东可凭其所持股票向公司领取股息、参与分红,并在特定条件下对公司资产具有索偿权;股东以其所持股份为限对公司负责。股东的权益与其所持股票占公司股本的比例成正比。

(3)流动性:补充了股票无期性的不足。股票的买卖不会影响股份公司资本额的大小及其经营的稳定性。股票虽不可退回本金,但流通股却可以随意转让出售或作为抵押品。

(4)风险性:股票一经买进就不能退还本金,股价的波动就意味着持有者的盈亏变化。上市公司的经营状况直接影响投资者获取收益的多少。一旦公司破产清算,首先得到补偿的不是投资者,而是债权人。

(5)收益性:股票价格受社会诸多因素影响,股价经常处于波动起伏的状态,正是这种波动使投资者有可能实现短期获利。

(6)有限清偿责任:投资者承担的责任仅仅限于购买股票的资金,即便是公司破产,投资者也不负清偿债务的责任,不会因此而倾家荡产,最大损失也就是股票形同废纸。

2. 股票的构成

(1)面值:股票以股份公司的资本总额化分成若干股,每一股代表的资本额就是面值。

(2)市值:股票上市后在市场上的价格,有发行价格和交易买卖价格之分。

(3)股权:股票拥有者按股额比例行使的权利和义务。

(4)股息:股份公司按股额的比例支付给股东的收入。

(5)红利:股份公司经营获利后,每年按股额分给股东的经济利益。

3. 股票的种类

按照不同的分类方法,股票可以分为不同的种类。

(1)按持有者,可分为国家股、法人股、个人股三种。三者在权利和义务上基本相同。不同点是国家股投资资金来自国家,不可转让;法人股投资资金来自企事业单位,必须经中国人民银行批准后才可以转让;个人股投资资金来自个人,可以自由上市流通。

(2)按股东的权利,可分为普通股、优先股及两者的混合等多种。普通股的收益完全依赖公司盈利的多少,因此风险较大,但享有优先认股、盈余分配、参与经营表决、股票自由转让等权利。优先股享有优先领取股息和优先得到清偿等优先权利,但股息是事先确定好的,不因公司盈利多少而变化,一般没有投票及表决权,而且公司有权在必要的时间收回。优先股还分为参与优先和非参与优先、积累与非积累、可转换与不可转换、可回收与不可回收等几大类。

(3)按票面形式,可分为有面额、无面额及有记名、无记名四种。有面额股票在票面上标注出票面价值,一经上市,其面额往往没有多少实际意义;无面额股票仅标明其占资金总额的比例。我国上市的都是有面额股票。记名股将股东姓名记入专门设置的股东名簿,转让时须办理过户手续;无记名股的名字不记入股东名簿,买卖后无需过户。

(4)按享受投票权益,可分为单权、多权及无权三种。每张股票仅有一份表决权的股票称为单权股票;每张股票享有多份表决权的股票称为多权股票;没有表决权的股票称为无权股票。

(5)按发行范围,可分为A股、B股、H股和F股四种。A股是在我国国内发行、供国内居民和单位用人民币购买的普通股票;B股是专供境外投资者在境内以外币买卖的特种普通股票;H股是我国境内注册的公司在香港地区发行并在香港联合交易所上市的普通股票;F股是我国股份公司在海外发行上市流通的普通股票。

(二)股票的发行市场

股票的发行市场是指股份有限公司通过发行股票向投资者筹集股本金的市场。股票发行市场是资金需求者直接获得资金的市场。新公司的成立、老公司的增资或举债,都要通过发行市场,都要借助于发行、销售股票来筹集资金,使资金从供给者手中转入需求者手中,也就是把储蓄转化为投资,从而创造新的实际资产和金融资产,增加社会总资本和生产能力,以促进社会经济的发展,这就是股票初级市场的作用。

1. 股票发行市场的特点

(1)无固定场所,可以在投资银行、信托投资公司和证券公司等处发生,也可以在市场上公开出售新股票。

(2)没有统一的发行时间,由股票发行者根据自己的需要和市场行情走向自行决定何时发行。

2. 股票发行市场的构成

发行市场由三个主体因素组成:股票发行者、股票承销商和股票投资者。发行者的股票发行规模和投资者的实际投资能力,决定着发行市场的股票容量和发达程度;同时,为了确保发行事务的顺利进行,使发行者和投资者都能顺畅地实现自己的目的,承购和包销股票的中介发行市场,代发行者发行股票,并向发行者收取手续费用。这样,发行市场就以承销商为中心,一手联系发行者,一手联系投资者,积极开展股票发行活动。

3. 股票发行方式

在各国不同的政治、经济、社会条件下,特别是金融体制和金融市场管理的差异使股票的发行方式也是多种多样的。根据不同的分类方法,可以概括如下:

(1)根据发行对象的不同,分为公开发行与不公开发行。

公开发行又称公募,是指事先没有特定的发行对象,向社会广大投资者公开推销,并以支付一定的发行费用的方式通过金融中介机构代理。不公开发行又称私募,是指发行者只对特定的发行对象推销股票的方式。不公开发行通常在几种情况下采用:一是股东配股,又称股东分摊,即股份公司按股票面值向原有股东分配该公司的新股认购权,动员股东认购。这种新股发行价格往往低于市销股票。采用这种方式，可以扩大股东的范围，分散持股，防止囤积股票或被少数人操纵，有利于提高公司的社会性和知名度，为以后筹集更多的资金打下基础；也可增加股票的适销性和流通性。不公开发行可以采用股份公司自己直接发售的方法，也可商量价格，事实上成为对股东的一种优待，一般股东都乐于认购。如果有的股东不愿认购，他可以自动放弃新股认购权，也可以把这种认购权转让给他人，从而形成了认购权的交易。二是私人配股，又称第三者分摊，即股份公司将新股票分售给股东以外的本公司职工、往来客户等与公司有特殊关系的第三者，以示照顾。三是当新股票发行遇到困难时，向第三者分摊以求支持，无论是股东还是私人配售，由于发行对象是既定的，因此不必通过公募方式，这不仅可以节省委托中介机构的手续费、降低发行成本，还可以调动股东和内部的积极性、巩固和发展公司的公共关系，但缺点是这种不公开发行的股票流动性差，不能公开在市场上转让出售，而且也会降低股份公司的社会性和知名度，还存在被杀价和控股的风险。

(2)根据发行者推销出售股票方式的不同，分为直接发行与间接发行。

直接发行又称直接招股，是指股份公司自己承担股票发行的一切事务和发行风险，直接向认购者推销出售股票的方式。采用直接发行方式时，要求发行者熟悉招股手续，精通招股技术并具备一定的条件。当认购额达不到计划招股额时，新建股份公司的发起人或现有股份公司的董事会必须自己认购出售的股票。因此，只适用于有既定发行对象或发行风险小、手续简单的股票。在一般情况下，不公开发行的股票或因公开发行有困难(如信誉低所致的市场竞争力差、承担不了大额的发行费用等)的股票，或是实力雄厚，有把握实现巨额私募以节省发行费用的大股份公司股票，才采用直接发行的方式。间接发行又称间接招股，是指发行者委托证券发行中介机构出售股票的方式。这些中介机构作为股票的推销者，办理一切发行事务，承担一定的发行风险并从中提取相应的收益。

股票的间接发行有三种方法：

一是代销，又称代理招股，推销者只负责按照发行者的条件推销股票，代理招股业务，而不承担任何发行风险，在约定期限内能销多少算多少，期满仍销不出去的股票退还给发行者。由于全部发行风险和责任都由发行者承担，证券发行中介机构只是受委托代为推销，因此，代销手续费较低。

二是承销，又称余股承购，股票发行者与证券发行中介机构签订推销合同，明确规定，在约定期限内，如果中介机构实际推销的结果未能达到合同规定的发行数额，其差额部分由中介机构自己承购下来。这种发行方法的特点是能够保证完成股票发行额度，一般较受发行者的欢迎，而中介机构因需承担一定的发行风险，故承销费高于代销的手续费。

三是包销，又称包买招股，在发行新股票时，证券发行中介机构先用自己的资金一次性地把将要公开发行的股票全部买下，然后再根据市场行情逐渐卖出，中介机构从中赚取买卖差价。若有滞销股票，中介机构减价出售或自己持有，由于发行者可以快速获得全部所筹资金，而推销者则要全部承担发行风险，因此，包销费更高于代销费和承销费。

股票间接发行时究竟采用哪一种方法，发行者和推销者考虑的角度是不同的，需要双方协商确定。一般来说，发行者主要考虑自己在市场上的信誉、用款时间、发行成本和对推销者的信任程度；推销者则主要考虑所承担的风险和所能获得的收益。

(3)按照投资者认购股票时是否缴纳股金，分为有偿增资、无偿增资和搭配增资。

有偿增资是指认购者必须按股票的某种发行价格支付现款，方能获得股票的一种发行方式。一般公开发行的股票和私募中的股东配股、私人配股都采用有偿增资的方式，采用这种方式发行股票,可以直接从外界募集股本,增加股份公司的资本金。无偿增资是指认购者不必向股份公司缴纳现金就可获得股票的发行方式,发行对象只限于原股东。采用这种方式发行的股票,不能直接从外部募集股本,而是依靠减少股份公司的公积金或盈余结存来增加资本金。一般只在股票派息分红、股票分割和法定公积金或盈余转作资本配股时采用无偿增资的发行方式,按比例将新股票无偿交付给原股东,其目的主要是为了股东利益,以增强股东信心和公司信誉或为了调整资本结构。由于无偿发行要受资金来源的限制,因此,不能经常采用这种方式发行股票。搭配增资是指股份公司向原股东分摊新股时,仅让股东支付发行价格的一部分就可获得一定数额股票的方式,例如股东认购面额为 100 元的股票,只需支付 50 元就可以了,其余部分无偿发行,由公司的公积金充抵。这种发行方式既是对原有股东的一种优惠,也能从他们那里再募集部分股金,以实现公司的增资计划。

上述这些股票发行方式,各有利弊及条件约束,股份公司在发行股票时,可以采用其中的某一种方式,也可以兼采几种方式,各公司都是从自己的实际情况出发,择优选用。当前,世界各国采用最多、最普遍的方式是公开发行和间接发行。

优先股

BCE 公司(一家加拿大公司)于 1997 年 12 月发行了优先股,该股票有如下特征:

发行面值为每股 25 加元。从 1998 年 1 月开始到 2002 年 12 月为止定期派发股利。股利固定,为每年 1.15 加元,一年分成 4 次发放,每次发放 1/4,即 0.287 5 加元,发放时间为 3 月、6 月、9 月和 12 月的第一天。从 2003 年 1 月开始股利重新调整,按照当时公司的经营情况最大限度地派发股利,并于每月的 12 日派发。

在 2002 年 12 月以前该种股票都可向公司兑付,公司按照 25 加元加上未付的股利的价格收回股票。

资料来源:Kathleen H. Brown, Thomas F. Chambers and Elliott J. Currie. *Personal Finance*, Prentice Hall, 2002。

课堂练习:查阅资料,各举两个实例说明普通股、国家股、法人股、A 股、B 股、H 股与 N 股的特征。

(三)股票的流通市场

股票流通市场是已经发行的股票按时价进行转让、买卖和流通的市场,包括交易所市场和场外交易市场两部分。由于它是建立在发行市场基础上的,因此又称作二级市场。相比而言,股票流通市场的结构和交易活动比发行市场更为复杂,其作用和影响也更大。

1. 股票流通市场的功能

股票流通市场包含了股票流通的一切活动。股票流通市场的存在和发展为股票发行者创造了有利的筹资环境,投资者可以根据自己的投资计划和市场变动情况,随时买卖股票。投资者也可以在股票市场上进行理性的投资,有利于公司筹措长期资金,股票流通的顺畅也对股票发行起到积极的推动作用。对于投资者来说,通过股票流通市场的活动,可以使长期投资短期化,在股票和现金之间随时转换,增强了股票的流动性和安全性。股票流通市场上的价格是反映经济动向的“晴雨表”,它能灵敏地反映出资金供求状况、市场供求、行业前景和政治形势的变化,是进行经济预测和分析的重要指标。对于企业来说,股权的转移和股票行市的涨落是其经营状况的指示器,还能为企业及时提供大量信息,有助于它们的经营决策和改善经营管理。可见,股票流通市场具有重要的作用。

2. 股票交易方式

转让股票进行买卖的方法和形式称为交易方式，它是股票流通交易的基本环节。现代股票流通市场的买卖交易方式种类繁多，从不同的角度可以分为以下三类：

(1)按买卖双方决定价格的不同，分为议价买卖和竞价买卖。

议价买卖就是买方和卖方一对一地面谈，通过讨价还价达成买卖交易。它是场外交易中常用的方式。一般在股票上不了市、交易量少，需要保密或为了节省佣金等情况下采用。竞价买卖是指买卖双方都是由若干人组成的群体，双方公开进行双向竞争的交易，即交易不仅在买卖双方之间有出价和要价的竞争，而且在买者群体和卖者群体内部也存在着激烈的竞争，最后在买方出价最高者和卖方要价最低者之间成交。在这种双方竞争中，买方可以自由地选择卖方，卖方也可以自由地选择买方，使交易比较公平，产生的价格也比较合理。竞价买卖是证券交易所中买卖股票的主要方式。

(2)按达成交易的方式不同，分为直接交易和间接交易。

直接交易是买卖双方直接洽谈，股票也由买卖双方自行清算交割，在整个交易过程中不涉及任何中介的交易方式。场外交易大多是直接交易。间接交易是买卖双方不直接见面和联系，而是委托中介进行股票买卖的交易方式。证券交易所中的经纪人制度，就是典型的间接交易。

(3)按交割期限不同，分为现货交易和期货交易。

现货交易是指股票买卖成交以后，马上办理交割清算手续，当场钱货两清。期货交易则是股票成交后按合同中规定的价格、数量，过若干时期再进行交割清算的交易方式。

3. 流通市场的构成

流通市场的构成要素主要有：(1)股票持有人，在此为卖方；(2)投资者，在此为买方；(3)为股票交易提供流通、转让便利条件的信用中介操作机构，如证券公司或股票交易所(习惯上称之为证券交易所)。

交易所市场是股票流通市场最重要的组成部分，也是交易所会员、证券自营商或证券经纪人在证券市场内集中买卖上市股票的场所，是二级市场的主体。具体地说，它具有固定的交易场所和固定的交易时间，接受和办理符合有关法律规定的股票上市买卖，使原股票持有人和投资者有机会在市场上通过经纪人进行自由买卖、成交、结算和交割。证券公司也是二级市场上重要的金融中介机构之一，其最重要的职能是为投资者买卖股票等证券，并提供为客户保存证券、为客户融资融券、提供证券投资信息等业务服务。

一般地，非证券交易所交易的证券买卖市场均可称为场外交易市场。场外市场又称店头市场或柜台市场，它没有固定的集中场所，是由证券公司等证券交易机构在柜台上进行的证券买卖业务，是各个证券商和投资者之间面对面进行的分散交易，买卖证券的种类、数量、价格及交付条件等都由当事人双方协商议定。在场外市场内，每个证券商行大多同时具有经纪人和自营商双重身份，随时与买卖证券的投资者通过直接接触或电话、电报等方式迅速达成交易。作为自营商，证券商具有创造市场的功能。证券商往往根据自身的特点，选择几个交易对象。作为经纪证券商，证券商替顾客与某证券的交易商行进行交易。在这里，证券商只是顾客的代理人，他不承担任何风险，只收取少量的手续费作为补偿。

场外交易市场与股票交易所的主要不同点是：

第一，它的买卖价格是证券商人之间通过直接协商决定的，而股票交易所的证券价格则是公开拍卖的结果。

第二,它的证券交易不是在固定的场所和固定的时间内进行,而是主要通过电话成交。在股票交易所内仅买卖已上市的股票,而在场外交易市场则不仅买卖已上市的股票,还买卖未上市的股票。场外交易市场在证券流通市场的地位,并不是在所有的国家都一样,场外交易市场在美国比在任何国家都发达。其主要原因是,美国的证券交易委员会对证券在交易所挂牌上市的要求非常高,一般的中小企业无法达到。这样,许多企业的证券不可能甚至不愿意在交易所挂牌流通,它们的股票往往依靠场外交易市场。欧洲国家,如英国,则有所不同,其场外交易市场远不如美国场外交易市场那样发达。原因很简单,就是交易所非常发达,在交易所交易的股票不仅包括所有上市的股票,也包括许多非上市的中小企业的股票。投资者如果想买卖某些公司发行的、没有在股票交易所登记上市的股票,可以委托证券商人进行。他们通过电脑、电话网或电报网直接联系完成交易。在场外交易市场买卖股票有时需付佣金,有时只付净价。场外交易市场的股票通常有两种价格:(1)公司卖给证券公司的批发价格;(2)证券公司卖给客户的零售价格。在这种市场上,股票的批发和零售价格的差价不大,但当市场平淡时,差价就要大一些,一般来说,这种差额不得超过买卖金额的5%。

总之,场外交易市场具有三个特点:(1)交易品种多,上市或不上市的股票都可在此进行交易;(2)它是相对的市场,不挂牌,自由协商价格;(3)它是抽象的市场,没有固定的场所和时间。

第三市场是指在柜台市场上从事已在交易所挂牌上市的证券交易。这一部分交易原属于柜台市场范围,近年来由于交易量增大,其地位日益提高,以至许多人都认为它实际上已变成独立的市场。第三市场是20世纪60年代才开创的一种证券交易市场,是为了适应大额投资者的需要发展起来的。一方面,机构投资者买卖证券的数量往往以千万计,如果将这些证券的买卖交由交易所的经纪人代理,这些机构投资者就必须按交易所的规定支付相当数量的标准佣金。机构投资者为了减低投资的费用,于是便把目光逐渐转向了交易所以外的柜台市场。另一方面,一些非交易所会员的证券商为了招揽业务,赚取较大利润,常以较低廉的费用吸引机构投资者,在柜台市场大量买卖交易所挂牌上市的证券。正是由于这两方面的因素相互作用,才使第三市场得到充分的发展。第三市场的交易价格,原则上以交易所的收盘价为准。

第三市场并无固定交易场所,场外交易商收取的佣金是通过磋商来确定的,因而使同样的股票在第三市场交易比在股票交易所交易的佣金要便宜一半,所以第三市场一度发展迅速。直到1975年美国证券交易管理委员会取消固定佣金比率,由交易所会员自行决定佣金,投资者可选择佣金低的证券公司来进行股票交易,第三市场的发展才有所减缓。第三市场交易属于场外市场交易,但它与其他场外市场的主要区别在于,第三市场的交易对象是在交易所上市的股票,而场外交易市场主要从事上市的股票在交易所以外的交易。

第四市场是投资者直接进行证券交易的市场。在这个市场上,证券交易由买卖双方直接协商办理,不用通过任何中介机构。与第三市场一样,第四市场也是适应机构投资者的需要而产生的,当前第四市场的发展仍处于萌芽状态。由于机构投资者进行的股票交易一般都是大数量的,为了保密,不致因大笔交易而影响价格,也为了节省经纪人的手续费,一些大企业、大公司在进行大宗股票交易时,就通过电子计算机网络直接进行交易。第四市场的交易程序是:用电子计算机将各大公司股票的买进或卖出价格输入储存系统,机构交易双方通过租赁的电话与机构网络的中央主机联系,当任何会员将拟买进或卖出的委托储存在计算机记录上以后,在委托有效期间,如有其他会员的卖出或买进的委托与之相匹配,交易即可成交,并由主机立即发出成交证实,在交易双方的终端上显示并打印出来。由于第四市场的保密性及其节省性等优点,对第三市场及证券交易所来说,它是一个颇具竞争性的市场。

三、债券市场

债券市场是发行和买卖债券的场所，它是金融市场的一个重要组成部分。

(一)债券市场的分类

根据不同的分类标准，债券市场可分为不同的类别。最常见的分类有以下几种：

1. 根据债券的发行过程和市场的基本功能，债券市场可分为发行市场和流通市场

债券发行市场，又称一级市场，是发行单位初次出售新债券的市场。债券发行市场的作用是将政府、金融机构以及工商企业等为了筹集资金向社会发行的债券，分散发行到投资者手中。

债券流通市场，又称二级市场，是已发行债券买卖转让的市场。债券一经认购，即确立了一定期限的债权债务关系，但通过债券流通市场，投资者可以转让债权，把债券变现。

债券发行市场和流通市场相辅相成，是互相依存的整体。发行市场是整个债券市场的源头，是债券流通市场的前提和基础。发达的流通市场是发行市场的重要支撑，流通市场的发达是发行市场扩大的必要条件。

2. 根据市场组织形式，债券流通市场可进一步分为场内交易市场和场外交易市场

证券交易所是专门进行证券买卖的场所，如我国的上海证券交易所和深圳证券交易所。在证券交易所内买卖债券所形成的市场，就是场内交易市场，这种市场组织形式是债券流通市场较为规范的形式。交易所作为债券交易的组织者，本身不参加债券的买卖和价格的决定，只是为债券买卖双方创造条件，提供服务，并进行监管。

场外交易市场是在证券交易所以外进行证券交易的市场。柜台市场为场外交易市场的主体。许多证券经营机构都设有专门的证券柜台，通过柜台进行债券买卖。在柜台交易市场中，证券经营机构既是交易的组织者，又是交易的参与者，此外，场外交易市场还包括银行间交易市场，以及一些机构投资者通过电话、互联网等通信手段形成的市场等。目前，我国债券流通市场由三部分组成，即沪深证券交易所市场、银行间交易市场和证券经营机构柜台交易市场。

从 2008 年开始，我国所有关键期限国债全部纳入柜台交易品种，截至 2013 年 12 月底，柜台交易的国债券种包括 1 年、3 年、5 年、7 年、10 年和 15 年期六个品种，柜台交易的国债数量达到 102 只。2009 年商业银行柜台记账式国债交易量大幅增加，全年累计成交 61.6 亿元，同比增长 102.4%。2013 年全年累计成交 18.7 亿元，同比增加 24.7%。截至 2013 年 12 月底，商业银行柜台开户数量达到 1 357 万户，较上年增加 197 万户，增长 17.0%。

3. 根据债券发行地点的不同，债券市场可分为国内债券市场和国际债券市场

国内债券市场的发行者和发行地点同属一个国家，而国际债券市场的发行者和发行地点不属于同一个国家。

4. 根据发行单位的不同，债券市场可分为政府债券市场和公司债券市场

政府债券是政府为筹集资金而发行的债券，主要包括国债、地方政府债券等，其中最主要的是国债。国债因其信誉好、利率优、风险小而又被称为“金边债券”。在美国，政府债券市场包括三类：中央政府债券、地方政府债券和政府机构债券。与其他有价证券相比，政府债券具有安全性高、易变现并可以享受纳税优惠等显著特征。

公司债券是由工商企业和金融企业发行的偿还期在 1 年以上的债券。公司债券通常半年支付一次利息，到期归还本金。公司债券的发行方式通常有公募和私募两种。公司债券相对于股票风险较小，相对于政府债券收益率又较高，是金融机构，特别是保险公司、储蓄银行、投

资公司等长期资金来源比重较高的机构所乐于投资的对象。

(二)债券市场的功能

综观世界各个成熟的金融市场，无不有一个发达的债券市场。债券市场在社会经济中占有如此重要的地位，是因为它具有以下几项重要功能：

1. 融资功能

债券市场作为金融市场的一个重要组成部分，具有使资金从资金剩余者流向资金需求者，为资金不足者筹集资金的功能。与股票市场一样，债券市场为资金需求者提供了一个直接融资的渠道。我国政府和企业先后发行多批债券，为弥补国家财政赤字和支持国家的许多重点建设项目筹集了大量的资金。2015 年，国债发行 1.8 万亿元，地方政府债发行 3.84 万亿元，政策性银行债发行 2.58 万亿元，支持了多项国家和地方基础设施建设、重点项目建设以及城市公用设施建设。

2. 资金流动导向功能

效益好的企业发行的债券通常较受投资者的欢迎，因而发行时利率低、筹资成本小；相反，效益差的企业发行的债券风险相对较大，受投资者欢迎的程度较低，筹资成本较大。因此，通过债券市场，资金得以向优势企业集中，从而有利于资源的优化配置。

3. 宏观调控功能

一国中央银行作为国家货币政策的制定与实施部门，主要依靠存款准备金、公开市场业务、再贴现和利率等政策工具进行宏观经济调控。其中，公开市场业务就是中央银行通过在证券市场上买卖国债等有价证券或发行央行票据，从而调节货币的供应量，实现间接宏观调控的重要手段。在经济过热需要减少货币供应量时，中央银行卖出债券或发行央行票据收回金融机构或公众持有的一部分货币，从而控制经济的过热运行；当经济萧条需要增加货币供应量时，中央银行便买入债券，增加货币的投放。

4. 提供市场基准利率

从国际金融市场的一般运行规律来看，在比较健全的金融市场上，有资格成为基准利率的只能是那些信誉高、流通性强的金融产品的利率，而国债利率一般被视为无风险资产的利率，被用来作为其他资产和衍生工具进行竞价的基准。而只有一个高流动性的、开放的、价格发现机制成熟的国债市场才能提供一个有意义的市场基准利率。

5. 防范金融风险

一个较为完备的债券市场可以有效地降低一国金融系统的风险。一个高流动性的、开放的国债市场不仅提供了市场基准利率，同时也是本币国际化的重要支撑。金融债的发行也可以极大地补充银行的附属资本，尤其是次级债券的发行使得银行不仅获得了中长期资金来源，并且在股东之外还增加了债权人的约束，有利于银行的稳健经营。债券市场上投资者的行为高度市场化，企业债务的不履行将迅速导致债权人用脚投票，使得企业过度融资的冲动受到有效遏制。在债券融资的背景下，公司债一旦出现债务不履行，会迅速导致公司在投资人群体中的名誉损失，并且通过债市信息披露会使广大社会公众掌握公司的信誉，使这种惩罚会自动扩散到整个社会。

2015 年，债券市场共发行各类债券 16.82 万亿元，同比增长 53.12%，增速提高 16.7 个百分点。其中，银行间债券市场方面，在中央结算公司发行的债券中，2015 年国债发行 1.8 万亿元，同比增长 25.43%；地方政府债发行 3.84 万亿元，几乎是上年发行量的 10 倍；政策性银行债发行 2.58 万亿元，同比增长 12.23%；商业银行债发行 0.2 万亿元，同比增长 140.89%。在上清所发行的债券中,中期票据发行1.24万亿元,同比增长27.11%;短期融资券(含超短期融资券)发行3.24万亿元,同比增长49.35%;非公开定向债务融资工具发行0.88万亿元,同比减少14.04%。

目前银行间债券市场的债券发行机构范围包括财政部、政策性银行、商业银行、非银行金融机构、国际开发机构和非金融企业等各类市场参与主体,债券种类日趋多样化,信用层次更加丰富。

四、投资基金市场

(一)投资基金的概念

所谓投资基金,就是一种利益共享、风险共担的集合投资制度,它通过发行基金证券,集中投资者的资金,交由基金托管人托管,由基金管理人管理,主要投资于股票、债券等金融工具,以获得投资收益和资本增值。通俗地说,就是"大家凑钱形成资金池,用于购买股票债券等有价证券,盈利共享,风险共担"。投资基金在不同国家或地区称谓有所不同,美国称之为"共同基金",英国和中国香港称之为"单位信托基金",日本和中国台湾称之为"证券投资信托基金"。

(二)投资基金的分类

根据不同标准,可将投资基金划分为不同的种类。

1. 根据基金单位是否可增加或赎回,可分为开放式基金和封闭式基金

开放式基金是指基金设立后,投资者可以随时申购或赎回基金单位,基金规模不固定的投资基金。

封闭式基金是指基金规模在发行前已确定,在发行完毕后的规定期限内,基金规模固定不变的投资基金。

2. 根据组织形态的不同,可分为公司型投资基金和契约型投资基金

公司型投资基金是具有共同投资目标的投资者组成以营利为目的的股份制投资公司,并将资产投资于特定对象的投资基金。

契约型投资基金也称信托型投资基金,是指基金发起人依据其与基金管理人、基金托管人订立的基金契约,发行基金单位而组建的投资基金。

3. 根据投资目标的不同,可分为成长型投资基金、收入型投资基金和平衡型投资基金

成长型投资基金以追求资本利得为主要目标,股利收入在投资收益中占较小的比重。

收入型投资基金的主要目标是获取当期最大收入,本金损失的风险较小,不过基金的成长潜力也有限,较适合保守的投资者和退休人员。

平衡型投资基金是指以支付当期收入和追求资本的长期成长为目的的投资基金。将资金分散投资于股票和债券,以保证基金资产净值稳定,同时又有一定的收益和适度的成长。

4. 根据投资对象的不同,可分为股票基金、债券基金、货币市场基金、期货基金、期权基金、指数基金和认股权证基金等

股票基金是指以股票为投资对象的投资基金。

债券基金是指以债券为投资对象的投资基金。

货币市场基金是指以国库券、大额银行可转让存单、商业票据、公司债券等货币市场短期有价证券为投资对象的投资基金。

期货基金是指以各类期货品种为主要投资对象的投资基金。

期权基金是指以能分配股利的股票期权为投资对象的投资基金。

指数基金是指以某种证券市场的价格指数为投资对象的投资基金。

认股权证基金是指以认股权证为投资对象的投资基金。

5. 根据投资货币种类，可分为美元基金、日元基金和欧元基金等

美元基金是指投资于美元市场的投资基金。

日元基金是指投资于日元市场的投资基金。

欧元基金是指投资于欧元市场的投资基金。

6. 根据资本来源和运用地域的不同，可分为国际基金、海外基金、国内基金、国家基金和区域基金等

国际基金是指资本来源于国内，并投资于国外市场的投资基金。

海外基金也称离岸基金，是指资本来源于国外，并投资于国外市场的投资基金。

国内基金是指资本来源于国内，并投资于国内市场的投资基金。

国家基金是指资本来源于国外，并投资于某一特定国家的投资基金。

区域基金是指投资于某个特定地区的投资基金。

(三)投资基金的特征

投资基金的特点主要有三个：一是集众多的非特定的分散的小额资金为一个整体，节约交易成本，提高投资收益；二是委托具有丰富的证券投资知识和经验的专家经营管理；三是分散投资，通过投资组合来降低投资风险。

(四)投资基金的市场运作

投资基金的基本功能就是汇集众多投资者的资金，交由专门的投资机构管理，由证券分析专家和投资专家具体操作运用，根据设定的投资目标，将资金分散投资于特定的资产组合，投资收益归原投资者所有。

第五节　衍生金融工具市场

一、金融期货及金融期货市场

(一)金融期货

1. 金融期货的定义

金融期货是以各种金融工具或金融商品为标的物的期货交易方式，是以公开竞标的方式进行标准化金融期货合约的交易。金融期货合约是标明买卖双方同意在约定的时间按约定的条件买进或卖出一定数量某种金融商品的标准化合约。

金融期货是在20世纪70年代世界金融体制发生重大变革，世界金融市场日益动荡不安的背景下诞生的。在经历了第二次世界大战后最长的一次经济繁荣后，西方资本主义国家先后陷入了经济危机。通货膨胀的加剧，使得固定利率金融工具出现负利率，利率风险大大增加。布雷顿森林体系崩溃后，国际货币制度实行浮动汇率制。汇率的频繁波动，进一步使国际融资工具受损的风险增大。国内外经济环境的变动，不可避免地导致股市大起大落，给股票持有者带来巨大的风险。在利率、汇率、股市急剧波动的情况下，为了适应投资者对于规避价格风险、稳定金融工具价值的需要，以保值和转移风险为目的的金融期货便应运而生。

2. 金融期货交易的基本特征

金融期货交易作为买卖标准化金融商品期货合约的活动是在高度组织化的有严格规则的金融期货交易所进行的。金融期货交易的基本特征可概括如下：

(1)交易的标的物是金融商品。这种交易对象大多是无形的、虚拟化了的证券,它不包括实际存在的实物商品。

(2)金融期货是标准化合约的交易。作为交易对象的金融商品,其收益率和数量都具有同质性、不交性和标准性,如货币币别、交易金额、清算日期、交易时间等都作了标准化规定,唯一不确定的是成交价格。

(3)金融期货交易采取公开竞价方式决定买卖价格。它不仅可以形成高效率的交易市场,而且透明度高、可信度高。

(4)金融期货交易实行会员制度。非会员要参与金融期货的交易必须通过会员代理,由于直接交易限于会员之间,而会员同时又是结算会员,缴纳保证金,因而交易的信用风险较小,安全保障程度较高。

(5)交割期限的规格化。金融期货合约的交割期限大多是 3 个月、6 个月、9 个月或 12 个月,最长的是 2 年,交割期限内的交割时间随交易对象而定。

3. 金融期货的种类

金融期货基本上可分为三大类:外汇(汇率)期货、利率期货和股票指数期货。

(1)外汇期货。外汇期货是指协约双方同意在未来某一时期,根据约定价格——汇率——买卖一定标准数量的某种外汇的可转让的标准化协议。外汇期货是适应各国从事对外贸易和金融业务的需要而产生的,目的是借此规避汇率风险。1972 年美国芝加哥商品交易所的国际货币市场推出第一张外汇期货合约并获得成功。此后,英国、澳大利亚等国相继建立外汇期货的交易市场,外汇期货交易成为一种世界性的交易品种。目前,国际上外汇期货合约交易所涉及的货币主要有英镑、美元、德国马克、日元、瑞士法郎、加拿大元、法国法郎、澳大利亚元以及欧洲货币单位等。

(2)利率期货。利率期货是指协议双方同意在约定的将来某个日期按约定条件买卖一定数量的某种长短期信用工具的可转让的标准化协议。世界上最先推出的利率期货是于 1975 年由美国芝加哥商品交易所推出的美国国民抵押协会的抵押证期货。利率期货交易的对象有长期国库券、政府住宅抵押证券、中期国债、短期国债等。

(3)股票指数期货。股票指数期货是指协议双方同意在将来某一时期按约定的价格买卖股票指数的可转让的标准化合约。股票指数期货是目前金融期货市场最热门和发展最快的期货交易。最具代表性的股票指数有美国的道·琼斯股票指数和标准普尔 500 股票指数、英国的金融时报工业普通股票指数、香港的恒生指数、日本的日经指数等。股票指数期货不涉及股票本身的交割,其价格根据股票指数计算,合约以现金清算形式进行交割。

(二)金融期货市场

1. 金融期货市场的基本功能

一般来讲,成功运作的金融期货市场具有价格发现和风险转移两大功能。

(1)价格发现。所谓价格发现,是指在交易所内对多种金融期货商品合约进行交易的结果能够产生这种金融商品的期货价格体系。期货市场发现的金融资产价格具有两个特点:

① 公正性。由于期货交易是集中在交易所进行的,而交易所作为一种有组织、规范化的统一市场,集中了大量的买者和卖者,通过公开、公平、公正的竞争形成价格。它基本上反映了真实的供求关系和变化趋势。

② 预期性。与现货市场相比,期货市场价格对未来市场供求关系变动有预测作用,它可以把国内市场价格与国际市场价格有机地结合在一起。

期货市场大大改进了价格信息质量，使远期供求关系得到显示和调整，期货市场信息是企业经营决策和国家宏观调控的重要依据。

（2）风险转移。经济生活无时无刻不存在风险，而期货市场具有一种风险转移机制，它可以提供套期保值业务，最大限度地减少价格波动带来的风险。套期保值就是买进或卖出与现货头寸数量相当、方向相反的期货合约，以期在将来某一时间通过卖出或买进期货合约而补偿因现货市场价格变动所带来的价格风险。20 世纪 70 年代以来，世界经济急剧波动，金融风险骤增，金融机构和公司都寻求金融期货市场规避风险，这正是金融期货市场得以产生和发展的内在动因。金融期货市场之所以具有风险转移的功能，主要是因为期货市场上有大量的投机者参与。他们根据市场供求变化的种种信息，对价格走势做出预测，靠低买高卖赚取利润。正是这些投机者承担了市场风险，制造了市场流动性，使期货市场风险转移的功能得以顺利实现。

2. 金融期货市场在市场经济中的作用

金融期货市场具有独特的经济功能，是现代市场经济不可缺少的组成部分，在市场经济运行中发挥着重要作用。

（1）金融期货市场是市场经济运行的必要条件。市场经济运行需要一个竞争性的完备的市场体系，期货市场作为高度组织化的市场，实行集中交易、公开竞价，可以创造真正公平竞争的环境；期货交易吸引了大量参与者，有利于打破区域界限，形成大市场；此外，期货市场作为现货市场的矫正和补充，对完善市场体系、规范市场秩序都具有重要意义。

（2）期货市场是市场经济发展的内在稳定器。从微观来看，期货交易的发展有利于稳定企业生产经营。期货市场的价格发现功能，有助于生产决策合理化；期货市场的套期保值功能，为企业提供了规避风险的手段。据研究，活跃的期货交易可以减缓现货市场价格波动的幅度，进而部分地降低或消除价格波动的风险。这是因为，期货交易发现了接近实际的远期价格信息，便于企业决策趋于合理；投机者资本的介入，起到了吸纳剩余、熨平缺口、调节供求的作用。此外，期货市场的走势是国民经济的“晴雨表”，正确利用期货市场可以有效地改进政府的宏观调控能力。

（3）期货市场有利于提高社会经济效益。期货市场是高度效率化的市场，期货交易的充分流动性可以有效地降低交易成本，而期货价格信息对市场供求的事先调节，可以促进社会资源的有效利用。

3. 现代世界期货市场的发展趋势

随着期货市场国际化和新的技术革命方兴未艾，期货市场也日益呈现新的发展趋势。其中，电子化、一体化和品种创新是未来世界期货市场的主要发展方向。

（1）电子化趋势。在现代期货市场的发展中，不仅交易场所及其附属机构的管理交易过程都实现了电子化，更重要的是，从客户到交易所和清算所的整个交易过程和清算过程都实现了电子化。电子化的优势在于可以降低成本、减少差错，有助于交易所实现无纸化操作过程，也有助于发展区域性和全球性期货市场。

（2）一体化趋势。期货交易全球一体化主要是指同一期货上市品种的交易可在全球范围内实现连续 24 小时的运作。对未来世界期货市场一体化发展可能产生决定性影响的是 1987 年 Globex 计划。1987 年，芝加哥商品交易所与路透社联合发起 Globex 计划，即闭市后交易系统。Globex 具有成本低、流动性强、效率高的特点。它将对区域性的期货交易所产生重大影响，将其纳入全球一体化的交易体系之中，将对整个世界期货市场的格局产生重要影响。

(3)品种创新趋势。20世纪70～80年代期间,国际期货市场经历了空前的品种创新的高潮,使期货市场在目前国际金融贸易和投资领域占有重要地位。今后,期货品种创新仍是期货市场发展的重要原动力之一。这是因为,期货市场是建立在现货市场基础上的金融投资市场,它的发展完全是为了满足现货市场的需要。随着目前国际经济一体化和融资工具证券化趋势的加深,投资者必将产生新的避险需求,需要新的避险工具。交易所只有不断推出适应市场需求的新的期货品种,才能推动期货市场的深入、持久的发展。

4. 世界主要金融期货市场和期货交易所

世界主要金融期货市场主要集中在北美、欧洲和亚太地区。美国是现代金融期货交易的发祥地,交易量占世界金融期货总交易量的大部分。美国主要的交易所有芝加哥期货交易所、芝加哥商品交易所、中美交易所、纽约商品交易所和纽约棉花交易所。加拿大有三个主要交易所,即多伦多股票交易所、多伦多期货交易所和蒙特利尔交易所。欧洲地区的交易所有英国的伦敦金融期货期权交易所、法国的国际期货交易所、德国的德国期货交易所、瑞士的期权与金融期货交易所等。亚太地区的主要交易所有日本的大阪证券交易所、东京股票交易所、东京国际金融期货交易所,新加坡国际金融交易所,香港期货交易所,澳大利亚悉尼期货交易所,新西兰期货交易所。

从交易品种上看,主要有联邦担保抵押贷款利率期货、联邦长期公债指数、标准普尔500股票指数期货、纽约交易所综合股票指数、欧洲货币单位、价值线股票指数、香港恒生指数以及主要货币币种的外汇期货。

从金融期货交易的内部分类来看,20世纪70年代后半期,利率期货的交易占绝大多数。1982年以后,随着股票指数期货、期权交易等新品种上市,金融期货交易逐渐向分散化方向发展。

芝加哥期货交易所是当前世界上最具代表性的农产品交易所。1848年,由82位谷物交易商发起组建了芝加哥期货交易所,1865年用标准的期货合约取代了远期合同,并实行了保证金制度。2006年10月17日,美国芝加哥商品交易所(CME)和芝加哥期货交易所(CBOT)宣布已经就合并事宜达成最终协议,两家交易所合并成全球最大的衍生品交易所——芝加哥交易所集团。合并后的交易所交易品种涉及利率、外汇、农业和工业品、能源以及诸如天气指数等其他衍生产品。合并后的公司成为世界上最活跃的交易所,2007年交易的期货和期权合约总量为28亿手,每天的平均交易量为1 100万手,比2006年增长28%。

二、金融期权及金融期权市场

(一)金融期权

1. 金融期权的概念

金融期权又称为选择权,是指赋予其购买者在规定期限内按双方约定的价格或执行价格购买或出售一定数量某种金融资产的权利的合约。与金融期货相比,金融期权更具灵活性。金融期货到期时必须进行交割,金融期权则可以不必进行实际交割,持有者只要放弃执行期权,期权合约就会自动失效。在期货交易中,若市场行情与交易者的预期相反,交易者可能会遭到巨大的损失;期权交易则不存在这种情况,期权持有人损失的最多是期权费,风险相应减少了。因此,期权的特点以及与期货交易的综合运用的种种灵活交易战略吸引了众多的投资者和相关人士,使得期权交易迅速增加,期权市场成为金融市场不可缺少的一部分。

期权是一种合约,其合约的条件是标准化了的。它给买方以权利但不是义务,在一特定的时期内(直到合约到期),按一固定的价格(定约价),买进或卖出某一资产(例如,其底层股票)。对买方来说,一份普通股的看涨期权通常代表了买进100股底层股票的权利,而一份普通股的看跌期权通常代表了卖出100股底层股票的权利。如果期权的买方履约,期权的卖方就必须按照期权合约规定的条件采取相应的行动:对看涨期权的卖方来说,就是按合约规定的价格(合约价)出售该股票;对看跌期权的卖方来说,就是按合约规定的价格(合约价)买进该股票。所有在美国证券交易所交易的期权,都是由期权清算公司(简称OCC)发行、担保和清算的。OCC是在证券交易委员会(SEC)注册的清算公司,并在标普公司的信用评级里获有"AAA"的信誉。"AAA"的信用级相当于说,期权清算公司有能力在期权交易中承担交易对方所应承担的义务。

期权的价格称为权利金。不管底层股票的表现如何,期权买方的损失不会大于为该合约最初所付的权利金。这就使得投资者有可能在数量上控制所承担的风险。与此相反,期权的卖方收了买方的权利金,作为交换,就要承担一旦合约履约就得接受转让的风险。

与合约的标准化的条件相一致,所有的期权都在一个确定的日期作废,这个日期称作"合约到期日"。对传统的挂牌期权,这可以是在从该期权挂牌交易第一天起的9个月内。另外,还有合约到期日可以从该期权挂牌交易起一直到3年后的长期期权合约,称作LEAPS(长期普通股预期证券)。美式期权(交易最多的)和欧式期权在合约到期日和期权履约方面有不同的法规。美式期权在购买之日和合约到期日之间的任何时候都可以履约。与此相反,欧式期权(主要用于现金结算的期权)只能在紧挨着合约到期日以前的一个特定日期内履约。

2. 金融期权的功能

期权交易不论采用哪一种具体方式,都存在买方和卖方。对于期权的买方而言,其特点是收益不确定、损失确定,即期权的购买者最大的损失不超过权利金。对于期权的卖方而言,收益确定、损失不确定,其最大收益为权利金。期权交易主要有保值功能和投机功能。

保值者买入看涨期权,意味着他预测该项金融资产将有可能上涨,但如果他实际买入该项资产,则又要承受预测失败、金融资产价格下跌的风险。在支付期权费,取得看涨期权后,如果价格走势确如所料,他就执行期权,以事先确定的较低的价格买入该项金融资产获取收益;如果价格下跌,他就放弃执行期权,损失了权利金,但避免了更大的金融资产价格下跌的风险。因此,期权具有保值功能。

投资者预测某项金融资产在近期将下跌,他就可以出售看跌期权,赚取权利金。如果价格走势确如所料,在期权到期日,该期权的买方将不得不放弃执行该期权,从而使该投资者最终赚取权利金。如果价格上扬,期权的买方就会执行期权,则该期权的卖方就必须承担预测失败带来的损失。这项交易体现了期权的投机功能。

期权的投机功能和保值功能是相辅相成、互为基础的。

3. 金融期权的种类

(1)按照期权买方的权利划分,可分为看涨期权和看跌期权。

①看涨期权,又称买入期权,是指期权的买方具有在约定期限内按协定价格买入一定数量金融资产的权利。投资者之所以买入看涨期权,是因为他预期这种金融资产的价格在近期将会上涨。如果判断正确,可按协议价买入该项资产并以市价卖出,可赚取市价和协议价之间的差额;如果判断失误,则放弃该权利,损失期权费。

②看跌期权,又称卖出期权,是指期权的买方具有在约定期限内按协定价格卖出一定数量金融资产的权利。投资者买入看跌期权,是因为他预期这种金融资产的价格在近期将会下跌。

如果判断正确，可从市场上以较低的价格买入该项金融资产，再按协议价卖出，可赚取协议价和市价之间的差额；如果判断失误，则放弃该权利，损失期权费。

(2)按照期权合约的标的物划分，可分为现货期权和期货期权。

①现货期权，是指期权合约的标的物为现货的期权，主要包括外汇期权、股票期权、股价指数期权、利率期权。

②期货期权，是指以各种金融期货合约作为标的物的期权，如外汇期货期权、利率期货期权、股指期货期权等。

(3)按照行使期权的时限划分，可分为美式期权和欧式期权。

①美式期权，期权持有者可以在到期日以及到期日以前的任何时间执行期权，或在到期放弃执行期权。

②欧式期权，期权持有者只能在到期日执行或放弃执行期权。

美式期权比欧式期权有更多的执行期权机会，所以期权价格比较高。欧式期权与美式期权的差异仅在于对期权买方行使期权的时间规定不同，二者并无任何地理位置上的意义。

(4)按照期权交易的场所分来划分，可分为场内期权和场外期权。

①场内期权，是指在交易所内集中进行交易的期权，期权合约是标准化的。

②场外期权，是指在交易所以外交易的期权，期权合约多为非标准化的，不过在美国，期货期权都是标准化的。

场内期权的优点是交易便利，成本低廉，期权合约具有高度的流动性。场外期权的优点则是更能适应交易者的特殊需要。

(二)金融期权市场

金融期权市场的产生和发展，为预期投资人和生产厂家进行套期保值、防范价格风险提供了更多的选择工具，进一步丰富了期货市场的交易内容。特别是在价格风险范围的损失限定上，以及到期交割与否的灵活选择上，期权交易明显优于期货交易。所以，期权交易的发展可使金融期货市场得到进一步的发展与完善。

目前，金融期权市场主要可以分为现货期权市场和期货期权市场两大类。其中，现货期权市场又分为利率期权市场、外汇期权市场和股票期权市场，期货期权市场则分为利率期货期权市场、外汇期货期权市场和股票指数期货期权市场。

期权市场的运行主要包括以下几个方面：

1. 交易所

期权交易可以在交易所内进行，也可以在场外进行。在交易所进行交易的期权合约内容是标准化的，协议价格和到期日都有统一规定。期权交易所与期货交易所一样，也实行会员制，非会员必须委托会员代为交易。

2. 期权结算公司

期权结算公司(OCC)是期权交易所的清算机构，它保证与写契人履行合同，记录所有的看涨或看跌期权交易。期权交易通过清算公司的会员每天进行清算。OCC要求其会员开立保证金账户，以确保期权交易的顺利进行；OCC会员则要求写契人也开立保证金账户，但对期权的买方没有保证金要求。

3. 期权交易的参与者

期权交易必须有买卖两方市场方可进行，出售期权合同的一方称为期权合同发行人或签署人，购买期权合同的一方称为期权持有人。在金融资产的期权交易中，一般前者是银行，后者是企业或另一家银行。期权交易中，买卖的是期权发行人随时应期权买方要求买进或卖出一定数额的金融资产的保证。对于期权的买方而言，期权合同赋予其在规定的期限内按有利的市场价格买进或卖出某金融资产的权利。如果市场发生了不利于期权买方的变化时，则可以放弃行使期权，是一种主动履约。期权卖方则有责任或义务在规定的期限内卖出或买进期权交易对方买进或卖出的金融资产，所以是被动履约。

4. 金融资产的种类与金额

期权合同中指定的金融资产既有现货也有在交易所进行交易的期货。交易所必须有相关的金融资产的期货交易才能被批准进行相同金融资产的期权交易。而且，期权合同上规定的金融资产的金额也是以期货合同规定的金额为依据的，前者的金额与后者的金额相同，或者为后者的二分之一。

5. 协议价格

期权的协议价格又称为行使价格，是指期权交易双方商定的在规定的未来某时期内执行买权或卖权合同的价格。协议价格是以当时市场行市为基础制定的，如果某金融资产的市场价格趋于上涨，则该金融资产的期权价格比当时的行市要高一些；若某金融资产的价格趋于下跌，则期权的价格就比当时行市略低一些。

6. 期权费

期权费又称保险费，是购买期权的费用，或者说是期权市场上期权卖方向期权买方收取的交易费用。对期权卖方来说，收取期权保险费是为了补偿今后金融资产价格波动造成的损失；而对期权买方而言，期权保险费是买方的成本，代表了买方进入期权市场所遭受的最大风险，即期权买主的最大损失。此外，期权价格是由期权市场上的供求关系决定的。

7. 期权合同交割的时间

期权合同的交割月份与期货合同的交割月份相同，但期权交割日常常是规定在相关金融资产期货合同交割月之前一个月的某天。这是为了在期权买方欲行使期权、期权卖方为履约责任和义务必须买进或卖出某金融资产的期货合同之前，使期权卖方能有一段时间在期货市场上做出反向的期货合同交易以对冲，从而避免期权卖方可能不愿进行实际交割的风险。

本章案例

案例一 巴林事件

巴林银行集团是英国伦敦城内历史最久、名声显赫的商人银行集团，素以发展稳健、信誉良好而驰名，其客户也多为显贵阶层，包括英国女王伊丽莎白二世。该行成立于1762年，当初仅是一个小小的家族银行，逐步发展成为一个业务全面的银行集团。巴林银行集团的业务专长是企业融资和投资管理，业务网络点主要在亚洲及拉美新兴国家和地区，在中国上海也设有办事处。到1993年底，巴林银行的全部资产总额为59亿英镑，1994年税前利润高达1.5亿美元。1995年2月26日巴林银行因遭受巨额损失，无力继续经营而宣布破产。从此，这个有着233年经营史和良好业绩的老牌商业银行在伦敦城乃至全球金融界消失。目前，该行已由荷兰国际银行保险集团接管。

巴林银行破产的直接原因是新加坡巴林公司期货经理尼克·里森错误地判断了日本股市的走向。1995年1月份，里森看好日本股市，分别在东京和大阪等地购买了大量期货合同，指望在日经指数上升时赚取大额利润。谁知天有不测风云，日本阪神地震打击了日本股市的回升势头，股价持续下跌。巴林银行最后损失金额高达14亿美元之巨，而其自有资产只有几亿美元，亏损巨大难以抵补，这座曾经辉煌的“金融大厦”就这样倒塌了。那么，由尼克·里森操纵的这笔金融衍生产品交易为何在短期内便摧毁了整个巴林银行呢？我们首先需要对金融衍生产品(亦称金融派生产品)有一个正确的了解。金融衍生产品包括一系列的金融工具和手段，买卖期权、期货交易等都可以归为此类。具体操作起来，又可分为远期合约、远期固定合约、远期合约选择权等。这类衍生产品可对有形产品进行交易，如石油、金属、原料等，也可对金融产品进行交易，如货币、利率以及股票指数等。从理论上讲，金融衍生产品并不会增加市场风险，若能恰当地运用，比如利用它套期保值，可为投资者提供一个有效的降低风险的对冲方法。但在其具有积极作用的同时，也有其致命的危险，即在特定的交易过程中，投资者纯粹以买卖图利为目的，垫付少量的保证金炒买炒卖大额合约来获得丰厚的利润，而往往无视交易潜在的风险，如果控制不当，那么这种投机行为就会招致不可估量的损失。新加坡巴林公司的里森，正是对衍生产品操作无度才毁灭了巴林集团。里森在整个交易过程中一味指望赚钱，在已遭受重大亏损时仍孤注一掷，增加购买量，对于交易中潜在的风险熟视无睹，结果使巴林银行成为衍生金融产品的牺牲品。

巴林事件提醒人们加强内部管理的重要性和必要性，应合理运用衍生工具，建立风险防范措施。随着国际金融业的迅速发展，金融衍生产品日益成为银行、金融机构及证券公司投资组合中的重要组成部分。因此，凡从事金融衍生产品业务的银行应对其交易活动制定一套完善的内部管理措施，包括交易头寸(指银行和金融机构可动用的款项)的限额、止损的限制、内部监督与稽核。随着国际金融市场规模的日益扩大和复杂化，资本活动的不确定性也愈发突出。作为一个现代化的银行集团，应努力扩大自己的资本基础，进行多方位经营，做出合理的投资组合，不断拓展自己的业务领域，这样才能加大银行自身的安全系数并不断赢利。

案例二　对冲基金

对冲基金，这是一个在国际衍生产品市场中最活跃的金融机构。对冲基金的资金来源主要是养老基金、保险公司和主要银行机构。1990 年，对冲基金管理的资产只有 150 亿美元，到 2000 年时已达到 5 000 多亿美元，规模扩大了 35 倍之多，而对冲基金的品种超过 6 000 多种。美国在 2000 年时至少有 4 200 家对冲基金，资本总额超过 4 000 亿美元，比较有名的对冲基金有：索罗斯的量子基金，资产 210 亿美元；罗伯逊领导的老虎基金(Tiger)，资产总值 184 亿美元；等等。对冲基金在 1992 年英镑危机、1994 年墨西哥金融危机、1997 年亚洲金融危机中扮演了重要角色，被一些国家视为国际金融市场大幅震荡和引发金融危机的“罪魁祸首”。但到了 1997 年亚洲金融危机以后，国际上一些大的对冲基金投资频频失误，蒙受惨重损失，由此使得对冲基金的平均规模缩小了。有数据表明，2000 年以后对冲基金又开始出现强劲的增长。

21 世纪的前十年，对冲基金再次风靡全球，2008 年，全球对冲基金持有的资产总额已达 1.93 万亿美元。然而，2008 年的次贷危机使对冲基金受到重创，价值缩水，加上其在某些市场上的流动性受阻，不少对冲基金开始限制投资者赎回。

2011 年 4 月，对冲基金管理的总资产规模触底反弹，估计有望达 2 万亿美元。2011 年 1 月，美国最大的 225 家对冲基金公司旗下就有 1.3 万亿美元，其中最大的是 Bridgewater Associates，其资产为 589 亿美元。2011 年的五大对冲基金公司为 Bridgewater Associates(589 亿美元)、Man Group(392 亿美元)、Paulson & Co.(351 亿美元)、Brevan Howard(310 亿美元)和 Och-Ziff(294 亿美元)。2011 年 2 月，全球对冲基金 61%的投资额来自机构。2015 年 5 月 16 日，中国证券投资基金业协会副会长洪磊表示，截至 2015 年 4 月底，我国正在运作的对冲基金品种共 6 714 只，资产规模达到 8 731.5 亿元。

资料来源：新浪财经网。

本章小结

1. 金融市场就是融通资金的场所，包括通过各类金融机构及个人所实现的资金借贷活动，其中有对各种货币进行的交易，也有对各种有价证券进行的交易。金融市场的构成要素主要包括市场参与者、金融工具、交易价格、组织方式和市场管理。

2. 金融市场按金融交易的期限的长短，可分为货币市场和资本市场；按资金的融通方式，可分为直接融资市场和间接融资市场；按金融工具成交后是否立即交割，可分为现货市场和期货市场；按照金融工具的流通状态，可分为发行市场和流通市场；按照金融交易的场地和空间，可分为有形市场和无形市场；按照资金的融通范围，可分为国内金融市场和国际金融市场。

3. 金融市场的功能主要有调剂资金、增加社会资金积累、降低信息成本、分散与转移风险、发现价格。

4. 金融工具是在信用活动中产生，能够证明金融交易金额、期限、价格的书面文件。金融工具的特征主要有偿还性、流动性、风险性和收益性。

5. 金融工具的种类包括以下几种：按金融工具的期限分为短期金融工具和长期金融工具；按融资形式分为直接金融工具和间接金融工具；按权利与义务分为债权债务类金融工具和所有权类金融工具；按是否与直接信用活动相关分为原生金融工具和衍生金融工具。

6. 货币市场是实现短期资金的市场，主要从事 1 年以内的短期资金的借贷活动。货币市场的功能主要包括融通短期资金、优化经济主体的资产结构、创造准货币和为中央银行实施货币政策提供平台和传导途径。

7. 货币市场主要包括银行间同业拆借市场、票据市场、大额可转让定期存单市场、回购协议市场和国库券市场。

8. 资本市场是指期限大于 1 年的证券或贷款交易的场所，包括证券市场和中长期信贷市场。资本市场主要包括股票市场、债券市场、投资基金市场。

复习思考题

1. 简述金融市场的构成要素及其功能。
2. 什么是金融工具？金融工具有哪些特征？
3. 什么是货币市场？货币市场有哪些组成部分？
4. 简述股票与债券的区别。
5. 什么是资本市场？资本市场包括哪些子市场？
6. 金融期货如何起到防范金融风险的作用？
7. 简述期货交易和期权交易的区别。
8. 通过巴林银行事件，你对衍生金融工具有了什么样的认识？
9. 巴林银行事件对我国金融业的发展有何启示？
10. 纽约金融中心的成功对我国建立金融中心有何启示？

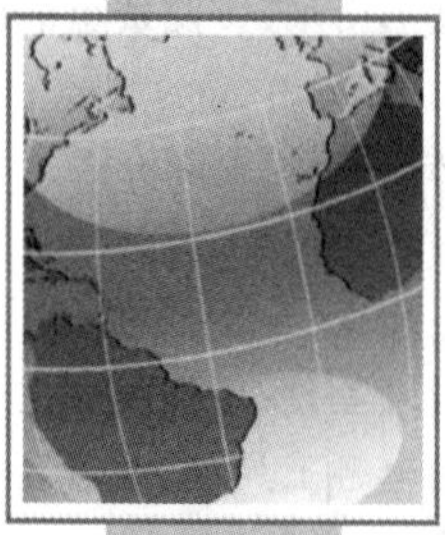

第八章 货币供求与均衡

在现代信用体系建立之前，货币供给还无法突破货币供给数量不足的困境。例如，在我国唐代中期和南北宋出现的“钱荒”和明清之初的“银荒”。在金属货币供给不足的背景下，“交子”也随之出现。在当今社会，货币供给和货币需求已经突破了金属铸币的限制，但是如何才能使货币供求符合经济发展的客观实际、接近理想的均衡状态，一直是值得各国政府和货币当局深入研究的重要课题。

第一节 货币供给

一、货币供给与货币供应量

(一)货币供给

货币供给(money supply)是指货币供给主体在一定时期内通过银行体系向社会公众投入、创造、扩张(或收缩)货币的行为，是一个动态的流量概念。在现代经济社会中，能够向社会公众提供信用货币(现金货币和存款货币)的主体有中央银行、商业银行以及特定的存款金融机构。

货币供给分为名义货币供给和实际货币供给。名义货币供给是指在一定时点上不考虑物价因素影响的货币存量；实际货币供给就是指剔除了物价影响之后的一定时点上的货币存量。若将名义货币供给记作 M_s，则实际货币供给为 M_s/P。人们通常所使用的货币供给概念是名义货币供给。

名义货币供给与实际货币供给

一个国家流通中现有货币是 1 000 亿元，在考察期间内商品、服务增长率与货币增长率均为 0，但商品价格水平却提高了 100%。显然，原有的 1 000 亿元，即名义货币供给就只能实现流通中商品、服务的 50%。当把市场出清看成是最佳状态时，这个国家这一期间的货币存量显然严重不足，即整整少了一半。原因在于，面对实际不变的商品、服务供给，实际的货币供给却由 1 000 亿元减到 500 亿元[1 000/(1+100%)]。

(二)货币供应量

货币供应量是指在一定时点上，由政府、企事业单位和居民所持有的现金和银行存款的总和，是一个静态的存量概念。它有狭义和广义之分。狭义的货币供应为 M_1，广义的货币供应为 M_2、M_3、M_4 等(在下文中会讨论)。

研究货币供应量的目的是使银行体系实际提供的货币量能够与社会经济总体对货币的需

要量保持一致，并能保持经济的持续稳定增长。

二、货币层次的划分

现代商品经济发达，许多新的信用工具层出不穷，这给货币供应量的统计和中央银行的调控带来了一系列的问题，为解决这些问题，各国中央银行将货币划分为不同层次或口径。各国的划分标准基本一致，通常按照货币流动性的不同，将货币供应划分为四个层次。具体用公式表述如下：

$M_1=M_0$ 通货＋商业银行的活期存款

$M_2=M_1$＋商业银行的定期存款和储蓄存款

$M_3=M_2$＋其他金融机构的定期存款和储蓄存款

$M_4=M_3$＋其他短期流动资产（如国库券、商业票据、银行承兑汇票、短期公司债券、人寿保险单等）

我国货币供应量层次的划分

我国现阶段货币供应量划分为三个层次，其含义分别是：

M_0＝流通中现金，即在银行体系以外流通的现金；

$M_1=M_0$＋企事业单位活期存款，即狭义货币供应量；

$M_2=M_1$＋企事业单位定期存款＋居民储蓄存款，即广义货币供应量。

在这三个层次中，M_0 与消费变动密切相关，是最活跃的货币；M_1 反映居民和企业资金松紧变化，是经济周期波动的先行指标，流动性仅次于 M_0；M_2 流动性偏弱，但反映的是社会总需求的变化和未来通货膨胀的压力状况。通常所说的货币供应量，主要指 M_2。

三、中央银行与货币供给

中央银行集中与垄断货币发行权，是其最基本、最重要的标志，也是中央银行发挥其全部职能的基础，即“发行的银行”。因此从货币发行角度考察中央银行的货币供给。

（一）基础货币

1. 基础货币的含义

基础货币（base currency）又称强力货币或高能货币，是指处于流通界为社会公众所持有的现金及银行体系准备金（包括法定存款准备金和超额准备金）的总和。基础货币作为整个银行体系内存款扩张、货币创造的基础，其数额大小对货币供应总量具有决定性的影响。为了更好地掌握这个概念，可以从两个角度来学习。

（1）从其来源来看，基础货币是中央银行的负债，即是由中央银行投放并为中央银行所能控制的那部分货币。需注意的是，基础货币并不是全部的货币供给量，它只是货币供给量的一部分。

（2）从其运用来看，基础货币由公众持有的现金和商业银行的准备金构成，这二者实际上都是中央银行对社会公众的负债。

基础货币常用以下公式表示：

$$B=R+C$$

其中，B 表示基础货币，R 为商业银行的准备金（包括商业银行库存现金和商业银行存放于中央银行的存款），C 为流通于银行体系外的现金。

基础货币的构成又可以用以下公式来表示：

基础货币＝商业银行的准备金＋流通于银行体系外的现金
＝商业银行库存现金＋商业银行存放于中央银行存款
＋流通于银行体系外的现金

基础货币是中央银行能够直接控制的这部分货币(包括控制现金的发行和商业银行的存款准备金)，基础货币的改变对商业银行的信用规模的影响直接且巨大，它直接决定了商业银行存款货币创造能力。因此，基础货币是商业银行借以创造存款货币的源泉。从实践上看，中央银行对全社会货币供给量的调控很大程度上都是通过调节基础货币来实现的。

2. 基础货币的形成

货币供给的全过程，就是中央银行供应基础货币，基础货币形成商业银行的原始存款，商业银行通过存贷款产生派生存款，最终形成货币供给量的过程。中央银行投放基础货币主要有三条渠道：一是对商业银行等金融机构的再贷款和再贴现；二是通过收购黄金、外汇等储备资产投放货币；三是通过公开市场业务等投放货币。

3. 影响基础货币投放的因素

基础货币是中央银行可以控制其投放量的货币。基础货币的投放受以下几个因素的影响：

(1)财政收支状况。当财政出现赤字并且通过向中央银行透支借款弥补时，基础货币投放增加；若财政出现节余，则基础货币投放减少。

(2)向金融机构贷款和公开市场业务。中央银行采取再贷款或再贴现的方式向商业银行等金融机构注入资金，则基础货币投放增加；反之，基础货币投放减少。中央银行从公开市场上买进证券，基础货币投放增加；反之，基础货币投放减少。

(3)国际收支状况。国际收支的变动会引起中央银行黄金和外汇储备的变动。如果中央银行在本国国际收支顺差时增加黄金和外汇储备，则基础货币投放增加；反之，基础货币投放减少。

(二)货币乘数

由基础货币可知，货币供给量是在基础货币基础上扩张的结果，由此引出货币乘数(money multiplier)的概念。货币乘数是指货币供给的扩张倍数，也就是货币供给量与基础货币的比值，它表示每1元基础货币的变动所能引起的货币供给量的变动。用M_s表示货币供给量，m表示货币乘数，B表示基础货币，则货币供给量可用公式表示如下：

$$M_s = m \cdot B$$

货币乘数模型为：

$$m = M_s / B$$

从上述公式可以看出，货币供给量是由基础货币和货币乘数共同决定。基础货币B可以由中央银行决定，通过现金发行和货币政策来实现对基础货币的控制。而影响m的因素有活期存款准备金率、定期存款准备金率、超额准备金率、现金漏损率等，其中，中央银行只能控制前两个，而后两个因素不是由中央银行决定的。由此我们可得出结论：中央银行并不能完全控制货币乘数m，因此货币供给量并不是完全由中央银行决定的外生变量，它是一个内生变量。

上述分析说明，货币供应量是由中央银行、商业银行体系及社会公众共同决定的。中央银行只能直接控制基础货币的供应，并通过对货币乘数施加影响，借以控制货币供应量。

表 8—1 **1993～2018 年我国货币供给增长及货币乘数** 单位:亿元

年份	货币供给量		基础货币	货币乘数	
	M_1	M_2	B	m_1	m_2
1993	16 280.4	34 879.8	13 147	1.238	2.653
1994	20 540.7	46 923.5	17 217.8	1.193	2.725
1995	23 987.1	60 750.5	20 759.8	1.155	2.926
1996	28 514.8	76 094.9	26 888.5	1.06	2.83
1997	34 826.3	90 995.3	30 632.8	1.137	2.971
1998	38 953.7	104 498.5	31 335.3	1.243	3.335
1999	45 837.2	119 897.9	33 620	1.363	3.566
2000	53 147.2	134 610.3	36 491.5	1.456	3.689
2001	59 871.6	158 301.9	39 851.7	1.502	3.972
2002	70 881.8	185 007	45 138.2	1.57	4.099
2003	84 118.6	221 222.8	52 841.4	1.592	4.187
2004	95 969.7	254 107	58 856.1	1.631	4.317
2005	107 278.8	298 755.7	64 343.1	1.667	4.643
2006	126 035.1	345 603.6	77 757.8	1.621	4.445
2007	152 560.1	403 442.2	101 545.4	1.502	3.973
2008	166 217.1	475 166.6	129 222.3	1.286	3.677
2009	221 445.8	610 224.5	143 985	1.538	4.238
2010	266 621.5	725 851.8	185 311.1	1.439	3.917
2011	289 847.7	851 590.9	224 641.8	1.290	3.791
2012	308 664.2	974 148.8	252 345.2	1.223	3.860
2013	337 291	1 106 525	271 023.1	1.245	4.083
2014	348 056.4	1 228 374.8	294 093	1.183	4.177
2015	400 953.4	1 392 278.1	276 377.5	1.451	5.038
2016	486 557.2	1 550 066.7	308 979.6	1.575	5.017
2017	543 790.2	1 690 235.3	321 870.8	1.689	5.251
2018	551 685.9	1 826 744.2	330 956.5	1.667	5.520

资料来源:中国人民银行网站。

1993～2018 年,狭义货币 M_1 从 16 280.4 亿元增加到 551 685.9 亿元,广义货币 M_2 从 34 879.8 亿元增加到 1 826 744.2 亿元。1993～2005 年,货币乘数总体上呈上升趋势,货币乘数 m_1 从 1.238 提高到 1.667,货币乘数 m_2 从 2.653 提高到 4.643。我国货币乘数从 2005 年至 2012 年不断上下波动;从 2013 年至今呈上升趋势。

四、商业银行与货币供给

商业银行是货币供给形成机制中的一个重要层次，是整个货币运行的最主要载体。商业银行通过活期存款业务、贷款业务等创造存款货币(详见第五章第五节)。一般情况下，商业银行对货币供给的影响主要通过两种手段：一是调节超额准备金的比率；二是调节向中央银行借款的规模。

(一)调节超额准备金的比率

银行的准备金是基础货币，其中超过中央银行法定准备率规定的金额，是银行没有据以发放贷款的部分，因而没有存款货币的创造。在准备金总额不变时，银行持有超额准备金越多，货币乘数就越小，相应地，货币供应量也越小；如果银行减少了超额准备金的持有数量，货币乘数会变大，货币供给也相应增加。任何体制下的商业银行，在中央银行的准备金存款均有超法定比率部分。但问题是，为什么有时要增加超额准备金，有时却要减少超额准备金？在市场经济中，主要动机有两个：一是成本和收益动机；二是风险规避动机。

1. 成本和收益动机

通常情况下，商业银行在中央银行的准备存款是没有利息的，而一笔资金用于贷款或证券投资则能获得收入，因此持有超额准备金则等于放弃收入，这就是超额准备金的机会成本。从这点出发，商业银行总是力求把超额准备金压到最低限度。在发达的工业化国家中，银行通常把超额准备金率保持在1%以下。如果银行持有的超额准备金也能得到一定的利息收入，那么银行要考虑的当然就是放弃运用的损失与放弃运用的收益这两者的对比状况。如我国准备金存款不仅有利息，而且很长期间利率相当高，因而商业银行就有可能持有大量超额准备金，这就属于成本收益动机的问题。

2. 风险规避动机

风险规避动机是指商业银行为了防止存款流出的不确定性所可能造成的损失而采取持有超额准备金的考虑。银行在经营过程中，如果出现存款大量流出的现象，若无超额准备金，就需要采取诸如出售证券、催收贷款、向中央银行借款等行动，这会增加成本或减少收益。如果存款流出规模过大又无法采取措施补充资金，还可能面临倒闭的风险。为了避免这些情况出现，在出现存款流出的情况时，银行则必须采取增加超额准备金的行为。这说明，超额准备金持有数量与预期存款流出量为正相关关系。

(二)调节向中央银行借款的规模

决定商业银行向中央银行借款的行为动机也是成本收益动机，而决定成本和收益的因素则主要是市场利息率和中央银行的再贴现率。显然，市场利率的高低与从银行借款的多少呈正相关关系；而中央银行再贴现率的高低与商业银行借款数量的多少呈负相关关系。

在一个典型的市场经济体系中，商业银行向中央银行借款，会增加准备金存款，即基础货币的数量，从而能支持创造更多存款货币。所以，在其他条件不变时，商业银行增加中央银行借款会扩大货币供应量，减少中央银行借款会减少货币供应量。

五、决定货币供给的其他因素

从以上的分析中似乎可以归纳出这样一个观点：银行控制货币的供应，货币供应量的最终形成取决于银行的主观愿望和实际操作。其实，这仅仅是一种简单的推论。实践证明，通过银行业务操作实现的货币供应及其调整，归根结底取决于社会各部门对货币的需求。

货币需求对于货币供给的决定作用可以从以下几个方面进行分析：

（一）中央银行控制基础货币的直接程度受制于货币需求

中央银行对基础货币控制的直接程度是相对的。在基础货币中，中央银行控制流通中现金部分的能力，最终还要受制于社会各部门的现金需求。至于商业银行的准备金存款部分，更体现了中央银行控制的相对性。按照上述分析，中央银行在调节商业银行准备金存款时，除法定存款准备金率以外，其他手段对准备金存款的影响都不直接。无论再贴现率变化、再贷款规模改变，还是进行公开市场业务，均要考虑商业银行的决策，而商业银行对中央银行实施调节手段的反应，不仅取决于该政策手段本身的诱惑，还取决于银行可贷款规模、物价稳定程度、对市场的良好预期、经济周期等一系列因素。在经济萧条时期，如果商业银行对前景预期悲观，即使中央银行降低放款利率、扩大贷款额度，准备金存款终究会由于商业银行较低的筹资愿望而迟迟不能扩大。

（二）商业银行扩大信贷规模受制于社会的信贷资金需求

贷款的形成取决于借贷双方的共同意愿。如果商业银行在中央银行实施扩张性的货币政策后最终增加了存款准备金额，货币供应量是否会相应扩大，还是一个未知数，取决于借贷双方的意愿。借贷双方意愿不一致的现象是经常存在的。例如，如果商业银行愿意保持较多的超额准备，这时即使借款人有贷款需求，货币供应量也无法扩大。反之，如果银行信贷资金宽松，但客户借款需求较低，货币供应量也无法扩大。这种情况在经济萧条时期尤其容易出现。货币供给的扩张会因需求不足而受到阻碍。

（三）社会公众持有现金的意愿影响货币供给总量

流通中现金存入银行，可以成倍地创造派生存款，扩大货币供应量。但现金被存款客户从银行中取出，则会大幅度地减少存款货币量。因此，非银行部门持有现金数量的大小，直接影响到货币供应总量。社会持有现金的量也受经济运行的影响。经济繁荣期，利率上升，人们愿意放弃不生息的现金，将其转换为存款及各种有价证券，减少持币量；经济萧条期，对金融资产的不安全感使人们纷纷从银行提现以求安全。因此，社会持现量的变化，不完全是心理因素的作用。

综上分析，货币供应量的最终形成是社会各部门共同作用的结果。如果将由社会经济活动决定的变量定义为内生变量，将由非经济活动决定的变量定义为外生变量，那么，货币供给从最终形成的意义上说，是一种内生变量，无论它怎样表现，都是由政府决策部门决定并实施的过程。但是，也不能完全否认货币供给依然具有一定的外生性。比如，政府为支付战争经费、为应付突然出现的灾害向中央银行借款，由此导致货币供给量的增加，就是一个外生因素决定的过程。现代经济中，如果政府的经费支出主要用于非经济用途，由财政赤字诱发的货币供应量就是形成外生货币量的主要原因。

电子货币对货币供给理论的影响

电子货币的使用会对中央银行的货币供给量带来影响，会引起传统银行存款的信用创造过程发生变化。

电子货币的使用会引起货币乘数的上升。根据货币乘数理论，使用电子货币会使货币乘数上升这一结论很容易得到论证。设中央银行货币供给量 $M=C+D$，其中，C 为现金余额，D 为存款余额；中央银行基础货币 $B=R+C$，其中，R 为准备金余额，C 为现金余额。货币乘数为：

$$\frac{M}{B}=\frac{C+D}{R+C}=\frac{\frac{C}{D}+1}{\frac{R}{D}+\frac{C}{D}}$$

其中，C/D 是现金与活期存款的比率，R/D 是准备率。当使用了电子货币之后，将电子货币余额定义为 E，那么货币供给量为：

$$M=C'+D'+E$$

其中，C'、D'分别是使用了电子货币之后的现金余额和存款余额，则货币乘数为：

$$\frac{M}{B}=\frac{C'+D'+E}{R'+C'}=\frac{\frac{C'+E}{D'}+1}{\frac{R'}{D'}+\frac{C'}{D'}}$$

将以上两个货币乘数进行比较，现假设使用电子货币之前的准备金率 R/D 与使用电子货币之后的准备金率R'/D'相等。当电子货币代替现金时，并且电子货币不履行准备金义务的条件下，现金与存款比率 C'/D'显然比使用电子货币以前的比率 C/D 低，此时$(C'+E)/D'$的值与 C/D 的值几乎相等，因此货币乘数增大。

另外，当电子货币代替存款时，电子货币的发行者与普通银行相比，由于节约了需要支付的准备金，从经济总体上将使准备金余额减少，并且现金余额 C 保持不变（$C=C'$），$E+D'$与过去的 D 几乎相等，因此这种情况下货币乘数也将增大。

当利用普通存款进行信用创造时，必须遵循中央银行制定的法定存款准备金制度，中央银行以此控制货币供给。但是利用电子货币进行信用创造时，中央银行没有制定相应的制度，不必留存一定比率的法定准备金，因此原则上电子货币发行机构可以不断地进行放款等资金运用活动，从而产生货币乘数是否会无限制增大的问题。事实上，这种货币乘数的增大是有一定限度的。第一，如前所述，利用电子货币进行信用创造时，即使没有赋予法定准备金约束，但是发行者为了提供支付或者提款功能，必须以相当数额的现金或者存款的形式进行准备。电子货币发行者可能会比普通银行节约一定的支付准备，但是绝不是不进行支付准备。第二，存在“漏出”。即使电子货币发行者没有支付准备，在利用电子货币进行信用创造过程中，资金不可能永远在电子货币发行部门内部循环，而且人们手中持有的电子货币一部分很可能会兑换为普通存款或者现金，从而从电子货币发行部门漏出。第三，贷款需求是有限的。要想产生信用扩张，必须拥有高信誉的贷款需求群体，因此对于电子货币发行者来说，良好的贷款机会并不是无限的。第四，关于电子货币发行机构发放贷款的成本，电子货币发行机构为了向高信用者放款，以获得更高的贷款收益，也同普通银行一样，需要花费对贷款者信用审查的大量成本。

第二节　货币需求

货币需求（money demand）是指社会各部门在既定的收入或财富范围内能够且愿意以货币形式持有的数量。它不是一种纯粹的主观的欲望，而是一种由各种客观经济变量所决定的对货币的持有动机或要求，是人们在其所拥有的全部资产中根据客观需要认为应该以货币形式持有的数量或份额。随着社会的发展和货币信用关系的发达，对货币需求及其理论的研究仍在不断深化。

一、马克思的货币需求理论的一般内容

按照马克思对货币必要量的论述，流通中所需的货币量为实现流通中待售商品价格总额所需的货币量。用公式表示待售商品价格总额对货币的需要量，可以写成：

货币必要量＝商品价格总额/货币流通速度

若以 M 表示货币必要量，Q 表示待售商品数量，P 表示商品平均价格，V 表示货币流通速度，则有：

$$M=P\cdot Q/V$$

由于马克思的货币必要量模型建立在金属货币流通基础上，因此对该模型的理解必须注意这样几个问题：

(1)货币必要量理论强调待交换的商品价值决定其价格，货币数量不影响价格水平。这个论断适用于金属货币流通时期。由于金本位制度下铸币可以自由地进入或退出流通，因此，流通中的铸币量可以在价值规律下，自发地调节商品流通对货币的需要量。因此，商品价格不会由于货币量的大量短缺或严重过剩而出现大幅度波动。但是，当金属货币的流通为纸币及不兑现信用货币流通取代时，必须考虑货币供应对货币需求的反作用。

不兑现信用货币流通使货币供应量失去自动适应货币必要量的性能。流通中货币量与货币必要量经常存在着差异，必然引起商品价格的变动。针对不兑现信用货币流通下货币量对价格的影响，马克思在上述货币必要量规律的基础上提出了纸币流通规律，指出在纸币流通下，单位纸币所代表的金属货币量等于流通中所需的金属货币量除以流通中的纸币总额。用公式表示为：

单位纸币代表的金属货币量＝流通中所需的金属货币量/流通中的纸币总额

在这个公式中，我们可以明显看出货币供应量对货币币值以及物价的影响。在货币需求不变的条件下，如果纸币供应量增加，则有币值下降和物价上升的变化。

(2)货币必要量规律及其模式为我们提供了对货币需求进行理论分析的思路，但直接运用这个模式测算实际生活中的货币需求，还存在很多问题。比如在货币必要量公式中，待售商品价格总额和货币流通速度是很难测算的。因此，该公式所指出的货币必要量还只能是理论分析中一个定性的量，而非实践中可以测算的量。

(3)货币必要量公式反映的是货币的交易需求，是指人们进行商品与劳务交换时所需要的货币量。

马克思的货币必要量公式具有重要的理论意义。它反映了商品流通决定货币流通这个基本原理。货币是为适应商品交换的需求而产生的，因商品的交换进入流通，并因交换的需求改变数量。这对于我们了解日趋发达的货币信用关系，了解商品流通与货币流通的内在联系，均具有重要的指导意义。

二、西方经济学中的货币需求理论

(一)古典学派的货币需求理论

20 世纪初古典经济学家对货币需求理论的研究认为，总收入是决定货币数量的重要因素，商品价格水平与货币数量呈反比例变化，而利率对货币需求没有影响。古典学派的货币需求理论中最著名的是费雪的现金交易数量说和剑桥学派的现金余额数量说。

1. 现金交易数量说(cash transaction approach)

美国耶鲁大学教授欧文·费雪于1911年出版的《货币的购买力》一书，对货币数量论做了系统的阐述，提出了著名的现金交易方程式，即费雪方程式。

费雪认为，如果用M表示一定时期内流通货币的平均数量，用V表示货币流通速度，用P表示各类商品的加权平均价格，用T表示各类商品的交易量，那么，货币量M与其他三个经济变量间的关系可以由以下的方程式表示：

$$MV=P\cdot T$$

在这个方程式中，M是可以由模型之外因素决定的外生变量；V是由制度性因素决定的，因而短期内不变，可以视之为常数；T是由生产决定的，可以视为大体稳定。因此，只有P与M的关系最为密切。或者说，货币数量的变化会主要地影响价格的变化。如果将公式两边同除以V，可以得出：

$$M=P\cdot T/V$$

从形式上看，交易方程式与马克思的货币需要量公式没有大的区别，但两者的含义是截然不同的。前者强调货币数量变化对商品价格的影响，后者则特别强调商品生产过程对商品价格的决定作用。

2. 现金余额数量说(cash balance theory)

以马歇尔和庇古为代表的剑桥学派在考察货币的作用时，强调货币的主观需求因素。不同于现金交易数量说以分析货币的支出为重点，剑桥学派认为，经济社会中个人对货币的需求，实质是选择以怎样的方式保持自己的资产。因此，个人的财富水平、利率变动以及持有货币可能拥有的便利等诸多因素，均会影响个人的持币需求。

英国剑桥大学教授庇古根据马歇尔的现金余额数量说，于1917年发表了《货币的价值》一文，提出了著名的剑桥方程式：

$$M=kPY$$

其中，M为货币需求数量，也就是所谓的现金余额，Y代表总收入，P表示价格水平，k表示以货币形式保有的财富占名义总收入的比例。

剑桥方程式隐含的假设条件是货币供给与货币需求随时趋向均衡，即$M_s=M_d=M$；在充分就业的条件下，Y是常数。因此，当货币供给相对需求而增加时，唯一能使货币供求相等的途径，就是物价上升；反之亦然。这一结论与交易方程式的结论相一致。

但二者在内容上还是有很大差异的：首先，费雪方程式强调货币的交易手段职能，剑桥方程式则强调货币作为一种资产的性质。因此，费雪方程式侧重分析货币总流量与总产出和价格水平的关系，剑桥方程式则侧重分析货币存量占收入的比例。其次，费雪方程式从宏观的角度分析货币需求，完全不考虑利率等因素对微观主体持币动机的影响；剑桥方程式则从微观角度分析货币需求，尽管利率因素并没有在方程式中明确表述出来，但已隐含在对k的分析中。

(二)凯恩斯的货币需求理论

凯恩斯认为，货币需求是指在一定时期内，经济主体能够而且愿意持有的货币数量。同时，他认为人们普遍存在着流动性偏好的心理倾向，人们更愿意持有现金而不愿意持有其他缺乏流动性的资产。这一流动性偏好构成了对货币的需求。所以，凯恩斯的货币需求理论又称为流动性偏好货币需求理论。该理论最著名的特征是在借鉴剑桥学派的结论基础上，注重对货币需求的动机分析。凯恩斯认为，人们的货币需求动机有三种，即交易动机、预防动机和投机动机。由此，货币需求由三部分组成：货币的交易需求、货币的预防需求与货币的投机需求。

1. 交易动机

交易动机(transaction motive)是指人们为了应付日常交易活动而产生的持有货币的愿望。在现代社会中,任何经济主体为了完成交易都要保有一定数量的货币。这种出于交易的动机而产生的对货币的需求称为货币的交易需求。一般来说,经济越发达,交易的规模就越大,货币的交易需求越大。所以,货币的交易需求是国民收入的增函数。

2. 预防动机

预防动机(precautionary motive)是指人们为应付紧急或意外情况而产生的持有货币的愿望。任何经济体都保持一定数量的货币以防意外支出。这种出于预防动机而产生的对货币的需求就构成了货币的预防需求。一般来说,国民收入越高,风险程度越大,货币的预防性需求就越大。所以,货币的预防需求也是国民收入的增函数。

3. 投机动机

投机动机(speculative motive)是指人们为了在未来的某一适当时机进行投资活动而产生的持有货币的愿望。投机动机的提出是凯恩斯货币需求理论中最具创新的部分。凯恩斯认为,人们需要持有一定量货币以随时在市场上买卖证券获取收益,这种出于投机的目的而产生的货币需求称为货币的投机需求,买卖证券主要是买卖债券。债券价格与市场利率成反比例关系,即市场利率上升,债券价格将下降;而市场利率下降,债券价格将上升。货币的投机需求主要受利率的影响:当市场利率处在高水平时,证券的价格较低,这时人们预测利率将会下降而证券的价格将会上升,人们就会更多地持有证券而减少货币的持有以期在证券价格上升中获利;反之,人们会更多地持有货币而减少对证券的持有。因此,货币的投机需求与利率水平成反比:利率越高,货币的投机需求越小;利率越低,货币的投机需求越大。

交易动机产生的货币交易需求与预防动机产生的货币的预防需求都与货币的流通手段职能有关,统称为交易性货币需求,它与国民收入成正比,是国民收入的增函数;由投机动机产生的货币的投机需求与利率水平成反比,是利率的减函数。货币需求总量即是由交易性货币需求与投机性货币需求组成。其公式如下:

$$L=L_1(Y)+L_2(r)$$

式中,L 为货币需求总量,L_1 为交易需求函数,L_2 为投机需求函数,Y 表示国民收入,r 表示利率。

凯恩斯的货币需求理论认为,货币总需求等于交易性需求与投机需求之和,货币需求的变动主要受国民收入与利率水平的影响,其最大的创新是认为投机性需求和利率呈反比关系,在货币需求分析中引入并强调资产性的货币需求,进而强调了利率在货币需求中的重大作用。所以,在社会总需求不足情况下,可以通过扩大货币供应量来降低利率,通过利率的降低刺激投资,进而增加就业、增加产出。

凯恩斯在分析货币需求过程中还提出了著名的"流动性陷阱"(liquidity trap)假说。所谓"流动性陷阱",就是指当利率水平降低到不能再低时,人们就会产生利率上升而债券价格下跌的预期,货币需求弹性就会变得无限大,无论增加多少货币,都会被人们储存起来。

"七动机说"

以琼·罗宾逊(Joan Robinson)、温特劳布(S. Weintraub)和卡尔多(Nicholas Kaldor)等人为首的新剑桥学派认为,凯恩斯所分析的"三动机"不能全部说明现实情况,应给予补充。于是,他们结合西方国家的实际情况,提出了货币需求的"七动机说"。

①产出流量动机。当企业决定增加产量或扩大经营规模时,需要有更多的货币。

②货币—工资动机。由货币—工资增长所连带造成的货币需求的增加,如通货膨胀是一种联动现象,所以货币量增加后,往往会带动工资增长,企业货币需求加大。

③金融流量动机。指人们为购买高档耐用消费品而储存货币的动机。

④预防和投机动机。个人手中保留超出交易需要的货币,一方面可备不测之需,另一方面可等待有利时机进行投资。

⑤还款和资本化融资动机。债务人为维护自己的信誉和保证生产活动顺利进行,必须按规定的条件还本付息,这就需要保持一定数量的货币。

⑥弥补通货膨胀损失动机。在通货膨胀中,因货币贬值,个人要维持原有的生活水平,企业要维持再生产,都需要持有更多的货币。

⑦政府需求扩张动机。当政府有意识地采取赤字财政政策时,政府需求货币动机十分明显。

上述"七动机"后来被归纳为三类:一是商业动机,包括产出流量动机、货币—工资动机和金融流量动机,这类动机与人们的收入紧密相关;二是投机性动机,包括预防和投机动机、还款和资本化融资动机、弥补通货膨胀损失动机,这类动机与人们对未来的经济金融预期相关;三是公共权利动机,即由政府的赤字财政政策和膨胀性货币政策所产生的扩张性货币需求动机。这种动机产生的后果或是冲击物价,或是冲击实际利率。

(三)货币学派的货币需求理论

货币学派(monetarism)是一个与凯恩斯主义及凯恩斯学派根本对立的西方经济学流派。它的货币理论实际上是一种现代宏观经济理论,其核心是现代货币数量论,来源于但又有别于传统的货币数量说。

货币学派的灵魂人物弗里德曼是美国芝加哥大学著名的经济学教授、"货币主义"的创始者、1976 年诺贝尔经济学奖获得者。他认为决定货币需求量大小有四个关键因素:

1. 恒久性收入(permanent income)

强调恒久性收入对货币需求的影响是弗里德曼货币需求理论的重要特色。所谓恒久性收入,是指一个人在一个较长时期的平均收入水平而不是当前的收入水平。弗里德曼非常强调恒久性收入对货币需求的重要作用,他认为当期收入不能反映财富水平,恒久收入是影响货币需求最重要的变量。恒久收入越高,货币需求越大,即货币需求与收入成正比。

2. 财富在人力与非人力之间的划分

弗里德曼把财富分为人力财富与非人力财富两类,人力财富即"人们赚钱的能力",非人力财富是以货币、债券、股票作为代表的货币、金融资产等财富。货币需求取决于两种财富的比例关系。在一般情况下,人力财富向非人力财富转化会受到许多限制,因此在总财富中,人力财富占的比例越大,则人们对货币的需求越大;反之,非人力财富占的比重越大,则人们对货币的需求越小。

3. 持有货币的收益率与机会成本

持有货币的收益率可用银行存款利率表示,它与货币需求成正比。持有货币的机会成本主要是各种有价证券的收益率,它与货币需求成反比。

4. 其他因素

其他因素包括主观偏好与风险以及客观技术与制度因素的综合因素,如人们的兴趣、爱好、习惯等。

货币学派的货币需求理论继承和发展了古典学派货币数量论,同时在对凯恩斯主义货币需求理论的批判的基础上，又对其进行了改进。它有机地结合了宏观经济运行和微观主体行为分析，是较全面的货币需求理论。弗里德曼等人的实证研究方法突破了前人纯粹从理论上研究问题的局限性，给当时经济学界及以后的经济学家开启了一条崭新而实用的思路，这是他们在方法论上的重大贡献。

三、中国对货币需求理论的研究

(一)对马克思货币必要量公式的理解

20世纪50年代以来，我国许多经济学家都对货币的需求问题进行了研究。研究中，一般使用货币必要量概念表达货币需求量，讨论的中心内容是如何理解和应用马克思的货币必要量公式。

20世纪60年代中期以前，我国关于马克思货币必要量公式的理论研究主要集中于以下几个方面：

(1)货币必要量中所指的“货币”，是只包括现金，还是既包括现金又包括银行存款？占统治地位的观点是，货币必要量就是指现金需要量。但是自20世纪80年代以后，随着中国经济体制改革与对外开放，商品流通范围扩大，对现金与银行存款使用范围的放宽，曾经占统治地位的现金等于货币的观点让位于现金加各项活期存款的观点，并自1994年起，中国人民银行开始正式按规定的货币层次定期公布各层次货币的统计指标。显然，这一讨论目前已告结束。

(2)纸币贮藏的需求是否也构成货币必要量的内容？纸币与黄金不同，没有自发调节流通中货币数量的功能，因而把纸币的贮藏直接引入马克思的货币必要量公式不成立。但如果在现今的经济生活中纸币是一种可供选择的金融资产，那么，持有纸币行为显然是对货币的需求。

但是，在对于马克思货币必要量公式的研究中，许多人进行的还是带有政策选择和操作意义的应用性研究。“8∶1”公式的诞生就是最好的例证。

(二)“8∶1”公式的产生及其意义

根据马克思货币必要量公式，人们发现，在经济体制不变的情况下，社会商品零售总额与流通中货币(现金)之比为8∶1时，社会的商品供求关系处于稳定和基本均衡的状态，物价的上涨压力较低，货币流通状况正常，这就是“8∶1”公式。因此，“8∶1”或“1∶8”便成为衡量流通中货币是多是少，或者货币的供应量是否等同于货币必要量的一个简明又实用的尺度。如果比值低于8∶1，可以认为货币流通量多于货币必要量；反之，则可以认为货币流通量不足。

“8∶1”实际上是货币的流通速度的一个经验数字。在该速度下的货币供应量较好地适应了在特定经济环境下货币的必要量。直到20世纪80年代初期以前，“8∶1”已成为马克思货币必要量原理在中国的具体化。但是，随着经济体制改革的深化，“8∶1”经验数字已不再能够成为衡量货币流通正常与否的尺度。并且，由于商品流通的范围扩大，渠道增加，货币的外延也发生了变化。继续运用马克思货币必要量公式的原理，寻找简便易行的经验数字作为衡量货币供应量正常与否的尺度，已经不是一件容易的事了。

(三)现阶段对货币政策实践具有较大影响的公式

20世纪90年代以来，对我国货币政策实践有较大影响力的货币需求公式是：

$$M'=Y'+P'$$

式中，M'表示货币供给增长率，Y'表示经济增长率，P'表示预期的物价上涨率。

在这个公式中，经济增长率用国民生产总值增长速度表示。显然，这个概念的内涵远远大于商品零售总额，可以更好地反映商品与劳务交换对货币需求的影响。其次，货币的定义也不仅仅指现金，可以灵活地使用不同层次的货币，如 M_1、M_2。再次，将预期物价上涨率加入模型，实际上是承认了物价上涨对名义货币需求的作用。因此，此公式比“8∶1”经验数字更接近于体制改革后的中国现实。

四、关于货币需求的分析

总结货币需求理论的几个主要流派，可以发现关于货币需求理论的研究基本上遵从宏观角度向微观角度转化，又从微观角度向宏观角度顺序演变。

(一)货币需求分析的宏观角度

货币需求的宏观分析，是货币当局决策者为实现一定时期的经济发展目标，确定合理的货币供给增长率，从总体上考察货币需求的方法。准确地判断总体货币需求的水准是决定货币供给的关键。

从宏观角度估算货币需求，需要利用货币需求的宏观模型。马克思的货币必要量公式、费雪的交易方程式、我国 20 世纪 90 年代以来提出的 $M'=Y'+P'$ 都是宏观模型。这些模型的共同特点是都没有考虑微观主体的心理、预期等因素，没有考察各种机会成本变量对货币需求的影响，而主要是从市场供给、收入这类指标的变化来考察的。也可这样理解：机会成本因素及微观主体行为对货币需求的影响都已纳入货币流通速度这一吸纳性极强的变量之中。但货币流通速度由于综合的内容太多，很难据以对货币需求进行具体分析。特别是它不像利率那样以一个独立的、毫不含糊的数值存在，而只是已发生的货币流量与货币存量的比值。不同的观点、不同的计算方法，可以使这个比值有很大的出入。

在西方经济学中，实际的途径是在建立起微观货币需求模型之后，进一步研究这个模型能否直接用于或经过修订用于宏观分析。比如，弗里德曼的微观货币需求模型，对其中个别变量加以解释，就变成了宏观模型。

(二)货币需求分析的微观角度

货币需求的微观分析，就是从微观主体的持币动机、持币行为考察货币需求变动的规律性。在前面介绍过的货币需求理论中，剑桥方程式、凯恩斯货币需求模型、弗里德曼货币理论，都是从微观角度分析货币需求的典型。

货币需求的研究任务首先是识别货币需求的决定因素并辨明各因素对货币需求量的影响。对于货币需求的决定因素，通常划分为三类：一类为规模变量，如收入和财富；一类为机会成本变量，如利息、物价变动率；余下的则为其他变量，如制度因素等。

将机会成本变量引入货币需求模型或函数，是从微观角度考察货币需求问题的典型表现。其目的在于说明利率和价格变动这类因素对货币保有主体可能造成的潜在收益或损失，以及这种潜在收益或损失对微观主体货币需求行为的影响。早期货币需求模型都未考虑机会成本因素。剑桥方程式中的实际现金余额与收入的比率 k 实际上强调了利率因素的作用，可以说是引入机会成本因素的开端，但在模型中并未直接表示出来。直到凯恩斯的货币需求三动机的分析，才建立起内容和形式一致的微观货币需求研究方法，之后则不断得到发展。

从微观角度考察货币需求的方法有四点长处：

(1)在规模变量为一定时解释货币流通速度的变动。

(2)提醒人们注意，货币不仅有交易媒介功能，而且还有资产和价值储存的功能。

(3)强调利率、价格等市场信号对货币需求能产生相当程度的影响。

(4)有可能使短期货币需求分析更精确化。

中国的货币流通速度为什么持续下降?

中国货币流通速度持续下降引起了经济学家们极大的兴趣。从某种意义上说，这是一件大好事，因为这意味着名义货币可以以高于经济增长率和物价上涨率之和的增长率上升(根据交易方程式，若货币流通速度不变，则名义货币增长率应等于经济增长率加物价上涨率)，换句话说，超过经济增长率部分的货币增长率不会完全转化为通货膨胀率。这意味着政府可以放出较多的名义货币，从而得到较多的铸币收入，同时却只承担较小的通货膨胀压力。财政收入不足和通货膨胀一直是困扰我国改革进程的两大难题，而货币流通速度的下降则在一定程度上缓解了这对矛盾。

对于这一现象，有三种可能的解释：一种是价格指数偏低假说，即认为中国的统计数字低估了实际的物价上涨率；一种是被迫储蓄假说，即认为中国市场上缺乏足够多的金融资产和商品以供消费者和企业选择，因而消费者和企业只好持有更多的货币；还有一种则是货币化假说，这种观点认为，改革也是一个货币化的过程，即通过货币进行的经济活动的比例不断增加，而与传统的物物交换相联系的非货币化经济的比例则不断下降，这一过程刺激了货币需求的急剧上升，从而使货币流通速度不断下降。

在改革的某些年份，中国的官方物价指数无疑在一定程度上低估了实际的物价上涨率，但是，即使用市场的物价指数计算，中国的货币流通速度在改革的大部分年份中仍显著下降，因此物价指数偏低假说缺乏足够的说服力。商品的短缺现象在改革的某些年份中较为突出，在某些年份中则并不突出(如 1989 年第 3 季度至 1991 年的市场疲软时期)，因此中国货币流通速度的下降更可能是因为金融资产种类的缺乏和经济的货币化。值得一提的是，货币流通速度的下降有一个限度，超过这一限度之后，超过经济增长率部分的货币增长率将全部转化为物价上涨率。同许多国家相比，我国的货币化指标(主要是货币与国民生产总值的比率)已经偏高，因此从现在开始，我们必须对名义货币过快增长可能带来的通货膨胀问题保持高度警惕。

资料来源：易纲，《货币银行学》，上海人民出版社 1994 年版。

第三节　货币供给与需求的均衡

一、货币供求均衡的含义

货币均衡(monetary equilibrium)是指社会的货币供应量与客观经济对货币的需求量基本相适应，即货币供给与货币需求基本一致。即 $M_s=M_d$(见图 8－1)。

正确理解货币均衡的概念需要注意以下三个方面内容：

(1)货币供给与货币需求大体上一致，而不是货币供求在数量上的完全相等。

(2)货币均衡是一个动态概念，它并不要求在某一具体时点上货币供给等于货币需求，只是要求在长期内货币供求大体上一致。

(3)货币均衡在一定程度上反映了国民经济的总体均衡状况，两者互相影响。货币供求不均衡必然导致国民经济的失衡；反之，国民经济的运行状况势必要反映为货币的均衡或不均衡。

与货币均衡相对应的是货币失衡，即 $M_s \neq M_d$。货币失衡一般有两种情况：货币供给量大于货币需求量；货币供给量小于货币需求量。两种货币失衡都会导致国民经济失衡，前者导致通货膨胀，后者导致通货紧缩。

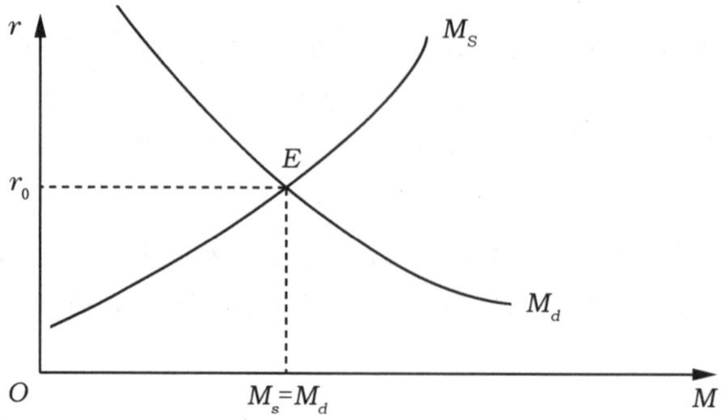

图 8—1 货币供求均衡

二、货币均衡与社会总供求的均衡

货币均衡是国民经济总体均衡的一个前提条件，而国民经济均衡具体表现为社会总供求平衡，因此货币均衡是实现社会总供求平衡的重要条件。研究货币均衡必须要研究社会总供求平衡。

(一)社会总供求平衡

社会总供给(amount supply，AS)，是指在一定时期内，给定价格水平、生产能力和成本，所有生产部门想要并且能够生产并出售的产品或服务的总量。经济学研究的社会总供给是现实的总供给。社会总需求(amount demand，AD)，是指在一定时期内，给定价格、收入和其他经济变量，消费者、企业和政府想要并且能够支出的总额。经济学研究的社会总需求也是指现实的总需求。社会总供求平衡，是指在一定时期内社会总需求与社会总供给大体相当，它是宏观经济的最终平衡。从市场角度来看，社会总供求平衡包括商品市场的平衡与货币市场的平衡，其中，货币市场的平衡起着关键作用。

(二)货币供求与社会供求的关系

(1)社会总供给决定货币需求。社会总供给具体体现为商品供给，在商品经济条件下，任何商品都需要用货币来衡量其价值，并通过与货币的交换来实现其价值。因此，有多少商品供给，就必然要求有多少货币与之对应。由此，社会总供给决定着货币需求，有多大规模的社会总供给就要求有多大的货币需求与之适应。

(2)货币供给决定社会总需求。社会总需求是指有货币支付能力的需求，只有通过货币的支付，需求才得以实现。因此，在一定时期内，货币供给总量实际上决定了当期的购买力水平，决定了社会总需求水平。社会总供求与货币总供求的关系，可用图 8—2 来表示：

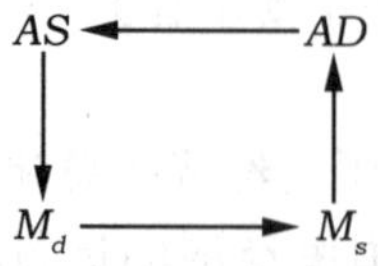

图 8—2 货币总供求与社会总供求的关系

三、货币供求均衡的表述

货币需求与货币供给一样，也有名义和实际之分。实际货币需求是剔除物价变动因素影响的货币需求，记作 M_d/P；名义货币需求是没有考虑物价因素影响的货币需求，记作 M_d。现实生活中可以直接统计的货币需求量是名义货币需求量，它等于同时存在的货币供应量。也就是说，在任何一个时点上，货币供给同时代表当时的名义货币需求量。因此，关于货币供求均衡的研究，实质上是对货币供给对实际货币需求关系的研究。

当货币供给与实际货币需求平衡时，表现为经济的长期稳定增长及物价相对稳定；当货币供给大于实际货币需求时，表现为经济增长速度减缓，物价上涨速度超出人们在经济上和心理上可以接受的程度，出现通货膨胀；当货币供给小于实际货币需求时，表现为经济增长停滞甚至负增长，商品的严重滞销，失业率上升，出现通货紧缩。

因此，货币供求均衡状态的具体表述为：物价相对稳定、经济长期稳定增长。在这种状态下，不存在购买与支付手段不足而出现的商品滞销，也不存在因购买与支付手段过多而形成的物价上涨。

四、实现货币供求均衡的机制

货币均衡是实现社会总供求均衡的关键因素。只有货币基本达到均衡，才能保证经济持续、稳定发展。当货币出现失衡时，政府一般都会采取积极的干预措施，运用各种政策手段使货币尽快达到均衡状态。政府对货币失衡的调整主要有四种方式：

（一）供给型调整

当货币供求失衡时，以货币需求为标准，改变货币供给量使之与货币需求量相适应。具体来说，当货币供给量大于货币需求量时，紧缩货币供给量以适应货币需求量；反之，当货币供给量小于货币需求量时，扩张货币供给量以适应货币需求量。以前者为例，供给型调整的主要内容如下：

(1)从中央银行角度来说，当货币供给量大于货币需求量时，采取紧缩型货币政策。具体来说：①在公开市场上卖出有价证券回笼货币；②提高法定存款准备金率、再贴现率以紧缩商业银行的信用扩张能力；③减少基础货币投放量。

(2)从财政角度来说，当货币供给量大于货币需求量时，采取紧缩型财政政策。具体来说：①减少对政府部门的拨款；②增发政府债券，将社会公众手中的资金转移到政府，减少社会持有的货币量；③提高税率，增设新税种，减少社会各界持有的货币量。

（二）需求型调整

需求型调整是与供给型调整相对应的一种政策。当货币供求失衡时，以货币供给为标准，调整货币需求量以适应货币供给量。具体来说，当货币供给量大于货币需求量时，增加货币需求量使之适应货币供给量；反之，当货币供给量小于货币需求量时，减少货币需求量以适应货币供给量。以前者为例，需求型调整采取的具体措施如下：

(1)增加市场上的商品供给。因为社会总供给决定货币需求，通过商品市场上供给增加以引导货币需求增加。

(2)在开放经济条件下，中央银行利用外汇储备，同时积极扩大进口，从而扩大国内商品的供给，刺激需求。

(三)混合型调整

混合型调整是指在货币供求失衡时,不是单纯采用供给型或者需求型调整政策,而是将两者有机结合起来,同时从两方面着手,以尽快实现货币均衡同时又不会给经济带来太大的震荡。

(四)逆向型调整

逆向型调整是指当出现货币供给量大于货币需求量的货币失衡情况时,中央银行并不是采取压缩货币供给量的供给型政策,也不采取提高货币需求量的需求型政策,而是增加货币供给量来促使货币供需达到均衡。这种政策具体的经济内涵是:如果货币供给量大于货币需求量,同时经济生活中又存在着尚未充分利用的生产要素(如闲置的劳动力、厂商开工不足等),另一方面某些“短缺产品”社会需求大而供给不足,那么,银行就可以对这类产品追加投资和发放贷款,以促进产品供给的增加,并以此来消化过多的货币供给,使货币失衡转向货币均衡。

联邦储备系统的“货币主义实验”

在20世纪50～60年代,联邦储备系统在制定货币政策时,货币数量被认为是一个不太重要的指标,联邦储备系统的官员们关注的是短期名义利率、信用条件和银行贷款。到70年代,由于通货膨胀问题日益突出,货币增长率指标也日益受到关注。但是与此同时,联邦储备系统还为联邦基金利率设定了一个很窄的波动幅度。当货币增长率目标和联邦基金利率目标出现矛盾时,前者往往被迫让位于后者。这种状况使得联邦储备系统控制货币增长率的目标一再落空。在经历了1973～1975年的经济衰退之后,联邦储备系统默许了货币存量的过快增长,从而导致了加速的通货膨胀。到1979年末,联邦储备系统面临着一个非常困难的局面:通货膨胀预期和通货膨胀率一起加速上升,黄金价格暴涨,美元汇价在外汇市场上迅速下跌,同时失业率也居高不下。

1979年10月6日,也就是在保罗·沃尔克刚刚成为联邦储备理事会主席不久,联邦储备系统决定采取高度紧缩性政策:贴现率提高为12%,同时对银行的某些可控负债规定了8%的法定准备金比率。更重要的措施是,该政策允许联邦资金利率有更大的波动(波动幅度可以达到10%～15%,而不是先前的1.25%),以便更好地抑制货币存量。这一政策被广泛地解释为迅速地转向货币主义,即联储把控制通货膨胀摆在了维持高就业的前面,并且更加重视货币增长率目标。

这一政策在阻止美元在外汇市场上的潜在崩溃方面初见成效。而且货币增长率也成功地得以降低,名义利率急剧上升。但是,该政策在控制通货膨胀方面则是失败的。证券价格的下跌表明金融市场并不相信联邦储备系统能够抑制通货膨胀,事实证明这种预测是正确的:1979年12月到1980年2月的3个月内,消费价格指数以年率17%的速度上升;信贷市场由于担心通货膨胀率进而利率会直线上升而近于瘫痪。

在这种情况下,卡特总统于1980年3月宣布了一项消除通货膨胀预期的综合性计划,作为该计划的一部分,他对政府预算做了修改以减少赤字。联邦储备系统则主要通过采取两方面的措施来配合这一计划:一方面紧缩常规的货币政策,另一方面实行信贷配给。联邦储备系统对经常向联储借款的大银行支付的贴现率征收了3%的额外费用,并且对无担保的消费信贷如信用卡和赊账借款规定了15%的准备比率,这一比率不仅适用于银行,而且适用于其他金融机构及零售商。联储还对货币市场基金的资产增加额规定了15%的法定准备比率。另外，银行得到告诫，它们的贷款增长率不应超过9%。这种“道义上的劝告”名义上是自愿的，但是正如一句俗话所说的那样：“你不必一定去做，但如果不做你会感到后悔。”

上述措施的效果很快就显现出来了。通货膨胀率迅速下跌，但是失业率则上升到30年代以来的最高水平，达10.8%，经济陷入严重衰退。

1982年下半年，联储重新改变它的政策实施步骤，这通常被视为货币主义实验的终止，但它也没有回到过去的政策步骤上，而允许联邦资金利率比以前有更大的波动，而且货币增长率也比以前受到更多的关注。

对于1979年10月至1982年10月的货币主义实验（许多经济学家认为，这种称呼并不贴切）的得失，经济学家有很多争论。该政策导致的第一个结果是：通货膨胀率大幅度下降，失业率急剧上升。不少经济学家怀疑用如此严重的失业换来的通货膨胀率下降是否值得。该政策导致的另一个结果则多少有些出乎人们的预料：不仅利率更不稳定，货币增长率也变得越来越不稳定。1979年10月以前货币主义者认为联储应该允许利率的大幅变动以减少货币增长率的变动，而事实上，现在人们却不得不面临两个指标同时趋于变动。具有讽刺意味的是，当20世纪70年代联储主要使用利率指标时，我们相信此时货币存量指标更可取；而1979年到1982年期间，当联储更多地使用货币存量指标时，利率指标又变得更为可取。这也许正好应验了著名的“古德哈特”法则，即即使一个变量原来是稳定的，当人们把它当作政策手段时，它就变得不稳定了。

本章案例

案例一 中国的货币层次划分

1985年7月，中国金融学会的“货币理论与政策研究会”在江苏省扬州市举行，俞天一、林继肯、曾康霖、虞关涛、吴晓灵、赵海宽等几十位经济金融学教授、专家和研究人员参加了这次会议。经过反复研究和讨论，达成了以下共识：第一，货币的内涵，除现金以外，还应包括可以用于转账结算的单位活期存款。研究货币流通问题，既要注意现金量的变化，又要注意转账货币量的变化。只承认消费资料是商品，从而只承认现金是货币，把货币流通研究活动局限于现金流通的范围，已不能适应商品经济的发展。随着生产资料市场的逐步形成，转账存款的货币作用逐步增强，现金与转账结算的使用范围经常交叉，有必要把能够进行转账结算的单位活期存款也列进货币的内涵之中。第二，从广义来讲，货币的内涵还要更宽。有些银行存款，例如各种定期存款、财政金库存款等，虽然本身不是现实货币，不能发挥现实货币的作用，但在特定情况下可以转化为现实货币，应该把它们列入广义货币之中，在宏观经济调控过程中适当加以注意。第三，为了全面和准确反映这些货币因素的作用，应按它们对商品购买力的影响、货币作用的大小以及同国家宏观调控的关系，划分为四个层次。这就是M_0为现金；M_1包括现金，企业存款，乡镇企业存款，机关、团体、部队存款，基建存款，也即现金和能够用于转账结算的存款；M_2包括M_1和单位定期存款、城乡储蓄存款；M_3包括M_2和财政金库存款、汇兑在途资金、其他金融机构存款。

M_0的提出是这次会上的一个创新。M_1、M_2、M_3的内涵虽然也根据我国的具体情况进行了重新界定，但其概念和基本内涵是从西方国家借用来的，而M_0这个概念西方国家没有，是我们自己创造的。大家都认识到，尽管我国可以用于转账结算的存款的货币性质已很明显，但它同现金还是存在着较大的区别，现金在货币流通领域中处于特别重要的地位。用现金购买东西，除受法律约束外，再不受其他任何约束。现金是市场上最自由、作用最充分的货币，必须单独划分一个层次，对其流通状况着重进行观察和调控。那么对这个层次该给一个什么称谓，同其他几个层次该如何排列？经过反复研究讨论，为了不打乱其他概念的国际基本内涵和排列顺序，便于进行国际对比分析，最好在 M_1 之前增加一个概念。对于这个概念的名称，虞关涛研究员建议称为 M_0，大家一致赞同，达成共识。会上大家还认为，M_1 是今后使用量最大的现实货币的代号，是宏观调控机构需要重点研究和监控的对象。包含在这一概念中可以用于转账结算的单位活期存款，其货币作用虽然有时受《控制购买力办法》和《现金管理办法》的限制，但在允许的范围内购买商品和偿还债务时，其货币作用与现金是相同的，同现金一起组成发挥现实购买力的现实货币。M_2 的内涵比 M_1 的内涵多出的部分，是潜在的货币；M_3 的内涵比 M_2 的内涵多出的部分，是更深一点的潜在货币。它们虽然不能直接用于商品交换，不是现实的货币，但在一定条件下可以转化成能够发挥购买力作用的现实货币，因此也应该作为广义货币的内容，加以研究和监控。

这次会议结束后，中国金融学会秘书处很快把这次会议的纪要报送有关领导，并在报纸、刊物上进行了报道，从而引起了社会各方面的关注，并逐步应用于实际工作，直至被国家正式认可，成为全国统一使用的货币概念和货币层次划分。

思考题：根据以上材料，结合本文所学的知识，试述你对中国的货币层次划分的看法。

案例二　数字货币与货币层次

货币从实物向虚拟、从商品向信用形态的发展过程中，也伴随着货币层次的变化。首先，电子货币是一类法定的，与银行账户关联的，由实物或非实物作为载体的互联网支付技术；其次，数字货币同电子货币具有十分类似的性质，但其更加倾向于现金，即通过加密技术，具有更高的安全性和唯一性，并可以脱离账户进行价值的实时交割转让；同时，相比于现金的匿名性，数字货币可以完整地记录整个交易过程，进一步地可以实现可控的匿名性。但目前如比特币、以太坊一类的私人组织发行的虚拟货币不属于数字货币的范畴，应归为数字虚拟资产或商品。

由于电子货币具有比纸币及其辅币等信用货币更高的流动性和变现能力，从微观主体的持币行为来看，一方面它可以满足人们的交易需求，比如通过卡基、数基电子货币可以实现即时的转账交易；另一方面，也可以满足人们的预防和投资需求，比如使用信用卡不仅可以实现即时的交易，也能提高这部分资金的利息使用。由此可推断，它将对一部分流通中的现金和活期存款具有替代性。我国改革开放初期，流通中的现金供应量在狭义和广义货币的占比 M_0/M_1、M_0/M_2 上升明显；随着我国现代支付系统的迅速发展，特别是 1993 年国务院启动"金卡工程"，使得以银行卡为代表的电子货币明显增加，而这一时期及以后，这两项占比一直呈现下降趋势。从另一个角度来看，电子货币具有极高的转换性，可以促进货币由较低层次向较高层次转化，使得较低层次的货币相对减少，而较高层次的货币供应量相应有所提升。

数字货币和电子货币一样，具有高流动性和转换性等特点，因此对货币层次的影响将可能集中在三个方面：

一是将对流通中的现金具有更高的替代效应。数字货币的现金特性，使得其有可能成为纸币、硬币之外另一种进入流通领域的现金形态，实际上，由于它能够使得现金和活期存款能够灵活的转化，出于投机需求，公众更愿意持有可以生息的活期存款，因此在这个层次影响相对更大。根据中国人民银行行长周小川在 2016 年数字货币研讨会上的表示，数字货币将会在今后一段时期同现金共同存在。因此不排除数字货币会同时与纸币和硬币存在，只是在流通中现金的占比和用途的不同。

二是将对不同层次的货币具有更高的转换效应。一方面，由于数字货币具有更高的变现能力，因此能使活期存款和现金的转换更加高效，甚至在这种类型的货币供应量统计中，需要重新定义一种新的货币层次；另一方面，经过央行授权和监管，一些机构可对数字货币与纸币、硬币、各类存款进行转换的认证，而使得较低层次向较高层次的货币的转换效率在可控的范围内提高，进一步提升社会总体流动性和货币政策的监管性。

三是对基础货币的影响有待进一步考证。首先，因为法定存款准备金的比例具有极高的刚性，而商业银行超额准备金占比较低，所以这一层次的影响有限。其次，数字货币对流通中的现金虽然具有一定的替代作用，但出于公众的使用偏好粘性、价值的即时转让性及匿名性等特质，现金在一些日常的小额支付、灰色交易中仍然使用较多；而大额实时支付早已不再采用现金作为结算。基础货币现有的存量部分仍然有较高的刚性需求。所以，虽然数字货币在未来的居民日常生活、单位商业往来中的使用前景广阔，但其对基础货币的影响应主要在增量部分，对存量部分的影响仍然有限。

资料来源：雍驰，《数字货币与货币层次的关系探讨——基于电子货币与数字货币的比较研究》，《经济师》，2017年第1期。

本章小结

1. 货币供给是指货币供给主体在一定时期内通过银行体系向社会公众投入、创造、扩张（或收缩）货币的行为。货币供给按照是否剔除物价因素的影响，有名义和实际货币供给之分。人们通常所使用的货币供给概念，一般都是名义货币供给。

2. 中央银行通过直接控制基础货币的供应，并通过对货币乘数施加影响，借以控制整个社会的货币供应量。

3. 商业银行是货币供给形成机制中的一个重要层次，是整个货币运行的最主要载体。商业银行通过活期存款业务、贷款业务等创造存款货币。同时，通过调节超额准备金的比率和调节向中央银行借款的规模，可以对货币的供给施加重要影响。

4. 货币需求是指在一定时间内社会各经济主体为满足正常的生产、经营和各种经济活动需要而应该保留或占有一定货币的动机或行为。按照是否剔除物价变动因素影响，货币需求也有名义和实际之分。

5. 马克思的货币必要量公式、费雪的交易方程式、我国20世纪90年代以来提出的$M'=Y'+P'$模型都是从宏观角度估算货币需求，其共同特点是都没有考虑微观主体的心理、预期等因素，没有考察各种机会成本变量对货币需求的影响，而主要是从市场供给、收入这类指标的变化来考察。

6. 剑桥方程式、凯恩斯货币需求模型、弗里德曼货币理论，都是从微观角度分析货币需求的典型，都是从微观主体的持币动机、持币行为考察货币需求变动的规律性。将机会成本变量引入货币需求模型或函数，是从微观角度考察货币需求问题的典型表现。

7. 货币均衡是指货币供给与货币需求基本一致。货币均衡是实现社会总供求平衡的重要条件。二者的关系可以表述为：社会总供给决定货币需求，货币供给决定社会总需求。

复习思考题

1. 简述我国现阶段货币供应量的层次划分。
2. 影响基础货币投放的因素有哪些？
3. 试述马克思货币需求理论的一般内容及评价。
4. 试述凯恩斯货币需求理论的一般内容及评价。
5. 简述货币学派关于影响货币需求量的关键因素。
6. 简述货币供求与社会总供求的关系。
7. 试述实现货币供求均衡的机制。

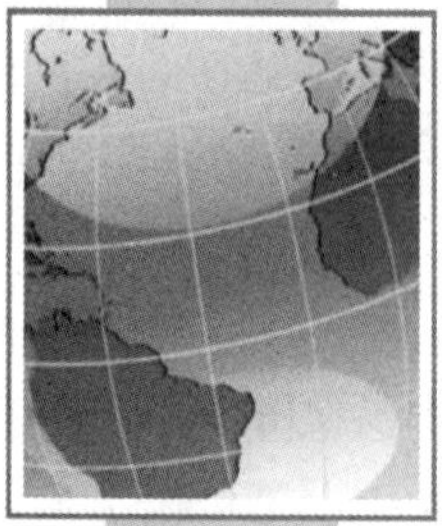

第九章 通货膨胀与通货紧缩

20世纪以来，世界上出现过三次大规模通货膨胀，影响了大多数国家或地区。20世纪70年代，西方发达国家的通货膨胀问题突出；80年代，拉美国家是通货膨胀的重灾区；90年代，转型国家和一些发展中国家的通货膨胀较为严重。2007年，我国经济出现了新一轮通货膨胀加速的现象，消费者价格指数CPI(CPI是衡量通货膨胀的重要指标，后文将对其着重介绍)逐月攀高，同年11月达到1996年以来的最高纪录。进入2008年，CPI又连创新高，其后虽有回落，但仍处于较高水平。2011年开始，CPI指数涨幅才有明显回落，2014年全年CPI同比上涨2.0%，2015年同比上涨1.4%，创下6年来新低。2016年、2017年CPI分别同比上涨2%和1.6%。2018年，CPI同比上涨2.1%，是时隔4年后CPI再次涨超2%。

第一节 通货膨胀及其类型

一、对通货膨胀的定义

通货膨胀(inflation)是一个常见的经济术语，不同的经济学流派对其有不同的解释。比较常见的一种解释是：通货膨胀是指流通中的货币量超过了客观需要量，从而引起货币贬值和物价普遍、持续上涨的经济现象。全面理解这一定义，需要把握五个要点：

(1)通货膨胀只发生在纸币流通的情况下，在贵金属货币流通的条件下，不可能出现通货过多的现象，因为贵金属货币本身存在内在价值，它能通过储藏手段的蓄水池作用自发地调节货币流通，使之与商品流通相适应；

(2)通货膨胀的原因是货币供应量超过了经济中所需要的货币量所引起的物价上涨；

(3)流通中的货币量应包括纸币、活期存款乃至全部存款；

(4)通货膨胀是一般物价水平的上涨，个别的商品和劳务的价格上涨不能视为通货膨胀；

(5)通货膨胀表现为物价水平的持续上涨，季节性、暂时性的物价上涨不能视为通货膨胀。

二、衡量通货膨胀率的量化指标

通货膨胀的严重程度是通过通货膨胀率这一指标来衡量的。通货膨胀率的计算公式为：

$$当期通货膨胀率=\frac{当期价格水平-上期价格水平}{上期价格水平}\times 100\%$$

在实际的经济分析中，一般物价水平的变动是通过物价指数来衡量的。物价指数是指一系列商品和服务的价格的加权平均值。常用的物价指数有如下三种：

(一)消费物价指数

CPI是消费物价指数(consumer price index)的简称，是反映城市居民直接消费的一定种类和数量消费品价格水平变动程度的宏观经济指标。它是度量一组代表性消费商品及服务项目(包括食品、衣物、住房、燃油、运输、医疗、学费及其他日常生活所必需的商品和服务)的价格水平随时间而变动的相对数,用来反映居民家庭购买消费商品及服务的价格水平的变动趋势及程度,因此能及时地反映影响社会公众生活费用的物价趋势。也正是由于与社会公众的生活密切相关,所以该指数备受关注。但它的缺点是包括的范围较窄,不能够反映各种资本品以及进出口商品和劳务的价格变动趋势。

值得说明的是,CPI 是一组代表性消费商品和服务项目的价格的加权平均值,那么权数如何确定呢?应该依据每个商品和服务在经济中的重要程度来衡量该商品价格的权数。

举例说明 CPI 是如何衡量通货膨胀的。假定消费者只购买三种商品,即食品、住房、医疗;又假定消费者在食品上的花费占其全部支出的 20%,住房花费占 50%,医疗则占 30%。以 2017 年为基年,假设每种商品的价格都是 100,以便商品数量的变化不影响价格指数。这样,基年的 CPI 就为 100[=(20%×100)+(50%×100)+(30%×100)]。然后,计算 2018 年的消费价格指数和通货膨胀率。假设食品价格上涨 2%,升至 102;住房价格上升 6%,升至 106;医疗费用上升 10%,升至 110%。我们可以通过下式计算 2018 年的 CPI:

CPI(2019)=(20%×02)+(50%×106)+(30%×110)=106.4

那么,2018 年的通货膨胀率为(106.4−100)/100×100%=6.4%。

(二)批发物价指数

批发物价指数(wholesale price index,WPI)是反映包括原材料、中间品及最终产品在内的各种商品的批发价格变动趋势和程度的物价指数。由于该指数可以反映企业经营成本的变动,所以又称为生产者物价指数。这一指数的优点在于,通过它可在最终产品价格变动之前获得工业投入品及非零售消费品的价格变动信号,进而能够判断其对最终进入流通的零售商品价格可能带来的影响。该指数的缺点是与居民生活没有直接联系,而且它不包括劳务价格,不能准确反映总体物价水平的变动情况。在一般情况下,即使存在过度需求,其波动幅度也常常小于零售商品的价格波动幅度。因此,使用它判断总供给和总需求的对比关系,可能会出现信号失真的现象。

(三)国民生产总值平减指数

国民生产总值平减指数(GNP deflator)是指按现行价格计算的 GNP 与按不变价格计算的 GNP 的比率。例如:某国 2018 年的国民生产总值按当年的价格计算为 2 000 亿美元,而按 2008 年的不变价格计算则为 1 600 亿美元,则该国 2018 年的国民生产总值平减指数为 125%(2 000/1 600×100%)。相对于 2008 年,该国物价水平上涨了 25%[(2 000−1 600)/1 600×100%],通货膨胀率为 25%。国民生产总值平减指数的优点是其包括的范围广,除消费品和劳务外,还包括资本品和进出口商品等,因而它能较全面地反映一般物价水平的变动趋势。缺点是编制国民生产总值平减指数需要收集大量资料,而且需要投入大量的时间,很难及时更新和公布,在时效上无法满足经济决策的需要。

上述三种指数包含的商品范围不同,反映的物价变化也都有一定程度的局限性。目前,大多数发达国家和一些国际组织都采用消费物价指数和 GNP 平减指数来度量通货膨胀,前者主要用于月、季度分析,后者主要用于年度分析。

三、通货膨胀的类型

通货膨胀按照不同的划分标准,可以分为不同的类型。

(一)按通货膨胀的程度分类

(1)爬行式通货膨胀(creeping inflation)。通常称为温和的通货膨胀,是指物价上涨的幅度在2%～3%之内,同时不存在通货膨胀预期的状态,但持续的时间很长。西方经济学家认为,爬行式通货膨胀对经济的发展和国民收入的增加都有积极的刺激作用,并将它看作是实现充分就业的必要条件。

(2)步行式通货膨胀(walking inflation)。它是指物价上涨的幅度比爬行式通货膨胀要高,但又不是很快,平均物价上涨率在3%～10%。当今世界很多国家都存在着这种通货膨胀类型,它是一个危险信号,如不高度重视就有可能加速。

(3)小跑式通货膨胀(running inflation)。通常称为严重的通货膨胀,是指物价上涨率大约为10%以上。此时人们纷纷抢购商品,货币流通速度加快,货币购买力下降,且人们往往预期物价水平进一步上涨,从而使通货膨胀加剧,如果不采取强有力的反通胀措施,就有可能发展成为恶性通货膨胀。

(4)奔腾式通货膨胀(hyper inflation)。通常称为恶性通货膨胀,是指一国的物价水平无限制地迅速上升,物价上涨率达到100%以上。此时,人们大量地抢购商品,货币极度贬值,正常的经济秩序遭到破坏,货币体系和价格体系以至整个国民经济崩溃。

1956年,Philip Cagan撰写的*The Monetary Dynamics of Hyperinflation*,一般被视为最早研究恶性通胀的书目,他当时把每月50%以上的通胀称为"恶性通胀",抑或"超通胀"。20世纪的恶性通货膨胀出现在三个时期:第一轮出现在第一次世界大战后,欧洲的5个国家奥地利、德国、匈牙利、波兰和苏联陷入恶性通货膨胀中,1922～1923年间的德国最高通货膨胀率甚至达到29 000%。第二轮恶性通货膨胀发生于第二次世界大战后,旧中国、希腊和匈牙利都陷入了货币混乱中,它创下了世界史上最严重的恶性通货膨胀纪录——连续一年多平均每月通货膨胀率达19 800%。第三轮恶性通货膨胀发生于20世纪80年代,阿根廷、玻利维亚、巴西、秘鲁等国的外债危机导致了金融混乱。

我国从2007年开始的通货膨胀是否属于步行式通货膨胀

我国自2007年开始的通货膨胀属于步行式通货膨胀,最高的月度CPI指数为8.7%。此次通货膨胀受到了各界广泛关注的原因在于:此次的通胀对居民生活的影响很大,特别是粮食、日用品等与居民日常生活密切相关的商品价格上涨幅度都超过了10%,部分商品如肉类的涨价幅度甚至超过了20%。而CPI指数之所以还处于步行式的范畴之内,主要是因为这一时期耐用消费品的价格维持稳定甚至下降。

(二)按通货膨胀的表现形式分类

(1)公开型通货膨胀(open inflation)。通常称为开放型通货膨胀,是指政府对物价水平不加管制,价格随市场供求变化而自由涨落,只要出现通货膨胀,就表现为价格水平的明显上涨。

(2)隐蔽型通货膨胀(repressed inflation)。通常称为压抑型通货膨胀,是指政府通过价格控制、定量配给以及其他的一些措施来抑制物价的上涨,使得物价同市场供求脱离关系。表面上货币工资没有下降,物价总水平也没有上升,但居民实际消费水平却在下降。我国实行计划经济体制时期,就存在这种隐蔽型的通货膨胀。

(三)按通货膨胀是否可预期分类

(1)预期型通货膨胀(expected inflation)。它是指政府有意识地实行通货膨胀政策,一般物价水平年复一年地按照某一幅度上涨,使人们能据此预期未来的通货膨胀。例如,某国一般物价水平年复一年地按5%幅度上升时，人们会预期来年物价水平也会按照同一比例上升。

(2)非预期型通货膨胀(unexpected inflation)。它是指物价的上涨速度超过人们的预料，或人们对未来时期的物价变化趋势无法预测。例如，国际市场上原材料价格突然上涨，引起了国内一般物价水平的上涨；或者在长期价格不变的情况下，突然出现的价格上涨，如石油危机、海湾战争的冲击和影响。

(四)按通货膨胀的成因分类

(1)需求拉上型通货膨胀(demand-pull inflation)。它是指由于社会总需求的过度增长超过了按现行价格可得到的社会总供给的增长，使太多的货币追逐太少的商品和劳务而引起的一般物价水平上涨的现象。

(2)成本推动型通货膨胀(cost-push inflation)。它是指由于生产成本上升而引起的物价上涨现象，其中主要是工资推动和利润推动。

(3)混合型通货膨胀(hybrid inflation)。它是指由于需求和成本共同作用而形成的一种一般物价水平持续上涨的货币经济现象。

(4)结构型通货膨胀(structural inflation)。它是指一般物价水平的持续上涨不是由于总需求增加或成本的上升引起的，而是由于某些经济部门发展不平衡等经济结构因素变动引起的一般物价上涨。

美国“新经济”——无通货膨胀经济

根据传统的经济学理论，通货膨胀、经济增长与就业水平是矛盾体：要获得较高的经济增长必须以一定的通货膨胀为代价；而要实现低通货膨胀，必须牺牲一定的经济增长幅度。因此，低通货膨胀伴随着低的经济增长与低的就业水平。但美国在20世纪90年代出现的经济状况却与这个理论相反。

进入20世纪90年代，美国出现了经济持续增长与通货膨胀率持续走低的局面，如表9—1所示。从GDP的增长率来看，自1992年起，一直在2%以上，1997年的增长幅度更是达到3.7%，而通货膨胀自1992年以来一直未超过3%。1997年的经济增长率达到最高，而通货膨胀率和失业率竟然出现最低水平。低失业率对应的是高就业率，而高就业率并没有像传统的经济理论和实践证明的那样，给通货膨胀带来压力。

表9—1　　20世纪90年代美国经济主要指标　　单位：%

年　份	GDP增长率	CPI	失业率
1990	1.2	5.4	5.6
1991	—0.9	4.2	6.7
1992	2.7	3.0	7.4
1993	2.3	3.0	6.8
1994	3.5	2.6	6.1
1995	2.0	2.8	5.6
1996	2.8	2.9	5.4
1997	3.7	2.4	4.8

第二节　通货膨胀的治理

一、通货膨胀的成因

通货膨胀的直接原因是货币供应量超过了客观的需要量。然而，由于通货膨胀是一种非常复杂的现象，经济学上对通货膨胀的研究有很多流派，但主要是从需求和供给两个方面入手进行分析，由此形成不同的理论。在众多的关于通货膨胀成因的理论中，较为流行的有四种，即需求拉动说、成本推动说、供求混合推动说、结构型通货膨胀说。

(一)需求拉动说

该理论认为通货膨胀是由总需求的过度增长引起的。根据这种理论，在社会消费支出和投资支出激增的情况下，由于各种原因，如生产资源和要素已接近充分就业，或达到充分就业，商品供给和劳务供给的增加受到了限制，或没有能随有效需求的增长而相应地增加，引起一般物价水平的上涨，从而形成需求拉动型通货膨胀。因此，需求拉动型通货膨胀，实际上就是由于总需求的增长速度超过了按现行价格可得的总供给的增长速度，使需求方的货币竞相追逐有限的商品和劳务而引起的一般物价水平持续上涨的现象。由于失业率下降、劳动力变得稀缺、工资被抬高，通货膨胀会加速到来。

(二)成本推动说

该理论是西方学者试图从供给方面说明为什么会发生一般价格水平上涨的一种理论。它是指在没有超额需求的情况下，由于供给方面成本的提高所引起的一般价格水平持续和显著的上涨。西方学者着重论述了两种类型的成本推动，即工资推动和利润推动。

(1)工资推动，是指在不完全竞争的劳动市场上，工资过高所导致的一般价格水平的上涨。西方学者认为，在完全竞争的劳动市场上，工资完全取决于劳动的供求，工资的提高不会导致通货膨胀；在不完全竞争的劳动市场上，由于强大的工会垄断的存在，工资不再由劳动供求关系决定，而是由工会和雇主集体议价决定。集体议价工资都高于供求均衡决定的工资，使工资的增长率超过劳动生产率的增长率，工资的提高就导致成本提高，从而导致一般价格水平上涨。这就是工资推动的通货膨胀。西方学者进而认为，工资提高与价格上涨之间存在因果关系：工资提高引起价格上涨，价格上涨又引起工资提高。这样，工资提高和价格上涨形成了螺旋式的上升运动，即所谓工资—物价螺旋。

(2)利润推动，是指垄断企业和寡头企业利用市场势力谋取过高利润所导致的一般价格水平的上涨。西方学者认为，就像不完全竞争的劳动市场是工资推动通货膨胀的前提一样，不完全竞争市场是利润推动通货膨胀的前提。在完全竞争的产品市场上，价格完全决定于商品的供求，任何企业都不能通过控制产量来改变市场价格；而在不完全竞争的产品市场上，垄断企业和寡头企业为了追求更大的利润，可以操纵价格，把产品价格定得很高，致使价格上涨的速度超过成本增长的速度，从而导致一般物价水平的上涨。

无论是工资推动还是利润推动，提出这类理论模型的目的都在于解释在不存在需求拉动的条件下也能产生物价上涨。所以，总需求给定是假设前提。既然存在这样的前提，当物价水平上涨时，取得供求均衡的条件只能是实际产出的下降，与之相应的则必然是就业率的降低。因此，在这种条件下的均衡是非充分就业的均衡。

成本推进型通货膨胀

20世纪60年代末到70年代中期，大多数西方国家普遍经历了一次较典型的成本推进型通货膨胀过程。

在工资推动方面，许多国家在这段时间里出现了工时报酬急剧增加的情况。例如，在联邦德国，工时报酬的年增长率从1968年的7.5%跃升到1970年的17.5%。在同一时期，美国的工时报酬年增长率也由7%上升到15.5%。

在原材料价格方面，从1973年到1974年，石油输出国组织（OPEC）历史性地将石油价格提高了4倍，到1979年，石油价格又再次提高。这两次提价对西方发达国家的经济产生了严重影响，由此导致的经济萧条被称为“石油危机”。除去石油这一重要的原材料价格上涨以外，20世纪70年代初期世界各国出现了粮食歉收的情况，世界粮价暴涨。

工资的大幅度提高和原材料价格的大幅度攀升使主要西方国家物价上涨，引发通货膨胀。

（三）供求混合推动说

供求混合推动说是将供求两个方面的因素综合起来，认为通货膨胀是由需求拉动和成本推进共同起作用而引发的。这种观点认为，在现实经济社会中，通货膨胀的原因究竟是需求拉动还是成本推进很难分清：既有来自需求方面的因素，又有来自供给方面的因素，即所谓“拉中有推，推中有拉”。例如，通货膨胀可能从过度需求开始，但由于需求过度所引起的物价上涨会促使工会要求提高工资，因而转化为成本（工资）推进的因素。通货膨胀也可能从成本方面开始，如迫于工会的压力而提高工资等。但如果不存在需求和货币收入的增加，这种通货膨胀过程是不可能持续下去的。因为工资上升会使失业增加或产量减少，结果将会使“成本推进”的通货膨胀过程终止。现实经济中，这样的论点也得到论证：当非充分就业均衡严重存在时，则往往会引出政府的需求扩张政策，以期缓解矛盾。这样，成本推进与需求拉上并存的混合型通货膨胀就会成为经济生活的现实。

（四）结构型通货膨胀说

由于需求拉动或成本推动的通货膨胀理论不足以充分说明一些国家的长期通货膨胀问题，于是一些经济学家转而从经济结构及其变化方面求解通货膨胀的成因。他们认为，即使整个经济生活中的总需求和总供给处于平衡状态，但由于社会经济中各部门结构性因素变动，一般物价水平的上涨也会发生，这就是所谓的“结构型通货膨胀”。

结构性通货膨胀是由鲍莫尔在1967年提出的。他把经济活动分为两个部分：一是劳动生产率不断提高的先进部门（工业部门）；二是劳动生产率保持不变的保守部门（服务部门）。当先进部门由于劳动生产率的提高而增加货币工资时，保守部门的工人要求按“公平原则”也提高工资。那么，在成本加成定价的通常做法下，整个经济必然产生一种由工资成本推动的通货膨胀。因此，在经济结构的变化中，某一部门的工资上升将引起其他部门向它看齐，从而使工资以同一比例上升。

2007年我国通货膨胀的原因

需求拉动、成本推动和结构性通货膨胀是2007年我国通货膨胀的三种原因。具体表现为：(1)国内存在价格的结构性上涨。粮食、肉禽及其制品价格的较快上涨始于2006年下半年，至2007年10月，肉禽及其制品价格指数同比增长率达到了130.1%。受过去猪肉价过低和蓝耳病等疫情的双重打击，生猪出栏量大幅度下降，猪肉供应偏紧，仅2007年上半年，猪肉价格就同比增长了70%。这直接带动了其他食品的价格上涨，并逐步传导到下游食品加工厂、餐饮等行业。(2)全球粮食减产。国际市场粮食供需关系总体趋紧，直接导致国际农产品价格大幅度上涨。2006年全球谷物减产了3 300万吨。此外，石油价格飙升使得美国等一些发达工业国家调整能源政策，鼓励利用玉米加工乙醇作为燃料，这直接增加了对农产品的需求。(3)高额外汇储备导致货币供应量过大。2003～2006年，我国M_2年增长率平均高出GDP增长率5.4%。外汇占款导致的基础货币投放量比总货币供应量的1/4还多。(4)低利率推动投资。2003～2006年，全国固定资产投资年增长率高达23%，比GDP增长率高出13%。(5)从成本推动层面看，国际能源价格大幅上涨，导致商品的生产成本增高。我国约40%的国际石油依存度导致石油类产品价格显著影响国内商品价格。(6)从劳动成本推动层面看，随着劳动力供求出现结构性趋紧和政府加快步伐提高劳动者福利水平，我国职工工资总额和职工平均工资已连续4年实现两位数增长，超过同期GDP增长率；全国平均劳动报酬增长率已连续7个季度超过GDP增长率。(7)居民对通货膨胀的预期增强。根据央行调查，认为物价会继续上涨的受调查居民要远多于认为物价会下降的居民。

二、通货膨胀对经济的危害

世界各国经济发展的实践证明，从长期来看，通货膨胀对一国经济发展的危害程度远大于其对经济发展的促进程度，具体体现在如下几个方面：

(一)对流通领域的危害

在通货膨胀时期，由于物价上涨不均衡，使得商品流向价格上涨较快的领域，扰乱了商品正常的流通秩序。同时，由于物价持续上涨，货币贬值，人们不愿意积蓄货币，出现提前消费、抢购商品的倾向。投机者则趁机哄抬物价、囤积居奇，市场供需矛盾加剧，导致流通领域更加混乱。

(二)对生产领域的危害

首先，在通货膨胀时期，由于物价普遍上涨，生产者容易错误地做出生产决策，将资金投入价格较高的生产部门，造成资源的不合理配置，导致经济结构失调。其次，由于商品价格的不稳定，生产成本、利润不易核算，导致企业生产经营的难度增大，而投资于商业流通部门则资金周转相对较快，风险小，获利容易，由此使大量资金流向流通领域，造成生产资金短缺，从而导致生产萎缩。最后，通货膨胀导致企业技术革新成本上升，使企业不愿意或没有能力进行技术改造，其结果必然影响技术进步，降低劳动生产率，影响产品的升级换代。

(三)对消费领域的危害

在通货膨胀情况下，物价上涨、货币贬值，与原来相同数量的货币不能买到与原来同等的生活资料，人们的实际收入水平下降，消费水平下降。

(四)对分配领域的危害

在通货膨胀时期，虽然人们的名义货币收入可能提高，但由于社会各阶层收入来源不同，有的人实际收入会提高，有的人实际收入会下降。通货膨胀最大的受害者是固定收入者与低收入者，如依靠固定的工资、固定的退休金和福利救济金生活的人。这种不公正的国民收入再分配，易引起社会不稳定。

总之，通货膨胀对社会再生产的各个环节都有很大破坏作用，世界各国经验都证明了通货膨胀不利于经济的稳定协调发展和社会安定。所以，一旦发生通货膨胀，必须及时治理。

三、治理通货膨胀的对策

上述分析表明，通货膨胀会严重危害一国经济的正常发展，因此，各个国家都十分重视平抑通货膨胀，将其视为经济工作的主要任务之一，并制定和采取了一系列措施来抑制通货膨胀。概括而言，主要治理措施有如下几种：

（一）紧缩性货币政策

由于通货膨胀是纸币流通条件下出现的经济现象，引起物价总水平持续上涨的主要原因是流通中的货币量过多，因此，各国在治理通货膨胀时，所采取的重要措施之一就是紧缩货币政策。作为制定和执行货币政策的中央银行一般采取下列措施：

(1)公开市场业务。中央银行在公开市场上出售各种政府债券，可以缩减市场货币供应，紧缩银根，这是最重要且经常被利用的一种货币政策工具。

(2)提高再贴现率。以此影响商业银行的贴现率和向中央银行融资的成本，这势必带来信贷紧缩和利率上升，有利于控制信贷的膨胀。

(3)提高商业银行的法定存款准备金率。以此降低商业银行的信用创造能力，从而减少市场货币供应。

(4)直接提高利率，紧缩信贷。利率的提高会增加使用信贷资金的成本，借贷就将减少，同时利率提高，还可以吸收储蓄存款，减轻通货膨胀压力。

（二）紧缩性财政政策

用紧缩性财政政策治理通货膨胀就是紧缩财政支出，增加税收，谋求预算平衡，减少财政赤字。

（三）收入政策

收入政策就是政府为了降低一般物价水平上涨的幅度而采取的强制性或非强制性的限制货币工资和价格的政策。其目的在于力图控制通货膨胀而不至于陷于“滞胀”。收入政策一般包括下列几个方面内容：

(1)确定工资—物价指导线。所谓“指导线”，就是政府当局在一定年份内允许货币总收入增长的目标数值线，并据此相应地采取控制每个部门工资增长率的措施。

(2)工资管制。或称冻结工资，即政府颁布法令强制控制全社会货币工资总额或增长幅度。这是通货膨胀相当严重时采取的非常措施，但正是由于通货膨胀严重，人们实际收入水平持续下降，实施冻结或管制工资措施变得更加困难。

(3)以纳税为基础的收入政策。它是指通过对过多增加工资的企业按工资超额增长比率征收特别税的办法，来抑制通货膨胀。一般认为，实行这种税收罚款办法，可以使公司拒绝工资超额提高，并同工会达成工资协定，从而降低工资增长率，减缓通货膨胀率。

（四）价格政策

通过反托拉斯法限制价格垄断，这是价格政策的基本内容。价格垄断有可能出现定价过高和哄抬物价的现象，想要治理通货膨胀，就必须限制价格垄断。

（五）供给政策

提高劳动生产率，降低商品成本，增加有效供给。供给政策的主要内容包括：(1)减税；(2)削减社会福利开支；(3)稳定币值；(4)减轻企业负担，刺激企业创新积极性，刺激投资，刺激产出等。

(六)指数化方案

指数化方案的通常含义是指收入指数化,即按物价变动情况自动调整收入的一种分配方案。指数化的范围包括工资、政府债券和其他货币性收入。实施的办法是使各种收入按物价指数滑动或根据物价指数对各种收入进行调整。这种指数化措施主要有两个功效:一是能借此剥夺政府从通货膨胀中所获得的收益,杜绝其制造通货膨胀的机会;二是可以借此缓解甚至抵消物价波动对个人收入水平的影响,克服由通货膨胀造成的分配不公。

改革开放以来我国通货膨胀的成因

从1978年改革开放到2004年为止,我国共发生了两次明显的通货膨胀:一次是1988～1989年,当时物价上涨率达到8.5%～17.8%;另一次是1993～1996年,当时的物价上涨率分别为13.2%、21.7%和14.8%。

造成我国通货膨胀的原因是多方面的,既有总需求的扩张,也有成本推进因素,还有体制方面的原因。

一、总需求的扩张

1. 财政支出有扩张趋势。在我国,国家财政具有明显的公共财政功能和促进经济增长的职能,即使财政收入弥补不了财政支出,也要通过赤字财政或者发行国债的方式实现对经济较高的投入。财政支出的扩张造成政府需求始终存在扩张趋势。

2. 企业投资需求扩张。在我国,由于体制原因,作为投资主体的国有企业不承担投资风险,不自负盈亏。由于借钱可以拖欠,甚至可以不还,造成企业投资需求膨胀。

3. 银行信贷扩张。由于企业投资需求膨胀,导致银行信贷扩张,迫使中央银行不得不采取放松的货币政策。

二、生产资料、工资等成本推动

从20世纪80年代开始,我国逐步放开价格管制,所有价格均由市场供求决定,导致价格水平迅速上升。例如,在1993年,许多生产资料价格上升40%。另一方面,工资水平大幅增长,成本的升高推动了物价水平的上涨。

三、结构性转换引发价格上涨

1. 工资攀比引发价格上涨。在体制转换时期,我国存在着多种类型的企业,有国有企业、集体企业、个体企业、三资企业等,其效益好坏不等。但是由于工资攀比,致使各种企业的职工工资有趋同的现象。工资的攀比最终引发价格上涨。

2. 产品结构转换引发物价上涨。由于生产方面的原因,我国产品供给结构无法完全满足我国居民的消费需求,造成某些产品供不应求,这些产品的价格上涨引发整体物价水平的上涨。

第三节　通货紧缩

一、通货紧缩的定义

通货紧缩是指一般物价水平持续下降的现象,它是与通货膨胀相反的现象。比较通行的看法是,物价水平长时间的负增长(一般认为在半年以上)才能称之为通货紧缩。通货紧缩的根源是社会的总需求小于总供给。当总需求持续小于总供给时,就会出现通货紧缩现象。准确理解通货紧缩的定义,需要把握其特征。

(一)商品和劳务价格持续下跌

这是通货紧缩最基本的特征。通货紧缩是一个持续的、长期的物价下跌过程,而不是物价偶然的、短暂的下跌;是一般物价水平的下降,而不是局部性和结构性的物价下跌。

(二)生产下降和经济衰退

在通货紧缩时期,市场有效需求不足,消费需求疲软。随着市场的萎缩,产品价格下降,企业的订单减少,开工不足,利润降低,企业不愿意扩大生产。并且,企业的投资意向低迷,不愿再投资,失业人数从而增加,工资收入降低,而这又进一步制约了有效需求,使总需求更加小于总供给。

二、通货紧缩的类型

通货紧缩按照不同的划分标准,可以分为不同的类型。

(一)按照通货紧缩的持续时间分类

(1)长期通货紧缩。通常持续时间为 10 年以上。

(2)中长期通货紧缩。通常持续时间为 5～10 年。

(3)短期通货紧缩。通常持续时间为 5 年以下。

(二)按照通货紧缩的程度分类

(1)轻度通货紧缩。通货膨胀率持续下降并转为物价指数负增长的时间不超过两年即出现转机,且物价负增长的幅度较小。

(2)中度通货紧缩。通货紧缩超过两年仍未见好转,但物价指数下降幅度在两位数以内。

(3)严重通货紧缩。通货紧缩超过两年并继续发展,且物价下降幅度超过两位数,或者伴随着比较严重的经济衰退。如美国在 20 世纪 30 年代大萧条时期物价下降幅度达 30%以上,并伴随着严重的经济衰退,就属于严重通货紧缩。

(三)按照通货紧缩的生成机理分类

(1)需求不足型。由于总需求不足,正常的总供给显得相对过剩,由此引发的通货紧缩是需求不足型通货紧缩。

(2)供给过剩型。新技术的采用与劳动生产率的提高使得产品相对过剩而导致的通货紧缩,称为供给过剩型通货紧缩。值得注意的是,产品供给过剩并非是指社会产品极大地满足了人们的需求,出现了绝对过剩;而是指社会的消费已升级,产品的升级换代未能及时跟上,某个层次的产品(如低档消费品)供给过剩,而新产品正处于开发、研制中,出现了产品断层。

(四)按通货紧缩的成因分类

通货紧缩可分为需求拉下型、成本压低型、结构型、产业周期型、政策紧缩型、外部冲击型通货紧缩。这些类型的通货紧缩在下一个问题中展开讨论。

三、通货紧缩的成因

尽管不同国家、不同时期的通货紧缩有着不同的原因,但从国内外经济学家们关于通货紧缩的理论分析中,仍可概括出导致通货紧缩发生的一般原因:

(一)投资和消费的有效需求不足

当预期实际利率进一步降低和经济走势不佳时,消费和投资会出现有效需求不足,导致物价下跌,形成需求拉下型通货紧缩。金融体系的效率降低或信贷扩张过快导致出现大量不良资产和坏账时,金融机构“惜贷”或“慎贷”引起信用紧缩,也会减少社会总需求,导致需求拉下型通货紧缩。

(二)生产力水平提高和生产成本降低

技术进步提高了生产力水平,放松管制和改进管理降低了生产成本,从而导致产品价格下降,出现成本压低型通货紧缩。

(三)结构性因素

由于产业结构不合理或投资、消费需求结构的变化,出现结构性的生产过剩,由此造成过多的无效供给,当积累到一定程度时必然会加剧供求之间的矛盾,最终只能通过物价下跌加以调整,这就是结构型通货紧缩。

(四)经济周期的变化

经济周期达到繁荣阶段,生产能力严重过剩,供大于求,引起物价下跌,就会出现经济周期型通货紧缩。

(五)紧缩性的货币财政政策

一国当局采取紧缩性的货币政策或财政政策,大量减少货币发行或削减政府开支以减少赤字,会直接导致货币供应不足,或加剧商品和劳务市场的供求失衡,使"太多的商品追逐太少的货币",从而引起物价下跌,出现政策紧缩型通货紧缩。

(六)本币汇率高估和其他外部因素的冲击

一国实行盯住硬货币的汇率制度时,本币汇率高估,会减少出口、扩大进口,加剧国内企业经营困难,促使消费需求趋减,导致物价持续下跌,出现外部冲击型的通货紧缩。国际市场的动荡也会引起国际收支逆差或资本外流,形成外部冲击型通货紧缩压力。

美国《白银收购法案》与国民党政权的垮台

蒋家王朝的覆灭和新中国的成立,以历史学家的眼光看来,是人心所向、大势所趋。而货币主义学派的大师弗里德曼却得出他的结论说:远在大洋彼岸的美国通过《白银收购法案》,"显而易见,是促成蒋介石政权覆灭的一个重要因素"。我们就顺着他的思路,来看一看20世纪40年代的中国从通货紧缩到恶性通货膨胀的一段历史。

众所周知,中国传统上采用金属本位的货币制度——大额货币是银圆,小额辅币是铜圆。这是一种有效的银本位制。因为当时世界各地大部分采用金本位制,所以在20世纪30年代大萧条初期,当全世界以黄金换算的物价暴跌给金本位制的国家造成极大困难时,中国却由于货币的对外贬值(白银在国际市场上作为商品同样降价)增强了出口商品在国际市场上的竞争能力,同时也保持了国内物价的稳定。

银本位带来的这种经济状况持续至1932年下半年,当时以美元计算的白银价格降至每盎司25美分左右。1934年,美国总统罗斯福支持通过了《白银收购法案》,要将白银在国家货币储备中的比例由1/6提至1/3,该法案一经通过,银价陡升至每盎司70美分,这也就意味着中国货币对美元的汇价骤然上升。白银升值严重削弱了中国的商品出口能力,同时又极大地刺激了中国白银的输出,事实上,白银几乎成为中国能够出口的唯一商品。白银的倾泻而出导致了中国的货币奇缺和严重的通货紧缩。在种种阻止白银走私的努力失败后,中国被迫"永远地脱离了银本位",转而以政府信用实行纸币本位制,这就是1935年的法币改革。这种货币制度安排为以后的恶性通货膨胀铺平了道路。20世纪40年代,国民党政府以通货膨胀性的货币发行作为攫取财源的主要手段。在40年代末的最后几年中,国民党统治区的物价呈现天文数字般地急剧上涨,纸币每一分钟都在贬值。民众对政府的货币失去了信心,进而对这个政府失去信心，所以，弗里德曼作出总结："必须将其（指《白银收购法案》）看作是在经济上及政治上削弱中国的一个重要因素。"

资料来源：Friedman，Milton and Anna Schwartz. *A Monetary History of the United States：1867－1960*，1963.

第四节　通货紧缩的危害及治理

一、通货紧缩对经济的危害

通货紧缩的危害很容易被人忽视。因为一般价格的持续下跌会给消费者带来一定的好处，在低利率和低物价增长的情况下，人们的购买力会有所提高。然而，20 世纪 30 年代的世界经济大危机后，持续的通货紧缩给世人留下了深刻的历史教训。事实证明，通货紧缩与通货膨胀一样，对经济发展都会造成不利影响。通货紧缩会加速实体经济进一步紧缩，因此，它既是经济紧缩的结果，又反过来成为经济进一步紧缩的原因。通货紧缩一旦形成，如果不能采取及时处理措施，可能会带来一系列问题。

（一）加剧经济衰退

通货紧缩是经济衰退的加速器。由于通货紧缩增加了货币的购买力，使人们更多地储蓄、更少地支出，尤其是耐用消费品的支出。这样，通货紧缩使个人消费支出受到抑制。与此同时，物价的持续下跌使生产者所生产的产品价格降低，加上消费者购买力不足，从而使企业利润减少甚至亏损，严重打击生产者的积极性。这将使生产者减少生产甚至停产，进而使全社会的经济增长速度受到抑制。因此，通货紧缩意味着投资机会的锐减，也可能导致可能容纳就业的机会锐减。

（二）迫使企业降低成本

在通货紧缩的情况下，由于现代企业经营所需的资金大部分是借来的，企业负债的实际利率提高，而且产品价格出现非预期下降，因此收益率也随之下降，企业进一步扩大生产的动机也会下落。生产停滞，企业归还银行贷款的能力有所减弱，这便使银行贷款收回面临更大的风险。而银行资产的变坏，使得个人更倾向于持有现金，从而可能出现"流动性陷阱"。如果企业要持续降低产品价格而且产量难以保证时，企业就会减少用工、减少资本支出，消费者因此产生的第一反应是减少消费。这样，降低成本成为企业共同的防护手段，竞争导致价格下跌、再下跌，从而形成通货紧缩。

（三）降低消费总量

从表面来看，通货紧缩似乎对消费者有利，因为消费者只需支付较低的价格便可获得同样的商品。但是，在通货紧缩的情况下，就业预期、工资收入、家庭资产趋于下降。消费者会因此而缩减支出、增加储蓄。在通货紧缩条件下，工人如果要得到同样多的"面包"，就得工作更长的时间。综合来说，通货紧缩使消费总量趋于下降。

（四）增加银行不良贷款

通货紧缩可能使银行业面临困境，当银行业面临一系列系统恐慌时，一些资不抵债的银行会因存款人"挤兑"而被迫破产。通货紧缩一旦形成，便可能形成"债务—通货紧缩陷阱"。此时，货币变得更为昂贵，债务则因货币成本上升而相应上升。虽然名义利率未变甚至下调，但实际利率仍然较高，债务负担有所增加，企业经营的困难会最终体现在银行的不良资产上。因此，通货紧缩对于银行来说，容易形成大量的不良资产。

二、通货紧缩的治理

上述分析表明,通货紧缩发生的根本原因是宏观经济的供求关系发生了变化,供给相对过剩,或者需求相对不足,它会严重危害一国经济的正常发展。因此,各国有必要采取相应的措施治理通货紧缩。具体来说,常见的治理措施有如下几个方面:

(一)实行扩张性财政政策和货币政策

通货紧缩的一个重要原因是有效需求不足,因此治理通货紧缩应主要从增加需求着手,主要运用财政政策与货币政策两大手段,刺激需求。

1. 扩张性的财政政策

扩张性的财政政策主要是扩大财政支出,增加财政赤字,减免税收。它具有以下优点:(1)动员迅速。财政政策作为政府手中的工具,其决策程序相对简单,可以通过发行国债等手段迅速筹集资金。(2)作用直接。财政资金可以根据宏观经济调节需要指定投向,在短时间内转化为购买支出,直接消化行业过量库存或形成新的生产能力及设施建设。

2. 扩张性的货币政策

扩张性的货币政策主要是通过调整法定存款准备金率、再贴现率及公开市场业务等手段,增加商业银行提供贷款的能力,扩大货币供应量。虽然按照货币政策工具的调控机理来说,货币政策可以在增加或减少货币供应量方面发挥重要作用,但更多的理论分析(如凯恩斯的"流动性陷阱")和各国实践表明,以治理通货紧缩为目标的扩张性货币政策可能是无效的或者乏力的。因此,在治理通货紧缩的对策中,货币政策主要是配合财政政策来运用的。

(二)提高居民收入水平,鼓励消费

通货紧缩从根本上来说,是由消费需求不足所产生的。因此,要治理通货紧缩,就必须努力提高消费需求,居民收入和消费支出的稳定上升是防止物价持续下跌的重要条件。政府要充分利用各种政策组合,如财政政策、货币政策等,创造增加社会消费的条件,使居民收入能够稳定增加,增强居民对未来收入的预期和信心,以增加居民的消费需求。

(三)改革汇率制度或实施汇率调节

通货紧缩可能由僵化的汇率制度所导致,这种汇率制度容易使本币过高估值,产生输入型通货紧缩。如果是这样,就需要对汇率制度进行改革,采取灵活的汇率制度,使汇率自由浮动或者扩大浮动范围,减轻外部冲击对通货紧缩的压力。

(四)推动产业结构调整

利用经济紧缩时期生产力过剩、价格下跌的时机,推动企业重组,以调整产业结构和产品结构,调整资源配置,推动采用新技术、生产率高的企业的生存及发展。

(五)引导预期行为

通货紧缩初期,投资者预期价格进一步下降,经济活动中投资需求大幅下降。消费者预期收入下降,会相应减少消费支出,出现持币待购的倾向。因此,治理通货紧缩,应通过政策引导,公布有关治理通货紧缩的政策措施,引导和刺激消费需求和投资需求,调整人们对未来的预期行为。

三、我国的通货紧缩及其治理

(一)我国通货紧缩的原因

自 1997 年亚洲爆发金融危机以来,我国国民经济逐渐出现通货紧缩状态:经济增长放缓,物

价水平持续走低，从1997年10月开始，全国商品零售价格出现负增长，1998年商品零售价格和居民消费价格分别比1997年下降了2.6%和3.6%。出口放缓，市场上商品供大于求、失业人数增加，这种情况一直持续到2002年。种种迹象表明，中国当时已进入通货紧缩时期。总的来说，我国通货紧缩的形成和发展，既有深远的全球经济形势背景，又有国内多种因素的影响。

1. 亚洲金融危机是通货紧缩的外部原因

1997年的亚洲金融危机，由于我国政府承诺人民币不贬值，使我国承受了出口减少和进口商品价格上升的双重压力。近年来，我国对外贸易依存度越来越高，亚洲金融危机后，处于危机中的各个国家，如泰国、马来西亚、菲律宾等国货币大幅度贬值，出口商品因价格降低而增强了国际竞争力，导致我国商品出口受到很大影响。出口需求的下降直接导致了社会总需求的减少。

2. 消费需求和投资需求不足是造成通货紧缩的直接原因

经济体制转轨时期，机构改革、国企改制以及医疗制度、住房制度和教育制度的变迁，个人和家庭的即期收入的不稳定和对未来预期收入、支出的不确定性，引起有效需求减少，消费意愿降低，导致物价下降。同时，由于经济的不景气，投资者对未来投资收益预期悲观，投资意愿进一步下降，引起投资需求不足，生产资料价格下降。

3. 生产能力相对过剩、产业结构不合理是通货紧缩的内在原因

在计划经济向市场经济转轨过程中，各地区、各行业的盲目投资与重复建设问题相当严重，形成各地区产业结构趋同、资源浪费、库存大量增加，这是生产能力过剩的根源。但这种过剩主要是低技术含量、低附加值产品生产能力的相对过剩，而对符合大众需求的名、优、特、新等高技术、高质量产品却得不到满足。生产能力的相对过剩和产业结构的不合理必然导致市场大部分传统低端产品供过于求，价格下降。加之生产者恶性的价格竞争，引起物价进一步下跌。根据当时内贸部对所监测的680多种商品供求情况的统计，90%以上的商品属于供大于求。

4. 货币供应量减少是通货紧缩的货币原因

为了治理前一阶段的通货膨胀，我国从1993年开始实行"适度紧缩"的货币政策，各类货币供应量增长速度明显降低。1994年到1998年，M_0 增长率由24.3%下降为10.1%，M_1 的增长率从26.8%下降为11.9%，M_2 的增长率由34.4%下降为15.3%。1994年 M_2 增长率比GDP增长率高21.9%，到1997年 M_2 增长率比GDP增长率仅高8.5%。当货币供应量不能满足货币需求量时，过多的商品会追逐数量有限的货币，因此从1993年到1998年的从紧的货币政策是造成通货紧缩的货币性原因。

（二）我国通货紧缩的治理

从1998年开始，我国采取了一系列以扩张性政策为主的政策来治理通货紧缩。具体措施如下：

(1)积极的财政政策。从1998年开始，我国政府采取了积极的财政政策，扩大财政支出，主要是通过发行国债的方式，用于基础设施建设。1998～1999年，政府共发行了2 100亿元长期国债，2000年又发行了1 000亿元国债。国债资金大部分用于基础设施建设、环境和生态保护、科学技术研发与技术改造升级。在民间投资需求不足的情况下，依靠政府投资来拉动经济增长。

(2)积极的货币政策。主要措施有降低存贷款利率、取消贷款规模限制、降低商业银行的存款准备金以及发展个人消费信贷等。但最终效果并不是很理想。例如，降低存款利率，目的是要居民减少储蓄存款，刺激消费。但实际情况是，从1996年5月1日到2002年2月21日，中央银行连续8次调低利率，从10.98%下调到1.98%，利率有了极大幅度的降低，但居民储蓄仍然保持持续的增长。又如，取消商业银行贷款规模限制，允许商业银行根据自身情况确定贷款规模大

小。但商业银行出于降低风险考虑,出现"惜贷"现象。

(3)改善消费环境,刺激消费需求。主要措施是加快农村道路、电网、通信、自来水供应等公共基础设施建设,改善农村的市场流通环境和商品售后服务环境;鼓励商业银行大力开展住房、汽车等高档耐用消费品的消费信贷业务;积极培育旅游消费等享受型的消费热点,以此促进消费需求的增长。

(4)加快产业结构调整。我国通货紧缩有深刻的产业结构失调的因素。从1997年我国大力调整产业结构,一方面减少对煤炭、纺织、制糖等传统行业的投入,同时运用先进技术来改造传统行业,加速传统产业向现代产业的转化,不断提高产品的档次;另一方面加大电子、计算机、新材料、航空、生物等高新技术领域的投资力度,加快产业结构升级。除此以外,我国还大力调整所有制结构,以收缩国有企业战线。通过所有制结构的调整,减轻了市场积压产品压力,减少了一部分无效供给。

(5)深化国有企业制度改革与市场经济体制转轨。大力推进财政、金融、流通、科技、教育、住房、医疗、社会保障和收入分配制度等各项改革,为促进需求扩大和改善供给而清除制度障碍。

美国治理通货紧缩的措施

在美国历史上的1929～1933年世界经济大危机中,当时的罗斯福总统采取的一系列治理通货紧缩的政策措施,即"罗斯福新政"。具体内容包括以下几方面:政府发行巨额国债,大力兴办公共工程,刺激国内需求;由美联储购进银行持有的政府债券,扩大货币发行;控制过剩农产品生产,增加农民收入;暂停实施反托拉斯法,避免市场萎缩中的恶性竞争;实行最低工资制和社会救济;运用税收手段调节居民收入差距;降低税率,鼓励出口。"罗斯福新政"取得了明显效果,国民收入从1933年的396亿美元增加到1937年的736亿美元,物价从1934年起止跌回升,失业率大幅度下降。

本章案例

案例一　世界经济面临通货紧缩的挑战

通货紧缩(deflation),萨缪尔森和诺德豪斯的《经济学》(1992)中将之定义为"与通货膨胀(inflation)相反的是通货紧缩,它发生在价格总体水平的下降中";斯蒂格利茨则在其《经济学》(中译本,1997)中将通货紧缩定义为"价格水平的稳定下降";目前国内学术界比较认同的简明定义为"通货紧缩是指商品和服务价格水平普遍、持续的下降"。

自20世纪30年代以来,世界主要国家大多出现了程度不同的通货紧缩,时至今天,其阴影仍在许多国家和地区徘徊。英国《经济学家》杂志近期刊文指出:当前世界经济面临的最大风险是通货紧缩,而非二次衰退。

日本自20世纪90年代至今,经济一直处于萧条时期,尤其1998年之后,庞大的财政赤字、沉疴不起的消费低迷、频繁的企业破产,使通货紧缩日益突出。为此,日本政府2002年10月30日出台了"反通货紧缩综合对策",以寻求复苏经济的出路。继日本之后,美国、德国和英国也相继面临通货紧缩的危机。由于美国、欧元区和日本三大经济体的GDP合计占到全世界GDP的75%,因此三大经济体的经济走向对世界经济走向起着决定性作用。

美国"9・11"恐怖袭击事件后的一年,企业的资本设备价格下跌了1.0%,汽车价格下跌了1.6%,服装产品价格下跌了2.2%,电器价格下跌了2.7%,下降幅度最大的是个人电脑,跌幅高达20.9%。通货紧缩不但笼罩着制造业,而且已蔓延到美国具有优势的服务业:酒店的价格下跌了2.1%,飞机票的价格下跌了3.8%,电话服务业的价格指数更是下跌了4%。越来越多的迹象表明,持续性的通货收缩,对正在挣扎着走出衰退的美国经济产生了严重的消极作用。2002年一季度美国经济增长5.0%,但进入二季度后急剧回落,二季度经济增长仅1.3%,预示着美国经济调整、复苏和变革步履维艰,通货紧缩仍是主要威胁。

欧元区的通货紧缩压力总体不太大,但是德国和英国则相对严重。德国经济目前正处于通货紧缩的边缘,加入欧元区以来,德国在货币政策、汇率政策和财政政策等方面失去了相当的自主性,目前欧洲央行的基准利率对于通胀率只有1%的德国来讲相对较高,估计2003年出现负通货膨胀的可能性较大。英国近来的通货紧缩压力一直比较大,统计数字表明,当前英国的年通货膨胀率只有1.9%,同英国政府设定的2.5%目标有一定差距。目前,英国的零售价格指数仅仅相当于1987年的水平。过去12个月来,英国耐用消费品价格平均下降了3.8%。

在亚洲,中国台湾由于经济金融不景气,以至于通货紧缩愈显严重。根据有关资料,2002年1～10月,台湾消费物价年增长率为－0.26%。中国香港自1999年开始呈现通货紧缩,2002年9月份消费物价指数下跌3.7%,跌势持续47个月,且创下27个月以来最大的跌幅。亚洲其他国家,如泰国和菲律宾等,近年来消费品价格与以往同期相比,有所下降,也出现了通货紧缩的苗头。

在拉丁美洲,最具代表性的是阿根廷,目前该国正处于连续第四年的严重通货紧缩之中。其他如墨西哥、危地马拉等,也都出现了通货紧缩趋势。

近五年,中国生产能力结构性过剩,有效需求不足,价格总水平持续下降。如果根据国际普遍的看法,通货膨胀率低于1%即属通货紧缩,那么,从商品零售指数上涨率看,中国1997年已出现通货紧缩;从居民消费指数上涨率看,中国1998年进入通货紧缩。因为,中国五年来价格指数上涨率一直低于1%,到2002年4月,这两个指数上涨率分别为－2.1%和0.3%,所以通货紧缩取代通货膨胀成为影响中国宏观经济健康运行头号顽敌。

资料来源:刘瑞斌,《证券市场与通货紧缩》,《贵州财经学院学报》,2003年第2期。

案例二　20世纪90年代的日本通货紧缩

自20世纪90年代初日本经济泡沫破灭后,日本经济陷入了衰退的困境:股票市场和房地产市场长达十多年的持续下跌,银行系统坏账如山、运转失灵,政府债务居高不下,物价持续下降。在这些问题中,通货紧缩是困扰日本经济的最大难题之一。从经济增长速度来看,1990～1994年日本经济一直处于下滑状态,GDP增长速度从1990年的5.5%下降到0.7%。1997～1998年,日本首次出现了连续两年的经济负增长,经济增长率分别为－0.4%和－1.9%。在物价方面,1992～1995年,日本的批发物价指数每年都在下降,1996年、1997年转为上升,但从1998年开始又转为下降,1998～2001年分别比上年下降了1.6%、3.3%、0.1%和0.9%,2002年1～3月和4～6月又分别比上年同期下降了1.4%和1.1%。

愈演愈烈的通货紧缩,严重影响了日本经济。它使得企业经营环境日趋恶化,企业利润降低,破产公司数量大增,失业率升高,同时加重了财政赤字危机。据统计,从1997～2000年度,日本的国税收入由539 415亿日元减少为456 780亿日元,3年净减少15.2%。经济增长情况和物价水平变化的实际情况表明,日本自1992年以来开始出现通货紧缩,1997年后半年以来通货紧缩局势进一步恶化。

(一)日本出现通货紧缩的主要原因

日本泡沫经济的破灭对其通货紧缩的形成产生了重要影响,其对经济最直接的负面影响是使日本资产价格大量缩水。仅在1990年以后的5年间,日本全国资产损失达800亿日元,其中土地等资产减少了379亿日元,股票减少了420亿日元,两者相加接近当时日本两年的GDP。

1. 资产的缩水降低了居民个人拥有的金融资产财富,对其消费需求产生了巨大的负财富效应,国民消费意识由热转冷,个人消费趋于不振。

2. 金融机构的资产大幅缩水,银行自有资产急剧下降。大量的贷款无法收回,造成了银行出现巨额不良债权。不良债权的产生,一方面严重影响了整个金融体系的安全,另一方面使金融机构大量压缩贷款,导致社会的货币供应量更加不足,给日本经济带来严重冲击。

3. 企业投资需求不足。资产的缩水使企业的股票资产大大减少,同时企业在泡沫经济膨胀时期也存在着盲目投资、重复建设,生产能力大量过剩,企业被迫调整存量资产。这一切都导致企业的投资裹足不前。

（二）日本治理通货紧缩的对策

针对通货紧缩情况，日本政府采取多种措施以刺激经济增长。

1. 扩张性财政政策。为了刺激经济增长，抑制物价下降，从1992年起，日本政府连续10次推出以减税和增加公共事业投资为主要内容的扩张性财政政策，涉及财政收支规模达130万亿日元之巨。例如，1998年4月，日本政府宣布了一项历史上规模最大的、价值16.6万亿日元的综合经济对策，包括的内容如下：1998～1999年度减少4.6万亿日元的所得税和其他税收；增加各类公共工程开支7.7万亿日元；增加各种政府开支4.3万亿日元。

2. 扩张性货币政策。在货币政策方面，日本政府也在不断推出以降息为中心的扩张性货币政策，力图通过降低利率来扩大货币发行量，刺激民间消费和投资的增长，达到抑制通货紧缩、促进经济增长的目的。从1991年7月起，日本银行连续下调官方利率。到1995年9月，日本的再贴现率降到了0.5%，并一直维持了5年之久。此后，日本银行又于1999～2000年实行了"零利率"政策，到2001年2月又两次下调再贴现率，目前再贴现率为0.25%，处于历史上的最低水平。

3. 通过立法，整顿金融秩序。在运用财政和货币政策刺激经济增长的同时，日本政府采取了一些金融体制改革和结构调整措施。在1998年12月，日本国会相继通过了《金融重建关联法》和《金融功能早期健全法》，对濒临破产和已破产的金融机构由政府注入资金，取得控股权，由政府主导来处理金融机构的不良资产。截至1999年3月末，日本政府已对15家主要银行投入7.5万亿日元的资金，加上银行自身获得的2.2万亿日元，补充资本近9.6万亿日元。政府出面对金融机构进行整顿，可以保护存款人的利益，稳定民心，防止出现挤兑行为，同时也避免了这些金融机构的破产对日本经济和国际金融市场造成的危机。

资料来源：林毅夫，《通货紧缩的理论与现实》，中国经济出版社2000年版。

思考题：

日本通货紧缩情况给我国什么启示？

本章小结

1. 通货膨胀作为一个常见的经济术语，是指流通中的货币量超过了客观需要量，从而引起货币贬值和物价普遍、持续上涨的经济现象。

2. 衡量通货膨胀率的量化指标主要有消费物价指数、批发物价指数、国民生产总值平减指数。在大多数发达国家和一些国际组织都采用消费物价指数和GNP平减指数来度量通货膨胀。

3. 通货膨胀按照不同的划分标准，可以分为各种不同的类型。通货膨胀按照严重程度，可分为爬行式、步行式、小跑式和奔腾式；按照表现形式，可分为隐蔽型、公开型；按照是否可预期，分为可预期型、不可预期型；按照成因，可分为需求拉上型、成本推动型、混合型和结构型。

4. 经济学上有很多流派研究通货膨胀的成因，主要是从供求两个方面进行分析，由此形成了四种较为流行的关于通货膨胀成因的理论：需求拉动说、成本推动说、供求混合推动说、结构型通货膨胀说。

5. 实践证明，通货膨胀会严重危害一国经济的正常发展，因此，各国都制定和采取了一系列措施来抑制通货膨胀。主要措施有紧缩性货币政策、紧缩性财政政策、收入政策、价格政策、供给政策、指数化方案。

6. 通货紧缩是指由于货币供应量相对于经济增长和劳动生产率增长减少而引起有效需求严重不足，一般物价水平持续下跌，货币供应量持续下降和经济衰退的现象。通货紧缩的根源是社会的总需求小于总供给。

7. 通货紧缩的成因可概括为有效需求不足、生产成本降低、结构性生产过剩、经济周期的变化、紧缩性的货币政策和财政政策运用不当、外部因素冲击等。

8. 通货紧缩会严重危害一国经济的正常发展。各国有必要采取相应的措施治理通货紧缩。具体来说，包括扩张的财政政策和货币政策、提高居民收入水平并刺激消费、改革汇率制度、推动产业结构调整、引导预期行为。

复习思考题

1. 如何正确理解通货膨胀的含义?
2. 简要评价衡量通货膨胀的量化指标。
3. 通货膨胀的类型有哪些?
4. 试述通货膨胀的成因。
5. 简述通货膨胀对经济的危害。
6. 试述通货膨胀的治理措施。
7. 简述通货紧缩的含义及类型。
8. 简述通货紧缩的社会经济效应。
9. 试述通货紧缩的治理措施。

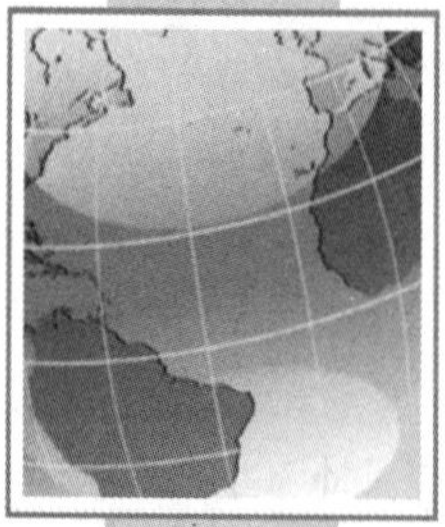

第十章 货币政策

现代货币政策已在西方市场经济国家实行了半个世纪之久。在我国，伴随着社会主义市场经济体制的确立和不断发展，货币政策也被明确列入宏观调控体系之中。改革开放30年来的实践表明，运用好货币政策，对抑制物价、调节社会总需求和总供给具有重要作用，也是调节经济运行的关键环节。

第一节 货币政策目标

一、货币政策的含义及其构成要素

货币政策的含义，有广义、狭义之分。从广义上讲，货币政策包括政府、中央银行和其他有关部门所有有关货币方面的规定和所采取的影响货币供给数量的一切措施。按照这个含义来理解，货币政策涉及有关建立货币制度的各种规定，包括所有旨在影响金融系统的发展、利用和效率的措施，甚至可进一步包括像政府借款、国债管理乃至政府税收和开支等可能影响货币支出的行为。从狭义上讲，在西方国家，比较概括的提法为：中央银行在追求可维持的实际产出增长、高就业和物价稳定时所采取的用以影响货币和其他金融环境的措施。通俗一些，也可以说货币政策是指中央银行为实现给定的经济目标，用于调节货币供给和利率的方针及措施的总和。

货币政策有三大构成要素：(1)货币政策工具；(2)货币政策中介指标；(3)货币政策目标。它们三者之间的关系是：货币政策工具作用于货币政策中介指标，通过货币政策中介指标去实现货币政策目标，如图10—1所示。

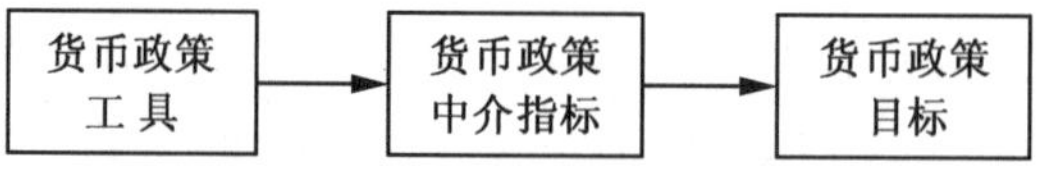

图10—1 货币政策三大要素间的关系

由于货币政策中介指标的确定在很大程度上取决于货币政策目标，货币政策工具的取舍在很大程度上依存于货币政策中介指标，因而货币政策的三要素之间存在一种逆向制约关系。所以，我们的分析是从货币政策目标开始，然后是货币政策中介指标，最后再过渡到货币政策工具等内容。

二、货币政策的最终目标

(一)货币政策目标及内容

货币政策的最终目标一般也称货币政策目标，它是中央银行通过货币政策工具的操作而达到的最终宏观经济目标。货币政策目标因不同国家、不同时期而有所不同，但基本上不外乎下列四个：稳定币值、经济增长、充分就业、国际收支平衡。

1. 稳定币值

稳定币值就是指稳定货币的价值，通常是指设法促使一般物价水平在短期内不发生显著波动，以维持国内币值的稳定。但在纸币流通的条件下，流通中的货币本身并没有价值，这样稳定币值就成了稳定货币购买力的简称。货币购买力是以单位货币所能购买到的商品或劳务来衡量的，稳定货币购买力即指单位商品所能换到的货币数量保持不变。因为单位商品所能换得的货币数量就是物价，所以稳定币值也就等于稳定物价。这就是人们之所以用物价的变化动态来表示币值的稳定程度与升降幅度的原因所在。当然，实际上物价也只能是相对稳定而已，并非是通货膨胀率越低越好，因为负通胀率往往会带来通货紧缩，同样会对经济发展产生不良影响。

币值稳定是币值的相对稳定，包含一定程度的物价变动，但这个变动的上下限究竟是多少？即多大幅度的物价变动可以视为币值稳定，超过多少幅度的物价变动可以视为币值不稳定，则是一个因时间不同、地点不同而仁者见仁、智者见智的问题。

2. 经济增长

关于经济增长的概念，通常存在两种观点：一种观点认为，经济增长是指国民生产总值的增加，即一国在一定时期内所生产的商品和劳务的总量的增加，或指人均国民生产总值的增加。另一种观点则认为，经济增长只是指一国生产商品和劳务的能力的增长。从更广泛的意义上讲，经济增长在于国家的人力和物力资源的增长，并懂得如何有效地利用这些资源，生产出更多的商品和劳务。也就是说，货币政策目标所追求的经济增长是发展速度加快、结构优化与效率提高三者统一的经济增长。经济增长的速度通常用国民生产总值(GNP)或国内生产总值(GDP)表示，也可用它们增长的相对数及人均数来表示。

3. 充分就业

严格意义上的充分就业是就所有资源而言的，它不仅包括劳动力的充分就业，还包括其他生产要素的“充分就业”，即充分利用。但人们通常所说的充分就业仅就劳动力而言，指任何愿意并有能力工作的人都可以找到一份有报酬的工作。对充分就业的衡量是通过失业率来反映的。所谓失业率，是指失业人数(愿意就业而未能找到工作的人数)与愿意就业的劳动力的百分比。美国劳动统计局对失业的定义是：凡年满 16 周岁、在一星期里没有活干因而没有工资或利润收入而又积极寻找工作的人，应列为失业。失业率的大小表示与充分就业的差距。失业率越高，距离充分就业就越远；反之就越接近。同时，劳动力的就业状况还与土地、资本等其他生产要素的“就业”状况保持着基本一致的关系。即劳动力越是接近充分就业，其他生产要素的利用程度就越高；反之则越低。

对于充分就业来说，似乎最理想的情况是失业率为零。其实，在正常情况下，摩擦性失业(frictional unemployment)，即由于季节性、技术性、经济结构等原因造成的临时性失业总是存在的。除了这种摩擦性失业外，还有一种自愿性失业(voluntary unemployment)的情况存在，即劳动者不愿意接受现行货币工资和工作条件而引起的失业，并且经济体制中(无论哪种经济体制)总是存在着一部分愿意就业却找不到工作的人。显然，要追求失业率等于零的充分就业是不可能的。实际上，经济理论中的充分就业允许一定的失业率存在，至于这个失业率究竟为多少才合适，也因时、因地、因人而有不同的答案。一般认为，充分就业就是要把失业降低到自然失业水平。

4. 国际收支平衡

所谓国际收支平衡，是指一个国家对其他国家的全部货币收入与全部货币支出保持基本平衡。因此，略有顺差和略有逆差也可以看作是实现了国际收支平衡。保持国际收支平衡是保证国民经济持续稳定增长和国家安全稳定的重要条件。巨额的国际收支逆差可能导致外汇市场波动，资本大量外流，外汇储备急剧下降，本币大幅贬值，并导致严重的货币金融危机。而长期巨额的国际收支顺差，往往使大量外汇储备闲置，不得不购买大量外汇而增发本国货币，可能导致或加剧国内通货膨胀。一般来说，逆差危害比顺差大。所以，通过货币政策实现国际收支平衡，也就自然成了各国货币当局所确定的一个重要目标。

(二)货币政策目标相互之间的矛盾与统一

1. 稳定币值与充分就业的矛盾与统一

就统一性看，币值稳定了，就可以为劳动者的充分就业与其他生产要素的充分利用提供一个良好的货币环境，充分就业同时又可能为币值的稳定提供物质基础。但是，稳定币值与充分就业之间更多地表现为矛盾性，即当币值比较稳定、物价上涨率比较低时，失业率往往很高，而要降低失业率，就得以牺牲一定程度的币值稳定为代价。这就是著名的菲利普斯曲线所说明的道理，它表明稳定币值和充分就业两者难以兼顾。

2. 稳定币值与经济增长的矛盾与统一

一般而言，这两个目标是相辅相成的，货币购买力稳定，可以为经济发展提供一个良好的金融环境和稳定的货币尺度，从而使经济能够稳定增长。经济增长了，稳定货币购买力也就有了雄厚的物质基础。因此，我们可以通过稳定币值来发展经济，也可以通过发展经济来稳定币值。但是，世界各国的经济发展史表明，在经济发展较快时，总是伴随着物价较大幅度的上涨；而过分强调币值的稳定，经济的增长与发展又会受阻。因此，在很多情况下，国家政策和货币管理当局只能在两者之间作调和，即在可接受的物价上涨率内发展经济，在不妨碍经济最低增长需要的前提下稳定币值。

3. 稳定币值与平衡国际收支的矛盾与统一

稳定币值主要是指稳定货币的对内价值，平衡国际收支则是为了稳定货币的对外价值。如果国内物价不稳，国际收支便很难平衡。因为当国内商品价格高于国外价格时，必然会引起出口下降、进口骤增，从而出现贸易赤字。但国内物价稳定时，国际收支却并非一定能平衡，因为国际收支能否平衡还要取决于国内的经济发展战略，资源结构、生产结构与消费结构的对称状况，国家的外贸政策，关税协定，利用外资策略等，同时还要受其他国家政策与经济形势等诸多因素的影响。

4. 充分就业与经济增长的矛盾与统一

通常，就业人数越多，经济增长速度就越快；而经济增长速度越快，为劳动者提供的就业机会也就越多。但在这种统一的背后，还存在着平衡劳动生产率的变化这一动态问题。如果就业增加带来的经济增长伴随着社会平均劳动生产率的下降，那就意味着经济增长是以投入产出比率的下降为前提的，它不仅说明本期浪费更多资源，还会妨碍后期的经济增长，因而是不可取的。只有在就业增加所带来的经济增长伴随着社会平均劳动生产率而提高的组合，才是我们所期望得到的结果。

5. 充分就业与平衡国际收支的矛盾与统一

如果充分就业能够推动经济快速增长，那么一方面可以减少进口，另一方面可以扩大出口，这当然有利于平衡国际收支。但为了追求充分就业，就需要更多的资金和生产资料，当国内满足不了需求时，就需要引进外资、进口设备与原材料等，这对平衡国际收支来说又是一大不利因素。

6. 经济增长与平衡国际收支的矛盾与统一

当经济增长较快时，国家经济实力也相应增长，这会在扩大出口的同时减少进口，从而有利于国际收支的平衡。但经济的较快增长又总是对各种生产要素产生较大的需求，这往往又会增加进口，从而引起国际收支逆差的出现。当逆差很大时，国家就得限制进口，压缩国内投资，这又会妨碍国内的经济增长，甚至会引起经济衰退。

可见，货币政策的诸目标之间既矛盾又统一。只有因势利导，慎重选择，才能把握全局。

三、货币政策中介指标

(一)中介指标及其选择标准

货币政策中介指标是指中央银行为实现特定的货币政策目标而选取的操作对象，它们通常是一些金融变量。由于它们一方面受货币政策工具的作用，另一方面又能将货币政策工具的作用传递至货币政策的最终目标，并影响它的实现，所以，选择合适的货币政策中介指标非常重要。货币政策中介指标一般具有如下特征：

1. 可测性

可测性包括两层含义：其一是中介指标应有比较明确的统计含义，能够对一定社会经济范畴进行数量说明；其二是中介指标的统计结果能及时获取，以便观察、分析、预测。

2. 可控性

可控性是指中介指标易于被中央银行控制。中央银行能够通过各种货币政策工具，准确、及时地对中介变量进行控制和调节，以有效贯彻其货币政策意图，并且不会遇到太多的麻烦和障碍。

3. 相关性

相关性是指中介指标应与货币政策目标之间具有高度的相关关系。

4. 抗干扰性

抗干扰性是指中介指标受干扰的程度较低。货币政策在实施过程中常受到许多外来因素或非政策因素的干扰，因此需要选取那些受干扰程度较低的中介指标。

(二)货币政策中介指标的内容

根据上述标准，中介指标一般有利率、银行信贷规模、货币供应量、基础货币、银行存款准备金等。

1. 利率

这里所说的利率，主要是指中长期利率。其优势在于：第一，可控性。在间接调控体系下，中央银行借助于公开市场业务操作就能影响银行准备金从而改变短期利率，进而引导长期利率变化来影响经济的投资和储蓄，达到对总产出进行调控的目的。第二，中长期利率可测性强。根据货币市场和资本市场上众多的利率水平和结构，中央银行几乎能够立即得到市场中长期利率，而且计算相当准确，很少修正。第三，相关性。长期利率与最终目标间存在极强的相关性，中长期利率对投资特别是不动产和设备投资有重要影响，从而与整个社会的收入水平直接相关。

但是，选择利率作为中介指标无论在理论上还是在实践上仍然存在一些问题。第一，在经济生活中，利率的内生性与外生性很难区分。当经济繁荣时，利率因投资需求增加而上升；当经济停滞时，利率因投资需求减少而下降。在这一过程中，经济环境影响利率高低，即利率是内生的。而作为外生变量(政策变量)，利率与投资的关系也是同方向变动的，即经济过热，应提高利率；经济萧条，应降低利率。当经济过热时，中央银行为了抑制需求而提高利率，但经济过程本身把利率推向这个高度，作为内生变量，它是很难抑制需求的，这时，中央银行很难判断其货币政策的效果。第二，市场利率虽然能轻而易举地获得，但从大量利率数据中选择有代表性的利率并不容易。第三，名义利率与实际利率往往存在差别，中央银行只能盯住名义利率而无法知道社会公众预期的实际利率。预期实际利率的准确估计取决于对公众价格预期的准确估计，而准确估计公众的价格预期本身极为困难。第四，中央银行对长期利率货币政策工具的影响是通过短期利率传递的，而短期利率到长期利率存在一个时滞，这使长期利率作为中介指标具有一定局限性。

2. 银行信贷规模

银行信贷规模是指银行体系对社会大众及各经济单位的存贷款总额度，它包括存款和贷款两个部分。信贷规模作为中介指标，符合货币政策中介指标的标准。从可控性来看，中央银行通过直接信贷管制和银行系统多倍存款创造原理，通过改变存款准备金率、再贴现率和公开市场业务来直接或间接控制信贷规模。从可测性来看，银行信贷规模包括存贷款总额，中央银行可通过银行和非银行金融机构的资产负债表及时汇总得到。从相关性来看，银行信贷规模与最终目标之间的相关性类似于货币供应量与最终目标之间的相关性，因为银行信贷规模的收缩和扩张，会直接导致货币供应量的收缩和扩张，从而影响总需求规模。

3. 货币供应量

货币供应量同样满足中介指标的条件。第一，具有可控性。货币供应量是基础货币与货币乘数之积，货币供应量的可控性实际上是基础货币的可控性和货币乘数的可控性。一般而言，一国经济环境与经济状况良好、金融体系健全，其货币体系就能够确保中央银行对基础货币的控制，同时货币乘数也较为稳定，中央银行对货币供应量的可控性就强；反之，就弱。第二，较容易测度。在货币理论中，人们将货币划分为多个层次，每一层次的货币供应量指标都有很明确的定义，可在中央银行、商业银行和其他金融机构的资产负债表上很方便地测算、分析。第三，货币供应量与最终目标之间有密切的关系。因为一定时期的货币供应量代表了当期的社会有效需求总量和整个社会的购买力，对总产出、就业水平、物价水平有直接影响。然而，问题在于指标口径的选择上，究竟选择哪一层次的货币供应量更能代表一定时期的社会总需求和购买力，从而表现出与最终目标有更强的相关性？以货币供应量作为中介指标的实践表明，指标口径的选择可能是货币供应量作为中介指标存在的主要问题。当大规模金融创新和放松管制导致金融结构发生变化及股票市场发展对货币供需的影响日益增强时，这一问题就会更加突出。

4. 基础货币

基础货币又称高能货币，是流通中的现金和银行准备金的总和。一般认为，基础货币是比较理想的中介指标。第一，基础货币中的通货由中央银行直接控制；银行准备金总量中的非借入准备金，中央银行可通过公开市场操作直接控制；银行准备金总量中的借入准备金虽不能直接控制，但可通过贴现窗口进行目标设定，并进行预测，具有较强的可控性。第二，基础货币表现为中央银行的负债，直接记录在中央银行的资产负债表上，由中央银行直接掌握，具有较强的可测性。第三，基础货币是商业银行体系创造存款货币的基础，也是决定货币供应量的重要因素。中央银行控制基础货币的投放可以改变商业银行创造存款货币的数量，从而间接控制货币供应量，并能进一步影响利率、价格及国民收入，以实现最终目标。

5. 银行存款准备金

银行存款准备金是指商业银行和其他存款机构在中央银行的存款余额及其持有的库存现金。银行准备金的主要特点是不生息或很低的利率。其用途有以下几点：第一，应付公众和其他金融机构提款的要求；第二，满足法定存款准备金要求；第三，用于同业银行间的资金清算。准备金按不同的标志又可进一步划分为以下几种：

（1）法定存款准备金和超额准备金。从准备金需求角度划分，总准备金可分为法定存款准备金和超额准备金两部分。法定存款准备金是按银行法定存款准备金率规定所必须持有的准备金，它取决于银行吸收存款与法定存款准备金率。超额准备金是银行总准备金余额中超过法定存款准备金的那部分准备金。超额准备金减贴现贷款量即为自由准备金。

（2）借入准备金和非借入准备金。银行准备金按供给来源可分为借入准备金和非借入准备金。借入准备金是指中央银行通过贴现窗口提供的临时性贷款。例如，对筹资能力有限的小银行因农产品收购等原因造成的季节性资金短缺，中央银行通过贴现窗口提供季节性贷款。这类贷款在使用额度、频率和使用理由上有明确规定。非借入准备金是指银行通过贴现窗口之外的其他渠道所获得的准备金。例如，中央银行买卖政府债券是非借入准备金增减的一个主要渠道。此外，财政余额、在途资金、流通中的现金等因素也会影响非借入准备金。

假如原定的法定存款准备金率是10%，现在中央银行将其提高到20%，商业银行的存款创造将受到怎样的影响呢？在原来的法定准备金率下，各商业银行按10∶1的比率扩大了存款，超额准备为零。现在法定存款准备金率提高到了20%，则商业银行只能按照1∶5的比率扩大存款了，商业银行的存款必须下降到与准备金保持5∶1的比率为止，每家商业银行都感到准备金不足，它们必须卖掉一些债券或收回一些贷款，才能使准备金率达到中央银行的新标准。如某银行在中央银行存款准备金率标准提高前的资产负债表如表10—1所示：

表10—1　　改变前的资产负债表

资　产		负　债	
准备金	10	活期存款	100
贷款与投资	90		
总计	100	总计	100

那么，当中央银行的存款准备金率标准提高后，该银行的资产负债表改变如表10—2所示：

表10—2　　改变后的资产负债表

资　产		负　债	
准备金	20	活期存款	100
贷款与投资	80		
总计	100	总计	100

显然，银行的信用创造能力下降了，整个社会的货币供应量也迅速地缩减。

中央银行对银行准备金的调控通过公开市场操作和贴现窗口，即调控非借入准备金和借入准备金来改变准备金总量的规模。

无论是总准备金、法定准备金、超额准备金、自由准备金，还是借入准备金和非借入准备金，均可很方便地从相关报表和记录中获得或估算得到以满足可测性的要求；另外，中央银行可通过公开市场业务任意改变准备金数额以满足可控性要求；由于基础货币由流通中的现金和银行准备金组成，一般认为通过调控银行准备金就可改变基础货币，从而改变货币供应量。

选用哪一个指标作为货币政策的中介指标，除满足可测性、可控性、相关性、抗干扰性四个基本条件外，还应考虑其抗干扰性和与经济体制、金融体制的较好适应性。由于各国的经济体制、金融体制不一致，同一国家不同时期的经济发展状况也不同，货币政策的中介指标没有绝对优劣之分，理想的货币政策中介指标的选择和确立需要经验积累。例如，20 世纪 70 年代中期以后，西方多国中央银行纷纷将中介指标由长期利率改为货币供应量；而进入 90 年代以来，一些发展中国家又先后放弃货币供应量作为中介指标，转而采用利率，这是因为，20 世纪 80 年代以来的金融创新、金融管制放松、全球经济一体化和资本市场的发展，使得各层次货币供应量之间的界限不易确定，基础货币的扩张系数失去了以往的稳定性，货币总量与最终目标的关系难以确定，导致中央银行难以对货币总量进行有效控制。此外，有一些经济、金融开放程度高的国家和地区，还选择了汇率作为货币政策中介指标。这些国家和地区的货币当局确定本币与另一个较强国家货币的汇率水平，并通过货币政策操作，盯住这一水平，以此实现最终目标。但应注意的是，在实际选择过程中，总量指标与利率指标一般不能同时作为中介指标，因为两者存在着冲突，即如果中央银行以稳定利率为中介指标，则必须要容许货币供应量存在波动；如果要稳定货币供应量，则有可能以利率的不稳定为代价。

第二节　货币政策工具

中央银行对货币和信用的调节政策有两大类：一类是从收缩和放松两个方向调整银行体系的准备金和货币乘数，从而改变货币供应量，这就是一般性货币信用管理，它影响货币信用的总量，属宏观性措施；另一类是用各种方式干预信贷市场的资金配置，有目的地调整某些经济部门的货币信贷供应量，从而引起货币结构变化，这就是选择性信贷管理，属微观性措施。因此，中央银行的货币政策工具可分为一般性政策工具和选择性政策工具。

一、一般性政策工具

一般性货币政策工具即传统的三大货币政策工具，也就是我们通常所说的中央银行的“三大法宝”：再贴现政策、存款准备金政策和公开市场操作。一般性政策工具的特点是：对金融活动的影响是普遍的、总体的，没有特殊的针对性和选择性。一般性货币政策工具的实施对象是整体经济，而非个别部门或个别企业。

(一)再贴现政策

所谓再贴现政策，就是中央银行通过提高或降低再贴现率来影响商业银行的信贷规模和市场利率，从而调节市场货币供应量的一种金融政策。

商业银行在资金不足时将收到的商业票据出售给中央银行，中央银行向商业银行收取再贴现利息。中央银行主要通过对再贴现利率的提高或降低来影响经济。这种影响表现在三个方面：

1. 影响商业银行的借款成本

当中央银行调高再贴现率时，商业银行的借款成本增加了，从自身利益考虑，商业银行可能减少向中央银行的再贴现数量，那么中央银行投放的基础货币就减少了，货币供应量相对减少。而当中央银行降低再贴现率时，商业银行借款成本下降，商业银行更愿意增加再贴现数量，从而增加货币供应量。

2. 告示作用

若中央银行调高再贴现率，则表达了中央银行要紧缩货币供应的意向。人们预期未来的市场利率会上升，从而自动紧缩所需信用，减少投资和消费需求。这种告示作用使人们的经济行为自觉地与中央银行保持一致，使中央银行政策的效果更好。

3. 结构调节效果

中央银行可以通过对不同再贴现票据实行差别利率或规定再贴现利率种类的方式调节信贷结构，贯彻产业政策。例如，规定某些行业的商业票据在中央银行再贴现时可以享受优惠利率，那么，这些行业就更容易从商业银行获得融资，从而促进了这些行业的发展。

中央银行的再贴现政策有相当的灵活性，既可以实现总量调节，又可以实现结构调节，是一种有效的货币政策工具。同时，再贴现政策对一国经济的影响是比较缓和的，它有利于一国经济的相对稳定。但再贴现政策也有一些缺点。首先，再贴现政策的效果很大程度上取决于商业银行，中央银行处于被动的地位，如中央银行调低贴现率而各商业银行并不扩大借入资金的规模，则中央银行无法实现增加货币供应的目的。其次，由于货币市场发展和效率的提高，商业银行对中央银行贴现窗口的依赖性大大降低，再贴现政策只能影响到前来贴现的银行，对其他银行只是间接地发生作用。此外，贴现率虽然可以随时调整，但过于频繁地调整会让整个社会利率极不稳定，影响有价证券的行市。因为中央银行的贴现率往往被看作是社会的基准利率，对其他市场利率影响很大，不宜频繁调整。

(二)存款准备金政策

所谓存款准备金政策，是指中央银行通过调整法定存款准备金比率来影响商业银行的信贷规模，从而影响货币供应量的一种政策措施。

从第七章的分析可知，商业银行通过贷款或投资可创造出成倍的派生存款。在其他情况一定时，存款创造的倍数(即存款乘数)将决定于法定存款准备金比率。若中央银行降低法定存款准备金比率，则商业银行就会有较多的剩余准备金可用于贷款或投资，并通过整个银行体系的连锁反应而创造出较多的派生存款。反之，若中央银行提高法定存款准备金比率，则商业银行的剩余准备金就会减少，甚至发生法定存款准备金的短缺，从而必须减少贷款或投资，在必要时还必须收回贷款或出售证券，以补足法定存款准备金。在这种情况下，商业银行只能创造出较少的存款，甚至引起存款货币的成倍紧缩。由此可见，中央银行调低法定存款准备金比率，就是实行扩张性的货币政策；中央银行调高法定存款准备金比率，就是实行紧缩性的货币政策。究竟实行扩张性的货币政策还是实行紧缩性的货币政策，将取决于具体的经济形势及货币政策的最终目标。一般地说，当一国经济出现比较严重的通货膨胀时，中央银行将实行紧缩性的货币政策。此时，若采用存款准备金政策，就必须提高法定存款准备金比率。反之，当一国经济发生比较严重的衰退或出现通货紧缩时，中央银行将实行扩张性的货币政策。此时，若采用存款准备金政策，就必须降低法定存款准备金比率。

存款准备金政策是一种威力强大但不宜常用的货币政策工具。就这一政策工具的实际效果而言，它往往能迅速地达到预定的中介目标，甚至能迅速地达到预期的最终目标。例如，在一国经济出现比较严重的通货膨胀时，如果中央银行提高法定存款准备金比率，商业银行就必须缩减信贷规模，甚至将收回原来发放的贷款以弥补法定存款准备金的不足。于是，货币供应量将迅速减少，通货膨胀就将迅速得到遏制。但是，中央银行调整法定存款准备金比率，尤其是提高法定存款准备金比率，将对实际的经济活动产生强有力的影响，而这种影响往往引起经济的剧烈动荡。同时，中央银行频繁地调整法定存款准备金比率，也将使商业银行很难进行适当的流动性管理。因此，作为一种货币政策工具，存款准备金政策的运用往往产生较大的副作用，一般只适用于某些非常时期。从国内外货币政策的实践中，我们也可以看到，法定存款准备金比率事实上是比较稳定的，说明中央银行实际上不会轻易地运用存款准备金这一威力强大的工具。

表 10－3　　2008 年以来我国存款准备金率的历次调整

生效日期	大型金融机构			中小金融机构		
	调整前	调整后	调整幅度	调整前	调整后	调整幅度
2019 年 1 月 15 日	14.50%	14.00%	下调 0.5%	12.50%	12.00%	下调 0.5%
2018 年 10 月 15 日	15.50%	14.50%	下调 1.0%	13.50%	12.50%	下调 1.0%
2018 年 7 月 5 日	16.00%	15.50%	下调 0.5%	14.00%	13.50%	下调 0.5%
2018 年 4 月 25 日	17.00%	16.00%	下调 1.0%	15.00%	14.00%	下调 1.0%
2016 年 3 月 1 日	17.50%	17.00%	下调 0.5%	14.00%	13.50%	下调 0.5%
2015 年 10 月 24 日	18.00%	17.50%	下调 0.5%	14.50%	14.00%	下调 0.5%
2015 年 9 月 6 日	18.50%	18.00%	下调 0.5%	15.00%	14.50%	下调 0.5%
2015 年 6 月 28 日	19.50%	18.50%	下调 1.0%	16.00%	15.00%	下调 1.0%
2015 年 2 月 5 日	20.00%	19.50%	下调 0.5%	16.50%	16.00%	下调 0.5%
2012 年 5 月 18 日	20.50%	20.00%	下调 0.5%	17.00%	16.50%	下调 0.5%
2012 年 2 月 24 日	21.00%	20.50%	下调 0.5%	17.50%	17.00%	下调 0.5%
2011 年 12 月 5 日	21.50%	21.00%	下调 0.5%	18.00%	17.50%	下调 0.5%
2011 年 6 月 20 日	21.00%	21.50%	上调 0.5%	17.50%	18.00%	上调 0.5%
2011 年 5 月 18 日	20.50%	21.00%	上调 0.5%	17.00%	17.50%	上调 0.5%
2011 年 4 月 21 日	20.00%	20.50%	上调 0.5%	16.50%	17.00%	上调 0.5%
2011 年 3 月 25 日	19.50%	20.00%	上调 0.5%	16.00%	16.50%	上调 0.5%
2011 年 2 月 24 日	19.00%	19.50%	上调 0.5%	15.50%	16.00%	上调 0.5%
2011 年 1 月 20 日	18.50%	19.00%	上调 0.5%	15.00%	15.50%	上调 0.5%
2010 年 12 月 20 日	18.00%	18.50%	上调 0.5%	14.50%	15.00%	上调 0.5%
2010 年 11 月 29 日	17.50%	18.00%	上调 0.5%	14.00%	14.50%	上调 0.5%
2010 年 11 月 16 日	17.00%	17.50%	上调 0.5%	13.50%	14.00%	上调 0.5%
2010 年 5 月 10 日	16.50%	17.00%	上调 0.5%	13.50%	13.50%	暂不调整
2010 年 2 月 25 日	16.00%	16.50%	上调 0.5%	13.50%	13.50%	暂不调整
2010 年 1 月 18 日	15.50%	16.00%	上调 0.5%	13.50%	13.50%	暂不调整
2008 年 12 月 25 日	16.00%	15.50%	下调 0.5%	14.00%	13.50%	下调 0.5%

续表

生效日期	大型金融机构			中小金融机构		
	调整前	调整后	调整幅度	调整前	调整后	调整幅度
2008 年 12 月 5 日	17.00%	16.00%	下调 1.0%	16.00%	14.00%	下调 2.0%
2008 年 10 月 15 日	17.50%	17.00%	下调 0.5%	16.50%	16.00%	下调 0.5%
2008 年 9 月 25 日	17.50%	17.50%	暂不调整	17.50%	16.50%	下调 1.0%
2008 年 6 月 15 日和 6 月 25 日	16.50%	17.50%	上调 1.0%	16.50%	17.50%	上调 1.0%
2008 年 5 月 20 日	16.00%	16.50%	上调 0.5%	16.00%	16.50%	上调 0.5%
2008 年 4 月 25 日	15.50%	16.00%	上调 0.5%	15.50%	16.00%	上调 0.5%
2008 年 3 月 25 日	15.00%	15.50%	上调 0.5%	15.00%	15.50%	上调 0.5%
2008 年 1 月 25 日	14.50%	15.00%	上调 0.5%	14.50%	15.00%	上调 0.5%

资料来源：中国人民银行网站。

（三）公开市场操作

所谓公开市场操作，是指中央银行在证券市场上公开买卖各种政府证券以控制货币供给量及影响利率水平的行为。公开市场操作主要是通过影响商业银行体系的实有准备金来进一步影响商业银行信贷量的扩大和收缩，进而影响货币供应量的变动；同时，通过影响证券市场价格的变动来影响市场利率水平。公开市场操作的基本操作过程是中央银行根据经济形势的变化，当需要收缩银根时，就卖出证券；反之则买进证券。

公开市场操作对经济的调节机制是：中央银行在公开市场上买卖有价证券，引起基础货币的改变，通过商业银行的存款创造引起社会货币供应量的改变。具体来说，当金融市场上资金缺乏时，中央银行在公开市场上买进有价证券，相当于向社会投入一笔基础货币。如果中央银行从个人手中买进，这些基础货币流入个人手中，会直接增大货币供应量；如果中央银行向商业银行买进，则会通过乘数效应引起货币供应量成倍增加。相反，当金融市场上资金过多时，中央银行就通过公开市场操作卖出有价证券。无论这些货币由商业银行购买还是由个人购买，都会使相应的货币回笼，收缩信用总规模。

公开市场操作也可用来调节长期证券市场和短期证券市场的利率结构和水平。例如，中央银行在抛售短期证券的同时，购进长期证券，则可提高短期市场利率，压低长期利率，从而影响投资结构。如果购进长期证券和售出短期证券在数量上相等，那么在长、短期利率发生变化的同时，货币供给量则保持稳定，这种活动也称掉期业务。

公开市场操作作为中央银行最重要的货币政策工具之一，其优点在于：第一，通过公开市场操作可以左右整个银行体系的基础货币量，使它符合政策目标的需要；第二，中央银行的公开市场操作具有“主动权”，可以根据不同情况和需要，随时“主动出击”，而不是“被动等待”，这就比贴现政策优越；第三，公开市场操作可以适时、适量地进行调节，中央银行既可以大量买卖有价证券，又可以在很小程度上买进、卖出，这就比威力较大的法定准备金政策灵活；第四，中央银行可根据经济形势的变化和政策目标的调整而随时做出逆向的操作，还可以及时改正在货币政策执行过程中可能发生的错误，因而能产生一种连续性的效果，这种效果使社会对货币政策不易做出激烈反应。

从事公开市场操作时需注意以下几点：首先，公开市场操作对货币供应量和利率的影响，应视其买卖净值而定。因为中央银行可以在同一天同时进行出售和购入业务，如果买进和售出的数额相等，则对货币供给量基本没有影响。对利率变动和结构的影响，则视买卖证券的种类而定。若买卖证券的种类不同，则可能改变利率的期限结构和影响社会的投资结构。其次，中央银行在购入证券后，固然增加了商业银行的准备金，但此举只能为银行体系的信贷扩张奠定条件，并不能迫使银行非扩张信贷不可。反之，中央银行在出售证券后，固然使商业银行的准备金减少，但若银行准备金仍在法定准备金之上，即银行体系仍有超额准备，则银行体系就无立即收缩信贷的必要。只有超额准备等于或接近于零时，银行体系才必须收缩信贷。再次，要采用公开市场操作并产生预期的效果，前提条件是必须具有一个高度发达的证券市场，并且是具有相当深度、广度和弹性的市场，中央银行也必须持有相当的库存证券，才能开展业务。目前，只有少数发达国家才具备这些条件，其他的国家都为条件所限制，对这一政策难以充分加以利用。

中国人民银行公开市场操作

2018年，国内外经济金融形势更加复杂多变，中国人民银行全面贯彻落实党中央、国务院决策部署，实施好稳健的货币政策，并根据形势变化，前瞻性地采取了一系列逆周期调节措施，做到松紧适度、保持流动性合理充裕、保持货币信贷和社会融资规模合理增长、促进经济金融良性循环，为供给侧结构性改革和高质量发展营造了适宜的货币金融环境。

引导货币市场利率中枢下行。货币市场基准性的DR007中枢从年初的2.9%左右下降至2.6%左右，第四季度以来至2019年春节前保持平稳。2018年第一季度，央行公开市场7天期逆回购操作利率在美联储加息后上行5个基点，其他操作品种利率相应上行。第二季度以来，美联储继续加息三次，中国人民银行保持公开市场操作利率稳定、巩固货币市场利率下行并逐步传导至债券市场和信贷市场的效果，为稳定实体经济融资需求、降低民营小微企业融资成本创造了适宜的货币金融环境，也有利于稳定市场对经济前景的预期。

2018年，中国人民银行累计开展逆回购操作10.84万亿元，其中7天期操作7.1万亿元，14天期操作2.6万亿元，28天期操作9 100亿元，63天期操作2 300亿元。年末，公开市场逆回购操作余额为8 400亿元。

资料来源：2018年第四季度中国货币政策执行报告。

二、选择性政策工具

选择性政策工具是指中央银行对个别部门、个别企业和某些特定用途的信贷加以控制和影响的措施。与一般性货币政策工具不同，选择性货币政策工具通常可以在不影响货币供应量的条件下，影响银行体系的资金投向和不同贷款利率。其中，有消费者信用控制、证券市场控制、不动产信用控制、优惠利率和预缴进口保证金等。

（一）消费者信用控制

消费者信用控制是指中央银行对不动产以外的各种耐用消费品的销售融资予以控制，其主要内容包括：(1)规定分期付款购买耐用消费品时第一次付款的最低金额；(2)规定消费信贷购买商品的最长期限；(3)规定可用消费信贷购买耐用消费品的种类，对不同消费品规定不同的信贷条件等。控制消费信用是控制社会总需求的重要措施之一。耐用消费品的需求往往与经济周期成正向变动，如果不对消费信用加以控制则倾向于加剧这种波动，因此，为熨平经济周期，就有必要对消费者信用进行控制。一般在消费信用膨胀和通货膨胀时期，中央银行采取消费信用控制，抑制消费需求和物价上涨。另外，适当的消费信用控制也有助于引导社会消费，改进资源配置。消费信用控制最早开始于美国，以后逐渐为许多国家所采用。

（二）证券市场控制

证券市场控制通常是指对证券信用交易的法定保证金比率作出规定，是中央银行对以信用方式购买股票和债券实施的一项措施。法定保证金比率是指证券购买者首次支付证券交易价款的最低比率，即通常所说的保证金比率。中央银行通常将调整保证金比率作为间接控制证券市场信贷资金流入量及控制最高放款额度的工具。因为最高放款额度＝(1－法定保证金比率)×交易总额，当法定保证金比率由50％提高到80％，其他条件不变时，最高放款额度将减少30％。实践证明，中央银行对证券市场进行信用控制是十分必要的，它一方面控制了证券市场的资金需求，抑制了过度投机，对及时吹散金融泡沫、稳定金融市场、控制信贷资金流向、改进宏观金融结构有积极意义；另一方面，由于法定保证金的提高或降低仅限于证券市场，并不会因此把紧缩或扩充影响直接扩散到其他部门的信用，从而可避免因全面信用紧缩或扩充导致的经济衰退或扩张。所以，自1934年美国制定《证券交易法》、联邦储备系统实施选择性市场信用控制后，这种方法陆续为其他一些国家所采用。

例如，保证金比率规定为60％，证券购买者就得付出60％的现款，其余40％才能向银行借款。保证金比率越高，付现款的比重越大，可以向银行贷款的比重则越小。当证券价格上涨，中央认为有出现危机的可能性时，就提高保证金比率；反之，则降低保证金比率。如为了防止有价证券的过度投机，美国联邦储备银行曾将股票交易的保证金比率调高至100％。

（三）不动产信用控制

不动产信用控制是指中央银行对商业银行和其他金融机构的房地产贷款所采取的限制措施。不动产特别是住房商品需求具有两重性：一方面满足正常的生产和生活消费，另一方面也是一种重要的投资(投机)手段。不动产需求与宏观经济走势密切相关且波动较大，因此，控制不动产信贷规模、抑制过度投机对减轻经济波动意义重大，中央银行有必要采取信用控制，包括：(1)规定金融机构不动产贷款的最高限额，即对一笔不动产贷款的最高额度予以限制；(2)规定金融机构房地产贷款的最长期限；(3)规定首次付款的最低金额及分摊还款的最低金额等。

（四）优惠利率

优惠利率是中央银行对国家重点发展的经济部门或产业，如出口工业和农业等所采取的鼓励措施。优惠利率是国家产业政策在金融领域的具体化，不仅被发展中国家广泛采用，而且也被发达国家普遍采用。

特种存款

所谓特种存款，也是一种存款形式，金融机构将资金存放在中央银行，由中央银行支付利息，在流动性比较充裕的背景下，这是一种有效的流动性管理方式。

1998年，为了控制住信贷规模、调整信贷结构、筹集资金、支持农副产品的收购，中国人民银行总行决定对交通银行、广东省深圳经济特区的各银行和其他金融机构开办特种存款业务。特种存款总额为50亿元，其中，广东省40亿元，深圳经济特区5亿元，交通银行5亿元，于1998年12月20日以前完成认缴。特种存款必须全额上交中国人民银行总行，由总行掌握使用；特种存款的期限为3个月，利率为月息7.5‰。

时隔20年，2007年12月27日，中央银行正式“重启”了特种存款，期限为3个月期和1年期，年利率分别为3.37%和3.99%。开办对象主要是公开市场一级交易商以外的部分农信社和城商行等金融机构，目的在于缓解流动性过剩问题。受外汇储备不断增加的影响，2007年前三季度中国货币信贷增速持续保持高位。广义货币(M_2)供应量自2月份以来就一直高于中央银行全年16%的目标；至9月末，银行累计新增贷款3.36万亿元，超出去年全年1 800亿元。从各类银行的超额准备金率来看，由于股份制商业银行、农村信用社受定向央票发行的影响较小，所以其超额存款准备金率一直高于国有商业银行，特种存款的启动直接压缩了城市商业银行的信贷规模。

(五)预缴进口保证金

预缴进口保证金是指中央银行要求进口商预缴相当于进口商品总值一定比例的存款，以抑制进口的过快增长。预缴进口保证金多为国际收支经常出现逆差的国家所采用。

三、其他货币政策工具

其他政策工具是指除一般性政策工具和选择性政策工具外，中央银行根据本国的不同情况和不同时期的具体需要，对信用实施直接和间接控制的工具，包括利率最高限额、信用分配、规定商业银行的流动性比率、直接干预和开办特种存款等直接信用控制和窗口指导、道义劝说等间接信用指导。

(一)直接信用控制

直接信用控制是指中央银行以行政命令或其他方式，从总量和结构两方面，直接对金融机构尤其是商业银行的信用活动进行控制。其包括以下措施：

1. 利率最高限额

利率最高限额也称利率上限，一般是指以法律或条例形式规定商业银行和其他金融机构存贷款利率的最高水平。利率最高限额是最常用的直接信用管制工具，美国在1980年前曾长期实行的Q项条例规定，商业银行对活期存款不准支付利息，对定期存款和储蓄存款支付的利率不得高于规定的最高水平。当时实行Q项条例的主要目的是防止商业银行之间通过提高利率来竞相争夺存款，并进行高风险贷款。20世纪60年代，一些发展中国家不顾本国国情，盲目效仿西方国家的廉价货币政策，通过设定利率上限来人为地压低利率水平，导致金融抑制。现在，随着各国相继实行利率市场化改革，这种货币政策工具已很少使用。

2. 信用分配

信用分配也称信贷配给，是指中央银行根据金融市场的资金供求状况及客观经济形势的需要，权衡轻重缓急，对商业银行系统的信贷资金加以合理分配和限制。信用分配最早始于18世纪的英格兰银行，目前许多发展中国家，由于资金严重供不应求，信用分配也被广泛采用。

3. 规定商业银行流动性比率

流动性比率即流动性资产在全部资产中所占的比重。一般来说，流动性比率与收益率成反比。中央银行对商业银行的流动性比率加以规定，是为了限制商业银行的信用能力，保障商业银行稳健经营，并限制信用过度扩张，因为，商业银行为了保持中央银行规定的法定流动比率，就不能任意将流动资金过多地用于长期贷款和投资。在必要时，商业银行还必须缩减长期贷款所占比重，相应扩大短期贷款比重，以提高资产的流动性比率。

(二)间接信用指导

间接信用指导经常采用的方式有道义劝说、窗口指导等。

所谓道义劝说，是指中央银行利用其特殊的声望和地位，对商业银行和其他金融机构经常发出通告、指示或与各金融机构的负责人进行面谈，劝告其遵守和贯彻中央银行政策。比如，在国际收支出现赤字时，中央银行劝告各金融机构减少海外贷款；在房地产与证券投机盛行时，中央银行要求商业银行缩减对这两个市场的贷款等。窗口指导的概念来自日本，在日本，中央银行根据市场情况、物价变动趋势、金融市场动向、货币政策要求及上一年度同期的贷款情况等，规定银行按季度贷款增加的额度，以指导的方式要求各银行执行。如果商业银行不按规定执行，中央银行可以削减向该行贷款的额度，甚至停止提供信用。显然，间接信用指导发生作用是以中央银行在金融体系中的地位与威望及控制信用的法律与手段的完善为前提的。

例如，美国在1951年3月因侵朝战争造成国内通货膨胀，实行了“自动信用限制方案”，要求主要金融机构支持重要生产事业，减少投机活动和非生产性的贷款等。

窗口指导和道义劝告都是非强制的手段，其作用的大小取决于商业银行及其他金融机构对中央银行的依赖程度。如果商业银行和其他金融机构的独立性较强，对中央银行的依赖度较低，则对中央银行的窗口指导和道义劝告可以不那么重视。如果自身的发展与中央银行的政策联系紧密，则需要特别重视中央银行的要求。

第三节　货币政策传导及其效应

一、货币政策传导机制的基本原理

货币政策传导机制是指中央银行运用货币政策影响中介指标进而实现最终目标所经过的途径或具体的过程，如图10—2所示。

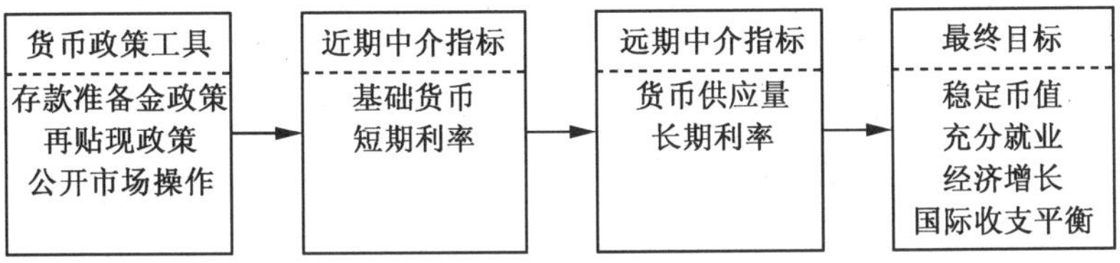

图10—2　货币政策传导机制

由图10—2可以看到，货币政策传导机制大体可分为三个步骤：第一步，货币政策工具的运用将直接作用于货币政策的近期中介指标（也称作操作目标）；第二步，货币政策近期中介指标的变动将影响货币政策的远期中介指标；第三步，货币政策远期中介指标的变动将影响实际经济活动，从而达到货币政策的最终目标。一般来说，中央银行通过各种政策工具的运用，将对商业银行的准备金和短期利率等经济变量产生比较直接的影响，而这些经济变量的变动将影响到货币供应量和长期利率，从而对实际的经济活动产生影响。如果货币政策工具操作得当，就会达到预定的货币政策目标。

在货币政策传导机制这一问题上，西方有不同的理论和立场，主要有凯恩斯学派和货币学派的传导机制理论。

二、凯恩斯学派的货币政策传导机制理论

凯恩斯学派主张传导过程中的主要机制或主要环节是利率，认为货币供应量的变动或调

整必须首先影响利率的升降，然后才能使投资及总支出发生变化，进而影响总收入的变化，用符号表示如下：

$$M\uparrow\rightarrow r\downarrow\rightarrow I\uparrow\rightarrow E\uparrow\rightarrow Y\uparrow$$

式中：M 代表货币供应量，r 代表利率，I 代表投资，Y 代表收入，E 代表支出。其中，特别强调利率的变化通过资本边际效率的影响使投资 I 以乘数方式增减，最后影响社会总收支的变化。

三、货币学派的货币政策传导机制理论

货币学派的货币政策传导机制理论是在批判凯恩斯学派理论的过程中提出的，因此，与凯恩斯管理理论有着重大分歧。货币学派认为，利率在货币传导机制中并不起重要作用，而强调货币供应量在整个传导机制中的效果。这种主张认为，增加货币供应量在开始时会降低利率，但不久会因货币收入增加和物价上涨而使名义利率上升，而实际利率则有可能回到并稳定在原先的水平上。他们认为，货币政策的传导机制主要不是通过利率间接地影响投资和收入，而是通过货币实际余额的变动直接影响支出和收入的，用符号表示为：

$$M\uparrow\rightarrow E\uparrow\rightarrow I\uparrow\rightarrow Y\uparrow$$

四、货币政策的效应

(一)货币政策效应的影响因素

货币政策的效应是指货币政策的实施对社会经济生活产生的影响，是货币政策传导于经济过程之后的必然结果。但货币政策在实施过程中要受各种因素的影响，其效应是一个综合结果。影响货币政策的因素主要有以下几个方面：

1. 货币政策时滞

一个国家的中央银行根据经济状况的需要，有权采取影响银行准备金、货币供应量、利率等货币政策工具，使其向中央银行所希望实现的目标发展。但是，货币政策实施后，究竟要经过多长时间才能产生效果？这段时间的长度可否进行预测？这就涉及货币政策的“时间差”问题。“时间差”也称“时滞”。

判断货币政策作用的“时间差”，对于研究货币政策的有效性问题有着十分重要的意义。假设货币政策的“时间差”长度有限，并且非常均匀，可以进行较为准确的预测，那么，货币政策自然能够发挥应有的作用。但假设货币政策有长期且不稳定的“时间差”，那么，由于“时间差”难以预测，货币政策或者将在错误的时间内发生作用，或者将使经济形势更加恶化，那么，相机抉择的货币政策自然不能信赖。因此，货币政策的“时间差”及其可测性与货币政策的有效性有着密切关系。

关于“时间差”可以分两部分来理解：第一是“时间差”的性质，第二是“时间差”的长度及其变异程度。先就“时间差”的性质来说，因为货币政策作用过程比较复杂，所以只能区别若干可能发生的“时间差”现象作简单的讨论。如图 10－3 所示，货币政策“时间差”可分为三大类：内在“时间差”、中期“时间差”、外在“时间差”。

(1)内在“时间差”。内在“时间差”是指自经济现象发生变化，需要采取对策加以矫正始，直至中央银行实施货币政策工具为止的时间过程。这一过程又可分为两部分：第一，认识“时间差”，即当经济现象发生变化时，有些中央银行由于经济资料缺乏或决策者反应较慢，不能明确判断此种经济形势变化的意义及其可能产生的影响，直到经过若干时间后，中央银行才能获

取准确资料，取得明确认识，决定开始研究对策。这段时间就是认识“时间差”。第二，行政“时间差”，即中央银行明确经济形势变化的性质及其将产生的影响后，将立即对此种经济形势研究可行的对策，但研究与行动都需要耗费时间。在决定实施何种政策工具之前的时间过程，就是行政“时间差”。

整个内在“时间差”所需时间长度，取决于中央银行收集资料、研究形势及采取行动的效率，但也取决于当时的政治和经济目标。特别是当所希望实现的目标较多，必须对其依顺序有所选择时，更需要花费较多时间去取舍某种政策。

(2)中期“时间差”。严格地说，中期“时间差”属于广义的外在“时间差”的一部分，由于其情况较特殊，所以单独进行讨论。

简单地说，中期“时间差”，是指自中央银行采取行动以至于对金融机构产生影响，使金融机构改变其利率或其他信用情况，从而对整个社会产生影响力的时间过程。所以，有时也称之为信用市场“时间差”。这段时间的长度取决于商业银行及其他金融机构的反应，以及金融市场的敏感程度。这一时间过程已不是中央银行当局能够操纵的了。

(3)外在“时间差”。自金融机构改变其利率和信用供给量始，至对实质经济产生影响的时间过程就是外在“时间差”，即外在“时滞”。这段过程又可分成两个部分：第一，利率和信用条件改变后，个人与厂商面对新形势，改变自己的投资决策或支出决策。在采取行动之前，这段时间被称为决策“时间差”。第二，个人和厂商决定其支出意向后，对整个社会的生产和就业将产生影响，这段影响过程所需要的时间被称为生产“时间差”。

外在“时间差”因为经济结构及行为因素都不是稳定而可预测的，所以时间长度变异很大，各经济部门对货币政策的反应不一，所受影响有很大差异，所以外在“时间差”是整个货币政策的“时间差”中最为复杂的问题。

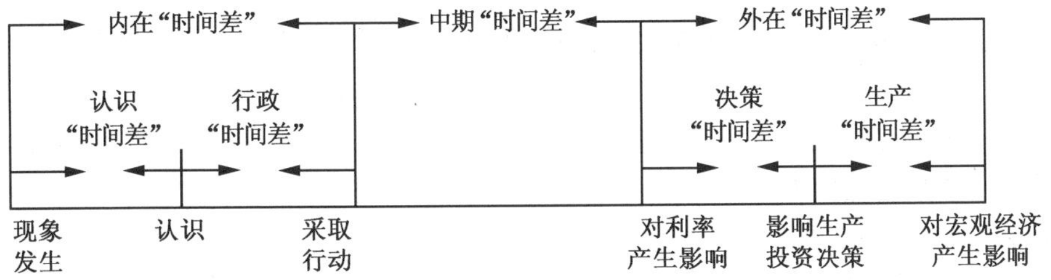

图 10—3　货币政策的时间差

自20世纪60年代以来，经济学家们对货币政策“时间差”有很多的实证研究，由于研究方法不同，各国的具体情况也不同，得出的结果相差很大。基本情况是：第一，货币政策的中期“时间差”比较稳定，是可测的，一般认为在2个月左右。第二，内在“时间差”长度较小，但不同经济学家得出的结果相差却很大，一般在2～6个月之间。第三，外在“时间差”最长，一般在4～20个月之间。

假定货币政策的“时间差”只是平均时间过程较长的问题，那么对货币政策的有效性不会产生致命的影响，因为不论时间长度如何，只要有确定的范围，中央银行便能根据预期“时间差”的间隔，预先采取影响将来某一时期经济状况的货币政策。但遗憾的是，货币政策的“时间差”有很大的变异性，最短的为半年左右，最长者达到20个月，因而使得中央银行相机抉择政策常常不能实现预期目标，甚至会出现与目标背道而驰的结果。因此，弗里德曼主张放弃相机抉择的货币政策，代之以“简单规则”，主张消极地维持一定的货币供应量增长率，以避免人为错误造成经济不安定。但另一些经济学家则认为，货币政策“时间差”尽管变异性很大，但是可以把货币政策与财政政策混合使用，这样可以弥补“时间差”不稳定的缺陷。

2. 货币流通速度

对货币政策有效性的另一主要限制因素是货币流通速度。对于货币流通速度的一个相当小的变动，如果政策制定者未能预料到或在估算这个变动幅度时出现小的差错，都可能使货币政策效果受到严重影响，甚至有可能使本来正确的政策走向反面。假设，在预测的年度，GNP将增长20%。根据以前一些年份有关数据的实证分析，只要包括货币流通速度在内的其他条件不变，货币供给等比增加即可满足GNP增长对货币的追加需求。如果货币流通速度在预测的期间加快了10%，不考虑其他条件的变化，货币供给则只需增加9.1%即可。如果货币当局没有预见到货币流通速度的变化，而是按流通速度没有多大变化的假设增加货币供给20%，那么新增的货币供给量必将成为助长经济过热的因素。

但是，在实际生活中，对货币流通速度变动的估算很难做到不发生误差，因为影响它发生变动的因素太多。这当然也就限制了货币政策的有效性。

3. 微观主体预期

对货币政策有效性或效应高低构成挑战的另外一个因素是微观主体的预期。当一项货币政策提出时，各种微观经济主体立即会根据可能获得的各种信息预测政策的后果，从而很快地形成对策，而且极少有时滞。货币当局推出的政策面对微观主体广泛实施的抵消对策，可能归于无效。例如，政府拟采取长期的扩张政策，人们通过各种信息预期社会总需求会增加，物价会上涨，在这种情况下，工人会通过工会与雇主谈判提高工资，企业因预期工资成本的增大而不愿扩展经营，最后的结果只有物价的上涨而没有产出的增长。鉴于微观主体的预期，似乎只有在货币政策的取向和力度没有或没有完全为公众知晓的情况下才能生效或达到预期效果。但是这样的可能性不大，货币当局不可能长期不让社会知道它所要采取的政策。即使采取非常规的货币政策，不久之后也会落在人们的预期之内。假如货币当局长期采取非常规的货币政策，则将导致微观经济主体做出错误判断，并会使经济陷入混乱之中。但实际的情况是，公众的预期即使是非常准确的，要实施对策也要有个过程。这就是说，货币政策仍可奏效，但公众的预期行为会使其效应大打折扣。

4. 社会政治团体的利益

除上述合理预期对货币政策的有效性产生影响之外，政治性经济周期因素和其他一些政治性因素也会对货币政策效果产生影响。

(1)政治性经济周期的影响。一般来讲，高经济增长和低失业会给执政党带来不少选票，所以，执政党在大选之前都力图刺激经济，而新政府一般在大选后便及时采取收缩政策，使国民经济平稳下来，这就叫“政治性经济周期”。但由于大多数西方国家中央银行理事会成员任期与政府首脑不一致，因此，在大选之前往往出现货币政策与财政政策大相径庭的局面。总统力图刺激国民经济、降低失业率，而中央银行力图稳定国民经济、抑制通货膨胀率。所以，政治性经济周期的存在会在一定程度上影响货币政策的效果。

(2)其他政治因素的影响。由于任何一项货币政策方案的贯彻，都可能给不同阶层、集团、部门或地方的利益带来一定的影响。这些主体如果在自己利益受损时做出较强烈的反应，就会形成一定的政治压力。这些压力足够有力时，就会迫使货币政策进行调整。

(二)货币政策效应的衡量

衡量货币政策效应，一是看效应发挥的快慢，前面关于时滞的分析已经涉及；二是看发挥效力的大小,这或许是更主要的方面。

对货币政策数量效应大小的判断,一般着眼于实施的货币政策所取得的效果与预期所要达到的目标之间的差距。以评估紧缩政策为例,如果通货膨胀是由社会总需求大于社会总供给造成的,而货币政策正是以纠正供求失衡为目标,那么这项紧缩性货币政策效应的大小甚至于是否有效,就可以从以下几个方面考察:(1)如果通过货币政策的实施,紧缩了货币供给,平抑了价格水平的上涨,或者促使价格水平回落,同时又不影响产出或供给的增长率,那么可以说这项紧缩性货币政策有效性达到最大。(2)如果通过货币供应量的紧缩在平抑价格水平上涨或促使价格水平回落的同时,也抑制了产出数量的增长率,那么货币紧缩政策有效性的大小则要视价格水平变动率与产出变动率的对比而定。若产出数量的减少小于价格水平的降低,货币紧缩政策的有效性较大;若产出量的减少大于价格水平的降低,其有效性就较小。(3)如果货币紧缩政策无力平抑价格上涨或促使价格回落,却抑制了产出的增长甚至使产出的增长为负,则可以说货币紧缩政策是无效的。

第四节 货币政策与其他经济政策的协调

货币政策是国家重要的调节经济的宏观政策和重要的经济工具,其最终目标是保证币值和物价稳定、充分就业、经济增长和国际收支平衡。但币值和物价的稳定、经济的协调发展等,是受很多因素制约的,是各种宏观经济政策协调配合的结果。因此,孤立或片面地强调货币政策效应,反而会影响货币政策作用的发挥。根据我国的实践经验,为充分发挥货币政策的作用,取得宏观经济调控和管理的最佳效果,货币政策必须取得其他经济政策的协调配合,才能有效地实现货币政策的最终目标。

一、货币政策与财政政策的协调

(一)货币政策与财政政策的共同点

(1)两大政策的调控目标是统一的,都属于实现宏观经济目标可采取的政策,是为实现本国既定的经济发展战略目标服务的。

(2)都是为社会提供资金的部门,两种政策执行的结果都体现为货币收支行为。中央银行通过吞吐基础货币调节着整个社会的货币供应量及需求量;商业银行通过贷款方式向企业及公司提供合理需要的周转资金;财政部门通过投资或拨款的方式为国家基本建设、社会文教卫生事业、社会福利事业、国防事业、支援农业等经济和社会发展方面提供资金。同时,在现代商品经济社会中,不论是财政部门还是银行部门所形成的财政收支行为或信贷收支行为,都体现为货币收支行为,都是货币流通的组成部分。这就是说,两种政策的调整及其执行结果最终都会引起整个社会货币量的变动。

(3)都是需求管理政策。货币政策管理货币供应量,而在商品货币经济条件下,货币供应量的变动是社会总需求变动的象征;财政政策管理财政收支,其执行结果无论是赤字还是大体平衡,最终对社会总需求都有重大影响。

(4)两种货币收支之间存在着接合部。这一点最集中体现在银行代理财政金库和银行结存收益上缴财政两个方面。中央银行代理国家财政金库可以获得两项稳定的资金来源,形成中央银行的负债项目,同时也为财政部门调拨这笔资金节省了开支和提供了方便。财政部门通过课税或利润上缴的方式将一部分银行资金划归为财政支配,上缴比例与数量的大小与多寡对银行部门或财政部门的资金运作都有重要的影响。除此之外，在经济运行的过程中，还存在着许多银行收支与财政收支相互交错的地方或关系，例如，对国有企业自有流动资金合理增补需求承担的责任问题、公债或利率政策对居民储蓄的影响问题、利率调整对财政与信贷收支的影响问题、财政赤字的弥补渠道问题等。

正因为货币政策和财政政策存在着以上密切的关系，所以两个政策的目标如果不统一和协调，必然造成政策效应的相悖，造成宏观经济运行的失控。

（二）货币政策与财政政策的不同点

（1）政策工具不同。货币政策工具主要是存款准备金率、再贴现率、公开市场操作、贷款限额、中央银行存贷款利率等。财政政策工具主要是税种、税率、预算收支、公债、补贴、贴息等。

（2）资金使用方式和范围不同。银行资金与财政资金的来源不同、性质不同，因而两种资金的使用方式和范围也不同。银行资金主要来源于组织的各项存款，因此，它的使用只能是通过贷款这种有借有还的方式有偿使用，而且这种使用必须是相对短期的；财政资金主要来源于国家税收和利润，因此，它的使用，可以用于无偿性的经济建设和非生产性支出，也可以用于消费领域和长期使用。

（3）作用过程不同。货币政策的直接对象是货币运动过程，以调控货币供给的结构和数量为初步目标，进而影响整个社会经济生活；财政政策的直接对象是国民收入再分配过程，以改变国民收入再分配的数量和结构为初步目标，进而影响整个社会的经济生活。

（4）政策时滞不同。货币政策工具的使用较为简便，而财政政策工具从确定到实施，过程比较复杂，因而货币政策的内部时滞较短，而财政政策则长些。相反，货币政策的外部时滞较长，因为货币政策手段发挥作用要经过三个环节，间接对经济起作用；财政政策的外部时滞较短，因为财政政策作用较直接，若决定调整税率，企业的收支就会立即发生变化。

正因为货币政策与财政政策存在着差别和矛盾，所以需要两者之间协调配合。二者之间协调配合，从逻辑上看，不外有四种配合模式：（1）紧缩的财政政策与紧缩的货币政策的配合，即通常所说的“双紧”政策；（2）宽松的财政政策与宽松的货币政策的配合，即通常所说的“双松”政策；（3）紧缩的财政政策与宽松的货币政策的配合，即通常所说的“紧财政、松信贷”政策；（4）宽松的财政政策与紧缩的货币政策的配合，即通常所说的“松财政、紧信贷”政策。其中，“双紧”和“双松”政策，反映着财政政策与货币政策目标的侧重点保持一致；“一松一紧”政策，反映着财政政策与货币政策在总体要求一致的前提下，政策目标的侧重点不同。这四种配合模式对于政策的作用方向的不同组合，会产生不同的政策效应。

双紧的搭配方式一般是在社会总需求大于总供给，出现了严重的通货膨胀和经济过热，以致影响到经济正常运转时所采用的政策配合措施。这种政策配合措施可以有力地抑制社会总需求的过度增长，以缓解通货膨胀，保持经济的稳定。但是，这种强有力的抑制社会总需求的措施虽然有利于经济的稳定和对付通货膨胀，却会抑制供给，影响社会生产，把握不当会导致整个经济的萧条。

双松的搭配方式主要适用于社会总需求严重不足，经济转入严重萧条的状况。这种政策措施的配合方式可以通过扩大有效需求以促进经济的增长，常常是在经济大危机和大萧条之后采用的配合方式。但是，这种措施虽然有利于刺激社会总需求及总供给的增长，却不可避免地会引发通货膨胀，从而影响到社会的稳定。第二次世界大战以来，西方国家的经济实践就是一个有力的证明。

紧缩的财政政策和宽松的货币政策是在总需求与总供给大体平衡，但消费偏旺而投资不足时采用的配合方式。这种配合模式也是一些国家为更多地积聚资金、优化资源配置、促进经济增长而采用的一种配合模式。所谓紧的财政政策，是指政府的增收节支，即增加税种、提高税率、限制公共消费、压缩基建规模、减少非营利性资金供应。而松的货币政策则是指中央银行及货币当局降低利率，放松信贷，增加货币供应。紧财政、松信贷的配合模式，有利于促进经济的增长、提高资金的使用效率。

财政政策松、货币政策紧的配合模式是许多国家在调整经济结构时普遍采用过的一种模式。所谓松的财政政策，是指政府降低税率，扩大预算赤字，增加政府投资和支出以及转移性的支出；所谓紧的货币政策，是指提高利率，紧缩信贷，压低货币供给。这是在总供需大体相适应时，为解决投资过旺、消费不足而采用的配合模式。紧的货币政策有利于严格控制货币供给，有利于对付通货膨胀，为经济的正常发展创造一个良好的货币金融环境。在货币政策偏紧的同时，实行较松的财政政策，有利于调整和优化产业结构、提高经济增长的质量。

以上两种“一松一紧”政策的优点在于其有较强的缓冲力，稳定性高，作用惯性小，不会对经济生活产生过大的震荡；缺点是政策导向不甚明确，作用力度较弱，作用时滞较长，一旦调整政策，在一定时期之后才会产生效应。

二、货币政策与产业政策的协调

产业政策是政府为了促进国民经济稳定、协调地发展，对产业结构和产业组织构成进行某种形式的干预的政策。产业政策是国家以政策形式促进或限制某些产业发展的手段，即通过政策倾斜来改变产业组织形式和产业结构来影响生产，进而对供给总量及结构发挥调节作用，使经济实现均衡发展。

一国的产业政策在宏观经济政策中往往起着重要作用。与货币政策一样，其最终目标与国家宏观经济目标是一致的，但两者也有区别：首先，基本性质不同。货币政策的重点是保持宏观总量平衡，产业政策的重点是促进结构优化。其次，作用范围不同。大多数情况下，产业政策只是在某一时期和在某些方面产生一定的作用，如工业化初始阶段、危机时期等；货币政策在总体上总是要起作用的，虽然在经济衰退时或通货膨胀严重时采取的货币政策及其调控力度不同。另外，政策效应的确定性也不同。

货币政策受产业政策的制约，又反作用于产业政策，具体表现为：产业结构决定信贷资金分配结构，而已经形成的产业结构需要相应的货币资金供应结构。信贷资金分配具有相对独立性，特别是在市场经济条件下，银行的资金配置以盈利性、安全性、流动性为原则；而产业政策偏重于社会效益，它是一国经济发展战略意图的体现，这中间有可能产生矛盾。产业政策是结构政策，而货币政策是总量政策，总量的平衡和结构的优化之间往往存在着不易协调的矛盾，这就需要处理好两种政策的配置问题。

两者的协调主要体现为：

(1)产业政策对货币政策具有导向作用。这是因为产业政策作为经济发展战略意图的体现，具有长期性和相对稳定性。其政策实施效果需要各短期宏观经济政策来完成，所以它对短期经济政策包括货币政策加以引导，借以实现政策目标。

(2)产业政策作为供给管理政策，以增加供给来引导有效需求。货币政策主要是需求管理政策，产业政策直接调节供给结构，通过优化资源配置，在现有资源条件下增加供给。而供给的实现，又依赖于货币政策手段通过从紧或从松的货币供给，抑制或增加货币需求来启动。

(3)产业政策作为一种结构性调整政策,为货币政策的实现提供保证,即为经济发展、金融物价长期稳定打下坚实基础。

(4)货币政策对产业政策的失误具有矫正作用。产业政策也存在正、负效应问题,如超高速发展或结构扭曲的产业政策,有可能引起通货膨胀。货币政策作为需求管理政策,通过紧缩政策来抑制经济超高速发展,通过货币供给结构倾斜,对失衡的经济结构加以矫正。

总之,合理、有效的产业政策可以进一步实现资源的最优配置,保持经济的平衡发展,为稳定的货币政策的实施奠定基础;完善、健全的货币政策可以有效地保持社会总需求与总供给的总量平衡,保持货币流通的稳定,为产业政策的实施创造良好的条件。

三、货币政策与收入政策的协调

收入政策在西方被定义为影响或控制价格、货币工资和其他收入增长率而采取的货币和财政措施以外的政府行动。它是政府为了降低一般价格水平上升的速度而采取的强制性或非强制性限制货币工资和价格的政策。

西方学者认为,收入政策的理论基础主要是成本推进通货膨胀理论。成本推进通货膨胀理论是从商品和劳务供应方面解释物价总水平持续上涨现象的一种经济理论。该理论把通货膨胀的原因归结为商品成本增加,而成本增加的主要原因是工资的增长超过劳动生产率提高的速度。因此,他们主张采用冻结或管制工资和物价即所谓"收入政策"来抑制工资和物价的上涨,从而抑制通货膨胀。对此,政策能否收到预期效果,西方学者又有不同看法。有人认为,收入政策达不到预期目标,因而是无用的;有人认为,收入政策比不用更坏,因为它不仅没有降低通货膨胀,而且扭曲了市场机制,干扰了自由市场;也有人认为,收入政策虽有缺陷,但比造成高失业的紧缩性财政政策和货币政策付出的代价要小一些。收入政策对货币稳定的重要性、与货币政策相配合的必要性在于:

(1)货币稳定问题是一个社会总供给与总需求平衡的问题,收入分配和社会总供给与总需求之间有着极为密切的内在联系。社会产品实现以后,必须通过分配和再分配环节,最后形成消费基金和积累基金。积累基金要与生产要素相对应,消费基金要与消费品相对应。两者相适应,意味着总供给与总需求相适应,物价才能保持稳定。

(2)在不兑现信用货币流通的条件下,价值形态的国民收入可能出现超分配。超分配可能是价值形态的国民收入总量大于实物形态的国民收入总量,一般由政府、企业、个人收入总量过多引起,这会引发由需求膨胀导致的通货膨胀;也可能是分配比例不合理,引起供给与需求结构失衡,而结构失衡容易引起结构性通货膨胀。

(3)在我国出现过的几次较为严重的通货膨胀,都与投资膨胀和消费膨胀相关,与收入分配政策相关。在传统体制下,国家对工资和价格实行严格的集中管理,工资计划是整个国民经济计划的一部分,国民经济管理的计划性能保证工资、物价与其他宏观经济变量之间大体相协调。但是,传统体制割裂了劳动者的物质利益与劳动成果的关系,企业经营活动无自主权。因此,经济体制改革首先从收入分配开始,在改革收入分配政策的同时,收入结构向企业和个人倾斜,这完全是必要的。但由于劳动力市场机制和企业自我约束机制尚未形成,于是产生了收入分配过多地向个人倾斜的问题,再加上个人投资市场发育程度低,过多的个人收入除存入银行外,主要用于购买需求,使需求膨胀成为通货膨胀产生的重要原因之一。

由此可见,货币政策必须与收入分配政策配合而行,对国民收入要坚持适度分配的政策,国民收入分配额不能超过国民收入增长额;在收入分配的具体安排上,应使收入分配额低于国民收入增长额,适当留有余地;要正确处理积累和消费的比例,从分配这一环节为货币政策实施提供适宜的环境。

1984 年以来我国货币政策的实践

自 1984 年中国人民银行正式行使中央银行职能、专司货币政策的制定和执行以来,频繁运用了各种货币政策工具调控宏观经济,对经济的平稳运行起到了重要的作用。1984 年以来中国的货币政策总体可以划分为四个阶段:

第一阶段:1984～1997 年。

这一时期的货币政策主要针对通货膨胀进行治理。根据经济发展形势和货币政策对通货膨胀的治理效果,又可以将这一阶段划分为三个层次。

1. 1984～1986 年

我国经济从 1982 年开始进入了高速增长时期,在国家政策的引导下,经过连续两年多的扩张,到 1984 年底,已明显出现了过热的势头。当时,为了满足经济的高速发展,弥补财政赤字,中央的货币开始超量发行。到了 1984 年末,流通中的现金达到 792.1 亿元,比上年同期上涨 49.5%。在 1984 年 10 月发生了改革开放以来的第一次"抢购风潮"。1985 年,居民消费价格指数为 9.3%,明显发出通货膨胀的信号。针对 1984 年的经济过热,中央银行于 1985 年开始收缩货币供给,从 1984 年的货币发行量为 262.3 亿元削减到 1985 年的 195.7 亿元,货币供应增长率从 1984 年的 49.5%降至 1985 年的 24.7%,再到 1986 年的 23.3%。国家开始运用货币、信贷手段严格控制信贷总规模和现金投放,加强银行金融信贷管理工作和开展全面信贷大检查。在这些措施的作用下,居民消费价格指数从 9.3%回落到 1986 年的 6.5%。

2. 1987～1991 年

1987～1988 年再次进入经济扩张阶段,物价指数持续走高,自 1988 年实行财政包干体制以后,社会需求进一步猛增。为了解决政府赤字问题,货币发行量进一步增加,到 1988 年的第四季度,市场中的货币流通量为 2 134 亿元,比上年同期上涨 46.7%,1988 年居民消费价格指数达到 18.8%。1988 年 8 月中旬又一次出现"抢购风潮",该月份银行存款减少 26 亿元,出现新中国成立以来第一次储蓄存款的净下降。1988 年,由于各商业银行突击发放贷款,使得该年度发放的贷款总额上升了 28.6%,货币发行量为 679.5 亿元,比上年增长 46.7%。中央银行从 1988 年第四季度开始推行以紧缩为重点的货币政策,1989 年贷款总额下降 3.5%,货币供应量比上年减少 470 亿元,货币供应增长率降至 9.8%。紧缩的货币政策较好地治理了通货膨胀,居民消费价格指数由 18.8%降到 1990 年的 3.1%,1991 年维持在 3.4%的水平上。

3. 1992～1997 年

中国的经济在经历了 1990～1992 年 3 年的低通货膨胀期后,到 1993 年上半年,通货膨胀压力又开始上升,通货膨胀突破两位数,1994 年的居民消费价格指数上升到 24.1%。针对 1992～1993 年我国经济中出现的严重泡沫现象和高通货膨胀率以及潜在的金融风险,中央政府开始实行紧缩的货币政策,实施"软着陆"的宏观调控。新增货币供应量从 1993 年的 1 528.7 亿元减少到 1994 年的 1 423.9 亿元和 1995 年的 596.8 亿元。由于这次调控吸取了以前货币紧缩过度造成经济过冷的教训,这次货币政策的实施过程中一直遵循着"适度从紧"的原则,最终于 1996 年成功地实现了经济的"软着陆"。

第二阶段:1997～2002 年。

1997年亚洲金融危机之后，世界经济进入了通货紧缩阶段。我国1997年通货膨胀率为2.8%，1998年为−0.8%、1999年为−1.4%、2000年为0.4%，居民消费价格指数20年来首次出现负值。国家及时制定扩大内需的方针，实行积极的财政政策和稳健的货币政策。1997年和1998年，中央银行对商业银行总行的再贴现业务投放了基础货币2 333亿元人民币。至2000年12月，M_2（广义货币供应量）是1996年的1.77倍，M_1（狭义货币供应量）是1996年的1.86倍。在1996年两次下调存款利率的基础上，1997～1999年，中央银行又5次下调存款利率，到2002年2月21日，再次降低存款利率0.25个百分点，这是自1996年以来的第八次降息，至此，金融机构存款平均利率累计下调5.98个百分点，贷款平均利率累计下调6.97个百分点。虽然央行通过一系列的货币政策应对通货紧缩的压力，但直到2000年，经济形势仍未出现改善。分析其原因，主要在于，虽然货币数量扩大了，但同时货币流通速度却在下降。M_2的流通速度1996年为0.98，到2000年降为0.66；M_1则从2.41降为1.67。以2000年的M_2为例，当年12月M_2余额为134 610.3亿元，但由于其流通速度为0.66，仅相当于88 842.789亿元。虽然存款利率降低了，但居民对未来收入和支出的不确定性的预期，使得引导储蓄向消费和投资转化的政策不能奏效。

进入21世纪之后，我国的国民经济运行出现了重要转机，国内生产总值达到8.9万亿元，增长8%，物价涨幅持续下降的趋势得到遏制，全年居民消费价格指数同比上涨0.4%。中央银行加大了货币供给量，2001年底M_2比2000年增加14.4%，M_1增加12.7%。2002年末，中央银行基础货币余额4.5万亿元，同比增加11.9%。2003年上半年货币信贷呈加速增长的态势。6月末，M_2同比增加20.8%，M_1同比增加20.2%。M_1和M_2的增长幅度高于上半年GDP和居民消费物价增长幅度之和约10个百分点。2001年，居民消费价格全年上涨0.7%。至2003年初，居民消费价格指数同比持续小幅正增长。至此，通货紧缩的局面基本解除，国民经济增长速度加快。

第三阶段：2003～2006年。

这一时期，国民经济迎来了新一轮的扩张，在持续了几年的“高增长，低通胀”之后，通胀压力逐渐增大，货币政策的基调出现10年来的首次转变。

2003年受到“非典”疫情的影响，我国居民消费价格指数在前8个月一直小幅正增长。2003年9月以后，部分原材料和能源出现“瓶颈”制约，价格涨势迅猛发展，到12月份，居民消费价格指数达到了3.2%的水平，进入2004年后继续保持快速上涨态势。2003年起，我国经济开始进入经济周期的上升阶段，投资需求高速增长，仅次于1992～1993年的经济过热时期。特别是房地产投资高速增长，2003年我国房地产开发投资增长29.7%，是1995年以来增长速度最快的一年。2004年，央行提高存款准备金率0.5个百分点以控制信贷总量的过快增长，同时在10月29日首次上调存贷款利率，提出从2005年起实行稳健的财政政策。这标志着对1998年以来实施近7年的积极的财政政策作出了方向性调整。2005～2006年，国家经济发展迅猛，2005年投资需求较大，国内生产总值上涨9.9%，居民消费价格指数上涨1.8%。2006年消费需求增长加快。针对投资增长过快、信贷投放过多的现象，央行两次上调金融机构存贷款基准利率，1年期存款利率从2.25%提高到2.52%，1年期贷款基准利率从5.85%上调到6.12%，全年国内生产总值上涨10.7%，居民消费价格指数为1.5%。

第四阶段：2007年至今。

2007年是货币政策基调发生改变的一年。由于国内经济增长动力强劲，并一直保持较快发展的势头，在整个国民经济运行中投资增长过快、贸易顺差过大、信贷投放过多的问题日益突出，央行的货币政策基调在逐步发生变化：一季度为稳健的货币政策，二季度稳健中提出适度从紧，三季度确立了适度从紧的货币政策，四季度则提出从紧的货币政策的基调，这是1998年以来10年稳健货币政策后的首次调整。

2007年全年10次上调存款准备金率，从9%调整到14.5%，创20余年历史最高。2007年全年6次上调人民币存贷款基准利率，1年期存款基准利率由2.52%提高到4.14%，1年期贷款基准利率由6.12%上调至7.47%。

自2007年末美国次贷危机爆发以来，中国经济经受了国际金融危机的严峻考验。面对极其复杂的国内外形势，我国坚持积极的财政政策和适度宽松的货币政策，保持银行体系流动性充裕，引导金融机构扩大信贷投放，优化信贷结构，加大金融支持经济发展的力度。总体上，适度宽松的货币政策得到了有效传导，对扩张总需求、支持经济回升发挥了关键性作用。

2010年"两会"政府工作报告提出，2010年要继续实施适度宽松的货币政策，确保货币政策的灵活性和针对性，以实现既有效控制通胀预期，又防止经济出现较大波动的目标。为此，在货币供应总量上，一方面要保持货币信贷合理充裕，保证经济运行通畅；另一方面，要通过提高存款准备金率、公开市场操作、加息等调控工具，控制货币供应量的增速，避免新增人民币贷款的过快增长和通胀压力的快速积聚。2010年全年，我国已6次上调了准备金率。

2011年的货币政策依然是在货币供应、信贷、投资、进出口贸易增长率有所下降，但通胀率不断上升的背景下展开的。前三季度，货币政策操作主要侧重于流动性与稳定通胀（预期）的管理，但到第四季度后，货币政策开始出现微调，防通胀不再是货币政策的主要目标，货币政策的短期目标从防通胀转移到了保增长方面。因此，2011年的货币政策前后经历了两个阶段的重要变化。

2015～2018年，我国继续实施稳健的货币政策。2018年，中国人民银行采取了一系列逆周期调节措施，激励、引导金融机构加大对实体经济尤其是对小微企业和民营企业的支持力度，着力缓解资本流动性和利率等方面的约束，疏通货币政策传导，并把握好内部均衡与外部均衡之间的平衡，为供给侧结构性改革和高质量发展营造适宜的货币金融环境。一是通过定向降准、中期借贷便利（MLF）等操作，增加中长期流动性供应，保持流动性合理充裕、货币市场利率整体下行，并逐步传导至实体经济。二是在保持总量适度的同时，运用和创新结构性货币政策工具，加大对小微、民营企业的支持。如扩大MLF等工具担保品范围，三次增加再贷款和再贴现额度共4 000亿元、下调支小再贷款利率0.5个百分点、扩大支小再贷款对象和支持企业范围，创设定向中期借贷便利（TMLF），根据金融机构对小微企业、民营企业支持情况，以优惠利率向其提供长期稳定资金。此外，推动以永续债为突破口，多渠道补充商业银行资本，创设央行票据互换（CBS）工具，为银行发行永续债提供流动性支持。总体来看，货币政策调控较好地把握了支持实体经济和兼顾内外部均衡之间的平衡，在不搞"大水漫灌"的同时更好地服务实体经济，促进了国民经济的平稳健康发展。银行体系流动性合理充裕，贷款同比大幅多增，广义货币（M_2）和社会融资规模存量增速与名义GDP增速基本匹配，宏观杠杆率保持稳定。2018年以来，M_2增速保持在8%以上；人民币贷款全年新增16.2万亿元，同比多增2.6万亿元；年末社会融资规模存量同比增长9.8%。截至2018年12月，企业贷款加权平均利率已连续四个月下降，累计下降0.25个百分点，其中，微型企业贷款利率已连续五个月下降，累计下降0.39个百分点。

本章案例

案例一　美国的量化宽松货币政策

经历过2008年的金融危机之后，美国经济进入了寒冬时期，失业率居高不下，国家经济严重低迷。为了刺激美国经济的发展，使得美国尽快走出金融危机的影响，美国推出了一系列的量化宽松货币政策。

QE1启动：2008年11月25日，美联储宣布，将购买政府支持企业（简称GSE）房利美、房地美、联邦住房贷款银行与房地产有关的直接债务，还将购买由两房、联邦政府国民抵押贷款协会（Ginnie Mae）所担保的抵押贷款支持证券（MBS）。这是联储首次公布将购买机构债和MBS，标志着首轮定量宽松政策的开始。

美联储指出，最高将购买价值1 000亿美元的GSE直接债务，采购将在11月25日的后一周进行。联储还称，最高还将购买5 000亿美元的MBS，这方面的采购预定于2008年底前启动。

QE1扩大（第一轮宽松正式启动）：2009年3月18日，机构抵押贷款支持证券2009年的采购额最高增至1.25万亿美元，机构债的采购额最高增至2 000亿美元。此外，为促进私有信贷市场状况的改善，美联储还决定在未来六个月中最高再购买3 000亿美元的较长期国债证券。QE1结束：2010年4月28日，美联储在利率会议后发表的声明中未再提及购买机构抵押贷款支持证券和机构债的问题。这标志着联储的首轮定量宽松政策正式结束。加上2009年3月至当年秋天结束前所购买的3 000亿美元较长期国债证券，美联储在首轮定量宽松政策的执行期间共购买了1.725万亿美元资产，这就是说，首轮定量宽松总计为金融系统及市场提供了1.725万亿美元流动性。Q1的效果：使得纳斯达克工业指数从2008年12月底的8 675点升至2010年2月底的10 400点左右，涨幅超过19%。虽然大宗商品和股市在持续攀升，但金融机构仍处于去杠杆化的过程中，而且经济走势仍有极大的不确定性，由此带来的惜贷心理造成滞留在金融体系内部的流动性不能转化为对实体经济的信贷，从而难以促进投资，就业率上升也就无从谈起。

美国失业率从2008年底的7.4%一路上升，在2009年第四季度达到10%以上，其后虽有所回落，但目前仍然停留在9.6%的高位，“虽然在第一轮量化宽松货币政策刺激下，道琼斯工业指数大幅上涨，但美国就业率没有根本改善。”接受《每日经济新闻》采访的银河证券首席经济学家左小蕾向记者表示，“这说明（QE1）没有起到太大的作用。”

2009年6月至12月，美国纽约银行、高盛集团、摩根大通、花旗银行等先后归还了政府救助资金。近日AIG通过出售旗下保险公司筹到了367亿美元，以偿还纽约联邦储备银行部分贷款。种种迹象表明，在QE1执行期间，在美联储廉价资金以及财政部资助下，华尔街金融机构正在恢复元气。QE1已经把华尔街的金融公司从破产边缘拯救了出来，而美国经济仍在苦苦挣扎。

第二次量化宽松（QE2）：自2010年4月份美国的经济数据开始令人失望，进入步履蹒跚的复苏以来，美联储一直受压于需要推出另一次的量化宽松：第二次量化宽松（QE2）。伯南克在当年8月份在杰克逊霍尔的联储官员聚会中为第二次量化宽松打开了大门。但他同时谨慎地指出，量化宽松不是一个成熟的补救办法。而且，也不是所有的人都支持量化宽松政策。美国联邦储备委员会公开市场委员会（FOMC）宣布，将再次实施6 000亿美元的“量化宽松”计划，美联储发货币购买财政部发行的长期债券，每个月购买额为750亿美元，直到2011年第二季度。这就是QE2，即所谓美联储的第二次量化宽松政策。

第三次量化宽松（QE3）：美国的经济在2011又开始呈现出下滑的趋势，其GDP的环比增长率已跌至1.3%。2012年经济仍持续低迷，第二季度的GDP环比增长折年率低至1.5%。市场未达到预期中的目标，失业率也略有下降。为了扭转经济复苏疲软的态势，第三轮量化宽松政策QE3于2012年9月13日正式推出。美联储决定实施每月新增400亿美元的抵押担保证券的开放式债券购买计划，且并未对购买的期限和总的购买数量进行明确的规定。

第四次量化宽松（QE4）：2012年12月12日，为了避免在经济环境不乐观、前景不明确的前提下骤然缩减资产购买而导致国债收益率上升，进而提高长期利率，对消费和投资产生严重影响，阻碍经济的复苏，美国央行又宣布实施第四轮量化宽松政策，在原先买入中长期美元国债、卖出短期美元国债政策到期以后，购入400亿美元抵押贷款支持类证券(MBS)，另外还增加购买约450亿美元的美国长期国债。与前几轮量化宽松政策相比，QE4目标更为精确，直接通过明确规定失业率和通胀率的限制条件来调控利率，政策措施更为具体。

退出量化宽松：从2011年起，美联储就已经开始对关于美国退出QE政策进行研究和预测，并在2013年12月就如何退出量化宽松货币政策的问题做出了明确的规定，其具体方案主要是停止采购资产、提高联邦基金利率和紧缩资产负债表三个步骤。美国将从2014年1月开始逐渐减少QE3、QE4原计划的资产购买量，直至2014年10月29日美联储宣布完全终止QE3、QE4的购买计划。2015年12月16日，美联储宣布上调基准利率0.25个百分点，调至0.25%～0.5%之间，并将依据经济形势而适时调整策略。这是自2008年12月以来，美国首次从零利率水平提升基准利率，标志着美国量化宽松货币政策正式结束。随后，美联储又分别于2016年12月15日、2017年3月14日进行了两轮0.25个基点的加息。然而，从美联储目前的资产负债表规模可以看出，量化宽松政策的第三步还并未开始实施。可见，美联储对于货币政策的调整采取的是渐进的退出方式，选择的时机和制定的方案都要以美国的经济走势，尤其是就业情况和通胀波动为参考依据，总体来说是一个温和平缓的过程，避免了经济的剧烈动荡。

案例二　第二次世界大战后美国货币政策传导机制的发展

1941年，美联储为筹措军费，采取了廉价的货币政策，即钉住战前的低利率：3个月期的国库券利率为0.375%，长期财政债券利率为2.4%。无论什么时候，只要利率上升到高于上述水平，而且债券价格开始下跌时，美联储就进行公开市场购买，迫使利率下降。这一政策在大部分时间内是成功的，但当1950年朝鲜战争爆发时，引起了通货膨胀。1951年3月，美联储和财政部达成"一致协议"，取消钉住利率，但美联储承诺它将不让利率急剧上升。同时，美联储正式独立于财政部，此后货币政策才开始具有完全的独立性，这也标志着美国货币政策开始成为影响美国经济的主导力量。这期间美国经济周期性扩张和收缩的特征非常突出，因此，扩张性和紧缩性的货币政策交替也很明显，货币政策目标经常变化。

20世纪50年代，美联储控制的中介指标有自由储备金净额、三个月期的国库券利率和货币总量比，并按此次序来决定指标控制的重要性。结果表明，美联储对前两个指标的控制较好，对货币总量控制较差，这导致最初的10年内竟发生了三次经济危机。到了60年代，又重新推行廉价的货币政策，同时重视财政政策的运用。货币供应量的增长率日趋上升，松的货币政策加之松的财政政策导致通货膨胀率不断上升，从1965年的2.3%到1969年的6.1%。这些政策进一步导致了70年代滞胀的发生。70年代，美联储将货币总量作为中间目标，从M_1和M_2的增长率来看，美联储以紧缩的货币政策为主，最终导致了1979年的经济危机。

20世纪70年代后，随着通货膨胀被抑制，美联储又转向了平稳利率政策，并获得了极大成功。例如90年代初，美国经济陷入萧条，美联储在1990年7月到1992年9月间连续降息17次，将短期利率从8%降到3%，促进投资与消费上升，从而带动了整个经济的发展。在1994年到1995年7月，美国经济过热时，又连续7次提高联邦基金利率，成功地实现了"软着陆"。1994年美联储主席格林斯潘指出，美联储将放弃以货币供应量的增减对经济实行宏观调控的做法，今后将以调控实际利率作为经济调控的主要手段。这标志着美国货币政策的重大转变。

自1999年6月开始，为防止经济过热，美联储开始抽紧银根，半年中先后三次提高利率。但美国经济增长势头仍没有减缓的迹象，于是在2000年2月2日、3月21日和5月16日又分别提高利率，使联邦基金利率达到65%。5月底公布的数据表明力度加大的宏观调控开始见效，经济增长逐步放缓。但2001年伊始，种种迹象表明，美国经济已进入了明显放慢的敏感时期。为刺激经济回升，从1月至6月底，美联储连续六次降息。在这么短的时间内采取如此大的降息动作，是近20年来的第一次。但从下半年开始美国经济形势出现好转。因为，首先，利率调整通常需要6～9个月的时间才能对经济产生全面影响。其次，布什政府已开始实施其大规模减税计划，根据这一计划，美国家庭下半年可获得450亿美元的减税。再次，美国的消费者信心已开始回升，个人消费开支继续增加。

思考题：我国目前应当采用怎样的货币中间目标？

本章小结

1. 货币政策是一个国家为了实现其宏观经济目标所规定的调节货币和信用的一系列措施的总和。货币政策包括货币政策目标、政策工具及货币政策效果等方面的内容。

2. 货币政策的最终目标是中央银行通过调节货币和信用所要达到的宏观经济目标，主要包括稳定物价、充分就业、经济增长和国际收支平衡。最终目标之间存在着矛盾。

3. 货币政策的中介指标是为了实现货币政策的终极目标而设置的可供观察和调整的指标。中介指标应具备的条件是：可观测性、可控性和相关性。一般的中介指标有利率、货币供应量、基础货币和超额准备金等。

4. 货币政策工具是中央银行为了实现货币政策最终目标而采取的措施和手段。货币政策工具可分为一般性信用控制工具、选择性信用工具、直接的信用管制和间接的信用管制四种。

5. 货币政策传导机制是指中央银行运用货币政策影响中介指标进而实现最终目标的途径和过程的机制。货币政策传导的一般过程由三个基本环节组成：从中央银行至各金融机构和金融市场；从各金融机构和金融市场至企业和个人的投资与消费；从企业、个人的投资、消费至产量、物价和就业的变动。

6. 货币政策的效应是指货币政策的实施对社会经济生活产生的影响，是货币政策传导于经济过程之后的必然结果。货币政策在实施过程中，要受多种因素的影响，其效应是一种综合结果。影响货币政策的因素主要有以下几个方面：(1)货币政策时滞；(2)货币流通速度；(3)微观主体预期；(4)社会政治团体利益。

7. 货币政策和财政政策、产业政策、收入政策间既有联系，又有区别。货币政策要正常地发挥作用并取得预期的效果，必须得到财政政策、产业政策及收入政策的积极配合。

复习思考题

1. 试述货币政策的目标及各目标之间的矛盾与统一。
2. 什么是货币政策的中介指标？设置的标准是什么？
3. 哪些指标可以作为货币政策的中介指标？为什么？
4. 怎样判断货币政策工具的强弱？
5. 分析一般性信用控制工具的作用。
6. 分析货币政策的传导机制。
7. 分析影响货币政策效应的因素。
8. 试述货币政策与财政政策的协调配合。

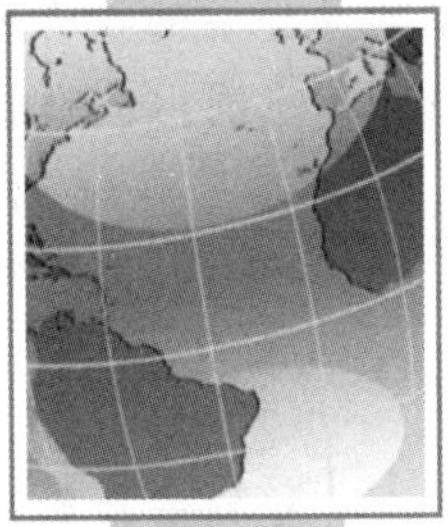

第十一章 国际金融

经济全球化是当前世界经济发展的主要趋势，世界金融一体化则是实现经济全球化的必要条件。国际金融市场承担着商品与劳务的国际转移、资本的国际转移、黄金的输出入、外汇的买卖、国际货币体系的运转以及国际经济交往等重任，目前国际金融市场上新的融资手段、投资机会和投资方式层出不穷，国际金融市场愈发复杂和重要，已经成为推动世界经济发展的主导因素。

第一节 外汇与汇率

一、外汇的含义及特征

(一)外汇的含义

外汇(foreign exchange)是国际汇兑的简称，它有动态和静态之分。动态的外汇是指把一国货币兑换成另一国货币以清偿国际间债务的金融活动。静态的外汇是指以外币表示的用于国际结算的支付手段。

国际货币基金组织对外汇所下的定义是："外汇是货币行政当局(中央银行、货币管理机构、外汇平准基金及财政部)以银行存款、国库券、长短期政府债券等形式所持有的在国际收支中可以使用的债权。"此定义强调的是外汇的储备资产职能。

1996 年 1 月 29 日，中华人民共和国国务院令第 193 号发布《中华人民共和国外汇管理条例》。根据 1997 年 1 月 14 日《国务院关于修改〈中华人民共和国外汇管理条例〉的决定》修订，2008 年 8 月 1 日国务院第 20 次常务会议通过的修订后《条例》，对外汇所下的定义为："外汇是指下列以外币表示的可以用作国际清偿的支付手段和资产：(1)外币现钞，包括纸币、铸币；(2)外币支付凭证或者支付工具，包括票据、银行存款凭证、银行卡等；(3)外币有价证券，包括债券、股票等；(4)特别提款权；(5)其他外汇资产。"

(二)外汇的特征

虽然外汇是指外国货币或以外国货币表示的能用来清算国际收支差额的资产，但并不是所有的外国货币都能称为外汇，它需要具备以下特征：

(1)自由兑换性，即这种外币能自由地兑换成本币；

(2)普遍接受性，即这种外币在国际经济往来中被各国普遍地接受和使用；

(3)可偿性，即这种外币资产是可以保证得到偿付的。

国际上不同时期使用的主要外汇

外汇作为国际支付手段，伴随着国际间商品交换的扩大和发展，经历了如下发展演变过程：

1.18世纪中叶后以英镑为主要支付手段的时期

资本主义产业革命的成功，资本主义生产方式的最终确立，促进了资本商品经济的扩大和发展。欧洲特别是以英国为中心的国际贸易的范围和规模迅速扩大，对外贸易范围由欧洲扩大到北美、非洲以及远东的印度和中国，对外贸易额急剧增长。到18世纪末，英国已有约350家银行，并在世界各地建立了广泛的业务代理网。英国大量地使用英镑作为支付手段，使英镑的国际地位不断提高，使用范围不断扩大，从而成为主要的国际支付手段。

2. 以美元为主要支付手段的时期

将美元作为主要支付手段是随着美国经济实力的增强，并借助于第二次世界大战后国际货币基金组织协议的支持而确立的。两次世界大战改变了资本主义世界的经济格局。在英国经济受到严重削弱、美国经济发展兴盛的时期，确立了美元的中心地位。美元等同于黄金，被世界各国用于偿付对外债务而大量储存，使美元成为战后初期以来主要的国际支付手段。

3. 新的国际货币涌现并不断强大

随着战后资本主义世界经济的恢复和发展，各国相继恢复了货币的自由兑换。20世纪50年代以后，由于不断进行军事扩张，国际收支连续逆差，美元大量外流，美元危机不断发生，信誉下降，而西欧和日本等国的经济得到了恢复和发展。1958年底，西欧国家相继放弃了外汇管制或部分取消外汇管制，实行货币自由兑换政策。日元、英镑、德国马克、法国法郎等一些先进的资本主义国家的货币随着本国经济的发展和国际经济地位的提高而成为国际间普遍使用的结算货币。随着欧洲货币联盟的成立，欧元综合德国、法国等欧盟国家的实力，已经成为欧洲乃至全球重要的货币力量。

二、汇率及其标价方法

(一)汇率的概念

所谓汇率(exchange rate)，就是两种不同货币之间的折算比价，也就是以一种货币表示的另一种货币的相对价格。国家不同，使用的货币也不同。当一种商品或劳务参与国际交换时，就有一个把该商品或劳务以本国货币表示的价格折算成以外币表示的国际价格的问题，这种折算是按汇率进行的。

(二)汇率的标价方法

汇率的标价方法是指哪种货币是基准货币，作为计价标准；哪种货币是标价货币，作为计算单位。目前，国际上有三种标价方法：

1. 直接标价法

直接标价法(direct quotation system)又称价格标价法(price quotation system)，是指用一定单位的外国货币作为标准，折算为一定数量的本国货币来表示的汇率，也就是用本国货币表示外国货币的价格。如我国银行间外汇市场公布的人民币对美元的汇率为100美元＝672.86元人民币，就是直接标价法。

这种标价法的特点是：外币是基准货币，作为计价标准；本币是标价货币，作为计算单位。如果一定数量的外币折合本币的数量增加，即外币升值，本币贬值；反之，则外币贬值，本币升值。目前，世界上除英国、美国外，绝大多数国家都采用直接标价法。

表 11－1　　2019 年 4 月 30 日人民币汇率中间价

100 美元	672.86 元人民币
100 欧元	752.56 元人民币
100 日元	6.0255 元人民币
100 港元	85.784 元人民币
100 英镑	870.17 元人民币

2005 年 7 月 21 日人民币汇率形成机制改革后，中国人民银行于每个工作日闭市后公布当日银行间外汇市场美元等交易货币对人民币汇率的收盘价，作为下一个工作日该货币对人民币交易的中间价。自 2006 年 1 月 4 日起，中国人民银行授权中国外汇交易中心于每个工作日上午 9 时 15 分对外公布当日人民币对美元、欧元、日元和港币的汇率中间价，作为当日银行间即期外汇市场(含 OTC 方式和撮合方式)以及银行柜台交易汇率的中间价。

2. 间接标价法

间接标价法(indirect quotation system)又称数量标价法(quantity quotation system)，是指用一定单位的本国货币作为标准，折算为一定数量的外国货币来表示的汇率，也就是用外国货币表示本国货币的价格。如伦敦外汇市场公布 1 英镑＝1.726 美元，就是间接标价法。

这种标价方法的特点是：本币为基准货币，作为计价标准；外币为标价货币，作为计算单位。如果一定数量的本币折合外币的数量增加，即本币升值，外币贬值；反之，如果一定数量的本币折合外币的数量减少，则为本币贬值，外币升值。实行间接标价法的国家主要是美国、英国，但是美元对英镑仍采用直接标价法。

3. 美元标价法

直接标价法和间接标价法都是针对本国货币与外国货币之间的关系而言的。对于某个国家或某个外汇市场来说，本币以外其他各种货币之间的比价无法用直接或间接标价法来判断。实际上，非本币货币之间的汇价往往是以一种国际上的主要货币或关键货币(key currency)为标准的。第二次世界大战后，由于美元是世界货币体系中的中心货币，为此又出现了另外一种标价方式，即美元标价法(U. S. dollar quotation)。

美元标价法是以一定单位的美元为标准，折合成一定数量其他国家货币来表示汇率的方法。比如东京外汇市场上 US＄1＝￡0.701 3，就是美元标价法。

这种标价方法的特点是：只有美元是标准货币，作为计价标准；其他国家的货币是标价货币，作为计算单位。所以，在美元标价法下，美元的数额固定不变，其他国家货币的数额随汇率的高低而变化。

三、汇率的决定与变动

(一)汇率的决定

1. 金本位制下汇率的决定

第一次世界大战前，各国普遍实行金本位制度。按照货币与黄金的联系程度不同，金本位制可分为金币本位制、金块本位制和金汇兑本位制。

(1)金币本位制下汇率的决定。在金币本位制下，黄金是国际结算单位，即世界货币。两国货币的含金量之比即铸币平价(mint par)就是汇率，因此，货币的含金量是决定汇率的物质基础。金本位时代,英镑的重量为123.274 47格令,成色为22K金,即含金量为113.001 6格令;1美元的重量为25.8格令,成色为90%,即含金量为23.22格令,两国的铸币平价应是113.001 6/23.22=4.866 5,也就是1英镑可兑换4.866 5美元。

(2)金块本位和金汇兑本位制下汇率的决定。在金块本位制下,黄金已经很少直接充当流通手段和支付手段的作用,绝大部分的金块为政府所掌握,其自由输出、输入受到了影响。同样,在金汇兑本位制下,黄金储备集中在政府手中,在日常生活中,黄金不再具有流通手段的职能,输出、输入受到了极大的限制。在上述两种货币制度下,货币汇率由纸币所代表的法定含金量之比决定,称为黄金平价。黄金平价也是金平价的一种表现形式。

2. 纸币制度下汇率的决定

纸币是价值的符号,在金本位制下,以纸币代表或代替金币流通。在与黄金脱钩了的纸币本位制下,纸币不再代表或代替金币流通,相应地,金平价(铸币平价和黄金平价)也不再成为决定汇率的基础。那么,在纸币本位制下,汇率决定的基础是什么呢?按照马克思主义的理论,纸币是价值的一种代表,两国纸币之间的汇率可用两国纸币各自所代表的价值量来确定。因此,两国纸币所代表的购买力之比,即购买力平价是决定汇率的基础。但在现实经济生活中,由于各国劳动生产率存在差异、国际经济往来日益密切、金融市场逐步一体化以及信息传递技术现代化,纸币本位制度下的货币汇率决定还要受多种其他因素的影响。

(二)汇率的变动与货币币值

汇率变动是指货币对外价值的上下波动。在直接标价法下,汇率上浮,本币贬值;汇率下浮,本币升值。在间接标价法下,汇率上浮,本币升值;汇率下浮,本币贬值。

汇率的变动与货币升(贬)值

2018年末,人民币对美元的汇率中间价收于6.863 2,较2017年末(6.541 2)升值4.9个基点(1基点=0.01%)。2018年,人民币对港币的汇率中间价期末收于0.876 2元/港币,较2017年末的0.837 33元/港元升值4.6%。人民币对日元的汇率中间价期末收于6.188 7元/100日元,较2017年末的5.778 8升值7.1%。人民币对欧元的汇率中间价期末收于7.847 3元/欧元,较2017年末的7.783 7升值0.8%。人民币对英镑的汇率中间价期末收于8.678 2元/英镑,较2017年末的8.770 8贬值1.1%。

(三)汇率变动的影响因素

引起汇率变动最直接的原因是外汇供求关系的变化。在自由兑换的条件下,某种外汇供过于求,这种外汇的价格就下降;反之,则会上升。然而,哪些因素会引起外汇供求关系的变化?应从多方面进行具体分析。

1. 经济增长

一国经济增长率高,往往也意味着生产率的提高和生产成本的降低,由此提高了本国产品的竞争能力,增加了出口和外汇供给。同时,经济增长势头好,意味着投资利润高,由此会吸引国外资金流入,改善该国资本账户收支。这些因素都有助于提高本币在外汇市场上的汇价。从长期来看,高经济增长率会有力地支撑本国货币的升值。

2. 国际收支

一国的国际收支持续顺差,会引起本币需求的增长和外汇供给的增加,在其他条件不变时,本币币值上升,外汇汇率下降;反之,一国国际收支持续逆差,使本币币值下跌,外汇汇率上升。

3. 通货膨胀

在一国发生通货膨胀时，该国国内物价总水平趋于上涨，直接影响一国商品及劳务在国际市场上的竞争力，从而引起出口商品的减少和进口商品的增加，使外汇需求大于供给，导致本国货币汇率下跌和外汇汇率上涨。

4. 国内外利率水平

利率的差异将引起短期资本由利率较低的国家流向利率较高的国家。如果一国的利率水平高于其他国家，就会吸引大量的资本流入，本国资本流出减少，本国货币就会趋于升值；反之，本国货币会贬值。

5. 资本流动

资本在不同国家间大量流动会使汇率发生重大变动。资本的大量流入会增加对流入国货币的需求，使流入国的外汇供应增加，本币币值上升，外汇汇率下降；反之，本币币值下降，外汇汇率上升。

6. 外汇干预政策

外汇干预政策是指一国政府或货币当局通过利用外汇平准基金介入外汇市场，直接进行外汇买卖来调节外汇供求，从而使汇率朝着有利于本国经济发展的方向变动。

除上述因素外，市场主体的心理预期、投机活动以及突发事件都会影响汇率变动。

四、汇率制度

汇率制度(exchange rate system)大体可分为两类，即固定汇率制度和浮动汇率制度。

(一)固定汇率制度

固定汇率制度(fixed exchange rate system)是指两国货币比价基本固定，并把两国货币比价的波动幅度控制在一定的范围内。它是第二次世界大战后较长时期所实行的一种汇率制度。当时，许多资本主义国家参加国际货币基金组织(IMF)，该组织规定：美元与黄金挂钩，其他国家货币与美元挂钩，并与美元建立固定比价；有关国家货币汇率只能在一定幅度内波动，超过规定的上、下限，该国中央银行有义务进行干预，使汇率保持在规定的幅度内。另外，在金本位制度下的汇率也是固定汇率制，可当时的固定汇率是以各国金属货币的实际含金量为基础而自发形成的固定汇率，其波动幅度被限制在黄金输送点之内，各国无须承担干预汇率的义务。

(二)浮动汇率制度

浮动汇率制度(floating exchange rate system)是指现实汇率不受平价的限制，随外汇市场供求变化而波动的汇率制度。1973 年以后，世界主要工业国先后实行了浮动汇率制。在浮动汇率制下，一国货币不再规定金平价，不再规定对外货币的中心汇率，不再规定现实汇率的波动幅度，货币当局也不再承担维持汇率波动界限的义务，只是根据需要，自由选择是否进行干预以及把汇率维持在什么样的水平上。在实际经济生活中，政府不进行任何有目的的干预是少有的，通常会采用经济手段加以适度调节。干预的方式可以是直接参与外汇市场活动进行外汇买卖，或是通过调整国内利率水平等手段进行调节。所以，现行的汇率制度实际上是管理浮动汇率制度。

五、人民币汇率

人民币汇率是指人民币与外币的比价。人民币汇率采用直接标价法，即以 100 单位的外币为标准折合一定数量的人民币。

自从社会主义市场经济体制确立以后,为了适应经济体制转轨、深化金融体制改革、健全宏观调控体系并提升企业国际竞争力、提高对外开放水平的需要,我国对人民币汇率制度和汇率的形成机制进行了重大改革。

(一)1994 年的汇率制度改革

为了建立和完善社会主义市场经济体制,1994 年,我国实行了新的外汇管理体制,其中包括对人民币汇率制度的改革,其主要内容是:1994 年 1 月 1 日起,实行人民币汇率并轨,即由原来的官方汇率和外汇调剂价格双重汇率并存,统一为单一的汇率。并轨后的人民币,实行以市场供求为基础的、单一的、有管理的浮动汇率制。由于人民币汇率浮动幅度非常小,实质上仍是盯住美元的固定汇率制。实践证明,这种汇率安排是与我国经济发展特定阶段、金融监管水平和企业承受能力相适应的,是符合我国国情的。

(二)2005 年的汇率制度改革

进入 21 世纪以后,我国外汇市场建设不断加强,市场工具逐步推广,各项金融改革已经取得了实质性进展;宏观调控成效显著,国民经济继续保持平稳较快增长势头;世界经济运行平稳。加之我国国际收支的持续巨额顺差,人民币面临着巨大的升值压力,因此,进一步推进人民币汇率制度改革的时机和条件已经成熟。

中国人民银行于 2005 年对我国的汇率制度作出了重大变革。其主要内容是:从 2005 年 7 月 21 日起,我国开始实行以市场供求为基础、参考一篮子货币进行调节、有管理的浮动汇率制度。

此次汇率制度改革的特点是:人民币汇率不再盯住单一美元,而是按照我国对外经济发展的实际情况,选择若干种主要货币,赋予相应的权重,组成一个货币篮子。但参考一篮子不等于盯住一篮子货币,它需要将市场供求关系作为另一重要依据,据此形成有管理的浮动汇率。

总的来说,2005 年以来的汇率改革对我国实体经济产生了积极影响,为宏观调控创造了有利条件,也在应对国内外形势变化中起到了重要作用,取得了预期的效果。一是促使企业提高技术水平,加大产品创新力度,提升核心竞争力,使出口保持了较强的整体竞争力。二是汇率浮动为推动产业升级和提高对外开放水平提供了动力和压力,促进了出口结构优化和外贸发展方式转变,有利于经济发展方式转变和全面协调可持续发展。三是企业主动适应汇率浮动的意识增强,应对人民币汇率变动和控制风险的能力提高,外汇市场得到培育和发展。四是向国际社会展示了我国促进全球经济平衡的努力成果。

(三)现行人民币汇率的形成机理

现行的人民币汇率是以银行结售汇制度为基础的,机构和个人卖出或购买外汇通过外汇指定银行进行。外汇指定银行又根据结售汇周转头寸管理的规定,进入银行间外汇市场,卖出多余或补充不足的外汇头寸,进而生成人民币汇率。

2008 年的国际金融危机对于中国乃至全球经济来说都是一次巨大挑战,我国适当收窄了人民币波动的幅度,即稳定人民币汇率以应对国际金融危机的影响,此举在一定程度上缓解了此次金融危机对国内经济的冲击,从国际金融市场的角度来说达到了稳定外需的效果,也为未来的亚洲经济复苏作出了贡献。

2010 年 6 月,根据国内外经济金融形势和我国国际收支状况,中国人民银行决定进一步推进人民币汇率形成机制的改革,增强人民币汇率弹性,人民币汇率不进行一次性重估调整,重在坚持以市场供求为基础,参考一篮子货币进行调节;继续按照已公布的外汇市场汇率浮动区间，对人民币汇率浮动进行动态管理和调节，保持人民币汇率在合理、均衡水平上的基本稳定，促进国际收支基本平衡，维护宏观经济和金融市场的稳定。

进一步推进人民币汇率形成机制的改革，完善有管理的浮动汇率制度，是根据我国国情和发展战略做出的选择，是我国深度融入全球化条件下国家利益的需要。一是有利于促进结构调整和全面协调可持续发展。浮动汇率可灵活调节内外部比价，有助于引导资源向服务业等内需部门配置，推动产业升级，转变经济发展方式，减少贸易不平衡和经济对出口的过度依赖。二是有利于抑制通货膨胀和资产泡沫。增强宏观调控的主动性和有效性，改善宏观调控能力。三是有利于维护战略机遇期。作为经济全球化的受益者，继续推进汇改有利于实现互利共赢、长期合作和共同发展，有利于维护我国经济发展的战略机遇期和国际经贸环境。

现行人民币汇率实行浮动区间管理

1. 每日银行间外汇市场美元对人民币的交易价在中国人民银行公布的美元交易中间价(上一日银行间市场美元收盘价，下同)上下3‰的幅度内浮动，但对银行间即期外汇市场非美元货币对人民币交易价在该货币当日交易中间价上下3%的幅度内浮动。

2. 外汇指定银行对客户挂牌的美元对人民币现汇卖出价与买入价之差不得超过中国人民银行公布的美元交易中间价的1%([现汇卖出价－现汇买入价]/美元交易中间价×100%≤1%)，现钞卖出价与买入价之差不得超过美元交易中间价的4%。在上述规定的价差幅度范围内，外汇指定银行可自行调整当日美元现汇和现钞买卖价。

3. 取消非美元货币对人民币现汇和现钞挂牌买卖价差幅度的限制，外汇指定银行可自行决定对客户挂牌的非美元货币对人民币现汇和现钞的买卖价。

外汇市场的牌价

1. 不同标价法下的银行双向报价

在直接标价法下：买价在前，卖价在后，买价小于卖价。

例：某日，人民币外汇牌价为1＄＝8.266 5/8.270 0￥。

前者表示：银行买进1＄，支付给客户8.266 5￥(买入价)；后者表示：银行卖出1＄，银行要收取客户8.270 0￥(卖出价)。

银行收益：8.270 0－8.266 5＝0.003 5(￥)

在间接标价法下：卖价在前，买价在后，卖价小于买价。

例：某日纽约市场1￡＝1.680 8/1.681 6＄。

对于英国的外汇交易银行而言，前者(卖价)表示：银行卖出1.680 8＄时，向客户收取1￡；后者(买价)表示：银行买进1.681 6＄时，需向客户支付1￡。

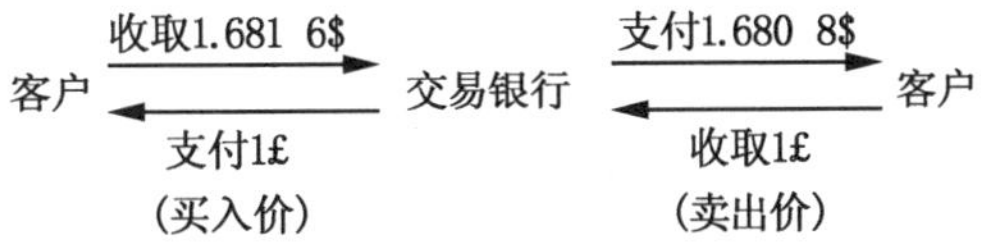

银行收益：1.681 6－1.680 8＝0.000 8(＄)

这里仍通行贱买——用1英镑买到更多的美元，贵卖——卖出更少的美元就可以收回1英镑的原则。

外汇汇率的买卖差价(spread)是银行买卖外汇的毛收益。

2. 关于外汇银行的报价方式

进行外汇交易活动的最基础的步骤是报价。

(1)报价一般采取双价制,即同时报出买价和卖价,中间以斜线分隔。

(2)报价银行所报价格一般为5位有效数字,由于外汇市场的行情瞬息万变,要求外汇交易员的报价力求简练,只要让任何一个熟知行情的人听懂就足够了,所以报价通常采取省略的方式,银行在进行外汇报价时仅报出汇价的“小数”而忽略汇价的大数。

(3)在远期外汇交易报价时,银行只报远期汇率的升、贴水的“点数”,而并不说明是升水还是贴水。

(4)所谓“点数”,就是汇率表示的基本单位。“点”(point)是5位有效数字的最后一位数,倒数第二位为“十点”,倒数第三位则是“百点”。一般情况下,在1天内,汇率的变化基本出现在小数点后的3位数,即变动几十个不到100个点的变动幅度。如在伦敦外汇市场的即期汇率为1英镑=1.859 9美元,那么1.8美元即为大数,而小数则是0.059 9部分,点数是从0.000 9开始变动的。所以,我们最常见的银行报价通常为1英镑=1.859 9/670美元等的形式。

第二节 国际收支

在国际经济关系中,国与国之间经济、贸易等方面的往来,通常会引起相互间的债权债务关系以及国际货币收支关系。例如,进出口商品贸易、国际间相互提供劳务或馈赠、国际资本转移等都会引起国际间的货币往来关系,从而产生国际收支问题。

一、国际收支的含义

为了全面反映一国的对外往来情况,各国均采用了国际货币基金组织(IMF)关于国际收支(balance of payments)的定义,即国际收支是指在一定时期内一国居民与非居民之间全部经济交易的系统记录。为了更好地理解国际收支,必须明确居民和非居民的内涵。

居民是以居住地为标准,包括个人、政府、非营利团体和企业四类。个人是指那些长期居住在本国的自然人,即使是外国公民,只要在本国长时期从事生产和消费行为,也属于本国的居民。按照这一原则,国际货币基金组织作了如下规定:移民属于其工作所在国家的居民;逗留时期在1年以上的留学生、旅游者属于所在国的居民;官方外交使节、驻外军事人员属于所在国的非居民。至于非个人居民,各级政府、非营利团体、企业属于所在国的居民;国际性机构如联合国、国际货币基金组织、世界银行等是任何国家的非居民。

二、国际收支平衡表

为全面反映国际收支状况,各国都要编制国际收支平衡表(balance of payment statements)。所谓国际收支平衡表,是指国际收支按照特定账户分类和复式记账原理进行系统记录的报表,它集中反映了该国国际收支的具体构成。国际货币基金组织已经出版的《国际收支手册》(第五版),对国际收支平衡表的编制所采用的概念、准则、管理、分类方法以及标准构成都作了统一的说明。下面将按照这一规定,从特定账户分类和复式记账原则两个角度对国际收支平衡表进行分析。

(一)特定账户分类

国际收支账户可分为三大类:经常账户,资本与金融账户,错误和遗漏账户。

1. 经常账户

经常账户(current account)又称经常项目,是指对实际资源在国际间的流动行为进行记录的账户,是国际收支平衡表中最基本、最重要的项目。它包括以下内容:

(1)货物(goods),包括一般商品、用于加工的货物、货物修理、各种运输工具在港口购买的货物和非货币黄金。

(2)服务(services),包括运输、旅游、通信、金融、计算机服务、专有权征用和特许以及其他商业服务等。

(3)收入(income),包括居民和非居民之间的两大类交易:一是支付给非居民工人(例如季节性的短期工人)的职工报酬;二是投资收入项下有关对外金融资产和负债的收入和支出。最常见的投资收入是股本收入(红利)和债务收入(利息)。

(4)经常转移(current transfers),包括所有非资产转移项目的转移,是商品、劳务或金融资产在居民与非居民之间转移后并未得到补偿与回报,又称无偿转移或单方面转移。

2. 资本和金融账户(capital account and financial account)

资本和金融账户是指对资产所有权在国际间流动行为进行记录的账户,它包括两大部分:

(1)资本账户(capital account),包括资本转移和非生产、非金融资产的收买和放弃。资本转移主要是指投资捐赠和债务注销;非生产、非金融资产的收买或放弃是指各种无形资产如专利、版权、商标、经销权以及租赁和其他可转让合同的交易。

(2)金融账户(financial account),根据投资类型或功能可以分为直接投资、证券投资、其他投资、储备资产四类。

贸易信贷(其他投资)及其基本情况

国际收支统计中,专设"贸易信贷"目,记录进出口商之间直接商业信用的流量和存量数据,包括供货商和货物、服务交易买方直接提供的信贷、在建(或即将动工的)工程的预付款以及与这类交易有关的款项。贸易信贷由资产和负债两部分构成,其中,资产包括出口应收未收款(简称出口应收款)和进口预付款,是居民向非居民提供的直接商业信用;负债包括进口应付未付款(简称进口应付款)和出口预收款,是非居民向居民提供的直接商业信用。一般情况下,除造船、机电、航空等行业外,绝大部分货物贸易结算周期在1年之内,这决定了贸易信贷以短期为主。随着我国对外贸易规模的不断扩大,贸易信贷已成为资本和金融项目的重要组成部分。

我国自2001年起采用企业抽样调查方法测算贸易信贷数据,调查方式为对大型进出口企业重点调查和对中小企业抽样调查相结合。2009年,对贸易信贷抽样调查方法进行了调整,按新方法统计余额为1 617亿美元。为保证数据的可比性,2008年末贸易信贷余额由按原方法统计的1 141亿美元相应调整为1 296亿美元,同比上升25%。2009年一至四季度贸易信贷外债余额季环比分别增长2.7%、17.5%、-3.6 %和7.3%。2009年末,我国外债余额比上年末增加385亿美元,其中,贸易信贷余额较上年末增加321亿美元,对外债余额增长的贡献率为83%;中资金融机构外债余额增加113美元,对外债余额增长的贡献率为29%,二者合计对外债余额增长的贡献率达112%。

需要说明的是,贸易信贷(trade credits)不同于与贸易有关的信贷(trade-related credits),

前者是进出口商之间的直接商业信用，后者是除直接商业信用外的其他与贸易有关的信贷，包括通过银行提供的融资，如外国金融机构或出口信贷机构向买方提供的贷款等。

3. 错误和遗漏账户

由于从事国际交往的行为主体成千上万，统计时难免发生差错，因而，一切统计上的误差均归入错误和遗漏账户（errors and omissions account）。

（二）复式记账原则

国际收支平衡表采用复式记账法，即在反映每一项业务活动时，按其内容以相等的金额同时在两个或两个以上相互联系的账户中进行登记。它以“借”和“贷”为记账符号，以“有借必有贷，借贷必相等”为记账原则。借方（debit）记录资产的增加和负债的减少，贷方（credit）记录资产的减少和负债的增加。每笔交易的账户都分为借方和贷方。每笔交易都会产生一定金额的一项借方记录和一项贷方记录。其记账法是：凡引起本国外汇收入的项目，记入贷方；凡引起本国外汇支出的项目，记入借方。当收入大于支出而有盈余（surplus）时，称为顺差（favorable balance）；反之，则称为逆差（unfavorable balance）或赤字。

因此，商品、劳务的出口，从国外取得单方面转移以及资本流入都是贷方项目；商品、劳务的进口，向外国居民进行单方面转移以及资本流出都是借方项目。

三、国际收支调节

当一国国际收支经常出现失衡，或是支大于收（逆差），或是收大于支（顺差）时，常用的调节国际收支失衡的手段和政策措施主要有：

（一）外汇缓冲政策

所谓外汇缓冲政策，是指一国政府为了对付其国际收支不平衡的状况，把黄金外汇储备作为缓冲体，通过中央银行在外汇市场上买卖外汇，来消除国际收支不平衡所造成的外汇供求缺口，从而使收支不平衡所产生的影响仅限于外汇储备的增减，而不至于进一步影响国内经济。外汇缓冲的优点是简单易行。其局限性是不适于对付长期的、巨额的国际收支不平衡，因为一国的外汇储备是有限的。

（二）财政政策和货币政策

1. 财政政策

财政政策（fiscal policy）是指一国政府通过调整税收和政府支出，从而控制总需求和物价水平的政策措施。财政政策主要取决于国内经济的需要，在国际收支出现逆差的情况下，一国政府应实行紧缩性财政政策，抑制公共支出和私人支出，抑制总需求和物价上涨，从而有利于改善贸易收支和国际收支的赤字；反之，在国际收支出现顺差的情况下，政府应采用积极的财政政策，以扩大社会总需求，消除贸易收支和国际收支的盈余。

2. 货币政策

货币政策（monetary policy）也被称为金融政策，是西方国家普遍、频繁采用的调节国际收支的政策措施。调节国际收支的货币政策主要有贴现政策和改变准备金比率的政策。

（1）贴现政策。当一国出现国际收支逆差时，该国中央银行提高再贴现率，从而使市场利率提高，吸引外国短期资本流入。这样，在资本项目下，流入增加、流出减少，可减少国际收支逆差。此外，提高利率，即对市场资金供应采取紧缩的货币政策，会使投资与生产规模缩小、失业增加、国民收入减少、消费缩减，在一定程度上可促进出口增加、进口减少，从而降低经常项目的逆差。反之，在顺差情况下，则由货币当局调低再贴现率和采用扩张的货币政策，从而与上述作用机制相反。

(2)改变准备金比率的政策。准备金比率的大小决定着商业银行等金融机构可用于贷款资金规模的大小,因而决定着信用的规模与货币量,从而影响总需求和国际收支。

上述分析表明,一定的财政政策和货币政策有助于扭转国际收支失衡的局面,但它们也有一定的局限性,即它们往往同国内经济目标相背离。为消除国际收支赤字而实行紧缩性金融政策,会导致经济增长的放缓以及失业率的明显上升;为消除国际收支的过度盈余而实行扩张性的财政金融政策,又会加剧通货膨胀和物价上涨。因此,通过财政货币政策而实现国际收支的平衡是以牺牲国内经济目标为代价的。

(三)汇率政策

当一国发生国际收支逆差时,降低本国货币的汇率,使本币对外币贬值。在国内价格不变的情况下,以外币表示的出口商品价格较低,可以增强出口商品的竞争力。调低本币汇率后,进口商品的价格将会变得相对昂贵,从而降低了进口的数量,有助于减少逆差,逐渐达到国际收支平衡,甚至形成顺差。当一国发生国际收支顺差时,提高本国货币的汇率,作用机理同上。

(四)直接管制

直接管制是指政府通过发布行政命令,对国际经济交易进行行政干预,以求国际收支平衡的政策措施。可采用以下主要手段:对出口给予内部补贴、或发放出口信贷、或由政府对出口信贷给予担保等;对进口实行配额制、许可证和严格审批进口用汇。直接管制通常能起到迅速改善国际收支的效果。但是,它不能真正解决国际收支失衡的问题,一旦取消管制,国际收支赤字仍会出现。此外,实行管制政策,既为国际经济组织所反对,又会引起其他国家的反抗和报复。

表 11－2　　2018 年中国国际收支平衡表　　单位:亿美元

项　目	差　额	贷　方	借　方
一、经常项目	491	29 136	28 645
A. 货物和服务	1 029	26 510	－25 481
1. 货物	3 952	24 174	－20 223
2. 服务	－2 922	2 336	－5 258
B. 收益	－538	2 130	2 471
1. 职工报酬	82	181	－99
2. 投资收益	－614	2 146	－2 760
3. 其他	－2	237	－235
C. 经常转移	－4	62	－66
二、资本和金融项目	1 111	—	—
A. 资本项目	－6	3	－9
B. 金融项目	1 117	—	—
资产	－3 721	—	—
负债	4 838	—	—
三、储备资产	－189	—	—

续表

项 目	差 额	贷 方	借 方
A. 货币黄金	0	—	—
B. 特别提款权	0	—	—
C. 在基金组织的储备头寸	−7	—	—
D. 外汇	−182	—	—
E. 其他	0	—	—
四、净误差与遗漏	−1 602	—	−1 602

2018 年国际收支总体运行状况分析

2018 年，全球经济继续扩张但增长势头放缓，国际金融市场波动性有所加大。我国经济运行总体平稳，人民币对美元汇率双向波动，在全球货币中表现相对稳健。2018 年，我国国际收支延续基本平衡。经常账户保持在合理的顺差区间，全年顺差 491 亿美元，与 GDP 之比为 0.4%。其中，货物和服务贸易合计顺差 1 029 亿美元，与 GDP 之比为 0.8%，贸易收支更加平衡。二季度起经常账户恢复顺差，二至四季度顺差逐季增加，分别为 53 亿、233 亿和 546 亿美元。非储备性质的金融账户保持顺差，全年顺差 1 306 亿美元。其中，直接投资顺差 1 070 亿美元，仍是较稳定的顺差来源；证券投资顺差 1 067 亿美元，创历史新高，主要体现了资本市场进一步开放的效果；其他投资逆差 770 亿美元，在双向波动中保持基本稳定。总体上，以中长期投资和资产配置为目的的资本流入仍占主导，我国对外投资保持理性。2018 年，交易形成的外汇储备资产小幅增长、基本稳定，说明我国国际收支继续呈现自主平衡格局。2018 年末，我国对外金融资产和负债较 2017 年末分别增长 2.5%和 2.9%，对外净资产 2.13 万亿美元，增长 1.4%。

2019 年，我国将继续推动经济高质量发展和全方位对外开放，这有助于夯实国际收支平稳运行的基础。预计我国国际收支将延续经常账户基本平衡、跨境资本流动总体稳定的发展格局。下一步，外汇管理部门将坚持稳中求进工作总基调，深化外汇管理改革，推动金融市场双向开放，服务国家全面开放新格局；同时，坚持底线思维，防范跨境资本流动风险，保障外汇储备安全、流动、保值增值，维护国家经济金融安全。

资料来源：2018 年中国国际收支报告。

我国异常跨境资金流动的特点

当前，经济全球化和金融自由化快速发展，金融产品日趋丰富，金融交易更加便利，资本在全球配置和逐利已成为普遍现象。随着我国经济对外开放程度的不断提高，跨境资金流动规模成倍扩大，2009 年通过国家外汇管理局国际收支统计监测系统申报的跨境收入和支出接近 3 200 万笔，国际收支交易规模达到 3.6 万亿美元。在正常的贸易投资活动中难免夹杂着部分异常跨境资金流动。同时，我国经济市场化程度不断深化，银行、企业、个人等市场主体的市场意识逐渐增强，对价格信号的变化更加敏感，以规避风险或套取收益为动机的交易行为有所增多。近年来，我国经济在世界范围内表现突出，人民币汇率出现一定程度的升值预期，国内外利率水平也存在差异，为一些套利资金提供了运作的空间，部分异常跨境资金的流动不可避免。

目前,我国的异常跨境资金流动在特征表现上不同于新兴经济体的"热钱":一是主要通过合法合规的渠道流动。由于我国对跨境资本和金融交易仍有一定管制,异常跨境资金往往通过经常项目、直接投资、银行自营和个人等非管制渠道流动,而不会通过证券投资、外债等短期资本项目实现。二是大部分以长期投资方式存续。在我国经济长期高增长的前景下,人民币汇差、利差存在长期的套利空间,异常跨境资金一般不会快进快出,而是更加注重长远收益。三是许多套利资金的操作主体是境内机构。例如,国内商业银行通过调回境外资产,发放国内外汇贷款,获取国内更高的利息收益;境内机构通过境外上市或设立特殊目的的公司融资,将境外资金引入境内运用。四是一些资金的流入发挥了支持企业发展的作用。目前,我国投融资体制有待完善,许多企业尤其是中小民营企业融资较难,部分资金需要通过体制外民间融资(包括境外融资)解决,这在一定程度上弥补了国内投融资体制的不足,但需要规范和引导。总体来看,对异常跨境资金流动需要加强监测和分析,坚持疏堵并举、标本兼治,制定有针对性的政策措施,通过外汇、商务、海关、税务、工商、金融监管等部门联合监管,提高防控能力。

第三节　国际储备

一、国际储备及其作用

(一)国际储备的概念

国际储备(international reserves)是指一国货币当局持有的,用于弥补国际收支逆差、维持本国货币汇率的稳定和应付各种紧急支付的国际间可以普遍接受的资产。

国际储备不能等同于国际清偿力,二者既有联系又有区别。国际清偿力(international liquidity)是指一国货币当局为应付国际收支逆差和稳定汇率可能利用的一切资金来源。国际清偿力除包含国际储备外,还包括一国在国际上筹措资金的能力。因此,国际储备仅是一国现有的对外清偿能力,而国际清偿力是现有的清偿能力和潜在的对外清偿能力的总和。

(二)国际储备的作用

1. 调节临时性国际收支逆差

当一国出现临时性国际收支逆差时,可动用其国际储备加以弥补,避免采用紧缩性的经济调整行动;当一国国际收支发生根本性不平衡而必须进行相应的经济调整时,又可动用国际储备来缓和调整强度,减少因采取紧急调整行动所付出的高昂代价。可见,国际储备作为一种"缓冲器",既可用于调节临时性国际收支不平衡,又可缓解根本性国际收支不平衡,有助于实现各国的宏观经济目标。

2. 干预外汇市场,维持汇率稳定

国际储备是调节本国货币需求与币值稳定的一个重要手段。当本币供过于求,在国际金融市场上汇率下跌,或在国内金融市场上纸币贬值时,中央银行可以抛售外汇、黄金,以收紧银根,减少货币供应,使货币币值趋于稳定,维持合理汇率水平。西方国家一般都设有"外汇平准基金",用来干预外汇市场,维持本国汇率的稳定。

3. 作为对外举债与偿债能力的信用保证

按照国际惯例,一国持有的国际储备状况可集中反映该国的对外资信,是国际银行贷款时评估该国风险的重要指标之一,即一国拥有充足的国际储备,可增强该国的资信状况,其对外借款就较容易，在国际金融市场上筹措资金的能力就较强；反之，对外借款就较难，相应地，筹措资金的能力就较弱。同时，国际储备在偿还债务时又可应不虞之需，是债务国到期还本付息的基础和保证。

4. 争取国际间的竞争优势

一国政府如掌握了充足的国际储备资产，就可以具有维持本国货币高位或低位的能力，争取到国际间的竞争优势。一国的货币如果能作为储备货币或关键货币，则更有利于支持储备货币在国际上的地位。

二、国际储备的构成

国际储备的具体构成随着历史的发展而逐步变化。根据国际货币基金组织(IMF)的定义，各成员国的国际储备具体由以下四个部分构成：

(一)黄金储备(gold reserves)

根据国际货币基金组织的《牙买加协议》，黄金同国际货币制度和各国的货币脱钩，不准用于政府间的国际收支差额清算。但是，作为一种最后的支付手段，黄金易于被人们所接受，加之世界上还有发达的黄金市场，各国货币当局可以通过出售黄金来获得所需的外汇，平衡国际收支的差额。

(二)外汇储备

外汇储备(foreign exchange reserves)是一国货币当局持有的对外流动性资产，其主要形式为国外银行存款和外国政府债券。外汇储备由各种能充当储备货币的资产构成。储备货币必须具备三个特征：(1)必须是可兑换货币；(2)必须为各国普遍接受；(3)币值相对稳定。

(三)在 IMF 的储备头寸

在 IMF 的储备头寸(reserve position in the fund)也称普通提款权(general drawing rights)，是指成员国在 IMF 的普通资金账户中可自由提取和使用的资产。

(四)特别提款权

特别提款权(special drawing rights，SDRs)是国际货币基金组织在 1969 年 9 月正式创立的特殊的账面资产、账面货币，是在普通提款权以外配给成员国的特别提用资金的权利，故称特别提款权。它只能用于政府间的结算，弥补国际收支的逆差，不能用于贸易和非贸易方面的支付。它不能兑换为黄金，故被称为“纸黄金”。

表 11－3　　中国历年外汇储备总表(1950～2018 年)　　单位：10 亿美元

年末	外汇储备	年末	外汇储备	年末	外汇储备
1950	0.157	1973	－0.081	1996	105.049
1951	0.045	1974	－0.000	1997	139.890
1952	0.108	1975	0.183	1998	144.959
1953	0.090	1976	0.581	1999	154.675
1954	0.088	1977	0.952	2000	165.574
1955	0.180	1978	0.167	2001	212.165
1956	0.117	1979	0.840	2002	286.407
1957	0.123	1980	－1.296	2003	403.251
1958	0.070	1981	2.708	2004	609.932

续表

年末	外汇储备	年末	外汇储备	年末	外汇储备
1959	0.105	1982	6.986	2005	818.872
1960	0.046	1983	8.901	2006	1 066.340
1961	0.089	1984	8.220	2007	1 528.249
1962	0.081	1985	2.644	2008	1 946.030
1963	0.119	1986	2.072	2009	2 399.150
1964	0.166	1987	2.923	2010	2 847.340
1965	0.105	1988	3.372	2011	3 181.150
1966	0.211	1989	5.550	2012	3 311.590
1967	0.215	1990	11.093	2013	3 821.320
1968	0.246	1991	21.712	2014	3 843.020
1969	0.483	1992	19.443	2015	3 330.360
1970	0.088	1993	21.199	2016	3 010.517
1971	0.037	1994	51.620	2017	3 139.949
1972	0.236	1995	73.597	2018	3 072.712

三、国际储备的管理

国际储备的管理是指一国政府及货币当局根据一定时期内本国的国际收支状况和经济发展的要求，对国际储备的规模、结构及储备资产的运用等进行计划、调整、控制，从而实现储备资产规模适度化、结构最优化、使用高效化的过程。国际储备的管理包括规模管理和结构管理两个方面。

(一)国际储备的规模管理

一国的国际储备应该保持在一个合理的水平上，也就是国际储备规模要适度。一般来说，一国的国际储备规模取决于该国的经济发展水平。20 世纪 60 年代，美国学者 R. 特里芬认为，一国的国际储备规模应与它的年进口贸易额保持一定的比率关系。该比率以 40%为标准，以 20%为最低限度。目前，国际上一般认为应保持 3～4 个月的进口额作为该国的储备额。因为黄金及其他储备资产数量极其有限，故而当今也把这一比率视为外汇储备的参考标准。在确定适量国际储备时还应考虑以下几个因素：

1. 对外贸易状况

一个对国际贸易依赖程度较高的国家，需要的国际储备较多；反之，则较少。一个在贸易条件上处于不利地位且出口商品又缺乏竞争力的国家，需要的国际储备较多；反之，则较少。

2. 国际融资能力

如果一国具有较高的资信等级，能迅速、方便地获得外国政府和国际金融机构的贷款，且贷款的来源稳定，或者该国在国际金融市场上的筹资能力很强，则该国无须持有过多的国际储备资产；反之，若一国的国际资信较差，国际融资能力低，那么，就应该保持充足的国际储备。

3. 汇率制度和汇率政策的选择

实行盯住汇率制和严格维持固定汇率制的国家，其对国际储备的需求量较大；实行自由浮动汇率制的国家,对国际储备的需求量较小。

4. 货币的国际地位

如果一国货币是国际储备货币,那么,该国就可以用本国货币来进行国际支付,从而无须保持过多的国际储备。

5. 外汇管制和贸易管制程度

如果一国实行严格的外汇和贸易管制能有效地控制进口和外汇资金的流动,那么,对国际储备的需求就相对较低。

(二)国际储备的结构管理

一国储备资产除了规模适度外,结构还需合理,这样才能做到流动性、收益性、安全性兼顾。合理的国际储备结构,是指国际储备资产的最佳构成,即各种储备资产之间以及外汇储备的各种储备货币之间的最优比率关系。

1. 黄金储备、外汇储备、普通提款权和特别提款权的结构管理

国际储备的四个组成部分中,由于普通提款权和特别提款权的多少都决定于成员国向基金组织缴纳的份额,其数量受基金组织的控制,不能随意变更,所以国际储备结构管理的重点是外汇储备和黄金储备,一般占国际储备总额的 90%以上,尤其以外汇储备为主。

目前,西方国家的一些经济学家或货币当局,将储备资产划分为三级:一级储备资产流动性最强、收益性最低,如银行活期存款、短期政府债券;二级储备资产流动性次之、收益性高于一级储备,如中期政府债券;三级储备资产流动性最差、收益性最高,如长期公债等。由于国际储备的作用主要是弥补国际收支逆差,所以多数国家的货币当局更重视流动性。因此,在储备资产具体运用时,需合理安排三级储备资产的结构,在保持适度流动性的前提下,尽可能多地获得收益是国际储备结构管理的重要目标。

2. 各种储备货币的结构管理

由于国际储备的四个组成部分中,外汇储备占绝对比重,所以国际储备结构管理的重中之重是外汇储备中各种储备货币的结构管理。浮动汇率制度下,汇率的经常波动给外汇储备带来了贬值的风险。在储备货币的选择和应用上,优先考虑的是安全性,同时兼顾流动性和收益性。这是储备货币结构管理的难点之所在。通常采用的办法是:注意使储备货币的结构与贸易赤字的货币结构保持一致,与偿还外债本息的货币结构保持一致,与干预外汇市场所需的货币结构保持一致,同时注意各种储备货币汇率、利率变化的现状和趋势,进行适当抛补,也就是储备货币多元化。

中国外汇储备首次缩水

2015 年的外汇储备出现 1992 年以来的首次缩水,从而为持续二十多年的上升期画上了句号。根据中国人民银行 2016 年 1 月 7 日公布的数据,截至 2015 年 12 月 31 日,中国外汇储备在 2015 年减少了 5 127 亿美元,至 3.33 万亿美元。导致外汇储备减少有两个方面原因:一方面是 2015 年 8 月份汇改后,人民币持续贬值,中国人民银行为了进行“维稳”;另一方面是因为资本从世界第二大经济体外逃所致。外汇储备大幅下挫的这一年对于人民币而言也具有里程碑意义,国际货币基金组织(IMF)通过将人民币加入特别提款权篮子而使其与美元、日元、欧元和英镑一起成为储备货币。渣打银行和安盛投资管理预计在人民币 10 月份正式加入国际货币基金组织的储备篮子之后,将有至少 1 万亿美元全球储备资产转换为人民币资产。

中国外汇储备的增加之前持续了超过20年时间，因年均10%的经济增长率吸引外资大量涌入，并且出口商抢占海外市场份额催生了持续的贸易顺差。外汇储备的大幅增长使人民币有了更大的升值压力。外国政府不断给中国施加的人民币升值压力反映了国际经济利益的冲突。从历史比较来说，德国1957～2001年外汇储备与名义汇率的相关系数为－0.94，同期，日本和英国的外汇储备与名义汇率的相关系数为－0.74和－0.72。因此，中国外汇储备的高额积累必然引发人民币升值。

中国的外汇储备主要投资于美国的国债，此决策从长期来看有待商榷。第一，持有美元储备意味着向美国上缴铸币税。据美联储估计，美国每年获取的铸币税高达150亿美元，其中大部分来自中国等发展中国家。第二，存在利差损失。作为发展中国家，从国际金融市场筹措资金时要被强加风险溢价，而把外汇储备投向流动性高的“安全资产”——美国国债，则只能获得很低的回报率。第三，美元汇率变化导致美元储备账面损失。金融危机以来，美国救市所迅速积累的财政赤字与美联储实施的“定量宽松政策”影响到市场主体对于美元的信心。随着美元的贬值预期加深，中国的巨额外汇储备面临很大风险。

第四节　国际资本流动

一、国际资本流动及其方式

(一)国际资本流动的含义

国际资本流动(international capital flows)，是指国际间为了一定的经济目的而进行各种形式的资本转移。也就是说，是资本从一个国家或地区转移到另一个国家或地区。

国际资本流动主要反映在该国国际收支平衡表的资本和金融账户中。但有时也反映在经常账户上的经常转移项目中，如各项私人的、官方的、单方面的、无偿的资金移动。

(二)国际资本流动的方式

国际资本流动从流向上看，主要包括资本的流出和流入；从期限上看，主要包括长期资本流动和短期资本流动等。

1. 资本的流入与流出

(1)资本流入(capital inflow)，是指资本从国外流入国内。它意味着本国对外国的负债增加，或外国在本国的资产增加，或本国在外国的资产减少，或外国对本国的负债减少。对资本输入国来说，特别是发展中国家，吸取并利用外资是解决国内资金困难，引进国外先进技术和管理知识，以发展国内经济的重要渠道。

(2)资本流出(capital outflow)，是指资本从国内流向国外。它意味着本国在国外的资产增加，或本国对外国的负债减少，或外国在本国的资产减少，或外国在本国的负债增加。对资本输出国来说，特别是发达国家，资本流出是为剩余资本谋求出路，以获取海外利润的重要途径。

2. 长期资本流动与短期资本流动

(1)长期资本流动，是指期限在1年以上或未定期限的资本的国际流动。长期资本流动的形式包括直接投资、证券投资和国际信贷。

(2)短期资本流动，是指期限在1年或1年以下的货币资本、财务资本和信贷资本等在国际间的流动。短期资本流动主要包括贸易资本流动、银行资本流动、保值性资本流动、投机性资本流动四种形式。

合格境外机构投资者(QFII)制度

合格境外机构投资者(qualified foreign institutional investors,QFII)制度是一些新兴市场经济国家在货币没有实现完全可自由兑换、资本项目尚未完全开放的情况下,有限度地引进外资、开放国内资本市场的一项过渡性制度。QFII 制度允许符合一定条件并得到东道国有关政府部门审批通过的境外机构投资者,在批准的额度范围内汇入一定的外汇资金,转换为当地货币,并通过严格监管的特别账户投资当地资本市场。

我国的 QFII 制度始于 2002 年。中国人民银行和中国证券监督管理委员会于当年 11 月 5 日联合发布了《合格境外机构投资者境内证券投资管理暂行办法》,正式宣布在中国引入 QFII 制度。2003 年 5 月,瑞士银行和野村证券成为首批获得 QFII 资格的境外机构投资者,并于同年 6 月获得投资额度。2003 年 7 月,QFII 正式投资于我国证券市场。2005 年,QFII 制度整体运行状况良好。国家外汇管理局根据国际收支情况,合理控制 QFII 投资额度的审批节奏,全年共批准 QFII 投资额度 18 笔,共计 22.2 亿美元,其中批准 7 家 QFII 的初始投资额度共计 6.95 亿美元,批准 10 家 QFII 增加投资额度共计 15.25 亿美元。全年 QFII 汇入资金共计 14.24 亿美元,汇出 120 万美元。截至 2009 年末,QFII 持有的总资产规模为 2 899 亿元,其中 2 370 亿元为证券资产,占 82%。截至 2010 年 3 月末,外管局共批准 QFII 机构 88 家,审批额度达 170.7 亿美元。QFII 持股市值约占 A 股流通市值的 1.4%。此外,国内机构通过 QFII 通道吸引海外资金投资 A 股也获得了较好的反响。2010 年 2 月,中金在香港挂牌了中金深 100ETF,该 ETF 在香港募集资金并挂牌交易,投资标的为深交所挂牌的深证 100 指数。2016 年国家外汇管理局发布《合格境外机构投资者境内证券投资外汇管理规定》,对 QFII 外汇管理制度进行改革。主要内容包括:一是放宽单家 QFII 机构投资额度上限。不再对单家机构设置统一的投资额度上限,而是根据机构资产规模或管理的资产规模的一定比例作为其获取投资额度(基础额度)的依据。二是简化额度审批管理。对 QFII 机构基础额度内的额度申请采取备案管理;超过基础额度的,才需外汇局审批。三是进一步便利资金汇出入。对 QFII 投资本金不再设置汇入期限要求;允许 QFII 开放式基金按日申购、赎回。四是将锁定期从一年缩短为三个月,保留资金分批、分期汇出要求,QFII 每月汇出资金总规模不得超过境内资产的 20%。截至 2016 年 6 月 29 日,外管局共批准 QFII 机构 273 家,审批额度达 811.8 亿美元,其中包括 2016 年新批准德国商业银行股份有限公司等。

二、国际资本流动的成因

在国际资本流动中,长期资本和短期资本流动的具体原因各不相同。各国资本流入和流出的具体原因当然也不同。但是,从总体来看,国际资本流动的根本原因可归纳为以下两个方面:

(一)追求利润

一般来说,国际资本往往流向利润较高的国家和地区。如果一国国内投资所获取的利润低于国际市场,则会引起资本流出;反之,一国投资的利润高于其他国家,就会引起资本的流入。获取高额投资利润的主要因素有以下几个方面:

1. 低廉的劳动力成本

劳动力价格低的地区,往往也是利润高、吸引资本流入的地区。投资者经常通过直接投资的方式在这些地区建立企业，生产劳动密集型、低成本的产品，在国际市场上取得超额利润。

2. 低廉的原材料成本

原材料是生产的主要要素，获取廉价的原材料是获得利润的一个手段。因此，一些国家的资本流向原材料价格较低的国家，帮助该国采矿或利用当地的原材料建企业，生产出成本较低的产品投放国际市场，获取利润。

3. 低廉的运输成本

在国际经济交往中，特别是对外贸易交往中，由于运输费用过高，或运输期限过长，也会影响投资利润。因此，国际资本往往会流到某种产品的主要消费市场或附近的地区，在这些地区建立企业，通过减少运输时间和运输费用来降低成本，获取利润。

4. 高关税税率

关税税率的高低也是影响利润、影响国际资本流动的直接原因。当一国关税税率过高，向该国输入商品的成本就会上升。这样，资本就会流入该地区直接建立企业，生产满足当地市场需求的商品，以求避免高关税对利润的侵蚀。

5. 高利率

由于资本的逐利性，在国际资本流动中总有一部分是由利率因素引起的。特别是短期资本的流动对利率变化最为敏感。资本持有者总是将资本从利率低的国家向利率高的国家转移，以获得较高的收益。

(二)规避风险

在国际资本流动中，追逐利润并不是唯一的动机。对于投资者来说，有时还要考虑资本的风险。风险因素包括政治风险和经济风险两类。

(1)政治风险，是指由于战争、罢工、暴动或由于国家执政当局变更及政策的改变所引起的财产损失。

(2)经济风险，是指由于国家经济形势恶化，国际收支巨额逆差、严重的通货膨胀、货币汇率发生剧烈变动等造成的财产损失。

为了规避风险，资本往往会流向政治、经济局势较稳定的国家和地区，以追求资本的安全性。

总体来说，利润和风险是成正比的：利润越高，风险越大；利润越低，风险越小。从盈利的角度看，资本流向发展中国家可能会获得较高的利润。但从风险角度看，发展中国家往往政局不稳、政权更替频繁、法律程序多变、生产条件差，这些往往又会引起资本的外逃。

三、国际资本流动的影响

国际资本流动对经济运行既有积极的作用，又有消极的影响。无论是长期资本流动还是短期资本流动，对资本输出国、资本输入国和整个世界经济都会产生多方面的深刻影响。

(一)长期资本流动对经济的影响

1. 长期资本流动对资本输出国的影响

(1)积极影响。

①能够提高资本的边际效益。在资本相对过剩的国家，由于资本的“边际报酬递减规律”的作用，新增投资的预期利润率比较低。如果把过剩的、闲散的资本转移到资本短缺或投资机会较多的国家和地区，就能提高资本使用的边际效益，为输出国带来更多的收益。

②可以带动商品和劳务的出口。长期资本流动包括货币资本、技术设备和经营管理经验

在内的总体转移。在这些转移中，直接伴随着购买输出国的成套设备、大宗产品等。

③有助于提高国际地位。向国外输出长期资本，一方面可以增强其经济实力，另一方面又可以直接影响资本输入国的经济、政治，甚至整个社会生活，从而有利于提高输出国的国际地位。

(2)消极影响。

①可能妨碍国内经济的发展。任何一个国家的资本都是有限的，过多的资本输出会削弱国内的资金供给能力，并有可能降低本国就业水平，引起经济发展在某种程度上的停滞。

②容易培养潜在的竞争对手。大量的资金、先进技术设备以及科学管理经验输入到东道国将提高东道国产品的国际竞争力，必然对资本输出国产品和行业的国际地位产生威胁。

2. 长期资本流动对资本输入国的影响

(1)积极影响。

①可以缓解输入国资金的短缺。外资流入在一定程度上可以帮助发展中国家缓解经济发展中所遇到的资金缺乏的矛盾，解决进口大于出口所造成的国际收支逆差问题。

②提高工业化水平。国际直接投资往往可以给资本输入国带来先进的技术、工艺及机器设备，资本输入国可以从中获得国内生产急需的某些特殊商品、劳务、技术及新生产方法，这能够改善输入国的产业结构和技术装备状况。

③增加就业机会。资本输出国通过直接投资，建立外资企业，在获取高额利润的同时也向资本输入国提供了广泛的就业机会。

(2)消极影响。

①影响经济发展的自主性。大量的资本渗透到国民经济的重要部门，会增加输入国对输出国的依赖性，甚至一些资本输出国还利用其强大的经济实力操纵或影响输入国的政治活动。另外，一些国际金融机构在提供国际贷款时，往往还带有苛刻的条件，试图左右资本输入国经济发展的方向。

②有可能造成沉重的债务负担。资本输入国如果过多地借入国际贷款，或发行国际证券，每年将不得不拿出相当部分的储蓄用于支付外债，这必然会减少其国内的储蓄水平及相应的投资能力，阻碍经济的发展。另外，倘若资本输入国不能有效地管理和使用筹集到的外资，很可能出现还本付息的困难，甚至导致债务危机。

③会造成资源被掠夺。外国投资建立起来的经济实体一方面对当地自然资源进行掠夺性的开采，另一方面还大举挤占当地的销售市场，使得输入国企业生存和发展的空间变得狭小，影响输入国经济长期、持续、稳定的发展。

(二)短期资本流动对经济的影响

短期资本流动大多表现为国际间的短期资金融通和信用活动。由于流动期限短，变化速度快，它对经济产生的影响是多方面的，而且是比较复杂的，主要有以下几个方面：

1. 对国际贸易的影响

国际间的短期资本流动，如预付货款、延期付款、票据贴现和短期信贷等，有利于贸易双方获得必要的资金和进行债权债务的结算，促进国际贸易的发展。但是，资本在短期内大量地转移，很可能使利率和汇率出现频繁变动，从而增加了国际贸易的风险。

2. 对国际金融市场的影响

20 世纪 90 年代以来，国际金融市场充斥着数万亿美元的游资，其中大量是投机性资本。它们受利润因素支配，一有风吹草动就到处流动，或为保值，或为获取高额利润，对外汇市场造成动荡。同时,这些巨额资金还对各国的资金市场、证券市场以及黄金市场形成强烈的冲击。

3. 对国际收支的影响

当一国国际收支出现暂时性逆差时,该国货币汇率下跌,这时投机者会感到这种下跌是暂时的,他们就会买入该货币,等待货币上升后伺机卖出,这样有助于减少该国收支逆差;反之,收支暂时性顺差时,正好相反,则有利于减少该国的收支顺差。

4. 对货币政策的影响

短期资本的流动性强,对货币政策的变化十分敏感。在开放的市场条件下,当一国政府提高利率,实行紧缩性货币政策时,大量的短期资本会流入,从而减弱紧缩政策的力度。同样,当一国政府企图实行扩张性货币政策时,大量的短期资本流出就会削弱扩张的货币政策效果。所以,一般来说,短期资本的频繁流动增加了各国实现货币政策目标的难度。

第五节　国际货币体系

一、国际货币体系及其演变

(一)国际货币体系的含义

国际货币体系(international monetary system),又称国际货币制度,是指各国政府为适应国际支付的需要,对本国货币在国际范围内发挥世界货币职能所确定的原则、采取的措施和建立的组织形式。它具体包括以下几个方面的内容:(1)各国货币的汇率制度;(2)国际货币以及国际储备资产;(3)国际收支的调节机制;(4)各国货币的可兑换性以及各国对国际支付所采取的措施;(5)国际货币金融的协调或监督机制。

(二)国际货币体系的演变

国际货币体系迄今为止已经历了三个发展阶段:

1. 国际金本位时期

国际金本位体系大体上是从 1816 年英国实行金本位制开始,19 世纪中叶到第一次世界大战前是它的全盛时期,在 1929～1933 年世界经济大危机中彻底崩溃。

国际金本位体系有三个显著的特征:(1)黄金作为最终清偿手段,充当国际货币;(2)汇率体系呈现严格的固定汇率制;(3)该体系是一个松散的、无组织的体系。

在国际金本位体系下,黄金充分发挥了世界货币的职能,对国际经济的稳定发展起了重要作用。

2. 布雷顿森林体系时期

布雷顿森林体系大体上是从 1945 年底开始,到 1971～1973 年间结束。布雷顿森林体系在国际货币体系发展史上占有重要地位。第二次世界大战后经济的重建,实际上是以该体系的建立为开端的。

布雷顿森林体系的主要内容有:(1)建立一个长久性的国际金融机构,即国际货币基金组织(international monetary fund,IMF);(2)确立黄金和美元并列的储备体制;(3)各会员国货币与美元挂钩;(4)实行可调节的盯住汇率(pegged rate)制度。

布雷顿森林体系是一种典型的通过国际合作建立的而不是自发形成的国际货币体系。它一方面建立了美元的中心地位,实现了美国夺取金融霸权的夙愿,为美国的对外扩张创造了有利条件;另一方面对第二次世界大战后世界贸易经济的迅速发展、国际货币金融秩序的顺利运作起到了积极的作用。

3. 牙买加体系时期

牙买加体系是从1976年1月国际货币基金组织临时委员会的牙买加协定正式订立时开始运行至今的，国际上也有人把这一阶段称为“无体系时代”。

牙买加体系的主要内容有：(1)浮动汇率合法化；(2)黄金非货币化；(3)以SDRs为主要储备资产；(4)扩大对发展中国家的资金融通；(5)增加会员国的基金份额。

牙买加体系将国际收支的多种调节机制结合起来，相互补充，在一定程度上缓和了布雷顿森林体系调节机制失灵的困境，从而对世界经济的运转和发展起到一定的积极作用。但是，该体系下的汇率体系极不稳定，国际货币缺乏统一的货币标准，国际收支调节机制仍不健全，给世界经济带来了不利影响。在西方七国首脑会议上，在IMF年会及其他国际会议上都曾讨论过国际货币制度改革的问题。因此，进一步改革国际货币制度，建立合理而稳定的国际货币新秩序，已经提上议事日程。

二、20世纪以后国际货币体系的新特点

(一)国际储备多元化

国际储备资产呈现多样化的趋势，除传统的美元、英镑外，欧元、瑞士法郎、日元等逐渐成为重要的外汇储备资产。虽然储备资产分散化有利于一国的外汇管理和减少汇率变动带来的风险，缓和国际清偿力的不足，但是多元化的国际储备体系对发展中国家是不利的，因为发展中国家经济基础薄弱，又缺乏对付金融动荡的经验和物质准备，所以发展中国家会在国际贸易和储备资产方面遇到重大困难。

(二)浮动汇率制度长期化

浮动汇率制虽然给予各国宏观经济政策的决策者在管理经济方面以较大的自主权，可以迅速地根除“根本性不均衡”，但是由于汇率波动频繁，不利于国际贸易的顺利进行，加剧了世界性的通货膨胀，使发展中国家的外汇储备和外债问题更加复杂。同时，助长了外汇投机活动，导致国际金融危机频繁发生。如1992年的欧洲货币危机，1994年的墨西哥金融危机，1997年的亚洲金融危机等。但是，从目前来看，由于通货膨胀、国际收支失衡和国际资本流动的影响，要真正稳定汇率是不可能的，而且也没有浮动汇率制马上被固定汇率制所取代的迹象，所以，浮动汇率制有长期化的趋势。

(三)国际支付问题严重化

实践证明，现行的货币制度无力解决如下问题：国际收支不均衡的国家要采取哪些调节措施？外汇汇率要做出什么变动？国内经济政策要采取什么配套措施？如何协调顺差国和逆差国的行动？要有哪些国际监督及其措施等。因此，国际收支问题日益严重，出现了全球性的国际收支失调。许多国家只能不断借入巨额外债来弥补国际收支逆差，致使发展中国家的外债剧增，陷入了借新债还旧债的“债务陷阱”，发生了严重的债务危机。

(四)区域性货币体系的建立

区域性货币体系是指一定地区内有关国家和地区在货币金融领域中实行协调和结合，形成一个统一体，最终实现一个统一的货币体系。实质上，它是一些国家或国家集团为了货币金融合作而组成的货币联盟。它的特点：一是汇率的统一；二是货币的统一；三是货币管理机构和货币政策的统一。

区域性货币体系是第二次世界大战后国际金融领域中的新现象，它对国际收支、国际储

备、汇率体系与国际货币管理等都将产生重大的影响，从而在国际货币关系中发挥重要的作用。目前，区域性的货币体系还处在较低的发展阶段，欧洲货币体系的形成就是区域性货币体系的一个有益的尝试。

欧洲货币体系的建立及其矛盾

欧洲货币体系于1978年12月5日由欧洲理事会决定创建，1979年3月13日正式成立，其实质是一个固定的可调整的汇率制度。它的运行机制有两个基本要素：一是货币篮子——欧洲货币单位(ECU)；二是格子体系——汇率制度。欧洲货币单位是当时欧共体12个成员国货币共同组成的一篮子货币，各成员国货币在其中所占的比重大小是由它们各自的经济实力决定的。欧洲货币体系的汇率制度以欧洲货币单位为中心，让成员国的货币与欧洲货币单位挂钩，然后再通过欧洲货币单位使成员国的货币确定双边固定汇率。这种汇率制度被称为格子体系或平价网。

欧洲货币单位确定的本身就孕育着一定的矛盾。欧共体成员国的实力不是固定不变的，一旦变化到一定程度，就要求对各成员国货币的权数进行调整。虽规定每隔五年权数变动一次，但若未能及时发现实力的变化或者发现了未能及时调整，只是通过市场自发地进行调整就会使欧洲货币体系爆发危机。1992年9月中旬在欧洲货币市场上发生的一场自第二次世界大战后最严重的货币危机，其根本原因就是德国实力的增强打破了欧共体内部力量的均衡。当时，德国的经济实力因东、西德统一而大大增强，尽管在欧洲货币单位中用德国马克表示的份额不大，但由于马克对美元汇率升高，马克在欧洲货币单位中的相对份额也不断提高。因为欧洲货币单位是欧共体成员国商品劳务交往和资本流动的记账单位，马克价值的变化或者说德国货币政策不仅能左右德国的宏观经济，而且对欧共体其他成员的宏观经济也会产生很大的影响。而英国和意大利经济则一直不景气，增长缓慢，失业增加，它们需要实行低利率政策，以降低企业借款成本，让企业增加投资、扩大就业、增加产量，并刺激居民消费以振作经济。但当时德国在东、西德统一后，财政上出现了巨额赤字，政府担心由此引发通货膨胀，引起习惯于低通胀的德国人的不满，爆发政治和社会问题。因此，通货膨胀率仅为3.5%的德国非但拒绝上次七国首脑会议要求其降息的要求，反而在1992年7月把贴现率升为8.75%。这样，过高的德国利息率引起了外汇市场出现抛售英镑、里拉而抢购马克的风潮，致使英镑和里拉汇率大跌，导致1992年的欧洲货币危机，英、意两国暂时脱离欧洲货币体系。

这场货币危机有不少深刻的教训，仅就确保中国香港金融市场稳定而言，也有重要的启示，这就是要加强国际货币金融政策的协调和配合。这场危机在很大程度上反映了欧共体主要工业国家货币金融政策的不协调。当时，德国在其经济实力不断增强、马克坚挺的情形下，还偏执于本国利益，不顾英、意两国经济的持续不景气，不仅拒绝了七国首脑会议要求其降息的呼吁，反而提高利率，在芬兰马克被迫与德国马克脱钩的情况下，还意识不到维持欧洲货币体系运行机制的迫切性，甚至公然宣布其绝不会降低利息率，等到外汇市场风暴骤起，才宣布将其贴现率降低半个百分点，但这只能给外汇市场上的投机者以这样的预期，即他们认为德国过去提高利率是为了抑制通货膨胀，现在降低利率仅仅是对通货膨胀的让步。当然，这场危机的过错不能全部归罪于德国，但需要强调的是，在经济一体化、全球化的今天，尽管各国间各种经济矛盾日益加剧，但任何国家都不能一意孤行，各国只能在合作与协调中才能求得稳定的发展。世界正在朝着国际合作与政策协调的方向发展，这一趋势现在已经成为不可逆转的潮流。所谓政策协调，就是要对某些宏观经济政策进行共同的调整，对相互间的经济关系和经济活动进行联合的干预，以达到互助互利的目的。这主要是由于各国经济政策的溢出效应(spillover effect)，即一国所采取的政策往往会影响其他国家的经济运行。由此，各国采取协调的经济政策就会促进世界经济的发展，而各行其是，往往会产生不利的后果。

人民币对外币交易做市商制度和询价交易方式

(一)人民币对外币交易做市商制度

2005 年 11 月 24 日，国家外汇管理局发布《银行间外汇市场做市商指引(暂行)》，决定在银行间外汇市场全面正式引入人民币对外币交易做市商(简称做市商)制度。银行间外汇市场做市商，是指经国家外汇管理局核准，在我国银行间外汇市场持续向其他交易方提供人民币与外币的买、卖报价的银行。做市商制度是国际外汇市场的基本市场制度。做市商通过不间断地买、卖双边报价和交易，为市场提供流动性，减少市场价格波动，提高交易效率，分散风险，并通过买卖价差赢利。同时，做市商也集中了市场供求信息，成为重要的定价中心。从国际主要外汇市场情况看，做市商在提供外汇市场的流动性、提高市场交易效率、转移和分担风险、促进市场发展等方面具有重要作用。2002 年，我国银行间外汇市场在欧元和港币交易中进行了引入做市商的试点。2006 年 4 月，银行间市场正式全面引入做市商交易。按照相关规定，取得银行间即期外汇市场会员资格达两年(含)的机构，需满足上年度资本充足率达到 8%或外汇资本金在等值 1 亿美元(含)以上等 7 项条件，并经国家外汇管理局核准方可成为银行间即期外汇市场做市商。从交易量上看，2008 年，13 家中资做市商在整个做市商群体中的比重为 7.3%，其中四大行以外的中资做市商的市场比重为 40.1%，分别比 2007 年和 2006 年提升 2.2 个和 8.2 个百分点，相对而言，9 家外资做市商的比重三年来首次下降到 30%以下。可以看出，中资做市商的实力正在进一步增强。

(二)询价交易方式

询价交易方式是指银行间外汇市场交易主体以双边授信为基础，通过自主双边询价、双边清算进行的外汇交易。为进一步深化外汇市场建设，降低外汇交易清算风险，为外汇市场主体提供多种可选择的交易模式，国家外汇管理局于 2005 年 11 月 24 日发布了《关于在银行间外汇市场推出即期询价交易有关问题的通知》，决定从 2006 年第一个交易日起，在银行间外汇市场引入即期询价交易方式，同时保留竞价交易方式。

询价交易是场外(OTC)外汇市场的主流交易方式，场外外汇市场具有灵活、成本低、信用风险分散等优点，更好地适应了外汇市场主体多元、需求多样的特点，因而在国际外汇市场上得到了迅猛发展。

2005 年 8 月，银行间外汇市场率先推出了远期询价交易，受到远期会员欢迎。即期市场引入询价交易方式后，银行间市场即期会员可自主选择集中授信、集中清算的竞价交易方式或者双边授信、双边清算的询价交易方式，按照中国人民银行规定的银行间市场交易汇价浮动幅度，在银行间外汇市场进行即期外汇交易。

国际经济形势与我国涉外经济政策的调整

(一)国际经济形势

2009 年，国际金融危机总体上从恶化蔓延趋向缓和好转，个别性风险事件时有发生，经济金融形势呈现出变化快、波动大、不确定性依然存在等突出特点。宏观经济总体触底反弹，但复苏基础尚不稳固。年初危机持续恶化蔓延，全球经济全面陷入衰退，市场普遍担心“第二波冲击”。在政府大力救助和市场自我修复的双重作用下,危机恶化局面得到缓解,全球经济逐步企稳复苏。各国复苏进程出现分化,部分新兴市场国家率先企稳,主要发达国家也陆续在2009年下半年步出经济衰退,但与亚洲等新兴市场国家相比,经济恢复速度较缓,整体复苏基础较为脆弱。复苏的动力主要来自大规模政策刺激下的制造业反弹和存货调整,主要国家的就业形势依然严峻,私人需求尚未有效启动,经济复苏依然面临不确定性。国际金融市场先抑后扬,市场趋稳过程中频繁震荡。2009年第二季度以来,国际金融市场信心明显恢复,投资者风险偏好有所回升,股市、汇市、商品市场等均由极端水平快速回调:主要股票指数在创下近十年新低后大幅反弹,受危机中避险情绪升温和资金回流等因素持续推高的美元汇率显著回落,国际原油价格波动上涨,黄金价格屡创新高。但从全球范围看,“去杠杆化”过程仍在持续,信贷增长尚未恢复,市场避险情绪未完全散去,极易受到局部和个别信用事件的影响,金融市场呈现出波动回升的态势。

(二)我国涉外经济政策的调整

2009年是21世纪以来我国涉外经济发展最为困难的一年。面对2008年四季度以来国际金融危机持续扩散蔓延,国家全面实施并不断丰富、完善应对国际金融危机的一揽子计划和政策措施,在统筹做好保增长、调结构、惠民生的基础上,对外开放迈出新步伐。

1. 出台稳定外需政策

加快调整加工贸易政策,从限制类目录和禁止类目录中分别剔除1 730个和106个十位商品编码。完善机电产品出口政策,2009年8月以来,先后5次调整机电产品出口退税率,退税率达到17%的机电产品约占机电产品总税号的70%,覆盖了机电产品出口的60%。出台421亿美元大型成套设备出口融资保险专项安排以及优惠出口买方信贷100亿美元。在广东、上海等部分地区开展跨境货物贸易人民币结算试点。完善出口收、结汇联网核查制度,提高预收货款和延期付款等基础比例,调增2009年度金融机构短期外债指标用于支持企业贸易融资。

2. 转变外贸增长方式,促进贸易平衡

大力实施科技兴贸战略,新增20家科技兴贸创新基地,积极扩大机电和高新技术产品出口,同时着力扩大先进技术设备、关键零部件和重要能源资源的进口。修订、出台《禁止进口限制进口技术管理办法》《鼓励进口技术和产品目录》等相关规定和措施,进一步完善技术进出口管理体制。修改、完善了《服务贸易发展规划纲要》,制定、完善服务贸易促进政策。加快落实促进服务外包产业发展,在财政、税务、信贷、外汇等管理环节出台多项配套措施,支持20个示范城市开展服务产业外包。大力促进重点领域服务出口,重点支持文化、中医药、软件等领域的服务出口。

3. 加强对外资的引导,提高利用外资的质量

简化审批程序,下放融资租赁、投资性公司等外资企业的审批权限。加强对外商投资的引导,出台鼓励外商投资研发中心的税收政策。修订中西部地区外商投资优势产业目录,推动外资向中西部地区转移。加快生态园区建设,增强开发区的产业集聚功能和节能减排、集约利用资源方面的示范效应。鼓励境外机构投资者进入境内市场开展中长期证券投资,将单家合格境外机构投资者的投资额度上限由8亿美元调整至10亿美元,将养老基金、保险基金、开放式中国基金等进行中长期投资的本金锁定期缩短至3个月。

4. 支持“走出去”战略

出台《境外投资管理办法》,进一步改善国内企业对外投资环境。发布162个国家和地区

的对外投资合作国别(地区)指南,整合建成对外投资合作信息服务系统。鼓励企业在发达国家设立研发中心,支持以获取能源资源、先进技术和营销网络为目标的并购投资。境外直接投资外汇资金来源审核和资金汇出核准调整为登记管理,在汇兑环节上对境外直接投资基本不再限制。允许符合条件的各类国内企业在一定限额内使用自有外汇或人民币购汇等多种方式进行境外放款,支持境内企业对外投资。

5. 反对各种形式的贸易保护主义,维护公正、合理的贸易投资环境

针对国际金融危机爆发后贸易摩擦明显增多的严峻形势,利用G20金融峰会等各种多边、双边场合,坚决反对贸易保护主义。通过WTO多边平台,妥善处理美国等国的玩具进口措施、日本的肯定列表制度、欧盟的危险化学物质分类等对我国有较大影响的技术性贸易摩擦,维护我国企业和产业的正当利益。进一步加强贸易救济和反垄断调查,2009年对外发起反倾销调查8起、反补贴调查3起。积极开展经营者集中反垄断审查执法,依照《反垄断法》对可口可乐公司收购汇源公司不予批准,有条件批准英博啤酒公司收购AB啤酒公司,促进了市场的公平竞争。

本章案例

案例一　牙买加体系——黄金的非货币化时期

布雷顿森林体系解体后,主要西方国家货币开始自由浮动。1973年,第一次石油危机爆发,西方经济陷入混乱,浮动汇率却在衰退和混乱中表现良好。1975年西方六国在首次首脑会议上纷纷表示接受现实,放弃重建固定汇率的尝试,形成决议要求国际货币基金组织修改章程,承认浮动汇率。1976年,国际货币基金组织理事会通过《牙买加协定》,承认了既成事实,正式开始了牙买加体系时代。

1. 牙买加体系形成的背景。当时虽然日本、联邦德国、法国等主要工业化国家经济实力快速增长,美国经济相对衰落,但是美国仍然是经济实力最强的国家。特别是美国在工业生产等领域远远领先于其他国家。同时,美国仍然是世界上最有实力的政治大国、最先进的军事大国,综合实力居世界首位。以雄厚实力为基础的美元仍然享有很高的声誉,仍然是国际储备货币的主体、国际信贷和计价结算标准、国际清算支付手段,没有任何一种货币能取代它的地位。

2. 牙买加体系的主要内容:(1)国际储备货币多元化。(2)汇率安排多样化,承认浮动汇率制度的合法化。(3)多种渠道调节国际收支,包括:①运用国内经济政策;②汇率政策;③通过国际融资平衡国际收支;④通过国际协调来解决国际收支平衡问题;⑤通过外汇储备的增减来调节。牙买加体系对维持国际经济运转和推动世界经济发展发挥了积极的作用,但仍存在着一些缺陷,国际货币制度仍有待于进一步改革和完善。(4)黄金非货币化。黄金不再是货币平价定值的标准;废除黄金官价,国际货币基金组织不再干预市场,实行浮动价格;取消必须用黄金同基金进行往来结算的规定。(5)扩大对发展中国家的资金融通。出售国际货币基金组织1/6的储备黄金,所得利润用来建立帮助低收入国家的优惠贷款基金;设立特别提款权代替黄金用于会员之间和会员与国际货币基金组织之间的某些支付。

3. 牙买加体系的运行机制。第一,本位机制。牙买加体系的本位机制是国际美元制,美元与黄金脱钩,黄金不再是平价基础;美元是国际货币体系中心货币,同时国际货币多样化;各主要工业化国家直接将货币钉住美元;各国不再就黄金问题对国际货币基金组织履行义务。第二,汇率安排机制。各国根据情况自由做出汇率安排,汇率体系容纳单独浮动、联合浮动、钉住某一货币等混合安排。第三,国际储备机制。美元是最重要的国际储备货币,日元、马克(后来的欧元)、黄金、国际货币基金组织特别提款权作为补充,越来越呈现多样化。第四,国际收支调节机制。参加国可以通过基金组织贷款、汇率机制、利率机制、国际间政策协调、国际金融市场融资等多种方式调节国际收支平衡。

4. 牙买加体系的局限性及国际货币体系的未来趋势。其局限性在于第一，本位机制受美国经济和美元信用影响，基础不稳定、牢固。美国经济自20世纪70年代以来实力相对削弱，国际收支出现大量逆差，美元币值发生变动，导致了各国特别是主要工业化国家的现实利益矛盾，不利于世界经济健康发展。第二，汇率体系不稳定。多种汇率制度并存加剧了汇率体系运行的复杂性，汇率波动和汇率战不断爆发，助长了国际金融投机活动，金融危机风险大增，国际贸易的发展受到影响。第三，国际收支调节机制在多样化的同时也暴露出不健全的一面，比如汇率调节机制受出口商品弹性限制、利率机制的副作用、商业银行的逐利性竞争导致贷款约束放松并造成发展中国家的外债积累甚至危机。现有国际货币体系的不稳定必将呼唤一个新的体系诞生，无论这个新体系有没有理想模式，未来现实的国际货币体系肯定是当时世界政治经济实力和权力利益较量的结果。

思考题：

1. 牙买加体系和布雷顿森林体系有什么区别？

2. 金融危机的爆发与蔓延使我们再次面对一个古老而悬而未决的问题：什么样的国际储备货币才能保持全球金融稳定、促进世界经济发展？

案例二　美国货币政策中介目标的选择

20世纪40年代至90年代中期，美国货币政策中介目标选择可分为以下四个阶段：

1. 1942～1951年：利率钉住

美国于1941年后期参加第二次世界大战，政府支出随即急剧增加。财政部为筹措军费，发行了巨额债券。美联储同意帮助财政部廉价地筹措战争费用，方法是把利率钉在第二次世界大战前通行的低水平上。这样，美联储实际上放弃了它对货币政策的控制，以迎合政府的筹资需要。其结果是国家债务的大量货币化和基础货币及货币供应的迅速增加。

战争结束时，美联储继续钉住利率。因为当时不存在对利率上升的压力，所以这种政策并没有引起货币供应爆炸性的增长。可是，当1950年朝鲜战争爆发时，利率开始逐步上升，美联储发现它再次被迫以很快的速度扩大基础货币。通货膨胀开始升温(1950～1951年，消费价格指数上升8%)。

2. 1951～1960年：关注货币市场状况

20世纪50～60年代，在重新获得行动自由的同时，以威廉·麦克切期尼·马丁为主席的联邦储备体系认为，货币政策应该建立在对货币市场的“触觉”这样的直观判断的基础上。即美联储把市场状况作为政策目标，而所谓市场状况是那些被认为能描述货币市场供求情况的几个变量的模糊集合。这些变量包括短期利率和自由储备(*FR*)，其中，自由储备是指银行体系的超额储备(*ER*)减去贴现贷款量(*DL*)，即：$FR=ER-DL$。

美联储把自由储备看成是货币市场状况的一个重要指标，认为自由储备代表了银行体系滞留资金的数额。美联储认为银行应优先使用它们的超额储备来归还贴现贷款，所以只有那些不是从美联储借入的超额储备才代表自由储备，才可以用来发放贷款和创造存款。美联储把自由储备的增加理解为货币市场状况的宽松，并使用公开市场出售来抽走银行体系的储备；自由储备的下降则意味着货币市场状况的收紧，美联储相应进行公开市场购买。

3. 1970～1981年：关注货币总量

1970年，阿瑟·伯恩斯被任命为美联储理事会主席。其后不久，美联储就宣称将以货币总量作为货币政策中介目标。然而，美联储把货币总量作为目标的承诺并不是非常坚定的。

1974年底，当经济紧缩的严重程度大大超出任何人的预料时，联邦基金利率从12%猛降至5%，而且不断地冲击其目标区间的下限。交易部运用公开市场出售来防止联邦基金利率下降，货币增长率随即急剧下降，到1975年初实际上成为负数。显然，在美国正经受第二次世界大战后最糟糕的经济紧缩时，货币增长率如此急剧下降是一个严重的错误。

1979年10月，美联储的政策程序同它所宣称的要以货币总量作为目标这两者之间的不一致已经变得非常明显，从而，美联储的政策程序有了重大的修改。在保罗·沃尔克成为美联储理事会主席之后两个月，美联储终于不再强调把联邦基金利率作为操作目标，并把它的目标区间放宽了5倍多(典型的区间是10%～

15%)，并以此成功地控制住了20世纪70年代末至80年代初的通货膨胀。

4. 1982～1993年：由侧重货币总量向利率回归

1982年10月，随着通货膨胀被抑制，美联储实际上又转向了平衡利率政策。它放松了对货币总量目标的关注而转向借入储备(贴现贷款额)。

1993年7月22日，时任美联储主席的格林斯潘在参议院作证时，出人意料地宣布，美联储决定放弃实行了十余年的以调控货币供应量来调控经济运行的货币政策规则，改以调整实际利率作为对经济实施宏观调控的主要手段。格林斯潘用了大量数据说明，货币供应量与经济增长之间的稳定关系在近年来已逐步被打破。其主要原因是，20世纪70年代以来，美国人投资方式的改变，使得社会上充满了大量的流动资金，而这些资金不能也很难被包括在货币供应量之内，因此，如果继续使用货币供应量作为判断、指导经济增长的准则，就会出现失误。而改用实际利率作为政策工具，则可以将金融市场上的这些资金流动也考虑在内。

本章小结

1. 我国对外汇的定义：外汇是指以外币表示的可以用作国际清偿的支付手段和资产。

2. 汇率是两国货币的比价，国际上对于汇率的标价方法有三种：直接标价法、间接标价法、美元标价法。汇率制度分为两类：固定汇率制和浮动汇率制。现阶段我国人民币实行以市场供求为基础、参考一篮子货币进行调节、有管理的浮动汇率制度。

3. 汇率变动的影响因素主要有经济增长、国际收支、通货膨胀、利率水平、资本流动、外汇干预政策等。

4. 国际收支是指在一定时期内一国居民与非居民之间全部经济交易的系统记录。一国国际收支经常出现失衡状况，常见的调节手段主要有外汇缓冲政策、财政政策和货币政策、汇率政策、直接管制。

5. 国际储备是指一国货币当局持有的，用于弥补国际收支逆差，维持本国货币汇率的稳定和应付各种紧急支付而持有的国际间可以普遍接受的资产。其具体构成包括黄金储备、外汇储备、普通提款权和SDRs。

6. 国际储备管理主要包括规模管理和结构管理两个方面。规模要适度，国际上一般认为应保持3～4个月的进口额作为该国的储备额。结构管理的重中之重是外汇储备中各种储备货币的结构管理。

7. 国际资本流动从流向上看主要包括资本的流出和流入；从期限上看主要包括长期资本流动和短期资本流动等。国际资本流动的根本原因可归纳为两个方面：一是追求利润；二是规避风险。

8. 国际货币体系迄今为止经历了三个发展阶段：国际金本位时期、布雷顿森林体系时期、牙买加体系时期。20世纪以后国际货币体系的新特点是：国际储备多元化、浮动汇率制度长期化、国际支付问题严重化、区域性货币体系的建立。

复习思考题

1. 论述外汇的含义和特征。
2. 论述汇率变动的主要影响因素。
3. 论述市场经济体制建立后，我国人民币汇率制度改革的主要内容并作简要评价。
4. 试述国际收支失衡的调节手段和政策措施。
5. 论述国际储备的构成及其作用。
6. 论述国际储备管理的内容。
7. 论述确定适度国际储备量需要考虑的因素。
8. 论述国际资本流动的原因。
9. 论述国际资本流动对经济运行的影响。
10. 试述20世纪以后国际货币体系的新特点。

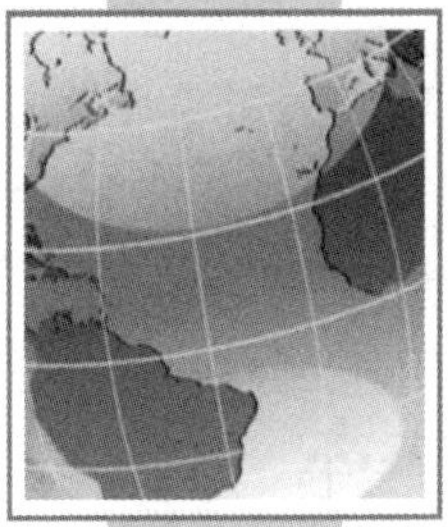

第十二章 金融创新

20世纪70年代以来，随着经济与社会的发展，金融创新已经越来越成为全球金融业发展的主要趋势。然而，金融创新在促进金融业和经济的发展的同时，也加大了金融运行的风险。2007年末美国爆发的次贷危机，揭露了人类贪婪的本性。由于金融从业人员盲目追求利益最大化，通过证券化产品的包装、评级、销售等环节，以虚假的方式摧毁了金融市场的根基——信用。当发现这种以合法化的方式摧毁信用有利可图时，各金融机构更是肆无忌惮地以所谓的金融创新的方式制造出更多的无限放大风险的产品。在巨大的利益面前，政府、金融机构乃至个人都成了俘虏。

第一节 金融创新

一、金融创新的含义

金融创新(finance innovation)，概括地说是指金融业务创新、金融市场创新及政府对金融业监管方式创新的总和。狭义的金融创新是指金融工具的创新；广义的金融创新是指为适应经济发展的需要而创造新的金融市场、金融商品、金融制度、金融机构、金融工具及金融调节方式。

金融创新不仅是金融企业在金融工具、金融方式、金融技术上的变革，它也反映着金融业的组织结构、市场状况、管理方式等方面的历史沿革和制度变迁。从这方面来说，整个金融业的发展史就是一部金融不断创新的历史。货币的诞生、银行的设立、保险以及证券市场的出现都是某个时代金融创新的产物。因此，金融的发展，归根结底就是金融创新的发展，金融创新能力能否充分发挥关系到一个国家金融发展的进程。

二、金融创新的原因

当代的金融创新是在特定环境下由于宏观经济运行和制度方面的变革所带来的，这些变革一方面提出了金融创新的需求，另一方面也为金融机构的金融创新提供了可能。金融创新是多方面作用的结果，主要有以下几个因素：

(一)经济环境的变迁

经济环境的变迁表现在汇率、利率、财富积累和金融机构的竞争等方面。从汇率来看，20世纪70年代，布雷顿森林体系的解体，使得国际汇率制度由固定汇率转向浮动汇率。浮动汇率的实行，加大了汇率的不确定性，使得外汇的持有者面临着汇率波动的风险。从利率来看，一方面受居高不下的通货膨胀的影响，名义利率和实际利率相背离；另一方面，从1979年开始，美国和英国货币主义者用货币供应量来替代利率作为管理目标并且实行严格的货币供应量控制，这进一步增加了利率的波动幅度。利率和汇率的波动使得企业的经营和个人财富的积累面临更大的不确定性，激发了其对金融创新的需求。

20世纪70年代末80年代初，美、英等国通胀率均达两位数以上。长期高通胀率带来了市场利率的上升，美国短期国库券利率在20世纪60年代中期一直低于5%，70年代在4%～11.5%之间波动，80年代则在7%～15%之间波动。短期市场利率的上升给长期证券造成了资本损失，利率风险的增加降低了长期证券的吸引力，也使持有这类资产的金融机构陷入困境。为避免和降低利率风险，金融创新主要反映为金融工具的创新，特别是大量可变利率债务工具的开发，如可变利率存单、可变利率抵押契据、可变利率贷款等。

(二)技术革命推动了金融创新

20世纪80年代以后的计算机技术、通信技术和信息处理技术的发展迅速并广泛地运用到金融业务部门，极大地改变了传统的金融业务和金融交易方式，如资金的调拨方式，自动提款机、交易所自动报价系统等的出现。这些技术大大降低了市场交易成本，节约了时间，同时拓宽了金融市场，将全球金融市场紧密地联系在一起。计算机硬件技术的发展为金融创新提供了开发和实施各种新型产品、解决金融和财务问题的有效手段。

(三)金融管制对金融创新的诱发

20世纪30年代的经济大萧条后，西方各国纷纷立法，对银行业施加严格的管理和限制，如在美国制定了多项法案以防止经济危机的再次爆发，特别是《格拉斯—斯蒂格尔法》，该法案规定银行业和证券业分业经营，并规定利率的最高限等来防止金融业之间的竞争，其结果是一方面限制了银行业的竞争，另一方面使金融业丧失了活力。在激烈的竞争中，金融业为求得自身发展，发掘法规漏洞，推出了许多新业务。

逃避金融管制型的金融创新有如下几种：

(1)可转让支付命令账户(NOW)。为规避储蓄账户不准开支票的限制，1972年5月开办于美国马萨诸塞州的一家互动储蓄银行创造了可转让支付命令账户(NOW)。NOW是一种储蓄账户，可以支付利息，同时，该账户持有者可以签发资金转移书，具有交易结算功能。1982年，与市场利率挂钩的超级NOW账户问世。

(2)自动转账服务账户(ATS)。ATS账户于1978年11月由美国银行首创，是一种支票账户和储蓄账户相结合的综合账户。客户开出支票后，银行自动将必要的资金从储蓄账户转到支票账户，这样既保证客户存款可以生息且可用于支付，又规避了活期存款不准付息的限制。

(3)大额可转让定期存单(CD)。由美国花旗银行率先于1961年发行。CD的发行满足了存款人收益性、流动性和安全性的要求，也满足了银行对稳定的资金来源的需求。

(4)货币市场存单(MMC)。于1978年6月问世，是一种按照货币市场利率给付利息的定期存单，最低面额为1万美元，可以规避定期存款利率的高限。

(5)货币市场存款账户(MMDA)。开办于1982年12月，要求最低存入额为2 500美元，后降至1 000美元。利率按货币市场利率调整。MMDA的存户每月可以按规定次数对第三者转账。

(四)金融自由化和放松金融管制进一步催生了金融创新

20世纪70年代以来，世界的经济形势发生了巨大的变化：一方面，发达国家非银行金融机构的发展给商业造成了巨大的竞争压力；另一方面，国际经济、金融全球化，使各国面临更加激烈的全球金融业竞争。这些都使得原有金融管制的框架成为金融机构发展的障碍，金融创新势在必行。同时，各国金融监管技术的进步、监管水平的提高，使得放松金融管制成为可能。进入90年代后，世界各国特别是发达国家金融改革如火如荼，金融市场监管主体不再墨守成规，而是积极顺应世界经济金融发展趋势的客观要求，大胆进行金融改革，例如英国1986年金融"大爆炸"的伦敦金融改革、美国对商业银行和存款机构的放松管制、日本近年连续推出的金融自由化改革等。这一系列金融改革本身既是金融创新的重要组成部分，又对其他方面的金融创新产生了极大的推动作用。

三、金融创新的分类

一般来说，根据金融创新对象的不同，可将金融创新分为以下几类：

（一）金融制度创新

金融制度创新是通过金融资源分配和金融交易的某种制度变革或制度安排，增强制度交易的活力、降低金融交易成本、改善金融资源分配状况、扩大金融交易规模，最终达到提高金融效率的目的。金融制度创新包括金融组织体系、调控体系、市场体系的变革与发展。它影响和决定着金融产权、信用制度、各金融主体的行为及金融市场机制等方面的状况和运作质量。

（二）金融市场创新

金融市场创新主要是指银行经营者根据一定时期的经营环境所造成的机会开发出新的市场，如衍生金融市场的形成、离岸金融市场的形成等。

（三）金融商品创新

金融商品的核心功能是满足需求，它包括金融工具和银行服务。金融商品的形式是顾客要求的商品种类、特色、方式、质量和信誉，使顾客方便、安全、盈利。在国际金融市场上，大部分金融创新属于金融商品的创新。

金融商品的创新有如下几种：

(1)浮动利率金融工具。包括浮动利率的存、贷款，浮动利率债券，浮动利率票据等。采取浮动利率可以避免市场利率波动带来的风险。

(2)金融期货。金融期货合约是一种标准化的、可转让的延期交割合约，通常包括外汇期货、利率期货和股指期货。金融期货可以用来规避汇率、利率和证券价格波动的风险。

(3)金融期权。期权是一种提供选择权的交易合约，购买期权合约的人可以获得一种在指定时间内按协定价格买进或卖出一定数量的金融工具的权利。

(4)互换交易。互换是一种双方约定在未来的某日彼此交换所要支付的利息或本金的金融交易，主要有利率互换和货币互换两种。互换交易中，当事人可以利用各自筹资成本的相对优势，以商定的条件在不同币种或不同利息种类的资产或负债之间进行交换，以避免将来因汇率和利率变化引起的风险，获取常规筹资方法难以得到的币种或较低的利息。

(5)金融资产证券化。金融资产证券化是指将金融机构所持有的缺乏流动性的资产转换成可以在市场上买卖的金融证券。证券化后的金融资产在市场上由投资者认购后，该资产所隐含的风险就转移到广大投资者身上，并使金融机构加速资金循环。

（四）金融机构创新

金融机构创新是对金融业经营组织机构的创新。比如，原有的银行机构多是单一银行制和总分行制，20世纪70年代以后，银行业出现向连锁银行制和集团银行制发展的趋势。

（五）金融技术创新

金融技术创新是指伴随着科学技术和管理技术的发展，为了降低金融交易成本、提高金融交易效率而在金融交易手段、交易方法和物质条件方面发生的变化与革新。金融技术创新既是金融效率提高的基础，同时还是金融创新的内在动力之一。正是由于科学技术，特别是电子计算机技术在金融交易中的广泛应用，才使得金融制度与金融交易工具发生了深刻的变革。

技术推动型的金融创新有如下几种：

（1）信用卡。是代替现金和支票使用的支付工具，具有先消费、后付款的特点。

（2）支票卡。是供客户签发支票时证明其身份的卡片，无授信功能。

（3）计账卡。是一种可以在与银行计算机总机相连的各种终端机上使用的银行卡，无授信功能。

（4）智能卡。卡上带有微型集成电路处理器，具有存储记忆功能，可以记载客户的每笔收支和存款余额。

（5）自动柜员机。是电子转账设备，不仅可以自动提款，还可以进行存款。

（六）金融管理创新

金融管理创新包括两个方面：一方面是国家对金融业的管理方式的创新，另一方面是金融业的自律管理方式的创新。如果没有金融管理的创新，金融业其他创新活动带来的负面影响会逐渐增大，最终失去控制。因此，金融管理的创新是金融创新活动持续发展的保证。

四、金融创新对经济的影响

金融创新从宏观和微观两个方面影响着现代经济的运行。

（一）金融创新的宏观影响

（1）金融创新促进了金融全球化、一体化和全球金融业混业经营的趋势。当国内金融市场进行创新，开始对外国投资者、贷款者和金融中介机构开放时，各国均会相应地取消税收管制、金融管制，采取金融自由化措施，为金融市场国际化创造条件。金融创新还改变了金融机构的业务范围，打破了其原有的分工格局，使其业务彼此交叉，促进金融业务向着综合化、多样化的方向发展，大大推动了全球金融业混业经营趋势的发展。

（2）金融创新推动了高科技创业投资的发展。金融创新从资金来源、管理风险、提供信息等诸多方面对高科技创投产生了积极的影响。

（3）金融创新促进了金融体制的改革。金融创新的出现使得金融管理当局不得不对创新带来的系列风险和问题进行管理，这对金融体制的改革提出了新的要求，迫使各国进一步深化金融体制改革以适应金融创新的发展。

（4）金融创新促进了金融深化。金融创新的结果是使金融资产和金融机构多样化且数量迅速增加，同时提高了金融相关性，促进了金融的深化。

（5）金融创新也对经济金融的发展带来了一些不利的因素。金融创新的出现使原来的货币概念得以扩大，货币的流动性提高，一些非银行金融机构由于创新的出现也可以参与社会信用的创造，这些都使得社会信用得以扩大，同时增加了中央银行对货币控制的难度，削弱了国家货币政策的作用。

金融创新，特别是一些衍生金融工具的出现，虽然增加了资产的流动性，提供了一些金融避险的工具，但同时也为投机活动创造了大批先进手段，加剧了金融风险的积累和传递。

(二)金融创新的微观影响

(1)金融创新有助于风险管理。金融创新特别是金融衍生工具的有效运用可以在微观上降低和分散风险,大大地扩充了风险管理的产品结构。

(2)很多金融创新是为规避监管而产生的,因此,金融创新能给微观主体以规避监管的新手段。

(3)金融创新提供了大量的新金融工具、金融服务、交易方式和融资技术等,从数量和质量两方面同时提高了需求者的满足程度,增强了金融机构的基本功能,从而间接提高了金融机构的效率。

(4)金融创新使得金融资产的流动性、收益性和风险性发生了变化,为金融机构对其资产负债进行管理提供了新的方法。

五、中国金融创新的现状

受经济体制的约束、金融改革滞后的影响以及金融机构治理结构不完善、市场竞争不充分和技术进步不足等多重因素的制约,我国金融创新速度相对落后。但是,经过 20 多年的发展,我国的金融创新也取得了很大的发展,主要体现在以下几个方面:

(一)金融组织制度的创新

打破了“大一统”的银行体系,建立了统一的中央银行体制,形成了工、农、中、建四家国有商业银行和十多家股份制银行为主体的存款货币银行体系,国有商业银行的股份制改造取得了显著成效:至 2010 年 7 月 15 日和 16 日,中国农业银行正式在中国上海和中国香港上市,我国四大国有商业银行全部上市;将城市信用社改成城市商业银行;建立了多家证券经营机构、保险机构及其他非银行金融机构,放宽了外资银行分支机构和保险市场的进入条件,初步建立了外汇市场,加快了汇率形成机制改革的步伐。

(二)金融管理制度的创新

中央银行从纯粹的计划金融管制转变为金融宏观调控。调控方式由计划性、行政性手段为主的宏观调控向经济和法律手段转变。调控手段上逐步启用存款准备金、公开市场操作等货币政策工具。加快了外汇改革,实现了人民币经常项目下的可兑换。同时,对金融机构业务管制有所放松,各专业银行可以开办城乡人民币、外汇等多种业务,实现公平竞争。企业和银行可以双向选择。对信贷资金的管理措施于 1994 年改为“总量控制,比例管理,分类指导,市场融通”的管理体制。此外,对国有银行以外的其他金融机构实行全面的资产负债比例管理;1998 年开始对国有商业银行也实行资产负债比例管理。

(三)金融市场创新

建立了以同业拆借、商业票据和短期政府债券为主的货币市场。建立了银行与企业间外汇零售市场,银行与银行间外汇批发市场,中央银行与外汇指定银行间公开操作市场相结合的外汇统一市场。在资本市场方面,建立了以承销商为主的一级市场,和以深沪两市为核心、以城市证券交易中心为外围、以各地券商营业部为网络的二级市场。2009 年 10 月成功推出了创业板市场,2014 年 4 月 10 日批准开展沪港股票市场交易互联互通机制试点(简称沪港通),形成了多种类、多层次,粗具规模的金融市场体系。

(四)金融业务与工具的创新

金融业务创新是将创新的概念进一步引申到金融机构的业务经营管理领域。在金融业务创新中,商业银行业务构成了其核心内容。在负债业务方面,商业银行负债业务创新主要出现在20世纪60年代后，主要表现为：对传统存款业务的改造与对新型存款方式的创设和拓展；新型存款账户突出个性化，迎合不同客户的需求；商业银行借入款的范围、用途扩大化。在资产业务方面，商业银行资产业务创新主要表现在贷款上，具体表现为：贷款结构变化；贷款证券化；与市场利率密切联系的贷款形式不断出现；商业银行贷款业务"表外化"。同时，各大商业银行的中间业务、表外业务份额逐渐加大，中间业务领域扩张；基金品种从继续发展封闭式基金发展到推行开放式基金；金融服务业也逐渐突破传统的柜面服务，积极发展电话银行等多样化、全方位的金融服务。

金融工具创新是金融创新最主要的内容，其最重要的特征就是大量的新型金融工具被快速创造出来。目前，主要有国库券、商业票据、短期融资债券、回购协议，大额可转让存单等资本市场工具与长期政府债券、企业债券、金融债券、股票、受益债券、股权证、基金证券等。从负债业务上看，出现了3、6、9个月的定期存款、保值储蓄存款、住房储蓄存款、委托存款、信托存款等新品种。从资产业务上看，出现了抵押贷款、质押贷款、按揭贷款等品种。

(五)金融技术创新

我国金融机构的电子化水平不断提高。目前，我国已经全面实现了金融机构资金汇划电子化、信息管理电子化和办公自动化。以上海、深圳交易所为代表的证券交易电子化出现了诸如"一卡通"、网上银行、网上股票交易等新型的电子和网络金融业务。

第二节　金融发展和金融压抑

一、金融发展

(一)金融发展的含义

金融发展是指在金融体系规模和金融工具数量不断扩张、金融结构不断合理优化的基础上，金融效率不断提高的过程。

(二)金融发展和经济发展

经济增长是指一国在一定时期内产品和劳务的实际产出的增长。金融体系的发展与经济发展是互为表里的，金融体系的发展离不开经济的发展。

1. 金融与经济关系的历史考察

金融是经济发展的产物，同时，金融是影响经济发展的重要因素，并且随着经济的发展，这种影响也越来越大。

(1)金融业的产生与经济的关系。

金融业包括一切与货币信用有关的活动，如货币发行、货币流通、转账结算以及货币资金的借贷、交易、兑换、保管、代理等。它的产生和发展是经济发展的产物，并且对社会经济的发展产生一定的影响。

中世纪城市商业经济的兴起以及其后重商主义的兴盛，促进了商业贸易的发展，也使得为商业贸易提供融资的借贷活动及其借贷工具得到极大的发展。文艺复兴时期，意大利北部的城邦出现了复式记账、承兑票据、票据贴现与买卖等，为手工业作坊在原料采办、销售上提供信用安排，缓解了流动资金的紧张，一定程度上促进了手工业经济的发展。1408年佛罗伦萨的立法承认有限公司，为股票投资创造了有利的条件。14世纪末期、15世纪初期，在热那亚出现了现代股份制的雏形，同时，为解决远途贸易中的现金支付和信贷融资等问题，出现了汇票。

15世纪航海技术的进步推动了商业的发展，也推动了信用活动的繁荣和信用工具的多样化，私人财富的积累促进了包括储蓄业务在内的各种金融业务的发展。16世纪，转账支票、票据交换、股票、债券以及证券交易都已产生并有所发展。

信用形式和信用工具的出现是商品经济发展的产物，在一定程度上解决了社会资金转移和生产者资金规模限制的问题。但是当授信人已经提供了资金，却因为特殊情况急需收回现款供自己使用，就产生了对金融工具交易的需求。信用工具的交易使得信用工具本身成为金融性的商品，从此金融市场就和商品市场、劳务市场一起成为支撑商品经济大厦的三大支柱。

银行中介机构产生于古老的货币兑换业，在氏族公社解体、奴隶制国家产生后相当长的时间里，由于人们经济活动区域的狭小、分裂和不统一，导致货币的不统一。为适应商品跨区域流通的要求，一种全新的行业——货币兑换业就产生了。从各国和地区来的商客要把自己的货币兑换成贸易人认可的货币后方能成交。于是，一些商品经营者开始兼营钱币兑换业务，随着资信的扩大，又逐渐开办保管现款业务，进而办理借贷，逐渐又有专业组织产生，最后发展成为私人银行。

最早的货币兑换业产生于古巴比伦的寺庙。公元11～15世纪，地处亚、欧、非三洲之间的地中海以其重要的地理位置、便利的水上交通成为东、西方贸易活动最频繁的地区。12～14世纪，先后出现了具有全欧洲意义的“槟集市”“萨同盟”。这些集市既是商品交易的中心，又是各类货币荟萃交易的场所。1171年威尼斯成立的银行和1407年热那亚成立的银行的主要业务还是钱币兑换，同时也经营保管、贷放业务。这些商业银行的产生旨在顺畅流通而健全通货，为经济的发展创造了积极的条件。16世纪在意大利出现了近代意义上的银行，如1580年成立的威尼斯银行和1593年成立的米兰银行。17世纪又出现了诸如阿姆斯特丹银行、瑞典银行、纽伦堡银行、汉堡银行等，这些银行经营货币兑换、接受存款、划拨款项、贷款等业务。

可见，银行是商品经济发展到一定阶段的产物，是货币流通发展到一定阶段的客观要求。同时，银行的产生和发展又保证了货币流通的正常进行，从而推进了经济的顺畅发展。

(2)金融发展与工业经济时代的经济发展。

18世纪60年代，英国发生工业革命，标志着资本主义制度在世界范围的正式确立，银行业以此为标志也进入了一个新的发展阶段。

①现代银行制度的建立及其对经济的主动性作用。

银行业发展较早的英国，其早期的银行是从金匠业发展而来的。17世纪中叶，新大陆被发现，大量金银流入英国，使金匠业有了很大的发展。当时，人们为了防止失盗，经常把金银委托给拥有安全设施的金匠保管。金匠可以按顾客的要求将其保管的金银划拨给第三者。此外，金匠还可以利用自有资本发放贷款，谋求高额利息。逐渐地，金匠业发展演变为早期的银行，这些银行大多利息高、规模小，目的是为了提供一个符合公共利益的法定货币取代价值不变、成分杂乱的硬币，进而改变商业支付体系，并没有把吸收货币当作真正的业务来经营。当时的银行在经济生活中的作用是很有限的。

高利息使得职能资本家的利润很低甚至无利可图，他们迫切需要利息低，又能汇集社会闲置资本的现代意义的银行。

17世纪，适应资本主义生产和发展的银行业通过两个途径逐步建立起来：一是原高利贷性质的早期银行逐渐演变为资本主义商业银行；二是按照资本主义的要求建立的完全新式的股份制银行。1694年在英国伦敦创办的英格兰银行是世界上第一家股份制银行，它标志着现代银行制度的建立，也标志着高利贷在信用领域垄断地位开始动摇。19世纪后半期，在英国已初步形成了以英格兰银行为中央银行并辅之以商业银行等不同种类的专业信用机构的金融体系。英格兰银行把银行券的发行扩展到用于为新兴工商业提供贷款支持，并以经营获利为目标，开辟了银行向产业化发展的道路。银行券的发行和银行把货币资本投向新兴工商业，使金融对经济的推动作用由最初的“适应性作用”转变为“主动性作用”，金融的地位发生了重要的变化。其后，各国都逐渐建立了现代商业银行。

银行的产生和发展对资本主义的发展起到了积极的推动作用。新式银行的出现，使货币、信用活动逐步与贸易等新兴工商业的发展结合在一起。新式银行把借贷利率纳入资本主义生产关系，冲破了高利贷对资本主义工商业的束缚，促进了资本主义制度的建立。

②银行作为“万能的垄断者”，对经济产生了强大的渗透和影响力。

19世纪中叶，资本主义生产的迅猛发展，造成了生产和资本的集中。生产的集中，引起了银行的集中。银行的数目急剧减少，而银行的资本却大为增加，银行所支配的资本大部分都掌握在大银行的手中，大银行的分支机构迅速发展和壮大。垄断协定、银行托拉斯、银行康采恩等垄断组织形式相继出现。银行垄断组织的实力进一步加强，资产和存款猛增；银行合并时有发生；金融机构呈现多样化趋势；对外扩张速度加快，形成了具有国际意义的跨国银行。银行垄断在世界范围内变成了一种对经济、政治等社会活动施加影响、发挥重要作用的组织。

由于信用的发展和银行垄断的形成，银行与企业之间的关系也越来越密切。银行对企业的资金供应起着不可或缺的作用。银行可以通过信用活动监督企业的行为，也可以通过购买企业的股票参与企业的经营。而垄断的工业资本也通过购买银行股票等多种渠道参与银行的活动，这样，垄断的银行资本和垄断的工业资本融合起来就形成了金融寡头。一小撮金融寡头以银行为中心不仅控制着国家的经济命脉，而且主宰着国家的政治、经济、文化和社会生活。

③银行券的产生为不兑现纸币的产生奠定了基础。

货币作为商品交换的媒介，受到人们更多关注的是能否买到价值相当的商品，而不是货币实体的价值量。磨损的铸币依然可以在流通中运用，说明了货币可以用象征性的货币符号来代替铸币执行其职能。

银行券最初是兑换金银货币的凭证。商人可以将金属货币存放在钱铺、银行里，让其开出汇票进行支付，钱铺和银行见到汇票要求提现时可以兑换为金属货币。后来，钱铺和银行就以自己拥有的金银货币为保证，发行自己的银行券。17世纪初，阿姆斯特丹银行的银行券开始发行和流通。从开始在一张空白的字据上临时填写金额到后来发展成为事先印制好的具有不同面额的钞票，银行券成为银行发出的、代替金银货币流通的、可随时兑现的信用货币。但此时的银行券是以黄金为保证，代替金币进行流通的。银行券的出现是货币币材的一大转折，为纸币的出现奠定了基础。

在第二次世界大战之前的30多年间，金本位制解体，金铸币流通终结，不可兑换信用货币广泛流通，使经济不再受各国黄金储备数量的制约，信用货币可以在生产潜力允许的条件下先于生产而出现在经济生活中，并带动经济的发展，这使得金融对经济的推动作用大大提高。金融对经济的推动作用大大提高，由“主动性”转变为“先导性”。

(3)后工业时代的金融和经济。

后工业时代，生产要素的跨国流动、资源配置的全球化和资本流动的国际化成为其主要特征，表明了经济金融的发展进入了新的阶段。

金融的全球化是这一阶段的主要特征。在这一阶段，随着黄金与美元的彻底脱钩，完全意义的信用货币制度建立了起来。在完全的信用货币制度下，货币供给在技术上已无限制，也为金融最大限度地为经济服务解除了最后的障碍。与此同时，电子、信息技术在金融中的应用得到了很大的发展，电子货币、网上银行成为现实可能。在技术的依托下，国际金融快速发展，国际资本流动速度大大加快。

经济金融的全球化加深了世界各地的联系，促进了国际贸易与交流的发展，有利于商品和资本的流动，给世界各国的发展带来了新的机遇。同时，经济金融的全球化也给发展中国家带来了潜在的危险因素。由于发达国家在经济、金融、科技、贸易等各方面已处于优势地位，并力图维护这种不合理、不正当的世界竞争秩序，使得发展中国家在世界经济竞争中处于不利的地位。总之，经济金融全球化的“双刃剑”作用越来越明显，金融对经济的先导性作用也越来越突出。

2. 金融发展与经济发展的理论分析

现在，虽然金融发展与经济发展的关系已经基本明确，但是关于金融发展与经济增长的争论却自古就有。早期经济学家的研究主要集中于货币的中性和非中性的问题上。中性论者认为货币不过是便利交易的工具，是实体经济的符号；非中性论者则强调货币特别是储蓄货币通过向投资的转化能够对经济发展产生重要的推动作用。

进入 20 世纪 50～60 年代后，人们开始反思并更加关注金融在经济中应该扮演什么样的角色、发挥什么样的作用，各类理论大量涌现。格利和肖（Curley and Shaw）、戈德史密斯（Goldsmith）、米什金（Mishkin）等经济学家通过对金融结构、金融压制、金融深化和金融自由化的分析，使人们对金融在经济发展中的作用的认识更加深化。其中，戈德史密斯的跨国实证研究具有开创性的贡献，他的研究明确了金融体系规模与经济增长的紧密相关性，奠定了金融发展与经济增长实证研究的基石。此后，又有其他经济学家实证检验了金融发展与经济增长之间的因果关系理论，金融发展作为经济增长的必要条件的地位才基本得以确立。

(1)古典学派的货币中性理论。

早期的经济学家在研究经济问题时，往往将与商品交换相关的价值决定理论和货币理论截然分开。他们认为，商品的价格由商品的供求情况来决定，商品之间的比价关系即商品的相对价格决定着商品的生产、分配、交换等关系，而商品的绝对价格水平是由货币数量决定的，这样就将绝对价格水平和商品市场的供求完全分开，将价值理论与价格理论或称为货币理论完全分开，经济理论界将这种方法称为“二分法”。

根据“二分法”，经济活动本身是不受货币因素影响的。货币对人们而言“饥不可食，寒不可衣”，所以它在经济基础中仅是起商品交换媒介的作用。它对经济既不产生正面影响，也不产生负面影响，是经济中的中立因素，是蒙在实物经济运行上的一层“面纱”。货币数量的变化只是引起商品价格水平的成比例变化，而不影响商品之间的比价关系。

古典经济学家和新古典经济学家大多把货币看成是蒙在实物经济上的一层“面纱”，认为货币数量的变动只改变一般价格水平，而不会对产量、就业等实际经济变量产生影响。可见，货币中性论观点只强调货币的交易媒介功能，不仅忽视了货币的价值贮藏作用，更无视货币在媒介资本转移、实现储蓄配置方面的作用。古典货币分析的这种局限性，在货币关系比较简单的时期表现得还不太明显，但随着货币以及金融对实际经济渗透程度的进一步加深，古典经济学的货币理论越来越站不住脚，越来越难以对现实经济作出合理的解释。

(2)维克塞尔的累积过程理论。

19 世纪下半叶，货币量和物价水平反向变动的事实，引起了人们对货币中性论的怀疑。纳特·维克塞尔（Knut Wicksell）作为瑞典学派的先驱，在将货币发挥作用的领域由流通领域拓展至生产领域的累积过程中，分析了货币的价值尺度、贮藏手段、支付手段和交易媒介中的诸项职能，并分析了诸项职能在经济活动中的作用，将货币理论与经济理论联系起来，建立起统一的货币经济理论，摆脱了传统经济学“一分法”的影响，首创了“二分法”的经济分析方法。他在肯定货币数量论的基础上，指出货币不仅在流通中起作用，还在生产、储蓄、投资等活动中起作用。货币在这些领域中的作用是不能当作“面纱”的，现实经济作为货币经济，是不能通过割裂货币而进行研究的。

维克塞尔通过对利率和物价及经济变动的关系的研究，提出了著名的过程理论。他认为，货币对经济的影响是通过货币利率与自然利率相一致或相背离来实现的。按照维克塞尔的定义，货币利率即现行的市场借贷利率，用 i_m 表示；自然利率实际上指的是投资的预期利润率，用 i_0 表示。当货币数量增加时，货币利率小于自然利率，一方面使储蓄受到抑制，消费需求增加；另一方面货币利率相对偏低使企业的赢利机会增加，企业家觉得有利可图，便会扩大投资，增加产出。然而，随着收入和支出的增加，物价上涨，就会出现累积性经济扩张过程。相反，当货币数量减少时，货币利率大于自然利率，则出现生产萎缩、收入减少、物价下跌等累积性经济紧缩过程。只有当 $i_m=i_0$ 时，投资、生产、收入、物价才不至于变动，经济才能实现均衡。

维克塞尔认为，在现实经济社会中，货币利率和自然利率的背离是绝对的，只要两者有差距存在，累积过程就不会停止，物价水平的上涨和下跌就不会停止，社会经济的均衡就会遭到破坏，此时，货币就是非中性的。

(3)凯恩斯学派的货币经济理论关于货币与经济增长关系的分析。

1936 年，凯恩斯出版了著名的《就业、利息与货币通论》，彻底结束了货币与经济的“二分法”，将传统实物经济分析全部纳入货币分析体系。凯恩斯认为，经济中存在着资本边际效率递减规律，投资决定于资本边际效率和利息率的对比。资本边际效率就是预期的利润率，是由资本资产的未来收益与其供给价格之比来决定的。对投资企业来说，利率和资本边际效率分别代表其投资的投入和产出。如果资本边际效率大于利息率，投资就显得有利可图，从而会扩大投资；如果资本边际效率小于利息率，投资无利可图，从而会削减投资。因此，利率对于投资者的投资活动就显得非常重要。中央银行通过调控货币供应量可以调控利率，而利率变化又会影响到投资水平，进而影响到有效需求。凯恩斯认为，货币供给量是由中央银行决定的，可以当作外在变量来对待，货币供求的均衡又决定着利率水平，因此，中央银行就能通过调节货币供应量进而调节利率对经济的影响。

凯恩斯的流动偏好理论认为，在萧条时期，货币政策的作用是有限的，一方面，由于人们预期利率再不能下降、只能上升，从而人们会只持有货币，货币当局无论增加多少货币，都会被公众强大的流动性偏好所吸纳，货币需求趋于无穷大；另一方面，萧条时期，投资前景暗淡，在利率下降的同时，预期的资本边际效率也在下降，投资仍然不会增加。因此，在这种情况下，货币政策会处于无效状态，必须依靠财政政策启动有效需求，才能达到摆脱萧条的目的。

(4)现代金融发展理论关于金融发展与经济增长的分析。

20 世纪 50～60 年代，在占有统治地位的主张强迫储蓄和国家干预的凯恩斯学派的影响下，大多数发展中国家为实现工业化，在税收等手段相对不足的情况下，都实行了低名义利率政策，人为压低实际利率水平，使金融部门被当作为执行干预政策而进行大量融资的工具，这不可避免地导致金融抑制。金融抑制战略通过压低实际利率、实行信贷配给、对银行存款征收高额准备金、高估本币汇率以及压低国内生产的初级产品价格和劳动力价格、限制储蓄者与投资者的金融交易等手段，造成金融机构的高单位成本和低利润、市场过度的贷款需求以及大量的游离于组织化金融部门之外的地下资金市场，降低了实际经济增长率，也导致各发展中国家经济的病态和金融体系的不健全，从而迫使人们开始反思并真正关注金融在经济中应扮演一个什么样的角色，发挥什么样的作用。

1960年，格利（John G. Gurley）和肖（Edward S. Show）发表了《金融理论中的货币》，首次建立基本模型分析金融在经济中的角色与作用。格利和肖提出了以多种金融资产、多元化的金融机构和完整的金融政策为基本内容的广义货币金融理论。通过建立一个比较完整的关于货币、债务以及经济增长的理论模型，他们提出经济单位之间的储蓄—投资差异是金融制度存在的前提，强调了离开实际经济发展，金融发展是难以理解的基本论断。

1968年，戈德史密斯（Raymond W. Goldsmith）发表了《金融结构与金融发展》，通过相关比率指标将一国经济增长与金融发展进行了结合和数量分析。戈德史密斯的金融发展理论提出了金融相关率，从数量上论证了金融发展与经济增长之间的关系。一国经济发展过程中，金融相关率变动的基本趋势是上升的，但达到一定程度后就会稳定。随着经济和金融的发展，金融结构也发生相应的变化，金融机构发行的间接金融工具的比重会逐渐下降，而非金融机构发行的直接金融工具的比重会逐步上升。戈德史密斯认为，金融上层结构能促进经济增长，改善经济运行。他认为，金融上层结构能通过提高储蓄和投资总水平和有效配置资金，促进经济增长。戈德史密斯的金融发展理论除表明了金融发展与经济发展有着密切的联系外，还分析了发展中国家与发达国家之间在金融发展中存在的明显区别。

1973年，爱德华·肖（Edward S. Shaw）和罗纳德·麦金农（Ronald I. McKinnon）分别发表了《经济发展中的金融深化》和《经济发展中的货币与资本》，提出了金融深化和金融抑制理论，指出金融发展与经济增长之间的相互影响和促进关系。两人详细地分析了发展中国家货币金融的特殊性，提出了发展中国家实行金融深化战略的政策主张。

肖和麦金农认为，发展中国家普遍存在着市场机制不完善、金融市场落后、经济处于割裂状态、政府对金融实行管制、汇率高估等金融压抑的现象。金融压抑（finance suppressing）使得金融机构难以有效地利用闲置资金，难以有效地配置资源，这就形成了经济贫困的恶性循环。因此，摆脱贫困，促使经济发展的合理选择是金融深化（finance deepening）。金融深化的政策要求政府应采取有力措施抑制通胀，解除对利率的控制，实行利率市场化，进行金融体制改革，放松金融管制，取消对汇率的控制等。

随后，在20世纪90年代后出现的斯蒂格利茨的金融约束理论和金融协调理论等，都从金融到底该如何去促进经济发展的角度阐述了金融与经济的关系。如何能够合理地、更好地进行金融改革来促进而不是使经济发生倒退或危机，仍然是一个需在理论和实践中解决的问题。尽管如此，金融发展对经济发展的作用已经得到了广泛的认同。

不管是从历史发展的角度还是从理论研究发展的角度来看，金融发展和经济发展大致有以下的关系：一方面，经济发展决定金融发展。货币的产生、信用的出现、金融机构的出现、金融工具的创新、监管机构的完善等都离不开经济的发展。金融在与整体经济的关系中处于从属地位，金融是为整体经济发展服务的。另一方面，金融对经济的发展具有推动作用，而且经济发展程度越高，金融对经济发展的反作用也就越大。

二、金融压抑

（一）金融压抑的含义

金融压抑理论由美国著名经济学家麦金农首创，在《经济发展中的货币和资本》一书中，麦金农从金融制度绩效的角度强调了金融压抑对经济发展的负面影响。所谓金融压抑，是指市场机制作用没有得到充分发挥的发展中国家所存在的金融管制过多、利率限制、信贷配额以及金融资产单调等现象，表现为利率管制、实行选择性的信贷政策、对金融机构进行严格管理以及人为高估本国汇率、提升本国币值等。

(二)金融压抑的表现

发展中国家与发达国家相比，金融体制较为落后，具体来说，主要有以下几个方面：

(1)发展中国家的金融体系存在着现代金融机构和传统金融机构并存的“二元金融结构”，即以大城市和经济发达地区为中心的以大银行机构为主的现代部门和以落后的农村为中心的以钱庄、当铺、合会为代表的传统金融机构。

(2)发展中国家的金融工具形式单一、规模不大。

(3)发展中国家的金融机构单一，商业银行在金融活动中居于绝对的主导地位，非银行金融机构则极不发达，金融机构的专业化程度极低，金融效率低下。

(4)发展中国家的金融市场处于落后状态，其发展极不平衡。直接融资市场极其落后，并且主要是作为政府融资的工具而存在的，企业的资金来源主要靠自我积累和银行贷款。

(5)由于发展中国家对金融实行较严格的管制，人为维持低利率政策，实行信贷配给和额度控制，为控制外汇资源，高估本国货币的币值，致使金融资产价格严重扭曲，因此无法反映资源的稀缺性。

(三)金融压抑产生的原因

在罗纳德·麦金农和爱德华·肖等人看来，发展中国家存在的金融压抑的状况，一方面是由于发展中国家经济落后的现实，但主要还是由于发展中国家政府所实行的金融压抑的政策。发展中国家政府希望积极推动经济发展，但由于发展中国家的政府财力薄弱、外汇短缺，为了获取资金以实现政府的发展战略，政府不得不采取利率限制、汇率管制、控制信贷方向和规模、金融业准入等手段进行全面的限制和干预。这种压抑性的金融政策主要表现在以下几个方面：

(1)通过规定存贷款利率和实施通货膨胀人为地压低实际利率。为了降低公共部门的融资成本，阻止私有部门同公共部门竞争资金，发展中国家通常以设定存贷款利率上限的方式来压低利率水平；同时，由于发展中国家政府常常不得不依靠宽松的财政和货币政策来弥补巨大的财政赤字，所以通货膨胀率往往居高不下。其结果是，发展中国家的实际利率通常很低，有时甚至是负数。这一结果严重脱离了发展中国家资金稀缺的现实。过低的实际利率使得持有货币(这里指广义货币 M_2)的实际收益十分低下，从而降低了人们对实际货币的需求，金融资产的实际规模也就无法得到发展。

(2)采取信贷配给的方式来分配稀缺的信贷资金。由于利率低下导致储蓄减少、通货膨胀，发展中国家通常面临着巨大的资金短缺，在这种情形下实行选择性或部门性的信贷政策，引导资金流向政府偏好的部门和专业，通常并不具有非常理想的投资收益率，由此导致的一个直接后果是，资金的分配效率十分低下。

(3)对金融机构实施严格的控制。这种控制主要包括以下几个方面：对金融机构实施很高的法定准备金率和流动性要求，以便于政府有效地集中资金；严格限制金融机构的资金流向；严格限制某些种类金融机构的发展；实施金融机构的国有化等。政府倾向于鼓励那些能够从中获取巨大铸币收益的金融机构和金融工具的发展，抑制其他金融机构和金融工具的发展。货币和银行系统往往受到偏爱和保护，因为通过储备要求及强制性的持有政府债券，政府可以无息或低息为公共部门融资。对私有证券因为不便于从中收取铸币税，政府则借助于交易税、印花税及资本利得税等多种形式对其进行抑制。这些控制造成的直接后果是，金融机构的成本高昂、效率低下，金融机构种类单一、专业化程度低。

(4)人为高估本币的汇率。发展中国家为了降低进口机器设备的成本，常常人为地高估本币的汇率，使其严重偏离均衡的汇率水平。但是，这一政策的结果导致发展中国家陷入了更为严重的外汇短缺困境。过高的本币汇率不仅使发展中国家本来就十分低下的产品国际竞争力更弱，而且使进口需求高涨。其结果是，发展中国家不得不实行全面的外汇管制，对稀缺的外汇资源进行行政性分配。

(四)金融压抑对经济发展的影响

金融压抑扭曲了金融资产的价格，这种政策虽然满足了发展中国家政府一时的资金需要，但是，对经济发展来说，危害是相当大的，主要表现在以下几个方面：

(1)利率限制造成了很低的、负数的或不确定的实际存款利率，降低了金融中介机构动员储蓄的能力和为经济提供信贷的能力。低利率使人们更关心现期消费，从而导致储蓄水平降低，较低的储蓄水平使得投资水平也相应降低。政府的资金配给成为政府寻租的重要来源，同时，这种行为导致逆向选择的结果还会降低银行体系的资产质量，降低资源配置的效率。

(2)发展中国家对外汇市场进行管制，由于本币币值高估，出口受到了极大损失，导致外汇资金更加稀缺，国际收支状况恶化。管制外汇还造成外汇市场的供不应求，助长了黑市交易。

(3)政府对银行信贷业务的过分干预，会形成大量不良贷款，一方面降低了金融的效率，另一方面又产生了潜在的金融风险，给金融安全以及宏观经济的稳定带来了隐患。一旦实施金融自由化政策，潜在的金融风险很容易突然转化成现实的金融风暴乃至金融危机。

20世纪70年代以来，一些经济学家对金融压抑的负效应做了大量的实证研究，他们通过分析金融压抑对储蓄和产出增长的短期和长期影响发现，金融压抑对储蓄率、投资率、出口和产出增长都有显著的抑制效应。

第三节　金融自由化

20世纪70年代中期以来，金融自由化(financial liberalization)浪潮席卷全球，成为西方发达国家金融创新的主流。许多新兴市场经济国家也加入了这个行列。随着金融市场化与经济全球化的发展，以金融自由化为主要手段的金融改革步伐必将加快。

一、金融自由化的内容

金融自由化理论是美国经济学家罗纳德·麦金农和爱德华·肖在20世纪70年代，针对当时发展中国家普遍存在的金融市场不完全、资本市场严重扭曲和患有政府对金融的“干预综合症”现象，及其对经济发展的影响状况首次提出的。他们严密地论证了金融深化与储蓄、就业与经济增长的正向关系，深刻地指出金融压抑的危害，认为发展中国家经济欠发达是因为存在着金融压抑现象，因此，主张发展中国家以金融自由化的方式实现金融深化，促进经济增长。

金融自由化改革的核心内容主要体现在以下几个方面：

(一)放松利率管制

由政府维持的官定利率人为地造成了资金供求的均衡价格与官定价格之间存在着巨大的差距。由于官定利率大大低于潜在起作用的供求均衡利率，因此，在信贷分配上出现了大量的官商勾结、以权谋私等问题。为了消除这一弊病，不少发展中国家解除了对利率的管制，更多的国家则对利率采取了较为灵活的管理方式。

(二)缩减指导性信贷计划

在实施金融自由化之前,许多发展中国家的政府都对信贷分配实施指导性计划管理。在政府影响力较强的国家中,这些所谓的“指导性信贷计划”实际上起着指令性计划的作用。这种对金融活动的人为干预,效果大多不理想。因此,许多发展中国家在20世纪70年代中期缩减了指导性信贷计划。其中,阿根廷、智利和乌拉圭三国完全取消了指导性信贷计划。

(三)减少金融机构的审批限制,促进金融同业竞争

在发展中国家,一方面是金融机构数量不足,另一方面存在着本国和外国银行登记注册中的障碍。金融行业设立过于严格的门槛,势必产生金融垄断现象,以至于派生不合理信贷分配和僵化的利率,这些都会造成金融运行的低效。许多发展中国家的政府认识到了这一点,从而将减少进入金融行业的障碍作为金融改革的一个重要内容,促进了金融同业的竞争。

(四)发行直接融资工具,活跃证券市场

在放开利率管制、鼓励金融机构间竞争的同时,实行金融自由化的国家无不积极发展证券市场。其具体内容是:增加可流通金融工具的发行数量,培育证券一级市场和二级市场,完善有关的证券管理法规,适时对外开放证券市场。

(五)放松对汇率和资本流动的限制

相对于其他金融自由化措施而言,汇率和资本账户的开放进度要缓慢得多。由于发展中国家管制汇率往往高估本国货币,一旦放开,可能出现本币的大幅度贬值,在进口依赖较强的国家会引发严重的通货膨胀。因此,不少国家对汇率的放松持相对谨慎的态度。一般采用的是分阶段、逐步放开的方法。开放资本账户就是实现资本项目的可兑换。据国际货币基金组织统计,实现经常项目下货币自由兑换成员国的数目,1970年只有35个,占国际货币基金组织成员国总数的30%,到1997年初增加到137个,相应比重提高到76%。而所有工业化国家在1995年初就都实现了资本项目下的货币自由兑换。

二、金融自由化对经济增长的促进作用

爱德华·肖和麦金农对金融自由化促进经济增长分别提出了各自的理论说明。

(一)爱德华·肖关于金融自由化对经济增长作用的理论分析

爱德华·肖认为,以取消利率和汇率为主的金融自由化政策会给经济增长带来一系列的正面效应。

1. 储蓄效应

取消利率管制后,随着储蓄实际收益率(实际利率)的上升,以及金融资产的多元化,私人部门储蓄的积极性将提高,将使国内私人储蓄率上升。国内利率高于国际金融市场利率,在放松资本管制的条件下,还会吸引大量的外资流入,使国外部门的储蓄增加。

2. 投资效应

取消利率管制后,利率将作为一种有效的相对价格引导着资源的配置。随着储蓄效应和金融中介的发展,投资规模和投资准备效率都将提高。一方面,金融中介的发展使得企业能在更大的范围内更方便地获得融资;另一方面,实施金融自由化后,政府对资金的行政性分配减少,信贷资金更多地流向高收益的投资项目,使社会的投资效率得到提高。

3. 就业效应

落后经济中的失业,在某种程度上是金融压抑的结果。由低利率造成的低储蓄本来就不

能为生产提供足够的资金。更为糟糕的是，由于利率的人为压低，这些与劳动力相比本来就十分稀缺的资金往往又被大量投资于资本密集型产业，从而使失业状况更为严重。而金融自由化则有助于缓解这一状况。

4. 收入分配效应

金融自由化及相关的政策有助于促进收入分配的公平。金融自由化可以通过提高就业率而增加工资收入的份额，还会减少拥有特权的少数进口商、银行借款者和资源消费者的垄断收入。此外，金融自由化带来的资本积累还有助于改变落后经济中普遍存在的以压低农产品的形式进行的对农民的变相剥夺。所以对于许多发展中国家而言，这种剥夺往往是积累工业化所需资本的重要方式。

5. 稳定效应

金融自由化还有利于就业和产出的稳定增长。原因之一，通过采取适宜的金融自由化政策，国内储蓄流量和国际收支状况都可以得到改善，从而经济对国际贸易、国际信贷和国际援助等方面的波动就可以有较强的承受能力。原因之二，由于金融自由化导致储蓄增加，有利于改善财政收支，减少财政对通货膨胀税的过度信赖，从而使稳定的货币政策成为可能。

6. 减少因政府干预带来的效率损失和贪污腐化

在利率管制和汇率管制的条件下，常常伴有信贷和外汇的配给政策，这些繁杂的政策管理措施一方面效率低下，另一方面为政府实权部门的贪污腐败创造了条件。取消各项管制的金融自由化政策有利于铲除腐败的部分根源。

(二)麦金农关于金融自由化对经济增长作用的理论分析

麦金农从金融自由化的导管效应和替代效应来解释金融自由化对经济增长的促进作用。

1. 货币与实物资本的互补性假说及发展中国家的货币需求函数

传统理论认为，货币和实物资本作为两种不同的财富持有形式，是相互竞争的替代品。而麦金农根据以下两个假设前提提出了货币与实物资本的互补性假说：(1)发展中国家的金融市场不发达，所有经济单位都必须依靠自我积累来筹集投资所需的资金，即所有的经济单位只限于内源融资；(2)投资具有不可分割性，因为投资必须达到一定规模后才能获得收益，所以投资者必须是在具备相应规模的资源以后才进行一次性的投资，而不可能进行零星的、不连续的投资。

在经济单位仅限于内源融资的前提下，投资的不可分割性使得潜在的投资者必须为其投资积累足够的资金余额。因此，对实物资本需求越高的经济主体，其货币需求也越大。在此情况下，货币和实物资本就是互补品，而不是传统理论中所说的替代品。

2. 发展中国家的货币需求函数

根据货币与实物资本的互补性假说，麦金农提出了以下适用于欠发达国家的货币需求函数：

$$M_D/P=L(Y,I/Y,d-\pi^e)$$

其中，M_D/P 为实际货币需求，M 为名义货币存量(指广义货币，包括定期存款、储蓄存款、活期存款及流通中的通货等)，P 为价格水平，Y 代表收入，I 为投资，I/Y 为投资占收入的比，d 为各类存款利率的加权平均数，π^e 为预期的未来通货膨胀率，$d-\pi^e$ 为货币的实际收益率。

在解释变量中，I/Y 与实际货币需求是正相关关系，这一关系体现了发展中国家货币与实物资本的互补性假说。因为在经济相对落后的发展中国家，资本市场比较落后，间接融资机能也比较薄弱。因此，众多的小企业要进行投资和技术改造，只有通过内源融资，即依靠自身积累资金的办法来解决。在投资不可细分的情况下，投资者在投资前必须积累很大一部分资金。计划投资规模越大，所需积累的实际资金余额就越多。因此，I/Y 对货币需求不仅影响大，而且是正相关关系。

麦金农着重强调货币存款的实际收益率 $d-\pi^e$，认为它与货币需求存在正相关关系。这是因为，由于发展中国家普遍存在利率压制和通货膨胀，在严重的利率压制和通货膨胀的情况下，货币存款的实际利率 $d-\pi^e$ 往往为负数，这制约了货币需求，当然也就制约了金融部门的发展；如果采取适当的金融自由化政策，使货币存款的实际利率 $d-\pi^e$ 提高并转为正值，持有货币的实际收益转为正值，就会引致实际货币积累的不断增长，货币需求增加。

3. 金融自由化的导管效应和替代效应

麦金农不但从货币和实物资本的互补性提出了发展中国家的货币需求函数，而且还得出了投资和存款货币的实际利率在一定条件下呈正相关关系的结论，其函数表达式为：

$$I/Y=f(r,d-\pi^e)$$

其中，r 为实物资本的平均回报率，它与投资需求呈正相关，这与传统理论没有什么不同，而且货币存款的实际利率 $d-\pi^e$ 也可能对投资有正向的影响。

当存款货币的实际利率低于投资的实际回报率 r 时，由于货币需求 M_2 与货币存款的实际利率呈正相关，实际利率的上升增强了人们以货币的形式进行内部储蓄的意愿。在投资不可细分的假设下，内部储蓄的增加，导致内源融资型投资上升。麦金农将货币存款的实际利率对投资的这种正向影响称作货币的"导管效应"——货币在一定条件下是资本积累的一个导管，而不是实物资本的替代资产。

不过，当货币存款的实际利率超过实物资本的平均回报率 r 后，经济主体将持有货币，而不愿进行投资，货币与实物资本之间传统的"资产替代效应"依然存在。在货币存款的实际利率 $d-\pi^e$ 较低时，导管效应比较明显，因而投资将随实际利率的上升而增加；但是当货币存款的实际利率上升到超过实物资本的平均回报率 r 的水平后，资产替代效应将超过导管效应而居于主导地位，此时投资将随着利率的上升而减少。

麦金农用图 12－1 表示货币存款的实际利率与投资的这种关系：

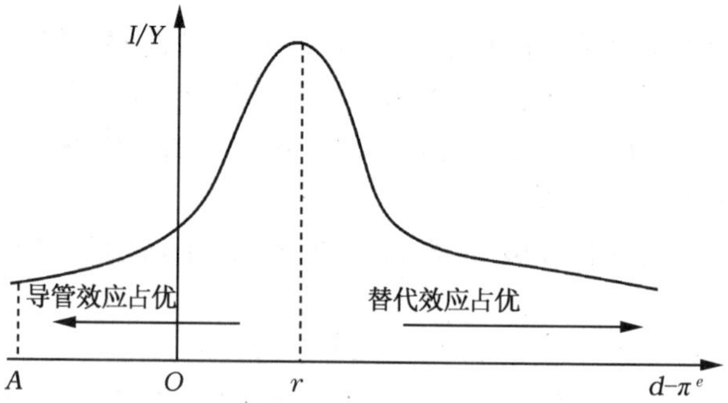

图 12－1　发展中国家货币的导管效应与资产替代效应的关系

假设某发展中国家处于金融压抑状态，由于人为压低利率与通货膨胀并存，实际利率为负，在图 12－1 中用 A 点表示，那么，通过实施适当的金融自由化政策，存款的实际利率提高，在小于实物资本平均回报率 r 的范围内，导管效应发挥作用，投资将增加。显然，如果存款实际利率超过了实物资本的平均回报率 r，货币的替代效应将发挥作用，投资反而下降。

上述爱德华·肖和麦金农的金融深化理论基本上可以视为互相补充而不是对立的。两种理论从不同侧面揭示了金融深化对经济增长的促进作用，政策结论是相同的，那就是发展中国家应采取促进金融深化的金融自由化政策，减少政府干预。这一观点在一定程度上促成了开始于20世纪70年代中期，并且在20世纪80年代发展成为一股强劲浪潮的发展中国家的金融自由化改革。不过，除了发展中国家之外，发达国家也一直在进行金融自由化以减少对金融业的管制。

三、发展中国家的金融自由化改革及经验教训

20世纪70年代以来，发达国家和新兴市场国家因循金融自由化理论的思路，先后进行了金融自由化改革，形成了两种全球性的、影响深远的金融制度变迁现象。发展中国家的金融自由化改革有如下几个典型。

(一)拉美国家的金融自由化

20世纪70年代以来，以拉美国家为代表的发展中国家首先进行了以金融自由化为核心的金融体制改革。拉美国家在传统上受新自由主义的影响较深，尤其是美国和国际货币基金组织在拉美国家改革中发挥着重要的影响。拉美国家多年来曾一直是美国推行新自由主义的试验场，其金融自由化具有典型的激进特征。拉美有过两次引人注目的金融自由化：第一次始于20世纪70年代中期，80年代初债务危机爆发后逐渐趋于停顿；第二次始于20世纪80年代末，90年代上半期达到高潮。

拉美国家的金融自由化首先是在智利、阿根廷和乌拉圭等国家进行的。在第二次世界大战后至20世纪70年代中期，这些国家的经济普遍落后于其他拉美国家，人均收入年均增长率仅为1.5%，其他拉美国家则为3.4%。20世纪70年代中期，它们在拉美地区GNP中所占的比重从1/3下降到不足1/4。它们实施的第一次金融自由化主要包括：(1)实行利率市场化；(2)取消定向贷款；(3)降低银行储备金比率。在实施中，上述措施的积极成效和消极影响都非常突出：第一，金融中介在国民经济中的地位大幅度上升，储蓄和信贷迅速增加；第二，资本流入量(包括外债)增长幅度很大；第三，利率快速上升，如在1975～1981年期间，智利的实际利率高达41%；第四，资产价格欠稳定；第五，由于政府放松了对金融机构的管制，越来越多的金融机构从事高风险的金融业务。

拉美的第二次金融自由化始于20世纪80年代末或90年代初。金融自由化改革是该地区经济改革的重要组成部分。与第一次金融自由化相比，第二次金融自由化具有以下两个特点：第一，实施金融自由化的国家不再限于少数，而是几乎遍布整个拉美大陆，只有海地、巴拿马和苏里南三国很少或没有采取金融自由化措施；第二，除放松利率管制、取消定向贷款和降低银行储备金比率等措施以外，第二次金融自由化还采取了对国有银行实施私有化、积极引进外国银行的参与及加强中央银行的独立性等措施。

拉美国家实施的金融自由化在一定程度上缓解了“金融抑制”。此外，它还使拉美国家吸引了大量外资，并增强了金融机构为投资项目融资的能力。但是，金融自由化在推动“金融深化”的过程中也加重了银行部门的脆弱性。在改革以前，由于政府对利率和信贷配置施加影响，本国的银行常常难以对长期信贷风险作出评估。当大量外资的流入导致信贷的供给增加时，银行的风险也随之扩大。如果这些国家借的是外国货币，那么问题会变得更加严重，因为资本流向的逆转会造成货币贬值，从而使债务负担变得更加沉重。国际货币基金组织的研究也表明，金融自由化与银行危机的频繁爆发有着十分密切的关系。20世纪80年代以来，拉美

的确发生了多次银行危机。拉美银行危机的根源当然是多方面的，但就拉美国家遇到的大多数银行危机而言，政府在实施金融自由化后对银行部门放松监管无疑是最重要的根源之一。

拉美国家金融自由化的教训是：(1)在缺乏监管或监管不力的情况下实施金融自由化，会产生许多严重的不良后果；(2)在实施金融自由化的过程中，有必要控制银行的放贷规模；(3)在实施金融自由化的过程中不能单纯追求利率市场化；(4)由于银行在一个国家的金融体系中占据着举足轻重的地位，因此，在金融自由化的过程中对银行加强监管更为必要。

(二)东南亚国家的金融自由化

与拉美国家不同的是，东南亚国家的金融自由化进程要平缓得多，除了个别国家，东南亚国家的金融自由化主要采取渐进式的自由化战略。相对于拉美国家，东南亚国家的金融改革起步较晚，成效较为显著，曾被誉为一个成功的范例，但终因一些国家改革进程过快和政策失误而陷入严重的金融危机中。第二次世界大战后，东南亚五国的金融发展与改革大致经历了三个时期，即20世纪50～60年代政府主导型金融，60年代末70年代初新加坡、马来西亚的金融改革，以及80年代以来泰国、印度尼西亚和菲律宾的金融改革。尽管东南亚五国金融自由化的具体措施略有不同，但各国金融自由化改革均以放宽政府管制、开放金融市场、加速金融国际化为特征。

从金融自由化的内容来看，东南亚国家金融制度的演进大致经历了如下六个阶段：(1)逐步放松了对利率的控制；(2)为加强金融领域的竞争，取消了一些金融领域的准入限制；(3)减少了政府对金融机构包括银行和非银行金融机构的干预，在日常经营和资产管理方面给予这些机构更多的自主权；(4)改变了传统的金融分业经营方式，使金融机构向综合化方向发展；(5)放松了对外汇交易的限制；(6)使资本跨国流动更加自由。

经过金融自由化改革，东南亚五国的货币化程度、金融资产相关率均达到了相当的水平，金融机构与金融市场也发生了一系列变化：(1)经历金融改革之后，东南亚五国的货币化过程加速发展，广义货币(M_2)增长率大大超过国内生产总值增长率与通货膨胀率之和。(2)在金融自由化改革之后，各国金融资产的规模迅速扩大，金融相关率不断提高。金融相关率(金融资产总额/GDP)的快速上升，反映了金融部门资产规模的扩大快于国内经济的增长。东南亚五国的银行资产和债券等金融资产占GDP的比重，有些已接近或超过中国香港和韩国，甚至与英、美、日、德等发达国家相当。(3)各国储蓄率和投资率普遍大幅提高。进入20世纪90年代，除菲律宾以外的其他四个国家的国内储蓄率和投资率一直维持在30%～40%的高水平，因而国内呈现旺盛的投资需求。(4)在金融自由化改革中，中央银行放弃了一些直接干预和参与金融领域的活动，注重推行市场导向的货币金融政策。一些国家中央银行资产的增长大大低于银行和非银行金融机构资产的增长，从而使中央银行的资产比重趋于下降。随着各国普遍放宽对商业银行利率、信贷规模以及经营范围的限制，商业银行得到较快的发展，成为国家金融机构的主体。近十多年来，东南亚国家的非银行金融机构有了较快的发展。(5)东南亚国家的货币市场、资本市场和衍生工具市场等金融市场有了飞速发展。

东南亚国家自20世纪70年代末80年代初开始实施金融自由化改革。尽管从当时各国经济发展的背景看，实施自由化改革是必要的，是符合国际金融业发展趋势的。但是，随着各国经济逐渐步入转型期，一些国家金融改革与经济转型不相适应，金融自由化进程过快，金融改革政策失误，终于酿成严重的金融危机。东南亚金融自由化的改革和金融危机的爆发，为发展中国家的金融发展与改革敲响了警钟。

东南亚国家金融自由化的教训，总结起来主要有以下几点：第一，对金融自由化缺乏足够的准备，在国内宏观经济不够稳定的情况下，仓促实施自由化改革措施。国内宏观经济不稳定曾使菲律宾、泰国的金融自由化进程在20世纪80年代期间几度中断，是阻碍市场机制正常运行、影响东盟国家金融改革措施顺利实施的主要因素。第二，国内金融制度与监管体系不健全。随着金融自由化改革的开展，除新加坡外，其他国家的商业银行与非银行金融机构迅速发展，而中央银行的调控能力降低。尤其是泰国和印度尼西亚中央银行的资产增长率要比商业银行和非银行金融机构低得多，因而中央银行直接控制和管理的金融资产不断下降，直接削弱了中央银行的调控能力。在中央银行缺乏有效金融监管的条件下，商业银行与非银行金融机构急剧扩展使金融运行风险大大增加。第三，金融市场过度开放导致国际短期资本大量涌入。20世纪80年代中期以后，东南亚国家放宽金融管制，包括取消外汇管制、提高外资在上市公司的持股比例、放松外资银行准入条件等，加快了国内金融市场的对外开放，促使外国资本大量涌入。20世纪80年代下半期，外国资本的流入以直接投资形式为主。但到90年代初，以短期借贷和证券投资形式为主的外国资本大量增加。由于国内金融市场尚不规范，政府缺乏有效的监管措施，这些国际短期资本流动性大、投机性强，易于对国内金融市场带来较大的冲击。第四，自由化改革的注意力主要集中在利率自由化的改革上，忽视了利率的市场化改革要受到平均利润水平等因素的制约。第五，金融自由化缺乏一系列相互配套的改革。从东南亚国家金融自由化的过程看，金融改革措施与非金融政策改革的不配套主要表现在：国内金融市场开放与中央银行调控能力不适应，放宽银行金融机构限制与加强金融风险管理相脱节，汇率与利率政策调整滞后于资本项目开放，银行自由化改革与国有企业私有化不同步等。这些缺乏系统性的金融改革措施，不仅降低了金融改革的成效，而且更易于引起金融动荡。

(三)中国的金融自由化

中国的金融自由化进程应该是从1992年正式开始的。

1. 利率自由化改革

在利率自由化方面，1993年《关于建立社会主义市场经济体制改革若干问题的决定》和《国务院关于金融体制改革的决定》最先明确利率市场化改革的基本思路。1995年《中国人民银行关于"九五"期间深化利率改革的方案》初步提出了利率市场化改革的基本思路。1996年6月1日，放开银行间同业拆借市场利率，实现由拆借双方根据市场资金供求自主确定拆借利率。1997年6月，银行间债券市场正式启动，同时放开了债券市场债券回购和债券交易利率。1998年3月，改革再贴现利率及贴现利率的生成机制，放开了贴现和转贴现利率。1998年9月放开了政策性银行金融债券市场化发行利率。1999年成功实现了国债在银行间债券市场利率的招标发行。1999年10月，对保险公司大额定期存款实行协议利率。2000年9月21日，实行外汇利率管理体制改革，放开了外币贷款利率。2002年3月21日，在全国8个县、市农村信用社进行利率自由化改革试点。2002年3月，将境内外金融机构对中国居民的小额外币存款纳入中国人民银行现行小额外币存款利率管理范围，实现中资和外资金融机构在外币利率政策上的公平待遇，统一中、外资外币利率管理政策。2003年7月，放开了英镑、瑞士法郎和加拿大元的外币小额存款利率管理，由商业银行自主确定。2003年11月，对美元、日元、港币、欧元小额存款利率实行上限管理，商业银行可根据国际金融市场利率的变化，在不超过上限的前提下自主确定。2003年11月，商业银行、农村信用社可以开办邮政储蓄协议存款。2004年1月1日，人民银行再次扩大金融机构贷款利率浮动区间。从2004年10月29日起，上调金融机构存贷款基准利率，并放宽人民币贷款利率浮动区间和允许人民币存款利率下浮。

自2004年11月18日起，上调境内商业银行美元小额外币存款利率上限。2006年8月和2008年10月，央行将商业性个人住房贷款利率下限分别下调到基准利率的0.85倍和0.7倍。2012年6月和7月，贷款利率下浮区间分别扩大至基准利率的0.8倍和0.7倍。2013年7月20日，央行取消金融机构贷款利率0.7倍的下限（个人住房贷款暂不调整），由金融机构根据商业原则自主确定贷款利率水平，贷款利率实现市场化。2015年10月24日起降息降准，加大金融支持实体经济力度自然引起市场高度关注，同时宣布放开存款利率浮动上限。

2. 金融业务与机构准入自由化改革

在金融业务与机构准入自由化方面，中国人民银行在1999年8月颁布了《证券公司进入银行间同业市场管理规定》和《基金管理公司进入银行间同业市场管理规定》，允许符合条件的券商和基金管理公司进入银行间同业市场，从事同业拆借和债券回购业务；中国证监会和保监会在1999年10月同意保险基金进入股票市场；2001年7月，人民银行发布实施《商业银行中间业务暂行规定》，明确商业银行在经过人民银行批准以后，可开办代理证券业务、金融衍生业务、投资基金托管、财务顾问等投资银行业务以及代理保险业务。以上规章的颁布，表明中国金融业开始了混业经营。

3. 资本账户自由化

在资本账户自由化方面，中国在1994年成功实现了汇率并轨。1996年12月1日，中国接受《国际货币基金组织协定》第八条的有关义务，实现人民币经常项目可自由兑换。根据中国加入WTO的承诺，境内的银行业、保险业等金融产业将在3～5年内逐步实现基本对外开放，证券业、信托业等金融产业也将加快对外开放的步伐。这些开放必然伴随着大量的资本流动，由此对资本账户开放提出了更加迫切的要求。同时，随着加入WTO后贸易自由化和投资自由化的推进，对资本账户自由化提出了更高的开放要求。目前，中国境内的资本账户实行的是一种“名紧而实松”的管制，即尽管在名义上对资本账户中的许多子项目仍然保持较为严格的管制，但在实践中，资本账户下的大部分子项目已有相当程度的开放。中国目前对资本流动实行非对称性的管制，长期的资本流入相对自由，而严格限制资本流出和短期资本的流入。目前，中国已成为发展中国家中最大的资本流入国，吸收的直接投资仅次于美国。2015年1～12月，全国实际使用外资7 813.5亿美元。12月当月，全国实际使用外资770.2亿美元，同比下降5.8%。在资本流出方面，尽管有法律上的严格管制，但仍有大量资本以各种方式外逃。因此，中国资本管制的效能整体上已弱化，资本账户事实上已经相当开放。

总体来说，发展中国家金融自由化改革的进展状况是相当不平衡的。在已经进行的改革中，既有成功的经验，也有失败的教训。世界银行《1989年世界发展报告》总结的主要教训有以下几点：

（1）以金融自由化为基本内容的改革一定要有稳定的宏观经济背景。在那些宏观经济不稳定的国家中，实行金融自由化政策，高的通货膨胀容易导致高利率和实际汇率大幅度波动，从而使得资金出现不规则流动，进而引起许多企业和银行破产。只有首先创造稳定的宏观经济环境，金融改革才能避免上述种种经济不安定状况的出现。

（2）金融自由化改革必须与价格改革或自由定价机制相配合。假如一国的价格仍然是保护价格或管制价格，在这种价格信号扭曲的条件下实行金融自由化，资金流动就会被错误的价格信号所误导，结果出现新的资源配置结构失调。

（3）金融自由化改革并不是要完全取消政府的直接干预，而是改变直接干预的方式。具体来说，就是要以法律和规章的干预取代人为的行政干预。从一些发展中国家金融改革的经验看，改革的一项主要内容就是放松对金融体系的管制。但在放松管制的过程中若不注意建立一套适合本国国情的谨慎的管理制度，就会在信贷的分配方面出现失控或营私舞弊等现象，情况严重时致使许多银行丧失清偿能力并面临破产危险。

(4)政府当局在推行金融自由化改革和价格政策时，必须先判断出相对价格变动对不同集团利益的影响，并出于公平原则和政治均衡要求的考虑，适当采用经济补偿手段。金融自由化措施实行后，利率和汇率变动会引起各行业和企业集团利益关系的变动。这种相对价格和利益的调整从长期来看是完全必要的，政府当局应该采取一些可行的过渡性措施，以减轻社会动荡。

四、金融自由化和金融危机

(一)金融脆弱性

狭义的金融脆弱性是指高负债经营的行业特点决定的金融业具有容易失败的特性。广义的金融脆弱性则是泛指一切融资领域——包括金融机构融资和金融市场融资——中的风险积聚。金融脆弱性与金融风险意义相近，但着重点不同。金融风险是指潜在损失的可能性；金融脆弱性则是指风险积聚所形成的状态——与稳定、坚固、不易受到破坏、摧毁相对的状态。

金融脆弱性和金融危机是相联系的，但不等同。金融脆弱性表明金融已经具有不稳定性，但还不等于金融危机。金融脆弱性的积累是金融危机爆发的必然条件，但不是充分条件。金融体系越脆弱，金融危机爆发的可能性越高。一般来说，某些突发的金融事件往往会形成导火线，使金融的脆弱性得以外显形成金融危机。

(二)金融自由化与金融脆弱性

许多研究表明，金融自由化会增加金融脆弱性。当一个国家由金融压制状态转向金融自由状态时，金融脆弱问题就会显得十分突出。

1. 利率自由化与金融脆弱

(1)存款利率自由化后，银行之间吸收存款的竞争抬高了存款利率，如果贷款利率没有上升相同的幅度，存贷款利差会缩小，会削弱银行的赢利能力。

(2)长期的利率压抑放开之后，贷款利率也会提高，由于“逆向选择”，高风险项目成为银行的贷款对象，而银行为了增加盈利，也会将资金投向房地产、证券等高风险行业，这就增加了银行的风险。

(3)在利率水平上升的同时，利率的波动性也在增大，而习惯了稳定利率的银行由于缺乏相应规避风险的措施，金融风险会进一步加大。

2. 资本自由流动与金融脆弱

发展中国家在金融自由化的改革中都在一定程度上放开了对资本流动的管制，但是出于多种考虑，又大多采取与美元挂钩的汇率制度。钉住美元的汇率政策要求政府将本国货币对美元的汇率保持在一个相对窄的范围内波动。当出现外部冲击时，政府必须动用外汇储备以维持汇率稳定。发展中国家为了加快经济的发展，均采取设法引进外资的方式，包括提高资本市场对外开放的程度，减少对国际流动资本的限制等。但是，一旦由于某种原因使国际游资大规模撤离，就会给政府维持盯住汇率制度造成很大困难。在这种时候，政府要么放弃原有的汇率制度，任其自由浮动，要么重新实行资本管制。无论采用哪种方法，都会给本国经济的稳定增长和利用外资造成不良的影响。

3. 放松金融机构业务范围与金融脆弱

放松金融机构业务范围，就是金融业突破分业经营管理体制，走向混业经营。最突出的就是银行业和证券业的融合。银行业参与证券经营，一旦股市崩盘，银行就会负债累累，而银行的主要债权人是存款者，在这种情况下，如果银行出现倒闭，对社会经济的影响将非常严重。

银行投资房地产业也有同样的问题。房地产市场的崩盘，会导致银行的投资和信贷难以收回，对银行的影响同样很大。

金融业的混业经营还会导致金融机构的同质化，货币的创造主体多元化，使得传统的货币控制方法失效，大大降低了中央银行控制货币的能力；同时，对金融业进行监督管理的难度也随之加大，这些都增加了金融的风险性。

4. 放松机构准入与金融脆弱

放松机构准入包括放宽内资和外资两个部分。放松金融机构的准入会加剧金融业的竞争，降低金融业的进入壁垒，使银行执照的特许权价值降低，银行管理风险的动力也相应降低。如果在金融自由化过程中缺乏足够的谨慎监管和监督措施，银行就可能通过各种途径从事高风险业务，从而加大金融体系的潜在风险。

5. 银行不良资产与金融脆弱

发展中国家甚至一些发达国家，由于政府长期实行对银行信贷业务的行政干预，形成了大量不良贷款，这些不良资产的存在大大降低了银行抵御风险的能力。在政府的保护措施下，对银行流动性的威胁是潜在的，但一旦实行银行私有化，问题暴露，潜在的金融风险很容易会突然转化成现实的金融风暴乃至金融危机。

美国的次贷危机

美国次贷危机(subprime crisis)又称次级房贷危机，也译为次债危机。它是指一场发生在美国，因次级抵押贷款机构破产、投资基金被迫关闭、股市剧烈震荡引起的金融风暴。

(一)次贷危机与资产证券化

所谓次贷，是指美国房贷机构针对收入较低、信用记录较差的人群专门设计出的一种特别的房贷。相对于风险较低的“优质”贷款而言，这类贷款人的还贷违约风险较大，因此被称为“次贷”。

2001～2005年，美国房市在长达5年的时间里保持繁荣，这也刺激了抵押贷款机构超常规发展的欲望。受利益的驱动，一些银行等放贷机构纷纷降低贷款标准，使得大量收入较低、信用记录较差的人加入了贷款购房者的行列，成为所谓的“次贷购房者”。

2005年8月，美国房价达到历史最高点，此后美国不少地区房价开始回落。到2006年，房价上涨势头停滞，房市开始大幅降温。房价下跌使购房者难以将房屋出售或者通过抵押获得融资。

与此同时，美联储为抑制通货膨胀而持续加息，加重了购房者的还贷负担。在截至2006年6月的两年时间里，美联储连续17次提息，利率先后提升了4.25个百分点。

由此，出现了大批“次贷购房者”无力按期偿还贷款的局面，次贷危机开始显现并呈愈演愈烈之势。

2007年6月7日，美国第五大投资银行贝尔斯登宣布旗下两只基金停止赎回。惊恐、疑惑的投资者很快发现，这两只基金持有大量与次贷有关的证券。

在美国，个人向银行等放贷机构申请住房抵押贷款，放贷机构再将住房抵押贷款作为一种资产“卖给”房利美和房地美等机构。后者将各种住房抵押贷款打包成“资产支持证券”，经由标准普尔等评级公司评级，然后再出售给保险公司、养老金、对冲基金等投资者。这个过程被称为“资产证券化”。

资产证券化是近十年来世界金融领域里最重大和发展最迅速的金融创新和金融工具。资产证券化就是把缺乏流动性但具有预期未来稳定现金流的资产汇集起来，形成一个“资产池”，通过结构性重组，将其转变为可以在金融市场上出售和流通的证券，据以融资的过程。证券化的实质是融资者将被证券化的资产的未来现金流收益权转移给投资者，而金融资产的所有权可以转让，也可以不转让。广义上的资产证券化包括一级证券化和二级证券化。一级证券化是指在资本市场上和货币市场上通过发行证券来融资，所使用的金融工具包括商业票据、企业债券和股票。现在资本市场上所称的资产证券化是指二级证券化，是指将已经存在的贷款或应收账款等转化为所称的可流动的转让工具的过程。例如，将批量贷款进行证券化销售，或者将小额非市场化但是信用质量相异的资产进行结构性重组，汇集组合成“资产池”，重新包装为具有流动性的债务证券。目前较为成熟和规范的是抵押贷款担保证券（mortgage-backed securities，MBS）和非抵押资产担保证券（asset-backed securities，ABS）。前者是由住宅抵押支持的证券化，后者是由除住宅抵押之外的一切债券支持的证券化。资产证券化已成为美国仅次于联邦政府债券的第二大市场，也是美国资本市场上最重要的融资工具之一。

在美国住房市场的繁荣时期，上述过程运转流畅，购房者、放贷机构、负责打包资产支持证券的投资银行和购买这部分证券的投资者，各取所需，皆大欢喜。但这场在美国住房市场泡沫中形成的投机盛宴注定不能长久。随着越来越多的次贷购房者无力偿还贷款，损失开始弥漫，最终波及持有次贷的各类投资者。

2007 年 8 月，美国次贷危机全面爆发。这场危机始于美国房市泡沫破裂，并随房市继续向下探底而呈逐步升级和扩散之势。2008 年 9 月，随着房利美和房地美被强行“国有化”，雷曼兄弟无奈破产，高盛、摩根士丹利变身转型，美国最大储蓄银行华盛顿互惠银行被收购，次贷危机引发了新一轮的全球金融动荡。

（二）美国的次贷危机到底应归罪于谁

美国为什么会有次贷危机？美国的次贷危机为什么会愈演愈烈？其根源就是房地产泡沫所导致的。事件的起因是美国“9·11”事件及纳斯达克股市泡沫破灭之后，美联储为了减少这些事件对美国经济的冲击、防止美国经济衰退而采取完全宽松的货币政策，在短期内把美国联邦基准利率由 6.5 厘下降到 1 厘的历史最低水平。持续的低利率政策向市场注入了太多的流动性，导致全球范围内的美元流动性过剩，为次贷危机埋下了伏笔。

在次贷危机过程中，每一个环节看上去都有其合理性及正当性，但是实际上，每一个环节都在放大风险与聚集风险。首先，从政府来看，美国政府指望通过房地产来带动建筑、建材等相关行业的快速增长，促进经济复苏，对房地产金融实行优惠政策，尤其是向低收入家庭和少数种族家庭倾斜。在政府的“纵容”之下，房地产商、信贷机构、评级机构、投资者都过度投机，造成房地产泡沫持续膨胀。同时，在对金融创新与金融监管的平衡上，政府部门对金融创新监管的滞后，使得无法对新的金融工具及产品进行有效监管，金融创新工具的风险越来越大。

美国房地产市场泡沫膨胀的速度为什么这么快？为什么这些次贷产品令金融危机急剧恶化？其主要原因就在于金融衍生品市场的失控。由于美国金融衍生品市场非常发达，次级抵押贷款的债权通过衍生品市场的放大机制，市场交易规模被成倍放大，参与信用交易的交易商也遍布全世界，并且购买了 ABS、债务抵押证（CDO）、信用违约掉期（CDS）以及合成 CDO 等金融衍生产品的对冲基金、商业银行、保险公司、投资公司等机构投资者普遍使用了高倍杠杆进行投资。由于这些衍生品与房地产的价格相互作用，房价越高，衍生品交易量就越大，风险也最终聚积，足以毁灭整个市场。但是当房价下跌，房贷成为负资产时，与之相关的证券化产品迅速被市场抛弃，整个证券化产品链条断裂，从而引起市场恐慌性抛售，次贷等产品流动性急剧枯竭及价格急速下跌。持有这些证券化产品的金融机构就在这种情况下崩塌了。

更值得深思的是，金融危机的平息并不能完全防止实体经济的衰退。根据美国商务部公布的数据，美国2008年第三季度GDP增长率为－0.3%。这是自2001年第三季度GDP增长1.4%以来的最差纪录，其中消费者支出总额增长－3.1%，创下了1980年以来的最低纪录。由于次贷危机及其引发的全球性金融危机是第二次世界大战以来最严重的金融危机，在随后2～3年的时间内，全球经济特别是美国和欧盟等西方发达国家的经济仍处在小幅度的萧条之中。

总之，美国次贷危机是在金融市场日益全球化、金融衍生品市场获得巨大发展的背景下发生的。次贷危机的爆发和在全球的蔓延警示人们，在全球经济、金融体系联动性不断增强的背景下，风险在金融市场各个子系统之间以及国际金融市场之间的传导效应已经大大增强，对世界各国经济发展已经产生了严重的影响。在全球经济面临衰退的情况下，各个国家应努力加强合作，来共同应对这次金融危机，促进世界经济的尽快复苏。

本章案例

案例一　人工智能助力监管模式创新

互联网金融及各类民间金融快速发展，在形成普惠成效的同时也埋下了很多风险隐患，各类乱象层出不穷。传统机构监管模式已无法满足“科学防范，早识别、早预警、早发现、早处置”的监管要求，必须加强功能监管，引入互联网科技手段，更加重视行为监管，通过智能化科技手段，遵循穿透式理念，同时构建跨部门联合发现、预警、处置机制，才能有效主动防控金融风险。

腾讯和深圳市金融办合作部署的“灵鲲平台”，目前正在针对非法集资、涉众金融风险等进行有效预警，让监管科技与金融科技保持并进。平台自2018年7月2日正式上线运行，从“基于人工智能的平台识别、基于数据挖掘的多维度信息关联、基于知识图谱的平台风险指数计算、基于涉众人数增长异常规模预警”四个方向入手，全面监测互联网上活跃的类金融平台。结合深圳市金融办整合的深圳市四十余个行政管理单位的政务数据，运用多源数据融合技术，能够对P2P、投资理财、外汇交易等十多个金融类别进行识别与风险指数计算，对于发现的高风险平台及时向政府相关部门进行预警，做到对金融平台的识别全、预警快，真正实现针对非法金融活动的“打早”和“打小”。

截至目前，腾讯灵鲲监管科技平台已经与国家市场监管总局、广东金融局、北京西城市场监管局、深圳金融局、河北金融局、天津金融局、吉林工商、许昌工商、深圳市场监管局、深圳经侦、西安经侦、广州金融局、西安工商、贵阳工商、上海经侦、上海闵行、上海黄浦、上饶市等金融系统建立全面合作，并与中国银行、招商银行、中信银行、京东金融等百余家银行、支付机构、互金机构、电商、O2O平台展开合作，充分发挥大数据研判优势，在金融风险防范上取得了显著的成绩。

资料来源：中国经济网。

案例二　蚂蚁金服引领金融创新浪潮

在支付宝引领第三方支付领域大踏步向前发展的同时，阿里巴巴集团又在进行着一个更为宏大的战略布局。2013年3月，阿里巴巴集团宣布将以支付宝的母公司——浙江阿里巴巴电子商务有限公司为主体筹建蚂蚁小微金融服务集团，负责阿里巴巴集团旗下所有面向小微企业以及消费者个人服务的金融创新业务，由马云的“左右手”彭蕾出任小微金融服务集团 CEO。

2014 年 10 月，蚂蚁金融服务集团历经 19 个月的筹备正式成立。“蚂蚁”二字表明公司专注于服务小微企业与普通消费者，“金服”二字也显示蚂蚁金服不是一家传统的金融控股集团，而是重在服务，以开放的心态服务于金融机构，共同为未来社会的金融提供支撑。蚂蚁 CFO 井贤栋表示，蚂蚁金服将紧紧把握全球互联网金融领域的发展脉搏，其发展战略很清晰，包括“移动、农村、国际化、平台”，旗下业务包括余额宝、筹建中的网商银行、支付宝、支付宝钱包、招财宝、蚂蚁小贷。

1. 支付宝钱包：PC 到移动的华丽转身

自 2013 年 11 月起，支付宝钱包便成为独立品牌发展，以满足用户对于新支付的需求，并迎接来自线下的更大市场。在业界看来，PC 时代支付宝一直作为电商后台工具存在，进入移动时代，这一局面得到改变，独立运行后的支付宝钱包发展速度令人侧目。2014 年 2 月，春节期间强大的市场需求助推支付宝钱包高速发展，一时间用钱包解决衣食住行成为时尚，使支付宝一举成为全球最大的移动支付公司。2014 年 8 月，支付宝钱包正式推出开放平台，是其构筑生态系统道路上的重要一环，也标志着支付宝开放平台战略全面启动。

2. 农村金融：下一站天后

农村金融现在是金融改革中较为薄弱的一块市场，基础设施不健全、普及率低、农村金融服务方式单一等问题，让金融服务质量和效率无法满足农村经济社会发展和农民多元化金融服务需求。就国内市场而言，蚂蚁金服则选择了“农村包围城市”的方式，其国内事业群总裁樊治铭表示，所有互联网公司都面临渠道下沉的问题，而互联网金融也开始进一步精耕农村市场，挖掘这一片“蓝海”，未来农村和三四线城市市场都将是蚂蚁金服的重要发展目标，支付宝钱包希望能够做到“用移动技术拉平城乡鸿沟”。蚂蚁金服目前已经与 2 300 多家农村金融机构联通，一方面，为农村用户开通线上支付通道，方便他们线上、线下购买生活、农资用品的支付需求；另一方面，对接金融机构和农户，为农户提供消费、农资购买等信贷服务，使农村市场可以从互联网支付直接跳到移动互联网支付。

3. 国际化下的互联网金融革命

蚂蚁金服已在俄罗斯、美国、巴西、西班牙、新加坡、中国香港、中国台湾等国家和地区取得比较快的发展，提供的业务包括旅游预订、交通、购物、退税、一体化体验等。支付宝也已具备了 14 种货币的结算能力，超过 2 000 个海外商户将支付宝作为网络支付的手段，包括 SASA、乐天、BEAUTY EXPERT 等跨国商户成为支付宝用户，其在海外的用户规模达到 1 785 万，用户分布在 100 多个国家和地区。在 2014 年天猫“双十一”中，仅仅 1 小时直播大屏幕上 179 个国家的旗帜就陆续亮起，“点亮全球”不再只是一句口号，而是现实。国内的消费者能够买到 25 个国家和地区的近 5 400 个品牌。

4. 平台制胜时代

平台战略正在成为当代企业竞争的主要模式，互联网金融领域也是如此，无论是 P2P 平台、第三方支付平台还是众筹平台，平台战略从来没有像今天这样彰显其重要性，互联网金融企业之间的竞争越来越表现为综合平台的比拼和较量。在整个蚂蚁金服的业务体系中，支付、理财、融资、保险等业务板块仅是浮出水面的一小部分，真正支撑这些业务的则是水面之下的云计算、大数据和信用体系等底层平台，而蚂蚁金服接下来的战略就是开放这些底层平台，建设信用体系，拓展互联网时代的金融新生态，共同为用户创造价值，致力于“让信用等于财富”。

以蚂蚁金服的云计算平台为例，这一平台可以支撑每天 10 亿笔的支付交易，具有 30 分钟亿级账户的清算能力。基于蚂蚁金服的云计算平台，支付宝对接 200 多家金融机构，为超过 3 亿的活跃用户和近千万家商户提供支付服务，每年能完成数百亿人次的电子支付。而蚂蚁金服旗下的保险平台，同样接入了 100 多家保险机构，为超过 1.5 亿的用户提供服务。

2014 年是中国经济化改革元年，在马云带领阿里巴巴 IPO 的第 27 天，也亮出了未来“市梦率”的王牌——蚂蚁金融服务集团。可以说，蚂蚁金服的成立是 2014 年的互联网金融业的大事件，它集成了阿里在金融领域的强大势力，普遍被看作是金融行业的最大搅局者，将为互联网金融的拓展带来巨大的推动力，也被誉为目前互联网金融最大的平台之一，人们也都将期待着蚂蚁金服在未来的上市能够给大家带来更大的惊喜。

本章小结

1. 金融创新是指金融业务创新、金融市场创新及政府对金融业监管方式创新的总和。

2. 金融创新的原因有:经济环境的变迁;技术革命;金融管制对金融创新的诱发;金融自由化和放松金融管制。

3. 金融创新可以通过宏观和微观两个方面对经济产生影响。

4. 从历史发展和理论研究发展的角度来看,金融发展和经济发展大致有以下的关系:经济发展决定金融发展;金融对经济的发展具有推动作用,而且随着经济发展程度越高,金融对经济发展的反作用也就越大。

5. 金融压抑阻碍经济的增长。发展中国家普遍存在金融压抑的现象。麦金农和爱德华·肖分析了金融压抑对经济增长的阻碍作用及其原因。

6. 金融自由化的主要内容有:放松利率管制;缩减指导性信贷计划;减少金融机构的审批限制,促进金融同业竞争;发行直接融资工具,活跃证券市场;放松对汇率和资本流动的限制。

7. 爱德华·肖和麦金农对金融自由化促进经济增长分别提出了各自的理论说明。金融自由化对经济增长具有一定的促进作用,但在某些条件下也有可能产生负面影响。

复习思考题

1. 当代金融创新产生的原因有哪些?
2. 金融压抑对经济增长的影响有哪些?
3. 金融自由化改革的核心内容是什么?它对经济增长起什么作用?
4. 发展中国家金融自由化改革的经验和教训有哪些?
5. 金融自由化与金融危机之间存在什么关系?

参考文献

[1][美]莫林·伯顿,雷·隆贝拉.货币银行学——金融体系与经济(第二版)[M].北京:经济科学出版社,2004.

[2]黄达.货币银行学(第二版)[M].北京:中国人民大学出版社,2000.

[3]曹龙骐.金融学[M].北京:高等教育出版社,2003.

[4]戴国强.货币银行学[M].北京:高等教育出版社,2000.

[5]郑道平,龙玮娟.货币银行学原理(第四版)[M].北京:中国金融出版社,2002.

[6]年志远,王晓光.货币银行学[M].北京:中国时代经济出版社,2003.

[7]朱疆.货币银行学[M].北京:清华大学出版社,2005.

[8]秦艳梅.货币银行学(第三版)[M].北京:经济科学出版社,2002.

[9]胡援成.货币银行学[M].北京:中国财政经济出版社,2005.

[10]王广谦.中央银行学[M].北京:高等教育出版社,1999.

[11]陈燕.中央银行理论与实务[M].北京:北京大学出版社,2005.

[12]姜波克.国际金融新编(第四版)[M].上海:复旦大学出版社,2008.

[13]韩玉珍.国际金融[M].北京:首都经济贸易大学出版社,2002.

[14]盛洪昌.国际金融[M].北京:中国时代经济出版社,2004.

[15]刘思跃,肖卫国.国际金融(第二版)[M].武汉:武汉大学出版社,2002.

[16]郑蕾芸,刘力臻.国际金融[M].北京:经济科学出版社,2005.

[17]成力为.货币银行学[M].北京:科学出版社,2003.

[18]沈伟基.货币金融学[M].北京:北京工业大学出版社,2001.

[19]施兵超.金融期货与期权[M].上海:上海三联书店,1996.

[20]约翰·赫尔.期权、期货和衍生证券[M].北京:华夏出版社,1997.

[21]弗兰克·J.法博齐,弗朗哥·莫迪利亚尼.资本市场:机构与工具[M].北京:经济科学出版社,2000.

[22]陆世敏,戴国强.2003中国金融发展报告[M].上海:上海财经大学出版社,2003.

[23]沈伟基.货币金融学[M].北京:北京工业大学出版社,2001.

[24]艾洪德,范立夫.货币银行学[M].大连:东北财经大学出版社,2005.

[25]王松奇.金融学[M].北京:中国金融出版社,2000.

[26]黄达.金融学[M].北京:中国人民大学出版社,2009.

[27]易纲.货币银行学[M].上海:上海人民出版社,1994.

[28]田敏,邱长溶.改革开放以来货币政策运行轨迹及实施效果分析[J].经济体制改革,2008(5).

[29]国家外汇管理局国际收支分析小组. 2009 年中国国际收支报告[R],2010—04—19.
[30]中国人民银行货币政策分析小组. 中国货币政策执行报告——2009 年第四季度[R],2010—02—11.
[31]郭浩. 从金融资产积累角度对货币需求的考察[J]. 金融论坛，1999(5).
[32]王晓光,张兴东. 货币银行学(第二版)[M]. 北京:清华大学出版社,2013.
[33]钱晔. 货币银行学[M]. 北京:高等教育出版社,2013.
[34]李嘉玲. 货币银行学(第 2 版)[M]. 北京:中国铁道出版社,2014.
[35]张芳. 货币银行学[M]. 北京:对外经济贸易大学出版社,2015.
[36]张红伟. 货币金融学[M]. 北京:科学出版社,2016.
[37]国家外汇管理局国际收支分析小组. 2014 年中国国际收支报告[R],2015.
[38]中国人民银行货币政策分析小组. 中国货币政策执行报告——2015 年第四季度[R],2016.
[39]中国人民银行. 2015 金融机构贷款投向统计报告[R],2016.
[40]中国人民银行. 中国人民银行 2015 年年报[R],2016.
[41]中国银监会. 中国银行业监督管理委员会 2015 年报[R],2016.
[42]中国消费者协会. 2015 年全国消协组织受理情况分析[R],2016.
[43]黄宪,江春,赵何敏,赵征. 货币金融学(第二版)[M]. 武汉:武汉大学出版社,2008.
[44]夏丹阳. 货币银行学(第二版)[M]. 北京:经济管理出版社,2013.
[45]黄达. 金融学(第四版)[M]. 北京:中国人民大学出版社,2017.
[46]戴国强. 商业银行经营学(第五版)[M]. 北京:高等教育出版社,2016.
[47]戴小平. 商业银行学(第三版)[M]. 上海:复旦大学出版社,2018.
[48]庄毓敏. 商业银行业务与经营(第四版)[M]. 北京:中国人民大学出版社,2014.
[49]郑庆寰. 金融市场学[M]. 上海:华东理工大学出版社,2017.
[50]李德荃,李宁,郐海娜. 金融市场学[M]. 对外经济贸易大学出版社,2011.
[51]保罗·萨缪尔森,威廉·诺德豪斯. 经济学(第 16 版). 北京:华夏出版社,1999.

21世纪普通高等教育"十三五"规划教材·公共基础课系列

货币银行学习题集

（第四版）

安　烨　郭　悦　主　编
钟廷勇　副主编

上海财经大学出版社

目　录

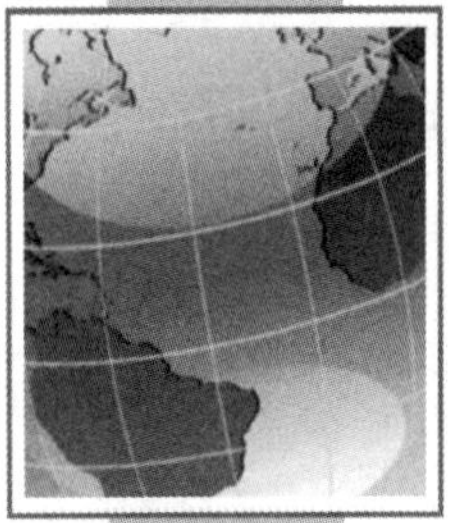

第一章 货币与货币制度

一、填空题

1.( )是从商品世界中分离出来的、固定充当一般等价物的特殊商品，并能反映一定的( )。

2.一种商品的价值，只是偶然地表现在另一种商品上。两种商品通过交换，使其中的一种商品具有了最简单的价值表现，这种表现形式称为( )。

3. 用来表现其他一切商品的价值，起着一般等价物作用的特殊商品被称为( )。

4.( )又称商品货币或足值货币，是指以自然界存在的某种物品或人们生产的某种商品来充当货币。

5.( )是由银行发行的可以随时兑现的表征货币，它是作为代替贵金属货币流通与支付的信用工具。

6. 银行券的发行必须有发行保证，一般分为( )和( )。

7.( )是以信用作为保证、通过一定信用程序发行、充当流通手段和支付手段的货币形态，是货币发展中的高级形态。

8.( )是货币衡量和表现商品价值大小的职能。

9.( )是货币在商品流通中充当交换媒介的职能。

10.( )是货币退出流通领域，被人们当作独立的价值形态和社会财富的一般代表保存起来的职能。

11.( )是指货币已成为所有微观主体进行经济核算的基本工具，用来计量成本、收益和风险。

12.( )是指货币因为最有流动性，从而能在与其他任何资产进行替代换位的过程中增加价值。

13.( )是由国家强制发行、不兑换金银的纸质货币符号。

14.( )是指一个国家或地区以法律名义规定的货币流通结构及其组织形式。

15.( )也称本位币，是一个国家的基本通货和法定的计价结算货币。

16.( )又称黄金储备制度，是一国货币稳定的基础，也是一个国家经济实力强弱的重要标志之一。

17. 货币制度的演变大致经历了(　　)、(　　)、(　　)和(　　)四个阶段。
18. 银本位制可分为(　　)和(　　)两种形式。
19. 金银复本位制按金银两种贵金属的不同关系可分为(　　)、(　　)和(　　)。
20. 以货币与黄金的联系程度为标准,可分为(　　)、(　　)和(　　)三种不同形式。

二、单项选择题

1. 一种商品的价值不是偶然地被另一种商品表现,而是经常地被许多种商品表现,这种价值表现形式称为(　　)。
A. 简单的价值形式　　B. 扩大的价值形式
C. 一般的价值形式　　D. 货币价值形式
2. 以下不属于实物货币的特点的是(　　)。
A. 运用范围不大　　B. 难以分割
C. 质地不均匀　　D. 便于携带
3. 以下不属于银行券的特征的是(　　)。
A. 可以随时兑现　　B. 必须有发行保证
C. 最初由商业银行发行　　D. 便于携带
4. 下列被称为"潜在货币"的是(　　)。
A. 活期存款　　B. 定期存款　　C. 支票存款　　D. 储蓄存款
5. 与银行券相比,政府纸币不具有的特点是(　　)。
A. 以国家信用为基础　　B. 强制流通
C. 可兑现　　D. 不可兑现
6. 以下有关通货的说法中,不正确的是(　　)。
A. 通货由中央银行或特定机构垄断发行
B. 通货既不是完全匿名的也不可能做到完全非匿名
C. 一国的通货只在本国被强制使用
D. 通货具有无限法偿的特点
7. 下列不属于电子货币的特征的是(　　)。
A. 支付快捷方便　　B. 不可以由非银行金融机构发行
C. 不受地域限制　　D. 可以匿名也可以非匿名
8. 货币贮藏手段的职能是以(　　)为前提的。
A. 实物货币　　B. 金属货币　　C. 信用货币　　D. 纸币
9. 银行的存款和贷款是在发挥货币的(　　)职能。
A. 价值尺度　　B. 流通手段　　C. 支付手段　　D. 贮藏手段
10. 纸币是以货币作为(　　)职能而产生的。
A. 价值尺度　　B. 流通手段　　C. 支付手段　　D. 贮藏手段

三、多项选择题

1. 以下属于商品价值形态所经历的发展阶段的有(　　)。
A. 简单的价值形式　　B. 扩大的价值形式
C. 一般的价值形式　　D. 货币价值形式

2. 从币材和币制角度看，货币形态的演进经历了（　　）阶段。
A. 实物货币　B. 金属货币　C. 信用货币　D. 电子货币
3. 以下属于货币基本职能的有（　　）。
A. 价值尺度　B. 支付手段　C. 贮藏手段　D. 流通手段
4.（　　）属于货币执行世界货币职能的体现。
A. 平衡国际收支差额　B. 购买国外商品
C. 国际间财富转移　D. 战争赔款
5. 与实物货币相比，金属货币具有的优点有（　　）。
A. 价值比较稳定　B. 易于分割　C. 易于保存　D. 便于携带
6. 以下属于"准货币"的有（　　）。
A. 活期存款　B. 定期存款　C. 大面额存单　D. 政府短期债券
E. 银行承兑汇票
7. 以下属于存款货币特点的有（　　）。
A. 来源于现金的存入　B. 来源于银行的派生机制
C. 具有收益性　D. 由银行经营和管理
8. 以下属于货币制度构成要素的有（　　）。
A. 货币材料　B. 货币名称　C. 货币单位　D. 本位币和辅币
E. 准备制度
9. 以下属于金本位制特点的有（　　）。
A. 金铸币可以自由铸造　B. 银行券和纸币能自由兑换黄金
C. 黄金可以自由输入输出　D. 建立金准备制度
10. 以下关于纸币本位制的说法中，正确的有（　　）。
A. 由国家法律强制流通
B. 与黄金的联系依然紧密
C. 一国的通货只在本国被强制使用
D. 现金流通构成货币流通的主要部分
11. 货币制度的演变大致经历了（　　）阶段。
A. 银本位制　B. 金银复本位制　C. 金本位制　D. 纸币本位制
E. 信用本位制
12. 信用货币包括（　　）。
A. 银行券　B. 纸币　C. 存款货币　D. 现金货币
13. 以下属于银行券特点的有（　　）。
A. 银行券是表征货币　B. 银行券发行必须有发行保证
C. 银行券发行经历了由分散到集中的演变　D. 银行券是不可兑现的信用货币
14. 电子货币是通过计算机网络系统以电子信息传递形式实现（　　）功能的货币。
A. 流通　B. 支付　C. 汇兑　D. 信用

四、判断题

1. 货币是商品交换的产物。（　　）
2. 实物货币是以其自身所包含的内在价值同其他商品相交换。（　　）

3. 现代经济中的信用货币不具有典型意义上的贮藏手段职能。（　　）
4. 充当流通手段的货币一定是具有十足价值的货币。（　　）
5. 价值尺度是在商品交换过程中自发形成的，而价格标准是由国家法律规定的。（　　）
6. 马克思说："金银天然不是货币，但货币天然是金银。"（　　）
7. 充当流通手段的货币的一个特点是可以用观念上的货币，不必是现实存在的货币。（　　）
8. 在现实生活中，货币是唯一的价格贮藏手段。（　　）
9. 在足值金属货币流通的条件下，一般不会发生通货膨胀和通货紧缩现象。（　　）
10. 货币贮藏手段的职能是以金属货币为前提的，即只有在金属货币流通的条件下，货币才能自发地进入流通领域，发挥蓄水池的作用。（　　）

五、名词解释

货币	格雷欣法则	货币制度	铸币	本位币
无限法偿	有限法偿	双本位制	平行本位制	跛行本位制
金币本位制	金块本位制	金汇兑本位制	银行券	准货币
价格标准	价格			

六、问答题

1. 为什么说货币是商品经济内在矛盾的产物？
2. 为什么说货币的本质是一般等价物？
3. 典型的金本位制具有哪些特点？它在历史上对资本主义的发展起到什么作用？
4. 试分析纸币本位制度的特点。
5. 结合现代信用货币双币流通的实际，分析格雷欣法则的条件。
6. 简述信用货币的计量原理。
7. 人民币是否具有贮藏手段的职能？
8. 什么是纸币本位制？如何理解我国目前的"一国四币"制度？
9. 简述信用货币的基本特征。
10. 电子货币除具有货币的一般属性外，与通货（现金、存款货币）相比，还有哪些特殊属性？

七、案例分析

北宋的纸币——交子的兴衰

公元1024年出现的北宋交子是中国和世界最早的流通纸币，它的出现是中国货币史上的巨大进步，在世界货币史上写下了重要一笔。直到1690年，瑞典才出现纸币，可以说，中国纸币的产生和发展领先了欧洲五六百年。研究交子的起源、流通过程与消亡，对了解纸币的发生、流通原理、币值规律以及政府在金融法制方面的作用都有着重要的参考价值。

北宋交子的出现与北宋时的"钱荒"有关。北宋的商品经济活跃，日益发达的商品经济需要货币量高度增长，而铜矿开采不能满足其日益增长的需要；宋朝与周边辽、金、西夏、高丽、日本以及南洋诸国紧密的贸易关系，使北宋的铜钱源源不断地流入周边；连年征战，以及求和后向他国输纳岁币，使国家军政开支巨大；这些状况共同造成了宋王朝的货币量严重短缺。

交子之所以出现在蜀地，与四川的特殊条件密切相关。在四川等不产铜或产铜较少的地区，人们使用极为笨重的铁钱。铁是一种贱金属，铁钱的价格只有铜钱的 1/10，因而体积大，使用时很不方便。李攸《宋朝事实》中引述张若谷、薛田二人奏文中的话："川界用铁钱，小钱每十贯重六十五斤，折大钱一贯重十二斤。街市买卖，至三五贯文，即难以携持。"据此，一匹绫罗需要 130 斤重的铁钱，这无疑给商业交易带来极大的不便。于是，民间首先出现"私为文券"的铺户。铁钱持有者将自己的铁钱存入铺户，铺户把存款人存放现金的数额临时填写在用楮纸制作的券面上，再交还存款人，当存款人提取现金时，每贯付给铺户 30 文钱的利息，即付 3%的保管费。这种临时填写存款金额的楮纸券便谓之"交子"。这时的交子只是一种存款和取款凭据，还不能称之为货币，和后来的会子、唐时的飞钱一样，具有两地划拨款项的汇票性质。

最初，交子由蜀地民间富商主持发行。《宋史·食货志》记载："富民十六户主之。"在交子使用越来越广泛的情况下，交子具有了统一的面额和格式，慢慢为大家所接受并作为支付工具使用，从而具有了信用货币的特征，演变为铸币的符号，成为真正的纸币。作为纸币的交子与金、银、铜、铁等铸币比，本身并没有什么价值，如果没有铸币作支撑，其本身就变得一文不值了。因此，其流通功能的实现在于人们信任这一纸币能够代表实际的铸币，只要信用有保证，这一纸币就能够发挥其流通的功能而合理地存在下去。

然而，信用的维持并不容易，一般人没有能力长期保证这一信用的存在。富商主持下的交子因为富商道德的丧失或者经济条件的变化，不久就出现了"富民赀稍衰，不能偿所负"的局面，从而导致纸币不能得到兑现，信用危机出现，也就使交子无法由私人继续主持、发行下去。于是，宋仁宗天圣元年(1023 年)，在转运使薛田和张若谷的建议下，设立益州交子务，自次年 2 月发行"官交子"，交子的发行权从此转移到朝廷的手中。

北宋朝廷为了保证交子发行的成功，出台了一套比较完善的管理法规和政策，大致内容为：第一，交子的流通期限一般以 2～3 年为一界，称为"兑界"，期满后必须兑换为下一界交子，方可使用。创立"兑界"可能是因为当时交子是楮纸所制，容易出现破损和伪造品。第二，每界的发行总量限定在 1 256 340 缗，其面额通常为 1 贯、5 贯、10 贯等。第三，每印发一界交子，必须备有一定的准备金，以保证纸币能得到自由兑换。第四，禁止私人印刷交子，不仅私自印制交子的人要获刑罚，甚至连知情而使用者以及知情不告者都要受牵连入狱。第五，限定流通区域。开始时，交子的流通主要限定在四川地区，后来扩大到陕西和京西等地。

在早期，封建政府对于纸市的发行是比较谨慎的，纸币监管政策的出台也说明政府对纸币依赖信用的特性和易于仿造、滥发的弱点是有充分认识的，相应的金融监管体系和措施在一定时期内保证了交子的顺利流通。然而，封建政府往往不能有效地控制纸币的发行量，当出现巨额财政开支需要时，政府往往不能约束自己的行为，而是利用手中的权力，滥用公信力，无限制地发行纸币，最终造成通货膨胀，从而使纸币丧失信用，变成了废纸。北宋交子的命运即证明了这一点。

北宋官府发行纸币，有时竟没有准备金。比如，仁宗庆历年间(1041～1048 年)，益州交子务在陕西发行交子 60 万贯以支付粮草费，无钞本。

官府也不总是遵守每界固定的发行数额，而是大量超额发行。《宋史·食货志》载，哲宗绍圣年间(1094～1097 年)，"界率赠造，以给陕西沿边籴买及募兵之用，沙者数十万缗，多者或至数百万缗，而成都乏用，用请印造，故每岁书放亦无定数。"可见，为了满足陕西军情之需，一次多发的交子量竟会超过一界总量的数倍，甚至在导致成都地区交子缺乏后又要增造，其结果必然是通货膨胀和纸币信用的丧失。

纸币的分界发行慢慢成为通货膨胀的障眼法，每界发行新纸币时往往规定新币值与旧币值的比值为一比几。比如，哲宗元符年间（1098～1100 年）换发时，新交子 1 缗要换回旧交子 5 缗，即新旧比价为 1∶5。

政府滥用信用，导致交子成为其敛财的工具。交子没有了信用，也就丧失了流通的功能，从而失去了其自身存在的价值。北宋政府于是用更改纸币名称的办法来掠夺民间财富。徽宗崇宁四年（1105 年），"令诸路更用钱引"，把纸市定名为"钱引"。名称虽变，但其实质仍为敛财工具，甚至变本加厉了。大观元年（1107 年）改交子务为钱引务，发行数"较天圣一界逾二十倍，而价愈损"。也就是说，发行量由 120 万缗增加到 2 000 多万缗，而且没有准备金，"不蓄本钱而增造无艺，至引一缗当钱十数"。可见，当时纸币贬值是多么严重。

北宋交子的兴衰历程，对今天依然有借鉴作用。政府的监管对于金融币制的稳定起着至关重要的作用。纸币的发行和稳定能够推动商品经济的发展，为国家创造财富，对解决国家的一时之需有重大作用。政府毁坏原有的金融法制，滥用信用，必然导致通货膨胀和货币体系的崩溃。

资料来源：《金融时报》，2009 年 3 月 20 日。

问题：纸币本位制有哪些优点和缺点？

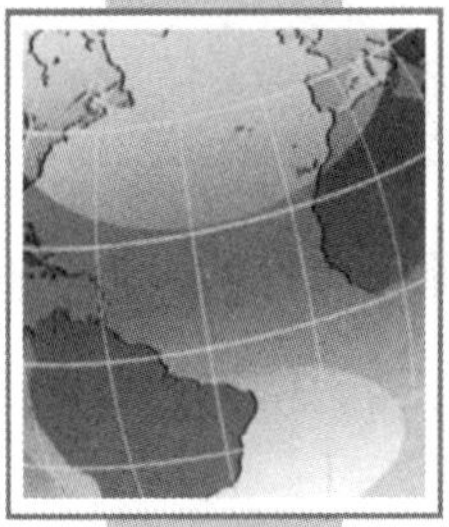

第二章 信用与信用工具

一、填空题

1. 借贷行为是指商品或货币的(　　),把商品或货币的使用权(　　)出去,根据约定的时间,到期由商品或货币的(　　)如数归还,并附带一定数额的利息。

2. 信用具有(　　)和(　　)两个特征。

3. 一般商品交换是等价交换,商品的(　　)通过交换而发生转移,买卖双方都保留价值,货币在其中执行的是(　　)职能。而借贷行为则不然,贷出时,价值作单方面转移,由贷者让渡价值,但保留(　　);归还时,价值也是作单方面转移,而且借者除了归还(　　)外,还要支付(　　),货币在其中执行时是(　　)职能。

4. 在销售商品时若不能实现现金交易,而是赊销,即延期支付,则商品的让渡和其价值实现在时间上就分离了。这样,买卖双方除了商品交换关系之外,又形成了一种(　　)关系,即(　　)关系。

5. (　　)是指为了获取剩余价值而暂时贷给职能资本家使用的货币资本,它是(　　)的一种形式。

6. (　　)是厂商在进行商品销售时,以延期付款即赊销形式所提供的信用,它是现代信用制度的基础。

7. 消费信用主要有两种方式:一是(　　),二是(　　)。

8. 股份公司按照股东对公司的负债是否承担连带清偿责任分为(　　)、(　　)和(　　)。

9. (　　)是进出口双方银行所提供的信用,分为(　　)和(　　)。

10. (　　)是以书面形式发行和流通、借以保证债权人或投资人权利的凭证。

11. (　　)是商业信用的出具,它是在信用买卖商品时证明债权债务关系的书面凭证。

12. (　　)又称期票,是由债务人向债权人发出的,承诺在一定时期内支付一定款项的债务凭证。它有两个当事人:一是(　　),二是(　　)。

13. (　　)是银行的活期存款人向银行签发的,要求从其存款账户中支付一定金额给持票人或指定人的书面凭证。

14. 按索取权的性质,信用工具可分为(　　)和(　　)。

15. 按发行者的地位,信用工具可分为(　　)和(　　)。
16. 存款人开出的票面金额超过存款金额或透支限额而不生效的支票,称为(　　)。
17. 根据发行主体的不同,债券可分为(　　)、(　　)和(　　)。
18. 根据是否有担保,债券可分为(　　)和(　　)。
19. 根据利息支付方式,债券可分为(　　)和(　　)。
20. (　　)是股份公司发放给股东以证明其入股的资本额并有权取得股息的书面凭证。主要有两大类:(　　)和(　　)。

二、单项选择题

1. 信用只有在货币的(　　)职能存在的条件下才能发生。
A. 流通手段　B. 支付手段　C. 价值尺度　D. 贮藏手段
2. 在资本主义制度下,信用表现为(　　)的运动。
A. 产业资本　B. 职能资本　C. 借贷资本　D. 货币资率
3. 以下有关商业信用特点的说法中,不正确的是(　　)。
A. 商业信用的主体是厂商
B. 商业信用的客体是商品
C. 商业信用提供的是暂时闲置的货币资本
D. 商业信用和产业资本的动态一致
4. 以下不属于政府间信用特点的是(　　)。
A. 金额小　B. 利率低
C. 期限长　D. 多用于生产性支出
5. 以下不属于国际金融机构信用特点的是(　　)。
A. 期限长　B. 利率高
C. 条件优惠　D. 审查较为严格
6. 以下不属于短期信用工具的是(　　)。
A. 公司债券　B. 商业票据　C. 转让存单　D. 同业拆借
7. 以下不属于商业票据形式的是(　　)。
A. 商业本票　B. 商业汇票　C. 支票　D. 融通票据
8. 由债权人发给债务人,命令他在一定时期内向指定收款人或持票人支付一定款项的支付命令书被称为(　　)。
A. 商业本票　B. 商业汇票　C. 支票　D. 融通票据
9. 由银行发出,交由汇款人自带或由银行寄给异地收款人,凭以向指定银行兑取款项的票据被称为(　　)。
A. 商业本票　B. 商业汇票　C. 银行本票　D. 银行汇票
10. 下列属于优先股股东权利的是(　　)。
A. 经营参与权　B. 先于普通股的资产求偿权
C. 优先认股权　D. 分享超额利润

三、多项选择题

1. 商品和货币自原始社会末期产生以来,经历了(　　)三个阶段。

A. 农业经济　　B. 小商品经济
C. 资本主义商品经济　　D. 社会主义商品经济

2. 与商品经济各发展阶段相适应,信用也经历了(　　)三个阶段。
A. 高利贷信用　　B. 商业信用
C. 社会主义信用　　D. 借贷资本运动的资本主义信用

3. 以下属于信用行为发生过程的构成要素的有(　　)。
A. 信用主体　　B. 信用客体　　C. 信用内容　　D. 信用工具
E. 时间间隔

4. 以下属于商品信用的局限性的有(　　)。
A. 商业信用的规模受到厂商资本数量的限制
B. 商业信用受到商品流转方向的限制
C. 商业信用受信用能力的限制
D. 商业信用还没有从再生产过程中独立出来

5. 以下属于银行信用特点的有(　　)。
A. 银行信用的债务人是厂商、政府、家庭
B. 银行信用的债权人是银行和各类金融机构
C. 银行信用的客体是单一形态的货币资本
D. 银行信用是一种独立的借贷资本的运动

6. 以下属于政府信用的特殊作用的有(　　)。
A. 调剂政府收支不平衡　　B. 弥补财政赤字
C. 调节经济　　D. 防止收入分配不公平

7. 以下属于租赁信用形式的有(　　)。
A. 金融租赁　　B. 经营租赁　　C. 杠杆租赁　　D. 维修租赁

8. 信用工具具有的特征包括(　　)。
A. 返还性　　B. 流动性　　C. 收益性　　D. 风险性

9. 按权利的标的物,可将信用工具划分为(　　)。
A. 票据　　B. 债券　　C. 证券　　D. 贷款

10. 以下属于间接信用工具的有(　　)。
A. 银行券　　B. 存单　　C. 人寿保险单　　D. 借据
E. 银行票据

11. 以下属于短期信用工具的有(　　)。
A. 商业票据　　B. 银行票据　　C. 支票　　D. 信用证
E. 信用卡

12. 以下属于商业汇票当事人的有(　　)。
A. 出票人　　B. 受票人　　C. 持票人　　D. 承兑人

13. 按照是否支付现金,支票可以划分为(　　)。
A. 现金支票　　B. 转账支票　　C. 即期支票　　D. 定期支票

14. 国际信用的主要表现形式有(　　)。
A. 国际商业信用　　B. 国际银行信用
C. 政府间信用　　D. 国际金融机构信用

四、判断题

1. 借贷资本是在职能资本运动基础上产生的。（ ）

2. 在赊销到期、支付货款时，货币不是充当支付手段，而是充当流通手段，是价值的单方面转移。（ ）

3. 厂商之间相互提供赊销，这是商业信用迅速发展的主要原因。（ ）

4. 银行信用是现代信用制度的基础。（ ）

5. 从本质上看，国际信用是资本输入的一种形式。（ ）

6. 一般把1年以下的货币市场交易对象称为准货币，这是由于其偿还期短、流动性强、随时可变现而近似于货币之故。（ ）

7. 不定期信用工具是指银行券。（ ）

8. 直接信用工具是由融资单位通过银行和信用机构融资产生的。（ ）

9. 由于股息固定，通货膨胀对优先股的持有人十分不利。（ ）

10. 要实现对经济的调节，应以间接调节为主：以信用的发展为基础和前提。（ ）

五、名词解释

商业信用	银行信用	政府信用	租赁信用	出口信贷
卖方信贷	买方信贷	商业本票	商业汇票	银行本票
银行汇票	支票商业	旅行信用证	信用证	债券
金融债券	公司债券	普通股	优先股	银行券

六、问答题

1. 什么是信用？信用的发展经历了哪几个阶段？
2. 高利贷信用的利息率为什么会特别高？
3. 简述借贷资本的特点。
4. 商业本票与商业汇票有何区别？
5. 银行信用为什么会取代商业信用而成为现代信用的主要形式？
6. 什么是信用工具？它有哪些特点。
7. 简述普通股和优先股的含义和特点？
8. 简述银行券和纸币的区别。
9. 简述信用在国民经济中的作用。
10. 当前我国“信用缺失”的表现及其原因是什么？

七、案例分析

提升供给能力发展信用卡消费信贷

2009年5月16日，中国银联总裁许罗德在出席“2009陆家嘴金融论坛”期间接受《上海证券报》的记者专访，认为当前我国应当大力发展以信用卡为代表的消费信贷业务，构建和完善消费信贷服务体系。

《上海证券报》：请问您对我国目前的消费信贷市场有何评价？

许罗德：在当前全球经济增长普遍放缓的国际环境下，消费已经成为中国经济增长的重要引擎。其中,居民消费的增长不仅是克服当前金融危机影响的重要因素,而且是未来一段时间内中国经济持续发展的核心动力,也是我国经济结构不断改善的重要基础。因此,随着我国居民消费模式的转变和消费信贷需求的迅速扩大,当前迫切需要加快构建和完善消费信贷服务体系,提升消费信贷供给能力。

《上海证券报》:在构建和完善消费信贷服务体系方面有何具体建议?

许罗德:构建和完善消费信贷服务体系可以从以下三个方面着手。

一是要完善消费信贷供给的机构体系,逐步形成以商业银行为主体,汽车金融公司消费金融公司等非银行金融机构为补充的多元化消费信贷供给机构体系。

二是要不断丰富消费信贷的产品体系,创新消费信贷业务模式。信贷产品既有中长期的,又有短期的;既有大额消费的,又有小额消费的;既有针对大中城市居民的,又有针对农村居民的。

三是要完善促进消费信贷发展的保障体系。要健全消费信贷的行政法规制度,在司法制度方面打击恶意逃、废消费信用债务,在财会制度方面建立相对完善和灵活的呆、坏账核销制度。要完善信用体系,充分发挥个人征信系统的功能,营造良好的信用环境。商业银行等消费信贷供给机构内部要有有效的经营管理机制,提升对客户信用的评审能力和对消费信贷风险的处理能力。要提高消费信贷市场的专业化分工程度,发展资信调查、账款催收等第三方机构;同时,消费信贷还应有良好的舆论环境。

《上海证券报》:国务院在134号文件《关于搞活流通扩大消费的意见》中提出"进一步促进银行卡使用"的要求,发展银行卡业务与促进经济增长有怎样的关系?

许罗德:近年来,银行卡在我国日益普及,目前已经成为最重要的个人非现金支付工具。便利、快捷的银行卡支付相对于现金能使持卡人的消费决策更加快速、消费意愿更加强烈、消费行为更加活跃,尤其是信用卡的消费信贷功能,能够直接刺激消费。有关研究表明,银行卡支付在社会消费品零售总额中的占比每提升10个百分点,就可带动GDP增长约0.5个百分点,随着银行卡产业的进一步发展,银行卡对消费内需的拉动作用将进一步显现。

资料来源:许罗德,《提升供给能力发展信用卡消费信贷》,《中国证券报》,2009年5月16日。

问题:消费信贷对经济有怎样的影响作用?

房地产信贷政策

近期,有媒体报道,多地房地产利率松动,这是否意味着房地产的信贷政策转向?

"从银保监会的角度,房地产的信贷政策没有变化。"中国银行业监督管理委员会统计部主任兼研究局负责人刘春航表示,今年银保监会会进一步落实差异化的房地产信贷政策,按照分类指导、因地施策的指导,对于有刚性需求和改善性需求且自身有财务支付能力的购房者,继续给予贷款支持。但是对于投资性,甚至投机性需求的购房者,银保监会会继续进行严格的管控,通过提高首付比例、调整利率的风险定价等方式,实施更严格的要求。

刘春航还表示,银保监会的目标是,坚决遏制房地产泡沫,防止市场出现大起大落。

在近日国新办的发布会上,银保监会副主席王兆星也表示,银保监会继续对房地产开发贷款、个人住房按揭贷款实行更加审慎的贷款标准。

据银保监会1月监管数据,2019年1月份,银行业金融机构境内口径新增贷款3.4万亿元,同比多增8 236亿元。新增贷款结构更加平衡,对实体经济信贷供给力度加大。其中,

8 474 亿元投向房地产及个人住房按揭贷款，占比下降 10.5 个百分点。

资料来源：《新京报》。

问题：我国现行房地产信贷政策的利与弊是什么？

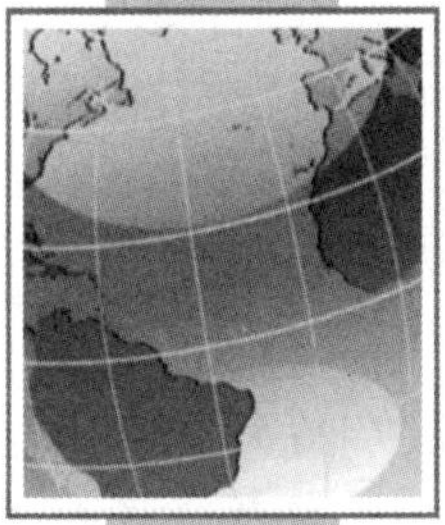

第三章 利息与利息率

一、填空题

1. 利息是(　　)。
2. 利息率是(　　)对(　　)的比率。
3. 在计算利息额时,有两种方法:一是(　　),二是(　　)。
4.(　　)是决定利息率的基本因素,它是利率的最高界限。
5.一般来说,当资金供给大于需求时,市场利率会(　　);当资金供给小于需求时,市场利率会(　　)。
6.(　　)是指商业银行营运资金为其所有者获取利润的能力。
7.(　　)是指在借贷关系存续期内,利率水平可随市场变化而定期变动的利率。
8. 世界各国采取的利率体制主要有两种类型:一是(　　),二是(　　)。
9.(　　)是指某个时点不同期限的即期利率与到期期限的关系及变化规律。
10.(　　)是使投资购买国债获得的未来现金流量的现值等于债券当前市价的贴现率。

二、单项选择题

1. 影响利息率的决定因素是(　　)。
   A. 平均利润率　　B. 货币供求关系
   C. 预期通货膨胀率　　D. 社会再生产状况
2. 在利率均为 5%的条件下,10 万元的存款按复利计算比按单利计算多(　　)元利息。
   A. 2 450　　B. 2 530　　C. 2 630　　D. 2 730
3. 由资金供求关系和风险收益等因素决定的利率为(　　)。
   A. 市场利率　　B. 官方利率　　C. 公定利率　　D. 基准利率
4. 由金融机构或行业公会、协会按协商的办法确定的利率为(　　)。
   A. 市场利率　　B. 官方利率　　C. 公定利率　　D. 基准利率
5. 在物价不变、货币购买力也不变的条件下的利率为(　　)。
   A. 名义利率　　B. 基准利率　　C. 实际利率　　D. 市场利率
6. 以下有关固定利率的说法中,不正确的是(　　)。

A. 简便易行　　B. 便于进行成本收益核算抵押借款
C. 适用于短期资金借贷　　D. 适用于长期资金借贷

7. 1939 年由 D. H. 罗宾逊提出来的利率决定理论为(　　)。
A. 流动性偏好利率理论　　B. 可贷资金利率理论
C. 预期理论　　D. 均衡利率理论

8. 债券票面所标明的利率与债券当前价格的比率被称为(　　)。
A. 即期利率　　B. 远期利率　　C. 到期收益率　　D. 最终收益率

9. 隐含在给定的即期利率中,从未来的某一时点到另一时点的利率水平是(　　)。
A. 即期利率　　B. 远期利率　　C. 到期收益率　　D. 最终收益率

10. 由欧文·费雪于 1896 年提出的最古老的期限结构理论是(　　)。
A. 流动性偏好理论　　B. 预期假说
C. 可贷资金利率理论　　D. 市场隔断理论

三、多项选择题

1. 以下属于信用构成要素的有(　　)。
A. 信用主体　　B. 信用客体　　C. 信用内容　　D. 信用工具
E. 时间间隔

2. 按利率的决定主体不同,可将利率划分为(　　)。
A. 市场利率　　B. 官方利率　　C. 公定利率　　D. 基准利率

3. 按资金借贷关系存续期内利率水平是否变动,可将利率划分为(　　)。
A. 固定利率　　B. 浮动利率　　C. 基准利率　　D. 市杨利率

4. 按金融机构对同类存贷款利率制定不同的标准,可将利率划分为(　　)。
A. 存款利率　　B. 一般利率　　C. 贷款利率　　D. 优惠利率

5. 按是否剔除通货膨胀因素,可将利率划分为(　　)。
A. 名义利率　　B. 实际利率　　C. 固定利率　　D. 浮动利率

6. 以下属于利率变动对稳定物价的作用渠道的有(　　)。
A. 调节货币供应量　　B. 调节需求总量
C. 增加有效供给　　D. 调节需求结构

7. 下列属于利率体制内容的有(　　)。
A. 利率政策　　B. 利率决定机制
C. 利率变动幅度　　D. 利率水平

8. 我国利率市场化改革的次序是(　　)。
A. 先外币,后本币　　B. 先小额,后大额
C. 先存款,后贷款　　D. 先农村,后城镇

9. 西方的利率决定理论主要有(　　)。
A. 可贷资金利率理论　　B. 马克思的利率约定理论
C. *IS*—*LM* 分析的利率理论　　D. 古典利率理论

10. 以下属于利率期限结构理论的有(　　)。
A. 可贷资金利率理论　　B. 预期假说
C. 流动性偏好理论　　D. 市场隔断理论

四、判断题

1. 由于利息是利润的一部分，所以利润就成为利息的最高界限。（　）

2. 当借贷资金供大于求时，利率水平就会下降；当借贷资金供不应求时，利率水平就会提高，但不会高出平均利润率。（　）

3. 利率是反映使用借贷资金投资效率高低、货币资金使用是否合理的唯一标志。（　）

4. 在国际借贷市场上，低于 LIBOR 的贷款利率被称为优惠利率。（　）

5. 在市场经济中，利率的杠杆作用表现在对资金供求的影响上。（　）

6. 本币贬值会导致国内利率下降。（　）

7. 收益率曲线的变化本质上体现了债券的即期收益率与期限之间的关系。（　）

8. 中央银行提高再贴现率，会使商业银行和其他金融机构的再贷款成本上升，金融机构会相应提高贷款利率，从而使市场利率水平上升。（　）

9. 预期理论认为，长期债券的远期利率是短期债券预期利率的函数。（　）

10. 流动性偏好理论认为，不同期限的债券之间可以完全替代。（　）

五、名词解释

利息	利率	市场利率	官方利率	公定利率
固定利率	浮动利率	名义利率	实际利率	时间偏好
优惠利率	可贷资金利率理论			

六、问答题

1. 简述利息率的主要因素。
2. 简述可贷资金利率理论的主要内容。
3. 为什么说社会再生产状况是影响利息率的决定性因素？
4. 简述调整利息率为什么对经济活动有调节作用。
5. 怎样理解我国目前进行的利率市场化改革？
6. 研究利率期限结构对我国的货币政策实施有什么重要意义？
7. 简述 *IS—LM* 分析的利率理论的主要内容。
8. 利率变动对资金需求有什么影响？

七、案例分析

利率市场化给银行业带来的挑战和机遇

主持人：《金融时报》记者卓尚进

特邀嘉宾：中国农业银行战略管理部总经理、博士胡新智

主持人："十二五"期间，我国利率的市场化进程将加快，在您看来，利率市场化在"十二五"时期将取得什么样的进展？

胡新智：在"十二五"期间，中国的利率市场化将会是一个不断推进和完善的过程，各方面的条件将不断成熟，并与国内外因素、国民经济的长期和短期因素实现有效融合和统一。

回顾美国和日本的经验，利率市场化一般要经历 10 年左右的逐步自由化过程。目前，我国的宏观经济、金融环境和体制仍不完全符合利率市场化的先决条件。我们必须认识到利率

市场化不是一蹴而就的，而是一个渐进的过程。伴随着改革的深化，“十二五”期间金融市场的竞争环境将更加公平，金融机构的财务硬约束机制将逐步建立，金融机构的市场退出机制会日渐成熟，中国金融体系的稳定性也会不断增强，由此为加快推进利率市场化创造更加良好的外部环境和更为广阔的改革空间。

在展望未来美好图景和进展的同时，我们也必须注意到利率市场化推进过程中隐含的内在风险：第一，利率市场化必须要与“十二五”期间国民经济的发展状况同步，切不可操之过急，否则将直接影响到产业结构的转型升级和金融体系的内在稳定；第二，利率市场化必须密切关注国际与国内宏观经济、金融形势的变化，力求抓住最佳机遇，实现改革的稳健突破。

主持人：从 2011 年开始加快的利率市场化进程，对我国商业银行，包括对国有控股上市银行和中小银行将产生什么样的影响？带来什么样的挑战？

胡新智：2011 年，中国的利率市场化进程将不断提速，在此背景下，中国的商业银行将面临新的经营压力和风险挑战。这主要体现为以下两个方面：一方面，存贷款业务竞争将导致利差缩小，进而挤压利润空间。随着存款上限和贷款下限的逐步放开，国内商业银行的自由竞争程度加大，其必然会通过下浮实际贷款利率的手段竞争优质客户。短期内利差的下降风险将使得单纯依靠存贷利差的商业银行面临较大的经营压力。另一方面，利率市场化对银行的风险计量和定价能力提出了更高的要求。利率市场化进程加快后，存贷款利率不仅要随着信贷需求的变化而变化，而且还要随着货币市场利率的变化而波动，资金在金融市场与商业银行之间的流动更加随机，因此商业银行的流动性管理更为困难，而且易形成利率风险。相对于大型商业银行，那些定价能力弱、资产负债管理能力差的中小银行将受到利率波动更为明显的冲击。因此，如何构建多层次、广覆盖、科学的商业银行利率风险管理体系，是值得我们深入思考和研究的新课题。

主持人：一般来说，新生事物都是一分为二的，其在带来挑战的同时，往往还产生新的机遇。在您看来，不断加快的利率市场化在给商业银行带来挑战的同时，是否也会产生新的发展机遇？

胡新智：在利率市场化加快的进程中，尽管给商业银行带来的挑战十分严峻，但中国的商业银行业也将迎来前所未有的改革和发展机遇。

首先，利率作为非常重要的资金价格，在市场有效配置中起基础性调节作用，利率市场化有助于资金流向和配置的不断优化。其次，利率市场化有利于加强商业银行间的公平竞争，有利于银行业构建优胜劣汰机制，有利于促使商业银行提升资产负债管理水平、发展中间业务收入，进而推动自身收入结构调整、业务经营转型和盈利模式升级。再次，利率市场化将促使商业银行为了满足客户需求和规避利率风险而进行金融创新，为客户提供多样化的金融产品和服务。在此变革进程中，投资资产管理等资金业务将获得更为广阔的市场化经营空间。最后，利率市场化不仅使客户在竞争性市场中有选择权，促使商业银行提高产品质量和服务水平，而且有利于商业银行优化客户结构，对不同的客户实行不同的利率，在吸引重点、优质客户的同时，对风险较大的客户采取更高的利率水平作为风险补偿，推动银行客户结构的优化。

主持人：在您看来，为有效应对利率市场化给商业银行带来的挑战和不利影响，把握住其可能带来的发展机遇，商业银行应当采取什么样的发展战略和对策？如何加快商业银行自身发展模式和竞争策略的转型？

胡新智：形象地说，利率市场化就像是一把“双刃剑”。在可以预见的未来，部分商业银行在市场化竞争中将逐渐被边缘化，甚至被淘汰出市场；而部分银行则会抓住机遇，不断追求变革与进步，进而实现自身发展的质的飞跃。因此，面对新形势和新挑战，商业银行必须要迎难而上，在产品定价、收入结构、风险管理、人才培养等方面苦练内功，争取短期内实现发展模式的新突破。

第一，要建立和完善产品定价机制，实现内部存贷款定价的科学化。

第二，要积极发展中间业务，实现收入结构的多元化。中间业务由于资本消耗少、抗周期能力强、对存贷业务依赖度低，在调整和优化商业银行收入结构的过程中扮演着越来越重要的角色。2010 年上半年，16 家上市银行的利差收入占比高达 79％，而同期中间业务收入占比仅为 18％，远低于市场化条件下欧美发达国家银行业 40％的平均水平。伴随着利率市场化，银行利差幅度将不断缩小，由此将对中国银行业传统的收入结构产生重大冲击。大力发展中间业务收入必将成为中国的商业银行业迎接利率市场化挑战的重大战略抉择。

第三，要大力推进风险管理体系建设，实现利率风险的可控化。

第四，要培养和引进利率风险管理人才，实现人才支持的可持续化。

资料来源：《金融时报》，2011 年 1 月 18 日。

问题：利率市场化对银行业有哪些影响？

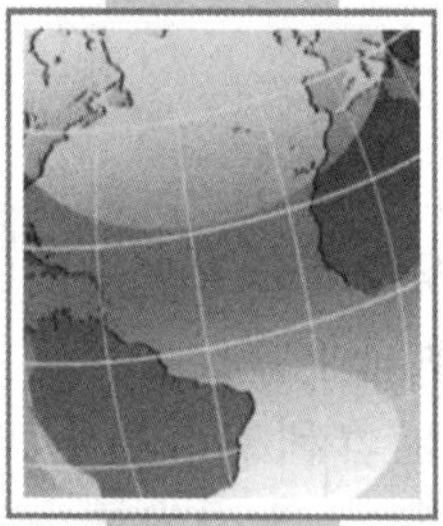

第四章 金融体系及其变革

一、填空题

1. 从广义上看，现代金融体系可以分为三个组成部分：(　　)、(　　)和(　　)。

2.(　　)是充当信用中介、媒介以及从事金融服务的组织。

3.(　　)可以在金融市场上进行交易，是金融活动的载体。

4.(　　)是指政府在遵守市场规律的基础上，对市场体系所进行的政策性调节的机制。

5. 根据在金融体系中的地位，现代金融体系可分为两种模式：(　　)和(　　)。

6. 一般来说，积聚或筹集资金可以有两种方式：一是(　　)，二是(　　)。

7. 大多数的金融机构体系是以(　　)为核心，(　　)为主体，包括各类型金融机构的互为补充、互为竞争的有机系统。

8. 我国的货币当局专指(　　)，它既是货币发行机构，也是商业银行的监管机构。

9. 银行机构包括(　　)、(　　)和(　　)。

10. 我国的政策性银行主要有(　　)、(　　)和(　　)。

二、单项选择题

1. 下列金融工具中，不属于债权债务凭证的是(　　)。
   A. 本票　　B. 汇票　　C. 股票　　D. 债券

2. 以下不属于通过金融市场方式筹集资金的优点的是(　　)。
   A. 成本较低　　B. 风险收益对称
   C. 风险更为分散　　D. 监控能力较强

3. 现代金融理论中量化风险的基本指标是(　　)。
   A. 利率　　B. 资产价格
   C. 资产收益的波动率　　D. 资产收益

4. 我国出现的第一家新式银行是 1845 年开设的(　　)。
   A. 丽如银行　　B. 户部银行　　C. 中国银行　　D. 交通银行

5. 标志着中国现代银行信用开始的是 1887 年建立的(　　)。
   A. 户部银行　　B. 中国通商银行

C. 大清银行　　D. 中国银行

6. 我国第一家完全由企业法人持股的股份制商业银行是(　　)。

A. 兴业银行　　B. 光大银行

C. 华夏银行　　D. 招商银行

7. 我国第一家上市银行是(　　)。

A. 深发展银行　　B. 上海浦东发展银行

C. 民生银行　　D. 中信实业银行

8. 货币市场的核心组成部分是(　　)。

A. 银行间同业拆借市场　　B. 债券回购市场

C. 票据市场　　D. 大额可转让定期存单市场

9. 以下有关政策性银行的说法中,错误的是(　　)。

A. 不以营利为目的　　B. 资金主要由政府提供

C. 不办理存款业务　　D. 不可以发行债券

10. 下列不属于政策性银行资金来源的是(　　)。

A. 贷款　　B. 财政拨款

C. 由国有独资商业银行划出的资本金　　D. 发行金融债券

三、多项选择题

1. 以下属于金融体系构成要素的有(　　)。

A. 金融市场　　B. 金融机构　　C. 金融工具　　D. 金融制度

E. 金融调控机制

2. 以下属于金融市场的有(　　)。

A. 货币市场　　B. 资本市场　　C. 外汇市场　　D. 保险市场

E. 衍生金融工具市场

3. 以下属于金融制度的有(　　)。

A. 货币制度　　B. 汇率制度　　C. 利率制度　　D. 信用制度

E. 金融监管制度

4. 以下属于金融调控机制构成要素的有(　　)。

A. 决策执行机构　　B. 金融法令法规

C. 中央银行　　D. 货币政策

5. 下列属于直接融资方式的有(　　)。

A. 发行股票　　B. 发行债券　　C. 银行贷款　　D. 商业信用

6. 金融功能观是由美国经济学家(　　)提出来的。

A. 罗伯特·莫顿　　B. 兹维·博迪

C. 欧文·费雪　　D. 范·霍恩

7. 以下属于金融体系功能的有(　　)。

A. 在时间和空间上转移资源　　B. 聚集和分配资源

C. 分散、管理和转移风险　　D. 清算和支付结算

E. 提供信息

8. 金融市场的参与者可分为(　　)三类。

A. 最终投资者　　B. 最终筹资者
C. 中介机构　　D. 机构投资者

9. 以下属于非银行金融机构的有(　　)。
A. 保险公司　　B. 证券公司
C. 信托投资公司　　D. 租赁公司
E. 财务公司

10. 以下属于信托投资公司资金来源的有(　　)。
A. 贷款　　B. 自有资金
C. 信托存款　　D. 证券发行基金

11. 金融体系的两种模式是(　　)。
A. 金融中介　　B. 金融市场　　C. 市场主导型　　D. 银行主导型

12. 银行机构包括(　　)。
A. 商业银行　　B. 专业银行　　C. 政策性银行　　D. 信托公司

四、判断题

1. 金融体系由金融市场和金融中介构成。(　　)
2. 金融体系是在商品生产与市场交易过程中逐步形成的,是商品经济发展的产物。(　　)
3. 如果我们把融资手段分为直接融资和间接融资两种形式,则金融市场是直接融资的领域,金融中介是间接融资的领域。(　　)
4. 票据市场利率已成为我国货币市场的基准利率。(　　)
5. 金融是现代经济的核心。(　　)
6. 现代金融体系最早形成于欧洲,英法两国最早形成具有代表性的两种金融体系。(　　)
7. 在大数定理的作用下,银行资产的流动性要求高于个人对资产的流动性要求。(　　)
8. 狭义的金融体系是指金融机构体系。(　　)
9. 吸收社会公众存款和发放贷款是商业银行区别于其他金融机构的主要标志。(　　)
10. 1990 年 12 月 19 日,上海证券交易所成立;同年,一个全国性的证券交易自动化报价系统开始使用,标志着中国股票市场的建立。(　　)

五、名词解释

金融体系	金融机构	金融工具	金融调控机制	金融机构体系
专业银行	储蓄银行	抵押银行	政策性银行	信托投资公司
信用合作社	投资银行	财务公司	融资租赁	证券投资基金

六、问答题

1. 金融体系的构成要素有哪些?
2. 金融体系的功能有哪些?
3. 当代金融体系变革的原因是什么?其发展趋势是什么?
4. 金融机构的国际化和集团化主要表现在哪些方面?

七、案例分析

推进金融改革创新　支持国民经济协调和可持续发展

（一）适时、适度调整货币政策，为经济平稳较快发展营造良好的金融环境

“十一五”时期，面对前所未有的复杂形势，中国人民银行在党中央、国务院的科学决策和坚强领导下，针对不同时期经济、金融的运行情况，适时调整货币政策取向，先后实施稳健、适度从紧、从紧和适度宽松的货币政策，着力加强流动性管理、防止经济波动、稳定就业、优化对外贸易结构、促进国际收支平衡、保持人民币币值基本稳定，有效应对了国际金融危机的冲击，促进了国民经济平稳较快发展。

2010 年以来，随着我国经济持续、快速回升，国内通货膨胀压力有所上升，经济金融领域的潜在风险也有所加大。中国人民银行在保持政策连续性和稳定性的同时，根据新形势、新情况，着力提高政策的针对性和灵活性，先后六次提高存款准备金率共 3 个百分点，两次上调存贷款基准利率各 0.25 个百分点，引导货币信贷从应对危机状态向常态回归。2010 年末，广义货币供应量 M_2 增长 19.7%，比上年末低 8 个百分点；全年新增人民币贷款 7.95 万亿元，同比少增 1.65 万亿元。

同时，中国人民银行积极配合国家关于促进外贸结构优化升级、加快实施“走出去”的战略部署，加强窗口指导和信贷政策引导，鼓励金融机构在风险可控的前提下大力开展信贷业务，加大对出口企业特别是拥有自主知识产权、自主品牌和高附加值出口企业的信贷支持；引导和鼓励金融机构通过加大信贷投入等方式支持企业进口，特别是鼓励高科技产品、能源资源和消费类产品进口。总体来看，金融机构积极配合宏观调控，在保持稳健经营和商业可持续的原则下，努力创新信贷产品，丰富服务模式，支持企业开展对外贸易和“走出去”的力度明显加大。2010 年全年，金融机构人民币贸易融资贷款新增 3 692 亿元，年末余额达 9 776 亿元；外汇进出口贸易融资贷款新增 177 亿美元，年末余额为 1 226 亿美元。

稳步开展跨境贸易人民币结算试点和人民币跨境投融资个案试点，扩大试点范围，有力地促进了贸易和投资的便利化。2009 年 7 月，跨境贸易人民币结算试点在上海市和广东省的 4 个城市正式启动。2010 年 6 月，中国人民银行将跨境贸易人民结算试点地区扩大到北京、天津等 20 个省（自治区、直辖市），试点范围包括跨境货物贸易、服务贸易和其他经常项目人民币结算；对境外地域不再设置限制，所有境外企业均可按照市场原则选择使用人民币结算。2010 年下半年以来，跨境贸易人民币结算量快速增长，年末银行累计办理跨境贸易人民币结算业务 5 063 亿元，出口试点企业从试点初期的 365 家扩大到 67 724 家；此外，还在新疆开展跨境直接投资人民币结算试点，实行人民币跨境投融资业务个案试点。

积极开展国际间货币合作，创造良好的外部环境。顺应周边国家和地区的需求，中国人民银行先后与韩国、阿根廷等国家和地区的中央银行签署总额达 8 035 亿元人民币的双边本币互换协议，以支持双边贸易和投资；积极推动包括清迈倡议多边化在内的区域货币金融合作；加强与多边开发机构之间的合作，成功加入泛美开发银行，推动国内企业开拓拉美和加勒比地区市场；加强与非洲开发银行的业务合作，扩大我国企业在非洲地区的影响力。

（二）深入推进金融重点领域改革，提高金融业参与国际竞争的能力和支持企业“走出去”

2010 年，随着全球经济逐步复苏，我国经济回升向好的基础进一步巩固，经济运行趋于平稳，中国人民银行抓住时机，继续推进金融重点领域和关键环节改革。

一是进一步推进人民币汇率形成机制改革。坚持以市场供求为基础，参考一篮子货币进

行调节。继续按照已公布的外汇市场汇率浮动区间，对人民币浮动进行动态管理和调节，保持了人民币汇率在合理均衡水平上的基本稳定。2010 年，人民币对美元升值 3%。2005 年汇改以来，人民币对美元累计升值 25%。从实体经济运行的情况看，企业对汇改后的环境逐步适应，2008 年以来国际金融危机带来的冲击也逐步减弱，目前进口保持强劲增长，进出口产品结构和出口区域结构得到优化，贸易顺差过快增长的势头得到一定遏制，减缓了通货膨胀压力，特别是一些劳动密集型行业的出口形势已超过危机前的水平。

二是继续推进大型金融机构深化改革。2010 年 7 月 15 日和 16 日，中国农业银行在上海和香港成功上市，标志着我国大型商业银行股份制改革基本完成。此外，国家开发银行也已由政策性银行改造成股份制商业银行。进出口银行和中国出口信用保险公司的改革稳步推进。通过改革，我国金融机构的股权结构和治理结构日益完善，经营管理方式得到根本性转变，资本充足率大幅提高，资产质量大为改观，盈利能力和风险控制能力显著增强。特别是国家开发银行和进出口银行通过多种政策性融资手段，成为我国大型成套设备出口和企业"走出去"资金需求的坚强后盾。

三是深化外汇管理体制改革，为企业"走出去"提供便利。近年来，取消了经常项目外汇账户限额管理，试点出口收入存放境外，进一步简化了结售汇审核程序，允许跨国公司在集团内部开展外汇资金运营，大力促进了贸易投资便利化；同时，取消了对境外投资购汇额度的限制。

四是发挥金融市场的作用，加快金融产品创新，满足多层次资金需求。中国人民银行先后推出了外币交易、人民币外汇远期交易、人民币外汇掉期交易、人民币外汇货币掉期交易等交易工具，为企业规避外汇风险、利率风险提供了金融工具。

（三）继续推动金融改革创新，支持国民经济协调和可持续发展

当前，国内外经济形势仍较复杂。从国际形势来看，国际金融危机导致的急剧动荡逐渐缓解，世界经济正缓慢复苏，但复苏的动力不强，存在很多不稳定、不确定的因素。美国等一些国家进一步推行量化宽松货币政策，导致全球流动性非常宽松，从而加剧了新兴市场面临的资本流入、本币升值甚至通货膨胀和资产泡沫的压力。特别是一些国家的主权债务危机隐患仍未消除，全球金融体系仍然脆弱，大量有毒资产有待消化。从国内形势来看，我国经济虽然存在有利的发展条件，可保持较快增长态势，但面临的困难和问题也不少。除了国民经济比例失衡、国际收支不平衡、城乡区域发展不协调等长期积累的深层次矛盾和问题外，目前，通货膨胀预期增强，部分大中城市房地产价格仍然偏高，外汇持续净流入压力较大等问题不断凸显。面对以上挑战，未来一段时期内，国家宏观经济调控任务依然艰巨。中国人民银行将全面贯彻中央经济工作会议的部署，着重做好以下几个方面的工作：

一是认真贯彻实施稳健的货币政策，加强宏观审慎管理，把好流动性总闸门，合理引导货币信贷总量合理增长，保持合理的社会融资规模。货币政策从适度宽松转向稳健是我国经济在当前国际国内大环境下的正确选择，有利于加强通货膨胀预期管理，防范资产价格泡沫，合理引导投资和消费行为，为调整经济结构、提高资源配置效率提供平稳、适度的货币环境，防范出现系统性金融风险。为切实贯彻实施好稳健的货币政策，中国人民银行已召开全国工作会议进行部署，明确将继续统筹协调使用利率、存款准备金率，公开市场操作等价格和数量型工具，并健全宏观审慎政策框架，丰富和完善货币政策工具，增强宏观调控的灵活性、针对性和有效性。要把稳定价格水平放在更加突出的位置，更加积极、稳妥地处理好保持经济平稳较快发展、调整经济结构、管理通货膨胀预期的关系。同时，进一步发挥金融支持经济结构战略性调整和经济发展方式转变的积极作用，坚持"区别对待、有扶有控"的原则，加强信贷政策引导，优

化信贷结构，多方面拓展中小企业融资渠道，全面提升金融服务水平，更好地促进经济平稳较快发展。

二是深入推进价格形成机制改革，逐步解决金融领域深层次的体制问题。继续按照主动性、可控性、渐进性的原则，进一步推进人民币汇率形成机制改革，发挥市场供求在汇率形成中的作用，增强人民币汇率弹性，保持人民币汇率在合理均衡水平上的基本稳定。

三是继续推动金融机构运营机制和组织制度的改革创新，支持有条件的金融机构开展跨国业务，并为实施“走出去”战略提供良好的金融服务。

四是稳步推进金融市场对外开放和跨境贸易人民币结算试点。继续研究推进境内金融机构赴香港发行人民币债券，稳步扩大香港人民币债券规模。中国人民银行已于 2011 年 1 月 6 日发布实施《境外直接投资人民币结算试点管理办法》，扩大人民币在跨境投融资中的作用。

五是继续深化外汇管理体制改革。推广进口付汇核销改革，择机启动出口收汇核销改革，在全国推广实施出口收入存放境外政策，实现服务贸易外汇均衡管理和事后监督，推动贸易信贷管理制度改革，促进贸易便利化。开展外资企业资本金结汇改革和个人境外直接投资试点，允许更多类型的机构从事合格境内机构投资者业务，有序推进资本项目可兑换。健全跨境资金均衡管理体制，积极促进国际收支平衡。

六是积极参与全球经济、金融治理和区域合作，为我国的外贸发展创造良好的国际经济、金融环境。继续通过 G20 峰会、财长和央行行长会议等重要平台深度参与全球经济治理，加强与各国宏观经济、金融政策的协调。审时度势推动国际货币体系改革，推动、落实基金组织份额改革和治理改革。更广泛地参与金融稳定理事会和巴塞尔银行监管委员会等国际金融标准制定机构的各项工作，提升在国际金融领域的话语权和规则制定权。积极参与双边、多边等经济、金融政策的国际对话和重大机制性活动，加强与非洲开发银行、泛美开发银行等多边机构的合作，为我国企业跨境投资创造有利的经济、金融环境。

资料来源：李东荣，《推进金融改革创新支持国民经济协调和可持续发展》，在中国进出口企业第九届年会上的讲话，中国人民银行网站。

问题：金融改革在中国经济协调发展中具有哪些作用？

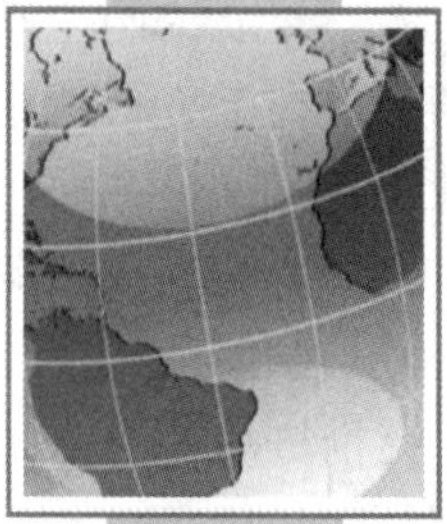

第五章 商业银行

一、填空题

1. 商业银行是以(　　)为目的,以(　　)、(　　)、(　　)等为业务的金融机构。

2. 商业银行的性质可以归纳为:以(　　)为目标,以(　　)经营为对象的综合性多功能的金融企业。

3. 作为特殊的企业,商业银行具有(　　)、(　　)、(　　)、(　　)和(　　)五大职能。

4. 商业银行的信用创造职能主要表现为(　　)和(　　)。

5.(　　)是指商业银行在资产负债不受损失的条件下,能够随时应付客户提现和满足客户必要贷款的能力。

6.(　　)是指商业银行的营运资金为其所有者获取利润的能力。

7. 商业银行的存款按期限可分为(　　)、(　　)和(　　)。

8.(　　)是银行向债权人发行的承诺到期还本付息的债务证券。

9. 商业银行的担保贷款按照担保形式的不同,可以划分为(　　)、(　　)和(　　)。

10. 商业银行的贷款按照偿还方式的不同,可以划分为(　　)和(　　)。

11. 商业银行的存款派生能力取决于(　　)和(　　)。

12. 商业银行的准备金以两种具体形式存在:一是(　　),二是(　　)。

13. 存款总额相对于原始存款的扩张倍数称为商业银行存款派生倍数,又称(　　)。

14.(　　)是指一般商业银行必须参加存款保险,以便在发生意外事故破产的时候,能够及时清偿债务,以维护存款人的利益。

15.(　　)指的是浮动利率资产与浮动利率负债之间的差额。

二、单项选择题

1. 以下属于现代银行产生原因的是(　　)的需要。

A. 货币兑换业务　　B. 货币保管业务

C. 资本主义扩大再生产　　D. 结算业务

2. 以下属于商业银行最基本和首要职能的是(　　)。

A. 支付中介　　B. 信用中介　　C. 信用创造　　D. 金融服务

3. 商业银行支付中介职能的发挥是以(　　)为基础的。

A. 活期存款　　B. 定期存款　　C. 储蓄存款　　D. 银行贷款

4. 商业银行与其他金融机构最大的区别在于(　　)。

A. 利润率更高　　B. 有权经营活期存款业务

C. 可以发放贷款　　D. 可以进行证券投资

5. 以下不属于商业银行存款管理内容的是(　　)。

A. 吸收存款方式的管理　　B. 存款利率管理

C. 存款保险管理　　D. 存款期限管理

6. 下列不属于商业银行委托代理业务的是(　　)。

A. 结算业务　　B. 代收款业务

C. 代理融通业务　　D. 信托业务

7. 设票据面额为1 000元,60天后到期,年贴现率为12%,则银行贴现付款金额为(　　)元。

A. 960　　B. 970　　C. 980　　D. 990

8.《巴塞尔协议》规定,到1992年底,所有签约国从事国际业务的银行的资本与风险加权资产的比率应达到8%,其中,核心资本至少为(　　)。

A. 2%　　B. 3%　　C. 4%　　D. 5%

9. 1994年,我国颁布的《商业银行资产负债比例管理暂行监控指标》中,要求商业银行各项贷款与各项存款之比不得超过(　　)。

A. 50%　　B. 60%　　C. 75%　　D. 85%

10. 1994年,我国颁布的《商业银行资产负债比例管理暂行监控指标》中,规定我国商业银行的流动性比率不得低于(　　)。

A. 20%　　B. 25%　　C. 35%　　D. 40%

三、多项选择题

1. 以下属于商业银行职能的有(　　)。

A. 信用中介　　B. 支付中介　　C. 信用创造　　D. 金融服务

E. 调控经济

2. 按照组织形式的不同,商业银行可以划分为(　　)。

A. 单一制银行　　B. 总分行制银行

C. 持股公司制银行　　D. 连锁制银行

3. 一般商业银行在经营过程中遵循的“三性原则”是(　　)。

A. 安全性　　B. 流动性　　C. 盈利性　　D. 可控性

4. 下列属于商业银行自有资本的有(　　)。

A. 股本　　B. 资本盈余　　C. 未分配利润　　D. 公积金

5. 下列属于商业银行负债业务的有(　　)。

A. 自有资本　　B. 存款业务

C. 发行资本债券　　D. 同业拆借

6. 商业银行间同业借款可以采取的形式有(　　)

A. 银行同业拆借　　B. 抵押借款

C. 转贴现借款　　D. 回购协议

7. 下列属于商业银行现金资产的有(　　)。

A. 库存现金　　B. 同业存款　　C. 在途资金　　D. 支票

8. 以下属于商业银行向中央银行借款的形式有(　　)。

A. 贴现　　B. 再贴现　　C. 贷款　　D. 再贷款

9. 以下属于商业银行资产业务的有(　　)。

A. 现金资产　　B. 证券投资业务

C. 票据业务　　D. 贷款业务

10. 按照保证程度的不同,银行贷款可分为(　　)。

A. 担保贷款　　B. 工商业贷款　　C. 信用贷款　　D. 不动产贷款

11. 以下属于商业银行中间业务的有(　　)。

A. 结算业务　　B. 银行卡业务　　C. 租赁业务　　D. 信托业务

12. 现实生活中,派生系数的影响因素有(　　)

A. 原始存款　　B. 现金漏损率

C. 超额准备率　　D. 定期存款准备金

13. 银行资产管理的内容包括(　　)。

A. 准备金管理　　B. 贷款管理

C. 证券投资管理　　D. 资本管理

14. 银行负债管理的内容包括(　　)。

A. 资本管理　　B. 存款管理　　C. 贷款管理　　D. 借入款管理

15. 以下属于1994年我国《商业银行资产负债比例管理暂行监控指标》中的指标的有(　　)。

A. 资本充足率　　B. 存贷款比例

C. 资产流动性比例　　D. 拆借资金比例

E. 中长期贷款比例

四、判断题

1. 1694年,英国英格兰银行的建立标志着西方现代银行制度的建立。(　　)

2. 商业银行以盈利为唯一目标,只要对股东和客户负责即可,无需对整个社会负责。(　　)

3. 一般来说,能否派生货币是商业银行区别于专业银行及非银行金融机构的本质所在。(　　)

4. 商业银行创造存款货币的能力是由其自己独立完成的。(　　)

5. 商业银行的流动性与盈利性、安全性与盈利性的不一致,表现为此消彼长的对立关系。(　　)

6. 我国现代银行业的出现是商品经济发展的产物。(　　)

7. 对于商业银行来说,定、活期存款是其负债业务的重要内容,也是从事贷款等资产业务活动的基础,是原始存款的主要来源。(　　)

8. 负债的流动性是指银行以较低的成本随时获取资金的能力。资产的流动性是指资产在不受价值损失的条件下具有的迅速变现的能力。(　　)

9. 法定存款准备金率越高，商业银行创造存款货币的能力就越强。（　　）

10. 资产负债比例管理是指将资产负债各科目之间按照对称原则进行安排和管理，使安全性、流动性和盈利性之间达到平衡协调。（　　）

五、名词解释

商业银行	单一制银行	分支行制	银行持股公司制	连锁银行制
安全性	流动性	盈利性	负债业务	存款业务
活期存款	定期存款	储蓄存款	再贴现	再贷款
同业拆借	转贴现	回购协议	资产业务	在途资金
抵押贷款	质押贷款	贴现	中间业务	商品信用证
货币信用证	基金托管	表外业务	原始存款	派生存款

六、问答题

1. 如何理解商业银行的职能？
2. 商业银行的经营原则有哪些？
3. 试比较单一银行制与总分行制的优缺点。
4. 商业银行最基本的业务是什么？它由哪些部分组成？
5. 什么是商业银行的中间业务？它具体包括哪些内容？
6. 试述商业银行的存款创造原理以及如何修正存款的派生系数。
7. 资产负债管理理论的基本内容有哪些？

七、案例分析

传统商业银行数字化转型的路径

近年来，金融科技以其强大的数据支撑、高效的业务处理能力、第一性原理的设计思维和嵌入式的客户体验迅速占领金融市场，大有“外行”赶超“内行”之势。面对金融科技浪潮，传统商业银行不能固步自封，必须借助外力、形成合力、增强实力，在科技变革中把握住机遇。

（一）以新的视角认识数字化转型

当前，数字化转型成为未来银行发展的分水岭，金融科技的冲击推动传统银行经营发生颠覆性变化。一是经营模式的变化。“银行＋科技”成为新的经营模式，传统银行必须与金融科技公司加强合作，共生共长，部分业务由金融科技公司提供技术支撑和服务，利用科技赋能，实现运营低成本、高效率、低风险，推动银行经营管理更加现代化、分散化、去中介化。二是服务理念的变化。银行从传统“以产品和渠道为中心”向“以客户为中心”转变，真正满足客户需求，金融服务以科技为媒介嵌入人们生活的方方面面，实现服务“零摩擦”，客户体验全面提升。三是运营渠道的变化。传统银行通过物理网点接触客户、提供服务，新一代年轻人更倾向于通过线上渠道获得更加高效的金融服务，2018 年以来，银行网点的离柜率接近 88%，未来银行网点会大幅减少，靠网点扩张业务的时代已成过去，获客手段和活客环境发生了新的变化。四是风控形势的变化。金融科技带来高效便捷服务的同时，对风险管控提出了更高的要求，高度虚拟化、网络化、数字化、移动性、分布式的金融科技系统，客观上造成了比传统银行风险更大的复杂性。

（二）破解转型工作中存在的问题

适应数字化时代，推动数字化转型，传统商业银行必须正视差距，着力破解当前面临的问题。第一，需破解转型战略方向不明问题。未来银行的服务越来越趋向于精细化、专业化，作为覆盖城乡两大市场的大型国有商业银行，在当前竞争环境下，无法做到“包打天下”，面面俱到。比如，在支付市场领域，支付宝、微信等互联网支付平台已经深入人心，与之拼抢市场，成本太高，收效甚微。需要找准新时代农业银行的市场定位，有所为有所不为，集中精力和优势拓展新的发展空间，找准新的增长点。第二，需破解考核机制不完善问题。从目前看，科技支撑在综合绩效考核、各类业务考核中依然没有得到足够重视，科技应用往往成为边缘地带或者“牺牲品”，这一定程度上影响着转型效率和效果。第三，需破解网点规划定位不准问题。当前，网点建设布局存在大而不全、小而不精等问题，既捆绑了人力资源，又增加了营运成本。推动数字化转型，网点规划建设必须要依托网点业务流量、客户需求等大数据分析结果，对网点建设规模、服务功能进行精准定位。

（三）制定解决方案

1. 坚持金融服务实体经济本源，增强服务国家战略和地方发展的互联网思维。无论银行如何转型，如何改变营销模式和获客渠道，都离不开服务实体经济本源，深化银政合作对数字化转型有巨大的推动作用。要主动融入区域主流经济，与地方政府保持良好的合作关系，用金融力量帮助政府和人民解决住房、医疗、教育等社会深层问题，为数字化转型营造良好的外部环境。

2. 坚持金融扶贫和服务“三农”的主责主业，在数字乡村建设中拓展发展空间。做好金融扶贫和服务“三农”工作，既是党中央赋予传统商业银行不可推卸的责任和使命，也是其数字化转型中最大的机遇和资源，是必须要做且必须做好的事情。我们要认真贯彻落实《中共中央、国务院关于实施乡村振兴战略的意见》《数字乡村发展战略纲要》，创新农村普惠金融服务，因地制宜发展数字农业、智慧旅游业、智慧产业园区，改善网络支付、移动支付、网络信贷等普惠金融发展环境，为农民提供足不出村的便捷金融服务，在服务普罗大众中拓展农行事业发展的空间。

3. 坚持“大数据控险”理念，确保数字化转型稳健行远。数字化转型带来便捷、高效服务的同时，也对风险管控能力和管理水平提出了新的挑战，特别是高度依赖线上渠道、全时在线运营和持续积累金融交易数据，易引发操作风险、运行风险和信息安全风险。因此，推动转型必须坚持发展与风控“同步发力”，不能以牺牲安全性、稳健性和消费者利益为代价，要坚持“合规先行，控险为要”的管理理念，运用大数据预判风险、管控风险，持续加强基础防护、主动防御两个能力建设，最大限度堵塞漏洞、避免损失，防范数字化转型中伴生的风险。

4. 坚持走“流量经营”的转型道路，全方位多渠道搭建服务场景。生活即金融，要树立“流量经营”理念，通过场景建设，丰富获客、活客渠道。一是运用金融科技，广泛搭建场景，拓宽流量入口。把金融服务嵌入人们的生产与生活环境中，如生产经营、生活缴费、医疗教育等，推动金融服务以更多的形态、更多的方式出现在人们生活最需要的时刻。二是用数据画像，推进以客户为中心的交叉营销，实现流量裂变。坚持“用数据说话”，依托大数据实现个性化、精准化营销，找准客户需求的痛点，在客户最需要的时候，选择最合适的渠道和最合适的产品提供给客户，实现人性互动，提升客户体验，增强客户粘性。三是加强平台管理和人文关怀，推动流量经营长效发展。对建立的各类场景、平台加强管理维护，用心经营，让场景运用主体感受到服务的便利性和持久性；“跳出营销做营销”，依托大数据积极帮助客户解决非金融需求，和客户建立情感共鸣，用贴心到位的服务树立品牌形象。

5. 坚持深化绩效体系改革和队伍建设，为转型发展提供支撑保障。完善考核机制，加强队伍建设，是推动转型的基础和关键，也是基层当前面临的痛点和难点。一是发挥绩效考核指挥棒作用，用机制撬动经营活力。在考核指标上给予科技应用落地保障，对金融科技设计的组织管理、制度建设、模式创新等方面给予必要的配合和改造，促进业务与技术之间持续形成“化学反应”，着力提高金融科技价值贡献。积极探索基层网点和各渠道绩效考核体系，比如手机App、场景搭建等销售渠道考核，形成全员营销的转型氛围。二是优化人力资源配置，打造懂科技、懂金融的复合型人才队伍。一方面，按照“三减两增一改”原则，优化调整岗位，解放人力资源，打牢转型基础；另一方面，加强对营销人员金融科技知识的培训，增强客户经理、产品经理对科技赋能的感性认识。同时，着力在支行班子中培养科技型人才，为数字化转型提供人才保障。

资料来源：《金融时报》，2019 年 8 月 5 日。

问题：商业银行数字化转型的必要性和实施要点是什么？

应对资本压力商业银行启动再融资

在 2009 年大量放贷以及 2010 年监管层资本“红线”的双重压力下，以国有大型银行为主体，国内商业银行纷纷启动资本市场再融资。

继农行首发融资之后，工行、中行、建行、交行四大行的 A＋H 配股计划也宣告启动。中行于 2010 年 5 月 31 日发行 400 亿元 A 股可转换公司债券，而后于 10 月 28 日全面启动约 600 亿元的 A＋H 股配股计划。至 12 月份上述两市再融资工作结束，中行成为首家成功利用境内外资本市场、以不同融资方式完成再融资工作的国有大型上市银行，而总共约 1 000 亿元人民币的再融资也创下中国资本市场史之最。

6 月 7 日，交行在 A 股和 H 股两市配股同时启动，分别募集人民币 171.25 亿元和港币 17 283 亿元。8 月 31 日，工行公开发行 250 亿元 A 股可转换公司债券，并于 11 月 10 日在 A 股和 H 股两市同时刊登配股发行公告，筹资总额约为 450 亿元，最终以创两市上市银行配股超额认购倍数最高纪录宣告再融资顺利收官。11 月 2 日，建行启动 A 股、H 股同时配股，最终融资 617 亿元人民币。

进入 2010 年以来，从资本市场再融资的不仅是上述大型银行。早在 3 月底，招商银行 A 股与 H 股同步配股发行的工作就顺利结束，实际募集资金 215.67 亿元人民币。

尽管各家银行再融资规模不一，但目的却高度一致，那就是通过再融资提高资本充足率。商业银行通过再融资进行资本补充，能够进一步提升综合竞争实力、风险抵御能力和可持续盈利能力，从而保障其持续、健康发展。

截至 2010 年第三季度末，我国商业银行加权平均资本充足率为 1.6%，加权平均核心资本充足率为 9.5%。

专家点评：

2008 年底以来，我国应对金融危机的一揽子方案取得了圆满成功，国民经济保持平稳较快发展。与此同时，银行业的资产规模增加较快，尽管不少银行在前几年进行过融资，但其资本充足率仍然有所下降，从而影响到银行的风险抵御能力，同时也影响到银行未来的业务扩张。

央行和监管部门的一些新的管理思路和监管要求也让商业银行更加关注自身的风险控制，因而提高资本充足率就成为各商业银行的普遍要求。再加上 2010 年资本市场较为充足的流动性，促使各家银行纷纷选择从资本市场融资。

值得一提的是，为反对全球金融危机，2010年9月，27国就《巴塞尔协议Ⅲ》达成一致。中国银监会也加紧制定符合自己国情的新银行业监管规则，进一步提高了对商业银行资本充足水平的要求。以此为契机，我国商业银行通过建立自我完善机制来推动风险管理水平的持续改进，努力建立长期的资本规划和资本自我管理机制。而通过再融资，目前我国商业银行的资本充足水平已大大超过了新资本协议的标准。

（赵锡军）

资料来源：《金融时报》，2011年1月15日。

问题：试述商业银行再融资与其风险抵御能力的关系。

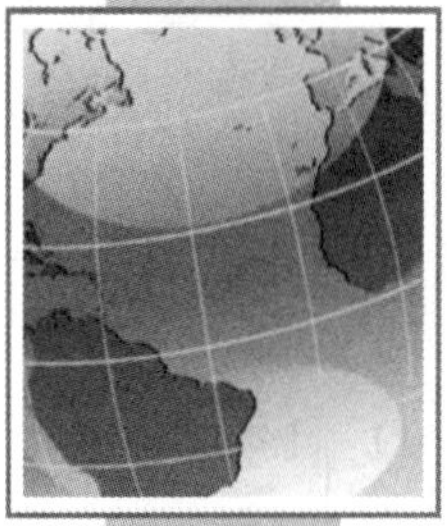

第六章
中央银行

一、填空题

1. 按照中央银行在国民经济中所处的地位，可以划分为（　　）、（　　）和（　　）三大职能。

2. （　　）是指在一个国家或地区还没有建立通常意义上的中央银行制度，只是由政府授权一个或几个商业银行行使部分中央银行职能，或者设置类似中央银行的机构。

3. 中央银行的资本结构形式有（　　）、（　　）、（　　）、（　　）和（　　）。

4. 中央银行应在国家法律的授权和保障下，独立行使对金融体系和金融市场的（　　）、（　　）和（　　）。

5. 中央银行在具体的业务经营活动中，一般奉行（　　）、（　　）、（　　）和（　　）四个原则。

6. 金融监管制度按监管机构的监管范围，可分为（　　）和（　　）。

7. 金融监管的内容包括（　　）、（　　）和（　　）。

8. 银行的申请设立必须符合法律规定的程序，主要包括两个方面：一是（　　），二是（　　）。

9. 金融机构市场退出的原因和方式可以分为两类：（　　）与（　　）。

10. 中央银行对金融机构的非现场监控通常采用两种方法：一是（　　），二是（　　）。

二、单项选择题

1. 被称为现代中央银行鼻祖的是（　　）。

A. 瑞典银行　　B. 英格兰银行
C. 德意志银行　　D. 联邦储备体系

2. 新中国的中央银行是 1948 年 12 月 1 日建立的（　　）。

A. 华北银行　　B. 西北农民银行
C. 北海银行　　D. 中国人民银行

3. 新加坡和中国香港的中央银行采取的组织形式是（　　）。

A. 单一式中央银行　　B. 复合式商业银行

C. 准中央银行制度　　D. 跨国中央银行制度

4. 以下有关中国人民银行和财政部关系的说法中,不正确的是(　　)。

A. 中国人民银行和财政部之间存在隶属关系

B. 中国人民银行不得直接认购和包销国债

C. 中央银行负责货币政策的制定与执行

D. 财政部负责财政政策的制定与推行

5. 下列实施复合式中央银行制度的国家是(　　)。

A. 英国　　B. 美国　　C. 法国　　D. 日本

6. 以下有关中央银行和商业银行特点的说法中,不正确的是(　　)。

A. 商业银行主要从事微观经济活动

B. 中央银行的业务对象主要是政府、商业银行和其他机构

C. 中央银行的业务不以营利为目的

D. 商业银行在一国的金融体系中处于中心地位

7. 下列不属于中央银行在具体的业务经营过程中应奉行的原则的是(　　)。

A. 非营利性　　B. 流动性　　C. 可控性　　D. 主动性

8. 以下不属于中央银行负债业务的是(　　)。

A. 货币发行　　B. 集中存款准备金

C. 再贷款业务　　D. 代理国库

9. 以下不属于中央银行中间业务的是(　　)。

A. 成立票据交换所　　B. 对政府的贷款

C. 办理异地资金转移　　D. 办理交换差额的集中清算

10. 以下不属于我国中央银行金融监管具体目的的是(　　)。

A. 经营的安全性　　B. 竞争的公平性

C. 政策的一致性　　D. 政策的连续性

三、多项选择题

1. 以下属于中央银行产生原因的有(　　)。

A. 银行券统一发行的需要　　B. 统一票据交换和清算的需要

C. 充当最后贷款人的需要　　D. 对金融业实施监督与管理的需要

E. 满足政府融资的需要

2. 中央银行作为银行的银行,具体表现在(　　)。

A. 集中存款准备金　　B. 充当“最后贷款人”

C. 参与全国的清算　　D. 对金融业实施监督和管理

3. (　　)属于中央银行的“政府的银行”职能的体现。

A. 代理国库　　B. 代理政府债券的发行

C. 制定和实施货币政策　　D. 实施金融监督管理

E. 持有和管理国际储备

4. 以下属于中央银行资本结构的有(　　)。

A. 单一式中央银行　　B. 复合式商业银行

C. 国家所有制　　D. 混合所有制

5. 以下属于中央银行资产业务的有（ ）。
A. 再贴现 B. 证券买卖
C. 再贷款 D. 对政府的贷款

6. 以下属于实行分业监管体制的国家有（ ）。
A. 英国 B. 美国 C. 新加坡 D. 澳大利亚

7. 我国中央银行金融监管的一般目的是（ ）。
A. 防范和化解金融风险 B. 维护金融体系的稳定和安全
C. 保护公平竞争 D. 提高金融效率

8. 以下属于中央银行对市场运作过程的监管的有（ ）。
A. 金融业许可证制度 B. 资本充足性监管
C. 流动性监管 D. 准备金管理

10. 以下属于中央银行金融监管方法的有（ ）。
A. 现场监控 B. 现场稽核检查
C. 内外部审计相结合 D. 事后处理法

四、判断题

1. 正如马克思所言，“中央银行是信用制度的枢纽”。（ ）

2. 英国的中央银行英格兰银行是从商业银行演化而来的。（ ）

3. 中央银行的业务活动不以盈利为目的，而是以稳定货币、发展经济作为目标。（ ）

4.“发行的银行”这一职能最能体现中央银行是特殊金融机构的性质，也是中央银行作为金融体系核心的基本条件。（ ）

5. 中央银行的首要任务是稳定币值，如果受政府完全控制，有可能成为政府推行通货膨胀的工具。（ ）

6. 中央银行对政府的贷款是政府弥补财政赤字的途径之一。（ ）

7. 我国1998年成立的中国人民银行大区分行在一定程度上减少了地方政府对货币政策的干预，维护了中央银行货币政策的独立性。（ ）

8. 在中央银行与政府的关系中，最基本、最重要的问题就是中央银行要保持独立性。（ ）

9.《中国人民银行法》第二十七条规定，中央银行对商业银行贷款的期限不得超过2年。（ ）

10.《巴塞尔协议》关于核心资本和全部资本与风险资产的4%和8%的比率规定，已经成为对银行监管中资本充足率的最重要、最基本的标准。（ ）

五、名词解释

中央银行 发行的银行 银行的银行 政府的银行 单一式中央银行制度
复合式中央银行制度 准中央银行制度 跨国中央银行制度
集中监管体制 分业监管体制

六、问答题

1. 简述中央银行产生的原因。

2. 简述中央银行的性质和职能。
3. 简述中央银行的作用。
4. 简述中央银行保持相对独立性的原因。
5. 试述如何加强我国中央银行的独立性。
6. 简述中央银行的业务活动原则。
7. 简述中央银行金融监管的基本原则。
8. 简述中央银行金融监管的主要内容。
9. 简述中央银行金融监管的主要方法。

七、案例分析

美联储的产生

20 世纪以前美国政治的一个主要特征，是对中央集权的恐惧。这不仅仅体现在宪法的制约与平衡上，也体现在对各州权利的保护上。对中央集权的恐惧，是造成美国人对建立中央银行抱有敌意态度的原因之一。除此之外，传统的美国人对于金融业一向持怀疑态度，而中央银行又正好是金融业的最突出代表，美国公众对中央银行的公开敌视，使得早先旨在建立一个中央银行以管辖银行体系的尝试，先后两次归于失败：1811 年，美国第一银行被解散；1832 年，美国第二银行延长经营许可证期限的要求遭到否决，随后，因其许可证期满在 1836 年停业。

1836 年美国第二银行停业后，由于不存在能够向银行体系提供准备金并使之避免银行业恐慌的最后贷款人，给美国金融市场带来了麻烦。19 世纪和 20 世纪早期，全国性的银行恐慌已成为有规律的事情。1837 年、1857 年、1873 年、1884 年、1893 年和 1907 年，都曾爆发过银行恐慌，1907 年银行恐慌造成的如此广泛的银行倒闭和存款人的大量损失，终于使美国公众相信需要有一个中央银行来防止将来再度发生恐慌了。

不过，美国公众基于对银行和中央银行的敌视态度，对建立类似英格兰银行的中央银行，还是大力反对的。他们一方面担心华尔街的金融业(包括最大的公司和银行)可能操纵这样一个机构从而对整个经济加以控制；另一方面，也担心联邦政府利用中央银行过多干预私人银行的事务。所以，在中央银行应该是一家私人银行还是一个政府机构的问题上，存在着严重的分歧。由于争论激烈，只能妥协。依据美国传统，国会便把一整套精心设计的带有制约和平衡特点的制度，写入了 1913 年的《联邦储备法》，从而创立了拥有 12 家地区联邦储备银行的联邦储备体系。

当初建立联邦储备系统，首先是为了防止银行恐慌并促进商业繁荣，其次才是充当政府的银行。但是第一次世界大战结束后，美国取代英国，成为金融世界的中心，联邦储备系统已成为一个能够影响世界货币结构的独立的巨大力量。20 世纪 20 年代是联邦储备系统取得重大成功的时代。当经济出现摇摆的迹象时，就提高货币的增长率，当经济开始以较快的速度扩张时，就降低货币的增长率。它虽没有使经济免予波动，但的确缓和了波动。不仅如此，它是不偏不倚的，因而避免了通货膨胀。货币增长率和经济形势的稳定，使经济获得了迅速发展。

问题：美联储产生的过程说明了什么？

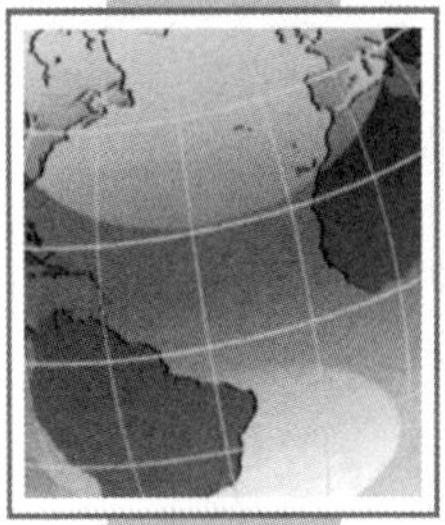

第七章 金融市场

一、填空题

1. 狭义的金融市场是指通过（　　）实现（　　）的场所或交易。

2. 金融市场有很多组成部分，主要包括（　　）、（　　）以及其他金融市场。

3. 金融工具就是（　　）。

4. 金融工具主要包括（　　）和（　　）。

5. 金融交易是一种（　　）的活动。

6. 交易价格反映的是在一定时期内转让（　　）的报酬。

7. 金融市场的交易对象是（　　），因此，（　　）便成为金融商品的价格。

8.（　　）也叫初级市场或一级市场，它是（　　）。

9.（　　）也叫次级市场或二级市场，它是（　　）。

10.（　　）是指金融工具期限在 1 年以上的长期金融市场，其作用是（　　）和（　　）。

11.（　　）是在评价金融资产价值的过程中所发生的成本。

12.（　　）是在信用活动中产生，能够证明金融交易金额、期限、价格的书面文件。

13. 金融工具的变现可以通过两种途径来实现：（　　）或者（　　）。

14. 金融工具的收益往往通过（　　）和（　　）两种途径获得。

15. 投资者通过金融工具的低买高卖所获得的价差收入被称为（　　）。

16. 按是否与直接信用活动相关划分，金融工具可分为（　　）和（　　）。

17. 根据发行人的不同，债券可分为（　　）、（　　）和（　　）三大类。

18. 一般来说，金融期货可分为三大类：（　　）、（　　）和（　　）。

19. 按执行时间的不同，金融期权主要分为（　　）和（　　）。

20. 在其他条件不变的情况下，流动性越大，对应的偿还期限（　　），风险性（　　），收益性（　　）。

21.（　　）是指买卖双方事先就某种金融工具的数量、交割日期、交易价格、交割地点等达成协议，并约定在未来某一时刻进行实际交割的交易。

22. 票据市场主要包括商业票据的（　　）和（　　），也包括其他融资性票据市场。

23. 商业票据的发行分为（　　）和（　　）两种方式。

24. 从买卖双方决定价格的不同，股票的交易方式可分为（　　）和（　　）两种。
25. 根据基金单位是否可增加或赎回，投资基金可分为（　　）和（　　）两种。

二、单项选择题

1. 以下不属于金融工具具有流动性需要满足的前提条件的是（　　）。
A. 必须能够很容易地变现　　B. 收益必须保持相对稳定
C. 变现交易成本必须极小　　D. 本金必须保持相对稳定
2. 金融工具票面收益与票面额的比率被称为（　　）。
A. 名义收益率　　B. 实际收益率
C. 即期收益率　　D. 平均收益率
3. 金融工具的年收益额对该金融工具当期市场价格的比率为（　　）。
A. 名义收益率　　B. 实际收益率
C. 即期收益率　　D. 平均收益率
4. 下列属于长期金融工具的是（　　）。
A. 票据　　B. 借据　　C. 国库券　　D. 股票
5. 买卖双方事先就某种金融工具的数量、交割日期、交易价格、交割地点等达成协议，并约定在未来某一时刻进行实际交割的金融工具是（　　）。
A. 互换　　B. 远期　　C. 期权　　D. 期货
6. 下列不属于货币市场金融工具特点的是（　　）。
A. 期限短　　B. 安全性高　　C. 收益高　　D. 流动性
7. 下列不属于银行同业拆借市场特点的是（　　）。
A. 融资期限较短，最常见的是隔夜拆借
B. 交易金额较小，不需要担保或抵押，完全凭信用交易
C. 交易手续简便，一般通过电话洽谈
D. 利率由双方协商决定，随行就市
8. 下列有关回购协议利率的说法中，错误的是（　　）。
A. 信誉度高，流动性强，回购利率就低
B. 期限短的利率会高些
C. 采用实物交割的利率会高些
D. 货币市场其他子市场的利率水平会影响回购市场的利率
9. 下列不属于国库券特征的是（　　）。
A. 信用风险小　　B. 流动性强
C. 面额大　　D. 收入免税
10. 下列有关股票性质的说法中，错误的是（　　）。
A. 无期性　　B. 流动性
C. 权责性　　D. 无限清偿责任

三、多项选择题

1. 金融市场的构成要素包括（　　）。
A. 市场参与者　　B. 金融工具　　C. 交易价格　　D. 组织形式

E. 市场管理

2. 当企业资金不足时,可以从金融市场上筹措到资金的方法有( )。

A. 持未到期的商业票据到商业银行办理贴现

B. 以企业财产和各种有价证券作抵押到银行办理抵押贷款

C. 在证券市场上发行股票和债券

D. 向其他企业借款

3. 金融交易的组织形式主要有( )。

A. 交易所交易 B. 柜台交易 C. 电话交易 D. 场外交易

4. 金融机构向市场提供资金的方式有( )。

A. 同业拆借 B. 票据贴现

C. 抵押贷款 D. 买进短期债券

5. 金融机构筹集资金的方式有( )。

A. 吸收存款 B. 拆借资金 C. 再贴现 D. 出售短期债券

6. 以下属于市场管理内容的有( )。

A. 信息披露管理 B. 金融机构管理

C. 金融业务管理 D. 货币政策管理

7. 金融市场按照金融交易期限的长短,可分为( )。

A. 货币市场 B. 债券市场 C. 资本市场 D. 股票市场

8. 按资金的融通方式划分,金融市场可分为( )。

A. 债券市场 B. 直接融资市场

C. 股票市场 D. 间接融资市场

9. 以下属于货币市场的有( )。

A. 可转让大额定期存单市场 B. 银行同业拆借市场

C. 商业票据市场 D. 银行承兑汇票市场

10. 按金融工具成交后是否立即交割,金融市场可分为( )。

A. 现货市场 B. 期货市场 C. 期权市场 D. 证券市场

11. 按金融交易的场地和空间,金融市场可分为( )。

A. 有形市场 B. 交易所交易

C. 无形市场 D. 场外交易

12. 以下属于金融市场功能的有( )。

A. 调剂资金 B. 增加社会资金积累

C. 降低信息成本 D. 分散和转移风险

13. 以下属于金融工具特征的有( )。

A. 期限性 B. 流动性 C. 风险性 D. 收益性

14. 金融工具遭受的主要风险有( )。

A. 信用风险 B. 市场风险 C. 系统风险 D. 利率风险

15. 下列属于金融工具收益性的常用计算方法的有( )。

A. 名义收益率 B. 到期收益率

C. 即期收益率 D. 平均收益率

16. 下列属于衍生金融工具的有( )。

A. 债券　　B. 股票　　C. 互换　　D. 期货
E. 期权

17. 下列属于金融期权构成要素的有(　　)。
A. 执行价格　　B. 权利金　　C. 履约保证金　　D. 看涨期权

18. 目前,市场上主要的金融交换契约形态有(　　)。
A. 股价交换　　B. 利率交换
C. 通货交换　　D. 通货利率交换

19. 股票的间接发行方式有(　　)。
A. 直销　　B. 代销　　C. 承销　　D. 包销

20. 根据组织形态的不同,投资基金可分为(　　)。
A. 开放式基金　　B. 公司型投资基金
C. 封闭式基金　　D. 契约型投资基金

四、判断题

1. 在金融市场上,政府是资金的供给者。　(　　)
2. 企业是金融市场运行的基础,也是整个经济生活系中心。　(　　)
3. 金融机构既是金融市场的资金供应者,又是资金需求者。　(　　)
4. 利率的波动反映着市场资金供求的变化状况,是引导市场资金流向的信号。　(　　)
5. 直接融资市场和间接融资市场的差别在于是否有中介机构介入。　(　　)
6. 金融市场是汇集社会政治、经济、军事等方面信息的“集散地”,也是对这些信息加以反映的“晴雨表”。　(　　)
7. 金融工具各特征之间的关系可以概括为:流动性与偿还性、收益性、风险性成反比;期限性、风险性与收益性成正比。　(　　)
8. 一般来说,市场利率上升,金融工具的市场价格也上升。　(　　)
9. 即期收益率比平均收益率更能准确地反映投资者的收益情况。　(　　)
10. 由于货币市场的管理历来比其他市场要松,所以任何一种类型的交易方式只要可行就可以被采用和发展。　(　　)
11. 从本质上说,回购协议是一种抵押贷款,其抵押品为证券。　(　　)
12. 资本市场的金融工具与短期金融工具相比较,收益低、风险小、流动性差。　(　　)
13. 股票一经买进就不能退还本金,股价的波动意味着持有者的盈亏变化。　(　　)
14. 目前,世界各国股票发行采用得最多、最普遍的方式是公开和直接发行。　(　　)
15. 场外市场又称店头市场或柜台市场,它与交易所共同构成一个完整的证券交易市场体系。　(　　)

五、名词解释

金融市场　　货币市场　　资本市场　　现货市场　　期货市场
初级市场　　次级市场　　有形市场　　无形市场　　同业拆借市场
票据市场　　回购市场　　回购协议　　代销　　承销
包销　　投资基金　　开放式基金　　封闭式基金　　公司型投资基金
契约型投资基金　　成长型投资基金　　收入型投资基金

平衡型投资基金　　金融期货　　金融期权　　金融互换

六、问答题

1. 简述金融市场的构成要素及其功能。
2. 什么是金融工具？金融工具有哪些特征？
3. 什么是货币市场？货币市场有哪些组成部分？
4. 股票与债券的区别有哪些？
5. 金融期货如何起到防范金融风险的作用？
6. 阐述期货交易与期权交易的区别。

七、案例分析

巴林事件

巴林银行集团是英国伦敦城内历史最久、名声显赫的商人银行集团，素以发展稳健、信誉良好而驰名，其客户也多为显贵阶层，包括英国女王伊丽莎白二世。该行成立于1762年，当初仅是一个小小的家族银行，逐步发展成为一个业务全面的银行集团。巴林银行集团的业务专长是企业融资和投资管理，业务网络点主要在亚洲及拉美新兴国家和地区，在中国上海也设有办事处。到1993年底，巴林银行的全部资产总额为59亿英镑，1994年税前利润高达1.5亿美元。1995年2月26日，巴林银行因遭受巨额损失，无力继续经营而宣布破产。从此，这个有着233年经营史和良好业绩的老牌商业银行在伦敦城乃至全球金融界消失。目前该行已由荷兰国际银行保险集团接管。

巴林银行破产的直接原因是新加坡巴林公司期货经理尼克·里森错误地判断了日本股市的走向。1995年1月份，里森看好日本股市，分别在东京和大阪等地购买了大量期货合同，指望在日经指数上升时赚取大额利润。谁知天有不测风云，日本阪神地震打击了日本股市的回升势头，股价持续下跌。巴林银行最后的损失金额高达14亿美元之巨，而其自有资产只有几亿美元，亏损巨额难以抵补，这座曾经辉煌的金融大厦就这样倒塌了。那么，由尼克·里森操纵的这笔金融衍生产品交易为何在短期内便摧毁了整个巴林银行呢？我们首先需要对金融衍生产品（亦称金融派生产品）有一个正确的了解。金融衍生产品包括一系列的金融工具和手段，买卖期权、期货交易等都可以归为此类。具体操作起来，又可分为远期合约、远期固定合约、远期合约选择权等。这类衍生产品可对有形产品进行交易，如石油、金属、原料等，也可对金融产品进行交易，如货币、利率以及股票指数等。从理论上讲，金融衍生产品并不会增加市场风险，若能恰当地运用，比如利用它套期保值，可为投资者提供一个有效的降低风险的对冲方法。但其在具有积极作用的同时，也有致命的危险，即在特定的交易过程中，投资者纯粹以买卖图利为目的，垫付少量的保证金炒买炒卖大额合约来获得丰厚的利润，而往往无视交易潜在的风险，如果控制不当，那么这种投机行为就会招致不可估量的损失。正是新加坡巴林公司的里森对衍生产品操作无度毁灭了巴林集团。里森在整个交易过程中一味盼望赚钱，在已遭受重大亏损时仍孤注一掷，增加购买量，对于交易中潜在的风险熟视无睹，结果使巴林银行成为衍生金融产品的牺牲品。

巴林事件提醒人们加强内部管理的重要性和必要性。须合理运用衍生工具，建立风险防范措施。随着国际金融业的迅速发展，金融衍生产品日益成为银行、金融机构及证券公司投资组合中的重要组成部分。因此，凡从事金融衍生产品业务的银行应对其交易活动制定一套完善的内部管理措施，包括交易头寸（指银行和金融机构可动用的款项）的限额，止损的限制，内部监督与稽核。随着国际金融市场规模的日益扩大和复杂化，资本活动的不确定性也愈发突出。作为一个现代化的银行集团，应努力扩大自己的资本基础，进行多方位经营，做出合理的投资组合，不断拓展自己的业务领域，这样才能加大银行自身的安全系数并不断盈利。

问题：通过巴林银行事件，你对衍生金融工具有了怎样的认识？

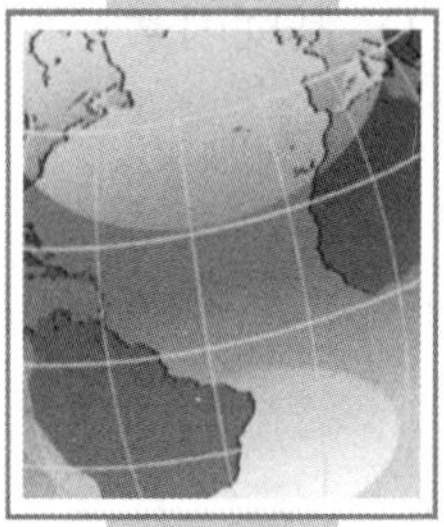

第八章 货币供求与均衡

一、填空题

1.(　　)是指在一定时点上不考虑物价因素影响的货币存量。

2.(　　)是指剔除了物价影响之后的一定时点上的货币存量。

3.(　　)是指具有使货币总量倍数扩张或者收缩能力的货币。

4. 一般情况下,商业银行对货币供给的影响主要通过两种手段来实现:一是(　　),二是(　　)。

5. 在市场经济中,调节超额准备金比率的主要动机有两个:一是(　　),二是(　　)。

6.(　　)是指在一定时间内社会各经济主体为满足正常的生产、经营和各种经济活动需要而应该保留或占有一定货币的动机或行力。

7. 古典学派的货币需求理论中最著名的是(　　)和(　　)。

8. 凯恩斯认为,人们的货币需求有三个动机:(　　)、(　　)和(　　)。

9.(　　)是指当利率水平降低到不能再低时,人们就会产生利率上升而债券价格下跌的预期,货币需求弹性就会变得无限大,无论增加多少货币,都会被人们储存起来。

10. 从市场角度来看,社会总供求平衡包括(　　)的平衡与(　　)的平衡,其中,(　　)的平衡起着关键作用。

二、单项选择题

1. 按照货币流动性的不同,将货币供应划分为层次,其中,不属于 M_1 包含的内容的是(　　)。

A. 纸币　　B. 硬币　　C. 活期存款　　D. 定期存款

2. 能够反映社会总需求变化和未来通货膨胀压力的是(　　)。

A. M_0　　B. M_1　　C. M_2　　D. M_3

3. 凯恩斯认为,人们的货币需求有三个动机,不包括(　　)。

A. 交易动机　　B. 预防动机

C. 投机动机　　D. 弥补通货膨胀损失的动机

4. 以下不属于中央银行投放基础货币渠道的是(　　)。

A. 再贷款　　B. 贴现　　C. 收购黄金　　D. 公开市场业务

5. 下列属于影响货币需求的机会成本变量的是(　　)。

A. 收入　　B. 利率　　C. 财富　　D. 制度因素

6. 下列关于马克思的货币需求理论的说法中,错误的是(　　)。

A. 认为货币数量不影响价格水平

B. 货币必要量公式反映的是货币的交易需求

C. 在实践中可以测算货币必要量

D. 货币必要量模型建立在金属货币流通的基础上

7. 下列关于货币需求理论的说法中,错误的是(　　)。

A. 马克思的货币必要量公式反映了商品流通决定货币流通

B. 费雪方程式强调货币数量变化对商品价格的影响

C. 剑桥方程式强调货币的交易手段职能

D. 凯恩斯的货币需求理论也称为流动性偏好需求理论

8. 下列关于剑挢方程式的说法中,错误的是(　　)。

A. 是由英国剑桥大学教授庇古提出的

B. 强调货币作为一种资产的性质

C. 侧重分析货币存量占收入的比例

D. 从宏观角度分析货币需求

9. 货币学派的核心理论是(　　)。

A. 现金交易数量说　　B. 现金余额数量说

C. 现代货币数量论　　D. 货币必要量理论

10. 以下不属于当货币供给小于实际货币需求时的具体表现的是(　　)。

A. 经济停滞　　B. 商品滞销　　C. 失业率上升　　D. 通货膨胀

三、多项选择题

1. 能够向社会公众提供信用货币的主体有(　　)。

A. 中央银行　　B. 商业银行

C. 储蓄银行　　D. 特定的存款金融机构

2. 以下属于基础货币构成的有(　　)。

A. 商业银行的库存现金　　B. 商业银行存放于中央银行的存款

C. 公众持有的现金　　D. 公众持有的黄金

3. 弗里德曼认为,决定货币需求量的关键因素是(　　)。

A. 恒久性收入　　B. 财富在人力和非人力之间的划分

C. 持有货币的机会成本　　D. 人的主观偏好

4. 以下有关从微观角度考察货币需求的说法中,正确的有(　　)。

A. 在规模变量一定时,解释货币流通速度的变动

B. 货币不仅有交易媒介功能,而且还有资产和价值储存的功能

C. 强调利率、价格等市场信号对货币需求能产生相当程度的影响

D. 有可能使短期货币需求分析更精确化

5. 下列有关货币供求与社会供求关系的说法中,正确的有(　　)。

A. 社会总供给决定货币需求
B. 货币需求决定社会总供给
C. 货币供给决定社会总需求
D. 社会总需求决定货币供给

6. 以下属于货币供求均衡状态具体表现的有(　　)。
A. 物价相对稳定
B. 经济稳定增长
C. 政府采取积极的货币政策
D. 政府采取紧缩的货币政策

7. 下列属于货币需求决定因素的有(　　)。
A. 收入　B. 利率　C. 物价变动率　D. 制度因素

8. 政府对货币失衡的调整方式有(　　)。
A. 供给型调整
B. 需求型调整
C. 混合型调整
D. 逆向型调整

9. 从中央银行角度来说,当货币供给量大于货币需求量时,可采取(　　)等货币政策。
A. 在公开市场上卖出有价证券
B. 提高再贴现率
C. 提高法定存款准备金率
D. 减少基础币投放量

10. 从财政角度来说,当货币供给量大于货币需求量时,可采取(　　)等财政政策。
A. 减少对政府部门的拨款
B. 增加政府债券
C. 提高税率
D. 增设新税种

四、判断题

1. 货币供给量是一个完全由中央银行决定的外生变量。(　　)
2. 人们通常所使用的货币供给概念,一般都是实际货币供给。(　　)
3. 在现代经济中,如果政府的经费支出主要用于非经济用途,那么,由财政赤字诱发的货币供应量是形成外生货币量的主要原因。(　　)
4. 剑桥方程式强调货币的交易手段职能,费雪方程式则强调货币作为一种资产的性质。(　　)
5. 一般来说,国民收入越低,风险程度越大,货币的预防性需求就越大。(　　)
6. 凯恩斯货币需求理论的最大创新是认为投机性需求和利率呈反比关系。(　　)
7. 凯恩斯的货币需求理论又被称为流动性偏好货币需求理论。(　　)
8. 在经济体制不变的情况下,社会商品零售总额与流通中的货币之比为 8∶1 时,社会的商品供求关系处于稳定和基本均衡的状态。(　　)
9. 凯恩斯的货币需求模型是从宏观角度分析货币需求的模型。(　　)
10. 货币供应量是由中央银行、商业银行体系及社会公众共同决定的。(　　)

五、名词解释

货币供给　货币供给量　货币需求　基础货币　货币乘数
货币均衡　交易动机　预防动机　投机动机　恒久性收入

六、问答题

1. 简述我国现阶段货币供应量的层次划分。
2. 影响基础货币投放的因素有哪些?
3. 试述马克思货币需求理论的一般内容及评价。

4. 试述凯恩斯货币需求理论的一般内容及评价。
5. 简述货币学派关于影响货币需求量的关键因素。
6. 简述货币供求与社会总供求的关系。
7. 试述实现货币供求均衡的机制。

七、案例分析

中国的货币需求与资产替代:1994～2008 年

自20世纪80年代以来,中国经济经历着从中央集权的计划经济向市场经济的转型。与东欧和苏联等国家不同的是,中国所采取的转型是一种有选择的渐进式改革。近年来,中国金融体系的不断演变和宏观经济形势的日益复杂已经对当前的货币政策形成了挑战。尤其是,更加灵活的汇率制度、不断深化的利率市场化改革和迅速发展的资本市场已经显著改变了货币政策操作的环境。可替代资产的出现以及持有货币机会成本的变化可能潜在地影响着货币需求。各资产之间相对收益率的变动很可能引发"资产替代",这种替代既包括本币与外币之间的替代,也包括货币资产和非货币资产之间的替代。

货币需求函数是否稳定是宏观经济理论和政策实践中经常被提及的重要问题。稳定的货币需求函数是中央银行调控宏观经济的一个重要先决条件,中央银行往往可以通过控制货币供应这个中介目标来对经济施加可预测的影响。事实上,在中国的宏观经济分析和货币政策操作过程中,货币需求发挥着至关重要的作用。作为中国的中央银行,中国人民银行几乎每年都设定一个广义货币供应量(M_2)的增长目标。该目标实际上是以货币需求为基础而制定的,它包括了对GDP和未来物价增长的估计。但从历史数据来看,中国每年实际的货币供应量(M_2)与事先的设定不太一致,多数时期都超过了目标值。Guoqing Song(2007)认为,在中国,M_2其实是一个很容易误导人的指标,因为部分存款性公司的负债并没有完全纳入其中。Hong Liang(2007)认为,随着中国资本市场的快速发展,采用比M_2范围更广的货币供应量指标将更有助于评估货币的扩张程度以及预测未来总需求的变化。

从全球范围来看,中国人民银行并不是唯一注重货币总量的中央银行。欧洲中央银行的货币支柱中,货币增长率就是其重要的参考值。加拿大央行所使用的一系列模型中也包含有货币模型。英格兰银行的《通货膨胀报告》开篇就讨论了货币供应量的问题。新西兰、澳大利亚和瑞典中央银行的货币政策季度报告也定期讨论货币和信贷总量的问题。只有美联储似乎并不注重货币供应量指标,目前已经停止公布M_3,但仍然公布M_2(OECD,2007)。

近年来,在金融体系的众多变迁中,利率市场化、人民币汇率形成机制改革以及资本市场的发展最引人注目。

第一,利率市场化。利率市场化的总体策略在改革之初就已经设定好:先货币和债券市场的利率市场化,然后再渐进地放开贷款和存款;在存贷款利率市场化方面,先外币后本币,先贷款后存款,先长期大额后短期小额的存贷款。自1996年以来,银行间市场利率、债券市场利率、政府债券发行利率和政策性金融债券利率都已经实现自由化,外币贷款和大额外币存款利率也已解除管制,人民币贷款利率的浮动区间逐步放宽。2004年,中国开始采用央行贷款浮息系统,解除了商业银行贷款利率的上限和存款利率的下限。2007年1月,上海银行间拆借利率正式启动,初步成为中国货币市场的基准利率。目前,贷款利率仍有下限,存款利率仍有上限的限制。

第二,人民币汇率形成机制改革。该项改革是按照"主动性、可控性和渐进性"的原则进行的，逐步增强市场在人民币汇率形成机制中的基础性作用。2005 年 7 月 21 日，中国人民银行宣布采取以市场供求为基础的参考一篮子的有管理的浮动汇率制度。此后，人民币汇率的灵活性不断增强。在这种渐进式的汇率体制转型过程中，不可避免地会出现人民币的升值预期。我们可以选用两个有代表性的指标来描述这些预期的明显存在：一是人民币非交割远期汇率，二是货币替代率（外币存款/M_2）。由于目前中国的 M_2 统计量中还没有包括外币，因此不同货币之间的替代很可能会直接影响 M_2 值的大小。这似乎在提醒我们，汇率因素也许需要纳入我们对中国货币需求的分析中来。一般来说，将汇率纳入货币需求函数的原因是汇率改变了外国资产的本币价值，从而影响了居民的总体财富水平。另外，预期汇率的变动也被看作是衡量外币资产预期收益率的指标，因此，汇率理应作为影响持有本币机会成本的变量之一。

第三，资本市场的快速发展。近年来，中国的资本市场经历了迅速的发展。从 1993 年到 1998 年，随着中国证监会的建立，中国资本市场的制度和法规体系开始逐步形成。1998 年《中华人民共和国证券法》的颁布实施正式确认了资本市场的法律地位，随后出台的一系列改革进一步促进了资本市场的发展。截至 2007 年底，上市公司已通过股票融资 2 038 亿美元、普通债券融资 1 166 亿美元、可转化债融资 75 亿美元。

资本市场为中国居民提供了多样化的投资渠道。随着资本市场的发展，居民投资的范围已经由单一的银行存款逐步转向普通股票、政府债券、普通企业债、可转换公司债、证券投资基金和期货等。与此同时，许多新的金融概念及投资理念也随之而来。特别是财富管理逐渐流行起来，投资者账户数由 1992 年的 835 万发展到 2007 年的 1.38 亿。这些事实让我们不得不考虑，资本市场的发展是否会潜在地影响中国居民的投资组合，进而影响到广义货币需求。

尽管如此，中国金融体系正在经历的重大变化将不断改变货币需求内涵的结构，进而将使货币政策的传导过程更加复杂化。随着利率进一步市场化、汇率体制更加灵活、资本市场进一步发展以及资本流动日益增多，M_2 内部资产收益率的增加将增加对货币的需求，而除 M_2 以外的其他可替代资产的增加（无论是国内的还是海外的）都将降低对货币的需求。总之，对于像中国这样的转型国家，我们应该根据金融自由化的进展和宏观经济形势的不断变化，时常重新考察货币需求函数的变化。只有很好地理解货币需求的内涵及其发展趋势，才能帮助决策者们在一个正确的框架下成功地实施货币政策。

资料来源：伍戈，《中国的货币需求与资产替代：基于 1994～2008 年的实证研究》，《经济研究》，2009 年第 3 期。

问题：从宏观和微观两个角度对货币需求进行分析。

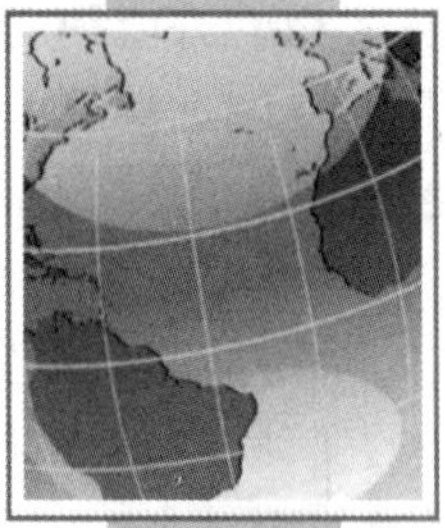

第九章 通货膨胀与通货紧缩

一、填空题

1. 通货膨胀是指流通中的货币量超过了客观需要量，从而引起（　　）、（　　）和（　　）的经济现象。

2.（　　）是指政府有意识地实行通货膨胀政策，使人们能据此预期未来的通货膨胀。

3.（　　）是反映包括原材料、中间品及最终产品在内的各种商品批发价格变动状况的物价指数。由于该指数可以反映企业经营成本的变动，所以又称为（　　）。

4.（　　）是指按现行价格计算的GNP与按不变价格计算的GNP的比率。

5.（　　）通常称为温和的通货膨胀，是指物价上涨的幅度在2%～3%之内，同时不存在（　　）的状态，但持续的时间很长。

6. 奔腾式通货膨胀通常称为（　　），是指一国的物价水平无限制地迅速上升，物价上涨率达到100%以上。

7.（　　）是指一般物价水平的持续上涨不是由于总需求增加或成本上升引起的，而是由于国民经济的部门结构不适应变化了的需求结构引起的。

8. 在众多通货膨胀成因的理论中，较为流行的有四种，即（　　）、（　　）、（　　）和（　　）。

9.（　　）又称冻结工资，即强制推行的控制全社会货币工资总额或增长幅度的制度。

10. 通货紧缩的根源是（　　）。

二、单项选择题

1. 根据家庭消费的有代表性的商品和劳务的价格变动状况而编制的指数被称为（　　）。

A. 消费物价指数　　B. 批发物价指数

C. 国民生产总值平减指数　　D. 生产者价格指数

2.（　　）是指政府通过价格控制、定量配给以及其他的一些措施来抑制物价的上涨。

A. 公开型通货膨胀　　C. 混合型通货膨胀

B. 隐蔽型通货膨胀　　D. 结构型通货膨胀

3.（　　）是指由于社会总需求的过度增长超过了按现行价格可得到的社会总供给的增

长，使太多的货币追逐太少的商品和劳务而引起的一般物价水平上涨的现象。

A. 需求拉上型通货膨胀　　B. 成本推动型通货膨胀
C. 混合型通货膨胀　　D. 结构型通货膨胀

4. 由于工资的增长率超过生产率的增长率，从而导致一般价格水平上涨。这就是所谓的（　　）。

A. 需求拉上型通货膨胀　　B. 成本推动型通货膨胀
C. 混合型通货膨胀　　D. 结构型通货膨胀

5. 下列属于通货膨胀产生的直接原因的是（　　）。

A. 货币供应量超过了客观需求量
B. 太多的货币追逐太少的商品和服务
C. 过高的工资导致一般价格水平上涨
D. 需求转移和劳动生产率增长的不平衡

6. 受通货膨胀伤害最小的群体是（　　）。

A. 高收入者　　B. 固定收入者
C. 低收入者　　D. "五保户"

7.（　　）是指按物价变动情况自动调整收入的一种分配方案。

A. 收入政策　　B. 供给政策
C. 价格政策　　D. 收入指数化

8. 物价上涨率大约为10%以上的通货膨胀被称为（　　）。

A. 爬行式通货膨胀　　B. 步行式通货膨胀
C. 小跑式通货膨胀　　D. 奔腾式通货膨胀

9. 一般将持续5～10年的通货紧缩称为（　　）。

A. 短期通货紧缩　　B. 中长期通货紧缩
C. 长期通货紧缩　　D. 中度通货紧缩

10. 通货紧缩超过两年并继续发展，且物价下降幅度超过两位数的，被称为（　　）。

A. 轻度通货紧缩　　B. 中度通货紧缩
C. 严重通货紧缩　　D. 过度通货紧缩

三、多项选择题

1. 下列有关通货膨胀的说法中，正确的有（　　）。

A. 通货膨胀不只发生在纸币流通情况下
B. 通货膨胀的原因是货币供应量超过了经济中所需要的货币量
C. 通货膨胀是一般物价水平的上涨
D. 季节性、暂时性的物价上涨不能视为通货膨胀

2. 以下属于通货膨胀的量化指标的有（　　）。

A. 消费物价指数　　B. 批发物价指数
C. 国民生产总值平减指数　　D. 零售物价指数

3. 下列通货膨胀度量指标常用于月度和季度分析的有（　　）。

A. 消费物价指数　　B. 批发物价指数
C. 国民生产总值平减指数　　D. 固定投资价格指数

4. 按照通货膨胀的程度,可将通货膨胀划分为(　　)。
A. 爬行式通货膨胀　　B. 小跑式通货膨胀
C. 步行式通货膨胀　　D. 奔腾式通货膨胀
5. 按照通货膨胀的表现形式,可将通货膨胀划分为(　　)。
A. 公开型通货膨胀　　B. 预期型通货膨胀
C. 隐蔽型通货膨胀　　D. 非预期型通货膨胀
6. 按照通货膨胀的成因,可将通货膨胀划分为(　　)。
A. 需求拉上型　　B. 成本推动型
C. 混合型　　D. 结构型
7. 以下属于治理通货膨胀的对策的有(　　)。
A. 紧缩性货币政策　　B. 紧缩性财政政策
C. 指数化方案　　D. 工资管制
8. 以下属于治理通货膨胀的货币政策的有(　　)。
A. 出售政府债券　　B. 提高再贴现率
C. 提高存款准备金率　　D. 提高利率
9. 以下属于治理通货膨胀的财政政策的有(　　)。
A. 缩小财政支出　　B. 增加税收
C. 减少财政赤字　　D. 出售政府债券
10. 以下属于治理通货膨胀的收入政策的有(　　)。
A. 确定工资—价格指导线　　B. 冻结工资
C. 工资管制　　D. 按工资超额增长比率征收特别税
11. 以下属于治理通货膨胀的供给政策的有(　　)。
A. 增加税收　　B. 稳定币值
C. 增加社会开支　　D. 减轻企业负担
12. 在通货紧缩时期,经济活动具有的特征包括(　　)。
A. 商品和劳务价格持续下跌　　B. 消费需求疲软
C. 企业开工不足　　D. 投资意愿低迷
13. 按照通货紧缩的生成机理,可将通货紧缩划分为(　　)。
A. 需求不足型　　B. 需求过剩型
C. 供给过剩型　　D. 供给不足型
14. 按照通货紧缩的成因,可将通货紧缩划分为(　　)。
A. 需求拉下型　　B. 成本压低型
C. 结构型　　D. 产业周期型
E. 外部冲击型
15. 以下属于治理通货紧缩的对策的有(　　)。
A. 增加财政赤字　　B. 增加税收
C. 降低存款准备金率　　D. 提高居民收入
E. 提高再贴现率

四、判断题

1. 通货膨胀只发生在纸币流通情况下。 ( )

2. 消费物价指数的优点在于能够反映各种资本品以及进出口商品和劳务的价格变动趋势。 ( )

3 批发物价指数的缺点是与居民生活没有直接联系，而且不包括劳务的价格，不能准确反映总体物价水平的变动情况。 ( )

4. 国民生产总值平减指数包括的范围广，除消费品和劳务外，还包括资本品和进出口商品等，因而它能较全面地反映一般物价水平的变动趋势。 ( )

5. 步行式通货膨胀对经济的发展和国民收入的增加都有积极的刺激作用，因此可将其看成是实现充分就业的必要条件。 ( )

6. 一般来说，物价上涨率在10%以上就可以称之为严重的通货膨胀。 ( )

7. 导致通货膨胀的直接原因是物价上涨。 ( )

8. 完全竞争市场是利润推动通货膨胀的前提。 ( )

9. 在现实经济社会中，混合型通货膨胀产生的原因一般都是需求拉动在前，成本推进在后。 ( )

10. 在通货膨胀时期，物价上涨，货币贬值，人们的实际收入水平下降，消费水平下降。 ( )

11. 收入指数化是按物价变动情况自动调整收入的一种分配方案。指数化的范围包括工资、利息、政府债券和其他货币性收入。 ( )

12. 一般将持续5年以上的通货紧缩称为长期通货紧缩。 ( )

13. 金融体系的效率降低或信贷扩张过快导致出现大量不良资产和坏账时，金融机构“惜贷”或“慎贷”会引起信用紧缩，也会减少社会总需求，导致需求拉下型通货紧缩。 ( )

14. 通货膨胀对于银行来说，容易形成大量的不良资产。 ( )

15. 通货紧缩从根本上来说，是由消费需求不足引起的。 ( )

五、名词解释

通货膨胀　通货紧缩　消费物价指数　批发物价指数　国民生产总值平减指数
隐蔽型通货膨胀　预期型通货膨胀　需求拉上型通货膨胀
成本推动型通货膨胀　混合型通货膨胀　结构型通货膨胀

六、问答题

1. 如何正确理解通货膨胀的含义?
2. 简要评价衡量通货膨胀的量化指标。
3. 通货膨胀的类型有哪些?
4. 试述通货膨胀的成因。
5. 简述通货膨胀对经济的危害。
6. 试述通货膨胀的治理措施。
7. 简述通货紧缩的含义及类型。
8. 简述通货紧缩的社会经济效应。

9. 试述通货紧缩的治理措施。

10. 试述我国20世纪90年代出现通货紧缩的原因及其治理措施。

七、案例分析

20世纪90年代日本的通货紧缩

自20世纪90年代初日本经济泡沫破灭后，日本经济陷入了衰退的困境：股票市场和房地产市场持续下跌十多年，银行系统坏账如山、运转失灵，政府债务居高不下，物价持续下降。在这些问题中，通货紧缩是困扰日本经济的最大难题之一。从经济增长速度来看，1990～1994年经济一直处于下滑状态，GDP增长速度从1990年的5.5%下降到0.7%。1997年至1998年，日本首次出现了连续两年的经济负增长，经济增长率分别为－0.4%和－1.9%。在物价方面，1992～1995年间，日本的批发物价指数每年都在下降，1996～1997年转为上升，但从1998年开始又转为下降，1998～2001年分别比上年下降了1.6%、3.3%、0.1%和0.9%，2002年1～3月和4～6月又分别比上年同期下降了1.4%和1.1%。

愈演愈烈的通货紧缩，严重影响了日本经济。它使得企业经营环境日趋恶化，企业利润降低，破产公司数量大增，失业率升高，同时加重了财政赤字危机。据统计，1997～2000年度，日本的国税收入由539 415亿日元减少为456 780亿日元，3年净减少15.2%，产生经济增长情况和物价水平变化的实际情况表明，日本自1992年以来开始出现通货紧缩，1997年后半年以来通货紧缩局势进一步恶化。

(一)日本出现通货紧缩的主要原因

日本泡沫经济的破灭对其通货紧缩的形成产生了重要影响，其对经济最直接的负面影响是使日本资产价格大量缩水。仅在1990年以后的5年间，日本全国资产损失达800亿日元，其中，土地等资产减少了379亿日元，股票减少了420亿日元，两者相加接近当时日本两年的GDP。

1. 资产的缩水降低了居民个人拥有的金融资产财富，对其消费需求产生了巨大的负财富效应，国民消费意识自热转冷，个人消费趋于不振。

2. 金融机构的资产大量缩水，银行自有资产急剧下降。大量的贷款无法收回，造成了银行出现巨额不良债权。不良债权的产生，一方面严重影响了整个金融体系的安全；另一方面使金融机构大量压缩贷款，导致社会的货币供应量更加不足，给日本经济带来严重冲击。

3. 企业投资需求不足。资产的缩水使企业的股票资产大大减少，同时企业在泡沫经济膨胀时期也存在着盲目投资、重复建设，生产能力大量过剩，企业被迫调整存量资产。这一切都导致企业的投资裹足不前。

(二)日本治理通货紧缩的对策

针对通货紧缩情况，日本政府采取了多种措施以刺激经济增长。

1. 扩张性财政政策。为了刺激经济增长，抑制物价下降，从1992年起，日本政府连续10次推出以减税和增加公共事业投资为主要内容的扩张性财政政策，涉及财政收支规模达130万亿日元之巨。例如，1998年4月，日本政府宣布了一项历史上规模最大的、价值16.6万亿日元的综合经济对策，包括的内容如下：1998～1999年度减少4.6万亿日元的所得税和其他税收；增加各类公共工程开支7.7万亿日元；增加各种政府开支4.3万亿日元。

2. 扩张性货币政策。在货币政策方面，日本政府也在不断推出以降息为中心的扩张性货币政策，力图通过降低利率来扩大货币发行量，刺激民间消费和投资的增长，达到抑制通货紧缩、促进经济增长的目的。从1991年7月起，日本银行连续下调官方利率。到1995年9月，日本的再贴现率降到了0.5%，并一直维持了5年之久。此后，日本银行又于1999～2000年实行了"零利率"政策，到2001年2月又两次下调再贴现率，目前再贴现率为0.25%，处于历史上的最低水平。

3. 通过立法，整顿金融秩序。在运用财政和货币政策刺激经济增长的同时，日本政府采取了一些金融体制改革和结构调整措施。在1998年12月，日本国会相继通过了《金融重建关联法》和《金融功能早期健全法》，对濒临破产和已破产的金融机构由政府注入资金，取得控股权，由政府主导来处理金融机构的不良资产。截至1999年3月末，日本政府已对15家主要银行投入7.5万亿日元的资金，加上银行自身获得的2.2万亿日元，补充资本近9.6万亿日元。政府出面对金融机构进行整顿，可以保护存款人的利益，稳定民心，防止出现挤兑行为，同时也避免了这些金融机构的破产对日本经济和国际金融市场造成的危机。

资料来源：林毅夫，《通货紧缩的理论与现实》，中国经济出版社2000年版。

问题：

1. 对比日本与我国，分析两国通货紧缩的相同与不同之处。
2. 日本通货紧缩情况给我国什么启示？

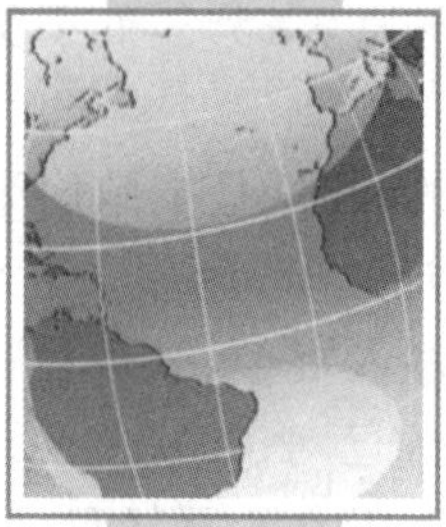

第十章 货币政策

一、填空题

1. 货币政策的三大构成要素是(　　)、(　　)和(　　)。

2. 货币政策构成要素之间的关系是:(　　)通过(　　)去实现(　　)。

3. 所谓失业率,是指(　　)与(　　)的百分比。

4.(　　)是指中央银行为实现特定的货币政策目标而选取的操作对象。

5.(　　)是指银行体系对社会大众及各经济单位的存贷款总额度,包括(　　)和(　　)两个部分。

6. 中央银行的货币政策工具可分为(　　)和(　　)两类。

7. 按需求角度划分,总准备金可分为(　　)和(　　)两类。

8.(　　)是按银行法定存款准备金率的规定所必须持有的准备金。

9.(　　)是指中央银行针对个别部门、个别企业和某些特定用途的信贷加以控制和影响的措施。

10.(　　)是指中央银行对商业银行和其他金融机构的房地产贷款所采取的限制措施。

二、单项选择题

1. 以下不属于货币政策中介目标需要满足的最基本的条件是(　　)。

A. 可测性　　B. 可控性　　C. 相关性　　D. 抗干扰性

2. 下列不属于导致摩擦性失业的因素的是(　　)。

A. 季节性原因　　B. 技术性原因

C. 经济结构原因　　D. 工资未达到期望

3. 下列属于货币政策近期中介目标的是(　　)。

A. 基础货币　　B. 货币供给量

C. 长期利率　　D. 稳定币值

4. 下列不属于选择性货币政策工具的是(　　)。

A. 消费者信用控制　　B. 窗口指导

C. 不动产信用控制　　D. 优惠利率

5. 威力强大但不经常采用的货币政策工具是(　　)。

A. 再贴现政策　　B. 存款准备金政策

C. 公开市场操作政策　　D. 窗口指导

6. 以下关于银行存款准备金用途的说法中,不正确的是(　　)。

A. 应付公众和其他金融机构提款的要求

B. 满足法定存款准备金的要求

C. 用于同业银行间的资金清算

D. 直接改变货币供给量

7. 以下不属于货币政策时滞的是(　　)。

A. 内在“时间差”　　B. 中期“时间差”

C. 外在“时间差”　　D. 后期“时间差”

8. 下列属于货币政策“外在”时滞的是(　　)。

A. 认识“时间差”　　B. 决策“时间差”

C. 生产“时间差”　　D. 信用市场“时间差”

9. 以下关于产业政策和货币政策协调的说法中,不正确的是(　　)。

A. 产业政策对货币政策具有导向作用

B. 产业政策属于需求管理政策

C. 产业政策是一种结构性调整政策

D. 货币政策对产业政策的失误有矫正作用

10. 在总需求和总供给大体平衡,但消费偏旺而投资不足时,应采取(　　)。

A. 紧缩的财政政策与紧缩的货币政策

B. 宽松的财政政策与宽松的货币政策

C. 紧缩的财政政策与宽松的货币政策

D. 宽松的财政政策与紧缩的货币政策

三、多项选择题

1. 货币政策的构成要素有(　　)。

A. 货币政策工具　　B. 货币政策传导机制

C. 货币政策中介　　D. 货币政策目标

2. 以下属于货币政策目标的有(　　)。

A. 稳定币值　　B. 经济增长

C. 充分就业　　D. 国际收支平衡

3. 下列可作为货币政策中介目标的有(　　)。

A. 利率　　B. 货币供给量

C. 银行信贷规模　　D. 基础货币

E. 超额准备金

4. 按供给来源划分,银行存款准备金可以分为(　　)。

A. 法定准备金　　B. 借入准备金

C. 超额准备金　　D. 非借入准备金

5. 一般性货币政策工具包括(　　)。

A. 再贴现政策　　B. 存款准备金政策
C. 公开市场操作　　D. 证券市场控制

6. 下列属于再贴现政策对经济的影响作用的有(　　)。
A. 影响商业银行的借款成本　　B. 告示作用
C. 调节信贷结构　　D. 影响产业结构

7. 以下属于公开市场政策的优点的有(　　)。
A. 可以左右整个银行体系的基础货币量,使它符合政策目标的需要
B. 可以根据不同情况和需要,随时"主动出击"
C. 可以适时、适量地进行调节,政策灵活
D. 可以根据经济形势的变化和政策目标的调整,随时做出逆向的操作

8. 以下属于不动产信用控制内容的有(　　)。
A. 规定不动产贷款的最高限额
B. 规定不动产贷款的最长期限
C. 规定分摊还款的最低金额
D. 规定首次付款的最低金额

9. 以下属于间接控制信用工具的有(　　)。
A. 窗口指导　　B. 道义劝说
C. 规定商业银行的流动性比率　　D. 信用分配

10. 影响货币政策效果的因素有(　　)。
A. 货币政策时滞　　B. 货币流通速度
C. 微观主体预期　　D. 社会政治团体利益

四、判断题

1. 货币政策的三个要素之间存在一种正向制约关系。(　　)

2. 略有顺差和略有逆差不可以看作是实现了国际收支平衡。(　　)

3. 当币值比较稳定、物价上涨率比较低时,失业率往往很高,而要降低失业率,就得以牺牲一定程度的币值稳定为代价。(　　)

4. 稳定币值主要是指稳定货币的对内价值,平衡国际收支则是为了稳定货币的对外价值。(　　)

5. 中央银行控制基础货币的投放可以改变商业银行创造存款货币的数量,从而间接控制货币供应量,实现货币政策的最终目标。(　　)

6. 中央银行在抛售短期证券的同时购进长期证券,可降低短期市场利率、提升长期利率,从而影响投资结构。(　　)

7. 中央银行调高贴现率,表达了中央银行要紧缩货币供应的意向,人们预期未来的市场利率会上升,从而自动紧缩所需信用、减少投资和消费需求。(　　)

8. 预缴进口保证金多为国际收支经常出现逆差的国家所采用。(　　)

9. 利率最高限额是最常用的间接信用管制工具。(　　)

10. 耐用消费品的需求往往与经济周期反向变动,如果不对消费信用加以控制,则倾向于加剧这种波动。(　　)

五、名词解释

货币政策	货币政策中介指标	货币政策目标	稳定币值	经济增长
充分就业	选择性政策工具	国际收支平衡	货币政策时滞	货币政策传导机制

六、问答题

1. 试述货币政策目标及各目标之间的矛盾与统一。
2. 什么是货币政策的中介指标？其设置的标准是什么？
3. 哪些指标可以作为货币政策的中介指标？为什么？
4. 怎样判断货币政策工具的强弱？
5. 简述一般性信用控制工具的作用。
6. 简述货币政策的传导机制。
7. 简述影响货币政策效应的因素，
8. 试述货币政策与财政政策的协调配合。

七、案例分析

货币平稳增长促进经济结构调整

从宏观调控的政策分工角度而言，货币政策通常被划为总量调控工具。与财政政策相比，两类政策的诸多工具政策功效明显不同，财政政策对结构调整的功效更为直接和显著；而货币政策的常规工具，基本服务于调整货币数量和资金利率，因而通常被归类于总量调控工具。

然而，从我国货币政策的实践看，货币政策功效在新时期被赋予了很高的结构调整权重。自 2014 年经济进入转型期，并界定了经济转型的“三期叠加”含义，此后货币政策在具体实施中逐渐增添了结构调整的功能。货币当局在实践中除了日益突出差别存款准备金率外，还创造了不少新型的结构性流动性投放工具。除了创新定向投放的政策工具外，货币当局还通过调整普惠金融等优惠政策范围和标准，对货币投放方向进行管理，以实现资金投放的定向调控和流动性的“精准滴灌”。

(一)“收短放长”操作仍是应有之义

从货币政策操作的微调趋势来看，货币当局对定向投放的重视度日益上升。货币政策目的实际上是货币环境所决定的，货币环境的基本格局是“存量过多、增量不足”。存量过多是指货币总量过剩、以整体经济体系中宏观杠杆率较高，衡量货币总量充裕与否的常用指标是货币深化。

从国际经验看，货币深化超过 100%后，货币政策的流动性陷阱压力陡增，并直接导致了全社会过高的宏观杠杆率。增量不足，是指货币分布的结构性缺陷：货币分布于金融同业市场、资金空转的增多，资产领域杠杆过高带来过高融资性货币需求。货币的基本环境，决定了宏观调控体系中供给侧改革的重要性，以及“去杠杆”在供给侧改革中的核心地位，也决定了中性、稳健的货币政策基调的长期性。正是货币总量上中性的不变政策基调，决定了货币政策在实践中日益转向结构性目标。

货币政策能否实现结构性目标，这一政策实践在过去没有先例。从实际效果上看，这一开创性的货币政策实践行为，基本达到了流动性定向投放和货币结构调整的政策目标：经过持续的努力，资金“脱虚向实”现象大为缓解，资金空转现象显著下降。尤其是 2019 年以来，中国实体经济领域的融资约束现象明显改善，融资难、融资贵的现象基本缓解。

由于资金的流动性和逐利性，通常认为货币的定向投放目的是难以实现的。例如，由于实业经营的微利性，难保中小企业在得到政策性贷款，转用于购买地产信托、金融配资等用途；更不用说大型企业在得到超额信贷后，将资金转用于放贷的“影子银行”发展。但货币当局对上述资金空转、“脱实向虚”的各类行为，一直有着清醒认识，因而也不懈地进行持续治理，2018年资管新规等集大成式监管强化，规范了资金流动，大大增加了资金在实体领域的沉淀。

除了定向投放，货币结构调整的另一重要方面是货币期限结构的调整——增加长期货币投放的比重。从国际处货币的投放来源看，2014 年前我国货币的高速扩张期属被动投放式增长：外汇占款高增导致的基础货币被动快速投放，从而导致了对冲性的 RRR 超常高位。2014年后，外汇占款增长逆转，自此开启了央行主动性通过新设工具的基础货币投放，这些新设基础货币投放工具主要为 SLF、MLF、PSL 等，同时加大了公开市场操作的力度。相对于永续期限的外汇占款资产，这些新设工具下基础货币都带有固定期限，且基本属低于 1 年的品种。

基础货币投放形式的变化，使央行资产结构久期变短，增量集中在短期限品种上。新增基础货币期限的短期化，使得过去较长一段时期内，央行的货币政策操作具有显见的“锁长放短”特征。“锁长放短”使货币短期化，从而使整个货币体系呈现“资本不足、货币充裕”的矛盾特征；它使货币集中于货币市场，使得资金不愿进入长期投资市场，加剧了“脱实向虚”现象。2018 年后，货币当局“去杠杆”的政策思路由“总量控制”转向“结构调整”，准备金调整重新成为日常政策工具的同时，“降准＋置换”的组合操作，即“锁短放长”式操作，代替了过去常用的定向降准操作模式。2019 年，“收短放长”的扭转操作仍是央行政策调整货币结构的应有之义。

（二）降息成为未来政策选项

从趋势上看，2019 年下半年市场利率将从平稳走向稳中偏降。2018 年货币环境实际局面是“中性偏紧”，这直接导致实体经济领域市场利率的抬高。2019 年货币转向边际放松后，实体部门市场利率转向下降，从下降程度看，当前的市场利率仍有下降空间。在货币当局着力降低融资成本的努力下，市场利率有望突破 2017 年的阶段低点。

在利率市场化条件下，融资利率受经济运行和货币环境共同决定，体现风险溢价的实际借贷利率具有“魏克塞尔”性质，体现当期商业环境的自然利率。真实市场利率主要受当前经济状况、货币环境、市场预期等综合影响，即实体经济中的市场利率不仅受货币状况影响，更重要的是体现了当前经济环境下的运行风险和前景预期，是实体经济领域的风险利率。

货币存量过多、增量不足的局面，决定了实体领域的借贷市场利率，主要取决于经济运行环境带来的信用风险变化。实际上，当前借贷领域偏高的利率水准，主要是风险溢价过高。因此，从短期看，虽然货币环境趋松，货币市场流动性紧张局面缓解，借贷市场利率依然以稳为主。在市场对资金紧张舒缓程度预期仍未形成一致的情况下，风险溢价成为决定资金融通利率的主要决定因素，资金借贷的风险利率保持平稳。

2018 年三季度后，供给侧改革重心转向了以基建投资为主要内容的“补短板”，为货币政策效应转向积极奠定了基础。供给侧改革的“补短板”重心在经历了短暂的 3～6 月后，转向供给侧改革内容最后一阶段——“降成本”。伴随重心转向“降成本”，融资成本偏高作为经济活动中的客观事实，自然就进入了政策视野，尽管短期通胀水平偏高态势将延续，但年内价格回落的趋势不变，降息也就成为未来必不可缺的政策选项。

资料来源：《中国证券报》，2019 年 6 月 1 日。

问题：上述现行货币政策主要包括哪几种方式？分别针对什么现状以及起到什么作用？

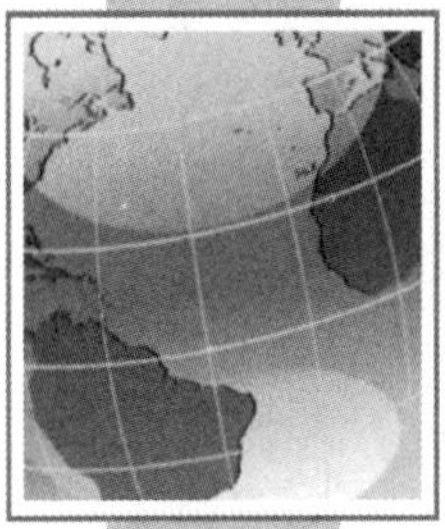

第十一章 国际金融

一、填空题

1. 汇率就是两种(　　)之间的折算比价,也就是以一种货币表示的另一种货币的(　　)。

2. 直接标价法又称(　　),是指用一定单位的(　　)作为标准,折算为一定数量的(　　)来表示的汇率。

3. 间接标价法又称(　　),是指用一定单位的(　　)作为标准,折算为一定数量的(　　)来表示的汇率。

4. 按照货币与黄金的联系程度不同,金本位制可分为(　　)、(　　)和(　　)。

5. 汇率变动是指(　　)的上下波动。在直接标价法下,汇率上浮,本币(　　);汇率下浮,本币(　　)。在间接标价法下,汇率上浮,本币(　　);汇率下浮,本币(　　)。

6. 一国的国际收支持续顺差,会引起本币需求的增长和外汇供给的增加,在其他条件不变时,本币币值(　　),外汇汇率(　　)。

7. 在一国发生通货膨胀时,该国国内物价总水平趋于上涨,直接影响一国商品 A 在国际市场上的竞争力,从而引起出口商品的(　　)和进口商品的(　　),使外汇需求(　　)供给,导致本国货币汇率(　　)和外汇汇率(　　)。

8. 利率的差异将引起短期资本从利率较(　　)的国家流向利率较(　　)的国家。

9. 汇率制度大体可分为两类:(　　)和(　　)。

10. 现阶段我国人民币实行以(　　)为基础、参考(　　)进行调节、有管理的(　　)汇率制度。

11. (　　)是指在一定时期内一国居民与非居民之间全部经济交易的系统记录。

12. 当本国外汇收入大于外汇支出而有盈余时,称为(　　);反之,当本国外汇收入小于外汇支出而有赤字时,则称为(　　)。

13. 国际资本流动从流向上看主要包括资本的(　　)和(　　);从期限上看主要包括(　　)和(　　)。

14. 从总体来看,国际资本流动的根本原因可归纳为以下两个方面:一是(　　),二是(　　)。

15. 对于投资者来说，在进行国际范围内的投资时，有时还要考虑资本的风险，风险因素包括(　　)和(　　)两类。

二、单项选择题

1. 以下关于直接标价法的说法中，正确的是(　　)。
A. 本币是基准货币　B. 外币是基准货币
C. 可以表示其他各种货币之间的比价　D. 英国和美国采取直接标价法
2. 目前，人民币汇率采取的标价方法是(　　)。
A. 直接标价法　B. 数量标价法
C. 间接标价法　D. 美元标价法
3. 金币本位制下汇率的决定因素是(　　)。
A. 铸币平价　B. 购买力平价　C. 黄金平价　D. 含金量
4. 金块本位和金汇兑本位制下汇率的决定因素是(　　)。
A. 铸币平价　B. 购买力平价　C. 黄金平价　D. 含金量
5. 纸币制度下汇率的决定因素是(　　)。
A. 铸币平价　B. 黄金平价
C. 购买力平价　D. 含金量
6,引起汇率变动最直接的原因是(　　)。
A. 经济增长　B. 外汇供求关系　C. 国际收支　D. 资本流动
7. 国际组织成员国可以在 IMF 的普通资金账户中自由提取和使用的资产被称为(　　)。
A. 黄金储备　B. 外汇储备　C. 普通提款权　D. 特别提款权
8. 下列不属于短期资本流动对资本输入国的影响的是(　　)。
A. 缓解国内资金短缺　B. 提高资本的边际效益
C. 增加就业机会　D. 提高工业化水平
9. 下列不属于牙买加体系的主要内容的是(　　)。
A. 浮动汇率合法化　B. 黄金非货币化
C. 以 SDRs 为主要储备资产　D. 建立国际货币基金组织
10. 下列不属于布雷顿森林体系主要内容的是(　　)。
A. 浮动汇率合法化　B. 各会员国货币与美元挂钩
C. 确立黄金和美元并列的储备体系　D. 建立国际货币基金组织

三、多项选择题

1. 1997 年 1 月修正的《中华人民共和国外汇管理条例》定义的外汇包括(　　)。
A. 外国货币　B. 外国政府债券
C. 特别提款权　D. 外国公司债券
2. 以下属于外汇特征的有(　　)。
A. 自由兑换性　B. 普遍接受性　C. 可偿性　D. 风险性
3. 下列属于汇率标价方法的有(　　)。
A. 直接标价法　B. 数量标价法　C. 间接标价法　D. 美元标价法

4. 下列可能引起外汇供求关系发生变化的因素有(　　)。
A. 经济增长　　B. 国际收支
C. 通货膨胀　　D. 国内外利率变化
E. 资本流动
5. 国际收支形成的因素有(　　)。
A. 进出口商品贸易　　B. 劳务输出(入)
C. 出国旅游　　D. 国际资本转移
6. 下列属于国际收支账户中的经常账户项目的有(　　)。
A. 货物　　B. 服务　　C. 收入　　D. 经常转移
E. 资本转移
7. 按照投资类型或功能,国际收支账户中的金融账户可划分为(　　)。
A. 投资捐赠　　B. 直接投资　　C. 证券投资　　D. 储备资产
8. 调节国际收支的货币政策主要有(　　)。
A. 调整税收　　B. 贴现政策
C. 调整政府支出　　D. 改变准备金比率
9. 常见的国际收支调节手段有(　　)。
A. 外汇缓冲政策　　B. 货币政策和财政政策
C. 直接管制　　D. 汇率政策
10. 以下属于调节国际收支直接管制手段的有(　　)。
A. 抑制公共支出和私人支出　　B. 对出口给予内部补贴
C. 对进口实行配额制　　D. 发放出口信贷
11. 以下属于国际储备的有(　　)。
A. 黄金储备可运　　B. 外汇储备
C. 在 IMF 的储备头寸　　D. 特别提款权
12. 以下属于长期资本流动形式的有(　　)。
A. 直接投资　　B. 间接投资　　C. 国际信贷　　D. 证券投资
13. 以下属于短期资本流动形式的有(　　)。
A. 贸易资本流动　　B. 银行资本流动
C. 保值性资本流动　　D. 投机性资本流动
14. 长期资本流动对资本输入国的影响有(　　)。
A. 缓解国内资金短缺　　B. 提高国际地位
C. 增加就业机会　　D. 提高资本的边际效益
15. 以下属于储备货币特征的有(　　)。
A. 是可兑换货币　　B. 币值相对稳定
C. 为各国普遍接受　　D. 可以为外国政府债券

四、判断题

1. 所有的外国货币都可以称为外汇。(　　)
2. 从长期来看,高经济增长率会有力地支撑本国货币的升值。(　　)
3. 资本的大量流入会增加对流入国货币的需求,使流入国的外汇供应增加、本币币值下

降、外汇汇率上升。 ( )

4. 国际清偿力仅是一国现有的对外清偿能力，而国际储备是现有的对外清偿能力和潜在的对外清偿能力的总和。 ( )

5. 一般来说，一国的国际储备规模取决于该国的经济发展水平。 ( )

6. 由于国际储备的四个组成部分中，外汇储备占绝对比重，所以国际储备结构管理的重中之重是外汇储备中各种储备货币的结构管理。 ( )

7. 在国际资本流动中，追逐利润是唯一的动机。 ( )

8. 在开放的市场条件下，当一国政府提高利率、实行紧缩性货币政策时，大量的短期资本会流出，从而减弱紧缩政策的力度。 ( )

9. 布雷顿森林体系是一种典型的通过国际合作建立的，而不是自发形成的国际货币体系。 ( )

10. 由于受通货膨胀、国际收支失衡和国际资本流动的影响，要真正稳定汇率是不可能的，所以浮动汇率制有长期化的趋势。 ( )

五、名词解释

外汇	汇率	直接标价法	间接标价法	固定汇率制度
浮动汇率制度	国际收支	国际储备	特别提款权	国际资本流动

六、问答题

1. 简述外汇的含义和特征。
2. 简述汇率变动的主要影响因素。
3. 试述市场经济体制建立后，我国人民币汇率制度改革的主要内容并作简要评价。
4. 试述国际收支失衡的调节手段和政策措施。
5. 简述国际储备的构成及其作用。
6. 简述国际储备管理的内容。
7. 简述确定适度国际储备量需要考虑的因素。
8. 简述国际资本流动的原因。
9. 简述国际资本流动对经济运行的影响。
10. 试述 20 世纪以来国际货币体系的新特点。

七、案例分析

人民币汇率:博弈乱局中跳出中国舞步

尽管未见刀光剑影或硝烟弥漫，但用“乱世”这个词来形容 2010 年的国际外汇市场依然贴切。“人民币问题”在“乱局”中被推上了世界舆论的风口浪尖。2010 年 6 月份的“二次汇改”，人民币危机时的实际盯住美元制度宣告退出，人民币汇率变得更加有弹性，但是外部压力依然未见减弱。外有外部舆论和全球美元泛滥压力，内临通货膨胀和资产价格泡沫压力，下一步，中国的“人民币汇率”舞步可能跳得更加艰难。

(一)汇率乱局:外部压力由“单音调”转向“大合唱”

汇率战的背后实质上是世界各国对全球最终需求的争夺。美国次贷危机爆发前，美国金融部门通过过度举债为全球提供最终需求。危机爆发后，随着美国金融的去杠杆化，全球的最终需求显著萎缩。发达国家想把本国的最终需求留在国内，但新兴市场国家仍想在发达国家的最终需求中分一杯羹。

2010 年 3 月，美国 130 名议员联名致信财政部长盖特纳和商务部长骆家辉，要求财政部在 4 月发布对主要贸易伙伴国的定期汇率评估报告时将中国列为汇率操纵国，敦促商务部使用美国反补贴税法以保护因汇率操纵而承受损失的美国公司的利益。

对外经济贸易大学中国国际货币研究中心主任孙华好在接受《经济参考报》记者采访时表示，中国政府快速、有力的财政、货币政策措施，使中国经济比美、欧和其他国家从危机中更快、更稳地复苏。同时，自 2009 年 11 月起，美元跌势停止，转为缓慢升值，这令奥巴马政府担心其出口翻番计划受阻，不利于中期选举。出于经济、政治等因素的考虑，美、欧等国在 2010 年年初即加大了施压人民币升值的噪音。

更值得注意的是，伴随着美国推出的第二轮量化宽松货币政策（QE2）以及美元的进一步贬值，世界货币体系中的其他货币不情愿地走上了“被升值”的道路，这其中包括欧元和日元。衡量美元强弱的美元指数由 2010 年 6 月初接近 90 的高点跌至 11 月的 75 左右，多国卷入其中，所谓的“汇率战”也愈打愈酣。

（二）升值预期：热钱相伴潮落又潮涨

回顾 2010 年的人民币走势，上半年，人民币对美元一直稳定在 1 美元兑 6.82 元人民币左右。6 月 19 日，中国人民银行公告，将进一步推进人民币汇率形成机制改革。金融危机以来的实际盯住美元的汇率制度正式退出。

实际上，“二次汇改”的核心内容是恢复到危机之前的汇率体制，即更强调参考一篮子货币、更强调双向波动，汇率浮动空间也将重回 5‰的水平。因此，在汇改之后的一段时间内，人民币并没有像一部分人认为的那样快速升值。“6 月 21 日是重启汇改后的第一个交易日，当天，人民币升值 2.95%，逼近日波动幅度的最高限，其后震荡升值，7 月 2 日达到 6.772，保持了 1 个月的小幅双向浮动和基本稳定，然后震荡贬值，9 月 1 日人民币对美元回到 6.812 6 人民币/美元。”孙华好回忆说。

不过，正如上文所述，外界压人民币升值的“噪音”不停，美元或维持中期贬值的趋势不变；更重要的是，世界对中国经济长期向好的判断不变，人民币升值的预期就不会轻易被打消。“9 月以后，人民币对美元有长达一个半月的持续升值，10 月 15 日达到 6.649 7，升值率达 2.4%，然后有两个星期的震荡贬值，10 月 28 日达到 6.698 6，然后又是两个星期的升值，11 月 12 日达到 2010 年以来的最高值 6.623 9，然后又是半个月的贬值、12 月 1 日后又是升值。”孙华好说。

伴随着汇率的波动和预期的加温，“热钱”再次成为市场关注的焦点。央行数据显示，2010 年 10 月，金融机构新增外汇占款为 5 190.47 亿元，不仅环比大增 79.27%，而且创下了 2008 年 4 月以来的单月新增之最。11 月，新增外汇占款继续维持在 3 000 亿元人民币之上的高位。由于外汇占款会形成基础货币的进一步投放，外汇占款的激增会加大国内货币供应量，导致通货膨胀压力的加剧。根据国家统计局日前公布的数据，2010 年 11 月，我国 CPI 同比增长达 5.1%。

“主要发达国家持续实施量化宽松政策，全球流动性过剩状况加剧，我国经济增长较快，对外贸易和利用外资都恢复增长，在人民币升值预期持续增强的情况下，国际流动性持续流入国内”，央行副行长胡晓炼在 2010 年 11 月举行的货币信贷工作座谈会上表示。中国银行曾发布月报指出，历史表明，资本流入最多时，恰是在中国经济已经较快增长而美联储仍维持低利率水平的时候，这一情况在2003～2004年已经上演过。2004年末，央行的国外资产较2003年同期的上升幅度高达51%，这意味着央行巨大的对冲压力，而2010年的环境与当时十分类似。

孙华好说，国际热钱的流入与人民币预期升值有很大关系，人民币预期升值又与升值的历史经验有很大关系。在2010年6～8月间，人民币保持小幅双向浮动和基本稳定时期，没有热钱流入的迹象；而2010年9～10月间，人民币持续快速升值，促成升值预期，热钱开始集聚。其后虽有半个月为一个升或贬值阶段的震荡，但总趋势仍然是升值。这意味着热钱在中国境内停留1个月，就肯定赚钱。这不会扭转人民币升值预期。

监管部门已经行动起来。为应对"热钱"违规流入，2010年11月，国家外汇管理局发布了《关于加强外汇业务管理有关问题的通知》，对外汇流入做了比以往更加严格的监管规定，加大了对违规行为的处罚力度。没过几日，国家住建部和外汇管理局联合发布《关于进一步规范境外机构和个人购房管理的通知》，规定境外个人在境内只能购买一套用于自住的住房，在境内设立分支、代表机构的境外机构只能在注册城市购买办公所需的非住宅房屋。

（三）中国舞步："漂亮"跳出自身节奏

2010年以来，央行几位高层曾在不同场合就"有效汇率"问题发表言论。胡晓炼曾撰文指出，仅关注人民币兑美元汇率的观念短期内还是难以改变，其中既有长期形成的习惯问题，也有在会计、统计等方面使用美元较多的因素。这意味着，中国在不断扩大全方位开放的过程中，进一步完善以市场供求为基础（主要看经常项目尤其是贸易收支）、参考一篮子货币调节的汇率形成机制时，需要付出更大的努力。未来可尝试定期公布名义有效汇率，引导公众改变主要关注人民币兑美元双边汇率的习惯，逐渐把有效汇率水平作为人民币汇率水平的参照系和调控的参考。

社科院世界经济与政治研究所国际金融研究室副主任张明指出，从外部环境来看，2011年人民币将面临更大的升值压力，同时中国出口将面临更多的贸易摩擦，原因在于发达国家政府试图通过本币贬值与进口限制来改善贸易收支，促进经济增长。从内部环境来看，为遏制国际能源、食品、金属与其他大宗商品价格上涨给中国经济形成的输入型通货膨胀压力，中国政府存在通过人民币升值来抑制输入型通货膨胀的动力。如果没有意外事件发生，2011年人民币对美元的名义汇率可能升值5%左右。

联合国贸发组织经济事务官员梁国勇在接受《经济参考报》记者采访时也表达了其个人的观点：2011年人民币对美元的升值可能高于2010年的升值幅度，有望达到5%左右的水平。他指出，2011年人民币汇率面临的内外部环境及其走向的主要特点可以概括为：外部压力不断，内部动力增强，但渐进、可控升值的基本格局不会改变。从外部看，压力大小在很大程度上取决于美国经济复苏的力度和就业改善的情况。从内部看，反通货膨胀政策目标重要性的提高和GDP增长目标的相对弱化意味着人民币升值动机的增强。

孙华好指出，中国已进入经济结构调整时期，2011年的贸易顺差幅度可能下降；同时，企业走出去步伐加快，QDII也可能增长，外汇需求会上升；但总体来看，中国国际收支顺差可以保持。不过，特别要说明的是，国际收支顺差、储备增加不是人民币升值的充分条件。尤其是人民币升值可能吸引大规模热钱流入时，要慎重升值。中国已经有通货膨胀现象，一些改革措施会在一段时间内推高物价水平，如果热钱流入兴风作浪，通货膨胀可能超过政策底线。

资料来源：《人民币汇率：博弈乱局跳出中国舞步》，《经济参考报》，2010年12月22日。

问题：面对持续贸易顺差和高通货膨胀，人民币汇率何去何从？

跨境贸易人民币结算和投资范围扩大

由于促进了贸易和投资便利化、为国内银行提供了新的业务机遇、有利于提升人民币的国际影响力，跨境贸易人民币结算自2009年7月试点以来，受到试点企业和银行的普遍欢迎，发展势头迅猛。

2010年6月22日，中国人民银行、财政部、商务部、海关总署、税务总局和银监会联合发布通知，跨境贸易人民币结算试点范围由原先的5个城市进一步扩大至全国各地20个省（自治区、直辖市），不再限制境外地域。

2010年8月，国家开发银行向委内瑞拉石油项目发放贷款200亿元人民币，这是我国迄今为止最大的一笔境外人民币贷款，也是首次在石油跨国贸易中采用人民币计价和付费。事实上，早在2010年1月12日，建行就在同业中率先获准为中石油某一大型项目提供人民币对外直接投资服务。同年8月，工行与华为公司及其印度尼西亚合作伙伴正式签署了总金额达20亿元人民币的出口买方信贷协议，成为迄今为止全球首单人民币出口买方信贷业务。截至2010年11月底，中行境内机构已为1 000多家客户办理跨境人民币结算业务7 000多笔，涉及金额超过1 100亿元。

2010年12月15日，莫斯科银行间外汇交易所正式开始卢布兑人民币的挂牌交易。截至2010年12月17日晚，人民币和卢布买卖双向交易总成交量达到1 403.1万元人民币，共计78笔。2010年12月31日，中银香港推出“中银香港人民币离岸债券指数”。作为香港首个人民币离岸债券指数，此举旨在向市场提供人民币债券市场的整体价格走势参考，促进香港人民币债券市场的发展。

综合统计，截至2010年11月末，国内银行累计办理跨境贸易人民币结算业务3 884.56亿元；各试点地区共办理人民币跨境资本交易269笔，金额为558.09亿元。在人民币跨境资本交易中，境外项目人民币融资已批贷项目16个，金额814.48亿元。同时，跨境贸易和投、融资人民币业务实际收付人民币3 144.65亿元。

专家点评：

扩大跨境贸易人民币结算试点范围是提升人民币国际地位的重要手段，也是人民币走向国际化的重要步骤。人民币国际地位的提升，要求不断扩大人民币在国际贸易结算、国际投资和国际储备方面的使用范围与规模。对外贸易是我国的强项，从贸易入手不断扩大人民币的使用范围具有较强的可操作性，也会取得较好的效果。

（赵锡军）

资料来源：《金融时报》，2011年1月15日。

问题：人民币跨境结算对国际贸易和国际投资有哪些作用？

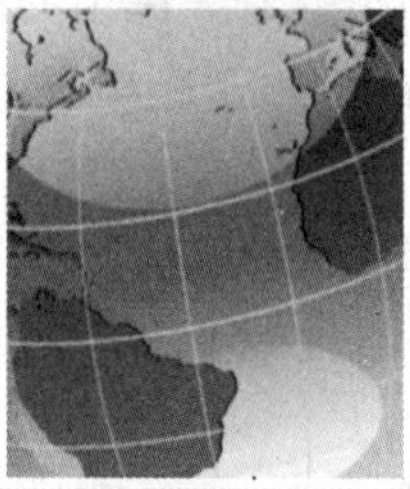

第十二章 金融创新

一、填空题

1.(　　)是指金融业务创新、金融市场创新及政府对金融监管方式创新的总和。

2. 狭义的金融创新是指(　　)的创新，广义的金融创新是为适应经济发展的需要而创造新的(　　)、(　　)、(　　)、(　　)、(　　)和(　　)。

3.(　　)是通过金融资源分配和金融交易的某种制度变革或制度安排，增强制度交易的活力、降低金融交易成本、改善金融资源分配状况、扩大金融交易规模，最终达到提高金融效率的目的。

4. 金融商品的核心功能是满足需求，它包括(　　)和(　　)。

5. 金融管理创新包括两个方面:一方面是(　　)，另一方面是(　　)。

6.(　　)是指在金融体系规模和金融工具数量不断扩张、金融结构合理优化的基础上，金融效率不断提高的过程。

7. 发展中国家由于金融体系不健全、金融的市场机制不能充分发挥作用，经济中存在着不恰当的管制和措施，对经济的发展产生阻滞作用，使(　　)与(　　)之间形成恶性循环，这被称为(　　)。

8.(　　)是指伴随着科学技术和管理技术的发展，为了降低(　　)、提高(　　)而在金融交易手段、交易方法和物质条件方面发生的变化与革新。

9. 麦金农从金融自由化的(　　)和(　　)来解释金融自由化对经济增长的促进作用。

10.(　　)是指潜在损失的可能性；(　　)是指风险积聚所形成的状态，一种与稳定、坚固、不易受到破坏、摧毁相对的状态。

二、单项选择题

1. 以下属于支票账户和储蓄账户相结合的金融创新是(　　)。

A. 自动转账服务账户　　B. 大额可转让定期存单

C. 货币市场存单　　D. 货币市场存款账户

2. 自动转账服务账户属于(　　)的金融创新。

A. 技术进步型　　B. 逃避金融管制型

C. 风险转移型　　D. 规避利率风险型

3. 下列金融创新中,不属于规避利率风险型的是(　　)。

A. 可转让大额存单　　B. 金融期货

C. 浮动利率债券　　D. 互换交易

4. 以下属于金融市场创新的是(　　)。

A. 金融组织体系变革　　B. 金融调控体系变革

C. 离岸金融市场的形成　　D. 金融资产证券化

5. (　　)是代替现金和支票使用的支付工具,具有先消费、后付款的特点。

A. 支票卡　　B. 信用卡　　C. 记账卡　　D. 智能卡

6. 下列不属于在 20 世纪 70 年代中期开始进行金融自由化的国家的是(　　)。

A. 智利　　B. 阿根廷　　C. 菲律宾　　D. 乌拉圭

7. 金融自由化理论是由美国经济学家(　　)提出来的。

A. 戈德史密斯　　B. 米什金

C. 麦金农　　D. 维克塞尔

8. 中国的金融自由化进程是从(　　)年正式开始的。

A. 1979　　B. 1992　　C. 1994　　D. 1999

9. 2010 年 7 月 15 日和 16 日,(　　)正式在上海和香港上市,自此我国四大国有商业银行全部上市。

A. 中国工商银行　　B. 中国建设银行

C. 中国银行　　D. 中国农业银行

10. 下列不属于发展中国家金融压力的体现的是(　　)。

A. 存在二元金融结构　　B. 金融工具形式单一,规模不大

C. 对金融实施较为宽松的管理　　D. 直接融资市场较为落后

三、多项选择题

1. 下列属于金融创新产生的原因的有(　　)。

A. 经济环境的变迁　　B. 技术革命的推动

C. 放松金融管制　　D. 金融自由化

2. 根据金融创新对象的不同,金融创新可分为(　　)的创新。

A. 金融市场　　B. 金融机构　　C. 金融风险　　D. 金融制度

E. 金融技术

3. 下列属于金融商品创新的有(　　)。

A. 浮动利率金融工具　　B. 金融期货

C. 金融期权　　D. 互换交易

E. 金融资产证券化

4. 逃避金融管制型的金融创新有(　　)。

A. 可转让支付命令账户　　B. 浮动利率金融工具

C. 大额可转让定期存单　　D. 金融资产证券化

5. 下列属于技术推动型金融创新的有(　　)。

A. 信用卡　　B. 支票卡

C. 记账卡　　D. 智能卡

E. 自动柜员机

6.（　）属于金融创新对经济、金融发展带来的不利影响。

A. 金融创新使货币的流动性提高

B. 衍生金融工具的出现为金融避险提供了更多选择

C. 金融创新为投机活动创造了更先进的手段

D. 金融创新削弱了国家货币政策的作用

7.（　）属于金融创新对经济的微观影响。

A. 金融创新促进了金融全球化

B. 金融创新促进了金融深化

C. 金融创新有助于风险管理

D. 金融创新间接提高了金融机构的效率

E. 金融创新为资产负债管理提供了新的方法

8.（　）属于金融自由化的核心内容。

A. 放松利率管制　　B. 发行直接融资工具

C. 促进金融同业竞争　　D. 放松对资本流动的限制

9. 金融自由化对经济增长的影响作用体现在（　）。

A. 储蓄效应　　B. 投资效应　　C. 就业效应　　D. 羊群效应

E. 收入分配效应

10.（　）属于金融压抑产生的原因。

A. 规定存贷款利率来人为地压低利率

B. 控制信贷方向和规模

C. 人为高估本币的汇率

D. 对金融机构实行严格的管制

四、判断题

1. 狭义的金融创新是指金融市场的创新。（　）

2. 金融资产证券化是指将金融机构所持有的缺乏流动性的资产，转换成可以在市场上买卖的金融证券。（　）

3. 金融的发展，归根结底就是金融创新的发展，一个国家的金融创新能力能否充分发挥，关系到一个国家金融发展的进程。（　）

4. 金融技术创新既是金融效率提高的物质保证，也是金融创新的内在动力之一。（　）

5. 衍生金融市场和离岸金融市场的形成都属于金融市场的创新。（　）

6. 金融创新促进了金融全球化、一体化和全球金融业的分业经营。（　）

7. 金融衍生工具为投机活动创造了大批先进手段，加剧了金融风险的积累和传染。（　）

8. 金融在与整体经济的关系中处于从属地位，是为整体经济发展服务的。（　）

9. 金融自由化理论是美国经济学家罗纳德·麦金农和爱德华·肖在20世纪70年代提出来的。（　）

10. 金融脆弱性的积累是金融危机爆发的充要条件。（　）

五、名词解释

金融创新	金融制度创新	金融市场创新	金融商品创新	金融机构创新
金融技术创新	金融发展	金融压抑	金融自由化	金融脆弱性

六、问答题

1. 当代金融创新产生的原因有哪些？
2. 金融压抑对经济增长的影响有哪些？
3. 金融自由化改革的核心内容是什么？它对经济增长起什么作用？
4. 发展中国家金融自由化改革的经验和教训有哪些？
5. 金融自由化与金融危机之间存在着什么关系？

七、案例分析

良好、坚实的信用是金融体系安全、稳定的基础

金融体系就像一幢摩天大楼，由各类金融机构、金融产品通过金融市场相互连接，组成了一个复杂、精巧的有机体。这座摩天大楼除了看得见的建筑主体之外，还有看不见的基石，那就是良好的信用和坚定的信任。单个金融机构的失败不会影响整个金融体系的稳定，就像一扇窗户的破损不会影响大楼的稳定，但基石的破损便会导致整幢大楼的倾覆。金融危机就像一座大楼的倒塌，它的基石发生了动摇，信任不复存在，信用便烟消云散。可以说，金融体系是现代经济的核心，坚定、良好的信用则是现代金融体系的核心。

以前发生过多次债务危机，如 20 世纪 80 年代的拉美和 1998 年的俄罗斯；发生过多次货币危机，包括 1997 年亚洲国家的大幅汇率波动和贬值；发生过多次资本市场危机，表现为资本市场的大起大落甚至崩盘；发生过多次银行系统危机，导致银行挤兑和大规模破产。所有这些金融危机归根结底是信用和信任的危机——对债务人偿债能力的担忧导致了债务危机，对一国货币购买力的担忧导致了货币危机，投资者信心的崩溃导致了资本市场危机，对银行持续经营能力的担忧导致了银行危机。

这次发源于美国的国际金融危机的起因是次贷危机，而次贷危机的根源在于借款人基于对未来房价上涨预期进行的超出自己还款能力的投机性借贷行为，同时，银行放松了贷款的发放标准，放弃了审慎经营准则，无节制地向这些没有还款能力的、以未来房价上涨为偿还前提的借款人发放了大量的次级房贷。这些次级房贷再经过复杂的证券化、房地美和房利美的隐性政府担保、投资银行的打包拆分、保险公司的增信合约，以及存在严重利益冲突的信用评级公司给予的不负责任的高评级，使这些原本属于高风险的资产以优质资产的身份大量进入全球各类金融机构的资产负债表；即使没有出现在资产负债表中，金融机构的大量表外资产风险也与次贷的违约率存在着密切联系。当美国房地产市场发生根本性逆转时，市场首先对次贷债务人的偿债能力产生信任危机，导致次贷危机的爆发。随后，被证券化的次贷资产开始侵蚀各类金融机构的资本金。由于连续多年的金融自由化，缺失监管约束的金融体系的杠杆率已经很高，部分持有大量次贷的金融机构面临清偿危机。首先是美国本土的房贷公司，其次是在房贷证券化中发挥穿针引线作用的投资银行，第一家是实力最弱的贝尔斯登，然后是雷曼兄弟。雷曼兄弟的破产使市场对金融体系偿债能力由怀疑转变为彻底恐慌，所有金融机构害怕其交易对手的垮台拖累自己而不敢进行任何借贷交易，整个金融市场突然陷入全面停滞状态，

从局部的次贷危机转变为全面的金融危机。这一危机演变链条生动地刻画了当信任基石消失时，金融体系这座大楼是如何倾覆的。

资料来源：王兆星，《信用与信任是金融安全的基石》，《金融时报》，2010 年 12 月 16 日。

问题：请从宏观和微观两个角度谈一下金融创新对经济的影响。

加强监管乃大势所趋

自 20 世纪 30 年代“大萧条”以来，全球金融监管体制一直在自由放任和加强管制之间摇摆不定。但 2007～2008 年的国际金融危机又一次提醒我们，强有力的金融监管是保证金融体系正常、健康运行的基础。

“市场至上”理念所引致的监管漏洞在次贷危机中难辞其咎。由于过分信任市场的自我调节机制和机构的自我约束能力，一些西方国家的金融监管者们认为“最少的监管就是最好的监管”，因而逐步放松了对金融机构和金融市场的监管。但随着金融创新的加速推进，越来越多的风险源游离到监管半径之外，监管者们根本没有起到“守夜者”的作用，反而成为助推风险滋生和积聚的帮手。

例如，2000 年，美国国会通过了《商品期货现代化法案》，解除了对包括信用违约互换(CDS)等金融衍生产品的法律监管，金融衍生产品成为少数技术人才的“专利”，在冗长的交易链和复杂的产品结构庇护下，风险得以在多个市场之间传播和扩散。

当前，强化金融监管已成为全球金融体系重构的主导方向。为了弥补金融监管体系存在的严重缺陷、促进金融体系的稳健运行，危机爆发后，全球金融监管出现了再次强化的新趋势。从《巴塞尔协议Ⅲ》的发布到 G20 金融稳定委员会的成立，从美国《金融监管改革法案》的艰难问世到泛欧金融监管体系的呼之欲出，我们可以看出后危机时代的全球金融监管有以下几个趋向：第一，构建宏观审慎监管和系统性风险监控的机制；第二，完善全面监管体系，填补监管漏洞；第三，实施保护金融市场弱势群体利益的制度；第四，改革金融机构的薪酬体制，约束过度冒险行为。

我国虽然没有遭受到金融危机的直接冲击，但仍有加强金融监管、构建金融稳定机制的必要。应当讲，我国金融机构并没有遭受本次金融危机的直接冲击，这一方面表明我国的金融监管及其有效性得到很大改善，另一方面也表明我国金融业及其市场发展的相对不足，我们的产品和工具还没有成熟到西方国家那样的高度和复杂度。随着我国金融业和金融市场的发展和深化，经济的金融化程度必然进一步提高，我国的金融监管也存在进一步加强的必要。

但是，在加强金融监管的同时，我们应当更多地关注我国与发达市场的不同，实行“共同而有区别”的监管原则。与欧美国家相比，我国金融体系的发展仍然处于初级阶段；金融市场的活跃度相对不足；实施较为严格的分业经营和分业监管，金融机构之间的业务边界清晰，不存在“影子银行体系”；衍生品市场基本不存在，金融工具结构简单，交易链条较短。由于金融体系发展阶段的不同，金融风险的表现也有着显著的差异。在高度发达的金融市场上，风险主要来自交易性资产，极端复杂的金融工程、过度延伸的交易链条和过分衍生的金融产品中潜藏着大量的风险。但在中国，金融风险则主要来源于贷款客户违约风险，即还是以信贷资产风险为主。

因此，中国金融监管体系未来的着力点和框架设计应充分考虑中外金融发展阶段和金融风险特征的不同，制定合乎我国国情的监管规则和重点，如果简单照搬欧美国家金融监管的做法和经验，会导致“食洋不化”和“水土不服”。

资料来源:詹向阳,《鼓励创新应成为我国金融监管体制改革的着力点》,《金融时报》,2011年1月17日。

问题:金融创新对金融监管改革有哪些影响?